E-Book inside.

Mit folgendem persönlichen Code können Sie die E-Book-Ausgabe dieses Buches downloaden.

70184-r65p6-
y2q00-bbwv1

Registrieren Sie sich unter
www.hanser-fachbuch.de/ebookinside
und nutzen Sie das E-Book
auf Ihrem Rechner*, Tablet-PC
und E-Book-Reader.

Der Download dieses Buches als E-Book unterliegt gesetzlichen Bestimmungen bzw. steuerrechtlichen Regelungen, die Sie unter www.hanser-fachbuch.de/ebookinside nachlesen können.
* Systemvoraussetzungen: Internet-Verbindung und Adobe® Reader®

Graf
Die neue Entscheidungskultur

Richard Graf

Die neue Entscheidungskultur

Mit gemeinsam getragenen Entscheidungen zum Erfolg

Der Autor:
Richard Graf

ISBN: 978-3-446-45130-8
eBook-ISBN: 978-3-446-45378-4

Bibliografische Information der Deutschen Nationalbibliothek:
Die Deutsche Nationalbibliothek verzeichnet diese Publikation in der Deutschen Nationalbibliografie; detaillierte bibliografische Daten sind im Internet über http://dnb.d-nb.de abrufbar.

Das Werk einschließlich seiner Teile ist urheberrechtlich geschützt. Jede Verwertung, die nicht ausdrücklich vom Urheberrechtsgesetz zugelassen ist, bedarf vorheriger Zustimmung des Verlags. Das gilt insbesondere für Vervielfältigungen, Bearbeitungenen, Übersetzungen, Mikroverfilmungen und die Einspeicherung und Verarbeitung in elektronischen Systemen.

Alle in diesem Buch enthaltenen Informationen wurden nach bestem Wissen zusammengestellt und mit Sorgfalt geprüft und getestet. Dennoch sind Fehler nicht ganz auszuschließen. Aus diesem Grund sind die im vorliegenden Buch enthaltenen Informationen mit keiner Verpflichtung oder Garantie irgendeiner Art verbunden. Autor und Verlag übernehmen infolgedessen keine Verantwortung und werden keine daraus folgende oder sonstige Haftung übernehmen, die auf irgendeine Weise aus der Benutzung dieser Informationen – oder Teilen davon – entsteht.
Ebensowenig übernehmen Autor und Verlag die Gewähr dafür, dass die beschriebenen Verfahren usw. frei von Schutzrechten Dritter sind. Die Wiedergabe von Gebrauchsnamen, Handelsnamen, Warenbezeichnungen usw. in diesem Werk berechtigen auch ohne besondere Kennzeichnung nicht zu der Annahme, dass solche Namen im Sinne des Warenzeichen- und Markenschutz-Gesetzgebung als frei zu betrachten wären und daher von jedermann benützt werden dürften.

© 2018 Carl Hanser Verlag GmbH & Co. KG, München
www.hanser-fachbuch.de
Lektorat: Lisa Hoffmann-Bäuml, Damaris Kriegs
Herstellung und Satz: le-tex publishing services GmbH, Leipzig
Umschlaggestaltung: Stephan Rönigk
Grafiken: © Richard Graf – Zuarbeiten von Manuel Federl. Alle Rechte bei Richard Graf
Druck & Bindung: Hubert und Co, Göttingen
Printed in Germany

Für meine Kinder Laura und Elsa

Von der Kunst einer guten Entscheidung

Vorwort

Menschen machen Entscheidungen und Entscheidungen machen Menschen. Gewiss treffen auch Tiere Entscheidungen, aber sie handeln unbewusst auf der Grundlage ihrer Intuition – schnell, sicher und ohne jeden Zweifel. Menschen hingegen sind häufig der Meinung, dass sie Entscheidungen bewusst treffen, dass sie sozusagen selbst entscheiden, ohne dass sie dabei Emotionen oder anderen nicht kontrollierbaren Mechanismen unterliegen. Doch sie sind sich ihrer Entscheidungen nicht unbedingt sicher, zweifeln und wägen ab, ob die Entscheidung auch richtig ist. Entscheidungen zu treffen, ist für viele Menschen daher mit Mühe verbunden und ein längerer Prozess, der nicht selten wie ein circulus vitiosus verläuft.

Auf der anderen Seite entscheiden Menschen in vielen Situationen durchaus nicht nur schnell und ohne Zweifel, sondern auch sicher und kompetent – unbewusst und ohne die Kognition. Als Sprachwissenschaftler fällt mir dazu als Beispiel natürlich das Sprechen und Schreiben ein: Jeder Satz, den wir schreiben oder sprechen, basiert ja auf zahlreichen Entscheidungen, die getroffen werden müssen: Welche Wörter wähle ich? In welcher Reihenfolge füge ich sie zusammen? Was für grammatische Formen nehme ich? Wie erreiche ich Kohärenz in der Gesamtaussage? Welchen Sprachstil nutze ich? All dies bewusst zu entscheiden, würde aber so viel Zeit erfordern, dass Kommunikation schlichtweg unmöglich wäre. Wir sprechen und schreiben also, in unserer Muttersprache, mehr oder weniger intuitiv und nicht kognitiv. Erst beim Erlernen einer Fremdsprache erfolgen Sprechen und Schreiben auf dem Um-Weg der Kognition.

Ähnliches gilt für bestimmte Formen des Spielens in menschlichen Gemeinschaften. Zwar entwickeln Menschen für ihre Spiele meistens Regeln, die erlernt werden müssen, und die Kognition ist auch beim Spielen ein nicht unwichtiger Faktor. Aber bestimmte Spiele, wie Fußball oder Tischtennis, sind so schnell, dass ein bewusstes Entscheiden eher schaden als nützen würde. Hier gilt es schnell, sicher und ohne zu zögern das gerade Passende zu tun – selbst auf die Gefahr hin, dass es nicht zum gewünschten Ziel führt. Zaudern wäre ein noch größerer Fehler als eine intuitiv getroffene Fehlentscheidung; denn der Zauderer wird mit dem Prädikat der Handlungsunfähigkeit etikettiert und sozial oft ausgeschlossen.

Noch interessanter wird es, wenn man sich einmal vorstellt, dass zur körperlichen Unversehrtheit eines jeden Menschen jede Sekunde eine Unmenge an Entscheidungen im Körper ablaufen müssen, die nicht von der Kognition gesteuert werden können. So hat Prof. Dr. Steffen Schulz, ehemaliger Professor für Medizinische Informatik an der Berliner Charité, folgende Rechnung aufgemacht: Wenn ein Mensch aus fast 1015 Zellen besteht und während eines jeden Herzschlags in jeder Zelle mehrere tausend biochemische Reaktionen stattfinden müssen, so ist im Sekundentakt fast eine Trillion chemischer Prozesse so zu ordnen, dass die ganzheitliche Identität eines Menschen erhalten wird. Die menschliche Kognition ist in dieser Hinsicht hoffnungslos überfordert, so wie sie es bereits bei dem im Vergleich relativ einfachen Vorgang des Atmens ist: Zwar können Menschen auch bewusst atmen, aber ständig bewusst entscheiden zu müssen, wann und wie zu atmen ist, würde schnell zu einer Überforderung führen.

Die Beispiele zeigen, dass Menschen ihre Entscheidungen keineswegs nur bewusst und kontrolliert mit Hilfe ihres Verstands treffen, sondern sich bei bestimmten Aufgaben auf ihre Intuition verlassen können und dies auch tun. Andererseits muss freilich anerkannt werden, dass die Kognition bei vielen Entscheidungsprozessen – gerade in der Technik und im Unternehmen sowie in Gesellschaft und Politik – eine nicht zu unterschätzende Rolle spielt und ohne sie bestimmte Entscheidungen auch gar nicht sinnvoll getroffen werden könnten. Allerdings scheint selbst in der Domäne des Kognitiven die Intuition nicht ganz verdrängt zu sein und durchaus einen Platz zu haben. Wie lässt sich das alles ordnen? Wie können wir wirklich gute Entscheidungen auf der Grundlage begrenzter zeitlicher und kognitiver Ressourcen treffen – mit denen wir uns dann auch noch wohlfühlen?

Eine Antwort auf diese Frage gibt das vorliegende Buch von Richard Graf, dessen Arbeit ich seit vielen Jahren mit großem Interesse verfolgt habe und den ich mehrmals zu Vorlesungen und Seminaren mit Studierenden in unterschiedlichen Studiengängen einladen konnte. Immer wieder hat er sich dabei der Diskussion und auch der Kritik gestellt, mehrmals die Probe aufs Exempel gemacht und seinen Ansatz ständig weiterentwickelt. Mit bewundernswerter Akribie hat er seine Ideen ohne Unterlass verfeinert, sie in der Praxis ausprobiert und mit der umfangreich vorliegenden Forschungsliteratur konfrontiert. Entstanden ist so ein Buch mit einem reichen Fundus an Erfahrungen, an Wissen und Kompetenz, das eigentlich alles bietet, was man über das Thema Entscheidungen im Unternehmen wissen sollte. Geschrieben nicht nur verständlich und mit einer Fülle an Beispielen aus der Praxis, sondern auch verständnisfördernd illustriert.

Die Kunst einer guten Entscheidung bedeutet für Graf, das Zusammenspiel von Kognition, Intuition und Emotionen – genannt K-i-E – nicht nur anzuerkennen, sondern bewusst zu nutzen. Die Essenz seiner K-i-E Theorie ist darin zu sehen, dass die Handelnden

1. wissen, dass es zwei Entscheidungssysteme gibt: Intuition und Kognition, die untrennbar miteinander verbunden sind.
2. beide als funktionale Teile im Entscheidungsprozess wertschätzen, aber gleichzeitig auch voneinander unterscheiden können sowie
3. einen sicheren Zugang zur eigenen Intuition bekommen.

Sind diese Voraussetzungen erfüllt, so bedarf es nur noch der Anwendung der Entscheidungswerkzeuge, die im vorliegenden Buch rund um die vom Autor genannte K-i-E Skala vermittelt werden.

Ich wünsche den Leserinnen und Lesern bei der Lektüre viele positive Anregungen für bessere Entscheidungen, auch in ihrem persönlichen und privaten Umfeld, sowie dem Autor viel Erfolg bei seiner wichtigen Arbeit, Licht ins Dunkel einer guten Entscheidungsfindung im Unternehmen zu bringen.

Für die Zukunft wünsche ich mir weitere kreative Anwendungen der Kunst einer guten Entscheidung im bewussten Handeln; denn die Untrennbarkeit der beiden Entscheidungssysteme Intuition und Kognition sowie die Wirkung der Emotionen gilt gerade auch dort, wo wir es zunächst nicht vermuten.

Die mühelose Übertragung auf Entscheidungen in Unsicherheit und unter Zeitdruck in der medizinischen Praxis konnte Graf bereits im Therapeium – Zentrum für Natur- und Kulturheilkunde in Berlin – zeigen. Viele aktuelle Probleme können mit dem Verständnis, dass es die reine Kognition nicht gibt, sondern die Emotionen immer wirken, nicht nur besser gesehen, sondern auch gelöst werden. Die kalibrierten emotionalen Schleifen bergen das Risiko zur Eskalation gleichermaßen in Paarbeziehungen, auf gesellschaftlicher Ebene und in der Begegnung der Kulturen, wo allzu schnell Angst, Schuld, Hass und Aggression ausgelöst werden. Mit der Erkenntnis, dass Emotionen immer wirken, eröffnet sich die Chance, sich selbstwirksam aus dem Kampf zwischen den beiden Entscheidungssystemen zu befreien. Der Dualismus des cartesianischen Denkens kann verlassen werden und spirituelle Ansätze erhalten ein solides Fundament. So wird es für den Einzelnen möglich, zu einem Meister in der Kunst einer guten Entscheidung zu werden.

Prof. Dr. Hartmut Schröder

Lehrstuhlinhaber für Sprachgebrauch und Therapeutische Kommunikation an der Europa-Universität Viadrina, Frankfurt (Oder), Oktober 2017

Was das Buch bietet

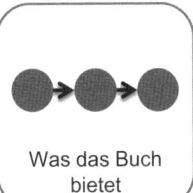
Was das Buch bietet

Liebe Leserin, lieber Leser,

wann ist eine Entscheidung gut? Diese scheinbar einfache Frage enthält zwei wesentliche Dimensionen: Zeit und Qualität. Gemeint sind die Dauer, um die Entscheidung herzustellen, und die Kriterien, um die Qualität zu beurteilen. Kann eine Entscheidung bereits zum Zeitpunkt der Entscheidung, ganz am Beginn der Umsetzung, oder erst, nachdem die Wirkung eingetreten ist, als gut oder schlecht erkannt werden?

Im unternehmerischen Alltag werden immer mehr und immer schneller Entscheidungen gefordert. Schnell gute Entscheidungen herzustellen, wird angesichts des sich rasant ändernden Umfelds immer mehr zu einer Frage des Überlebens, so wie es für den Menschen – evolutionär gesehen – schon immer war und wofür er mit seinen Entscheidungssystemen ausgestattet wurde. Wie wir unsere Welt sehen, sie interpretieren und danach handeln, wird maßgeblich von unserem Emotionssystem und den darin gebildeten neurologischen emotionalen Strukturen bestimmt und bei hoher Erregung dominiert.

Mit dem Menschen als unzuverlässigen Entscheider und den Forderungen, die sich daraus ableiten, beschäftigen sich die ersten zwei Kapitel.

Erstmals wird im zweiten Teil des Buchs eine ganzheitliche Theorie der Kognition, Intuition, Emotion (K-i-E) in fünf Kapiteln vorgestellt: das K-i-E Konzept – wie der Mensch funktioniert, die Theorie der Grundemotionen – was Menschen bewegt, die Theorie der Emotionslogik – wie Menschen bewegt werden, die Intuitionstheorie – wie der Mensch die Macht des Unbewussten nutzt, und die Kognitionstheorie – wie der Mensch bewusst entscheidet. Es wird deutlich: Zuerst agiert die Intuition als Ergebnis des Emotionssystems, anschließend das Kognitionssystem und abschließend wieder die Intuition. Die Entscheidungssysteme sind also untrennbar miteinander verbunden und die uralte Frage „Intuition oder Verstand?" ist beantwortet.

Die zentralen Aspekte der K-i-E Theorie bilden die Grundlage für die vorgestellten Entscheidungswerkzeuge, die K-i-E Tools, im dritten Teil. Die Werkzeuge können sowohl individuell und im Team angewendet als auch in einem Change-Prozess im Unternehmen implementiert werden.

Für die Akzeptanz der K-i-E Tools hat es sich in der Praxis als sehr hilfreich erwiesen, wenn alle wissen, wie der menschliche Entscheidungsprozess organisiert ist. So werden Wahrnehmungs- und Entscheidungsverzerrungen als natürlicher Effekt erkannt, dem mit den Tools entgegengewirkt wird.

Das Buch entfaltet seine ganze Kraft, wenn Sie es in der Reihenfolge lesen, wie es geschrieben wurde. Die K-i-E Tools sind sehr wirksame Entscheidungswerkzeuge, die viele Führungskräfte gerade deswegen sofort lernen und einsetzen wollen. Sie wirken jedoch kalt und mechanisch, wenn der emotionale und intuitive Hintergrund bei der Anwendung außen vor bleibt. Die K-i-E Theorie ist deshalb eine Voraussetzung, um die Tools souverän anzuwenden. Da die K-i-E Theorie umfangreich ist, wurde das Kapitel K-i-E für Schnelleinsteiger vor die K-i-E Tools eingefügt, um einen iterativen Einstieg möglich zu machen. Die zusammengefassten Kernaussagen geben dem Schnelleinsteiger die Möglichkeit, die K-i-E Tools in ihren Grundzügen zu verstehen und die folgenden Entscheidungswerkzeuge für sich und im Unternehmen anzuwenden.

Jeder Entscheidung geht eine Bewertung voraus und so bildet die K-i-E Skala als universelles und normiertes Bewertungssystem das Rückgrat aller K-i-E Tools. Mit der K-i-E Intuition kann jeder Einzelne lernen, seine Intuition zu erkennen, um sie in der Entscheidungsstrategie bewusst anzuwenden. Die zunehmende Komplexität und steigende Anzahl der Beteiligten erfordern es, dass alle befähigt werden, ihre individuellen Fähigkeiten in eine Entscheidung einzubringen. Die K-i-E Tools fördern die Entwicklung dieser Kompetenz, sodass Entscheidungen sicher und zeitnah hergestellt werden. Die gemeinsam getragene Entscheidung, die im Commitment-Prozess hergestellt wird, qualifiziert sich als die überlegene Entscheidungsart im Unternehmen anstelle der autoritären, partizipativen oder demokratischen Entscheidungen.

Gemeinsam getragene Entscheidungen sind der Weg aus dem von den agilen Methoden geschaffenen Führungsdilemma zwischen bestehender tradierter Führung und Arbeiten auf Augenhöhe. Mit ihm erhalten die führungslos gewordenen agilen Teams einen schützenden Prozess, der unterstützt und gleichzeitig in die Pflicht nimmt. Die operative Lücke der agilen Methoden wird mit den K-i-E Tools, vor allem mit dem Güteprozess und dem Priorisierungsprozess, wirkungsvoll geschlossen. Die Kommunikations- und Entscheidungsprozesse, gerade wenn tradiertes und agiles Projektvorgehen aufeinandertrifft, bedürfen der Moderation, die mit den K-i-E Tools gemeistert wird.

Manager in tradierten Bereichen können nach wie vor an definierten Punkten der K-i-E Tools auf autoritäre, partizipative oder demokratische Entscheidungen zurückgreifen.

Der im letzten Kapitel vorgestellte integrative Führungsstil, die Anwendung der K-i-E Tools, schafft eine stabile Brücke zwischen den Bereichen und kann in beiden als überlegener Stil angewendet werden. Er ist nicht mit einer evolutionären Weiterentwicklung aus den bestehenden Stilen zu erreichen. Deren Begrenzung erfordert einen Paradigmenwechsel, eine disruptive Innovation, die die Qualitäten der tradierten Stile in den integrativen Führungsstil aufnimmt und gleichzeitig deren Einschränkungen eliminiert.

Mit diesem Werk erhalten Sie das nötige Rüstzeug, um Ihre Entscheidungen zu gemeinsam getragenen zu machen. Die Werte Offenheit, Fokus, Mut, Augenhöhe und Commitment sind als Design-Merkmal in den K-i-E Tools eingebettet. Zufriedenheit und Motivation entwickeln sich von selbst, einfach weil es gelingt, gute Entscheidungen gemeinsam herzustellen. Der Druck auf die Führungskräfte nimmt ab und wandelt sich zu einer neuen Entscheidungs- und Unternehmenskultur.

Ich wünsche Ihnen viel Freude bei der Lektüre und ein erfolgreiches Umsetzen der Theorie bei der Anwendung der Entscheidungswerkzeuge.

Richard Graf, Königstein im Taunus, Januar 2018

Inhalt

Die Grundlagen 1

1 Entscheidungsprozesse verstehen und steuern 3
   1.1 Die gute Entscheidung als Ziel 4
   1.2 Konzept als Voraussetzung 18
   1.3 Verständnis als Bedingung 23
   1.4 Fazit 24

2 Anforderungen an ein Entscheidungsmanagement 27
   2.1 Die Ausgangssituation in Unternehmen 27
   2.2 Werte aus den agilen Methoden integrieren 31
   2.3 Gruppenkompetenz aktivieren 35
   2.4 Entscheidungsphänomene berücksichtigen 36
   2.5 Vielfalt fördern 36
   2.6 Den Menschen als unzuverlässigen Entscheider berücksichtigen .. 38
   2.7 Algorithmen gezielt einsetzen 40
   2.8 Grenzen der statistischen Voraussage kennen 42
   2.9 Heuristiken nutzen 43
   2.10 Die Intuition bewusst einsetzen 44
   2.11 Designvorgaben an ein zukunftsfähiges Entscheidungsmanagement 45
   2.12 Über die rationale Logik hinausgehen 46
   2.13 Die Logik des Irrationalen kennen 48
   2.14 Fazit 52

Die K-i-E Theorie 53

3 Wie der Mensch funktioniert – das K-i-E Konzept 55
   3.1 Konzept mit mehreren Systemen 55
   3.2 Was der Libet-Versuch sagt 60
   3.3 Wie kommen zwei Entscheidungssysteme zu einer einzigen Entscheidung? 66
   3.4 Die Entscheidungssysteme klug nutzen 68
   3.5 Parallelverarbeitung 74
   3.6 Man kann sich erinnern, ohne sich zu erinnern 77
   3.7 Die klassische Einteilung der Gedächtnisse 80
   3.8 Die unterschiedlichen Entscheidungsformen 81
   3.9 Das kohärente Weltbild 86
   3.10 Gedanken kreisen 88
   3.11 Die Merkmale der Entscheidungssysteme 90
   3.12 Fazit 92

4 Die Theorie der Grundemotionen – was Menschen bewegt 93
   4.1 Emotionen sind nicht das, was sie zu sein scheinen 93
   4.2 Die Ausdrucksformen der Emotionen 95
   4.3 Wie Emotionen entschleiert werden 98
   4.4 Emotionen sind untrennbar mit Entscheidungen verbunden 102
   4.5 Gefühle 104
   4.6 Warum Emotionen weder gut noch schlecht sind 110
   4.7 Die Motive des Emotionssystems sind fest vorgegeben 111
   4.8 Evolutionäre Entwicklung der Grundemotionen in der K-i-E Theorie 113
   4.9 Soziale Emotionen 124
   4.10 Fazit 131

5 Die Theorie der Emotionslogik – wie Menschen bewegt werden 133
   5.1 Zusammengesetzte Emotionen gestalten unser Leben 133
   5.2 Emotionen wirken immer in einer festen Sequenz 135

5.3 Die Emotionslogik führt zu komplexem Verhalten 139
5.4 Emotionen sind neuronale emotionale Programme 142
5.5 Komponenten der Emotionslogik 144
5.6 Die Autonomie der Emotionslogik 146
5.7 Wann kommen die Gefühle ins Spiel? 150
5.8 Wie lernt das Emotionssystem? 152
5.9 Wie das Emotionssystem in einer determinierten Zeit entscheidet 162
5.10 Selbstorganisation der Emotionslogik 168
5.11 Fazit 168

6 Die Intuitionstheorie – die Intelligenz der Intuition bewusst nutzen **171**

6.1 Was ist Intuition? 171
6.2 Wie sich die Intuition zeigt 174
6.3 Bewusstsein macht die Intuition erst wahrnehmbar 175
6.4 Wie die Transaktionsanalyse von Berne zu komplettieren ist 176
6.5 Die Konzepte von Philon, C. G. Jung, Milton Fisher und Kadanoff . . 177
6.6 Kann die Erklärung der Intuition so einfach sein? 178
6.7 Nutzen und Risiko von Experten stringent erklärt 179
6.8 Die Intuition ist keine innere Stimme 181
6.9 Wie der Mensch die unaufgeforderte Intuition erkennt 182
6.10 Die aufgeforderte Intuition 184
6.11 Warum die Intuition in jeder Entscheidung wirkt 191
6.12 Die Intuition kennt keine Grenzen 192
6.13 Weder Intuition noch Kognition allein sind verlässlich 194
6.14 Das Ende der reinen Vernunft 195
6.15 Kann Intuition geschult und gelernt werden? 195
6.16 Fazit 196

7 Die Kognitionstheorie – wie der Mensch bewusst entscheidet **197**

7.1 Die bewusste Entscheidung 197
7.2 Die Untrennbarkeit der Entscheidungssysteme 208

7.3 Die bewussten Entscheidungen ... 219
7.4 Freies Verhalten und freies Entscheiden ... 226
7.5 Die rationale Entscheidung ... 236
7.6 Fazit ... 243

Die Tools ... **245**

8 **Das Wichtigste zu Emotion, Intuition und Kognition – für Schnelleinsteiger** ... **247**
8.1 Kurzgefasst ... 248
8.2 Die K-i-E Theorie – kognitiv, intuitiv, emotional ... 249
8.3 Wie der Mensch funktioniert – das K-i-E Konzept ... 249
8.4 Die Emotionstheorie – was Menschen wie bewegt ... 250
8.5 Die Intuitionstheorie – die Intelligenz der Intuition bewusst nutzen ... 257
8.6 Die Kognitionstheorie – wie der Mensch bewusst entscheidet ... 258
8.7 Eignung der Entscheidungssysteme ... 261
8.8 Anwendungsbereich ... 262
8.9 Best Practice ... 266
8.10 Fazit ... 266

9 **Ein normiertes Bewertungssystem – intuitiv und kognitiv** ... **267**
9.1 Kurzgefasst ... 268
9.2 Die K-i-E Skala – universell und akzeptiert ... 268
9.3 Design-Merkmale ... 269
9.4 Die Bewertungen ... 284
9.5 Prozessmerkmale ... 287
9.6 Team-Anwendungen ... 292
9.7 Agile Werte und das Bewertungssystem ... 295
9.8 Merkmale in der Praxis ... 296
9.9 Anwendungsbereich ... 298
9.10 Best Practice ... 299
9.11 Fazit ... 299

10 Die Ressourcen-Frage – nimmt alle für die Lösung in die Pflicht 301
- 10.1 Kurzgefasst 301
- 10.2 Die K-i-E Ressourcen-Frage – verpflichtend zielorientiert 302
- 10.3 Die vier Elemente der Ressourcen-Frage 305
- 10.4 Anwendungsbereich 309
- 10.5 Best Practice 310
- 10.6 Fazit 310

11 Die Intelligenz der Intuition bewusst nutzen 311
- 11.1 Kurzgefasst 312
- 11.2 Die K-i-E Intuition – schnell und präzise 312
- 11.3 Erlernen und wahrnehmen 320
- 11.4 Der Untrennbarkeit Respekt zollen 326
- 11.5 Anwendungsbereich 327
- 11.6 Best Practice 328
- 11.7 Fazit 329

12 Sicher entscheiden im Dreiklang von Intuition-Kognition-Intuition 331
- 12.1 Kurzgefasst 331
- 12.2 Die K-i-E Entscheidungsstrategie – bewusst und entschlossen 332
- 12.3 Anwendungsbereich 340
- 12.4 Best Practice 341
- 12.5 Fazit 341

13 Der Güteprozess – gemeinsam akzeptierte Qualität herstellen 343
- 13.1 Kurzgefasst 343
- 13.2 Der K-i-E Güteprozess – intelligent selbstregulierend 344
- 13.3 Der Güteprozess – Anpassungen im Design 353
- 13.4 Der Güteprozess – seine Design-Merkmale 356
- 13.5 Anwendungsbereich 360

13.6 Best Practice ... 361
13.7 Fazit ... 362

14 Der Commitment-Prozess – gemeinsam getragene Entscheidungen herstellen ... 363

14.1 Kurzgefasst ... 364
14.2 Der K-i-E Commitment-Prozess – gemeinsam getragen ... 365
14.3 Wie wird eine gemeinsam getragene Entscheidung hergestellt ... 368
14.4 Schritt 1 – Herstellung der Voraussetzungen ... 369
14.5 Schritt 2 – Commitment für das Verständnis ... 372
14.6 Schritt 3 – erstes Commitment für das Projekt selbst ... 375
14.7 Schritt 4 – Herausholen der Vorbehalte ... 377
14.8 Schritt 5 – Transformation in Maßnahmen ... 381
14.9 Schritt 6 – Commitment mit Maßnahmen ... 385
14.10 Schritt 7 – gemeinsam getragene Entscheidung ... 387
14.11 Anwendungsbereich ... 389
14.12 Best Practice ... 390
14.13 Fazit ... 391

15 Der Priorisierungsprozess – gemeinsam getragene Auswahl und Reihenfolge ... 393

15.1 Kurzgefasst ... 394
15.2 Der K-i-E Priorisierungsprozess – robust und fokussiert ... 395
15.3 Phase 0: Anpassung des Standarddesigns ... 397
15.4 Phase I – gemeinsames Verständnis herstellen ... 402
15.5 Phase II – offene Bewertung ... 405
15.6 Phase III – gemeinsame Priorisierung ... 408
15.7 Phase IV – Reihenfolge der Themen ... 412
15.8 Struktur des Gedanken-Zyklus ... 415
15.9 Anwendungsbereich ... 416
15.10 Best Practice ... 417
15.11 Fazit ... 417

16 Das Motivationsdreieck – drei Dimensionen für den Erfolg ... 419
- 16.1 Kurzgefasst ... 419
- 16.2 Das Motivationsdreieck – klar und pragmatisch ... 420
- 16.3 Anwendungsbereich ... 424
- 16.4 Best Practice ... 425
- 16.5 Fazit ... 425
- 16.6 Das Motivationsdreieck – wie es wirkt ... 426

17 Agile – empowers People ... 435
- 17.1 Kurzgefasst ... 436
- 17.2 Agile – gemeinsam befähigt ... 436
- 17.3 Wie Scrum entstand ... 437
- 17.4 Die unternehmerische Wirklichkeit ... 441
- 17.5 Tradierte und Agile zusammen erfolgreich ... 443
- 17.6 Anwendungsbereich ... 445
- 17.7 Best Practice ... 446
- 17.8 Fazit ... 446

18 Der Master of K-i-E – die Prozesstreue wahren ... 447
- 18.1 Kurzgefasst ... 447
- 18.2 Der Master of K-i-E – klar und prozesstreu ... 448
- 18.3 Anwendungsbereich ... 450
- 18.4 Best Practice ... 450
- 18.5 Fazit ... 450

19 Der integrative Führungsstil – die besten Ideen koordinieren ... 451
- 19.1 Kurzgefasst ... 452
- 19.2 Der integrative Führungsstil – gemeinsam und verantwortlich ... 453
- 19.3 Besonderheiten ... 458
- 19.4 Die fatale Dynamik zwischen Bedenkenträger und Erfolgserzwinger ... 460

    19.5 Warum Entscheidungen immer schwieriger herzustellen sind .. 464

    19.6 Ein Paradigmenwechsel 469

    19.7 Anwendungsbereich 469

    19.8 Best Practice 470

    19.9 Fazit 471

Literatur 475

Stichwortverzeichnis 483

Nachwort 489
Wie K-i-E begann 489

Wie es weitergeht 491

Danksagung 493

Der Autor 495

TEIL 1

Die Grundlagen

1 Entscheidungsprozesse verstehen und steuern

Entscheidung

„Es gibt keinen Ersatz für das Gefühl, das Richtige getan zu haben."

Gute Entscheidungen sind die Voraussetzung für Erfolg. Sie sind der erste Schritt auf dem Weg, damit Unternehmen die externen wie internen Herausforderungen bewältigen.

Die Klarheit darüber, was gute Entscheidungen auszeichnet und wie sie hergestellt werden, erlaubt erst den Aufbau einer neuen Entscheidungskultur.

Sie erfordert das Wissen über den menschlichen Entscheidungsprozess. Erst dann werden Führungskräfte souverän gute Entscheidungen herstellen und dysfunktionale Entscheidungen vermeiden. Sich neues Wissen anzueignen, lohnt die Mühe. Es erfordert die Bereitschaft, vermeintliche Gewissheiten in Frage zu stellen, damit die Offenheit entsteht, Neues zu erfahren und zu lernen.

Das so gewonnene Verständnis über menschliche Entscheidungsprozesse erlaubt die flexible Anwendung und das eigenverantwortliche Design neuer Entscheidungswerkzeuge.

Jede gute Geschichte beginnt mit einer Entscheidung.

Gute Entscheidungen führen zu einem Commitment bei Mitarbeitern, Führungskräften und allen Beteiligten. Das Gefühl, zur Gemeinschaft derer zu gehören, die das Richtige tun, erfüllt alle mit tiefer Befriedigung.

1.1 Die gute Entscheidung als Ziel

Das Herstellen guter Entscheidungen sollte zum Handwerkszeug jeder Führungskraft gehören, damit sie ihre Ziele sicher erreicht. Unternehmerische Entscheidungen müssen gleichermaßen dem Schutz des Unternehmens dienen und die Einflussnahme sicherstellen, damit Risiken vermieden sowie Chancen erkannt und umgesetzt werden. Darüber hinaus müssen sie einem komplexen Netzwerk aus Prämissen, Rahmenbedingungen sowie Regeln genügen und an der Vision, der Mission und den daraus abgeleiteten Werten des Unternehmens ausgerichtet sein.

Die gängigen Kriterien sind nur bedingt geeignet, um eine Entscheidung zu beurteilen. Sie orientieren sich daran, wie weit das gesteckte Ziel erreicht wurde, die Kriterien der rationalen Entscheidung erfüllt wurden oder die Governance eingehalten wurde.

Wann weiß man, ob die Entscheidung gut war? Diese Frage wäre in der Rückschau leicht zu beantworten, wenn das Ziel oder die beabsichtigte Wirkung erreicht wurde. Diese Definition ist aber unbefriedigend und liefert die gewünschte Sicherheit viel zu spät.

Eine gute Entscheidung kann bereits mit einer gewissen Sicherheit zum Entscheidungszeitpunkt gemessen werden: und zwar durch die Anzahl der Prozessbeteiligten, die die Entscheidung gemeinsam tragen und ihr nicht lediglich zustimmen. Auch die genutzte Gruppenkompetenz und das eingeflossene und notwendige Expertenwissen zeigen eine gute Entscheidung an.

 Um eine gute Entscheidung herzustellen, muss allen Beteiligten klar sein, worüber entschieden wird. Das gemeinsam akzeptierte Verständnis drückt dies bereits vor dem Erreichen der Entscheidung aus.

Eine gute Entscheidung stellt man in angemessener Zeit her. In vielen Unternehmen dauert das oft zu lange. Eine unangemessene Zeitdauer ist meist ein Hinweis für eine wenig erfolgversprechende Entscheidung. Die Alltagsweisheit „Gut Ding will Weile haben" hat ihre Berechtigung, wenn Themen reifen müssen, jedoch nicht, wenn Entscheidungen aus widersprüchlichen Interessen verzögert oder blockiert werden.

Eine Welt, deren Dynamik zunimmt, gibt der Dimension Zeit eine besondere Bedeutung. Sie erfordert zügige Entscheidungen, die einen beabsichtigten Einfluss auf das Ziel nehmen, bevor die Veränderung sie bereits überholt hat. Dafür müssen Entscheidungen vor allem zeitnah hergestellt, aber auch gleichzeitig die Maßnahmen auf kleinere Einheiten reduziert werden. Wurden noch vor wenigen Jahren Releases im Shoppingsystem im halbjährlichen Rhythmus freigegeben, so werden heute neue und korrigierte Funktionalitäten von modernen Online-Händlern täglich installiert.

Mit kleineren, in sich abgeschlossenen Schritten lässt sich die Zielerreichung feiner nachsteuern oder gegebenenfalls das Ziel selbst nachjustieren.

Das Wirken aller Mitarbeiter und guter Führungskräfte sollte sich am Wohle des Unternehmens, der Belegschaft und der gesellschaftlichen und politischen Einbindung orientieren.

1.1.1 Beabsichtigte Wirkung erreichen

Eine gute Entscheidung setzt einen Prozess in Gang, der zeitlich später eine gute Wirkung zeigt. Wenn alle an einem Strang ziehen und auf ein gemeinsames Ziel ausgerichtet sind, ist die Chance hoch, dieses Ziel zu erreichen. Dieses drückt sich in einem Entscheidungsprozess aus, der am Ziel und der daraus resultierenden Wirkung orientiert ist.

Eine unternehmerische Entscheidung zielt auf eine Umsetzung, an der immer mehrere beteiligt sind. Governance bei Banken einzuführen, scheint wie eine gute Entscheidung. Die wiederholten Strafzahlungen zeigen jedoch, dass die Umsetzung nicht von allen mitgetragen wurde. Das Mittragen als Teil der Entscheidung zeichnet eine gute Entscheidung aus.

Jeder Handlung geht eine Entscheidung voraus, sei sie nun bewusst getroffen oder durch Prozesse ausgelöst, die dem Bewussten nicht zugänglich sind. Handlungen im unternehmerischen Umfeld sind Maßnahmen, die nach innen ins Unternehmen wirken oder nach außen in den Markt, um eine gewünschte Wirkung zu erreichen.

Eine Entscheidung ist nur einer von mehreren Schritten in einer Sequenz von Veränderungsprozessen, an deren Ende ein beabsichtigtes Ziel steht. Sie kann somit nicht isoliert betrachtet und auch nicht isoliert bewertet werden. Auch wenn Menschen glauben, die Entscheidung für den Kauf einer Aktie wäre der einzige Schritt, weil nach dem Kauf kein Einfluss mehr auf die Zielerreichung genommen werden kann, so greift diese Sicht zu kurz. Das Ziel ist ein angestrebter Gewinn oder der Schutz des Vermögens und beides kann auf unterschiedlichen Wegen erreicht werden. Der Kauf einer Aktie ist nur eine mögliche Umsetzung, um die gewünschte Wirkung zu erreichen.

Vor der Entscheidung steht ein Auslöser, der eine Entscheidung initiiert und eine Maßnahme forciert. Für den einen ist es der Blick auf ein Paar elegante Schuhe, der den Kauf motiviert, für den anderen ist der Blick auf das unterdurchschnittliche Wachstum dieses Modells im Umsatz-Reporting der Anstoß, die Produktionsplanung zu ändern. Bereits dem Auslöser das Gewicht zu geben, damit ein Rahmen für eine zukünftige Entscheidung aufgetan wird, ist eine Entscheidung. Beim Konsumenten entscheiden individuelle Motive, ob er sich die Schuhe leisten will. Der Unternehmer orientiert sich am Schutz und an der Chancennutzung für sein Unternehmen und entscheidet, ob er das Modell aus der Produktion nimmt. Dabei stehen oft Schutz zur Vermeidung des Risikos und Einflussnahme, um Chancen zu nutzen, im Widerspruch zueinander. Diese Polarität erschwert die Aufnahme des Entscheidungsprozesses und den Entscheidungsprozess selbst.

Nach dem Auslöser wird die Ist-Situation beschrieben und ein angemessenes Ziel definiert, das erreicht werden soll. Das anschließende Design von Maßnahmen trägt dem Rechnung, wo man steht und was notwendig ist, um das Ziel zu erreichen (Bild 1.1). Will man ein neues Produkt auf den Markt bringen, so muss zuerst das Produkt entwickelt und parallel die Fertigungsstraße dafür erstellt werden. Die Umsetzung aller Maßnahmen, damit das Ziel erreicht wird, hat naturgemäß einen höheren Stellenwert als die Entscheidung. Die Entscheidung, einen neuen Flughafen für Berlin zu bauen, war überfällig und richtig. Die Umsetzung war und ist offensichtlich nicht gelungen.

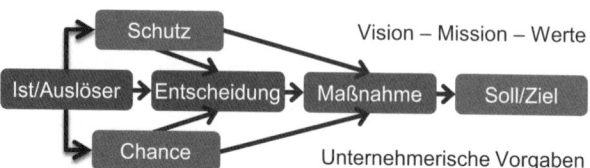

Bild 1.1 Rahmen für Entscheidungen

Das Wort „entscheiden" kommt aus dem Mittelhochdeutschen und bedeutet aussondern, bestimmen und ein juristisches Urteil fällen, weil der Entscheidungsträger mehrere Alternativen voneinander trennt. Es geht auf das germanische „skeidir" für Schwertscheide zurück, aus dem im Althochdeutschen der Wortstamm „sceidan" und dann „intsceidôn" wurde: „aus der Scheide ziehen" oder „trennen". Auch heute ist das noch die engere Bedeutung und Lehrmeinung einer Entscheidung: die Wahl einer Handlung, bei der mindestens eine Alternative ins Kalkül gezogen wurde, damit ein Ziel erreicht wird. Tradiertes Management leitet immer noch davon ab, dass ein Einzelner eine Entscheidung, seine Wahl, trifft. Der sprachliche Ursprung bringt nicht zum Ausdruck, dass an unternehmerischen Entscheidungen meist mehrere beteiligt und auch verantwortlich sind.

Manager fühlen sich verpflichtet, rationale Entscheidungen zu treffen, um ein bestimmtes Ziel zu erreichen. Dazu gehört zwingend, dass Alternativen betrachtet werden. Führungskräfte brauchen immer rationale Gründe, die als vernünftig gelten. Das fordert man von ihnen bereits vor und auch nach eingetretener, gelungener oder misslungener Wirkung. Dieser Anspruch führt zu einem mehrschichtigen Dilemma. Zum einen ist die unternehmerische Welt zu komplex, um wirklich begründbar Voraussagen zu erstellen. Zum anderen steht jeder Entscheider vor der Frage, folgt er seiner Intuition, die rational nicht erklärbar ist, oder folgt er einer rational darstellbaren Entscheidung. So wird auch erklärbar, warum das Wort Entscheidung so häufig in Verbindung mit Begründungen auftaucht und warum der Impuls, die eigenen Entscheidungen zu begründen, sehr stark ist.

Merkmale einer guten Entscheidung

- kann bereits zum Entscheidungszeitpunkt gemessen werden
- dass sie in angemessener Zeit hergestellt wird
- Ausrichtung auf die zu erreichende Wirkung und weniger auf die rationale Begründung
- ein gemeinsames Verständnis für den Bedarf einer Entscheidung
- eine gemeinsame Akzeptanz der Prämissen und Vorgaben
- dass sie konsequent am Ziel ausgerichtet ist und bleibt
- dass die Entscheidungen und die gewählte Maßnahme gemeinsam getragen werden
- lässt das Expertenwissen einfließen, indem die Experten in ihrem Kompetenzbereich in die Verantwortung genommen werden
- die Abkehr von idealisierten Führungsmodellen und Führungspersonen

Nicht immer ist sich das Management bewusst, dass die Entscheidung erst der Anfang ist und ihr Erfolg von der darauffolgenden Maßnahme und ihrer Umsetzung abhängt (Bild 1.2).

Bild 1.2 Die Wirkung hängt von der Entscheidung und der Maßnahme zur Umsetzung ab

Die Entscheidung für eine Cloud-basierte Vertriebssteuerung beispielsweise ist für viele Unternehmen eine gute Entscheidung. Die Umsetzung erfordert jedoch einen Change-Prozess, der alle Beteiligten einbindet, die Vorbehalte auflöst und die gewohnten und notwendigen Funktionalitäten abbildet. Erst wenn der Change-Prozess als die richtige Maßnahme gut aufgesetzt und umfassend umgesetzt ist, sichert er die beabsichtigte Wirkung mit einer transparenten Vertriebssteuerung. Sei es, um höhere Umsätze zu erzielen oder flexibler auf Veränderungen reagieren zu können.

Die „entschiedene" Maßnahme ist die Grundlage für die Umsetzung, um damit das Ziel zu erreichen.

Auch eine gute Entscheidung garantiert noch nicht die angestrebte Wirkung. In der Umsetzung der Maßnahmen, die meist durch andere zu leisten ist, liegt der weitaus größere Erfolgsfaktor für die Zielerreichung. Die Umsetzung erweist sich somit als der weitaus größere und erfolgversprechende Hebel. Eine gute Entscheidung mit einer breit getragenen Unterstützung aller Beteiligten in der Umsetzung wird leichter, schneller und sicherer zum Ziel führen als eine exzellente Entscheidung, die nicht getragen wird.

Die Dimensionen des Erfolgs bedingen sich gegenseitig:

- Die Anforderungen sollten so formuliert werden, dass die Umsetzer es gut machen können (Klarheit).
- Die notwendigen Ressourcen und die erforderliche Qualifikation sollten zur Verfügung stehen (Leichtigkeit).
- Es sollte eine zügige Laufzeit mit überschaubaren Einheiten geplant werden (Schnelligkeit).
- Es sollte in soliden Einheiten geplant werden, die zusätzlichen Aufwand minimieren oder ausschließen (Sicherheit).

So führt eine längere Laufzeit zu einem wachsenden Risiko und eine geringere Qualifikation erhöht sowohl das Risiko als auch die Dauer. Darüber hinaus ist die Qualität der Anforderungsbeschreibung, die aus der Entscheidung entsteht und in einer Maßnahme umgesetzt wird, der maßgebliche Faktor für die Zielerreichung. Sie beeinflusst die Dauer und Ressourcen genauso wie die Größe der Einheiten. Ist die Anforderung noch nicht klar genug beschrieben und kommuniziert, kann der Erfolg nicht erreicht werden, unabhängig von der Entscheidung.

Diese Dimensionen beeinflussen zum einen die Chance, dass der Erfolg überhaupt eintritt, und zum anderen die Projektgröße der Umsetzung. Die Summierung der Faktoren ist nicht mehr im Prozentbereich angesiedelt, sondern bewegt sich im Faktorenbereich zwei bis vier. Dieser enorme Hebel sollte ins Kalkül von Führungskräften einfließen. Damit verlagert sich der Fokus – nach der Entscheidung – mehr und mehr auf das Gelingen der Umsetzung.

 Gemeinsam getragene Entscheidungen integrieren erfolgskritische Themen für die Umsetzung bereits im Entscheidungsprozess.

1.1.2 Entscheidungen herstellen

Gute Entscheidungen können wie Autos in einem Produktionsprozess hergestellt werden. Dafür ist ein Entscheidungsprozess notwendig, der analog – wie bei der Fertigung – auf Standardmodellen aufbaut und zugleich ein flexibles Design für spezifische Herausforderungen bietet.

Das Herstellen von Entscheidungen gelingt, wenn der Entscheidungsprozess – die Art und Weise, wie die Gruppe Entscheidungen fällt – von der Person, die die Verantwortung trägt, getrennt wird. Der Unternehmensalltag zeigt, wie die enge Verzahnung und frühe Beeinflussung einer Entscheidung durch die Führungskraft zu zahllosen Fehl- und Nicht-Entscheidungen führen, aber auch zu Anomalien bei Entscheidern wie Machtmissbrauch und Ego-Trips. Die Dynamik wirkt gleichermaßen auf Entscheidungen wie auf Entscheider. Sie führt zu einer Abkehr von idealisierten Modellen des starken, charismatischen, heroischen und postheroischen Managers. Die Erkenntnis reift, dass es das Modell des guten Entscheiders nicht gibt und vielleicht gar nicht geben kann.

Der Einbau von manipulierter Software durch einen der größten Autobauer war nur von einem kleinen Kreis forciert. Mit Einbindung der Verantwortlichen in einen Entscheidungsprozess, der auch die Werte des Unternehmens gewährleistet, wäre das nicht geschehen.

Auch wenn heroische Unternehmenslenker mit zentraler Strategie für Klarheit gesorgt haben, so haben sie häufig mit Druck, Machtwillen, Schuldvermeidung und Rechthaberei ihre Unternehmen um ihre Zukunftsfähigkeit gebracht. Die schwindende Loyalität der Mitarbeiter war und ist eine konsequente Folge.

Der heroischen folgte zwangsläufig die postheroische Führung, die Unentscheidbarkeit akzeptiert und Ungewissheit wirken lässt. Sie stellt stärker den Prozess der Lösungsfindung in den Vordergrund, was aber zu lange dauert und häufig zu zweitbesten Entscheidungen führt. Der externe Blick von Beratern und Fachleuten für Alternativlösungen hat sich häufig als wenig neutral erwiesen und oft die Einzigartigkeit von Unternehmen übersehen.

Die alte Führung, wie sie noch der Wirtschaftswissenschaftler Peter F. Drucker formulierte, „the only definition of a leader is someone who has followers", ist Vergangenheit.

Der postheroische Führungsstil geht mit dem integrativen Führungsstil und robusten Entscheidungsprozessen in eine neue Entscheidungskultur über. Damit wird wieder schnell entschieden und gleichzeitig die Sicherheit mit den Beteiligten in der gemeinsam getragenen Entscheidung gefunden.

Ein integrativer Führungsstil mit einem eingeführten und akzeptierten Entscheidungsprozess bedient die Bedürfnisse von Teams genauso wie die von Individuen.

 Kriterien eines gelungenen Entscheidungsprozesses

- orientiert sich immer am Ziel
- eignet sich für traditionelle Führungsstrukturen wie für agile Teams, genauso für individuelle Entscheidungen
- ist robust und bewährt sich auch in kritischen Situationen
- wird offen und nachvollziehbar gestaltet und automatisch dokumentiert
- bindet die Intuition und Gruppenkompetenz ein und grenzt Emotionen nicht aus, sondern berücksichtigt sie angemessen
- beteiligt die wesentlichen Stakeholder und nimmt sie gleichzeitig in die Verantwortung
- kann eine große Anzahl Personen beteiligen, ohne dass die Geschwindigkeit unangemessen leidet
- wiederholbar und unabhängig vom Entscheider

Führungskompetenz im traditionellen Sinn wird gerne mit Führungsstärke verwechselt, mit der Kraft, eine Entscheidung alleine zu fällen. Dagegen zeigt sich echte Führungskompetenz in der Verantwortung, die besten Ideen aller zu koordinieren und zu einer gemeinsam getragenen Entscheidung zu führen. Der Führungsalltag sieht jedoch anders aus: Manager sind oft zufrieden, wenn sie in schwierigen Situationen – endlich – eine Entscheidung getroffen haben. Oft merken sie erst bei der Umsetzung oder beim Scheitern, dass es keine gute Entscheidung war. Diesem Risiko ist mit einem Entscheidungsprozess entgegenzuwirken.

Die Auswahl der Prozessbeteiligten ist dabei von entscheidender Bedeutung. Werden die Richtigen in die Verantwortung genommen, entstehen gute Entscheidungen von selbst. Häufig ist die Anzahl der Beteiligten zu hoch und gleichzeitig auch zu niedrig, wenn die Richtigen und Wichtigen fehlen. In jedem Fall ist ein robuster Prozess notwendig, um die oft widersprüchliche Ausgangssituation zu bewältigen.

Das Ziel und die dafür notwendigen Maßnahmen werden in einem zyklischen Prozess abgeglichen und ausgerichtet. Das ist das Herzstück eines Entscheidungsprozesses, in dem alle Kompetenzen gebraucht werden. Er sorgt dafür, dass die Expertise aller zur Entfaltung kommt.

Eine gute Entscheidung wird eben nicht zur Abstimmung vorgelegt, sie entsteht in einem geordneten Prozess. Dieser ist transparent und nachvollziehbar, wird automatisch dokumentiert und allen relevanten Beteiligten sowie allen Betroffenen sofort oder in angemessener Zeit zur Verfügung gestellt.

Er führt zu einem Kompetenzzuwachs bei Führungskraft und Mitarbeitern. Die agilen Werte Offenheit, Mut, Augenhöhe und Commitment werden vom Entscheidungsprozess als Ergebnis selbstwirksam hergestellt.

 Die Zusammenfassung aller Entscheidungsprozesse in einem Entscheidungsmanagement zeichnet modern geführte Unternehmen aus.

Führen selbst ist ein komplexer Vorgang. Führung heißt, Ziele zu setzen, Menschen für diese Ziele zu begeistern und für das Erreichen dieser Ziele zu sorgen. Die Führungskraft übernimmt die Steuerung und Verantwortung für Entscheidungsprozesse (Bild 1.3). Ein früher und wesentlicher Schritt auf dem Weg zu einer guten Entscheidung ist die Ausrichtung der Beteiligten auf ein Ziel. Der Kern besteht jedoch darin, eine Entscheidung herbeizuführen, die die Umsetzung in Gang bringt, für die sich die Verantwortlichen committet haben. Zu einem guten Entscheidungsprozess gehört unbedingt, dass Führungskräfte und Mitarbeiter ein Verständnis für den eigenen Geschäftsprozess entwickeln. Sie müssen im Entscheidungsprozess für ihren Beitrag zur Wertschöpfung in die Pflicht genommen werden.

Die Dynamik und die Komplexität der Herausforderungen erfordern die Mitwirkung aller, die etwas beitragen können. Eine gute Entscheidung entsteht aus dem kooperativen Zusammenwirken derer, die etwas beizutragen haben, und der Ausgrenzung derjenigen, die den Entscheidungsprozess verzögern, verwässern oder verhindern wollen.

Bild 1.3 Entscheidungsprozess für gemeinsam getragene Entscheidungen

Entscheidungen, die die gewünschte Wirkung verfehlen, lassen sich nicht gänzlich verhindern. Gerade deshalb sollten die Verantwortlichen weitreichende Entscheidungen nicht nur abnicken, sondern gemeinsam mittragen. Dann steigen die Chancen für den Erfolg.

1.1.3 Das Dilemma der rationalen Entscheidung

Unternehmen fordern, dass Entscheidungen rational getroffen werden. Das würde voraussetzen, dass sowohl die Ziele als auch der Entscheidungsprozess selbst rational sind. Diese Forderung verlangt zielgerichtet Entscheidungen, eine Kosten-Nutzen-Betrachtung, eine klare Struktur und Dokumentation. Das Design eines rationalen Entscheidungsprozesses ist mit diesen Vorgaben nicht wirklich möglich, da sich die Forderungen gegenseitig bedingen. Wenn gute rationale Entscheidungen ein Ziel haben sollen, erfordert die Festlegung des Ziels wiederum eine Entscheidung. Genauso erfordert die Priorisierung von Entscheidungen wiederum Entscheidungen, um festzulegen, wie dringlich und wichtig sie sind. Welche Maßnahmen anschließend umgesetzt werden und welche nicht, begrenzen die zur Verfügung stehenden Ressourcen. Die Festlegung der Reihenfolge erfordert bereits wieder eine Entscheidung (Bild 1.4 und Bild 1.5).

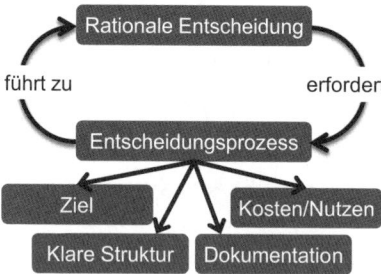

Bild 1.4 Die Definition einer rationalen Entscheidung erfordert einen zyklischen Prozess

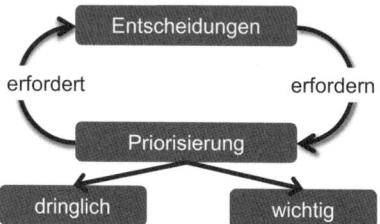

Bild 1.5 Die Priorisierung als Teil einer rationalen Entscheidung erfordert wieder eine Entscheidung

Das Dilemma rationaler Entscheidungen wird erkennbar, weil die vorgegebenen Kriterien dafür wieder eine Entscheidung voraussetzen. Der deutsche Industrielle und Außenminister Walther Rathenau formulierte schon Anfang des 20. Jahrhunderts das daraus entstehende Dilemma, aus dem Unvergleichbaren wählen zu müssen. Eine Entscheidung ist von einer Priorisierung zu unterscheiden. Eine Priorisierung bewertet unterschiedliche Themen und bringt jene, die umgesetzt werden, in eine Reihenfolge. Die rationale Entscheidung ist nur eine Sonderform der Priorisierung. Sie wählt am Ende das erste Thema aus, alle anderen werden verworfen. Eine Entscheidung für etwas, das keine Alternative hat, wäre damit nicht möglich.

Die anschließend erreichte Wirkung liegt darüber hinaus nicht vollständig in der Hand des Entscheiders und erfordert bei ihrer Bewertung wiederum eine Entscheidung.

Das Design von Entscheidungsprozessen lässt sich daran ausrichten, ob sie für einen Einzelnen und Teams geeignet sind. Dabei findet sich der Entscheider wieder in einem Zyklus, da der Einzelne vom Team beeinflusst wird und das Team auch von Einzelnen.

1.1.4 Auch eine Nicht-Entscheidung ist eine Entscheidung

Die Entscheidung, nichts zu tun, ist häufig ein bewusster Vorgang. Sobald ein Auslöser, etwa eine Unternehmenskennzahl oder eine Wettbewerbsinformation, wirkt, gibt es die

Nicht-Entscheidung genauso wenig wie die Nicht-Handlung. Die Nicht-Entscheidung ist die Entscheidung, nichts zu tun. Damit werden unter Umständen Chancen vergeben, aber die Entscheidung, nichts zu tun, kann auch Risiken minimieren. Die entgangenen Erlöse aus nicht genutzten Chancen, die Opportunitätskosten, sind jedoch nur eine theoretische Betrachtung. Zum einen entstehen Aufwände, die mit den Chancen abgewogen werden müssen, zum anderen warten bekannte und unbekannte Risiken, die meist schwer zu bewerten sind.

So muss die Aussage „lieber schlecht entscheiden als gar nicht entscheiden" genauer betrachtet werden. Ob nun eine Nicht-Entscheidung aus Entscheidungsschwäche oder bewusst als taktische und beste Alternative gewählt wird, ist weniger bedeutend. Es gilt in jedem Fall, auch diese Entscheidung zeigt eine Wirkung. Wie weit eine Chance vertan ist, ein Risiko nicht abgewehrt wurde oder eine geänderte Situation neue Handlungsoptionen bietet, ergeben die Rückschlüsse aus der Wirkung, die eine Bestätigung oder Korrektur erlauben. So ist die Nicht-Entscheidung einfach eine Entscheidung, die als solche betrachtet wird.

Die Nicht-Handlung kann aus einer Entscheidung, nicht zu handeln, herrühren, aber auch daher, dass der Auslöser, also die Notwendigkeit für eine Entscheidung, nicht wahrgenommen wurde. Wird der Auslöser als nicht bedeutend genug bewertet, handelt es sich auch hier um eine Entscheidung. Nicht wahrgenommene Auslöser können mit Kontroll-, Überwachungs- und Beobachtungssystemen erfasst werden.

Der Auslöser orientiert sich im Wesentlichen daran, das Unternehmen zu schützen oder Einfluss zu nehmen, damit Chancen genutzt werden. Er ist Initiator innerhalb und außerhalb des Unternehmens, der eine Entscheidungsfindung anstößt. Das gilt für alle Handlungen, für die Umsetzung einer Push-Kampagne genauso wie für die Einstellung eines neuen Qualitätsmanagers. Mit der Kampagne wird Einfluss genommen, um den Verkauf zu forcieren. Bei der Einstellung des Managers erhofft sich das Unternehmen Schutz durch weniger Beschwerden und Klagen, aber auch Chancen durch Kundenbindung und Einsparungen.

> Werden der Auslöser in einer Ist-Situation und das erwünschte Ziel zusammengefasst, ist der Rahmen für die Entscheidung mit der entsprechenden Maßnahme zur Umsetzung geschaffen.

1.1.5 Die Dynamik zwischen Entscheidung und Wirkung

Der Zeitpunkt der Entscheidung liegt naturgemäß vor dem Eintreten der Wirkung. Ob die Entscheidung die gewünschte Wirkung nach sich zieht, stellt sich erst später heraus. Die Welt ist zu komplex und die Prognosemodelle sind noch nicht ausreichend, um die Zukunft vorauszusagen. Damit ist es unmöglich, einen monokausalen Bezug zwischen der Entscheidung und der Wirkung herzustellen. Manchmal war im Nachhinein betrachtet die Entscheidung „richtig", aber die erwartete Wirkung wurde durch unvorhersehbare Ereignisse gemindert und auch verfehlt. So war es in einem Fall eine richtige Entscheidung, ein Angebot für ein Projekt zu machen und es bedarfsgerecht beim Kunden zu präsentieren. Der kurzfristige Vorstandswechsel führte aber dazu, dass das Projekt abgelehnt wurde und die Aufwände für den Angebotsprozess verloren waren und ein alternatives Projekt nicht bearbeitet wurde.

Ebenso geschieht das Gegenteil, die Entscheidung war „falsch", aber trotzdem tritt eine gute Wirkung durch ungeplante oder auch unbekannte Umstände ein. Nach der Einstellung einer Mitarbeiterin stellt sich heraus, dass ihre technischen Fähigkeiten nicht ausreichen, um die geforderte Qualität im Projekt herzustellen. Ihre Kommunikations- und fachlichen Kompetenzen, die im Einstellungsinterview überzeugten, werden aber in einem parallelen Projekt gebraucht und die Mitarbeiterin erhält eine entsprechend neue Aufgabe.

Leben gehorcht keiner statistischen Prognose, egal wie präzise das beschreibende Modell auch sein mag. Es werden immer Annahmen über die gegenwärtige Situation und die infrage kommenden Maßnahmen zur Einflussnahme getroffen. Die Prognose bildet nur ein mögliches Modell der Zukunft ab und berechnet anhand von Annahmen, mit welcher Wahrscheinlichkeit diese eintreten kann. Wie valide Annahmen und Berechnungsmodelle oft sind, zeigten die Wahlprognosen bei der US-Präsidentenwahl 2016 und dem Referendum der Briten zum Ausstieg aus der EU. Die kaum für möglich gehaltene Wahl von Donald Trump und die ebenfalls kaum für möglich gehaltene Mehrheitsentscheidung für den Brexit haben die Prognosemodelle trotz aufwendiger Technologie verfehlt. Zusätzlich beeinflussen in einer zyklischen Dynamik die Prognosen das Ergebnis.

Auch unternehmerische Prozesse sind komplex und zuweilen zu ungewiss, als dass man sie in einem vollständigen Modell abbilden könnte. Trotzdem sind mathematische Modelle ein wichtiger und notwendiger Bestandteil guter Entscheidungen und müssen daher in einen Entscheidungsprozess eingebunden werden.

> **!** Heuristiken oder Erfahrungswissen liefern auch in ungewissen Situationen eine Entscheidung, die jedoch ebenfalls unzuverlässig ist.

Darüber hinaus will man Einfluss nehmen, um gerade Fakten zum Nutzen des Unternehmens zu gestalten, wie etwa ein Produkt vom Markt zu nehmen oder es künstlich zu verteuern. Dies führt zu einem sich gegenseitig beeinflussenden Prozess. Das Unternehmen orientiert sich am Markt und will diesen gestalten. Der Markt verändert das Unternehmen und das Unternehmen gestaltet den Markt. Es herrscht eine zyklisch sich gegenseitig beeinflussende Dynamik zwischen Unternehmen und Markt.

Erst nach eingetretener Wirkung kann eine Entscheidung angemessen beurteilt und ein ursächlicher Zusammenhang zur Entscheidung hergestellt werden. Durch die Komplexität des Geschehens lässt sich jedoch nicht ohne Weiteres eine Wirkung ursächlich der getroffenen Entscheidung zuordnen.

Diese Problematik wird noch schwieriger, wenn die Güte einer Entscheidung nur am Ziel und nicht an der tatsächlichen Wirkung gemessen wird. Eine Kampagne mit einer Neukundenansprache kann dazu führen, dass unbeabsichtigt viele Bestandskunden auf ein günstiges Produkt wechseln und somit die intendierten Umsatzziele zwar erreicht werden, aber die Umsätze an anderer Stelle einbrechen.

Die Wirkung ist der Maßstab für die Bewertung, weniger die Entscheidung oder das Ziel. Eine Analyse der Entscheidung zusammen mit der erreichten Wirkung öffnet ein agiles Vorgehen, das eine Führungskraft und ein Unternehmen wachsen lassen.

Wird die intendierte Wirkung erreicht, wird sie gerne mit der Entscheidung in Verbindung gebracht. Der Erfolg wird monokausal der bewussten Entscheidung zugeordnet. Eine verfehlte Wirkung wird jedoch gerne mit anderen Einflussfaktoren begründet wie nicht vorhersehbare Entwicklungen, nicht ausreichende Prognosemodelle, zu wenig Daten, unvollständige Informationen, wenig konsequent umgesetzte Maßnahmen und irrationales Verhalten des Markts und von Menschen. Der Misserfolg wird also bereitwillig multikausal anderen Ursachen zugeordnet (Bild 1.6). Entscheider, wie fast alle Menschen, tendieren dazu, die Angst abzuwerten und die Schuld zu vermeiden.

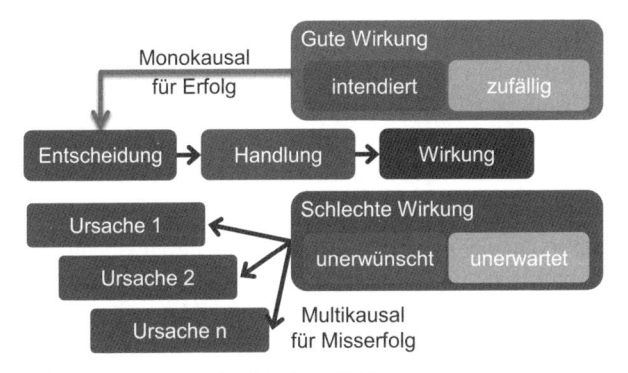

Bild 1.6 Begründung von guter und schlechter Wirkung

Die Wissenschaft nennt dieses Phänomen Rückschaufehler. Nach der eingetretenen Wirkung einer Entscheidung erinnern sich Menschen systematisch falsch an frühere Vorhersagen. Dabei werden die ursprünglichen Schätzungen in Richtung der tatsächlichen Ausgänge verzerrt.

So wie die Entscheidung die Wirkung beeinflusst, hat die Wirkung im Rückblick maßgeblich Einfluss auf die Bewertung der Entscheidung. Diese zyklische Dynamik erschwert den einfachen Blick auf die Bewertung von Entscheidungen.

1.1.6 Eine gute Entscheidung ist eine gemeinsam getragene Entscheidung

Der Zielkonflikt zwischen dem Schutz und der Chancennutzung für das Unternehmen und den persönlichen Konsequenzen für den Entscheider oder das Team setzt eine Dynamik in Gang, die in einem Entscheidungsprozess für eine gute Entscheidung berücksichtigt und gelöst wird. Können sich die Beteiligten, die eine hohe Abdeckung von unterschiedlichen Interessen gewährleisten, in den Entscheidungsprozess einbringen, ohne dass sie von „starken" Entscheidern dominiert werden, löst sich der Zielkonflikt. Dafür ist ein solider und robuster Entscheidungsprozess nötig, damit die Gruppendynamik die Entscheidung nicht verhindert oder Einzelne eine Entscheidung erzwingen oder blockieren.

Gute Entscheidungen sind sowohl für die Festlegung des Ziels als auch für die Beurteilung der Ausgangssituation sowie für die Maßnahmen von ausschlaggebender Bedeutung.

Gute Entscheidungen zeichnen sich vor Eintreten der Wirkung dadurch aus, dass sie in angemessener Geschwindigkeit hergestellt und von den Beteiligten gemeinsam getragen werden. Bei gemeinsam getragenen Entscheidungen werden relevante Faktoren für die erfolgreiche Umsetzung bereits in den Entscheidungsprozess verlagert. Die Erfolgsfaktoren sind primär eine hundertprozentige Beteiligung aller relevanten Mitarbeiter, die bewusste Nutzung der Intuition und die Integration der Gruppenkompetenz, manchmal Schwarmintelligenz genannt, bei gleichzeitig hoher Geschwindigkeit des Entscheidungsprozesses. Dieses Vorgehen zielt darauf, Sicherheit früh im Entscheidungsprozess herzustellen und Erfolgsfaktoren dafür zu nutzen.

Eine gemeinsam getragene Entscheidung kann von einem Team nach Zielen selbstorganisiert hergestellt werden. Genauso kann sie aus einer autoritär vorgegebenen Entscheidung oder auch durch eine Vorgabe entwickelt werden. Dafür gibt es drei mögliche Ausgänge:

- Alle Beteiligten tragen die autoritäre Entscheidung durch einen nachgelagerten Prozess gemeinsam, was zu einer höheren Erfolgswahrscheinlichkeit in der Umsetzung führt. Bei diesem Ausgang werden Führungskraft und Beteiligte bestätigt: Wir haben richtig entschieden.
- Die autoritäre Entscheidung wird durch einen nachgelagerten Prozess verbessert, was zu einer sicheren Zielerreichung führt. Bei diesem Ausgang lernen die Führungskraft und alle Beteiligten dazu.
- Die autoritäre Entscheidung wird nicht gemeinsam getragen. Durch den nachgelagerten Prozess weiß der autoritäre Entscheider, wer mitträgt, und kann entsprechende Maßnahmen ergreifen, damit doch noch ein Erfolg erreicht wird. Die Führungskraft muss ihre Schlüsse ziehen und die Beteiligten wissen, was auf sie zukommt.

Eine gemeinsam getragene Entscheidung ist keine Konsensentscheidung, diese würde zu lange dauern und die Lösungsszenarien zu sehr einschränken. Sie ist auch keine Mehrheitsentscheidung, die selten eine tragfähige Lösung herstellt, da sie mehr oder minder eine gescheiterte Konsensentscheidung darstellt und für die Minorität eine autoritär vorgegebene Entscheidung ist.

> **!** Im Entscheidungsprozess für eine gemeinsam getragene Entscheidung werden Bedenken und Bedenkenträger auf Augenhöhe als Qualitätssicherer integriert und in die Pflicht genommen.

So werden Vorbehalte und Hindernisse am Beginn eines Vorhabens und einer Entscheidung identifiziert und nicht erst am Ende, wenn schon viel investiert worden oder es bereits zu spät ist. Damit ist die Entscheidung mit dem höchsten angenommenen Kosten-Nutzen-Quotienten selten eine tragfähige Entscheidung, sondern diejenige, der von allen Beteiligten die höchste Erfolgswahrscheinlichkeit zugesprochen wird. Kooperative Führungskräfte und Mitarbeiter tragen eine gemeinsame Entscheidung nur dann, wenn sie von der Gruppe als erfolgversprechend gestaltet wurde. Die gewünschte Wirkung tritt dann ein, wenn alle Beteiligten auf ein Ziel mit einer gemeinsam getragenen Entscheidung ausgerichtet sind.

Die Entscheidung kann nach wie vor durch die Führungskraft getroffen werden, jedoch wird sie über einen verlässlichen Prozess hergestellt, dessen Einhaltung von einem Prozessverantwortlichen gesteuert wird.

> Bei dem hier vorgestellten Entscheidungsmanagement ist der Prozessverantwortliche der Master of K-i-E (K-i-E: Kognition, Intuition, Emotion). Diese Rolle kann die Führungskraft übernehmen, aber auch ein Mitarbeiter.
>
> Der Master of K-i-E verfügt über das entsprechende Methodenwissen, um einen Prozess für gemeinsam getragene Entscheidungen zu begleiten und zu moderieren. Die Entscheidung wird nicht mehr getroffen, sondern es werden die Fähigkeiten aller genutzt, die in ihrer Summe eine gute Entscheidung entstehen lassen.

Wenn keine gemeinsam getragene Entscheidung hergestellt werden kann, entscheidet die Führungskraft autoritär. Auch in diesem Fall steht das Wissen aus dem vorherigen Entscheidungsprozess der Führungskraft zur Verfügung. Mit diesem Wissen wird die Entscheidungsbasis der Führungskraft umfangreicher, weil sie über das Erfahrungswissen der Gruppe verfügt, und dadurch steigt auch die Kompetenz der Führungskraft.

Agile Methoden erzwingen einen neuen Führungstil

Agiles Denken und agile Arbeitsmethoden haben das Verständnis von Entscheidungen, Initiativen und Projekten an sich und unseren Umgang mit Mitarbeitern grundsätzlich erneuert.

> Agile Methodik ersetzt ein tradiertes autoritäres Führungsverständnis durch ein gleichberechtigtes und wertschätzendes Miteinander aller. In der agilen Arbeitswelt werden Entscheidungen selbstorganisiert hergestellt.

Gemeinsam getragene Entscheidungen erfüllen hier eine Doppelfunktion. Sie statten zum einen agile Methoden mit den fehlenden und notwendigen Entscheidungswerkzeugen aus. Erst damit schöpfen agile Teams ihre Leistungsfähigkeit voll aus. Zum anderen erleichtern sie die Entscheidungsfindung und unterstützen die Einführung von agilen Methoden im Unternehmen. Damit sind sie eine wesentliche Voraussetzung für eine gelungene digitale Transformation.

Gemeinsam getragene Entscheidungen haben eine noch höhere Bedeutung für konventionell-hierarchische Führungssysteme. Sie sind eine machtvolle Antwort auf zögerliche, konservative, zweitbeste, halbherzige und immer weniger gute Entscheidungen.

Eine besondere Bedeutung erwächst in Unternehmen, die agile Methoden eingeführt haben, an der Schnittstelle zwischen dem Fachbereich und den Umsetzungsteams. Damit ist faktisch eine neue Führungssituation auf Augenhöhe hergestellt, die im Widerspruch zur tradierten autoritären Entscheidung steht. Dieser zentrale und akute Engpass lässt sich mit einem soliden Entscheidungsmanagement, basierend auf gemeinsam getragenen Entscheidungen, auflösen.

Ein integrativer Führungsstil ersetzt alle partizipativen Ansätze durch eine echte gemeinsame Mitwirkung. Die tradierte autoritäre Entscheidung bleibt als Option erhalten.

> **Es gibt keinen Ersatz für das Gefühl, das Richtige getan zu haben.**
>
> *Wird durch eine Entscheidung ein gestecktes Ziel erreicht, so stellt sich Freude ein. Dieses spezifische Gefühl der Freude entsteht nur durch eine Entscheidung und die folgende Einflussnahme. Im Ziel sind tiefere Strukturen wie Motive und höhere wie Werte enthalten, die oft dem Bewussten nicht zugänglich sind. Wie weit sie erreicht werden, entzieht sich in letzter Konsequenz der Kontrolle.*
>
> *Wenn nun mit dem Ziel auch die eingebettete Wirkung eintritt, stellt sich eine tiefe Freude ein. Dieses ganz eigene Gefühl ist die Belohnung für die erreichte Wirkung, aber auch für das vermiedene Risiko, das der Akteur einging, als er sich entschied. Wurde die Wirkung bewusst intendiert, stellt sich eine besondere Freude ein, die sich wie Glück anfühlt.*
>
> *Was richtig war, zeigt sich erst später, wenn die Wirkung eingetreten ist.*
>
> *So gesehen und nur so, gibt es keinen Ersatz für dieses ganz spezifische Gefühl.*

1.2 Konzept als Voraussetzung

„*We cannot solve our problems with the same thinking we used when we created them.*"
Albert Einstein

Wenn Sie den Schraubverschluss einer Flasche Wasser öffnen, wird das bei ausreichender Kraft ohne bewusstes Zutun mühelos gelingen. Auch das Verschließen wird Sie vor keine Herausforderung stellen. Eine ähnliche Erfahrung werden Sie machen, wenn Sie eine Schraube in einen Dübel drehen wollen. Anders verhält es sich, wenn der Verschluss der Flasche zu fest sitzt. Sie werden kurz einhalten, dann überlegen und anschließend sich erinnern, dass die Drehrichtung beim Öffnen gegen den Uhrzeigersinn stattfindet und die Flasche sich genauso mühelos mit dem Uhrzeigersinn schließen lässt. Wenn Sie aber eine Gasleitung an einem Grill öffnen wollen, werden Sie mit dieser Methode auch bei größter Kraftanwendung scheitern und sich vielleicht maßlos ärgern, außer Sie verfügen über das Wissen, dass sich Gasgewinde nur im Uhrzeigersinn öffnen lassen. Wenn Sie zusätzlich wissen, dass die Ingenieure diese Designentscheidung bei Gasgewinden für Ihre Sicherheit trafen, um ein versehentliches Öffnen zu verhindern, werden Sie eher Wertschätzung als Ärger über diese Ingenieursleistung empfinden. Genauso wird Sie das Wissen über menschliche Entscheidungsprozesse unterstützen, gute Entscheidungen bewusst herzustellen.

Die Bedeutung der Zeichenkette „We Íôá¿¯HIëÐ'ºðr®˜sÎ€ 6ûÏÁŠwŒÔ{§..." von insgesamt 18.432 Zeichen kann von einem Menschen nicht erkannt werden (Bild 1.7). Ohne Konzept, ohne Bezug zu parallelen Beschreibungen eines Sachverhalts und ohne Werkzeug kann die Zeichenkette nicht interpretiert werden. Die Entschlüsselung der Keilschrift dauerte gut 300 Jahre und gelang nur durch die Erforschung verwandter Sprachen wie Sanskrit und den glücklichen Umstand paralleler Aufzeichnungen desselben in anderen Sprachen.

Auch mit aufwendigen Analyseverfahren und Einsatz von Computern mit großer Rechenleistung wäre es äußerst schwierig, wahrscheinlich unmöglich, aus der unverständlich erscheinenden Zeichenkette eine sinnvolle Information zu erkennen.

```
... ‹34šÉ"ŸABmÀCDÐ?<T"'‰¯ò ̄ÛÙÂ½ñÛ-VƒvwÒˆÉÔ0zÎš3ˆµg‚é0†vB
D8v„æ.Är‚;"sÂŠ ç6!ŽãõXÒíŒc–ží2•ÂxŽ8OEÄE«¨T"ž¹WH¢ƒºQ!OÈM2E
Ï ± Ö'Ê¤Ø§Ò‰ºDÄ¬—Î¤Xk'[au'ˆ5¬.2¦MæœLóXƒTEúTÊ3H£‚º!F„vjM;"p¥
JéÒb¿ BÕXèedÁ\P!¢#U*¤€iœ±Ø?dW1åEÁ¸V·#i`'í1ÞÃ*¦•æ,¶Ò)L3!0Bt(
DWª½4–"1‡qmÊ1Bús4FPk#¹ÁŸ"QŒÊD4³x_0†Ó)ê"pgGˆÄÑklàb,',î«q
ÆŽ¡Zc»ynñl¼>S ...
```
Zeichenkette mit insgesamt 18.432 Zeichen

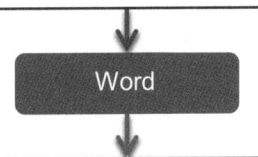

⬇

Word

⬇

„Erfolg beginnt damit, Gefühle zuzulassen, ohne dem Impuls zur Handlung zu folgen. Wenn Du nicht akzeptierst, was Du fühlst, kannst Du anschließend nicht steuern, was Du tust."

Bild 1.7 Die Entschlüsselung einer Zeichenkette gelingt nur durch ein Konzept

Nur das Programm Microsoft Word, das bereits existiert und die Zeichenkette erzeugt hat, kann die Zeichenkette mühelos interpretieren (Bild 1.7). Damit ist das Zitat für jeden, der diese „Logik" auf seinem Computer installiert hat, sofort zu lesen. Die Logik von Word besteht in einem Datenmodell, das der Software die Bedeutung der Zeichenkette ermöglicht. Nach diesem Verarbeitungsprozess der Erkennung und Interpretation kann sie auf jedem Bildschirm, Drucker oder sonstigen Endgerät dargestellt werden.

Anschließend folgt das Verständnis des Satzes *„Erfolg beginnt damit, Gefühle zuzulassen, ohne dem Impuls zur Handlung zu folgen. Wenn Du nicht akzeptierst, was Du fühlst, kannst Du anschließend nicht steuern, was Du tust."*

Dieses Beispiel zeigt, wie mit einem funktionalen Konzept und Werkzeug einer bedeutungslos erscheinenden Zeichenkette eine lesbare Form gegeben werden kann. So wird mit einem Konzept etwas leicht, was vorher schwer war.

Um die Bedeutung des Zitats zu erfassen, steht der Leser erneut vor einem Problem. Er hätte große Not zu entscheiden, ob das nun ein sinnvoller Spruch ist oder nicht. Der Sinn lässt sich nicht ohne Weiteres mit den gängigen Modellen der Psychologie oder Philosophie erschließen. Analog geht es einem Entscheider, er muss die Bedeutung von Aufgabenstellungen erkennen und bewerten, um eine Entscheidung zu treffen.

Das Zitat kann mit der Logik des K-i-E Konzepts interpretiert und damit verstanden werden. Das grundlegende Konzept liegt in diesem Fall in der Neuroarchitektur des menschlichen Gehirns, die vorgibt, in welcher Reihenfolge Verarbeitungsprozesse geschehen, und die Logik beschreibt die Art und Weise, wie die Gehirnsysteme eine Entscheidung als Vorstufe einer gelungenen Handlung verarbeiten.

Es beginnt mit dem sensorischen Stimulus (Bild 1.8). Er löst in Schritt (1) auf allen Sinneskanälen, zum Beispiel im Auge, einen optischen Reiz aus. Hier kann noch nicht von Sehen gesprochen werden oder von Informationen, die wahrgenommen wurden. Sowohl Wahrnehmen als auch der Begriff Information setzen eine Bedeutungsgebung voraus, die erst später in einer Parallelverarbeitung durch das Emotions- und Kognitionssystem erfolgt.

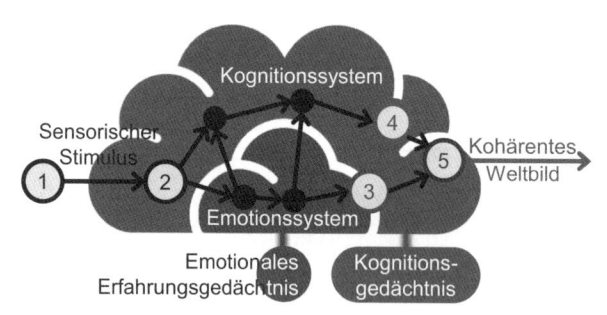

Bild 1.8 Das Zusammenwirken von Emotions- und Kognitionssystem erzeugt eine Entscheidung

Denn die Augen nehmen nur optische Reize ohne Bedeutung wahr. Mit dem Erfassen des optischen Stimulus durch die Augen beginnen nachfolgend parallel (2) und interagierende neurologische Prozesse der Wahrnehmung. Den zusammengeführten sensorischen Stimuli (visuell, auditiv, kinästhetisch, gustatorisch und olfaktorisch) wird im Wechselspiel zwischen dem Emotionssystem und dem Kognitionssystem eine Bedeutung gegeben.

Das Emotionssystem arbeitet unbewusst, das Kognitionssystem arbeitet in einigen Teilen bewusst und kann sinnlich wahrgenommen werden. So geben wir typischerweise der Kognitionsverarbeitung mehr Gewicht, allein weil sie bewusst zugänglich ist.

Erst wenn alle Schritte durchlaufen worden sind, kann von Wahrnehmung und Information gesprochen werden. Den Augen oder einem anderen Sinneskanal bereits in Schritt (1) Wahrnehmung und das Erkennen von Bedeutung zuzuschreiben, würde die Sicht auf die inneren Prozesse verstellen. Dem sensorischen Stimulus wird bereits in Schritt (3) im Emotionssystem, unabhängig von der bewussten Wahrnehmung, durch die schnelle Emotionslogik eine handlungsorientierte Bedeutung gegeben. Sie beeinflusst anschließend unbewusst die langsamere Verarbeitung im Kognitionssystem. Der Impuls aus dem Emotionssystem mit einem emotionalen Tenor kann jedoch in Schritt (3) bewusst wahrgenommen werden.

In Schritt (4) wird dem sensorischen Stimulus parallel im Kognitionssystem durch die langsame Kognitionslogik ebenfalls eine Bedeutung gegeben. Das Kognitionssystem produziert, besser prozessiert aus dem visuellen Stimulus eine bewusst erfahrbare visuelle Repräsentation, die als „inneres Bild" wahrgenommen wird.

Mit dem emotionalen Tenor aus dem Emotionssystem und dem bewusst wahrgenommenen Ergebnis des Kognitionssystems wird im abschließenden Schritt (5) ein kohärentes Weltbild hergestellt.

Eine Interpretation des Zitats *„Erfolg beginnt damit, Gefühle zuzulassen, ohne dem Impuls zur Handlung zu folgen"* gelingt mit dem erweiterten Wissen des K-i-E Konzepts.

Erfolg beginnt immer mit einer unbewussten oder bewussten Entscheidung, die eine Handlung nach sich zieht, die Nicht-Handlung sei hierbei eingeschlossen.

Der Impuls aus dem Emotionssystem kann nur als Gefühl wahrgenommen werden, um anschließend den Entscheidungsprozess zu unterbrechen. Dies erst gibt dem Entscheider die Chance, den Prozess mit rationalen Kriterien anzureichern. Damit ist nicht gemeint, dass gute Entscheider zu ausgesprochenen Gefühlsmenschen werden müssten. Es bedeutet nur, was jeder Entscheider bereits weiß und kann, das Gefühl zuzulassen, damit es als Signal identifiziert wird.

Würde man den Impuls ignorieren, würde man die intuitive Entscheidung ignorieren. Wie viele Entscheider wissen, stellt sich die intuitive Entscheidung im Nachhinein manchmal als die bessere, aber auch häufig als die schlechtere heraus.

Das Zitat bedeutet, dem Impuls nicht blind zu folgen, sondern die Intuition bewusst wahrzunehmen, um ihn anschließend in einen funktionalen Entscheidungsprozess zu integrieren (Bild 1.9).

> „Erfolg beginnt damit, Gefühle zuzulassen, ohne dem Impuls zur Handlung zu folgen. Wenn Du nicht akzeptierst, was Du fühlst, kannst Du anschließend nicht steuern, was Du tust."

K-i-E Konzept

> Das Emotionssystem erzeugt einen Handlungsimpuls, der meist mit einem unangenehmen Gefühl einhergeht, um das Kognitionssystem zu aktivieren. Der Impuls sollte mit dem Kognitionssystem überprüft und mit validem Wissen zu einer guten Entscheidung geformt werden, damit daraus eine gute Entscheidung hergestellt werden kann. Wenn man das unangenehme Gefühl nicht akzeptiert, kann man anschließend keine bewusste Entscheidung treffen.

Bild 1.9 Das K-i-E Konzept erschließt die Bedeutung, die dem Zitat innewohnt

Der zweite Teil des Zitats, *„wenn Du nicht akzeptierst, was Du fühlst, kannst Du anschließend nicht steuern, was Du tust"*, lässt sich genauso mühelos übersetzen.

Ohne die Akzeptanz des Gefühls, das den Impuls des Emotionssystems begleitet, ist der automatische menschliche Prozess nicht bewusst zu unterbrechen. Andernfalls würde ein automatischer Handlungsprozess ausgelöst, der nicht mehr zu steuern wäre.

Will eine Führungskraft bewusst steuern, was ihre Aufgabe ist, sollte sie den unbewussten Entscheidungsprozess unterbrechen und diesen anschließend als bewussten Entscheidungsprozess, der die Intuition und gegebenenfalls die Gruppenkompetenz integriert, fortsetzen. Dieser Prozess führt zu Entscheidungen und Maßnahmen, die die Chance für die unternehmerischen Ziele signifikant erhöhen.

Das unangenehme Gefühl beim misslungenen Öffnen einer Wasserflasche aktiviert das Kognitionssystem. Dadurch erinnern wir uns an die Drehrichtung gegen den Uhrzeigersinn und die Flasche ist jetzt leicht zu öffnen.

Genauso wirkt ein unangenehmes Gefühl während eines Entscheidungsprozesses, es versucht, die Kognition zu aktivieren. Bewusste Entscheidungen setzen ein Verständnis über die Wirkungsweise dieses Prozesses voraus, um Wissen in eine Entscheidung zu integrieren.

1.3 Verständnis als Bedingung

Entscheider und Führungskräfte brauchen ein grundlegendes Verständnis darüber, wie Menschen Entscheidungen treffen. Das Wissen sollte in einer verdichteten konzeptionellen und leicht verständlichen Form für alle zugänglich sein. Aus diesem Wissen lässt sich das Design von Entscheidungswerkzeugen ableiten (Bild 1.10). Entscheidungsmanagement einzuführen, verlangt selbst nach einer Entscheidung. Der Veränderungsdruck, hervorgerufen durch schwaches Entscheidungsmanagement, steigt erst dann, wenn Probleme, Schaden, Verluste oder Friktionen bereits eingetreten sind oder akut drohen. Vertrauen entsteht, wenn Entscheider eine vernünftige Begründung erhalten, wie sie diesen Herausforderungen begegnen können.

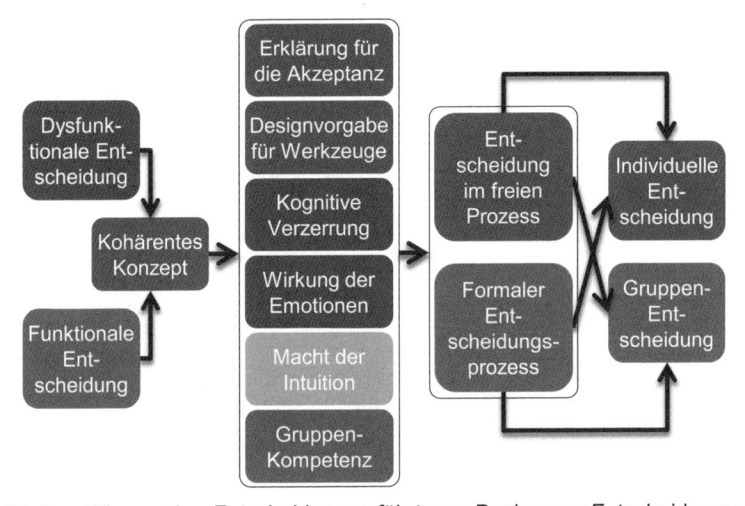

Bild 1.10 Das Wissen über Entscheidungen führt zum Design von Entscheidungswerkzeugen

Ein Konzept, das Kognition und Emotion gleichermaßen berücksichtigt, sollte sowohl die Scheu vor einem Change erklären und adressieren als auch den Weg zeigen, wie mit dem richtigen Entscheidungsmanagement der Einfluss von Entscheidern wächst, ihre Herausforderungen anzugehen: um Schaden abzuwenden und zugleich bekannte oder noch nicht erkannte Chancen zu nutzen.

Der Eingriff in das Entscheidungsmanagement eines Unternehmens ist eine heikle Sache. Dafür brauchen Manager ein solides Rüstzeug. Ein stringentes Konzept, das die Wirkmechanismen von Entscheidungsprozessen erklärt, liefert ihnen den sicheren Boden, dass sie Mut und Vorsicht entwickeln.

Ohne Erweiterung des Wissens über menschliche Entscheidungsprozesse können Entscheidungswerkzeuge zwar angewendet werden. Eine Anpassung der Werkzeuge an veränderte Situationen sowie das Design für neue Aufgabenstellungen wären jedoch schwierig und das Risiko einer mechanischen und lieblosen Anwendung würde steigen. Die Folge wäre eine geringe Akzeptanz der Werkzeuge und entsprechend würde das Potenzial nicht voll ausgeschöpft.

Das Design von Entscheidungsprozessen erfordert ein höheres, aber fest umrissenes Wissen, um eine gewünschte Wirkung zu erreichen. Als gute Orientierung gilt:

- nicht zu viel, sonst wird es theoretisch und lenkt von dem ab, was Führungskräfte zu tun haben: entscheiden,
- nicht zu wenig, sonst besteht die Gefahr, dass die Chance für gute Entscheidungen verpasst und die Kompetenz als Führungskraft geschwächt wird,
- ein neues Konzept, das im Widerspruch zu tradiertem Wissen steht, ist anfangs schwer zu akzeptieren.

Wenden Führungskräfte ihr Wissen über das Zusammenspiel von Kognition, Intuition und Emotion bei ihren Entscheidungswerkzeugen an, werden sie in der Lage sein, virtuos auf die Herausforderungen zu reagieren und die Unternehmen mit gemeinsam getragenen Entscheidungen in die Zukunft zu führen.

1.4 Fazit

Gute Entscheidungen können Menschen in einem soliden Prozess nachvollziehbar und wiederholbar herstellen. Ihre Güte kann bereits zum Entscheidungszeitpunkt gemessen werden, anhand der Anzahl aller relevanten Beteiligten, die die Entscheidung gemeinsam tragen. Eine gute Entscheidung initiiert eine Maßnahme, die zeitlich später die erwünschte Wirkung erreicht.

Gemeinsam getragene Entscheidungen schaffen eine hundertprozentige Beteiligung, integrieren die bewusste Nutzung der Intuition und der Gruppenkompetenz bei gleichzeitig hoher Geschwindigkeit des Entscheidungsprozesses. Sie eignen sich gleichermaßen für eine tradierte autoritäre und für die selbstorganisierte agile Arbeitswelt. Damit sind sie die Basis eines neuen integrierten Führungsstils, der alle partizipativen Ansätze durch eine echte gemeinsame Mitwirkung ersetzt. Die tradierte autoritäre Entscheidung bleibt als Option erhalten.

In der Umsetzung nach der Entscheidung liegt der weitaus größere Hebel für die Zielerreichung.

Um ein Unternehmen agil auszurichten und die digitale Transformation zu bewältigen, empfiehlt es sich, ein gemeinsam getragenes Entscheidungsmanagement für alle Bereiche zu designen, einzuführen und zu verstetigen. Der größte Erfolg wird erreicht, wenn in der Führungsebene begonnen wird.

Gute Entscheidungen lassen sich herstellen, wenn Entscheider verstehen, wie der menschliche Entscheidungsprozess abläuft. Dieses Wissen ist die Grundlage für die hier vorgestellten und beliebig anzupassenden Entscheidungswerkzeuge.

> **We cannot solve our problems with the same thinking we used when we created them.**
>
> *Mit dem Wissen über Entscheidungsprozesse wird eine neue Ebene erreicht, auf der ungeahnte Lösungen möglich sind, die bisher nicht zu denken und umzusetzen waren.*
>
> *Ein blockierender Bedenkenträger kann schwerlich mit Schwächung seiner Bedenken oder mit Argumenten überzeugt werden. Wechselt man die Ebene und berücksichtigt die Wirkung der Emotionen, gelingt die Lösung mühelos. Die Angst strebt nach Sicherheit und wenn das Risiko nicht gemindert wird, blockiert die Angst den Bedenkenträger und er das Vorhaben. Findet man Maßnahmen, die das Risiko absichern, wird der Bedenkenträger das Vorhaben mittragen.*

2 Anforderungen an ein Entscheidungsmanagement

Anforderungen

„Wer hohe Türme bauen will, muss lange am Fundament verweilen."
Anton Bruckner

> Ein modernes Entscheidungsmanagement erfordert eindeutige und einfach anwendbare Entscheidungsprozesse. Aus den Anforderungen der Unternehmen im 21. Jahrhundert lässt sich ableiten, welche Prozesse ein modernes Entscheidungsmanagement umfassen muss.
>
> Die Summe der Herausforderungen ergibt die Orientierung, wie zukünftige Entscheidungsprozesse entworfen, umgesetzt und in Unternehmen eingeführt werden müssen. Ein prozessorientiertes Entscheidungsmanagement macht das Entscheiden in Unternehmen für Führungskräfte und Mitarbeiter sicher, schnell und nachvollziehbar.

2.1 Die Ausgangssituation in Unternehmen

In Unternehmen wird überwiegend konservativ entschieden. Es werden immer mehr zweitbeste Entscheidungen, dafür immer weniger gute Entscheidungen getroffen. Die Entscheidungsprozesse dauern zu lange und sie werden nicht gemeinsam getragen, was oft zu halbherziger Umsetzung führt, die dann die gewünschte Wirkung verfehlt. Dieses schwache Momentum gilt auch für gute autoritäre Entscheidungen, die im Umsetzungsprozess die intendierte Wirkung verlieren. So geben häufig die Beteiligten nicht ihr volles Engagement in der Umsetzung, was Vorhaben behindert und zuweilen scheitern lässt.

Die unternehmerische Welt wird komplexer, sie verändert sich zunehmend schneller, sie wird mehrdeutiger und weniger vorhersagbar und es werden immer mehr Personen an den Entscheidungsprozessen beteiligt. Vorangetrieben wird dieser Trend vor allem durch die Digitalisierung als Megatrend, der nahezu alle Geschäftsmodelle erreicht. Eine Erscheinung daraus ist die VUKA-Welt mit zunehmender Volatilität, Unsicherheit, Komplexität und Ambiguität in disruptiven Märkten, eine andere die sogenannten postfaktischen Aussagen und Verhaltensweisen (Bild 2.1).

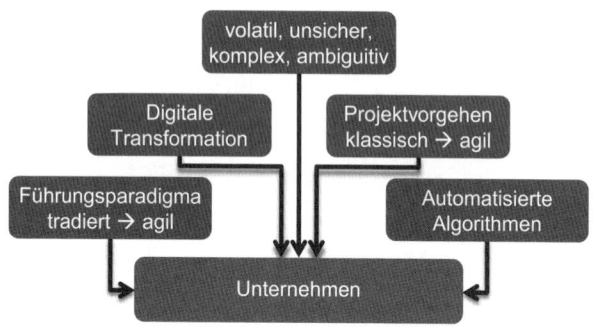

Bild 2.1 Treiber auf Unternehmen

Die Digitalisierung forciert zum einen die disruptiven Veränderungen durch die Maschine-Mensch- und vor allem die Maschinen-Maschinen-Kommunikation. Künstliche Intelligenz (KI), die jetzt eine ernstzunehmende Bedeutung bekommt, erfordert zum anderen automatisierte Entscheidungsalgorithmen.

Die agilen Arbeitsmethoden führen zu einem grundlegenden Paradigmenwechsel im Projektvorgehen und erzwingen gleichzeitig ein agiles Führungsverhalten auf Augenhöhe in flachen Hierarchien. Das daraus entstandene Dilemma zwischen tradiertem autoritärem und agilem Führungsverhalten erzeugt große Friktionen zwischen Führungskräften und ihren Mitarbeitern. Die sich widersprechenden Führungsparadigmen müssen in ein völlig neues Entscheidungsmanagement zusammengeführt werden (Bild 2.2).

Die Treiber auf Unternehmen und auf das Entscheidungsmanagement zielen direkt und indirekt auf die Führungskräfte und die Mitarbeiter. Die letztendliche Verantwortung liegt bei den Führungskräften. Für die Vielzahl der Themen, die nur gemeinsam bewältigt werden können, sind Prozesse vonnöten, die das Individuum und die Gruppe befähigen, gemeinsam getragene Entscheidungen herzustellen.

Der heroische (vorgegebene Strategie mit abgeleiteten Zielen) und der postheroische (prozessorientierte und situative Vorgehensweise) Führungsstil haben in vielen Bereichen ausgedient. Gute Entscheidungen verlangen heute einen gemeinsam getragenen Prozess aller relevanten Beteiligten. Die Abhängigkeit von einem einzelnen Führer sowie seine Dominanz werden ersetzt durch die Gruppenkompetenz, die von einer Führungskraft koordiniert wird. Eine autoritäre Entscheidung kann im Nachgang getroffen werden, wenn das Team keine gemeinsam getragene Entscheidung herstellt. Die Handlungsfähigkeit und die Geschwindigkeit für das Unternehmen bleiben erhalten.

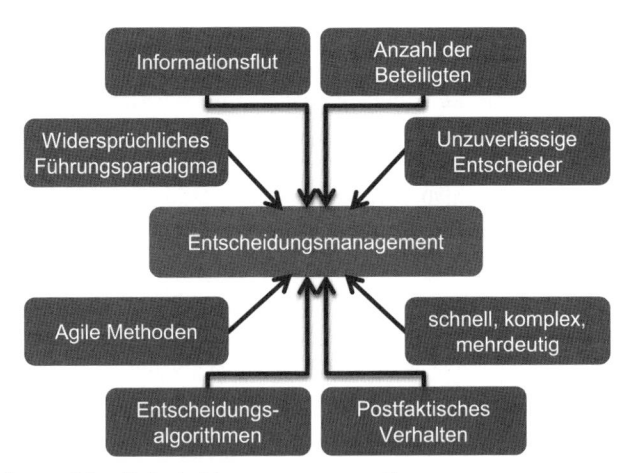

Bild 2.2 Treiber auf das Entscheidungsmanagement

Schon Charles Darwin hat diesen Wandel zutreffend beschrieben: „Die natürliche Auslese sorgt dafür, dass immer die Stärksten oder die am besten Angepassten überleben." Die heroischen Führungsfiguren setzten auf den Stärksten, die postheroischen auf die Anpassung. Die Antreiber der digitalen Transformation üben enormen Druck aus und erzeugen Angst, wenn die Anpassung nicht gelingt. Die noch weitgehend vom heroischen Führungsstil geprägten Unternehmen warten auf den Impuls ihrer Leitfiguren und die vom postheroischen Führungsstil geprägten verzögern die Transformation. Manager beider Stile fallen leicht in die Blockade und tun sich schwer, den Anschluss zu schaffen und ihre Unternehmen zu wandeln. Der hier vorgestellte integrative Führungsstil erhält die Qualitäten (Klarheit und Beteiligung) beider Führungsstile und führt sie in einen Entscheidungsprozess zusammen, der die Wirkung auf die Umsetzung ausdehnt.

Herbert Spencer, Philosoph und Soziologe, verdichtete bereits Ende des 19. Jahrhunderts Darwin zu: „Survival of the fittest", was zu den fatalen Folgen im vergangenen Jahrhundert führte. „Die natürliche Auslese ist das wichtigste, aber nicht das einzige Mittel der Veränderung", so Darwin, „jedermann wird zugestehen, dass der Mensch ein soziales Wesen ist, was wir in seinem Wunsch nach Gesellschaft über den Rahmen seiner Familie hinaus sehen." Das Bedürfnis dazuzugehören, seinen Beitrag zu leisten und gesehen zu werden, muss Teil einer Entscheidungs- und Unternehmenskultur werden.

> **!** Die Orientierung an robusten Entscheidungsprozessen muss in ein Entscheidungsmanagement münden, das bis zur verantwortungsvollen Gestaltung der Umwelt reicht.

Die einseitig formende Kraft der Natur und unserer Umgebung, worauf Darwins Theorie beruht, ist längst vorbei. Das Klima und die Klimaveränderung sind Natur. Diese Natur zwingt den Menschen in die Anpassung, aber diese Natur ist von Menschen gemacht. Technische Innovationen wie etwa das Smartphone sind keine Natur im engeren Sinne mehr, aber sie verändern den Menschen, unsere Wirtschaft und die Gesellschaft so entscheidend, dass sie uns wiederum verändern. Die Veränderung der Natur durch den Abbau der seltenen Erden hat nur eine geringe Veränderungswirkung auf den Menschen. Aber das veränderte Kommunikationsverhalten der Generation Y und Z durch das Smartphone führt dazu, dass junge Menschen keine ganzen Sätze mehr schreiben und so seltener in komplexeren Gedankenzyklen denken. Evolution ist nicht mehr die Anpassung an die Natur, sondern an das vom Menschen Geschaffene. Wir reagieren auf uns selbst. Spencers Aussage taugte nie und Darwins hat ausgedient.

Die Herausforderung besteht heute darin, diesen sich gegenseitig beeinflussenden Prozess zu erkennen und in unser Denken und unsere Entscheidungen einzubeziehen. Das heißt, wir müssen Zyklen erkennen und selber zyklisch-evolutionär denken (Bild 2.3). Diese offene Art zu denken muss auch Grundlage unserer Entscheidungsprozesse werden, in der Gruppe, in Unternehmen und in der Gesellschaft.

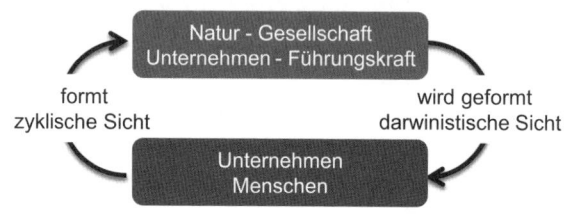

Bild 2.3 Zyklisch-evolutionäre Sicht ersetzt darwinistische Sicht

Die Maxime, das Beste aus Mitarbeitern herauszuholen, ist eine Einbahnstraße. Eine Führungskraft beeinflusst durch ihr Wissen und die Entscheidungsvorbereitung die Mitarbeiter. Die Team-Mitglieder ihrerseits beeinflussen durch ihren Beitrag im Entscheidungsprozess die Entscheidung und bereichern mit ihrer Kompetenz wiederum die Führungskraft. Auch die gestaltende Kraft ist zu gestalten.

Sie setzt Entscheidungsprozesse voraus, die zu guten Entscheidungen führen und Führungskräfte sowie Beteiligte gleichermaßen entwickeln (Bild 2.4).

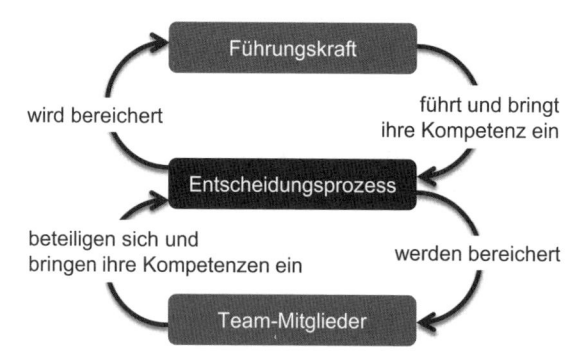

Bild 2.4 Führungskraft und Team werden gleichermaßen bereichert

Das Design der Entscheidungsprozesse muss sich an dieser Dynamik orientieren und die Führungskräfte müssen diese mit gemeinsam getragenen Entscheidungen in Unternehmen einführen, integrieren und verstetigen.

Die Führungskraft schafft eine Welt der Partizipation, in der Mitarbeiter gerne dazugehören und ihr Bestes leisten. Beide Seiten, die verantwortliche Führungskraft und die Mitarbeiter, lernen und wachsen an den Aufgaben, die sie mit guten Entscheidungen lösen können.

> Unternehmen brauchen eine neue zukunftsfähige Entscheidungskultur, die Führungskräfte und Mitarbeiter gleichermaßen in die Lage versetzt, Veränderungen verantwortungsvoll zu gestalten.

■ 2.2 Werte aus den agilen Methoden integrieren

Agile Methoden dominieren aktuell das Projektmanagement. Scrum, Kanban und andere weit verbreitete agile Methoden sind empirisch, inkrementell und Stand der Dinge in der Software-Entwicklung, sie werden für unterschiedliche Aufgaben eingesetzt bis hin zu Change-Projekten. Die Erfahrung zeigt, dass Initiativen häufig zu unbestimmt und Projekte zu komplex sind, um sie in einem Projektplan vollständig zu beschreiben und damit erfolgreich zu steuern. Jenseits des Hypes steht das agile Manifest tatsächlich für einen grundlegenden Paradigmenwechsel im Projektvorgehen. Der agile Ansatz stattet Projekte und Vorhaben mit der notwendigen Flexibilität und Handlungsfreiheit aus, um in disruptiven Märkten bestehen zu können.

Der Glaube an einen perfekten Plan wird ersetzt durch schnelles Feedback auf die Wirkung von Entscheidungen und Handlungen. Eine zwanghafte finale Zielerreichung wird aufgegeben und durch eine konsequente kontinuierliche Verbesserung abgelöst. Volatilität, Unsicherheit, Komplexität und Ambiguität stellen wachsende Herausforderungen an das Management, die einen grundlegend neuen, modernen Umgang mit Menschen und Inhalten fordern. Kompetente Führungskräfte und Mitarbeiter verfügen über ein robustes Instrumentarium, mit dem sie den Umgang mit diesen Herausforderungen beherrschen, was für erfolgreiche Organisationen unverzichtbar geworden ist.

Agiles Denken erneuert unser Verständnis von Initiativen und Projekten an sich und unseren Umgang mit Projektmitarbeitern grundsätzlich. Agile Methodik ersetzt damit ein tradiertes autoritäres Führungsverständnis durch ein gleichberechtigtes und wertschätzendes Miteinander aller. Die Projektsituation mit einem Anfang und einem Ende wird aufgelöst und in einen Flow überführt, an dem alle Leistungsträger mitwirken. Das gemeinsam geschaffene Ergebnis von Initiativen und die Umsetzung der Anforderungen werden zur Grundlage für Unternehmenserfolg (Bild 2.5).

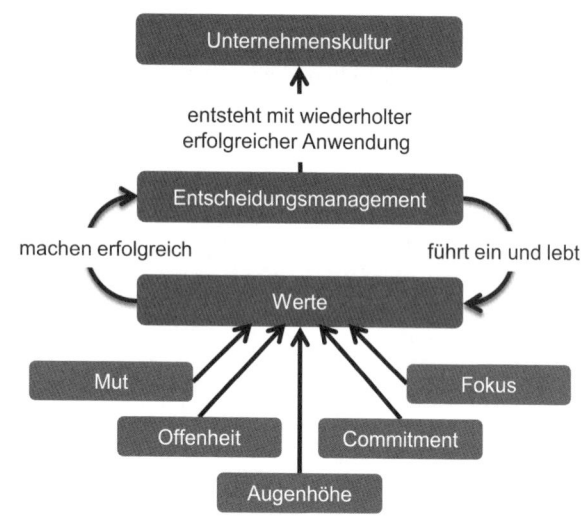

Bild 2.5 So entsteht Unternehmenskultur

Das agile Vorgehen hat sich als das bessere Projektvorgehen herausgestellt, auch wenn es wie ein Paradoxon klingt, dass durch den Verzicht auf ein fest geplantes Ziel das Ziel letztendlich besser erreicht wird. Die Frage bleibt aber dennoch, was kann man tun und wie kann man die Veränderung organisieren, damit der Change in ein agiles Projektvorgehen gelingt. Die außergewöhnlichen Erfolge der agilen Methoden und Unternehmen, aber auch die Schwierigkeiten bei der Einführung stellen die Verantwortlichen vor Probleme und schüren Zweifel, welche Entscheidung die gute ist.

Der Kern des klassischen Projektvorgehens, ein Plan mit Umfang, Dauer und Budget, fehlt dem agilen Vorgehen und sollte auch nicht integriert werden. Sonst würde man die Wirkung der Agilität zerstören, was bei vielen Change-Projekten bisher tatsächlich der Fall war. Die Einführung eines Projektplans würde die dysfunktionalen Bereiche aller Grundemotionen, vor allem Angst, Schuld und Scham, aktivieren und zu den üblichen Problemen führen.

Die Begründung für das Scheitern ist der häufig geäußerte Vorbehalt, agiles Vorgehen sei doch nicht so gut wie versprochen. Das Gute aus beidem kann erhalten werden, wenn agil agil bleibt und das gute Traditionelle gezielt ausgelagert und mit den Anforderungen aus den traditionellen Unternehmensbereichen verbunden wird. Ein Projektplan mit einem planbaren Ergebnis, einem Lieferzeitpunkt und dem zugehörigen Ressourceneinsatz muss für die bisherige Unternehmensplanung und Steuerung verfügbar sein.

Eine Budget-Planung und die Verfolgung der Fertigstellung sind nicht zu ersetzende Ansprüche für Unternehmen (Bild 2.6).

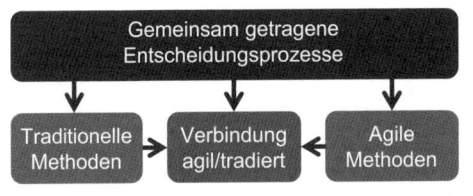

Bild 2.6 Entscheidungsprozesse führen agile und traditionelle Methoden zusammen

Die Lösung besteht darin, dass man sich zyklisch-evolutionär annähert. Die agilen Teams können sich den Erfordernissen nach Planungsinformationen anpassen und diese für definierte Zeitfenster zur Verfügung stellen. Die bestehenden agilen Artefakte mit modernen Entscheidungsprozessen geben das mit geringem Aufwand her. Die konventionellen Unternehmensbereiche müssen in kleineren Einheiten agieren, die sie in eigener Verantwortung zu größeren Einheiten kumulieren und steuern.

Ein zyklisch-evolutionäres Vorgehen, das ausreichend große stabile Zustände für ein koordiniertes und zielorientiertes Handeln zulässt, ist der Königsweg. Dafür fehlen den agilen sowie den traditionellen Methoden robuste Entscheidungsprozesse, die eine normierte und damit berechenbare Bewertung, Priorisierung, Commitment, Güte im Anforderungsmanagement und bei der Delegation umfassen. Mit den agilen Methoden ist bereits faktisch eine neue Führungssituation auf Augenhöhe hergestellt. Alle Beteiligten müssen handeln und ein Entscheidungsmanagement an die Hand bekommen, um „gemeinsam zu führen".

Mit der Einführung von gemeinsamen Entscheidungsprozessen können das traditionelle und das agile Vorgehen zusammengeführt werden, die Unternehmen erreichen eine neue Ebene, die über das bisher Erreichte deutlich hinausgeht.

Unternehmen wie Google konnten ihre Größe nur durch digitale Geschäftsmodelle erreichen, die wiederum agile Methoden voraussetzen. Die Mitarbeiter, vor allem die Generation Y und Z, wollen agile Methoden, um ihr Leistungspotenzial voll zu entfalten. Viele wählen das Unternehmen, bei dem sie arbeiten wollen, mehr und mehr danach aus, wie weit agile Methoden wirklich gelebt werden. Dieser Trend begann bei IT-Spezialisten und dehnt sich jetzt auf weitere Bereiche aus. Dabei sind digitale Spin-Offs wie Digitalfabriken, Digital-Garages oder Inkubatoren nur eine Übergangslösung, denn früher oder später müssen die Produkte und damit auch die Mitarbeiter wieder zurück in die Unternehmen.

Weder der heroische noch der postheroische Führungsstil ist in die agile Welt zu integrieren. Genauso wenig lässt sich das agile Vorgehen auf Augenhöhe in die traditionell-konventionellen Führungssysteme einbinden. Beide jedoch können mit ein und demselben Entscheidungsmanagement angereichert werden, das nicht das Vorgehen, aber die jeweiligen Qualitäten integriert. Beide gewinnen und werden in ihrer Welt funktionaler. Mehr noch, durch die Entscheidungsprozesse werden wertvolle Aspekte in beiden Welten etabliert, ohne sie strukturell zu verändern. Das ist der Weg, wie in Unternehmen mit gemeinsam getragenen Entscheidungen ein neuer Führungsstil entstehen kann (Bild 2.7).

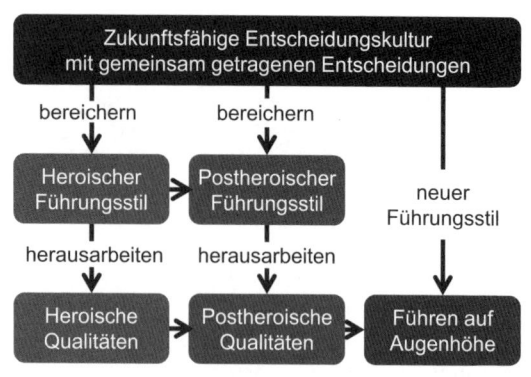

```
         ┌─────────────────────────────────────────┐
         │   Zukunftsfähige Entscheidungskultur    │
         │  mit gemeinsam getragenen Entscheidungen│
         └─────────────────────────────────────────┘
              ▲ bereichern      ▲ bereichern
              │                 │
         ┌──────────┐      ┌──────────────┐
         │Heroischer│─────▶│Postheroischer│       neuer
         │Führungs- │      │ Führungsstil │     Führungsstil
         │   stil   │      │              │
         └──────────┘      └──────────────┘
              │                 │                 │
         herausarbeiten    herausarbeiten         │
              ▼                 ▼                 ▼
         ┌──────────┐      ┌──────────────┐   ┌──────────┐
         │ Heroische│─────▶│ Postheroische│──▶│Führen auf│
         │ Qualitäten│     │  Qualitäten  │   │Augenhöhe │
         └──────────┘      └──────────────┘   └──────────┘
```

Bild 2.7 Aus der neuen Entscheidungskultur entsteht ein neuer Führungsstil

Das zyklisch-evolutionäre Vorgehen erlaubt eine definierbare Reihenfolge, wann in welchem Bereich eher die autoritäre oder eine Führung auf Augenhöhe Anwendung findet. So erreichen Unternehmen eine neue Dimension von Führung sowie eine solide Umsetzungskompetenz beim Vorgehen in Projekten.

Das Design der Entscheidungsprozesse muss so gestaltet werden, dass die agilen Werte Offenheit, Mut, Augenhöhe und Commitment im Unternehmen selbstorganisiert entstehen. Das wird erreicht, wenn zum einen das Konzept die genannten Werte erklärt und zum anderen das Design der Entscheidungsprozesse darauf ausgerichtet ist, die Werte im emotionalen Erfahrungsgedächtnis zu verfestigen. Ein funktionaler Entscheidungsprozess wird bei wiederholter erfolgreicher Erfahrung die im Entscheidungsprozess verankerten Werte selbstorganisiert erzeugen. So wird die Offenheit als integrales Merkmal mit einer offenen automatischen Prozessdokumentation im Entscheidungsprozess verankert, die anschließend allen zur Verfügung steht. Der Entscheidungsprozess verlangt und erzeugt automatisch die Offenheit und alle Beteiligten machen die Erfahrung, dass dieses Vorgehen zum Erfolg führt. So entsteht eine Unternehmenskultur, mit der die Herausforderungen bewältigt werden.

> Ein zukünftiges Entscheidungsmanagement führt traditionelle und agile Methoden zusammen.

2.3 Gruppenkompetenz aktivieren

Unternehmen und Teams, die die digitale Transformation gestalten und von ihr profitieren wollen, sind heute gefordert, ihre komplette Gruppenkompetenz, manchmal mit Schwarmintelligenz oder Schwarming verwechselt, zu aktivieren. Führungsstärke, die Kraft, eine Entscheidung alleine zu fällen, geht dann über in eine Führungskompetenz, die dafür sorgt, gemeinsam getragene Entscheidungen herzustellen. Folgen Entscheidungsprozesse einer Designvorgabe, wie menschliches Denken und Entscheiden funktioniert, kommt die Gruppenkompetenz selbstorganisiert zur vollen Entfaltung. Das Ergebnis der Zusammenarbeit wird von der Gruppendynamik nicht blockiert, verzerrt oder zerstört.

Gruppenkompetenz entsteht durch die Befähigung der einzelnen Mitarbeiter, ihre Kompetenzen in eine gemeinsam getragene Entscheidung einzubringen. Solide Entscheidungsprozesse geben einer agilen und innovativen Arbeitsumgebung die notwendige Struktur. Die im Design der Entscheidungsprozesse festgelegte Reihenfolge integriert Bedenkenträger auf Augenhöhe und stellt den sicheren Rahmen her, damit aus den Bedenken mutig erfolgsichernde Maßnahmen entwickelt werden, genauso wie aus den Vorschlägen der Vorantreiber. Die erfolgsrelevanten Qualitäten aller Beteiligten ergänzen sich statt sich zu blockieren.

Der Kulturwandel in Unternehmen erfordert heute flache Hierarchien, die man jedoch nicht verordnen kann, sie entstehen erst durch ein gemeinsames Commitment. Die dazu notwendigen Werte in der Zusammenarbeit entwickeln und verstetigen sich durch einen robusten Entscheidungsprozess auf Augenhöhe. Kern des Entscheidungsmanagements sind gemeinsam getragene Entscheidungen, die zu schnellen und guten Umsetzungen führen. Damit wird ein Unternehmen agil und schöpft die Kompetenzen aller Mitarbeiter aus. So fließen in der agilen Unternehmenskultur die autonomen Ergebnisse wieder in ein nutzbringendes Ganzes zusammen.

Ein Change sowohl in den Führungsetagen mit traditionellem Führungsstil als auch in der agilen Arbeitswelt ist der vernünftige Weg. Sinnvoll ist es, dass die Verantwortlichen diesen Change mit einer gemeinsam getragenen Entscheidung aller Beteiligten beginnen. Mit dem eingeführten Entscheidungsmanagement werden gelungene Erfahrungen gemacht, die zu einer neuen Unternehmenskultur führen. Dies kann selbstorganisiert gelingen, indem Key-Player befähigt werden, die Entscheidungsprozesse anzuwenden und sie dann in einem agilen Change-Prozess ins Unternehmen einzuführen und zu verfestigen.

> Ein zukünftiges Entscheidungsmanagement fördert, integriert und nutzt die Gruppenintelligenz.

2.4 Entscheidungsphänomene berücksichtigen

Menschen neigen dazu, falsche Entscheidungen zu treffen und getroffene Entscheidungen mit falschen Begründungen zu versehen. Dieses Verhalten spiegelt sich in unterschiedlichen Entscheidungsphänomenen wider wie:

- **Bestätigungsfehler**: Menschen tendieren dazu, Informationen zu suchen, vorhandene Einstellungen zu bestätigen und widersprechende Belege zu vernachlässigen.
- **Rückschaufehler**: Menschen verzerren die Erinnerung an die eigene Vorhersage, nachdem das Ereignis eingetreten ist.
- **Kontrollillusion**: Menschen tendieren dazu zu glauben, zufällige Ereignisse durch eigenes Verhalten beeinflussen zu können.
- **Emotionale Beweisführung**: Menschen neigen dazu, eine empfundene Emotion als Beweis für eine Annahme zu betrachten.
- **Halo-Effekt** (hàlos = Lichthof): Menschen tendieren dazu, von bekannten Merkmalen einer Person auf weitere Eigenschaften zu schließen.
- **Vermessenheitsverzerrung**: Menschen tendieren dazu, das eigene Können zu überschätzen und die Kompetenz anderer zu unterschätzen. Diese Tendenz ist bei inkompetenten Menschen stärker.

Das Wissen über falsche Entscheidungen und Verzerrungen ist schon lange bekannt. Diese Phänomene sind Thema vieler Bücher, werden an Universitäten behandelt und haben Einzug in Meetings und Kongresse genommen. Trotzdem neigen Entscheider dazu, dieses Wissen nicht in ihrer Entscheidungsfindung anzuwenden.

> Das Wissen über falsche Entscheidungen und Verzerrungen muss bei der Entscheidungsfindung berücksichtigt werden.

2.5 Vielfalt fördern

Gruppenintelligenz ist dann am höchsten, wenn die Gruppe heterogen ist, also die männlichen und weiblichen Qualitäten sowie die von Alt und Jung und ebenso die von Menschen aus unterschiedlichen Kulturkreisen genutzt werden. Dieser Gedanke liegt schon der 2006 gegründeten Charta der Vielfalt in Deutschland zugrunde, die inzwischen mehr als 1.900 Unternehmen und Institutionen unterstützen. Die meisten Länder der EU verfolgen dieselben Ziele und bekennen sich zu einer Charta der Vielfalt. Trotzdem ist es noch ein weiter Weg bis zur Umsetzung des Diversity-Gedankens im Unternehmensalltag. Dieser braucht Entscheidungsprozesse, die die Vielfalt nutzbar machen und gleichzeitig zu schnellen und guten Entscheidungen führen (Bild 2.8).

Noch immer sind in den oberen Führungsgremien der deutschen Wirtschaft nur 6,4 Prozent aller Positionen mit Frauen besetzt, wie die Unternehmensberatung Ernst & Young nach einer Analyse der 160 Unternehmen aus Dax, M-Dax, S-Dax und Tec-Dax zum 1. Juli 2016 festgestellt hat. Die freiwillige Selbstverpflichtung deutscher Unternehmen aus dem Jahr 2001 hat kaum Früchte getragen.

Woran liegt das? Wenn beispielsweise fünf zentrale Qualifikationen für eine Position gefordert sind, stellt eine Frau gerne die zwei heraus, die sie selbst nicht in vollem Umfang mitbringt. Männer dagegen konzentrieren sich bei ihrer Selbstpräsentation vor allem auf die zwei, die sie besonders gut beherrschen. So lautet eine der vorherrschenden Begründungen von Männern, die Frauen für Führungsaufgaben weniger geeignet halten. Die Interpretation, das läge an der Selbstüberschätzung von Männern, wertet indirekt Männer ab und greift zu kurz. Zum einen müsste man wissen, was hinter Selbstüberschätzung steckt, und zum anderen, wie man das Funktionale darin erlernen könnte.

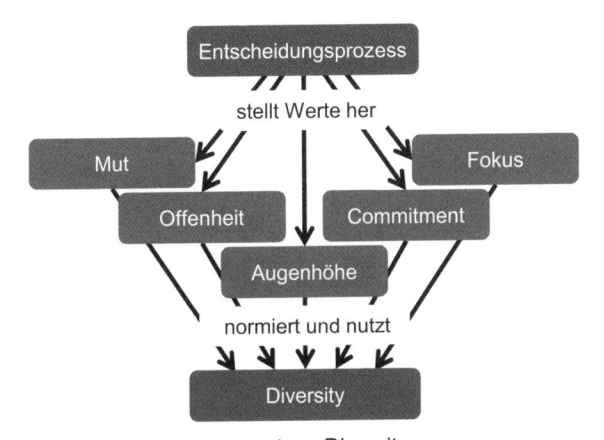

Bild 2.8 Gute Entscheidungsprozesse nutzen Diversity

Frauen und Männer, Alt und Jung, Menschen aus unterschiedlichen Kulturkreisen unterscheiden sich in ihrem Verhalten. So ist der weibliche Anteil risikoscheuer und sorgt für Sicherheit, der männliche Anteil sucht mehr nach Chancen, ist risikobereiter und nimmt Einfluss. Die Besonderheiten des Alters bieten Souveränität und Erfahrung. Der ethnische Hintergrund bereichert durch andere Lösungsstrategien. Das gilt für Teams wie für Führung gleichermaßen.

Führungskräfte müssen die Risiken, die sie kennen, in angemessene Maßnahmen umformen. Das gilt für die Förderung von Frauen und die Integration von Menschen unterschiedlicher Kulturkreise genauso wie für alle anderen unternehmerischen Herausforderungen. Ein robuster Prozess, der gemeinsam getragene Entscheidungen herstellt, ist dafür erforderlich. Nur durch einen soliden Entscheidungsprozess wird der notwendige Wertewandel stattfinden und sich das darauf basierende Verhalten ändern.

Das vorherrschende männlich-autoritäre Führungsverständnis sollte in ein wertschätzendes Miteinander von Mann und Frau, Jung und Alt sowie Menschen unterschiedlicher Herkunft überführt werden. Das Bewusstsein auf deutschen Führungsetagen ist vorhanden, wie eine Studie der Personalberatung Page Group zeigte. Es reicht jedoch nicht, diese Vielfalt zu postulieren, sie muss vielmehr gezielt gefördert werden. Ein normierter Entscheidungsprozess erlaubt und forciert gleichermaßen, dass alle Beteiligten zu Wort kommen. Die Wertschätzung der Vielfalt kommt im individuellen Beitrag direkt zum Ausdruck. Die Einzelnen werden in die Pflicht genommen, die Angst wird in Sorge um Sicherheit und die Einflussnahme in realistische Chancennutzung gewandelt. Ein funktionaler Entscheidungsprozess sorgt dafür, dass sich die Vielfalt konstruktiv beteiligt und die Gruppe zeitnah zu einer reicheren Entscheidung kommt, die dann gemeinsam getragen wird.

> Der Wandel im Entscheidungsmanagement entfaltet und nutzt die Vielfalt in Teams.

2.6 Den Menschen als unzuverlässigen Entscheider berücksichtigen

Daniel Kahneman erhielt den Wirtschafts-Nobelpreis für die Prospect Theory, die er gemeinsam mit Amos Tversky entwickelte. In seinem Buch „Schnelles Denken, langsames Denken" liefert er eine Vielzahl beeindruckender kognitiver Verzerrungen, denen er später die Streuung zufügte. Das gehe so weit, dass zum einen unterschiedliche Mitarbeiter, selbst ausgewiesene Experten, bei gleicher Datenlage widersprüchliche Entscheidungen treffen und zum anderen Experten mit derselben Datenlage an unterschiedlichen Tagen signifikant abweichende Einschätzungen und Prognosen erstellen. So entscheiden Richter vor der Mittagspause häufiger zu Ungunsten von Angeklagten, obwohl Gerichtsentscheidungen sich nur an Fakten und Gesetzen orientieren sollten. Kahnemans Zusammenfassung lautet, der Mensch sei kein zuverlässiger Entscheider und lasse sich zu stark von irrelevanten Faktoren und Stimmungen beeinflussen. Daraus zieht er den Schluss, der unzuverlässige Entscheider sollte weitgehend von Algorithmen als besserer Entscheider ersetzt werden.

Gerd Gigerenzer, deutscher Psychologe am Max-Planck-Institut für Bildungsforschung, betont dagegen die Bedeutung des Bauchgefühls und kritisiert kognitive Modelle auf Basis komplexer Algorithmen. Er bezweifelt, dass rationale Entscheidungen aus der Gesamtheit der verfügbaren Informationen errechnet werden können. Mit einer Reihe beeindruckender Studien gelang es Gigerenzer, die Intuition in die Entscheidungsdiskussion einzuführen, dabei geht er so weit, die Intuition müsse Informationen ignorieren. Seine Zusammenfassung lautet, Faustregeln seien besser und Bauchentscheidungen funktionierten dann besonders gut, wenn sie auf Fachwissen beruhten. Ein schönes Beispiel dafür lieferte das renommierte Johns Hopkins Hospital in Baltimore. Dort wurden die Todesfälle durch Entzündungen beim Einsetzen von Herzkathetern seit 2001 mit einer einfachen Faustregel von 19% auf 0 gesenkt. Als Schlussfolgerung empfiehlt Gigerenzer, Heuristiken zu nutzen, wenn Zeit und Informationen begrenzt sind und die Zukunft ungewiss ist. Faustregeln sind Heuristiken und gehören zu den rationalen Strategien.

Die in sich selbst widersprüchlichen Ansätze von Kahneman und Gigerenzer weisen auf Widersprüche hin, die für ein gutes Entscheidungsmanagement gelöst werden müssen. Der daraus abgeleitete Stellvertreter-Disput zwischen Kahneman und Gigerenzer verschleiert das wirkliche Dilemma, in dem sich Führungskräfte befinden, anstatt eine gute und normierende Lösung aus den widersprüchlichen Phänomenen abzuleiten.

> **Der Entscheider steht heute vor dem Dilemma, dass er gute Entscheidungen treffen muss, obwohl er sich bewusst ist, dass die kognitiven Verzerrungen auch bei ihm wirken.**

Kahneman und Gigerenzer verdienen Respekt dafür, dass sie mit der Beschreibung der Vielfalt an Widersprüchen, Inkonsistenzen, Inkohärenzen, unzulässigen rationalen Schlüssen, Verzerrungen und Phänomenen viele Grundlagen von inneren Entscheidungsprozessen diskussionsfähig gemacht haben. Sie und Grundlagenforscher wie António Damásio, Joseph LeDoux, Paul Ekman, Luc Ciompi, Herbert Alexander Simon und viele andere mehr haben die relevanten Aspekte in die allgemeine Diskussion gebracht: die Zwei-Systeme-Theorie, die bewusste Nutzung der Intuition, die Wirkung der Emotionen und die Gruppenintelligenz. Die bisherigen deskriptiven Erkenntnisse der genannten Autoren zeigen offensichtlich Widersprüche, Inkohärenzen und unzulässige logische Schlüsse. Erst wenn sie von diesen befreit sind, können normative Entscheidungsprozesse entworfen werden.

Die beschriebenen Phänomene fanden aus psychologischer Sicht als kognitive Dissonanz und aus ökonomischer Sicht als kognitive Verzerrungen allgemeine Akzeptanz. Der normierende Einfluss der Wirtschaftswissenschaften verlangt jedoch eine stringente Erklärung der Entscheidungsphänomene und daraus abgeleitet funktionale Entscheidungsprozesse.

Die von irrelevanten Faktoren und Stimmungen beeinflusste Führungskraft gerät mehr und mehr in die Kritik von Wissenschaft und Medien. Ihr wird mit einer überwältigenden Anzahl von Phänomenen nachgewiesen, wie wenig Verlass auf sie ist. Der bisher nicht aufgelöste Widerstreit zwischen Vernunft und Gefühl oder rationaler und intuitiver Entscheidung polarisiert die Entscheidungsdiskussion. Es dominieren mehr und mehr die schwachen Entscheider. Die zunehmende Anzahl von Beteiligten, die gute Entscheidungen blockieren, verzerren oder zerstören, schürt die Angst vor ausufernder Gruppendynamik. Der natürliche Zielkonflikt einer Entscheidung zwischen den unternehmerischen und den persönlichen Interessen lassen den Ruf nach Entscheidern mit der beschworenen Führungsstärke, gerade im Hinblick auf die unternehmensgefährdenden Skandale der Vergangenheit, im Zwielicht erscheinen.

Die Diskussion über Entscheidungsphänomene, der Streit um die Intuition und die unterschiedliche Sicht auf Emotionen verunsichern Führungskräfte und lassen die Phänomene als irrational und nicht beherrschbar erscheinen:

- Es verunsichert, wenn vermeintlich gute Entscheidungen verzerrt werden, auch wenn die Phänomene bekannt und kategorisiert sind.
- Es verwirrt, wenn die Intuition in die Theorie und Praxis einzieht, ohne ein griffiges Konzept und ohne Werkzeuge, sie zu erlernen und anzuwenden.
- Es überlastet, wenn der Einfluss der „Emotionalen Intelligenz" seit dem Bestseller von Daniel Goleman unbestritten ist, aber weder Konzepte noch wirkungsvolle Tools zur Verfügung stehen.
- Es verstärkt die Ablehnung, wenn man aus Erfahrung weiß, dass sowohl Intuition, Emotionen als auch die Kognition sich gegenseitig beeinflussen und auf Gruppen wirken.

Tatsächlich brauchen Entscheider ein erklärendes Konzept und wirkungsvolle Werkzeuge. Eine umfassende Theorie und leistungsfähige Tools vermeiden zum einen kognitive Verzerrungen, genauso wie sie einen funktionalen Umgang anbieten, wenn die Phänomene bereits aufgetreten sind. Ein robuster Entscheidungsprozess bindet die guten Qualitäten eines machtorientierten Managers ein und grenzt das dysfunktionale Vorgehen aus, um mit allen Beteiligten gute Entscheidungen herzustellen. Aus Sicht der Emotionstheorie enthält Macht sowohl Angst – die Sorge um Sicherheit – als auch Ärger – die kraftvolle Einflussnahme. Beides wird als wesentliche Bausteine in eine gute Entscheidung integriert.

> Ein zukünftiges Entscheidungsmanagement akzeptiert den unzuverlässigen menschlichen Entscheider und stellt Prozesse zur Verfügung, damit dieser trotzdem gute Entscheidungen treffen kann.

2.7 Algorithmen gezielt einsetzen

Das Dilemma des unzuverlässigen Entscheiders ist jedoch viel größer, als bei Kahneman ausgeführt. Das Phänomen unterschiedlicher Expertenmeinungen gilt auch für die Ergebnisse durch Algorithmen. So liefern häufig einfache Algorithmen mit wenigen Informationen präzisere Prognosen als komplexe Algorithmen mit vielen Informationen. Der Widerspruch der Ableitung, Algorithmen seien besser als unzuverlässige Entscheider, ist bedenklich, wenn Algorithmen ebenfalls unterschiedliche und widersprüchliche Prognosen liefern. Jeder Algorithmus wird von Menschen entwickelt, das gilt auch für die selbstlernenden Algorithmen, die aus Daten und Informationen Muster gewinnen und aus diesen wieder eine Logik entwickeln.

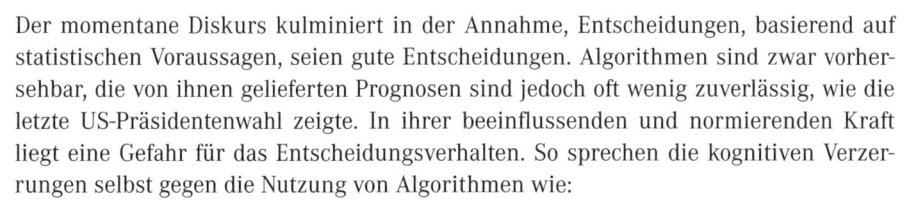

Der momentane Diskurs kulminiert in der Annahme, Entscheidungen, basierend auf statistischen Voraussagen, seien gute Entscheidungen. Algorithmen sind zwar vorhersehbar, die von ihnen gelieferten Prognosen sind jedoch oft wenig zuverlässig, wie die letzte US-Präsidentenwahl zeigte. In ihrer beeinflussenden und normierenden Kraft liegt eine Gefahr für das Entscheidungsverhalten. So sprechen die kognitiven Verzerrungen selbst gegen die Nutzung von Algorithmen wie:

- **Status-quo-Verzerrung**: die Tendenz, den Status quo gegenüber Veränderungen zu bevorzugen. Die Statistik wird als Status quo wahrgenommen und so wird die folgende Entscheidung verzerrt.
- **Ankerheuristiken**: bewusst wahrgenommene beziehungsweise gewählte Zahlenwerte beeinflussen die Schätzung und Entscheidung, ohne dass der Einfluss bewusst wird. Die Prognose als Ergebnis des Algorithmus, unabhängig wie valide sie ist, wirkt auf die Entscheidung, ohne dass dies dem Bewussten zugänglich ist.
- **Erinnerungsverzerrung**: Ereignisse, an die man sich leichter erinnert, wie aktuelle gut aufbereitete Prognosen, werden tendenziell bedeutender eingeschätzt als solche, die nicht so gut erinnert werden.

Unzulässigerweise setzt Kahneman, wie ein Großteil der Wirtschaftswissenschaft, die statistischen Voraussagen mit kognitiven Entscheidungen gleich. Kognition leitet sich lateinisch von cognoscere ab und meint erkennen, erfahren oder kennenlernen. Mit Kognition ist meist Denken in einem umfassenden Sinne gemeint. Zu den kognitiven Fähigkeiten eines Menschen zählen wahrnehmen, erinnern, lernen und Problem lösen, kreativ sein, planen, etwas imaginieren, argumentieren, etwas wollen, glauben und einiges mehr. Die Wahrnehmung durch die Sinneskanäle wird gefiltert und verändert, bevor sie für das Bewusstsein zur Verfügung gestellt wird. Das Arbeitsgedächtnis ist mit drei bis sieben gleichzeitigen Themen begrenzt. Das Langzeitgedächtnis wird bei der Speicherung und bei Abruf verändert und ist manchmal einfach nicht abrufbar. Den kognitiven Funktionen werden die emotionalen Gesichtspunkte und Motive gegenübergestellt. So kann die statistische Voraussage nur als eines der Modelle herangezogen werden, um zu ergründen, warum die menschliche Entscheidung, bauartbedingt, durch das Zusammenwirken zwischen Emotion und Kognition, so ist, wie sie ist.

Dazu wird das wenig spezifizierte System 1 (Emotionssystem) eingeführt, das die vermeintlich kognitiven Entscheidungen verzerre. Aus dieser wackeligen Kausalkette, weil kognitive Entscheidungen von einer statistischen Voraussage abweichen, wird abgeleitet, es wäre besser, die kognitiven Entscheidungen durch Algorithmen zu ersetzen. Die übereifrigen Befürworter der Künstlichen Intelligenz (KI) aus der Digitalisierungsbewegung nehmen diese Kausalkette gerne auf und ersetzen Entscheidungen durch von Computern und Maschinen ausgeführte Algorithmen. Tatsächlich aber ist eine kognitive Entscheidung nur eine Form der menschlichen Entscheidung und etwas ganz anderes als eine Prognose.

Algorithmen sind bereits Teil der Entscheidungsfindung. So lässt Amazon seine Kaufvorschläge von einem Algorithmus berechnen, wobei die Vorschläge aus dem bisherigen Verhalten des Kunden und eines ähnlichen Käufers abgeleitet werden. Die Entscheidung, ob eine Kreditkarte am Point of Sale akzeptiert wird, hängt von statistischen

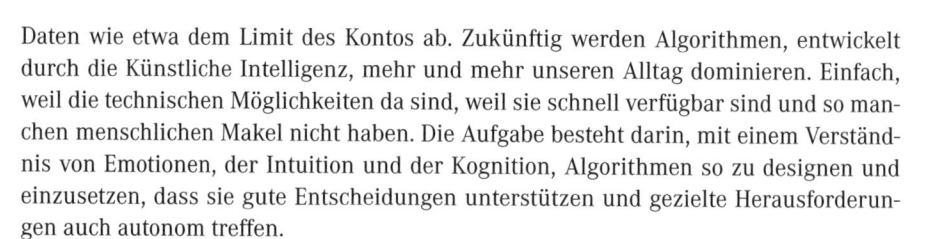

Daten wie etwa dem Limit des Kontos ab. Zukünftig werden Algorithmen, entwickelt durch die Künstliche Intelligenz, mehr und mehr unseren Alltag dominieren. Einfach, weil die technischen Möglichkeiten da sind, weil sie schnell verfügbar sind und so manchen menschlichen Makel nicht haben. Die Aufgabe besteht darin, mit einem Verständnis von Emotionen, der Intuition und der Kognition, Algorithmen so zu designen und einzusetzen, dass sie gute Entscheidungen unterstützen und gezielte Herausforderungen auch autonom treffen.

Weiterhin geht Kahneman von der impliziten Vorannahme aus, es könnten alle oder zumindest alle relevanten Daten durch automatische Algorithmen zu Informationen und entscheidungsrelevantem Wissen angereichert werden, woraus wiederum intelligente Automaten gute Entscheidungen ableiten würden. Diese Annahme trifft nur selten zu, denn Wirtschaftsprozesse in disruptiven Märkten sind komplexer, als die zur Verfügung stehenden Daten abbilden können. Leben ist es erst recht.

Trotzdem erzwingt die sich verschärfende Ausgangssituation zunehmend automatisierte Entscheidungsalgorithmen für die Maschine-Mensch-, Mensch-Maschinen- und vor allem Maschinen-Maschinen-Kommunikation.

> Ein zeitgemäßes Entscheidungsmanagement berücksichtigt in seinem Design gute Entscheidungsalgorithmen und deren Implementierung in Automaten.

■ 2.8 Grenzen der statistischen Voraussage kennen

Prognoseverfahren erfüllen den tiefen menschlichen Wunsch, vorauszusagen, was die Zukunft bringt, um Entscheidungen und Handlungen daran auszurichten. Sie sind Schätzverfahren zur Beschreibung einer Größe im Zeitverlauf und zur Bildung von Erwartungen über künftige Entwicklungen. Die Anzahl an Wetter-Apps, der mittlere Ballbesitz in einem Champions-League-Finale, die Performance weiblicher Investoren am Finanzmarkt und die unzähligen Wahlprognosen verdeutlichen den Wunsch nach Sicherheit und Zugehörigkeit.

Die statistische Prognose ist nur ein Entscheidungsmodell, das die Kognition, das bewusste menschliche Denken und Entscheiden, ergänzen kann. Eine kognitive Entscheidung ist keine statistische Entscheidung, wie Kahneman und viele andere unausgesprochen annehmen. Die Kognition ist in der Lage, eine Entscheidung zu treffen, die einer statistischen Voraussage nicht blind folgt:

- *Entscheidung auf Basis anderer Modelle*: Die Entscheidung, spontan einzugreifen, entgegen aller Erfolgswahrscheinlichkeit, oder die Aussage vieler Entrepreneurs wie „Hätte ich gewusst, was alles auf mich zukommt, hätte ich es nicht gewagt" illustriert dies.

- *Bewusst abweichende Entscheidungen zu einer Prognose*: intuitiv, ohne die Gründe zu kennen oder eine andere Statistik zu bemühen.
- *Bewusste Entscheidung für eine bestimmte Prognose*: obwohl die Intuition und andere Fakten dagegensprechen.

Diese Entscheidungsformen zeigen deutlich, wie Menschen zu Entscheidungen unabhängig von Voraussagen fähig sind. Die Abweichung von einer statistischen Voraussage sollte man folglich nicht kognitive Verzerrung nennen. Im Kapitel Kognitionstheorie wird die kognitive Entscheidung beschrieben.

Dagegen besitzt die Abweichung von einer intendierten Wirkung im Vergleich zu einer Prognose eine weitaus komplexere Dynamik. Die Verantwortung dem Emotionssystem zuzuschreiben, entspricht unserem gefühlten Erleben und taucht in vielen Metaphern aus Wissenschaft und Alltagswissen auf. Zugleich erlauben die Abweichungen von statistischen Voraussagen einen wertvollen Einblick in die Verarbeitung der kognitiven Prozesse und der beteiligten Entscheidungssysteme mit ihren spezifischen Wirkungsweisen.

> Prognosemodelle und Algorithmen müssen als Bewertungsmodelle in Entscheidungsprozessen angemessen integriert werden.

■ 2.9 Heuristiken nutzen

Die Sozialpsychologin Nalini Ambady von der Stanford University fand heraus, dass US-amerikanische Testpersonen auf Fotos von Menschen Mormonen gut herausfinden konnten. Sie konnten jedoch nicht begründen, wie sie zu ihrer Schlussfolgerung gekommen waren. Die Wissenschaftler begründeten das im Nachhinein damit, die Mormonen würden an der Hauttextur erkannt. Die Heuristik lautet: „Die gesunde Haut einer Person erhöht die Wahrscheinlichkeit, dass sie ein Mormone sein kann."

Der Welthandballer von 2004, Henning Fritz, kann sich selbst nicht erklären, warum Hände eines Torwarts in der einen Situation hochschnellen und in der anderen nicht. „Je mehr ich ein Experte werde, je mehr Trainingserfahrung ich habe, umso häufiger wähle ich die erste Entscheidung und denke gar nicht mehr darüber nach", so seine Erklärung.

Die blitzschnelle Reaktion der Intuition könne nur auf wenigen Daten erfolgen, das ist zwar ein nachvollziehbarer und einleuchtender kausaler Schluss, jedoch ein unzulässiger. Bei hoher Verarbeitungsgeschwindigkeit von wenigen Informationen und einfacher Verarbeitungslogik auszugehen, legt nahe, dass hier eine Emotionslogik nicht betrachtet wurde. Das gängige Phänomen in Vorstandsetagen, der Sorge um die eigene Sicherheit und der des Unternehmens situativ eine höhere Bedeutung zu geben als der Chance auf Einflussnahme, widerspricht dieser Annahme. Die Intuition ist das Ergebnis einer Verarbeitung im Emotionssystem (System 1), das einer anderen schnellen Verarbeitungslogik genügt.

Gigerenzers normierende Forderung nach Checklisten und Heuristiken deckt sich im Wesentlichen mit der Empfehlung von Algorithmen durch Kahneman. Die dahinter versteckte Vorannahme, die Intuition arbeite auf Heuristiken, erschwert jedoch das Design zukunftsfähiger Entscheidungsprozesse. Unabhängig davon haben sich einfache Checklisten in Flugzeugen genauso wie bei der Bewertung für Vertriebschancen bewährt. Algorithmen, aufgebaut auf Heuristiken, sind ein valides Werkzeug für Unternehmen. Nur weil Checklisten aufgrund einer einfachen Logik und mit wenigen Daten gute Ergebnisse liefern, sollte man diese Erkenntnisse aber nicht unreflektiert auf die Wirkungsweise der Intuition übertragen. Sowohl bei Gigerenzer als auch bei Kahneman finden sich Andeutungen über den Einfluss von Emotionen, die unzweifelhaft eine dominante Bedeutung im Entscheidungsprozess einnehmen. Der direkte und stellvertretend geführte Disput verschleiert bisher jedoch die fehlende Beschreibung sowie Wirkung der Emotionen und der Intuition auf alle Entscheidungen.

> Heuristiken werden als einfache Algorithmen in das Entscheidungsmanagement integriert.

■ 2.10 Die Intuition bewusst einsetzen

Wenn die Kognition sowie die Intuition sowohl unbefriedigende als auch angemessene Ergebnisse zeigen, ist die Frage, was nun besser sei, nicht mehr zielführend. Der Versuch, die beiden Entscheidungssysteme für spezifische Situationen als geeignet oder ungeeignet zu kategorisieren, ist eine Sackgasse.

Eine rationale Entscheidung ist nicht möglich, wenn weder ausreichend Zeit noch genügend oder valide Daten zur Verfügung stehen. Für diese Situationen ist eine Heuristik als bewusster Ersatz der Intuition oder die Intuition selbst eine geeignete Entscheidungsstrategie.

Die Stellvertreterdebatte zwischen Kahneman und Gigerenzer zeigt deutlich, an welcher Stelle Kognitionssystem und Emotionssystem funktionale und dysfunktionale Einflüsse haben. Beides lässt sich nicht trennen und sollte nicht, auch nicht situativ, getrennt werden. Das Emotionssystem ist immer aktiv und wird in unternehmerischen Entscheidungen anschließend durch das Kognitionssystem „unterfüttert". Demnach muss ein zukunftsfähiges Entscheidungsmanagement integrativ angelegt sein. Ein Design, das die Intuition bewusst nutzt, ist zwingend erforderlich, genauso wie die Reihenfolge und Interaktion der beiden Entscheidungssysteme.

Der jahrtausendealte Widerstreit zwischen Ratio und Gefühl würde sich auflösen und in funktionalen normierenden Entscheidungsprozessen aufgehen.

> Ein zukünftiges Entscheidungsmanagement integriert die bewusste Nutzung der Intuition.

2.11 Designvorgaben an ein zukunftsfähiges Entscheidungsmanagement

Menschen verfügen über zwei Entscheidungssysteme, das Emotions- und das Kognitionssystem. Diese arbeiten parallel, weitgehend autonom und kommen zu unterschiedlichen Zeitpunkten, auf Basis unterschiedlicher Gedächtnissysteme, zu unterschiedlichen Entscheidungen. Beide Entscheidungssysteme verarbeiten ein und denselben Stimulus auf unterschiedliche Art und Weise und kommen zu einer eigenen Bewertung und spezifischen Bedeutung. Die Verarbeitung im Emotionssystem ist schnell, mühelos, unaufgefordert und dem Bewussten nicht zugänglich. Das Kognitionssystem arbeitet bewusst, langsam, ist anstrengend und muss aktiviert werden.

Ein zukunftsfähiges normierendes Entscheidungsmanagement erfordert ein klares Konzept, das die unterschiedlichen Entscheidungsarten und deren Interaktionen berücksichtigt (Bild 2.9).

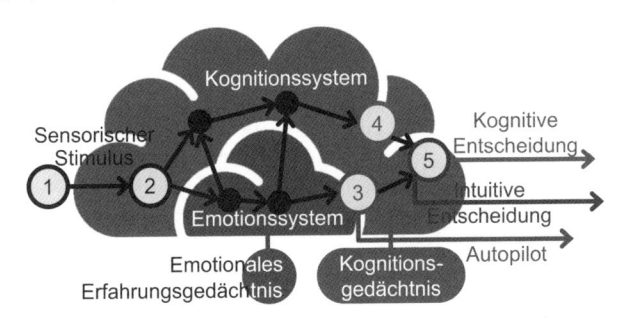

Bild 2.9 Orientierung an menschlichen Entscheidungssystemen und -prozessen

Obwohl beide Systeme weitgehend autonom arbeiten, interagieren sie gleichzeitig sehr hoch und erscheinen daher wie ein monolithisches System. Beide Systeme verfügen über ein eigenes Gedächtnissystem: das emotionale Erfahrungsgedächtnis, in dem das handlungsorientierte und das Expertenwissen repräsentiert sind, und das Kognitionsgedächtnis mit dem deklarativen, semantischen, prozeduralen und episodischen Langzeitgedächtnis.

Maßgeblich für das Design von Entscheidungsprozessen ist die unterschiedliche Geschwindigkeit beider Systeme mit gleichzeitig einhergehender Parallelität, die eine Reihenfolge von Prozessschritten vorgibt. Die evolutionäre Entwicklung der Emotionen wiederum bestimmt die Reihenfolge der eingebetteten Motive. Die Sorge um die Sicherheit, die von der Angst motiviert wird, kommt evolutionär gesehen vor der Einflussnahme zur Chancennutzung, die der Ärger motiviert.

Ein gutes Entscheidungsmanagement umfasst funktionale Entscheidungsprozesse gleichermaßen für individuelle Entscheider und Teams auf Augenhöhe sowie in einem hierarchischen Gefüge. Die Anwendung von einfachen robusten Entscheidungsprozessen ist deshalb so bedeutend, weil das emotionale Erfahrungsgedächtnis durch gelungene Erfahrung lernt. Dieser Wirkmechanismus ist der Grund, warum Menschen vornehmlich mit Freude lernen, wie es der Alltag lehrt, oder mit Begeisterung, wie es Gerald Hüther beschreibt. Funktionale Entscheidungsprozesse sollten alle Entscheidungsarten integrieren:

- Entscheidungen mit dominantem Emotionssystem ohne Kognitionssystem
- Intuitive Entscheidung ohne Aktivierung des Kognitionssystems
- Affekthafte Entscheidung bei hoher emotionaler Disposition mit deaktiviertem Kognitionssystem
- Entscheidungen mit dominantem Kognitionssystem auf Basis eines kohärenten Weltbilds
- Kognitive Entscheidung ohne wesentliche Interaktion mit dem Emotionssystem
- Kognitive Entscheidung bei niedriger emotionaler Disposition
- Kognitive Entscheidung bei hoher emotionaler Disposition

> Ein zukünftiges Entscheidungsmanagement erfordert die Abbildung der menschlichen Entscheidungsprozesse in einem vorgegebenen Design.

■ 2.12 Über die rationale Logik hinausgehen

Die ungeklärten Phänomene, die von der rationalen Logik abweichen, werden von den deskriptiven Wissenschaften wie der Philosophie, Logik, Psychologie und entsprechend auch den normierenden Wissenschaften wie der Wirtschaftswissenschaft als irrational bezeichnet. Bei Kahneman sind Phänomene jedoch meist nur Abweichungen zu statistischen Wahrscheinlichkeiten großer Zahlen.

Bei der in Bild 2.10 dargestellten Betrachtung wird die individuelle Situation der Opfer eines Flugzeugunglücks und das individuelle Risiko des Entscheiders vor Antritt der Reise nicht berücksichtigt.

Für die Opfer hat sich das Risiko trotz der geringen Prognose von 0,000007% mit 100% der Wahrscheinlichkeit bereits realisiert. Zusätzlich basiert die prognostische Betrachtung der Risiken auf großen Zahlen der allgemeinen und vergangenen Verkehrssituation, nicht der zukünftigen, aktuellen oder individuellen. Die individuelle Erfahrung, die sicherheitsrelevante Bauweise des eigenen Autos, die Achtsamkeit beim Autofahren, die Verkehrsdichte, die Fahrgeschwindigkeit, die Uhrzeit und aktuellen Lebensumstände des Fahrers sind nur einige Parameter, die das individuelle Risiko, bei einem Autounfall ums Leben zu kommen, bestimmen.

> STATISTISCHE PROGNOSE
> 943 Tote bei Flugzeugabsturz 2014 (ASN)
> 1.250.000 Tote bei Autounfall 2014 (WHO)
> Fazit: Autofahren ist 1.300mal gefährlicher
> 0,000.007% Wahrscheinlichkeit für Flugzeugabsturz
> 0,004.500% Wahrscheinlichkeit für tödlichen Autounfall
> Fazit: Tod durch Autounfall ist 640 mal größer

↑

Annahme: Die Kognition wäre zu einer Entscheidung fähig, die sich an der statistischen Prognose orientiert

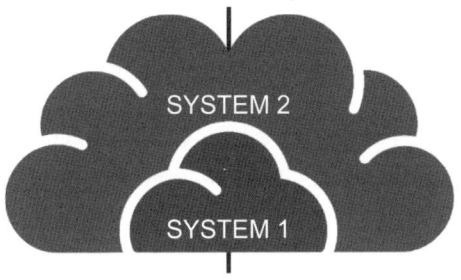

SYSTEM 2

SYSTEM 1

Konsequenz: System 1 fällt eine Entscheidung, die vom Modell der statistischen Wahrscheinlichkeit abweicht

↓

> Eine Entscheidung für das Auto nach 9/11 wäre nach Kahneman eine kognitive Verzerrung, denn die Prognose für das Autofahren sagt ein 1.300 Mal höheres Risiko voraus.

Bild 2.10 Kognitive Verzerrung nach 9/11

Ungeachtet des höheren Risikos stiegen Amerikaner nach 9/11 verstärkt auf das Auto um, was dazu führte, dass es 2011 und in den ersten Jahren danach schätzungsweise 1.600 mehr unfallbedingte Todesfälle pro Jahr gab, als statistisch zu erwarten gewesen wäre. Wie weit sich jedoch Menschen vor 9/11 bei der Wahl für ein Verkehrsmittel an der statistischen Wahrscheinlichkeit, einen Unfalltod zu erleiden, orientierten, ist äußerst zweifelhaft. Noch mehr ist zu bezweifeln, dass sie sich nach 9/11 gegen die Statistik entschieden. Es ist wahrscheinlicher, dass die Erinnerung an 9/11 Emotionen auslöste, die zum Auto als bevorzugtem Verkehrsmittel führten. Die Bezeichnung kognitive Verzerrung ist aus dieser Sicht unglücklich gewählt, da weder die Kognition die statistische Prognose verzerrt noch die Kognition selbst von der Prognose verzerrt wird. Bei Kahneman fehlen sowohl eine nähere Beschreibung des Kognitionssystems (System 2) als auch des Emotionssystems (System 1) sowie die Interaktion der beiden, die erst zu einer Entscheidung führt. Die Kognitionslogik wird einfach der rationalen Logik gleichgesetzt und die Emotionslogik, also die Art und Weise, wie System 1 und System 2 autonom und interagierend arbeiten, wird nicht beschrieben.

> Eine schlüssige Kognitions-, Emotions- und Intuitionstheorie berücksichtigt das Zusammenwirken der Entscheidungssysteme als Basis eines gelungenen Entscheidungsmanagements.

■ 2.13 Die Logik des Irrationalen kennen

Mit Logik, im Allgemeinen das Schlussfolgern, wird die Struktur von Argumenten im Hinblick auf ihre Gültigkeit untersucht, unabhängig vom Inhalt. Wenn A größer ist als B und B größer als C, so ist es logisch, dass A größer ist als C. Diese Aussage gilt für beliebige Inhalte. So gilt,

- wenn die Marktkapitalisierung der Daimler AG größer ist als die der Deutschen Bank AG und
- die Marktkapitalisierung der Deutschen Bank größer ist als die der Lufthansa,
- dann ist die Marktkapitalisierung der Daimler AG ebenfalls größer als die der Lufthansa.

Wählt man einen anderen Inhalt, also statt Unternehmen als Gegenstand Führungskräfte und statt des Prädikats Größe die Entscheidungsstärke, dann gilt:

- wenn die Entscheidungsstärke von Herrn Landner höher ist als die von Dr. Martel und
- die Entscheidungsstärke von Dr. Martel höher ist als die von Herrn Schutz,
- dann ist Herr Landner ein stärkerer Entscheider als Herr Schutz.

Die Rationalität, auch rationale Logik, umfasst die bewusste Entscheidung nach Gründen, die als vernünftig gelten, um ein bestimmtes Ziel zu erreichen. Wenn der Mensch frei und souverän handelt, so ist es konsequent, dass seine Absichten und Ziele die guten Gründe seiner Entscheidungen sind. Handelt ein Manager in Verantwortung für ein Unternehmen, so sind die guten Gründe der Schutz und die Chancennutzung für das Unternehmen.

Wie jeder aber weiß, lassen sich viele Entscheidungen auch bei bestem Willen nicht mit guten Gründen erklären. Wenn etwa ein Kunde online Kontakt zu einer Bank aufnimmt und um ein persönliches Gespräch vor Ort bittet und die Bank ihm per E-Mail antwortet, er könne seinen Terminwunsch online einstellen, per Telefon, E-Mail oder schriftlich mitteilen, so ist das gegen die Vernunft. Wenn dann der Kunde seine Beschwerde vorbringt, seinem Wunsch wäre nicht entsprochen worden, und ihm erklärt wird, man hätte die E-Mail nur geschickt, um ihm zu zeigen, welche Kontaktmöglichkeiten ein Kunde hätte, so ist die Aussage zwar richtig, aber keinesfalls logisch.

Dass solche Phänomene auftreten und sich Menschen so oder ähnlich verhalten, haben die griechischen Philosophen bereits vor mehr als zweitausend Jahren erkannt und bezeichneten dieses Verhalten oder die Entscheidungen, sich so zu verhalten, als irrational, einfach außerhalb der rationalen Logik (Bild 2.11). Damit wurde das unbekannte Terrain außerhalb der rationalen Logik entwertet, als unvernünftig stigmatisiert, aber auch mystifiziert. Bereits seit mehr als hundert Jahren ist erkannt, dass grundlegende Phänomene nicht mit der rationalen Logik zu beschreiben sind. Ein Abweichen von der Polarität ist jedoch nicht vorgesehen. Die Entscheidungswelt hält fest an den Paaren von Schwarz-weiß, Gut-schlecht, Vernunft-Unvernunft und der rationalen und irrationalen Entscheidung. Die Begrenztheit dieser Ansätze ist aber nicht zu übersehen und so findet und erfindet man neue Erklärungen wie die kognitive Verzerrung, die irrational von einer statistischen Voraussage abweicht.

Das Paradigma bleibt: **Alles, was nicht rational ist, muss irrational sein.**

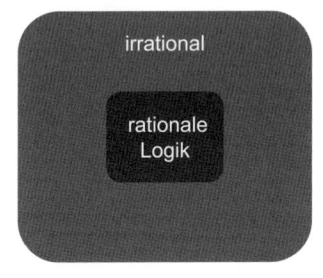

Bild 2.11 Alles außerhalb der rationalen Logik sei irrational, so die Meinung seit mehr als 2000 Jahren

Kahnemans kognitive Verzerrung ist eine Betrachtungsweise, die häufig vorkommende, beschreibbare und wiederholbare Verhaltensweisen aufzeigt und damit einen klaren Hinweis auf eine Logik gibt, die noch nicht beschrieben ist. Das Wiederholbare ist ein Hinweis auf eine mehr oder minder „programmierte" Interaktion zwischen Emotions-(System 1) und Kognitionssystem (System 2), die unter bestimmten Bedingungen wiederholbare Ergebnisse produziert. Diese vereinfachte Beschreibung wäre jedoch nur gültig, wenn die Entscheidung bewusst, also mit Beteiligung des Kognitionssystems, getroffen worden wäre. Mit der Einführung der kognitiven Verzerrung wird suggeriert, das Kognitionssystem sei immer und bei jeder Entscheidung beteiligt, was nicht der Fall ist. Bei der intuitiven Wahl der Farbe eines Logos, eines Autos oder des Kostüms für die nächste Präsentation ist die Kognition nicht beteiligt.

Eine rationale Welt ohne die Beteiligung der Kognition, also dem Bewusstsein, ist nicht denkbar, wenn man von einer Verzerrung der Kognition ausgeht. Wenn aber die Intuition, die nicht kognitiv ist und alleine wirken kann, existiert und ihre Macht ausübt, erschüttert sie den Kern der rationalen Logik. Die von Managern geforderte bewusste Entscheidung nach Gründen wird zum Widerspruch in sich selbst. Das Phänomen der kognitiven Verzerrung ist in zweifacher Hinsicht unlogisch: Zum einen gibt es nichtkognitive und damit nichtbewusste Entscheidungen, zum anderen sind diese unbewussten Entscheidungen zwangsläufig nicht begründbar. Das scheint im Unternehmenskontext eine nicht zu ertragende Situation. Die Gehirnforschung und die Alltagserfahrung sprechen jedoch eine andere Sprache. Dieser Widerspruch ist aufzulösen, indem man die rationale Logik valide einordnet und kognitive Verzerrungen sowie Bauchentscheidungen erklärt.

Die rationale Logik alleine kann nicht anhand von Verhaltensmustern beschreiben, warum Menschen falsche Entscheidungen treffen und die getroffenen Entscheidungen danach mit falschen Begründungen versehen. Erst eine Erklärung über den Horizont der rationalen Logik hinaus kann menschliches Verhalten mit Hilfe der Kognitions-, Emotions- und Intuitionslogik ansatzweise erklären (Bild 2.12). Deren Interaktion bestimmt sowohl funktionales als auch dysfunktionales Verhalten.

Intuitions-logik	Emotions-logik	Logik der Werte
rationale Logik	Kognitions-logik	andere Logiken

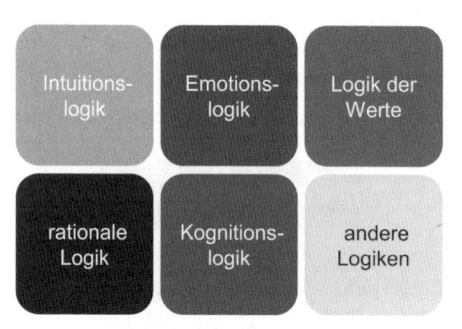

Bild 2.12 Entscheidungen genügen nicht nur einer Logik

Entscheidungsprozesse, deren Design darauf Rücksicht nimmt, reduzieren und eliminieren dysfunktionale Phänomene wie die kognitive Verzerrung und unterstützen funktionale Wirkungsweisen. Die Stigmatisierung von allem, was nicht der rationalen Logik genügt, als irrational wäre aufgehoben und um die fehlenden Mit- und Gegenspieler zur rationalen Logik wie die Kognitions-, Emotions- und Intuitionslogik ergänzt. Ebenso wäre eine Abweichung von statistischen Prognosen eine von vielen Bewertungsmöglichkeiten und nicht mehr eine normierende, die man demnach auch nicht mehr eine Verzerrung der Kognition nennen kann. Unzweifelhaft und richtig ist, dass die Bauweise unserer Entscheidungssysteme zu ungerechten, wie das Richterbeispiel zeigt, und zu dysfunktionalen Entscheidungen führt. Da es mehrere Logiken gibt, nicht nur die rationale, kann je nach Situation und Kontext der einen oder anderen mehr oder weniger Gewicht gegeben werden. Dazu muss der rationalen Logik der Alleinvertretungsanspruch genommen werden und gleichzeitig das Wissen über die anderen Logiken in den unternehmerischen Alltag einziehen. Dann muss der Wahn des Entweder-oder beziehungsweise die Diskussion: „Was ist die bessere Entscheidungsstrategie?" ersetzt werden durch eine Sequenz mit einer bewusst gewählten Reihenfolge.

2.13 Die Logik des Irrationalen kennen

Gerade die Emotionslogik sollte jedoch immer eine Bedeutung in der Sequenz von Logiken bekommen (Bild 2.13).

Governance und Compliance	Wirkung für Unternehmen	Wirkung für Gesellschaft	Innovation
Statistische Prognosen	Wirkung für Entscheider	Entscheidungsprozesse	Motive der Emotionen
Werte Mission Vision	Sinn	Zeit	andere

Bild 2.13 Bewertungen für Entscheidungen

So könnte man durch eine bewusste Nutzung der Logiken, nach denen eine Entscheidung und eine Bewertung für das Unternehmen getroffen wird, erreichen, dass eine Entscheidung im Nachhinein nicht mit einer gewünschten Bewertung erklärt oder gerechtfertigt werden muss.

Die unternehmerische Bewertung anhand einer rationalen Logik, einer statistischen Prognose, des Einhaltens von Regeln oder anhand von Entscheidungsprozessen oder des erwirkten Ergebnisses für das Unternehmen und den Entscheider läge dann in der Entscheidungsfreiheit des Unternehmens, gemessen an seinen Zielen, seiner Mission und Vision. Für die Herausforderungen der Digitalisierung und der agilen Arbeitsmethoden sind dies vornehmlich Innovation, Geschwindigkeit und gemeinsam getragene Entscheidungen, damit die Umsetzung zeitnah mit hohen Erfolgsaussichten erfolgt.

Die bewusste Entscheidung nach vernünftigen Gründen aktiviert die Kognition und forciert, dass die sozialen Emotionen eingebunden werden. Diese seit Jahrtausenden gelebte Qualität sollte erhalten bleiben, jedoch unter Berücksichtigung der Erkenntnis, wie Emotionen, Intuition und Kognition zusammenarbeiten.

Wenn die Diskussion um eine Begründung den Entscheidungsprozess verzögert und Entscheidungen verwässert, so hat die intendierte Wirkung der rationalen Entscheidung ihr Ziel verfehlt. Die Aktivierung des Kognitionssystems muss jedoch zwingender Bestandteil der Entscheidungsprozesse sein und die Orientierung an einer rationalen Logik, neben den anderen Logiken, ebenfalls.

> Ein zukünftiges Entscheidungsmanagement erfordert mehrere Logiken, die über die rationale Logik hinausgehen.

2.14 Fazit

Das Zusammenspiel von Kognition, Intuition und Emotion als gegenseitig sich beeinflussende Prozesse zu erkennen, erfordert zyklisch-evolutionär zu denken, zu entscheiden und zu handeln. Gute Entscheidungsprozesse orientieren sich an diesem menschlichen Entscheidungsprozess und den unternehmerischen Anforderungen gleichermaßen.

Dann kann eine neue Entscheidungskultur entstehen, als Ergebnis eines erfolgreich eingeführten Entscheidungsmanagements, zu dem Führungskräfte und Mitarbeiter gleichermaßen gerne ihren Beitrag leisten (Bild 2.14). Die heutigen disruptiven Märkte erfordern schnelle und gemeinsam getragene Entscheidungen, die dann möglich werden. Unternehmen mit traditionellen Führungsstrukturen profitieren davon in gleicher Weise wie agile Unternehmen und die sich widersprechenden Führungsparadigmen werden zusammengeführt.

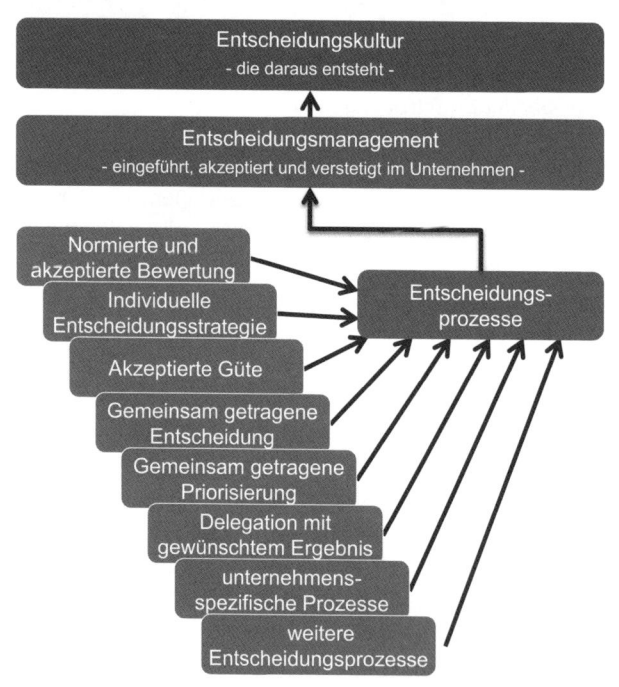

Bild 2.14 Wie Entscheidungskultur entsteht

> **Wer hohe Türme bauen will, muss lange am Fundament verweilen.**
>
> *Das Fundament eines unternehmerischen Entscheidungsprozesses muss an den menschlichen Entscheidungsprozessen orientiert sein und dazu gehören die Emotionen, die Intuition und die Kognition.*

TEIL 2
Die K-i-E Theorie

3 Wie der Mensch funktioniert – das K-i-E Konzept

K-i-E Konzept

„Analysieren bedeutet lernen, Unterschiedliches zusammenbringen bedeutet wachsen."

Das K-i-E Konzept, das das Zusammenspiel von Kognition, Intuition und Emotion erklärt, verbindet erstaunliche, nahezu revolutionäre Ergebnisse meiner Arbeit der letzten 25 Jahre. Auf dem Weg zum K-i-E Konzept wurden mein Selbstbild und die gängigen Modelle, wie Unternehmen funktionieren, mehrmals erschüttert und demontiert.

Bestehende Modelle konnten die Widersprüche unternehmerischen Entscheidens und menschlichen Verhaltens nicht erklären. Die Konfrontation mit Phänomenen, die sich widersprachen und nicht zu erklären waren, erzwang ein neues und schlüssiges Weltbild.

Mit dem K-i-E Konzept erhalten Menschen eine konkrete Orientierung, wie sie bestehende, nicht ausreichende Konzepte zu Entscheidungsstrategien ablösen und sich einem umfassenden Konzept zuwenden können.

■ 3.1 Konzept mit mehreren Systemen

Einer jeden Handlung geht eine Entscheidung voraus, unabhängig davon, ob sie bewusst getroffen wurde oder nicht. Wer leben und überleben will, muss handeln. Somit sind Entscheidungen etwas sehr Archaisches und dienten und dienen heute noch dem Leben und Überleben. Zugleich sind Entscheidungen im Business die Kerntätigkeit der Führung. Sie stellen die Königsdisziplin der hohen Kunst des Führens und Geführt-Werdens dar.

Um zu entscheiden, müssen wir bewerten (Bild 3.1). Sei es, um sich für oder gegen eine Alternative oder ein Thema zu entscheiden mit dem Ziel, die erhoffte Wirkung zu erreichen. Um zu vergleichen, müssen wir auf etwas Bezug nehmen, mit dem wir vergleichen: die Erinnerungen in den Gedächtnissystemen. In Gang gesetzt wird diese Entscheidungssequenz von einem Auslöser, dem Stimulus.

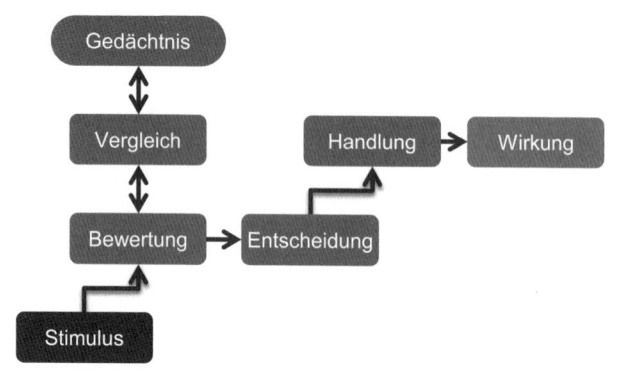

Bild 3.1 Die Sequenz einer Entscheidung

Die aktuellen Forschungsergebnisse der Neurowissenschaften gehen von 20.000 Entscheidungen pro Tag aus. Ernst Pöppel bringt es in seinem Buch mit dem zugespitzten Titel „Zum Entscheiden geboren – Hirnforschung für Manager", erschienen 2008, recht gut auf den Punkt.

Viele mögen an dieser Stelle die 20.000 Entscheidungen pro Tag bezweifeln, dann müsste man sich nicht mit diesem schwer vorstellbaren Phänomen auseinandersetzen. In jedem Fall kann der Mensch eine so große Anzahl von Entscheidungen nicht mit seinem Kognitionssystem bewusst treffen.

Es muss also ein anderes, ein sehr schnelles Entscheidungssystem geben. Dieses Entscheidungssystem verarbeitet die Entscheidungssequenz offensichtlich schneller als die Vernunft. Die Vermutung liegt nahe, dass dabei eine andere Logik als die rationale Logik verarbeitet wird.

> Es gibt ein zweites Entscheidungssystem, das schneller als das Kognitionssystem reagiert.

3.1.1 Kognitions- und Emotionssystem

Unser Gehirn hat sich nicht nach einem vorgegebenen Bauplan entwickelt, sondern sich evolutionär an die Herausforderungen des täglichen Lebens angepasst und weiterentwickelt. Dabei wurde ein weniger funktionales Gehirnareal nicht stillgelegt und durch ein funktionaleres ausgetauscht. Unser Gehirn hat sich mehr oder minder in Stufen entwickelt. Dabei entwickelten sich redundante und überlagernde Funktionen, die in den alten und neuen Arealen parallel vorhanden und aktiv waren und sind. Sie mussten im Laufe der Evolution irgendwie ineinander integriert und synchronisiert werden. Das Leben ging auf Basis der alten Areale weiter und die neuen mussten sich parallel integrieren. Aus diesem Grund interagieren die neueren Gehirnareale mit den älteren, die sie ergänzen oder korrigieren. Umgekehrt interagieren die älteren mit den neueren Gehirnarealen, da diese schon da sind, meist umfassender arbeiten und wiederum hoch in andere integriert sind.

Akzeptanz findet immer noch das in den fünfziger Jahren entwickelte Modell des dreieinigen Gehirns des Hirnforschers Paul D. MacLean (Bild 3.2). Auch wenn es überholt ist und in einigen Annahmen zu Recht abgelehnt wird, ist es aus konzeptioneller Sicht gut verwendbar.

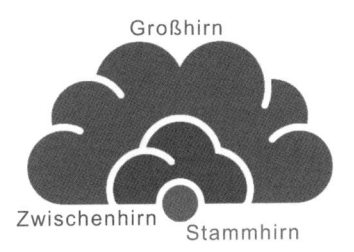

Bild 3.2 Das dreieinige Gehirn – Paul D. MacLean

Das Stammhirn – die Aufgabe des Stammhirns ist die basale Selbsterhaltung durch reguliertes Atmen, es steuert den Stoffwechsel und die Grundmuster des Verhaltens rund um Ernährung, Aggression und Fortpflanzung. Es agiert eher in Routine und bezieht über Sensoren die aktuell herrschende Wirklichkeit mit ein.

Das Zwischenhirn mit Emotionen – Emotionen erlauben dem Zwischenhirn eine flexiblere und freie Handlung, die mit den Routinen des Stammhirns nicht möglich ist. Das Zwischenhirn reagiert weitgehend in der Gegenwart, auf der Basis von Erfahrungen der Vergangenheit.

Das Großhirn oder Neocortex mit Kognition – im Großhirn entwickeln wir ein Modell von der Welt, auch von uns selbst, und interpretieren unseren ständigen Wahrnehmungsfluss. Das Großhirn ist auf die Zukunft ausgerichtet und erstellt ein kohärentes Weltbild.

Nach heutiger Forschungslage wird die Emotionsverarbeitung vorwiegend im Zwischenhirn, beziehungsweise im subcortikalen Bereich des Gehirns, und die Kognitionsverarbeitung im Neocortex verortet.

> Das Zusammenwirken von Emotion und Kognition, zu dem auch die Intuition gehört, nenne ich K-i-E Konzept.

Im K-i-E Konzept wird auf die evolutionäre Entwicklung verzichtet und davon abgesehen, wo die Systeme exakt im Gehirn zu lokalisieren sind. Auch wenn bestimmte Emotionen wie die Angst in der Amygdala klar zu verorten sind, können andere Emotionen nicht so ohne Weiteres lokalisiert werden, da sie in einer Sequenz über mehrere Gehirnareale verarbeitet werden. Das Stammhirn wird im K-i-E Konzept nicht weiter diskutiert, da es nur bedingt lernfähig ist.

Der Fokus wird auf die Merkmale, Verarbeitungsweise und Interaktion von Emotion und Kognition gelegt. Dabei geht das K-i-E Konzept von zwei Systemen aus, die gemeinsam an Entscheidungen beteiligt sind:

- das Kognitionssystem – es ist weitgehend im Großhirn lokalisiert und
- das Emotionssystem – es ist weitgehend im subcortikalen Bereich des Gehirns lokalisiert.

Die hohe Interaktion der Systeme lässt eine klar abgegrenzte Zuordnung zu einzelnen Gehirnregionen nicht zu.

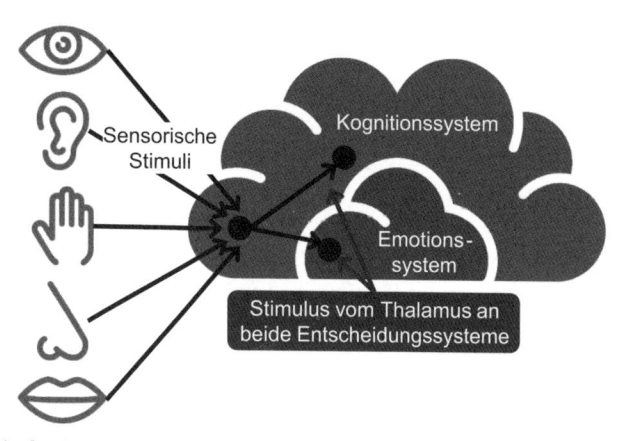

Bild 3.3 Beide Systeme verarbeiten unabhängig voneinander den Stimulus vom Thalamus

Das Emotionssystem (Bild 3.3) konnte evolutionär gesehen nur arbeiten, wenn der sensorische Stimulus aus den Sinnesorganen, den Augen, Ohren, dem Körper, der Zunge und der Nase, weitergeleitet wurde. Das Emotionssystem gibt dem sensorischen Stimulus, vergleichbar den Pixel-Punkten eines Objekts, erst die Bedeutung. Es entscheidet, ob die roten Farbpunkte von einem reifen Apfel herrühren oder von der Frucht einer Eibe, die giftigen Samen trägt. Das Emotionssystem sorgt mit einer Bewegung dafür, sich vom einen Objekt abzuwenden oder dem anderen zuzuwenden, um den Apfel zu pflücken.

> Die beiden höher entwickelten Entscheidungssysteme werden als Emotionssystem und Kognitionssystem bezeichnet. Beide verarbeiten denselben sensorischen Stimulus.

3.1.2 Entscheiden ohne Kontrolle

Was sind nun die Prozesse, die dem Bewussten nicht zugänglich sind? Ein Prozess, lateinisch procedere, bedeutet vorwärtsgehen und kann als wiederkehrende Folge von Aktionen gesehen werden, die auf ein Ziel gerichtet sind.

Lebenswichtige Organe wie Gehirn, Herz, Lunge und Leber funktionieren nur bei einer konstanten Temperatur von ca. 37 °C. Ein hochkomplexer Regulierungsmechanismus mit einer Vielzahl von Sensoren in der Haut, den inneren Organen und in unserem Gehirn agiert als Stimulus, damit der menschliche Organismus – in Abhängigkeit vieler Einflussgrößen wie der Außentemperatur – für eine gleichbleibende Temperatur im Körper sorgen kann. Dieser neurologische Prozess funktioniert ohne unser bewusstes Zutun und wird auch nicht bewusst wahrgenommen. Entsprechend kann er, obwohl dieser Prozess ununterbrochen aktiv ist, auch nicht ohne Weiteres willentlich beeinflusst werden.

Ein Wimpernschlag, wenn sich eine Fliege dem Auge nähert, gehört zu den unbewussten Prozessen. In diesem Fall wird der neurologische Prozess von einem externen Auslöser angestoßen und dann – dem Bewussten nicht zugänglich – ausgeführt, auch wenn wir am Ergebnis, dem geschlossenen Auge, merken, dass der Prozess ausgeführt wurde. Die sich nähernde Fliege ist der Auslöser, der Stimulus. Das, was wir Reflex nennen, ist nur ein Begriff für den Prozess, der mit dem Stimulus begann und mit dem Wimpernschlag abgeschlossen wurde. Dieser Handlung, die zur Aktivierung der Augenmuskulatur und zum Schließen der Augen führte, ging ein neurologischer Entscheidungsprozess voraus.

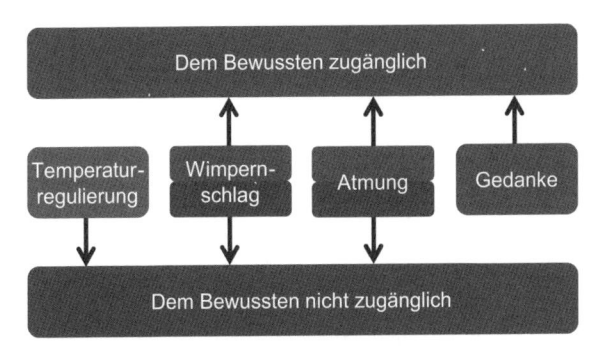

Bild 3.4 Menschliche Prozesse können bewusst oder dem Bewussten nicht zugänglich sowie beides sein

Wie der Wimpernschlag kann die menschliche Atmung auch bewusst gesteuert werden (Bild 3.4). Die Einatmung wird im Wesentlichen durch die Medulla oblongata im Hirnstamm gesteuert. Steigt der Kohlendioxidgehalt (CO_2) im Blut über einen kritischen Wert als Stimulus, wird durch das Zwerchfell und die Brustkorbmuskeln automatisch Luft „eingesaugt". Mit dem in der Luft enthaltenen Sauerstoff (O_2) versorgt die Lunge das Blut und reguliert die lebensnotwendige Sauerstoff-Kohlendioxid-Balance. Beim Ausatmen hingegen entspannen sich die beteiligten Muskeln wieder und die Lunge entsorgt das Blut vom Kohlendioxid. Die unbewusste Atmung ist ein gutes Beispiel für einen unbewussten Prozess, dessen Entscheidungsmechanismus wohlbekannt ist. Analog ist das K-i-E Konzept eine Beschreibung von bewusst nicht zugänglichen Prozessen, damit sie bewusst in Entscheidungen berücksichtigt werden.

Wir können uns entscheiden ein- und auszuatmen sowie zu blinzeln. In diesem Fall dient der bewusste Gedanke, die Entscheidung, als Stimulus für das Emotionssystem, der den unbewussten Prozess auslöst. Ansonsten müssten wir wissen, wie Atmen oder Zwinkern muskulär angesteuert wird, was willentlich nicht möglich ist. Demgegenüber stehen die Prozesse, die nur bewusst ablaufen. Ein Gedanke, auch wenn sein Ursprung noch nicht diskutiert ist, gehört zur Klasse der ausschließlich bewussten Prozesse.

> Die Besonderheit des Menschen besteht darin, dass er über Prozesse verfügt, die sowohl bewusst als auch dem Bewussten nicht zugänglich ausgeführt werden können.

Allen diesen Handlungen, dem Wimpernschlag, der Temperaturregelung und der Atmung sowie einem Gedanken, geht eine Entscheidung beziehungsweise ein Entscheidungsprozess voraus. Manche dieser neurologischen Entscheidungsprozesse können bewusst wahrgenommen werden, manche sind dem Bewussten nicht zugänglich. Das Kognitionssystem ist in der Lage, bewusste Prozesse zu verarbeiten, das bewusste Denken ist einer davon. Um Entscheidungsphänomenen auf den Grund zu gehen, ist ein Denken im Sowohl-als-auch eine zwingende Voraussetzung.

3.2 Was der Libet-Versuch sagt

3.2.1 Der Blick in die Zukunft

Bereits 1964 verblüfften Hans Helmut Kornhuber und Lüder Deecke, zwei deutsche Neurologen, die Wissenschaft mit der These, man könne das Verhalten von Menschen durch Maschinen voraussagen. Kornhuber/Deecke hatten eine elektrische Potenzialänderung entdeckt, die sie Bereitschaftspotenzial (BP) nannten, das einer Handlung zeitlich vorausgeht. Ein Messverfahren, die Elektroenzephalografie (EEG), nährte die Hoffnung, dass bald eine Prognose, was Menschen in der Zukunft tun würden, durch eine Maschine greifbar nahe sei.

Der Ausflug in die Vorherschau der Zukunft durch einen Automaten endete in einer Fehlinterpretation über den freien Willen, die bis heute Bestand hat und von vielen Wissenschaftlern äußerst kontrovers geführt wird. Die wenigsten gehen dabei von einem Zusammenspiel von Emotion und Kognition aus. Berücksichtigt man aber ihren unterschiedlichen Einfluss, muss die Frage, wie frei der Mensch in seinem Willen, seinen Entscheidungen ist, anders beantwortet werden.

Kornhuber/Deecke gingen von der Vorstellung aus, der Mensch treffe eine willkürliche, also freie Entscheidung, die anschließend die für eine Bewegung notwendige Muskulatur aktiviert und von ihr im weiteren Verlauf ausgeführt wird. Sie wählten einen einfachen Versuchsaufbau, in dem Probanden einen Finger zu einem frei gewählten Zeitpunkt heben sollten (Bild 3.5). Die Aufbereitung der Messergebnisse ergab, dass das Bereitschaftspotenzial ein bis zwei Sekunden vor der Handlung aufgebaut wird.

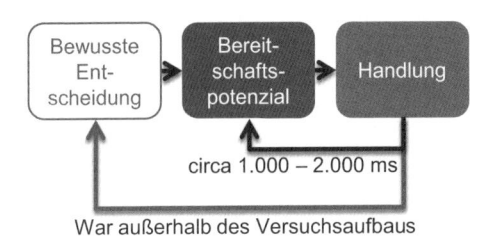

Bild 3.5 Das Bereitschaftspotenzial geht einer Handlung zeitlich voraus

Der Versuchsaufbau ließ die bewusste Entscheidung außen vor. Die bedeutsamere Fragestellung, wie viel Zeit von der bewussten Entscheidung bis zur Handlung vergeht, ließ der damalige Versuchsaufbau nicht zu und so waren die Betrachtungen eher theoretischer Natur.

Bereits Kornhuber/Deecke nahmen einen ursächlichen Zusammenhang (Kausalität) zwischen der bewussten Entscheidung und dem Aufbau des Bereitschaftspotenzials an, konkret: Die bewusste Entscheidung sei die Ursache für den Aufbau des Bereitschaftspotenzials. Die Entscheidung, die rechte Hand zu heben, baue das Bereitschaftspotenzial in der linken Gehirnhemisphäre auf und umgekehrt werde bei der Entscheidung, die linke Hand zu heben, die rechte Gehirnhälfte aktiv. So sei nicht nur voraussagbar, wann die Handlung geschehen wird, sondern es gäbe einen ersten Ansatz, welche Handlung ausgeführt werden wird.

Der amerikanische Physiologe Benjamin Libet bezweifelte die ein bis zwei Sekunden für den Aufbau des Bereitschaftspotenzials sowie das Heben eines Fingers und erweiterte den Versuchsaufbau um die bewusste Entscheidung (Bild 3.6). So wurde erstmals die freie Entscheidung mit der anschließenden Handlung vollständig vermessen.

Bild 3.6 Der Versuchsaufbau für eine willentliche Entscheidung

Seine Messungen wurden mit dem Heben der Hand durchgeführt und ergaben, dass tatsächlich vom Bereitschaftspotenzial bis zur Handlung nur 550 Millisekunden vergehen (Bild 3.7).

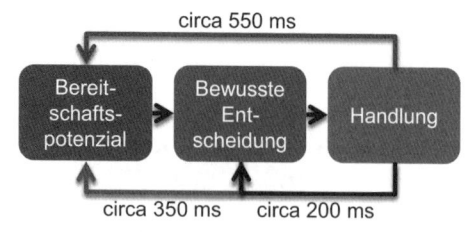

Bild 3.7 Der Libet-Versuch – die bewusste Entscheidung findet nach dem Bereitschaftspotenzial statt

Dieses Messergebnis war für ihn und für die Fachwelt völlig unerwartet. Das Bereitschaftspotenzial wird etwa 350 Millisekunden vor und nicht, wie erwartet, nach der bewussten Entscheidung aufgebaut. Deutlich wurde, irgendwie hat irgendetwas bereits entschieden, dass die linke oder rechte Hand gehoben wird, bevor man sich bewusst dafür entscheidet. Die Welt stand Kopf und die Diskussion um den freien Willen war entfacht.

Der Libet-Versuch wurde in den folgenden Jahrzehnten mehrfach wiederholt, mit dem Ziel, den freien Willen nachzuweisen oder zu widerlegen. Dabei wurde das unglaubliche Messergebnis immer wieder bestätigt. John-Dylan Haynes wandte 2008 und 2016 bildgebende Verfahren an. Sein Fazit: „Der Befund von Libet ist damit nicht nur bestätigt, sondern mächtig verschärft." Die ersten Jahre bezweifelte man den Testaufbau, weil das Messergebnis nicht in die Vorstellung der Willensfreiheit passte. Bis heute wird der Testaufbau nachgestellt und die Ergebnisse werden weiterhin äußerst kontrovers diskutiert.

- Der Neurophysiologe Wolf Singer meint, es sei eine Illusion, dass Menschen aus freiem Willen über ihr Handeln bestimmen, und bezeichnet den freien Willen als ein kulturelles Konstrukt.
- Auch der Neurobiologe Gerhard Roth leugnet den freien Willen und deutet das Gefühl des Willensentschlusses nicht als eigentliche Ursache für die Handlung, sondern als eine nachträgliche Begleitempfindung, die auftritt, nachdem kortikale Prozesse begonnen haben.
- Der Neurophysiologe Patrick Haggard und der Psychologe Martin Eimer wiederholten 1999 den Versuch und führten eine Handlungsalternative zwischen rechtem oder linkem Zeigefinger ein. Sie erkannten bereits, dass ein zeitliches Vorher noch keine Ursache ist. Ihr Fokus war und ist weniger der freie Wille. Sie sehen die Kognition eher als etwas, dass die Folgen der Handlung, das, was tatsächlich geschah, kontrolliert und prüft, ob die Handlung auch von uns selbst stammt.
- Der Psychologe Wolfgang Prinz fasste den Libet-Versuch so zusammen: „Wir tun nicht, was wir wollen, sondern wir wollen, was wir tun." Bei dieser Auslegung schließt sich natürlich die Frage an, wer entscheidet, was wir tun?

- Für Stefan Schmidt spielt das Bereitschaftspotenzial bei Entscheidungen zwar eine wichtige Rolle, ihre Ursache sei es aber nicht. Er entdeckte 2016 im Hintergrundrauschen kognitive Aktivitäten und sieht damit den freien Willen als gerettet.
- 2016 wies Haynes den freien Un-Willen oder das Stoppen einer „begonnenen" Handlung in einem raffinierten Versuch nach. Das bereits von Libet eingeführte Veto des Kognitionssystems ist damit nachgewiesen. Menschen konnten sich in seinem Versuch tatsächlich so konditionieren, dass sie nach dem Beginn des Aufbaus des Bereitschaftspotenzials 200 Millisekunden vor der Handlung stoppten. Danach gelang es keiner Versuchsperson mehr.

Der Tenor der Versuchsanordnungen zielte auf die Polaritäten:

- Wir haben keinen freien Willen: „Es sind gar nicht wir, die entscheiden, sondern das Gehirn und seine neuronalen Prozesse."
- Der freie Wille existiert: „Bin ich nicht auch irgendwie mein Gehirn oder was hat mein Gehirn mit mir zu tun? Wie entsteht Bewusstsein?"

Das K-i-E Konzept geht über diese Polarität hinaus und hat den Anspruch zu erklären, warum sich einmal Menschen verhalten, als hätten sie einen freien Willen, und ein anderes Mal, als hätten sie keinen.

3.2.2 Die Entscheidung vor der Entscheidung

Wenn wir aber die Wirkungsweise von Emotion und Kognition und das Entstehen der Intuition – die Grundlage des K-i-E Konzepts – verstehen, können wir die unterschiedlichen Versuchsergebnisse und vor allem die widersprüchlichen Deutungen erklären und zusammenführen.

> **!** Der Libet-Versuch hilft dabei, den Bauplan für gute Entscheidungen abzuleiten.

Die Erklärung ist trivial: Es gibt bereits eine Entscheidung, bevor das Bereitschaftspotenzial aufgebaut wird, aber sie ist dem Bewussten nicht zugänglich. Das Emotionssystem hat bereits eine Entscheidung getroffen, die den Aufbau des Bereitschaftspotenzials initiiert (Bild 3.8).

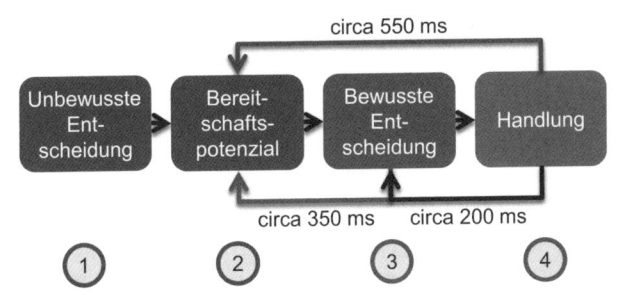

Bild 3.8 Es gibt eine unbewusste Entscheidung vor dem Bereitschaftspotenzial

Diese einfache Erklärung wird von den Merkmalen des K-i-E Konzepts gestützt.

> **Merkmale des K-i-E Konzepts**
>
> - Es existieren zwei Entscheidungssysteme, das Emotions- und das Kognitionssystem.
> - Das Emotionssystem ist schneller als das Kognitionssystem. Damit ist es in der Lage, den Aufbau des Bereitschaftspotenzials zu initiieren.
> - Das Emotionssystem arbeitet dem Bewussten nicht zugänglich. Wir können nur die Entscheidung anschließend bewusst wahrnehmen.
> - Das Kognitionssystem ist langsamer und schließt die Kognitionsverarbeitung erst nach dem Emotionssystem ab. Die Interaktion der beiden Systeme ist nur zu verstehen, wenn die Wirkung der einzelnen Emotionen bekannt ist, was in den nächsten Kapiteln erklärt wird.

Der Libet-Versuch lässt sich so mit den gemessenen Aktivitäten in eine einfache stringente Sequenz verdichten (Bild 3.9).

1. Die beiden Entscheidungssysteme sind in der Lage, parallel zu arbeiten. Dabei arbeitet das Emotionssystem, ohne dass es dem Bewussten zugänglich wird. Eine Differenzierung der Aktivitäten im Emotionssystem war bisher nicht Gegenstand des Libet-Versuchs und seiner zahlreichen Wiederholungen.
2. Der Aufbau des Bereitschaftspotenzials ist das Prozessergebnis im Emotionssystem.
3. Das Ergebnis der Kognitionsverarbeitung wird durch die bewusste Entscheidung wahrnehmbar.
4. Die Handlung wird ausgeführt.

Auch im Sport sind diese Phänomene bekannt. Die Zeit, die ein Weltklassesprinter braucht, um aus dem Startblock loszusprinten, wurde mit 120 Millisekunden gemessen. Nach Libet würden aber die drei Schritte vom bewussten Erkennen des Startschusses über die Entscheidung zu starten bis zum Startvorgang selbst jedoch 550 Millisekunden dauern. Denn der auditive Stimulus aus der Startpistole müsste vom Kognitionssystem erst verarbeitet werden, um als Startsignal bewusst wahrgenommen werden zu können. Daraufhin würde die bewusste Entscheidung zu starten folgen und erst danach könnte der Läufer starten. Tatsächlich aber ist der Sprinter bereits nach 120 Millisekunden unterwegs und kann somit den Knall erst während des Laufens bewusst hören, wenn die Kognitionsverarbeitung reagiert hat. Wieso kann der Sprinter trotzdem nach 120 Millisekunden starten, obwohl er den Schuss der Pistole noch nicht bewusst hören konnte? Er reagierte auf das schnellere Signal aus dem Emotionssystem, das ihm frühestens nach 80 Millisekunden zur Verfügung steht: Sprinter haben durch jahrelanges Training gelernt, auf diesen inneren Impuls zu reagieren.

So lässt sich mit diesem Konzept schlüssig erklären, warum wir glauben, in der Dämmerung vor einer Schlange weggesprungen zu sein, und erst zeitlich später erkennen, dass es nur ein Zweig war, auf den wir getreten sind. Das Emotionssystem erkennt im visuellen Stimulus und den weiteren Stimuli, wie das Geräusch beim Brechen des Zweigs, eine Gefahr und aktiviert – dem Bewussten nicht zugänglich – die Muskulatur, die uns in weniger als einer Sekunde wegspringen und vielleicht aufschreien lässt. Das Herzklopfen und die weiteren physischen Auswirkungen sind nur Begleiterscheinungen der Emotionsverarbeitung. Zeitlich später reagiert die Kognitionsverarbeitung und wir erkennen bewusst, dass es nur ein Zweig war. Die Kognition stellt im Anschluss noch ein kohärentes Weltbild her und suggeriert, wir hätten uns in der Dämmerung nur getäuscht und den Zweig mit einer Schlange verwechselt. Tatsächlich hatten wir bereits reagiert, bevor die bewusste Erkennung des Zweigs abgeschlossen war.

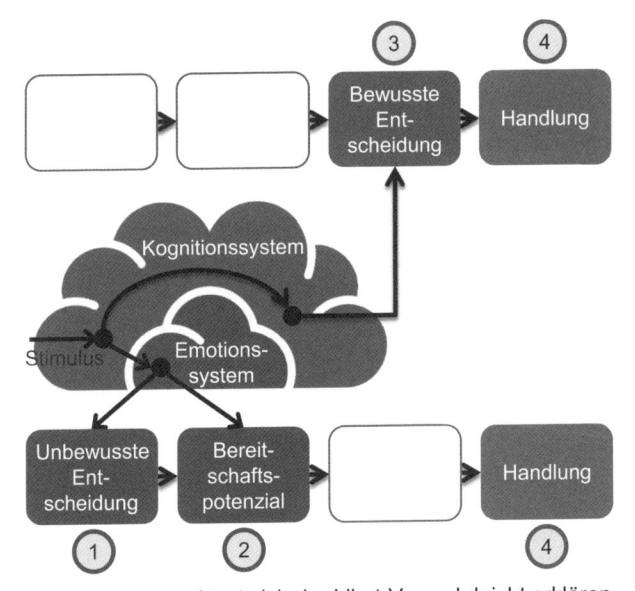

Bild 3.9 Mit dem K-i-E Konzept lässt sich der Libet-Versuch leicht erklären.

Ähnlich verhält es sich mit der Abwehrhaltung mancher Manager, die nicht zugänglich für rationale Argumente sind. Trotz drohender Veränderungen und einbrechender Umsatzzahlen werden notwendige Digitalisierungsvorhaben nicht angegangen, weil die Angst, das Emotionssystem, eine Entscheidung verzerrt oder blockiert. Aus den sich widersprechenden Fakten und der meist bewusst nicht zugänglichen Angst, die sich in der Weigerung, eine Entscheidung zu treffen, ausdrückt, wird anschließend ein kohärentes Weltbild mit Killerphrasen oder postfaktischem Verhalten hergestellt:

- Das funktioniert doch nie.
- Die Zahlen sind übertrieben.
- Unsere Mitbewerber machen doch auch nichts.
- In anderen Märkten mag das gelten, aber nicht bei uns.
- Agile Methoden sind etwas für Faulenzer, die sich nicht kontrollieren lassen wollen.
- Das ist den Mitarbeitern nicht zuzumuten.

Als Grundstruktur der Vermeidung wird die Bedrohung entweder zurückgewiesen oder entwertet. Alternativ wird die Bedrohung zwar bestätigt, jedoch werden die Argumente abgewertet. Was häufig in den dabei entstehenden hitzigen Diskussionen passiert: Eine Entscheidung wird nicht getroffen.

■ 3.3 Wie kommen zwei Entscheidungssysteme zu einer einzigen Entscheidung?

Einer Handlung geht immer eine Entscheidung voraus. Wenn nun aus zwei Systemen zu unterschiedlichen Zeitpunkten meist unterschiedliche Ergebnisse kommen, so müssen diese in einer finalen Entscheidung zusammengeführt werden. Gelingt dies nicht, stellt sich das Gefühl der Zerrissenheit ein. Das Ergebnis des Widerstreits kann sich nur in einem Gefühl äußern. Da das Emotionssystem dem Bewussten nicht zugänglich ist, teilt es sich durch ein unangenehmes Gefühl mit. Dieser innere Konflikt zwischen den beiden Entscheidungssystemen fühlt sich zwangsläufig unangenehm an und muss folglich Eingang ins Entscheidungsmanagement finden. In der Emotions- und Intuitionstheorie wird näher ausgeführt, wie sich der Impuls aus dem Emotionssystem mit einem emotionalen Tenor mitteilt. Damit wird auch offensichtlich, warum Menschen so häufig nicht entscheiden. Je divergierender die Ergebnisse der beiden Entscheidungssysteme ausfallen, desto schwieriger wird es für Manager zu entscheiden. Jede Führungskraft ist sich dieses inneren Widerstreits bewusst, der in so vielfältiger Form beschrieben wurde.

„Zwei Seelen wohnen, ach! in meiner Brust" von Johann Wolfang von Goethe ist mit dem K-i-E Konzept keine romantische Beschreibung eines Phänomens mehr, das jeder kennt, sondern drückt eine neurologische Konsequenz aus. Die zwei Seelen sind das Emotions- und das Kognitionssystem. Das Emotionssystem hat seinen Sitz allerdings nicht in der Brust, im Herzen oder im Bauch, auch wenn es sich so anfühlt, weil sich der Widerstreit auch körperlich ausdrücken kann. Es befindet sich vornehmlich in subkortikalen Gehirnregionen, also unterhalb der Großhirnrinde. Für Manager, genauso wie für jeden anderen Menschen, ist es wichtig zu wissen, warum sie sich bei manchen Fragen innerlich manchmal so zerrissen fühlen. Mit einer stringenten Erklärung werden sie wieder handlungsfähig und können die Bedeutung der inneren Prozesse für gute Entscheidungen nutzen.

Die Ergebnisse beider Entscheidungssysteme werden zu unterschiedlichen Entscheidungsformen zusammengeführt, die je nach Grad der Übereinstimmung und Dominanz der einzelnen Systeme variieren (Bild 3.10).

3.3 Wie kommen zwei Entscheidungssysteme zu einer Entscheidung?

Die konzeptuelle Verarbeitung in zwei Entscheidungssystemen schafft eine Basis für die Vielzahl der Entscheidungsphänomene.

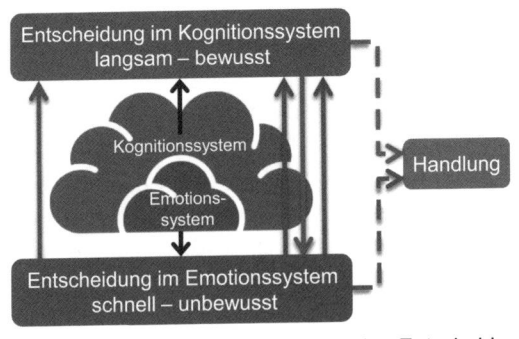

Bild 3.10 Aus zwei Entscheidungssystemen entsteht eine Entscheidung

Sie erklärt auch, warum Entscheider unentschlossen sind, manchmal hin- und hergerissen oder blockiert im Spannungsfeld zwischen Emotionssystem und Kognitionssystem. Die Frage, ob es besser sei, auf den Verstand (Kognitionssystem) zu hören oder doch dem Gefühl (Emotionssystem) den Vorzug zu geben, ist obsolet und keine zulässige Frage mehr. Für ein Verständnis und den Entwurf einer funktionalen Entscheidungsstrategie, wie und in welcher Reihenfolge Kopf und Bauch sprechen beziehungsweise integriert werden sollen, bedarf es noch mehr Wissen über das Emotionssystem und das Zusammenwirken mit dem Kognitionssystem.

Für die Diskussion des freien Willens steht nun ein tragfähiges Konzept zur Verfügung, das Emotion, Intuition und Kognition in einen Zusammenhang setzt.

Zusammenhang zwischen Emotion, Intuition und Kognition

- Das Emotionssystem ist schnell und liefert in weniger als 350 Millisekunden ein Ergebnis.
- Das Kognitionssystem ist langsam und im günstigen Fall bei einfachen Entscheidungen nicht schneller als 550 Millisekunden.
- Das Emotionssystem ist dem Bewussten nicht zugänglich und der Mensch merkt von seinem Wirken nichts.
- Das Emotionssystem arbeitet weitgehend autonom und kann im zeitlich späteren Verlauf vom Kognitionssystem überformt werden.
- Das Kognitionssystem ist weitgehend autonom, kann jedoch vom Emotionssystem in seiner Verarbeitung beeinflusst oder gänzlich deaktiviert werden.

Die Kenntnis über die inneren Prozesse jedoch unterstützt Entscheider, damit sie den Prozess der Zusammenführung bewusst steuern können. Das gibt der Führungskraft die Wahl, sowohl die inneren Motive als auch die äußeren unternehmerischen Herausforderungen aufeinander auszurichten.

3.4 Die Entscheidungssysteme klug nutzen

Keines der beiden Entscheidungssysteme ist besser, richtiger oder verlässlicher als das andere. Beide Systeme führen zu unterschiedlichen Entscheidungen, deren Wirkung durch die ausgelösten Handlungen sich im Nachhinein bewerten lässt.

Die Eignung der beiden Entscheidungssysteme ist für bestimmte Aufgaben sehr unterschiedlich, wie die nachfolgenden Beispiele demonstrieren. Kennen Entscheider die Verarbeitungsweise der Systeme, lassen sich die geeignete Anwendung und ihr Einsatz in einem Entscheidungsprozess mühelos ableiten.

3.4.1 Zwei Rechensysteme – mühelos und mühevoll

Müheloses Rechnen – Versuch 1

Versuchen Sie, die folgenden Tests einfach mitzumachen und die Fragen zu beantworten. Achten Sie dabei auf Ihren inneren Prozess und weniger auf das richtige Ergebnis.

Wie viel ist drei mal drei? (3 * 3 = ?)

Wie nahezu allen Menschen wird Ihnen die Antwort sofort mit neun einfallen. Bei dieser Rechnung treten folgende Merkmale auf:

1. Die Antwort kommt schnell.
2. Die Antwort kommt mühelos.
3. Die Antwort kommt, ohne dass man eine innere Aufforderung geben muss.
4. Der innere Prozess, wie das Ergebnis zustande kommt, ist dem Bewussten nicht zugänglich.

Die ersten beiden Merkmale werden von den 2.800 Menschen, die ich in Seminaren, Vorlesungen und Workshops befragt habe, sofort bestätigt und es werden die folgenden inneren Prozesse berichtet. Einerseits: Die Antwort kommt schnell und mühelos und die Befragten nennen das Ergebnis neun. Andererseits: Die Antwort kommt schnell und mühelos, aber die Teilnehmer berichten nicht das Ergebnis, sondern werden misstrauisch: Die Aufgabe sei so leicht und die Befragten vermuten dahinter eine Falle; dazu kommt die Scheu, eine so einfache Antwort zu geben.

Das dritte Merkmal wird meist kurz betrachtet, um dann den inneren Prozess zu bestätigen. Die Frage, wie viel ist drei mal drei, wirkt als Stimulus und das Ergebnis neun wird produziert, ohne dass man einen Rechen- oder Nachdenkvorgang anstoßen muss.

Dem vierten Merkmal wird anfangs widersprochen. Auf die einfache Frage: „Woher wissen Sie, dass die Neun stimmt?" kommt meist die Antwort: „Das weiß man." Diese Aussage trifft tatsächlich zu, weil ja alle die Antwort wissen, aber es ist keine Antwort auf die Frage, woher man weiß, dass die Neun stimmt.

3.4 Die Entscheidungssysteme klug nutzen

Auf weitere Nachfrage „Woher wissen Sie, dass die Neun stimmt?" kommt meist die Antwort, man hätte das in der Schule gelernt oder man hätte es auswendig gelernt. Das Auswendiglernen ist tatsächlich der Vorgang, wie das Ergebnis im Emotionssystem verankert wird, aber es ist keine Antwort darauf, wie es wieder abgerufen wird, noch weniger, woher man weiß, dass die Neun richtig ist. Die Antwort Neun kommt wie aus der Pistole geschossen, ein bewusster Gedanke zur Prüfung des Ergebnisses wird gar nicht angesteuert und würde viel zu lange dauern. Bei den kognitiven Erklärungsversuchen fällt nur auf, dass die Menschen es nicht wissen und nicht wissen können, weil es dem Bewussten nicht zugänglich ist.

Dieses Phänomen, dass wir nicht präzise auf gestellte Fragen antworten, sondern eher auf solche, die nicht gestellt wurden, aber in der „Nähe" liegen, erfordert eine tiefere Kenntnis des Emotionssystems und eine Ahnung davon, wie es mit dem Kognitionssystem verwoben ist. Dieser inkohärente Vorgang ist jedoch eines der Merkmale des Kognitionssystems, das gerne Begründungen für etwas kreiert, das vorher geschehen ist. Zusätzlich fühlt es sich unangenehm an, wenn man nach etwas gefragt wird, das man als sehr trivial empfindet und zugleich nicht beantworten kann: Woher weiß man, dass 3 * 3 gleich 9 und nicht 10 ist?

Eines jedoch scheint klar zu sein: Es gibt eine Rechenmaschine, die schnell, mühelos, unaufgefordert und unbewusst rechnen kann und auch weiß, dass das Ergebnis richtig ist. Auch wenn es eine Rechenaufgabe war, so ist eher zu vermuten, dass eine gelernte Erinnerung abgerufen, denn tatsächlich gerechnet wurde. Es gibt jedoch ein System, das das Ergebnis schnell, mühelos, unaufgefordert und dem Bewussten nicht zugänglich produziert hat: das Emotionssystem (Bild 3.11).

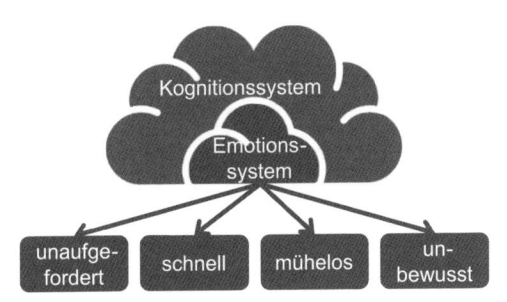

Bild 3.11 Das Emotionssystem liefert das Ergebnis schnell, mühelos, unaufgefordert und unbewusst

Diese Konsequenz mag beiläufig formuliert sein, aber die Auswirkung zweier Entscheidungssysteme ist unüberschaubar. Die aktuelle Forschungslage lässt jedoch keinen Zweifel daran.

> Die K-i-E Theorie liefert erstmals ein kohärentes Konzept, auf dessen Basis ein Design für gute Entscheidungsprozesse gemacht werden kann.

Mühevolles Rechnen – Versuch 2

Versuchen Sie nun, folgende Aufgabe im Kopf zu lösen:
Wie viel ist siebzehn mal dreiundzwanzig? (17 * 23 = ?)
Wie bei sehr vielen Menschen, wird Ihnen die Antwort nicht sofort einfallen. Bei dieser Rechnung fallen folgende Merkmale auf:

1. Sie müssen bewusst Ihre Kognition aktivieren und den Rechenvorgang beginnen.
2. Der Rechenvorgang ist langsam.
3. Die Rechenvorgang ist mühevoll.
4. Der Prozess, wie Sie das Ergebnis berechnen, ist dem Bewussten zugänglich.

Alle Merkmale werden von den 2.800 Teilnehmern meiner Seminare, Vorlesungen und Workshops bestätigt. Auffällig ist jedoch: Abhängig von der Zielgruppe beginnen nur ein Drittel (Psychologen) bis die Hälfte (Ingenieure) die Rechnung. Der Rest rechnet nicht. Als typische Antwort berichten Teilnehmer: Warum soll ich rechnen, wenn ich dann sowieso falsch liege. Ich kann das nicht oder das ist mir zu anstrengend. Etwa ein weiteres Drittel bricht die Rechnung ab. Nur wenige finden eine Lösung und noch weniger berichten sie.

Anzumerken ist, dass Experten wie Kaufleute, Controller und Mathematiker wenig Mühe haben. Jedoch verläuft die Rechnung auch bei ihnen mühevoller und langsamer als bei der Aufgabe drei mal drei. Erkennbar wird, dass Dinge leichter fallen, wenn Menschen sie häufig machen. Das ist ein Weg, wie das Emotionssystem lernt. Machen Sie sich keine Gedanken, wie Rechenkünstler vorgehen. Das ist ein anderer innerer Prozess.

Erkennbar ist jedoch, dass kognitive Prozesse wie Rechnen oder Denken anstrengend sind. Der Spruch „Denken ist anstrengend, deshalb tun es so wenige" ist keine Provokation, sondern eine neurologische Konsequenz. Tatsächlich wird die kognitive Leistung bei Überlastung durch Botenstoffe selbstorganisiert reduziert. Dieses Merkmal des Kognitionssystems ist ein ganz wesentlicher Baustein für Entscheidungsprozesse.

Der Mensch verfügt über zwei Rechensysteme, ein System, das Rechnen kann, und ein Erinnerungssystem mit sehr unterschiedlichen Merkmalen (Bild 3.12). Die identische Erfahrung bei der Wiederholung zeigt, dass die beiden Entscheidungssysteme konsistent reagieren.

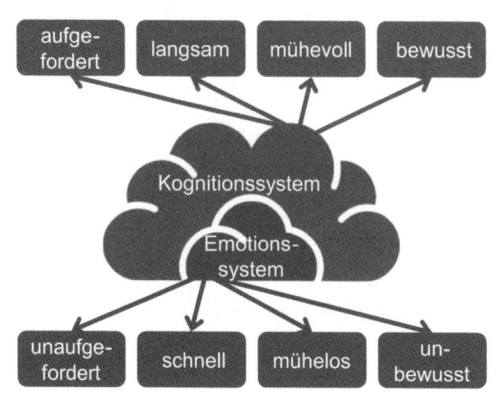

Bild 3.12 Der Mensch verfügt über zwei Rechenmaschinen (Entscheidungssysteme)

Müheloses und mühevolles Rechnen – Versuch 3

Beantworten Sie nun untenstehende Frage, die an den „Cognitive Reflection Test" nach Shane Frederick (2005) angelehnt ist. Achten Sie dabei auf Ihren inneren Prozess:

Ein Kaffee und ein Keks kosten zusammen 1,10 €. Der Kaffee kostet 1,00 € mehr als der Keks. Wie viel kostet der Keks?

Die intuitive Antwort von 10 Cent ist falsch.

Hier die Auflösung: Es gibt zwei Unbekannte, den Preis für den Keks (*PreisKeks*) und den Preis für eine Tasse Kaffee (*PreisKaffee*). Die Dimension für den Preis ist Euro [€]. Es gibt auch zwei Aussagen, mit denen sich die Unbekannten berechnen lassen:

Gleichung 1: *PreisKeks* + *PreisKaffee* = 1,10 €

Gleichung 2: *PreisKaffee* = *PreisKeks* + 1,00 €

Setzt man Gleichung 2 in Gleichung 1 ein:

PreisKeks + (*PreisKeks* + 1,00 €) = 1,10 €

2 * *PreisKeks* = 1,10 € – 1,00 €

2 * *PreisKeks* = 0,10 €

PreisKeks = 0,10 € / 2

PreisKeks = 0,05 €

Der Preis für den Keks ist 0,05 €, entspricht 5 Cent [¢].

Der Keks kostet also 5 Cent und der Kaffee 1,05 €, das sind zusammen 1,10 €.

Die Ergebnisse der 2.800 Teilnehmer aus meinen Seminaren, Vorlesungen und Workshops sind weitgehend konsistent, wenn die inneren Prozesse beobachtet werden:

- Ein Großteil der Teilnehmer antwortet schnell und gibt die falsche Antwort mit 10 Cent. Der Anteil nimmt ab, da der Versuch immer mehr bekannt wird, und sie erinnern sich an die richtige Antwort.
- Ein Teil antwortet aus den bekannten Gründen nicht.
- Ein kleinerer Teil antwortet mit der richtigen Antwort.

Alle Teilnehmer berichten, dass der erste Impuls 10 Cent ist, und sie korrigieren anschließend das Ergebnis, weil sie es bereits wissen oder indem sie das Ergebnis kognitiv berechnen.

3.4.2 Kluge Menschen irren häufiger

Die Studie „Cognitive Reflection and Decision Making" von Shane Frederick aus dem Jahre 2005 wies nach, dass intelligente Menschen häufiger irren als andere. Für die Studie wurde der Intelligenzquotient (IQ) der Teilnehmer ermittelt, bevor sie die in Tabelle 3.1 dargestellten Fragen beantworteten.

Tabelle 3.1 Fragen, die intuitiv einfach erscheinen

Frage	Richtige Antwort	Auffälligkeit
Ein Schläger und ein Ball kosten zusammen 1,10 $. Der Schläger kostet 1,00 $ mehr als der Ball. Wie viel kostet der Ball?	5 Cent	Die intuitive Antwort von 10 Cent ist falsch.
Wenn 5 Maschinen in 5 Minuten 5 Teile fertigen, wie lange dauert es, wenn 100 Maschinen 100 Teile fertigen?	5 Minuten	Die intuitive Antwort ist richtig.
In einem See gibt es eine Fläche mit Lilien. Jeden Tag verdoppelt sich die Fläche der Lilien. Wenn es 48 Tage dauert, bis die Fläche der Lilien den ganzen See bedeckt, wie lange dauert es, bis die Fläche mit den Lilien die Hälfte des Sees bedeckt?	47 Tage	Die intuitive Antwort von 24 Tagen, wenn man linear denkt, ist falsch.

Testergebnis

Das Ergebnis der Studie, an der 3.428 Studenten teilnahmen, überrascht in vielerlei Hinsicht. Die Anzahl der richtigen Antworten war überraschend niedrig. Ein Drittel der Studenten konnte keine einzige der drei Fragen richtig beantworten. Nur 17% hatten alle drei Fragen richtig beantwortet.

Die Studenten mit dem höheren IQ schnitten überwiegend schlechter ab, männliche Teilnehmer wiederum besser als weibliche, obwohl die befragten Frauen in mathematischen Tests vergleichbar gut waren.

Auch waren die Ergebnisse über die Universitäten sehr unterschiedlich. Nur 20% der Studenten der Harvard University gaben drei richtige Antworten, aber 48% vom Massachusetts Institute of Technology.

Im Jahr 2011 nahm auch Daniel Kahneman die erste Frage mit dem Schläger und dem Ball auf, seither beschäftigt sie die Medien und die Wissenschaft. Das Besondere an dieser Frage ist, dass die intuitive, schnelle und mühelose Antwort 10 Cent falsch ist und die richtige Antwort nur mit dem Kognitionssystem ermittelt werden kann.

Auffällig ist, dass die intuitive Antwort besonders überzeugend und zweifelsfrei erscheint. Fast alle, genauer 92%, die fälschlicherweise 10 Cent schätzten, waren überzeugt, dass ihre Antwort richtig sei, und glaubten auch, die anderen Teilnehmer würden die Frage mit 10 Cent richtig beantworten. Der Impuls war so stark, dass diejenigen Teilnehmer, die richtig rechneten, weniger überzeugt von ihrer Antwort waren und glaubten, nur 52% der anderen Teilnehmer würde die Frage mit 5 Cent richtig beantworten.

3.4.3 Kluge Menschen nutzen das geeignete Entscheidungssystem

Weitere Studien kamen zu einer ähnlichen Einschätzung, insbesondere die Psychologen Richard F. West und Russell J. Meserve von der James Madison University sowie Keith E. Stanovich von der University of Toronto verschärften die Aussage. Mit der Begründung, kluge Menschen irren häufiger, weil sie ihrer eigenen Hybris erliegen, eröffnete West eine Diskussion, die noch nicht abgeschlossen ist. Was steckt hinter dieser provokativen Aussage?

Das Urteil von West verweist letztendlich nur darauf, wie unsere Entscheidungssysteme aufgebaut sind und wie sie miteinander agieren. Das K-i-E Konzept liefert stringente Ansätze, um dieses verwirrende und gleichermaßen überraschende Ergebnis schlüssig zu erklären. Dieses Buch konzentriert sich jedoch nur auf die Entscheidungsphänomene. Klugheit würde gerade darin bestehen, das passende Entscheidungssystem bewusst auszuwählen. Die Intuition aus dem Emotionssystem müsste ignoriert werden, weil sie eben nicht für die drei Rechenaufgaben geeignet ist. Würden die Studenten die Wirkungsweise ihrer Entscheidungssysteme kennen, würden sie selbstverständlich mit dem Kognitionssystem die doch recht einfachen Aufgaben richtig lösen.

Das überraschende Ergebnis ist aus Sicht des K-i-E Konzepts jedoch nur eine Konsequenz aus der für alle Menschen vorgegebenen Gehirnarchitektur.

- Die Studenten mit den falschen Antworten nutzen die Intuition, die mit den richtigen Antworten das Kognitionssystem.
- Die unterschiedlichen Ergebnisse an Universitäten sind ihrem Schwerpunkt geschuldet. Wirtschaftswissenschaftler vertrauen eher der Intuition und Naturwissenschaftler eher dem Kognitionssystem. Web-User haben weniger externe Einflüsse und dadurch eine andere emotionale Erregung.
- Frauen sind evolutionär bedingt geübter in der Nutzung der Intuition und haben eine Tendenz, sie häufiger zu verwenden.

Allen Studenten, unabhängig von Studienort, Fachbereich und Geschlecht, würde eine Entscheidungsstrategie, die die Kognition aktiviert und nutzt, auch wenn sie anstrengend ist, zum richtigen Ergebnis verhelfen. Die Präferenz der Studenten für eines der Entscheidungssysteme hängt von vielen indirekten Faktoren ab. Einer ist die Wahl des Studienzweigs, die bereits eine Bevorzugung eines Entscheidungssystems als Ursache hatte. Die jeweilige Spezialisierung der Universitäten stärkt die Präferenz, die zu ihrer Wahl führte. Mit einer multikausalen zyklischen Interpretation wird offensichtlich, was gemessen wurde.

Ohne darauf einzugehen, was Hybris ist, lässt sich die daraus folgende These von West, Frauen mehr Hybris zuzuschreiben als Männern, aus Sicht der K-i-E Theorie nicht aufrechterhalten.

Das Wissen über den menschlichen Entscheidungsprozess gehört in die Lehrpläne. Studenten – wie Führungskräfte – müssen lernen zu unterscheiden, wann sie ihre Intuition nutzen und wann sie ihre Kognition bewusst aktivieren.

Aus Sicht der K-i-E Theorie sollte ein anderer Versuchsaufbau gewählt werden, der die Nutzung der Entscheidungssysteme untersucht. Daraus würde sich die Basis für die Präferenz ergeben.

Diese Phänomene und viele andere sind gleichermaßen ein Zugang für das Verständnis der K-i-E Theorie, wie die K-i-E Theorie wiederum die Phänomene erklären kann. Ein Verständnis gelingt über eine schrittweise Annäherung, wie die folgenden Versuche zeigen.

3.4.4 Zwei Entscheidungssysteme mit Stärken und Schwächen

Dieser Cognitive Reflection Test (CRT) hat wenig mit einem Intelligenztest und dem IQ zu tun. Er hat auch wenig mit der emotionalen Kompetenz (EQ) zu tun, die gerne als Polarität herangezogen wird. Der CRT ist tatsächlich ein Test, der prüft, wie weit der innere Entscheidungsprozess kontrolliert, das Emotionssystem gestoppt und anschließend das Kognitionssystem aktiviert werden kann.

Wie weit nun kluge Menschen sich häufiger irren, kann aufgrund des CRT-Tests nicht wirklich beantwortet werden, weil sowohl der zugrunde liegende IQ-Test als auch der CRT-Test für diese Fragestellung nicht geeignet sind. Es ist jedoch abzuleiten, dass bestimmte Menschen in bestimmten Situationen dazu neigen, mehr dem Emotionssystem zu folgen und seltener das Kognitionssystem zu aktivieren. Warum und welche Menschen diese Präferenz zeigen, kann erst nach Kenntnis der Emotionen beantwortet werden.

Das Dilemma mit zwei Entscheidungssystemen wird sichtbar. Das eine, das Emotionssystem, ist schnell und mühelos, aber nicht verlässlich. Das andere, das Kognitionssystem, ist langsam und mühevoll, verlässlicher, aber auch nicht immer. Was jedoch schwerer wiegt, das Kognitionssystem wird nicht immer aktiviert. Die Studenten der Elite-Universitäten wären sehr wohl in der Lage gewesen, ein richtiges Ergebnis zu liefern. Sie folgten aber in der Mehrheit dem Emotionssystem und bemerkten nicht, dass sie das Kognitionssystem nicht aktivierten und sie dem falschen folgten. Entscheidungsprozesse müssen genau darauf Rücksicht nehmen, sodass im Prozess das Kognitionssystem natürlich aktiviert und eingesetzt wird.

Der Spruch „Klugheit schützt vor Torheit nicht" stimmt.

> Das Emotionssystem arbeitet unaufgefordert, schnell, mühelos und ist dem Bewussten nicht zugänglich.
>
> Das Kognitionssystem muss aufgefordert werden, arbeitet langsam, mühevoll und bewusst.

3.5 Parallelverarbeitung

3.5.1 Unbewusster Kraftakt

Die Neurolinguistin Pia Aravena und ihre Kollegen an der Université de Lyon untersuchten 2012 die Wirkung von Sätzen auf die unterschwellige, dem Bewussten nicht zugängliche Muskelspannung. Ein Sensor in der rechten Hand registrierte eine Muskelspannung, wenn über einen Kopfhörer ein Satz eingespielt wurde. Sie untersuchten Sätze, die eine Handlung beschrieben oder negierten, sowie neutrale Beschreibungen. Bei Sätzen, die eine Handlung beschrieben, wie „... Laure soulève son bagage" (... Laura hebt ihr Gepäck), wird bereits eine Muskelanspannung nach gut 200 Millisekunden gemessen, die bis etwa 500 Millisekunden anhält (Bild 3.13). Die Teilnehmer registrierten von diesen Vorgängen nichts, da sie vor der bewussten Wahrnehmung beendet waren.

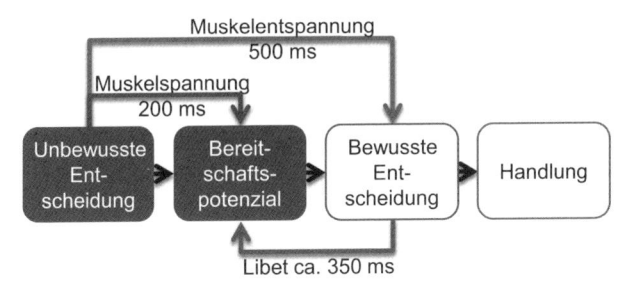

Bild 3.13 Der zeitliche Verlauf der unbewussten Muskelanspannung und -entspannung

Obwohl die Beteiligung der Sprachverarbeitung auf die motorischen Gehirnstrukturen untersucht wurde, bestätigten die gemessenen Zeiten den Libet-Versuch. Die bewusste Entscheidung lag allerdings außerhalb des Versuchsaufbaus von Aravena. Bemerkenswert war jedoch, dass die Muskelentspannung vor der zu erwartenden bewussten Entscheidung lag, sonst hätte sie bewusst wahrgenommen werden können. Die emotionale Bedeutung einer Handlung und ihre Reaktion darauf sind bereits vor der bewussten Wahrnehmung ermittelt, über deren Sinn wir folglich noch gar nicht nachdenken konnten.

So bestätigt auch dieser Versuch das bisher dargestellte K-i-E Konzept und erweitert es um das Merkmal der völligen Autonomie des Emotionssystems (Bild 3.14).

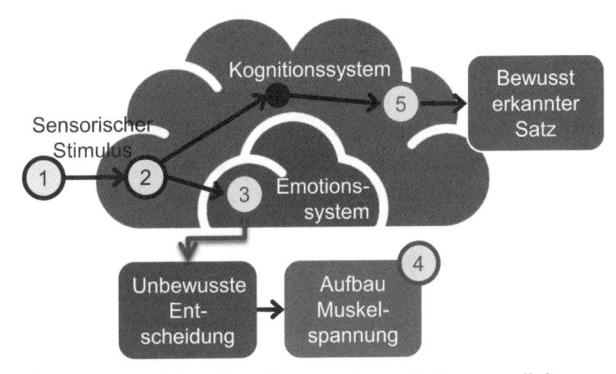

Bild 3.14 Das Emotions- und das Kognitionssystem arbeiten parallel

3.5.2 Warum der Kraftakt un-willentlich ausgeführt wird

Der Satz, mit dem eine Handlung beschrieben wird, ist Stimulus (1) für das Emotionssystem. Das Emotionssystem entscheidet mit seiner Emotionslogik (3), dass für Sätze mit negierter Handlung oder einer neutralen Beschreibung keine Muskelanspannung aufgebaut wird. Für Sätze mit einer Handlung wird durch die unbewusst intendierte Entscheidung (3) die Muskelspannung zuerst aufgebaut (4) und später wieder abgebaut, bevor dieser Prozess bewusst werden konnte. Dieser Prozess geschieht, ohne dass dem Kognitionssystem etwas bewusst wird, da die Verarbeitungszeit im Emotionssystem (200 ms) kürzer ist als die bewusste Interpretation eines Satzes (500 ms). Das Emotionssystem arbeitet also völlig autonom.

Die Doppelung des Stimulus (1) erfolgt im Thalamus (2) und wird parallel an das Emotionssystem und das Kognitionssystem weitergeleitet. Der Stimulus (1) kann nach der Doppelung im Kognitionssystem parallel weiterverarbeitet werden und die Bedeutung aller Sätze wird erkannt (5), ohne dass eine Handlung initiiert oder ausgeführt wird.

Der amerikanische Neurowissenschaftler und Psychologe Joseph LeDoux gab den beiden parallelen Prozessen folgende Namen und Merkmale:

- untere Route: schnell und unscharf sowie
- obere Route: langsam, aber genau.

Das Emotionssystem sollte aus meiner Sicht eine höhere Beachtung bekommen, da es als Erstes ein Ergebnis produziert und in bestimmten Situationen auch unabhängig agiert, ohne das Kognitionssystem zu beteiligen. Etwa ein Drittel der sensorischen Stimuli gelangen ins Emotionssystem. Der geringere Umfang der Stimuli mag dazu verleiten, das Emotionssystem als „unscharf" einzuordnen. Es ist aber vor allem die Emotionslogik, die einen schnellen und vor allem eindeutigen Handlungsimpuls erzeugt, und die Tatsache, dass die Ergebnisse nicht in Bildern, Sprache, Gefühlen, Gerüchen und Geschmäckern bewusst gemacht werden. Schnell ist das Emotionssystem ohne Frage, unscharf ist jedoch nicht die passende Beschreibung. Entschieden und klar wären bessere Beschreibungen, da das Emotionssystem immer eine Entscheidung trifft, die sich in einem Handlungsimpuls oder einer Handlung ausdrückt.

Umgekehrt halten kognitive Entscheidungen häufig dem Attribut „genau" nicht stand, wenn man die kognitiven Verzerrungen oder die verzerrten Wahrnehmungen und Weltbilder so mancher Entscheider einer genaueren Prüfung unterwirft. Ohne Frage ist das Kognitionssystem in Relation zum Emotionssystem langsam, jedoch genau ist es nicht unbedingt. Es kann eine Entscheidung treffen, es kann die Entscheidung des Emotionssystems in vielen Situationen verhindern und ist auch in der Lage, Alternativen und Varianten zu entwickeln. Unabhängig davon, welches System die bessere Entscheidung trifft, sind sie untrennbar miteinander verbunden. Die höhere Geschwindigkeit und Eindeutigkeit der Entscheidung verleihen dem Emotionssystem eine gewisse Dominanz.

> Das Emotionssystem arbeitet autonom.

3.6 Man kann sich erinnern, ohne sich zu erinnern

Der Schweizer Arzt und Psychologe Edouard Claparède untersuchte Anfang des 20. Jahrhunderts einen Fall von anterograder Amnesie, einem Gedächtnisverlust für Vorgänge nach einem Unfall. Die Patientin war sehr kooperativ und Claparède durfte sie über Jahre beobachten. Wie bei Patienten mit dieser Krankheit üblich, konnte er sich gut mit ihr über die Vergangenheit austauschen, also über Vorgänge vor ihrem Unfall. Jedoch ergaben die Behandlungen keine Verbesserungen. Sie konnte nichts Neues erinnern. Dem lagen Verletzungen in den Gedächtnisarealen zugrunde. Das Abspeichern von Informationen geschieht in einer festen Sequenz über die Gedächtnisareale, deren spezifische Inhalte unterschiedliche Verweilzeiten aufweisen. Ist eines der Areale beeinträchtigt, so sind die nachfolgenden ebenfalls betroffen. Ist also das Kurzzeitgedächtnis beschädigt, wie es bei der Patientin der Fall war, so ist die Speicherung im Langzeitgedächtnis beeinträchtigt oder nicht mehr möglich.

Die Patientin lernte nichts mehr dazu. Eine Erinnerung an Vorgänge nach dem Unfall war nicht möglich, weil nichts im Langzeitgedächtnis abgespeichert werden konnte (Bild 3.15).

	Sensorischer Stimulus	Ultra-Kurzzeitgedächtnis	Kurzzeitgedächtnis	Langzeitgedächtnis
Dauer		15 ms bis 2 sec	20 bis 45 sec	Jahre
Kapazität		180 bis 200 Bit	5 bis 7 Objekte	unbegrenzt

Bild 3.15 Das defekte Kurzzeitgedächtnis verhindert lernen

Die Wissenschaft unterscheidet heute im Gegensatz zum K-i-E Konzept meist vier unterschiedliche mehr oder weniger unabhängige Gedächtnissysteme:

1. **Das vorbereitende Gedächtnis** (Priming) nimmt Reize, Wörter, Gesichter, eigene und fremde Ideen sowie gedankliche Konstrukte unbewusst auf und hält sie unterschwellig auf einer assoziativen emotionalen Ebene vor. Bei späteren ähnlichen Reizen würden sie wirken und quasi aus dem Nichts wie eigene Ideen erscheinen. Diese oder ähnliche Definitionsversuche beschreiben Gedächtnisinhalte, deren Bedeutung und wie sie verarbeitet werden. Sie unterscheiden zudem nicht, welche Gedächtnisinhalte bewusst sind und welche nicht. Das K-i-E Konzept dagegen ordnet die Gedächtnisinhalte mit ihrer Bedeutung den Entscheidungssystemen zu und beschreibt ihre Interaktionen.
2. **Das semantische Gedächtnis** (Wissensgedächtnis) enthält bewusstes Wissen und Fakten.
3. **Das episodische Gedächtnis** (biographisches Gedächtnis) enthält biographische Erinnerungen und ermöglicht es damit, unsere Vergangenheit zu rekonstruieren.
4. **Das prozedurale Gedächtnis** speichert automatisierte Bewegungsabläufe, die aufgrund von Erfahrung gebildet wurden. Dazu gehören automatisierte Bewegungen im Sport, das Spielen eines Musikinstruments oder das Tippen mit einem 10-Finger-System.

Die bewussten Gedächtnisse, das semantische und episodische, werden auch als deklarativ bezeichnet und die heterogenen, meist unbewussten Phänomene werden als nichtdeklarativ eingeordnet.

Die Begegnung zwischen der Patientin und Claparède geschah immer mit demselben Ritual:

- Begrüßung: Sie erwartete bei jeder Konsultation, dass er sich vorstellte, da keinerlei Erinnerung an die vorhergehenden Begegnungen gespeichert war.
- Händeschütteln: Danach reichte er ihr seine Hand, die sie mit einem Händedruck erwiderte.

Nach vielen erfolglosen Versuchen reichte Claparède der Patientin bei der Begrüßung die Hand, in der ein Reißnagel in seiner Handfläche verborgen war. Der Reißnagel löste einen Schreck und Schmerz bei der Patientin aus. Bei der nächsten Konsultation wurde das übliche Ritual wiederholt. Nach seiner Vorstellung reichte er ihr die Hand und sie weigerte sich, ihm die Hand zu schütteln. Sie konnte keinen beziehungsweise keinen vernünftigen Grund dafür angeben.

Für sie war es nicht möglich, eine Erklärung zu liefern, da sie nicht mehr lernte und folglich keine Erinnerung in ihrem Langzeitgedächtnis über das vorherige Ereignis mit dem Reißnagel vorhanden war. Erklärungsversuche, die unter Umgehung des Kurzzeitgedächtnisses das Langzeitgedächtnis erreichen, greifen zu kurz. Wenn im Langzeitgedächtnis eine Erinnerung gelandet wäre, hätte sie sich daran erinnern können.

> [!] Es gibt ein Lernen, ohne dass es dem Bewussten zugänglich ist.

Da sie sich anders verhielt und ihre Hand verweigerte, hatte sie ein neues Verhalten gelernt, ohne dass dies dem Bewussten zugänglich war. Wiederholbares und zielgerichtetes Verhalten, insbesondere ein geändertes Verhalten, setzt ein Gedächtnis voraus. Da das Langzeitgedächtnis nicht mehr erreichbar war, musste es ein anderes geben, das emotionale Erfahrungsgedächtnis (eeG) (Bild 3.16). Aus diesem Phänomen ist ein weiteres Merkmal ableitbar: Das emotionale Erfahrungsgedächtnis lernt.

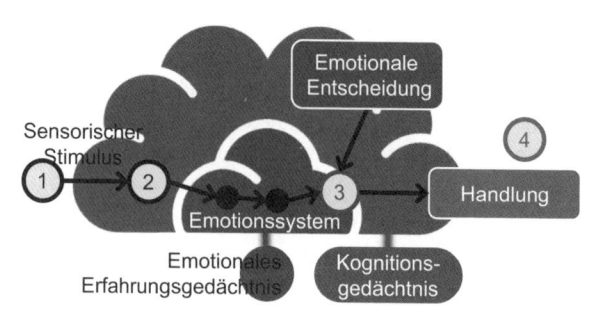

Bild 3.16 Das menschliche Gehirn verfügt über zwei Gedächtnissysteme

Das menschliche Gehirn verfügt über zwei grundsätzlich verschiedene Gedächtnissysteme, das emotionale Erfahrungsgedächtnis und das Kognitionsgedächtnis. Das Emotionssystem trifft mit dem emotionalen Gedächtnissystem autonome Entscheidungen (3) und führt daraus die abgeleitete Handlung (4) aus, wie die Patientin, die ihre Hand (4) verweigerte, zeigte. Genauso wie Menschen Routinetätigkeiten (1) bis (4) ausführen, also autonom mit dem Emotionssystem ohne Zutun des Kognitionssystems. Entscheiden gehört für Manager zu den Routinetätigkeiten und die Vermutung liegt nahe, dass dieser Entscheidungsprozess häufig benutzt wird.

Der Thalamus (2) führt mit seinen unterschiedlichen Kernen die sensorischen Stimuli aus den Sinnesorganen zusammen und verfügt über eine bedeutungsgebende Informationsverarbeitung, die eine Filterfunktion erlaubt, mit der der Thalamus beeinflusst, was in den nachgelagerten Prozessen des Kognitionssystems bewusst wird. Lange Zeit glaubte man, der Thalamus speise nur das Kognitionssystem, und man gab ihm den Namen „Tor zum Bewusstsein".

Tatsächlich passiert im Thalamus aber viel mehr (Bild 3.17). LeDoux identifizierte die Dopplerfunktion des Thalamus (1), der das Kognitions- und Emotionssystem parallel mit Informationen versorgt. Der Harvard-Psychologe Daniel Schacter untersuchte ein ähnliches Phänomen, indem er Patienten, deren Kognitionssystem unter Narkose ausgeschaltet war, Wörter über einen Kopfhörer vorspielte. In nachfolgenden Tests bevorzugten sie die vorher gehörten Wörter. Die sensorische Information aus den Wörtern hatte das Emotionssystem erreicht, das zur anschließenden Präferenz dieser Wörter führte. Aus diesen und weiteren ähnlichen Versuchen muss der Thalamus als „die Pforte zum Emotions- und Kognitionssystem" gesehen werden.

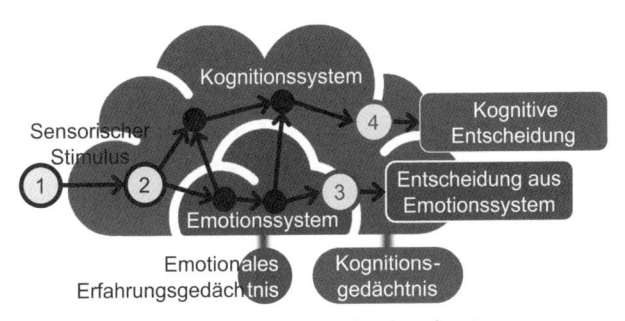

Bild 3.17 Beide Gedächtnissysteme arbeiten weitgehend autonom

Auch die Angsterfahrungen werden Teil unseres emotionalen Gedächtnisses, wie LeDoux sehr detailliert beschrieben hat. Seine Erkenntnisse sind weitgehend akzeptiert und haben Eingang in viele Disziplinen gefunden. Die Speicherung der weiteren emotionalen Erfahrungen, hervorgerufen durch Ekel und Ärger, befinden sich in anderen Gehirnarealen. Die Interaktion der emotionalen Prozesse untereinander sowie mit dem Kognitionssystem steckt noch in den Kinderschuhen. Angst und Ärger beeinflussen und dominieren in bestimmten Situationen eine Entscheidung, auch im unternehmerischen Kontext. Die relevanten Funktionsweisen werden in der Emotions-, Intuitions- und Kognitionstheorie näher beschrieben und sind das Fundament für die K-i-E Entscheidungsprozesse.

Viele Phänomene aus anderen Bereichen bestätigen dies eindrucksvoll, wie ein Patient, der nach mehreren Schlaganfällen seine Familienangehörigen nicht wiedererkannte. Er konnte jedoch schnell und sicher zuordnen, ob die Gesichter fröhlich, wütend oder traurig blickten.

Mit einem zweiten Gedächtnissystem hat die Evolution jedoch für weitere Dilemmata und innere Konflikte gesorgt, die sich auf alle Entscheidungen auswirken. Eines sei an dieser Stelle bereits genannt: Zwei Gedächtnissysteme müssen synchronisiert werden, was im Schlaf geschieht. Ohne Synchronisierung würden die Gedächtnissysteme auseinanderlaufen und der Konflikt zwischen emotionaler und kognitiver Entscheidung würde immer größer werden. Die Konflikte mit zwei Systemen für Termine, einem beruflichen auf Ihrem Smartphone und einem privaten in einem anderen Zeitsystem, zeugen davon. Die in diesem Buch vorgestellten Entscheidungsprozesse nehmen Rücksicht auf diese Dynamik. Ihre Funktionsweise kann mit dem Verständnis der Kognitionstheorie nachvollzogen werden.

> Das Emotionssystem verfügt über ein emotionales Erfahrungsgedächtnis, das dem Bewussten nicht zugänglich ist.
>
> Das emotionale Gedächtnis wird durch Erfahrungen konditioniert.
>
> Das Kognitionssystem verfügt über ein bewusstes Kognitionsgedächtnis.

3.7 Die klassische Einteilung der Gedächtnisse

Mit dem Wissen um die unterschiedlichen Gedächtnissysteme lässt sich die klassische Einteilung der Gedächtnisse neu und sinnvoll ordnen.
Tabelle 3.2 zeigt die Einordnung der bisherigen Klassifikation in das K-i-E Konzept:

Tabelle 3.2 Vergleich der Gedächtnissysteme

Emotionales Erfahrungsgedächtnis	Kognitionsgedächtnis
Dem Emotionssystem zugeordnet	Dem Kognitionssystem zugeordnet
Prozedurales Gedächtnis	Semantisches Gedächtnis
Vorbereitendes Gedächtnis*	Episodisches Gedächtnis

*Jedoch nur die Gedächtnisinhalte. Die ausgelösten vorbereitenden Prozesse gehören in die jeweiligen Entscheidungssysteme und entstehen aus deren Interaktion.

3.8 Die unterschiedlichen Entscheidungsformen

Keines der beiden Entscheidungssysteme ist besser, richtiger oder verlässlicher als das andere. Beide Systeme führen zu Entscheidungen, deren Wirkung durch die ausgelösten Handlungen im Nachhinein als falsch, bedenklich, schlimm oder als richtig, angemessen und stimmig bewertet werden können. Auch wenn gerne der Entscheidung die Wirkung zugerechnet wird, ist es die Handlung, die die Wirkung erzeugt. Eine Entscheidung bewirkt erst, dass eine Handlung initiiert wird.

Die Qualität der Entscheidungen hängt maßgeblich von den Erfahrungen und dem Gelernten und deren Qualität in den jeweiligen Gedächtnissystemen ab. Ein Experte wird in seinem Kompetenzbereich mit hoher Präzision gute Entscheidungen treffen. Gleichzeitig ist der Experte Gefangener alter Erfahrungen und kommt bei Veränderungen, Neuem und Unbekanntem zu weniger funktionalen Entscheidungen. Auch hier können wir uns nicht dem Thema in einer „Entweder-oder"-Betrachtung nähern, sondern müssen über das „Sowohl-als-auch" funktionale Bereiche einführen und auch situationsabhängige Betrachtungen zulassen. Eines ist jedoch wesentlich und muss Berücksichtigung finden: Das Emotionssystem hat die Entscheidung bereits getroffen, bevor das Kognitionssystem dies bewusst wahrnimmt, und kann somit nicht ignoriert werden.

Alle Entscheidungsprozesse müssen auf diese Dynamik eingehen und im Design die Reihenfolge berücksichtigen:

1. zuerst das Emotionssystem,

2. in der Folge dann das Kognitionssystem.

Meist wird in den Unternehmen das Emotionssystem ausgegrenzt und das Kognitionssystem bevorzugt. Wer kennt nicht den Satz: „Jetzt lassen wir mal die Emotionen aus dem Spiel." Das ist eine der zentralen Ursachen für Fehlentscheidungen in Unternehmen. Gerade weil das Emotionssystem keine zuverlässigen Entscheidungen trifft, aber immer aktiv ist und dabei das Kognitionssystem beeinflusst, darf es nicht ignoriert werden. Dies scheint vordergründig wie eine irrationale Begründung, führt aber offensichtlich zu guten Ergebnissen (Bild 3.18).

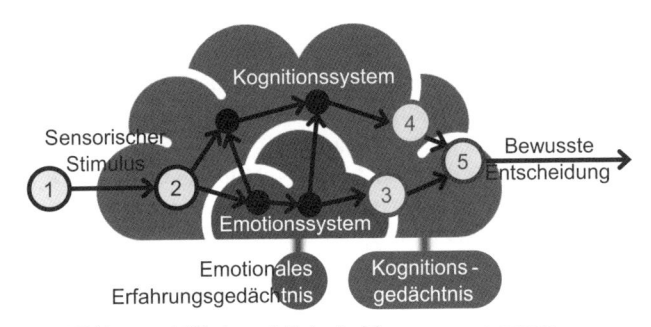

Bild 3.18 Das K-i-E Konzept führt zwei Entscheidungen zusammen

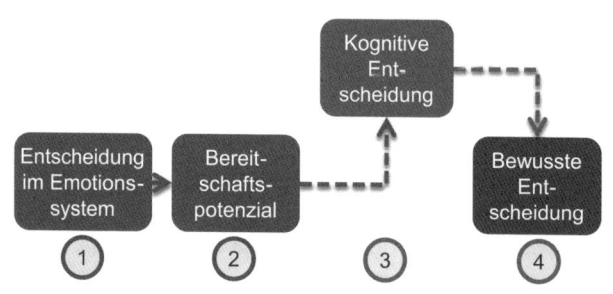

3.8.1 Die kognitiv überformte Entscheidung

Sie ist die häufigste bewusste und meistdiskutierte Entscheidungsform. Auch wenn nur 2% bis 5% unserer 20.000 Entscheidungen pro Tag bewusst getroffen werden, ist diese Entscheidungsform am meisten untersucht und es herrscht gleichzeitig eine sehr uneinheitliche Sicht darüber. Weil sie eine bewusste Form der Entscheidung ist, eignet sie sich sehr gut für Diskussionen. Sie ist und sollte in Unternehmen die dominierende Entscheidungsform sein und jeweils als gemeinsam getragene Entscheidung hergestellt werden, jedoch mit der bewussten Nutzung der Intuition und der Einbindung der Gruppenkompetenz.

Die kognitiv überformte Entscheidung ist zugleich die komplexeste Entscheidungsform und wird später noch detailliert ausgeführt, sowohl mit niedriger wie auch mit hoher emotionaler Disposition, die die Entscheidung maßgeblich beeinflusst. Die kognitiven Verzerrungen – nach Kahneman – treten bei dieser Entscheidungsform am deutlichsten hervor. Sie lassen sich auf den Entstehungsprozess von kognitiven Entscheidungen zurückführen. Die kognitiv überformte Entscheidung ist die evolutionär moderne Form, in der das bewusst arbeitende Kognitionssystem einen dominanten Anteil bekommt. Das evolutionär ältere Emotionssystem aktiviert das Kognitionssystem, das langfristige und soziale Aspekte mit einbezieht (Bild 3.19).

Bild 3.19 Die kognitiv überformte Entscheidung

Es ist auch die Entscheidungsform, in die sich Benjamin Libet flüchtete, indem er dem Kognitionssystem ein Veto-Recht zusprach, weil die Ergebnisse seines Versuchs zu sehr seinem und dem allgemeinen Weltbild widersprachen. Libet wie die ganze wissenschaftliche Welt wollten den freien Willen nachweisen.

Fast 40 Jahre später konnte Haynes 2016 zumindest den freien Un-Willen retten. Der von ihm nachgewiesene freie Un-Wille gehört ebenfalls zu dieser Entscheidungsform, denn die Wiederholung seiner Versuchsanordnung zeigte, dass sich der Handlungsimpuls mehr und mehr kontrollieren lässt. Etwa 200 Millisekunden vor der Handlung gibt es keine Wahl mehr, das ist auch der Zeitpunkt der subjektiv empfundenen Entscheidung. So wird der fehlende freie Wille zum freien Un-Willen oder ganz einfach zu einer kognitiv überformten Entscheidung. Damit die Kontrolle über das Emotionssystem hergestellt werden konnte, fand durch die Wiederholungen parallel eine Desensibilisierung des Impulses aus dem Emotionssystem statt, was erst die kognitive Überformung möglich machte. Ist die Desensibilisierung zu stark, wird das Kognitionssystem nicht mehr aktiviert und der Mensch trifft eine Entscheidung ohne Kognition. Wie weit der freie Un-Wille, der erst durch eine Konditionierung des Emotionssystems mittels mehrfacher Wiederholung hergestellt wird, dem freien Willen zuzuordnen ist, mag der Leser nach Studium der K-i-E Theorie zu verstehen beginnen.

Eine Sonderform stellen hier die inkonsistenten Entscheidungen dar, die mit einem dominanten Kognitionssystem ein individuelles stimmiges Weltbild erzwingen. Viele der Entscheidungsphänomene, wie der freie Un-Wille, sind nur im Sowohl-als-auch zu erkennen.

3.8.2 Die Entscheidung im Einklang

Bei der Entscheidung im Einklang stimmen das Ergebnis des Emotions- und Kognitionssystems überein (Bild 3.20). Durch die Unterschiedlichkeit der beiden Entscheidungssysteme und die Widersprüchlichkeit der Anforderungen kommt diese Entscheidung selten vor. Jedoch hat sie jede Führungskraft erlebt, wenn alles zusammenpasst. Sie ist der erste Schritt für das großartige Gefühl, das Richtige getan zu haben. Es gibt einen Auslöser, einen Entscheidungs- oder einen Handlungsbedarf. Das Emotionssystem und das Kognitionssystem liefern ein übereinstimmendes Ergebnis, das in einer bewussten Handlung umgesetzt wird. Wenn dann im Wissen, dass die Wirkung der eingeleiteten Handlung nicht vollständig kontrolliert werden kann, die intendierte Wirkung tatsächlich eintritt, entsteht das Gefühl, das Richtige getan zu haben. Losgelöst von allem Bisherigen fühlt es sich an wie Glück und die Sehnsucht kommt ins Ziel.

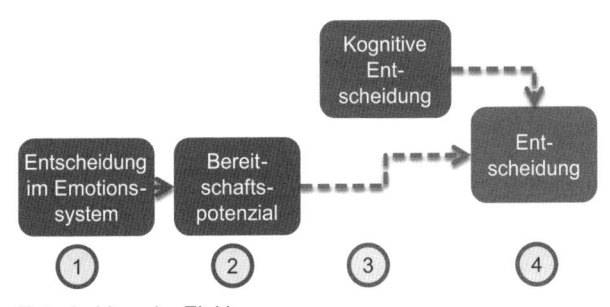

Bild 3.20 Die Entscheidung im Einklang

3.8.3 Die rein kognitive Entscheidung

Das Kognitionssystem wird ohne wesentliche Interaktion mit dem Emotionssystem benutzt (Bild 3.21). In der Reinform kann sie nicht wirklich existieren, da das Emotionssystem deaktiviert sein müsste, und das würde bedeuten, der Mensch wäre bewusstlos, befände sich im Tiefschlaf oder wäre bereits tot. Das Emotionssystem ist immer aktiv und nimmt in gewissem Maße immer Einfluss. Eine rationale Entscheidung wird gerne als rein kognitive Entscheidung angesehen. Die Kognitionstheorie zeigt den Widerspruch jedoch deutlich auf. Manche rationale Entscheidung musste im Rückblick korrigiert werden, wie die Vergangenheit immer wieder zeigte. Am ehesten findet man die rein kognitive Entscheidung bei niedriger emotionaler Disposition, die durch Achtsamkeitstraining oder Meditation hergestellt werden kann. Rein kognitive Entscheidungen sind per se nicht unbedingt gute Entscheidungen. Das gilt allerdings für alle Entscheidungsformen.

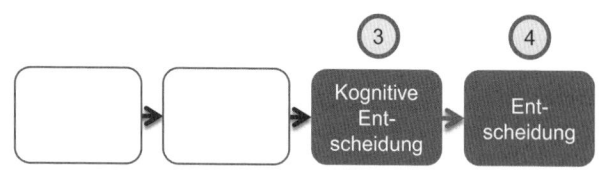

Bild 3.21 Die rein kognitive Entscheidung

3.8.4 Die Entscheidung ohne Kognitionssystem

Bild 3.22 zeigt die Entscheidung ohne Kognitionssystem, welche geschätzt mehr als 90% der menschlichen Entscheidungen ausmacht. Darunter fallen Routineentscheidungen von Managern genauso wie Autofahren und alle automatisierten Tätigkeiten im unternehmerischen Leben.

Bei dieser Entscheidungsform wird die Polarität zwischen funktional und dysfunktional deutlich sichtbar. Sie umfasst die rein intuitive Entscheidung als sehr wertvollen Bestandteil einer Entscheidungsfindung, auch wenn sie in einen klaren Entscheidungsprozess eingegliedert gehört. Zu ihr gehört aber auch die affekthafte Entscheidung.

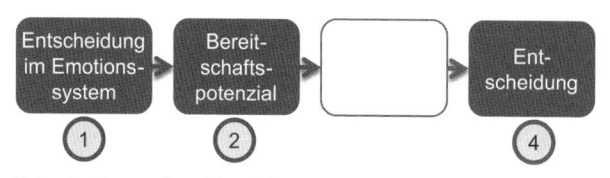

Bild 3.22 Die Entscheidung ohne Kognitionssystem

3.8.5 Intuitive Entscheidung

Die Betrachtung dieser Entscheidungsform wurde in der Vergangenheit ausgeklammert, selten oder sehr polarisierend geführt. Der griechische Philosoph Platon wandte sie bereits im fünften Jahrhundert vor Christus in seiner Ideenlehre an. Baruch de Spinoza erhob die Intuition – neben der sinnlichen und rationalen – zur höchsten von drei Erkenntnisarten. Die Intuition wurde aus vielen Wissenschaften eliminiert und kommt mit der aktuellen Diskussion um die Bauchentscheidung und die kognitiven Verzerrungen wieder zurück. Dieses Buch erklärt die Intuition mit der K-i-E Theorie und öffnet damit den Weg, sie bewusst zu nutzen. Sie wird als die vielleicht wichtigste Entscheidungsform – nicht unbedingt als die beste oder präziseste – in Entscheidungsprozesse integriert.

Im unternehmerischen Kontext wurde sie in der Vergangenheit eher ausgeklammert und somit nicht weiter diskutiert:
- Die Intuition entspricht nicht den Kriterien der rationalen Entscheidung.
- Sie wird nicht wahrgenommen. Sobald sie bewusste Anteile hat, wird sie zur kognitiv überformten Entscheidung.
- Entscheidungen mit einem kognitiven Anteil sind offensichtlich einfacher zu untersuchen und zu diskutieren.
- Sie ist ohne die K-i-E Theorie schwer zu fassen und auch nicht wirklich zu diskutieren.
- Sie stellt den freien Willen und den bewussten Menschen grundsätzlich in Frage. Das steht im Widerspruch zum unternehmerischen Entscheiden und würde an den Grundfesten vieler Menschen, aber auch vieler Wissenschaften, rütteln.

Obwohl selbst im Unternehmensalltag häufig diese Entscheidungsform dominiert, steht sie im Widerspruch zur rationalen Entscheidung, die im Unternehmen mit nachvollziehbaren Gründen gefordert wird. Die anschließend geforderte Begründung beziehungsweise Rechtfertigung liefern dann Studien, Statistiken und die Unternehmensberater der Wahl. Eine ausführliche Darstellung dieser Entscheidungsform erfolgt bei der Einführung der Intuitionstheorie.

Die Sozialpsychologen Fritz Strack und Roland Deutsch führten diese Form der Entscheidung, aus dem sozialen Verhalten abgeleitet, unter dem Namen automatische Denkprozesse im Gegensatz zum kontrollierten Denken ein. Auch sie gingen bereits von zwei parallel arbeitenden Systemen aus:
- das impulsive System mit dem automatischen Denkmodus – entspricht dem Emotionssystem,
- das reflexive System mit dem kontrollierten Denken – entspricht dem Kognitionssystem.

Dem automatischen Denken wiesen sie die Merkmale unbewusst, absichtslos, unwillkürlich und mühelos, dem kontrollierten Denken bewusst, absichtlich, freiwillig und aufwendig zu. Das automatische Denken ist immer aktiv, so Strack/Deutsch, und werde vom kontrollierten Denken unterbrochen, wenn ein Gegenstand Aufmerksamkeit erregt. Auch sie gehen von Verhaltensschemata aus, die in der Emotionstheorie als emotionale Handlungsmuster eingeführt werden. Dabei gibt es für viele Merkmale eine Übereinstimmung im K-i-E Konzept, insbesondere bei der Parallelverarbeitung und der Interaktion der beiden Systeme. Die fehlende Emotionstheorie und die Annahme, das Emotionssystem würde unbeabsichtigt beziehungsweise ohne Ziel ein Verhaltensschema abrufen, ignorieren die Kompetenz des Emotionssystems und verlagern sie ins Kognitionssystem. Ein kluges Design von Entscheidungsprozessen berücksichtigt diese Vorbehalte und erleichtert damit den Transfer in Unternehmen.

3.8.6 Affekthafte Entscheidung

Zur Abgrenzung gehört auch die affekthafte Entscheidung, die nicht in den unternehmerischen Kontext passt. Bei ihr gelingt die kognitive Überformung nicht mehr und in Extremsituationen wird das Kognitionssystem ausgeschaltet (Bild 3.23). Damit wird unmöglich, dass langfristige sowie soziale Aspekte in die Entscheidung einfließen.

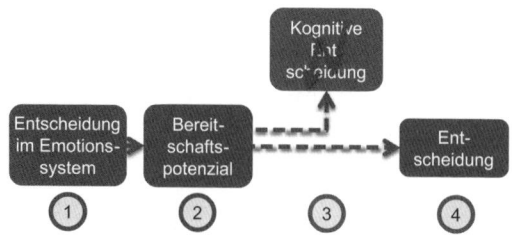

Bild 3.23 Die affekthafte Entscheidung

Trotzdem sind unternehmerische Fehlentscheidungen, die der affekthaften Entscheidung zugeschrieben werden können, nicht zu übersehen und im Nachhinein werden sie auf vielfältige Weise rationalisiert.

Die unvernünftigen Entscheidungen in Unternehmen und die entsprechenden unternehmerischen Auseinandersetzungen gleichen manchmal eher Kriegen. Tagtäglich ist jeder Einzelne direkt oder indirekt Aggressionen durch Menschen ausgesetzt: am Arbeitsplatz, auf der Straße, auf dem Sportplatz, in Beziehungen und politischen Konflikten. Der Mensch ist auch ein aggressives Wesen und die dahinter agierende Entscheidungsform muss es geben.

Aggressive unternehmerische Auseinandersetzungen sind natürlich nicht nur der affektiven Entscheidungsform zuzurechnen. Gerade wenn sie systematisch und geplant inszeniert werden, ist ein hoher Anteil an kognitiven Entscheidungen vonnöten. Bei diesen müssen jedoch wiederum soziale und planerische Emotionen, wie die Schuld und Scham, deaktiviert sein. Auch wenn diese Entscheidungsform ohne Kognition vieles erklärt, so ist der Mensch von der Wirkung seiner Entscheidungen nicht entbunden.

> Aus der Interaktion zwischen Emotions- und Kognitionssystem entstehen unterschiedliche Entscheidungsformen.

3.9 Das kohärente Weltbild

Das nachgelagerte Kognitionssystem bringt bei bewussten Entscheidungen den Impuls mit dem einhergehenden Gefühl (1.3) aus dem Emotionssystem mit dem Ergebnis der kognitiven Verarbeitung (1.4) in ein kohärentes Weltbild zusammen. Daraus entsteht

3.9 Das kohärente Weltbild

dann die kognitiv überformte Entscheidung (Bild 3.24). Bei weitgehender Übereinstimmung der Entscheidungssysteme gelingt das kohärente Weltbild mühelos. Zwei Systeme bergen jedoch das Risiko für divergierende Entscheidungen. Eine steigende Abweichung geht mit zunehmenden unangenehmen Gefühlen einher, die wieder ein Gefühl von Getrenntsein und Zerrissenheit erzeugen. Ab einer bestimmten Abweichung gelingt das kohärente Weltbild nur noch, wenn das Ergebnis des Emotionssystems als nicht mehr zugehörig empfunden wird. Das sind der Preis und die Konsequenz für diesen neurologischen Wirkmechanismus.

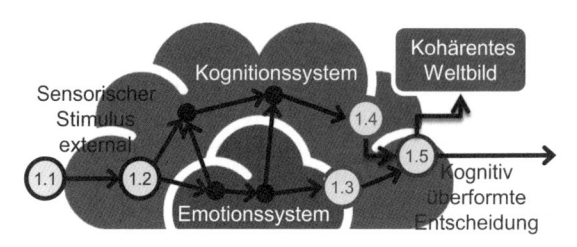

Bild 3.24 Das Kognitionssystem erstellt ein kohärentes Weltbild

Das kohärente Weltbild gibt dem Menschen selbsthergestellte Sicherheit. Die emotionale Entscheidung (1.3) – bei affekthaftem Wegspringen vor einem Zweig in der Dämmerung – wird mit der kognitiven Wahrnehmung in ein kohärentes Weltbild zusammengebracht, indem man annimmt, man hätte eine Schlange gesehen. Die Frage, welche Schlange genau gesehen wurde, würde den Widerspruch aufzeigen. Das Motiv der Angst mit Sorge um Sicherheit, das durch die affekthafte Handlung bereits umgesetzt wurde, lässt durch das Kognitionssystem den Zweig als unspezifische Schlange erscheinen. Sobald eine bewusste Entscheidung entsteht, sind die Entscheidungssysteme untrennbar, weil das Emotionssystem schon aktiv war, um dann das Kognitionssystem zu aktivieren. Bei einem Schlangenexperten würde sowohl die affekthafte Reaktion aufgrund seiner ausgeprägten Erfahrung anders ausfallen als auch sein kohärentes Weltbild aufgrund seines bewussten Wissens über Schlagen.

Ähnlich geht es auch in der Unternehmenswelt zu. Eine fehlgeschlagene Übernahme mit einer ungünstigen Marktentwicklung zu begründen, entspringt der Suche nach dem kohärenten Weltbild, um die Schuld für die Fehlentscheidung zu vermeiden. Ein Experte in Mergers & Acquisitions wird eine andere und differenziertere Erklärung auf Grundlage seines Erfahrungswissens liefern. Das bestätigen auch die Studien der Gedächtnisforscherin und Rechtspsychologin Julia Shaw, wenn sie unsere Erinnerungen als unzuverlässig beschreibt. Aber ihre Annahme, das Gehirn würde unsere Erinnerungen fälschen, bekommt mit dem kohärenten Weltbild einen ganz anderen Tenor und eine viel stimmigere Erklärung. Beim 1992 gegründeten Innocent Project an der Cardazo School of Law in New York untersuchte der Strafverteidiger Barry Scheck Schuldsprüche, die sich im Nachhinein als falsch herausstellten. Die 300 Fehlurteile, die durch DNA-Analysen korrigiert werden konnten, waren zu 72% auf falsche Identifizierungen durch Augenzeugen zurückzuführen. Da Menschen ihre Erinnerung aus beiden Systemen zu einem kohärenten Weltbild zusammenfügen, werden Fakten häufig verfälscht.

Das Kognitionssystem ist durch die Untrennbarkeit der Entscheidungssysteme letztendlich nicht zu einer präzisen Erinnerung und auch nur eingeschränkt zur bewussten Wahrnehmung der Wirklichkeit geeignet. Seine Funktion ist vielmehr die Erstellung eines kohärenten Weltbilds, die aus der evolutionären Funktion – die erreichte Wirkung mit der Wirklichkeit zu überprüfen – hervorging.

Die Notwendigkeit eines kohärenten Weltbilds beschrieb bereits Aristoteles sehr präzise vor gut 2.300 Jahren: „Wir benutzen unseren Intellekt nur dafür, um unsere bereits getroffenen Entscheidungen im Nachhinein zu erklären." Er formulierte das kohärente Weltbild als Alltagsweisheit. Das Kognitionssystem ist bei ihm der Intellekt. Da wir es benutzen, geht er davon aus, dass es bewusst aktiviert werden kann. So ahnte schon Aristoteles, dass bereits vorher eine Instanz – das Emotionssystem – eine Entscheidung getroffen hat. Dabei schreibt er dem Kognitionssystem die Fähigkeit zu, Erklärungen zeitlich später zur getroffenen Entscheidung zu produzieren: das kohärente Weltbild. Aus Sicht der K-i-E Theorie ist es eine neurologische Notwendigkeit, die aus den Prozessen der Untrennbarkeit der Entscheidungssysteme entsteht. Dieses Wissen erlaubt es Entscheidern, souverän mit den eigenen und den kohärenten Weltbildern anderer umzugehen, um zu guten Entscheidungen zu kommen.

Die Erstellung und Prüfung eines kohärenten Weltbilds treten in Unternehmen bei jeder Fragestellung auf und sind eine zentrale Aufgabe für das Entscheidungsmanagement. Die Inkohärenz des eigenen kohärenten Weltbilds kann bewusst wahrgenommen werden, vor allem Führungskräfte sollten sich damit vertraut machen. Inkohärenz bei anderen zu erkennen, gehört zum Basisrüstzeug aller, die Entscheidungen von Tragweite treffen.

> Das Kognitionssystem stellt immer ein kohärentes Weltbild her.
>
> Das kohärente Weltbild muss nicht mit der Wirklichkeit übereinstimmen.
>
> Die Untrennbarkeit der Entscheidungssysteme gilt für die Wahrnehmung wie für die Erinnerung.

3.10 Gedanken kreisen

Das bewusste, durch das Kognitionssystem hergestellte, kohärente Weltbild kann wieder als internaler Stimulus dienen. Die bewusste Entscheidung wird nicht direkt in ein Verhalten umgesetzt, sondern kann in weiteren vorläufigen Prozessen in vielfältiger Weise überformt werden. Die Gedanken beginnen zu kreisen, wie es der Volksmund so schön beschreibt (Bild 3.25). Nach dem ersten Entscheidungsprozess (1.1 bis 1.5) kann das kohärente Weltbild (1.5) zum internalen Stimulus (2.1) werden, wenn das Verhalten (6) nicht sofort ausgeführt wurde. Das Stoppen des Verhaltens (6) ist nur durch die kognitiv überformte Entscheidung möglich. In einem zweiten Entscheidungszyklus

(2.1) kann die kognitiv überformte Entscheidung in Zyklen zu einer guten Entscheidung geformt werden. Kognitive Entscheidungen (1.5) sind so lange vorläufig, bis sie in ein Verhalten umgesetzt werden, das anschließend eine Wirkung (7) erzeugt.

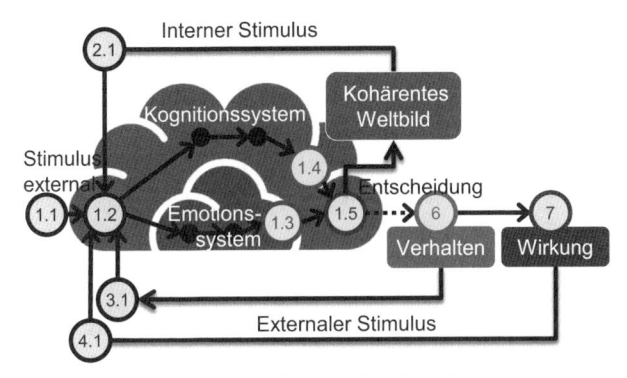

Bild 3.25 Gedanken kreisen in kognitiv überformten Entscheidungen

Wird die kognitiv überformte Entscheidung (1.5) nach mehreren Zyklen in Verhalten (6) umgesetzt, so wird dieses zum externen Stimulus (3.1), der einen erneuten Entscheidungszyklus anstößt, welcher wiederum mit einer Begründung der Entscheidung endet.

Zeigt das umgesetzte Verhalten (6) später eine Wirkung (7), so wird diese zum externen Stimulus (4.1), der einen erneuten Entscheidungs- beziehungsweise einen Bewertungszyklus anstößt. Ist die Einschätzung der Wirkung eine erwünschte oder intendierte, wird sie in Verbindung mit dem Verhalten und der Entscheidung gebracht. Wird die Wirkung negativ bewertet oder verfehlt sie das ursprünglich intendierte Ziel, werden andere Gründe zur Rechtfertigung gefunden.

Ein Zyklus wird dann zum letzten, wenn er vom Emotionssystem als stimmig bewertet worden ist:

- Ein- oder mehrmaliger Zyklus ohne Verhalten – das kohärente Weltbild ist stimmig.
- Nach dem Verhalten – die Begründung ist ein kohärentes Weltbild, das Entscheidung und Verhalten zusammenbringt.
- Nach der Wirkung – andere Gründe liefern ein kohärentes Weltbild, das die Wirkung mit den Gründen zusammenbringt. Die Rechtfertigung erklärt die eigenen Gründe als unausweichlich und erzeugt dadurch wiederum ein kohärentes Weltbild.

Das kohärente Weltbild ist ein zwingender und notwendiger Abschluss der Entscheidungszyklen. Es liefert der Emotionsverarbeitung das Ergebnis „stimmig", so als wären alle Motive ins Ziel gekommen und keine Handlung mehr nötig. In diesem Fall wird das Kognitionssystem nicht mehr aktiviert und das anstrengende Denken endet.

Rechthaben wollen ist nur die Folge eines archaischen Wirkmechanismus und endet nach einem stimmigen Signal aus dem Emotionssystem. Solange das nicht eingetreten ist, führt das unangenehme Gefühl dazu, erneut das letzte „stimmige" Wort haben zu wollen.

Begründungen, Kausalitäten, Rechtfertigungen, kohärente Weltbilder auch in dysfunktionaler Form wie postfaktische Aussagen, Narrative, Fake News oder populistische Aussagen erfüllen alle diese Architektur- und Prozessmerkmale der menschlichen Entscheidungssysteme. Eine notwendige Voraussetzung dafür ist, dass das kohärente Weltbild auch als internaler Stimulus in den als Doppler (2.1) fungierenden Thalamus zurückgeführt werden kann. Die frühere Annahme, der Thalamus, das Tor zum Bewusstsein, würde nur die sensorischen Stimuli der Sinnesorgane zusammenführen und an das Kognitionssystem weiterleiten, ist längst überholt. Tatsächlich gelangen die optischen (sensorischen) Stimuli der Augen zu dem für die Sehnerven zuständigen Teil des Thalamus, dem Corpus geniculatum laterale, und werden an den primären visuellen Cortex weitergeleitet. Jedoch weisen eine vielfache Anzahl von neuronalen Verbindungen in die Gegenrichtung. Damit ist die neuronale Grundlage für eine zyklische Interaktion der Entscheidungssysteme nachgewiesen. Die Voraussetzungen für die neuronalen Bahnen vom visuellen Cortex zum Thalamus werden mehr und mehr bestätigt. David Eagleman, Neurowissenschaftler an der Stanford University, zeigt in seiner Veröffentlichung „The Brain – Die Geschichte von Dir" (2017) die zehnfach höhere Interaktion vom Kognitionssystem zum Emotionssystem.

Dass die Gedanken zuweilen kreisen, ist ein Phänomen, das jeder aus eigener Erfahrung nur zu gut kennt. Mark Changizi (2008) von der University of Virginia erklärt vielfältige optische Täuschungen mit diesen Zyklen und zusätzlich mit dem Effekt, dass ein Großteil von Stimuli aus anderen Gehirnregionen kommt. Die zyklischen Prozesse sind dabei nicht nur ein Merkmal der Entscheidungssysteme, sie sind ein generelles Merkmal neuronaler Prozesse.

Entscheidern hilft es ungemein, die Gedanken-Zyklen als natürlichen Effekt und Prozess zu identifizieren. Es unterstützt sie, andere besser zu verstehen und ihnen die Zeit für den Abschluss eines Gedanken-Zyklus zu geben. Das Wissen unterstützt sie, auch selbst zu angemessenen Gedanken-Zyklen zu kommen. Die Fähigkeit, unüberlegtes Entscheiden zu vermeiden (zu wenige Zyklen) oder zauderndes Entscheidungsverhalten (zu viele Zyklen) rechtzeitig zu beenden, zeichnet gute Entscheider aus (Bild 3.26).

Bild 3.26 Gute Entscheider wissen, wie viele Zyklen sie durchlaufen

3.11 Die Merkmale der Entscheidungssysteme

Auch wenn vieles bekannt und der Unterschied zum tradierten Wissen zuweilen gering erscheinen mag, treten bei der Differenzierung der Entscheidungssysteme erstaunliche, nahezu revolutionäre Ergebnisse zu Tage. Die Untrennbarkeit der Entscheidungssysteme ändert, justiert, verfeinert und verbessert die herkömmlichen Entscheidungsprozesse und zuweilen stellt sie diese auf den Kopf. Das Selbst- und Weltbild des Menschen wird durch das K-i-E Konzept erschüttert, demontiert und wieder zu einem neuen und viel schlüssigeren Bild zusammengefügt.

Das K-i-E Konzept ist die Basis, um Phänomene, die in der Kommunikation – sei es mit sich selbst oder mit anderen – entstehen, zu erklären und damit souverän umzugehen. Tabelle 3.3 stellt die Merkmale übersichtlich zusammen.

Tabelle 3.3 Merkmale der Entscheidungssysteme

Emotionssystem	Kognitionssystem
schnell – erste Reaktionen bereits nach 80 ms bis 350 ms	langsam – größer 550 ms
mühelos	mühevoll
nicht bewusst zugänglich	ist bewusst – viele Prozessschritte und der Einfluss des Emotionssystems sind unbewusst
arbeitet unaufgefordert	muss aktiviert werden
ist immer aktiv	wird vom Emotionssystem aktiviert
ist robust	ist anfällig und wird vom Emotionssystem unterbrochen
emotionales Erfahrungsgedächtnis	Kognitionsgedächtnis
trifft immer eine Entscheidung	kann eine Entscheidung treffen oder die des Emotionssystems verhindern
ist alternativlos, zeigt sich als Impuls, als Bewegung oder als Handlung selbst	in mehreren Gedankenzyklen entstehen Alternativen als kohärentes Weltbild
initiiert das Kognitionssystem	kann das Emotionssystem überformen
beendet das Kognitionssystem	wirkt als internaler Stimulus für beide Entscheidungssysteme
konditionierbar	lernt
arbeitet autonom	ist initiiert und beeinflusst vom Emotionssystem – ansonsten autonom
Emotionslogik – die Bedeutung ist handlungsorientiert	Kognitionslogik – planerisch und langfristig

Die Gegenüberstellung der beiden Systeme macht deutlich, wie unterschiedlich sie sind und dass sie zugleich in hohem Maße interagieren. So gibt es nicht nur Unterschiede, sondern viele Gemeinsamkeiten. Sie beginnen mit dem gedoppelten sensorischen Stimulus und werden in der Untrennbarkeit weitergeführt. Auch wenn sie parallel arbeiten, so entstehen Entscheidungen und Gedanken aus einem oder mehrfachem Zyklus durch die beiden Systeme. Das Emotionssystem ist individuell orientiert und das Kognitionssystem eher planerisch. Das soziale Verhalten wird über die Emotionslogik mit Schuld und Scham gesteuert, die jedoch erst in der Interaktion zwischen beiden Systemen entstehen kann.

Beide Systeme kommen zu einer Entscheidung, jedoch können sie zu unterschiedlichen Zeitpunkten und mit unterschiedlicher Logik zu einem unterschiedlichen Ergebnis gelangen. Meist werden diese Ergebnisse durch ihre Interaktion in eine Entscheidung zusammengeführt, was die beiden Systeme wie einen Monolith erscheinen lässt.

Ihre Untrennbarkeit gipfelt im kohärenten Weltbild, das häufig nicht mit der Wirklichkeit übereinstimmt. Die Erfahrungen in der unternehmerischen Welt zeigen täglich, wie groß der Drang ist, getroffene Entscheidungen im Nachhinein zu rechtfertigen. Diese Erkenntnis müssen Entscheider berücksichtigen und sie muss in das Design von Entscheidungsprozessen einfließen.

3.12 Fazit

Das K-i-E Konzept eignet sich als solide Orientierung, die gute individuelle und Team-Entscheidungen hervorbringt.

Die Anwendung des K-i-E Konzepts gewährleistet ein kluges Design von Entscheidungsprozessen. So lassen sich alle bestehenden Konzepte menschlichen Verhaltens und Entscheidens als Individuum oder als Team verorten und damit vereinfachen oder zusammenführen.

Eine erste Anwendung wird in der eigenen individuellen Entscheidungsstrategie empfohlen.

> **Analysieren bedeutet lernen, Unterschiedliches zusammenbringen bedeutet wachsen.**
>
> *Die Analyse untersucht ein Objekt, indem es gedanklich in immer kleinere Teile zerlegt wird. Sie führt im Rahmen bestehendes Wissen dazu, sodass Systeme weiter lernen. Das Lernen bezieht sich dabei nur auf das untersuchte Objekt, darauf, wie es funktioniert. Auch wenn ein Wissenstransfer es möglich macht, Erkenntnisse auf andere Bereiche zu übertragen, wird die Innovation begrenzt bleiben, wenn die Lösungsmöglichkeit nur im analysierten Objekt ausgeschöpft wird. Auch integrale Ansätze bleiben dieser Begrenzung verhaftet, da das eine in das andere integriert wird und das Neue in seinen Grenzen bleibt.*
>
> *Unterschiedliches zusammenzubringen, das sich widerspricht, geht über Bestehendes hinaus. Es zwingt den Menschen, die bestehenden Grenzen des einen, aber auch des anderen zu verlassen und etwas Übergreifendes zu finden, das gleichzeitig beides enthält. Die Prüfung des Neuen auf Funktionalität im einen wie im anderen System bringt die erste Sicherheit. Der anschließende Transfer auf weitere Bereiche sichert immer weiter die Innovation, die über das Bestehende hinausgewachsen ist, ab.*

4 Die Theorie der Grundemotionen – was Menschen bewegt

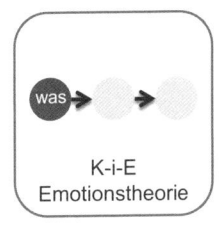

K-i-E Emotionstheorie

„*Wenn über das Grundsätzliche keine Einigkeit besteht, ist es sinnlos, miteinander Pläne zu machen.*"
Konfuzius

> Die Erkenntnis, dass die Grundemotionen in jedem wirken, erlaubt das Design von standardisierten Entscheidungsprozessen, die auf diesen Wirkprinzipien aufsetzen und gleichzeitig jede sinnvolle Variation erlauben. Die Unterschiedlichkeit aller an einem Entscheidungsprozess Beteiligten wird berücksichtigt, ausgeschöpft und in eine gemeinsam getragene Entscheidung zusammengeführt.
>
> Dieses Kapitel eröffnet faszinierende Einblicke in das Leben und lässt Antworten auf Fragen entstehen, die ungeahnt waren.

■ 4.1 Emotionen sind nicht das, was sie zu sein scheinen

Die östlichen vedischen Schriften in Sanskrit wie auch westliche philosophische Schriften beschrieben wesentliche Merkmale der K-i-E Theorie bereits vor 4.000 sowie vor 2.500 Jahren. Die lateinische Wurzel des Wortes Emotion „emovere" wartet schon mit Mehrdeutigkeit auf: in Bewegung setzen, emporwühlen, vertreiben. Dass Emotionen bewegen, wird zuweilen übersehen. Sie sind der innere Motor des Emotionssystems, der uns antreibt. Dass Emotionen Gefühle emporwühlen, ist offensichtlich, weil das für jeden erfahrbar ist. Vertreiben deutet schon auf das Motiv der individuellen Grundemotionen hin: eine angemessene Distanz durch Einflussnahme zu erreichen. Im Sanskrit gibt es 67 Worte für Emotionen, die bereits zwischen Gefühlen und Emotionen unterscheiden. Dort wird schon die Beziehung zwischen Emotion und Intuition hergestellt und die Emotionen werden als verbunden mit den Sinnen angesehen (Bild 4.1).

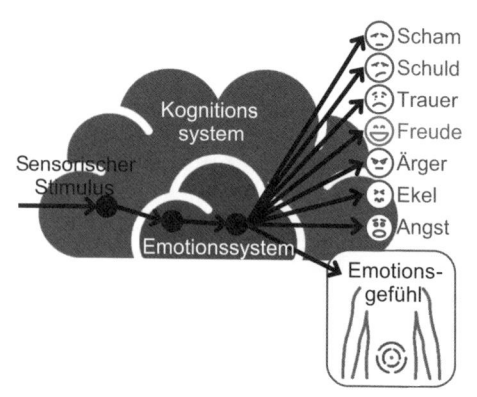

Bild 4.1 Emotionen drücken sich auf der Bühne des Körpers aus

Emotionen sind Teil eines umfassenden Vorgangs, der von einem Stimulus ausgelöst wird. Sie drücken sich als Reaktion auf der Bühne des Körpers in unterschiedlichen Formen aus: in der Mimik, der Röte im Gesicht, der körperlichen Haltung oder auch im Herzklopfen und vielem mehr. Zuweilen werden Emotionen von einem Gefühl begleitet.

Emotionsgefühle sind der Ausdruck von Emotionen. Sie sind dem Einzelnen bewusst, auch wenn uns die Welt häufig etwas anderes suggeriert. Die dahinterliegenden Emotionen sind weder gut noch schlecht. Eine Beschreibung in der Polarität von negativ und positiv wird ihnen nicht gerecht. Emotionen wirken ohne unser bewusstes Zutun. Sie abzulehnen, verstärkt meist ihre Wirkung. Wie soll man Emotionen beschreiben, die überwiegend abseits des Bewusstseins wirken und die sich mit machtvollen Gefühlen ausdrücken, einmal so unangenehm, dass man im Boden versinken möchte, und ein anderes Mal so, dass man am liebsten die ganze Welt umarmen möchte.

Doch wie kann man über etwas Macht gewinnen, das so vielfältig und unterschiedlich erscheint und so schwer zu greifen ist? Was ist es, das sich unserer Kontrolle entzieht und nicht ohne Weiteres nach unserem Wunsch hergestellt werden kann? Manchmal reicht ein sonderbarer Blick eines Mitarbeiters, um einer Führungskraft vorher empfundene Souveränität zu rauben. Das nächste Mal möchte man sich über eine gelungene Projekteinführung freuen, aber das berechtigte Gefühl der Freude stellt sich nicht ein.

Dies sind Handlungen, denen eine Entscheidung, die dem Bewussten nicht zugänglich ist, vorausging. Die Entscheidungen des Emotionssystems wurden im Laufe der Evolution zum Überleben geformt. Die zugrunde liegende Entscheidungslogik ist sehr archaisch und dient auch heute noch dem Leben und Überleben: Sie trifft eine Entscheidung. Was als zwingende Bedeutung nach sich zieht, das Emotionssystem trifft immer eine Entscheidung und muss im evolutionären Sinne eine Entscheidung treffen. Nicht-Entscheiden bedeutet Nicht-Handeln, was den Tod nach sich ziehen würde. Diese Entscheidungen sind nicht immer die besten, was zur Entwicklung des Kognitionssystems führte.

Die Emotionsforschung innerhalb und außerhalb der Universitäten konnte sich nicht auf wenige Grundemotionen einigen, obwohl sie über detaillierte Modelle und Konzepte verfügen. Die Vielzahl der Fachgebiete in mehreren Wissenschaftsbereichen und die fehlende Konzentration in einem Fachgebiet werden auf absehbare Zeit verhindern, dass das umfangreiche Wissen über Emotionen in eine anerkannte Emotionstheorie zusammengeführt wird.

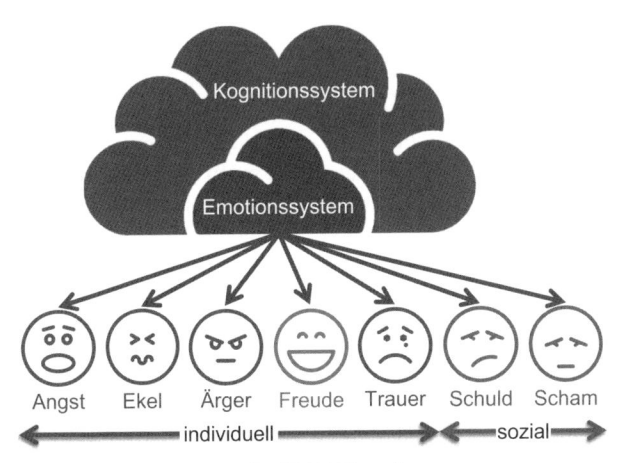

Bild 4.2 Die sieben Grundemotionen der K-i-E Theorie

4.2 Die Ausdrucksformen der Emotionen

Emotionen zeigen sich in unterschiedlichen Erscheinungsformen, die beliebig an- oder abwesend sein können und sich gegenseitig bedingen. So ist eine Aussage, jemand habe Angst, weder richtig noch falsch. Dieser Satz ist unspezifisch. Er unterscheidet nicht, was ist, was geschah und was sein könnte.

Es könnte Folgendes gemeint sein:

- **Gefühl** – jemand empfindet das Angstgefühl.
- **Körperlicher Ausdruck** – jemand glaubt, ein angstverzerrtes Gesicht zu erkennen.
- **Neuronale emotionale Struktur** – jemand verfügt in seinem Emotionssystem über eine neuronale emotionale Struktur, die beispielsweise vor einer Rede ein angstvolles Verhalten produzieren wird.
- **Stattgefundenes Verhalten** – jemand ist vor Angst bereits erstarrt oder weigert sich, die geplante Rede zu halten.
- **Geplantes Verhalten** – jemand bereitet sich mit einem Skript gut vor, weil er weiß, dass er vor öffentlichen Auftritten Angst hat.

Die Wissenschaft ist sich über diese Zusammenhänge uneins und die Konzepte dazu sind unüberschaubar und widersprüchlich. Der aktuelle Stand der Forschung weist ihnen psychophysiologische Vorgänge zu, also etwas zwischen Psyche und Körper, auch wenn unklar bleibt, was die sogenannte Psyche nun ist und wo Körper beginnt. Unklar bleibt auch, in welcher Reihenfolge die Prozesse zwischen Psyche und Körper ablaufen. Sie wirken auf den Körper, das ist unübersehbar in jedem Gesicht abzulesen. Die vielfältigen physiologischen Veränderungen führen zu immer neuen Wortkreationen, kein sportlicher Wettkampf ohne die Kommentierung der Körpersprache.

Den Emotionen wird zugeschrieben, das Bewusstsein verändern zu können, was sie auch tun, und es ist unstrittig, dass sie zuweilen das Bewusstsein trüben. Ihr Einfluss auf Verhaltensweisen ist in Meetings täglich tausendfach zu erleben, auch wenn man sie gerade in Unternehmen nicht haben will. Doch in jeder Interaktion zwischen Menschen, ob Führungskräfte, Mitarbeiter oder Kunden, wirken und erscheinen sie. Die Drohung des Kunden, einen Auftrag nicht zu vergeben, wenn der Account Manager nicht auf seine Forderungen eingeht, löst Angst aus, genau wie die fehlende Vorgabe des Vorgesetzten. Dem Lob und der Wertschätzung kann man sich genauso wenig entziehen wie der Kritik. Die Wirkung der Emotionen ist nicht zu verhindern, ihr Ausdruck jedoch wird davon abhängen, wie berechtigt Lob oder Tadel waren.

Welcher Reihenfolge Augenbewegungen oder andere biometrische Messungen wie Hautwiderstand, Herzfrequenz (Bild 4.3) oder Muskelaktivität folgen, ist in zyklischen Prozessen schwer zu bestimmen. Waren die Emotionen schon wirksam, weil die Schweißdrüsen den Hautwiderstand bereits nach etwa 80 Millisekunden veränderten, nur weil beim Kartenspiel ein Verlust drohte, den man bewusst noch nicht wahrnahm?

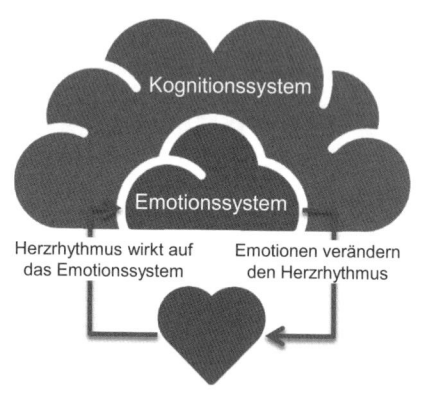

Bild 4.3 Emotionen beeinflussen die Herzfrequenz und diese wirkt auf Emotionen als zyklischer Prozess

Sind Emotionen die Ursache und ist die Biochemie die Wirkung oder ist es umgekehrt? Ganz zu schweigen, wer oder was hat entschieden, ob nun das bindungsfördernde Oxitocyn oder Adrenalin ausgeschüttet wird. Beeinflussen sie sich gegenseitig und wenn ja, was führt zu einem Anschwellen und was zu einem Abklingen der Wechselwirkung oder sind die Hormone nur eine Folge weiterer Prozesse? Die Neurotransmitter wie

Serotonin und Dopamin sind identifiziert, ihr Wechselspiel mit den Emotionen bleibt jedoch unbeantwortet. Feststeht: Emotionen sind schnell und biochemische Prozesse sind langsam und ihre Wirkung hält länger an. Emotionen sind also die Ursache und Hormone die Wirkung, auch wenn sie die Emotionen anschließend wieder beeinflussen.

Die Konsequenzen sind bei dieser Reihenfolge vielfältig. Die angenehmen Gefühle als Ziel einer Belohnung zu sehen, ist in der bisherigen Form nicht mehr aufrechtzuerhalten. Es ist eher so, dass die schnellen Emotionen die biochemischen Vorgänge aktivieren und die ausgeschüttete Biochemie auf die Emotionen wirkt.

Die gängige Psychologie geht davon aus, Emotionen seien sowohl bewusst als auch unbewusst wahrzunehmen. Das bewusste Wahrnehmen von etwas, das unbewusst ist, scheint wie ein Widerspruch in sich selbst. Der Begriff des Wahrnehmens ist in diesem Zusammenhang schwierig und wenig zielführend. Er setzt in der allgemeinen Bedeutung Bewusstsein voraus. Die Negierung des Wahrnehmens ist leichter zugänglich: Was nicht wahrgenommen wird, ist eben nicht da oder wird nicht wahrgenommen. Wir können jedoch von etwas, das nicht wahrnehmbar ist, Spuren in Folgeprozessen erkennen. Licht ist nicht wahrnehmbar, die Lichtwellen, die die Sonne aussendet, sausen an uns vorbei. Wenn sie jedoch auf ein Objekt treffen wie das Blatt eines Baums, das bestimmte Frequenzen des Lichts wegfiltert, sehen wir ein grünes Blatt. So können wir die bereits vorher wirkenden Emotionen erst durch die Gefühle, die sie auslösen, wahrnehmen.

> Ein Emotionsgefühl zeigt an, dass vorher eine Emotion am Werke war.

Die Wissenschaft schreibt Emotionen die Interpretation von Objekten und Situationen zu. Es muss eine Instanz geben, die der Bemerkung eines Kunden die Bedeutung einer Kränkung zuweist. Wenn Sie ärgerlich sind, steigt die Angst, dass Sie unkontrolliert Einfluss nehmen könnten. So kann die Interpretation einer Situation wiederum Emotionen hervorrufen. Führungskräfte wissen, welche Gedanken die Angst vor einer kritischen Präsentation erzeugen, gerade dann, wenn man das Kopfgewitter nicht haben will. Zu allem Übel löst dieses Gewitter wieder Angst aus.

Subjektives Gefühlserleben oder eine Veränderung der Verhaltensbereitschaft werden tagtäglich erlebt, wie der drängende Fluchtgedanke vor einem unangenehmen Gespräch oder das beklemmende Schuldgefühl, wenn Fehler gemacht wurden. Uneinig ist sich die Forschergemeinde darüber, wie Emotionen einen Impuls auslösen und affekthafte Handlungen in hoher Erregung, ohne Kognitionssystem, ausgeführt werden. Diese Uneinigkeit rüttelt am Selbstverständnis des modernen Menschen, der glaubt, bewusst zu handeln. Dass Menschen dies tun, steht außerhalb jeden Zweifels. Ein Agieren des Kognitionssystems – ohne Zutun des Emotionssystems – entspricht dem aufgeklärten Leitbild des modernen Menschen und dem Anspruch an Führungskräfte.

Die Fülle affekthafter Handlungen, postfaktischer und irrationaler Verhaltensmuster (Bild 4.4) steht ebenfalls außer Zweifel und ist in allen Medien täglich präsent.

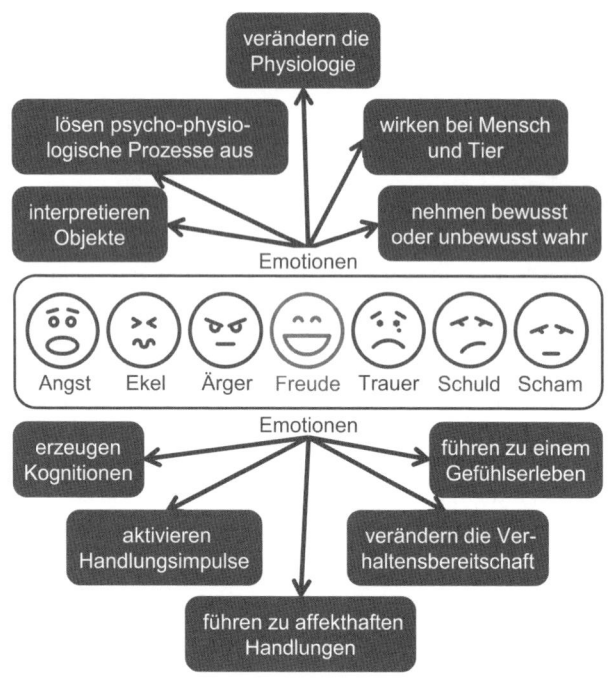

```
                    verändern die
                     Physiologie
                          ↑
   lösen psycho-physio-          wirken bei Mensch
   logische Prozesse aus              und Tier

   interpretieren                  nehmen bewusst
      Objekte            ←        oder unbewusst wahr
                      Emotionen

         😮    ><    >:<   😀    :-(    :-|    :-,
         Angst  Ekel  Ärger Freude Trauer Schuld Scham

                      Emotionen
     erzeugen                    führen zu einem
    Kognitionen                    Gefühlserleben

        aktivieren              verändern die Ver-
     Handlungsimpulse           haltensbereitschaft

                   führen zu affekthaften
                         Handlungen
```

Bild 4.4 Die tradierte Sicht auf Emotionen erscheint in einem bunten Kleid

Im Widerspruch zum Selbstverständnis des bewussten Menschen steht die Tatsache, dass in jedem Menschen eine Prozessstruktur evolutionär angelegt ist, die unter bestimmten Bedingungen dieses vermeintlich irrationale Verhalten nach sich zieht. Denn es darf nicht sein, dass die Konstruktion der Entscheidungssysteme dem archaischen unbewussten Emotionssystem die Kontrolle über das Kognitionssystem überlässt.

■ 4.3 Wie Emotionen entschleiert werden

Mit dem K-i-E Konzept, das die Macht der Emotionen erklärt, gelingt es, den Schleier, der die Emotionen umhüllt, zu lüften und so manche Widersprüche aufzulösen. Die Vorstellungen von Emotionen sind sehr konkret und das Thema ist momentan in allen Medien präsent. Was dem Verständnis von Emotionen entgegenwirkt, ist die eigene Kompetenz. Menschen sind sehr fachkundig beim Thema Emotionen, weil jeder sie tagtäglich mehrere tauendmal erlebt. Die eigenen Erfahrungen und das tradierte Wissen stehen häufig vordergründig im Widerspruch zur Emotionstheorie.

Die folgenden **Wirkprinzipien** unterstützen den Leser, damit er der selbstwirksamen Erkenntnisfalle entkommt.

- **Die Bandbreite der Funktionsbereiche** – neben der Denkweise in Polaritäten wie gut oder schlecht ist die Beschreibung in drei Funktionsbereichen den Emotionen und dem Leben näher. Die Emotion Angst kann für eine gegebene Situation angemessen sein, zu viel führt zu Panik, zu wenig zu Leichtsinn. Das Gleiche gilt für viele Bereiche des Lebens. Eine Besprechung kann zu kurz, zu lang oder dem Thema angemessen sein.
- **Parallelität** – Prozesse laufen nebeneinander in dieselbe Richtung zur gleichen Zeit. Das Emotionssystem arbeitet parallel zum Kognitionssystem. Sie verarbeiten den Stimulus in unterschiedlicher Geschwindigkeit, mit verschiedener Logik und kommen dadurch zu unterschiedlichen Zeitpunkten zu unterschiedlichen Ergebnissen.
- **Gegenbeweis** – vereinfacht ausgedrückt versucht der Mensch mit dem Gegenbeweis, eine Aussage zu widerlegen, indem er eine einzige widersprechende Aussage findet. Die Aussage, das Emotionsgefühl der Trauer fühle sich vorwiegend unangenehm an, trifft nicht für jeden zu. Für manchen fühlt sich Trauer angenehm an. Ihre lösende und reinigende Wirkung ist eine tiefe und wertvolle Erfahrung. Damit scheint die Aussage, Trauer fühle sich unangenehm an, erschüttert. Ist das Wirkprinzip der Funktionsbereiche begriffen, wird deutlich, dass sich alle Emotionen im funktionalen Bereich angenehm anfühlen, jedoch im dysfunktionalen unangenehm.
- **Multikausalität** – um sich den Emotionen zu nähern, ist es hilfreich, sich Ursache und Wirkung vor Augen zu führen. Die monokausale Erklärung ist einfach: Eine Wirkung wird von einer Ursache erzeugt. Trifft ein Manager gute Entscheidungen, so wird er häufig in Unternehmen als starker Entscheider und als einzige Ursache für gute Entscheidungen gesehen. Die weiteren Ursachen der guten Marktsituation oder des aktuell passenden Produktportfolios werden als Ursache übersehen. Eine gute Entscheidung hängt von der Ausrichtung auf ein Ziel ab, von der Berücksichtigung der Intuition, der Gruppenkompetenz, einer guten Prognose und vielem mehr. So wirken mehrere Ursachen zusammen und bewirken multikausal ein Ergebnis.

Häufig können jedoch unterschiedliche Ursachen unabhängig voneinander zu ein und derselben Wirkung führen. Weint jemand, so lautet die Frage häufig: „Bist du traurig?", als wäre Trauer die einzige Emotion für Tränen. Genauso können Freude und alle Emotionen sowie viele andere Ursachen Tränen auslösen (Bild 4.5).

Bild 4.5 Tränen haben mehrere Ursachen

Die Betrachtung von Ursache und Wirkung erfordert bei Emotionen einen sehr achtsamen Blick. In zyklischen Prozessen erzeugt die Ursache die Wirkung und danach wird die Wirkung zur Ursache. Wenn der Prozess in Gang ist, kann nicht mehr bestimmt werden, was Ursache und Wirkung ist. Für schlechte Leistung schämt man sich. Während man sich schämt, bringt man schlechte Leistung.

- **Zyklische Prozesse** – das Besondere an zyklischen Prozessen ist, dass sie sich gegenseitig bedingen und dabei im Zyklus an- und abschwellen. Das ist typisch für Emotionen. Ein zyklischer Prozess beginnt mit einer Ursache, die eine Wirkung nach sich zieht. Die Beeinflussung verläuft jedoch nicht mehr nur in eine Richtung (unidirektional), sondern in beide (bidirektional). Die Wirkung wird selbst wieder zur Ursache (Bild 4.6). In bestimmten Märkten bestimmt das Angebot die Nachfrage, jedoch auch die Nachfrage das Angebot und die Dynamik zwischen beiden wiederum den Preis. Eine lineare Denkweise führt nicht ins Ziel. Wenn etwas gelingt, so freut man sich, aber der dahinterliegende Prozess ist nicht monokausal. Aus der Lerntheorie und eigener Erfahrung weiß man, in einem freudigen Zustand lernt man besser und mit Freude gelingt jede Arbeit besser, schon wird es zyklisch. Freude ist nie die einzige Ursache für Erfolg und schon ist die Multikausalität am Werk. Eine Führungskraft, die nicht auf solide Zahlen achtet, wird auf Dauer keine guten Entscheidungen treffen.

Bild 4.6 Zyklische Prozesse sind dominant im Emotionssystem

Bei zyklischen Prozessen entsteht eine Dynamik zwischen Ursache und Wirkung, die sich verstärkt oder abschwächt. Eine verstärkende Dynamik führt zur Entwicklung oder Eskalation (Bild 4.7).

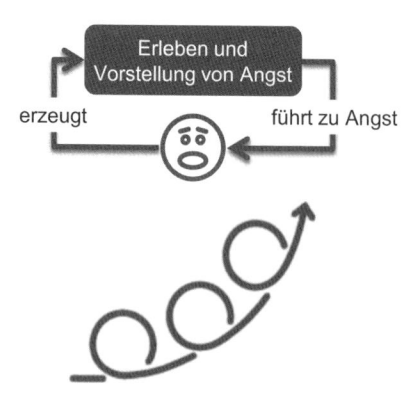

Bild 4.7 Ein zyklisch zunehmender Prozess bei Angst

Eine abschwächende Dynamik führt zum Rückschritt bis der Prozess erlahmt und zum Ende kommt. Der Schreck eines sich nähernden Autos aktiviert das Kognitionssystem, jedoch reicht der Impuls des Emotionssystems nicht aus, um das Kognitionssystem auf Dauer bewusst aktiv am Steuer agieren zu lassen. Das Kognitionssystem wird wieder deaktiviert und das Emotionssystem übernimmt nach gewisser Zeit als Autopilot. In diesen Situationen erscheint der zyklische Prozess als monokausal. Zyklische Prozesse bleiben in Balance, wenn der Ursache-Wirkung-Zyklus das System am Leben erhält. Ein spannendes Fußballspiel oder ein interessanter Vortrag werden das Emotionssystem immer wieder aktivieren. Als Folge wird das Kognitionssystem forciert und die Aufmerksamkeit wird aufrechterhalten.

Ein zyklisch dynamischer Prozess bewegt sich mit einer bestimmten Geschwindigkeit: eher linear und konstant, was zu einer planbaren Entwicklung oder Abschwächung führt. Ist die Dynamik stark zu- oder abnehmend, führt es zur Eskalation oder zum abrupten Stopp. Eine kooperative Verhandlung wird sich linear zu einem gemeinsam getragenen Ergebnis entwickeln. Ein konfrontativer Entscheidungsprozess wird vielleicht linear beginnen und sich dann auf und ab bewegen. Bei der Berührung von kritischen Themen wird die Situation abrupt eskalieren oder auch abrupt enden. Kompliziert werden zyklische Prozesse, wenn sich drei und mehr Komponenten direkt und indirekt beeinflussen.

- **Sowohl-als-auch** – Emotionen teilen sich manchmal mit einem Gefühl mit und manchmal nicht. Rationale Entscheidungen können zu guten Entscheidungen führen wie auch intuitive. Umgekehrt können intuitive Entscheidungen genauso eine fatale Wirkung zeigen wie rationale. Beide Entscheidungsprozesse können weitgehend autonom arbeiten, sich jedoch gegenseitig beeinflussen. Diese Betrachtung geht weit über die tradierte Bedeutung – etwas von diesem und etwas von jenem – hinaus. Sowohl-als-auch umfasst die Entscheidungssysteme in einer Hülle, in der sie vollständig vorkommen und sich zusätzlich in Zyklen gegenseitig bedingen.

- **Korrelation ist nicht immer Kausalität** – dem gleichzeitigen Auftreten von Merkmalen liegt nicht immer eine direkte Ursache-Wirkung-Beziehung zugrunde. Gutverdiener haben größere Schuhe. Davon kann man nicht ableiten, die Ursache für einen hohen Verdienst seien große Schuhe. Der Versuch, größere Schuhe zu tragen, um einen höheren Verdienst zu bekommen, würde dies offenbaren. Mit zunehmender Anzahl von Teilnehmern nimmt die Dauer von Meetings zu. Daraus zu schließen, die Anzahl der Teilnehmer sei die Ursache für den höheren Zeitbedarf, ist zu hinterfragen.

- **Koinzidenz ist nicht immer Kausalität** – ein zeitliches oder räumliches Zusammenfallen von Ereignissen muss keine Ursache-Wirkung-Beziehung anzeigen. Ein altes Sprichwort „Wenn es blitzt, wird die Milch sauer" konnte tatsächlich nachgewiesen werden. Es ist jedoch nicht der Blitz, sondern die mit einem Blitz einhergehende höhere Luftfeuchtigkeit, die ein günstiges Milieu für Bakterien schafft. Die Tatsache, dass jemand einen Stau als Ursache für sein Zuspätkommen anführt, bedeutet nicht, dass der Stau die Ursache für seine Entschuldigung ist.

- **Reihenfolge** – sie ist eine zeitliche, räumliche und gedankliche Aneinanderreihung von Objekten oder Prozessschritten. So gibt es dabei immer einen Vorgänger und einen Nachfolger. Zuerst wird eine Situation bewertet und anschließend wird entschieden, bevor gehandelt wird. Das evolutionär ältere Emotionssystem agiert vor dem jüngeren Kognitionssystem. Da das Emotionssystem jedoch nicht bewusst agiert, scheint es so, als würde das jüngere Kognitionssystem zuerst agieren. Dieser Eindruck wird dadurch verstärkt, dass das Emotionssystem, das zeitlich früher agierte, sich durch ein Emotionsgefühl später mitteilt.

- **Metaphern** – eine Metapher hat als Grundstruktur die Übertragung von Merkmalen. Eine Schlange ist schmal und lang. Eine Menschenschlange ist eine schmale und lange Reihe von Menschen, aber kein Tier. Die Entschleierung von Emotionen gelingt, wenn man die durch eine Metapher übertragenen Merkmale herausschält. Kraft ist eine physikalische Größe, die etwas bewegen kann. Stärke wird mit Kraft verbunden, die Objekte bewegt oder verformen kann. Wenn ein Mensch sich nun so verhält und er sich dadurch auszeichnet, dass er etwas bewegen kann, wird ihm Stärke zugeordnet. Er bleibt dadurch ein Mensch und wird nicht zu einer physikalischen Größe. Nun braucht man eine Ursache für das Verhaltensmuster des starken Menschen. Gerne wird dann das Ego ins Spiel gebracht, das etwas bewegt. Dabei werden die Merkmale der Stärke auf das Ego übertragen, sodass ein starkes Ego bewegt und ein schwaches nicht so sehr. Nach wie vor ist es nur die Beschreibung eines Menschen, der etwas nach vorne bringt oder zerstört. Mit dem Ego ist etwas eingeführt, das die tatsächlichen Gründe für Verhalten verschleiert. So geht der Blick auf die wirklichen Hintergründe, die einem Menschen die Stärke geben, Dinge zu beeinflussen, verloren. Denn es sind die Emotionen, die bewegen.

■ 4.4 Emotionen sind untrennbar mit Entscheidungen verbunden

Um zu entscheiden, muss das Emotionssystem nach der ihm innewohnenden Logik ebenfalls bewerten. Ziel ist es, eine bestimmte Wirkung zu erreichen. Um eine Wahl zu treffen, muss sich das Emotionssystem auf etwas beziehen, mit dem es einen Vergleich herstellt: Das ist das emotionale Erfahrungsgedächtnis. Um diesen Vorgang, die Sequenz einer Entscheidung, in Gang zu setzen, wird der Stimulus, der auch dem Kognitionssystem zur Entscheidung dient, verarbeitet. Alle Prozessschritte vom Stimulus, der durch Doppelung in beide Systeme weitergeleitet wird, über die Bewertung, den Vergleich, die Entscheidung, die Handlungsinitiierung und gegebenenfalls die Handlung selbst, werden autonom im Emotionssystem verarbeitet (Bild 4.8).

Emotionen sind von dominanter Bedeutung für den Einzelnen, sowohl im täglichen Leben, in der sozialen Interaktion als auch in Wirtschaft und Politik, und sie sind von beherrschender Bedeutung für die Welt. Emotionen sind das Kulturthema schlechthin und sie sind sowohl kulturgestaltend als auch kulturübergreifend. Der aktuell anwachsende Fremdenhass erscheint den einen als unverständliche, kaum abzuwendende Bewegung und den anderen als natürlicher Schutz ihrer angestammten Rechte. Diese Bewegungen sind historisch gesehen keineswegs neu. Die fremdenfeindlichen Ausschreitungen gegen ausländische Handwerker und Kaufleute am Evil May Day 1517, also vor 500 Jahren, seien nur als ein Ereignis genannt, als Beleg für die immer wiederkehrenden emotionalen Reaktionen.

4.4 Emotionen sind untrennbar mit Entscheidungen verbunden

Ohne Zweifel haben Emotionen einen Einfluss auf Entscheidungen und damit auf Handlungen. Aus einer unsicheren Position heraus wird meist eine andere Strategie zur Bewältigung einer Herausforderung gewählt als aus einer sicheren und geschützten.

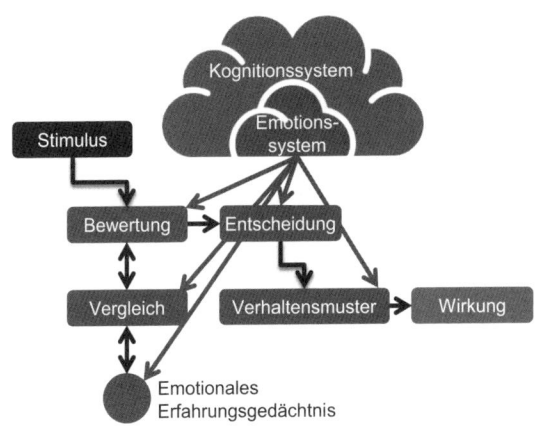

Bild 4.8 Auch einem Verhaltensmuster im Emotionssystem geht eine Entscheidung voraus

Auch wird die Erinnerung, als Basis einer Bewertung, maßgeblich verzerrt. Ist es nicht immer wieder faszinierend, wie viele Erinnerungen im inneren Kino ablaufen, wenn man streitet oder gedemütigt wurde? Würde man versuchen, diese „schlimmen" Erinnerungen in einem freundlichen und liebevollen Zustand abzurufen, dann würde das nicht gelingen. Nicht nur die Handlung und die damit beabsichtigte Wirkung – auch die Entscheidung selbst und die Erinnerung als Basis der Bewertung – werden verzerrt. Es werden alle Schritte auf der Sequenz von der Bewertung des Stimulus bis zur Wirkung verzerrt: Im emotional erhitzten Disput wird die Mücke zum Elefanten. In Besprechungen sind Menschen keinem Argument mehr offen. Am Ende einer emotionalen Auseinandersetzung wird die Wirkung eines verhandelten Themas, je nach Position, unangemessen erhöht oder abgewertet. Spätestens wenn der Tunnelblick einsetzt, wird weder das Gegenüber noch, was er sagt, geschweige denn, was er meint, wahrgenommen. Alle Prozessschritte einer Entscheidung werden von Emotionen verzerrt (Bild 4.9).

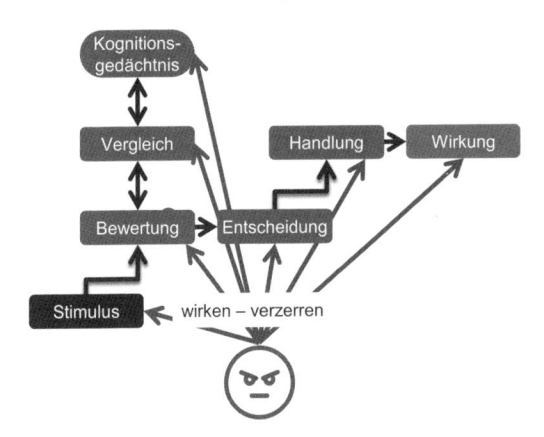

Bild 4.9 Emotionen wirken auf alle Schritte einer kognitiven Entscheidung

So wie Emotionen ihren Einfluss auf Entscheidungen und alle Prozessschritte ausüben, entstehen sie gleichermaßen wiederum aus diesen. Eine Entscheidung für eine vielleicht gewagte Taktik in einer Vertriebspräsentation, von der eine positive Wirkung erwartet wird, löst Freude aus. Eine Entscheidung, die von den Kollegen belächelt wird, löst eher Scham oder Ärger aus, und eine Entscheidung, die zum Scheitern oder zu Verlusten führen wird, provoziert Angst, Schuld und Scham. Die gegenseitige Wechselwirkung erschwert den Zugang zum Verständnis von Emotionen (Bild 4.10). Somit sind Emotionen relevant für alles, was Menschen planen und dann tatsächlich tun. Mit einem Grundverständnis über das, was Emotionen sind und bewirken, ist man weder den Emotionen noch den durch sie hervorgerufenen Gefühlen zwangsläufig ausgeliefert. Beide können so bei Entscheidungen bewusst berücksichtigt und für das Design von Entscheidungsprozessen gezielt eingesetzt werden.

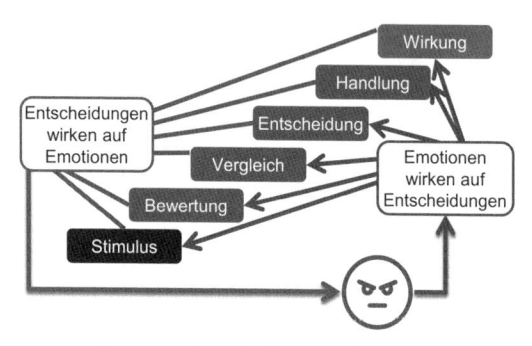

Bild 4.10 Alle Prozessschritte einer Entscheidung wirken auf Emotionen und umgekehrt

> Emotionen sind untrennbar mit allen Entscheidungsschritten im Kognitionssystem verbunden. Damit ist das Kognitionssystem untrennbar mit dem Emotionssystem verbunden und umgekehrt.

■ 4.5 Gefühle

4.5.1 Gefühle sind bewusst

Die Annäherung an Emotionen gelingt leichter über Gefühle. Für ein Verständnis und eine Nutzung bei Entscheidungen sind die inneren Prozesse der Emotionen und der durch sie ausgelösten Gefühle vorerst getrennt zu betrachten, bevor man sie wieder in etwas stimmiges Ganzes zusammenfügt. Auch wenn wenige Emotionsexperten fordern, Gefühle seien etwas anderes als Emotionen, werden sie trotzdem meist synonym verwendet, sowohl in vielen wissenschaftlichen Veröffentlichungen wie auch in der Fachliteratur, in Ratgebern und der unüberschaubaren allgemeinen Kommunikation. Schon William McDougall unterschied Gefühl und Emotion und verwies auf die Verwirrung, die durch die Vermengung der Begriffe entsteht. Er bezog das Gefühl mehr auf das Erleben (Kognition) und wies der Emotion einen körperlichen Zustand und Ausdruck zu. Wie später deutlich wird, sind Gefühle nicht zu trennen von Emotionen, jedoch agieren Emotionen durchaus, ohne sich durch Gefühle anzuzeigen.

Eine Frage in meinen Seminaren lautet regelmäßig: „Sind Gefühle bewusst?" Bis zu zwei Drittel der 2.800 Teilnehmer sagen „nein". Die Majorität ist überzeugt, Gefühle seien unbewusst. Einige geben an, Gefühle seien bewusst und wenige meinen, Gefühle seien beides, bewusst und unbewusst. Ein gutes Drittel vermag es nicht zu entscheiden. Die Einschätzung der Teilnehmer schwankt sehr in Abhängigkeit von der Zielgruppe. Bei Managern überwiegt überraschend die Einschätzung, Gefühle seien bewusst.

Eines ist sicher, Gefühle sind bewusst. Ein Gefühl ist etwas, das man fühlt, wie es das Wort selbst ja ausdrückt. Man fühlt das Gefühl, sonst wäre es ja keines. Es ist etwas, das uns bewusst wird. Wahrnehmen ist ein bewusster Prozess. Fassen Sie sich mit der Hand ins Gesicht. Sie werden den Druck Ihrer Hand auf der Wange spüren und vielleicht die Temperatur der Hand, des Gesichts oder beides wahrnehmen. Das sind Gefühle, vielleicht noch keine Emotionsgefühle, aber Gefühle. Sie können Emotionsgefühle auch bewusst auslösen. Erinnern Sie sich an eine Situation, in der sich ein Kollege mit Ihren Federn geschmückt hat. Oder erinnern Sie sich an eine andere vergangene Situation. Wenn es nicht gleich klappt, nehmen Sie einige Details in die Erinnerung mit auf: Wer war dabei? Wo war es und zu welcher Uhrzeit? Was ist genau geschehen? Eine Erinnerung ist ein Stimulus für das Emotionssystem, das vom Kognitionssystem erzeugt wurde (Bild 4.11). Das ist genauso mit angenehmen Gefühlen möglich. Denken Sie einfach an den letzten Projekterfolg, eine schöne Begegnung oder Ihre Lieblingsmusik.

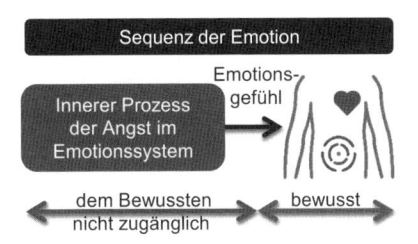

Bild 4.11 Emotionsgefühle sind bewusst und ihnen ist ein Prozess vorgeschaltet

Auch wenn es ungewohnt klingt und häufig das Gegenteil geäußert wird: Gefühle sind bewusst. Die Reihenfolge und Interaktion zwischen Körper und Kognition, also wie weit das Gefühl über den Körper oder direkt von der Kognition wahrgenommen wird, ist nicht Gegenstand des Buchs.

4.5.2 Warum Gefühle bewusst sein müssen

Eine Teilnehmerin brachte während einer Übung in einer meiner Vorlesungen die innere Wahrnehmung von Gefühlen auf den Punkt: „Die Gefühle sind bewusst, jedoch der Prozess, wie sie entstehen, ist mir nicht bewusst." Um sich dem Phänomen der Emotion zu nähern, kann man von einer praktikablen Annahme ausgehen.

Wenn ein Gefühl wahrgenommen wurde, ging ein innerer Prozess im Emotionssystem voraus, an dessen Ende ein Gefühl erscheint, das Emotionsgefühl (Bild 4.12).

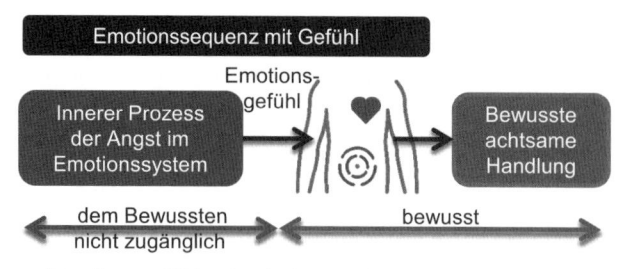

Bild 4.12 Einem Emotionsgefühl geht ein innerer Prozess im Emotionssystem voraus

Der innere – dem Bewussten nicht zugängliche – Prozess erzeugt in bestimmten Konstellationen ein Gefühl. Es gibt jedoch innere Prozesse und Entscheidungen im Emotionssystem, die kein Gefühl hervorrufen. So bauten die gesprochenen Sätze im Versuch der Neurolinguistin Pia Aravena eine Muskelspannung auf, die nicht wahrgenommen wurde. Bei allen Routinetätigkeiten, die ohne Kognition durchgeführt werden, entsteht ebenfalls kein Gefühl (Bild 4.13).

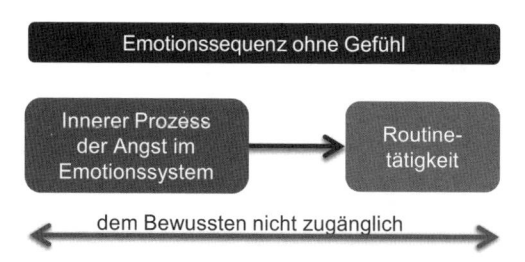

Bild 4.13 Ein innerer Prozess im Emotionssystem führt zu einer Handlung ohne Gefühl

Natürlich können Gefühle auch aus anderen Gehirnsystemen und vorausgegangenen Prozessen entstehen. Das Schmerzgefühl einer Verletzung fühlt sich unangenehm an und aktiviert so das Kognitionssystem, damit der Mensch sich um die Verletzung kümmert (Bild 4.14). Verletzt sich jemand am Rücken und es wird kein Schmerz ausgelöst, würde die Wunde nicht versorgt werden. Sie würde sich entzünden, was früher oder später zum Tode führen kann. Das Grundprinzip unangenehmer Gefühle ist, das Kognitionssystem zu aktivieren, damit eine Handlung forciert wird, der immer eine Entscheidung vorausging.

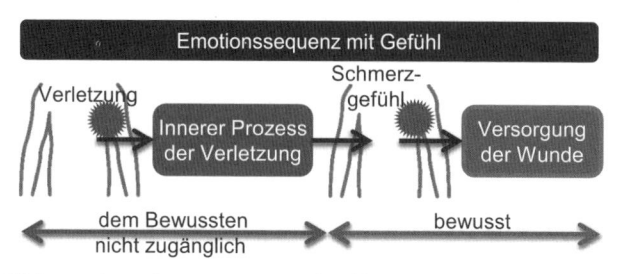

Bild 4.14 Gefühl aus einem inneren neuronalen Prozess

Einem Emotionsgefühl geht somit immer ein Prozess im Emotionssystem voraus. Der Umkehrschluss, jeder Prozess im Emotionssystem zeige sich mit einem Gefühl, ist jedoch nicht zulässig.

> **!** Gefühle müssen bewusst wahrgenommen werden, um gezielt zu handeln.

Es sind die vorgelagerten inneren Prozesse, die den Zugang erschweren, insbesondere dann, wenn diese die Wahrnehmung selbst wieder verändern oder die Emotionsgefühle verstärken oder mindern. Auch wenn Gefühle weitgehend mystifiziert sind und unergründlich scheinen, so kann man sie doch klar wahrnehmen und in angenehm und unangenehm kategorisieren. Emotionsgefühle fühlen sich vordergründig angenehm oder unangenehm an. Klassisch werden Emotionsgefühle in zwei Dimensionen bewertet:

- **emotionale Wertigkeit** (Valenz): mit angenehm versus unangenehm
- **emotionale Erregung** (Aktivierung): mit ruhig versus aufregend

Beide Begriffe haben Mehrdeutigkeiten, die der Gleichsetzung und Verwechslung von Emotionen und Gefühlen geschuldet sind.

4.5.3 Warum sich die meisten Gefühle unangenehm bemerkbar machen

Die Angst hat sich evolutionär am frühesten entwickelt. Sie erscheint in klarem Kleid, unangenehm mit einem zusammenziehenden Körperempfinden. Bei genauer Betrachtung fühlt sie sich anfangs leicht angenehm an, einhergehend mit erhöhter Achtsamkeit. Wenn das Gefühl der Angst stärker wird, fühlt es sich sehr unangenehm an (Bild 4.15).

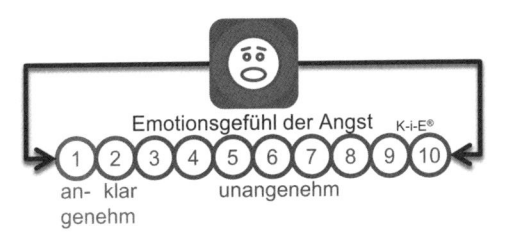

Bild 4.15 Das überwiegend unangenehme Emotionsgefühl der Angst

Unangenehme Emotionsgefühle eliminieren zu wollen, verstärkt sie und lässt sie unangenehmer werden. Die Vermeidung der Emotionsgefühle ist gleichbedeutend mit Negierung oder Abwertung des Motivs, bei der Angst der Sorge um Sicherheit. Das Emotionssystem reagiert darauf, die Sorge um die Sicherheit zu erhöhen, was das unangenehme Emotionsgefühl anwachsen lässt. Dieser zyklische Effekt macht Emotionen so unberechenbar, so „ungerecht" und äußerst unangenehm. Als Empfehlung kann man ableiten, die Dynamik der Emotionen bei allen Ritualen zur Regulierung und Lösung von Emotionsgefühlen zu berücksichtigen. Emotionsgefühle kann man weder eliminieren noch vermeiden. Wenn sie auftreten, waren die vorgelagerten inneren Prozesse schon aktiv. Etwas zu regulieren, was in der Vergangenheit liegt, ist nicht möglich. Was jedoch funktioniert: Wir können die vorgelagerten Prozesse beeinflussen. Dafür gibt es reichhaltige und wirksame Möglichkeiten: Vermeidung, Regulieren und Lösung.

So überraschend dies klingt und so wenig es zu der tradierten Vorstellung passt: Die Regulierung von Emotionen erfordert bewusstes Entscheiden und Handeln.

> Da Gefühle bewusst sind, brauchen wir die Kognition, um mit ihnen umzugehen.

Auch wenn Gefühle, die mit Emotionen auftreten, durchaus als angenehm oder unangenehm beschrieben und bewertet werden können, variieren sie individuell doch erheblich. Insbesondere dann, wenn sie in kritischen Situationen immer wieder erfahren werden und zur Bewältigung von kritischen Situationen führten. Diese Erscheinung wird in dem wunderbaren Film „Ewige Jugend" von Paolo Sorrentino illustriert. Klettern gibt dem Bergsteiger Luca, dargestellt von Robert Seethaler, *„ein Gefühl von Freiheit"*, worauf die unerfahrene Lena, gespielt von Rachel Weisz, ihres beschreibt: *„Ich fühle nur echte Angst."* Darauf antwortet der Bergsteiger nach kurzer Reflektion *„auch ein fantastisches Gefühl"*. Die Angst bekommt in der Wiederholung die Bedeutung, achtsam zu werden, um zu überleben. Die Prozessschritte im Emotionssystem führen bei gleicher Tätigkeit, dem Klettern, individuell zu ganz unterschiedlichen Gefühlen.

Ärger erscheint für viele anfangs mit einem eher angenehmen Gefühl, dann überlappend mit unangenehm und wird dann dominierend unangenehm, mit einem Impuls, als müsste etwas zurückgehalten werden. Wenn der Ärger zunimmt, wird man fast zum Handeln gezwungen. Manche Menschen agieren nahezu zwanghaft und während sie die Kraft, die dem Ärger innewohnt, spüren, nehmen sie ihn kaum noch als Gefühl wahr (Bild 4.16).

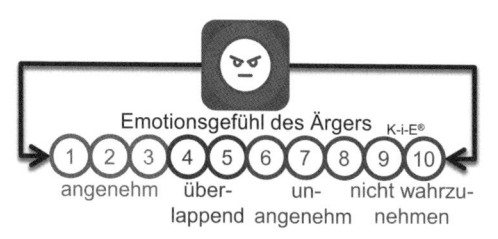

Bild 4.16 Die verschiedenen Abstufungen des Emotionsgefühls Ärger

Emotionsgefühle variieren von angenehm bis unangenehm (Bild 4.17). Da Emotionen so gut wie nie alleine wirken, sind die erzeugten Emotionsgefühle nahezu ausschließlich Mischformen. Meist dominiert eine Emotion, die im Emotionsgefühl herausragt und sich dadurch identifizieren lässt. In Wut ist auch immer Angst vor einem Verlust enthalten, ein starker dysfunktionaler Anteil an Ärger zur Einflussnahme und häufig eine

Schuldschleife, weil man sich im Recht fühlt. Dies ist der wesentliche Grund, warum Emotionsgefühle so unterschiedlich und facettenreich erscheinen.

Emotionsgefühle variieren von
angenehm bis unangenehm

1 2 3 4 5 6 7 8 9 10
angenehm   neutral   unangenehm
- Tendenz +

Bild 4.17 Emotionsgefühle erscheinen sehr unterschiedlich

Trotz des Variantenreichtums an Gefühlen, die Emotionen erzeugen, fühlen sich die Emotionsgefühle überwiegend unangenehm an. In der Kognitionstheorie wird offensichtlich, Emotionen müssen sich überwiegend unangenehm anfühlen, weil sie das Kognitionssystem aktivieren. Die Emotionsgefühle und die Motive tauchen in Reinform sehr selten auf. Sie werden meist nur in zusammengesetzten emotionalen Verhaltensmustern erlebt. So ist Tabelle 4.1 nur als Diskussionsangebot zu verstehen.

Tabelle 4.1 Emotionen mit den Gefühlen, die ausgelöst werden, wenn sie die Kognition aktivieren

Emotion	Motiv	Verhaltensmuster funktional	Emotionsgefühl	Empfinden
Angst	Sorge für Sicherheit	achtsam	eng	unangenehm
Ekel	Herstellung angemessener Distanz	angemessene Nähe	abgestoßen	unangenehm
Ärger	Einflussnahme	kraftvoll	präsent und kraftvoll	unangenehm
Freude	Regeneration und Stabilisierung	entspannend	unbeschwert nach außen gekehrt	angenehm
Trauer	Ablöse, was vorbei ist	ablösend	beschwert nach innen gekehrt	unangenehm
Schuld	Wiederherstellung der Beziehung	ausgleichend	belastend, auf jemanden zubewegend	unangenehm
Scham	Zugehörigkeit durch Leistung	zu Leistung motivierend	Impuls, es gut machen und dazugehören zu wollen	unangenehm

Die Stärke der Emotionsgefühle wird durch die emotionale Erregung gesteuert. Sie geht einher mit gesteigerter Aufmerksamkeit, Wachheit und Reaktionsbereitschaft, inklusive der hormonellen, körperlichen bis hin zu Stoffwechselreaktionen. In der Neuropsychologie findet der Begriff des Arousals für die emotionale Erregung Verwendung, der auch die allgemeine Aktivierung des Cortex und des Hirnstamms umfasst. In der K-i-E Theorie verwende ich ausschließlich den Begriff emotionale Erregung und beschränke mich auf die Sicht des Emotions- und Kognitionssystems.

Stärke der
emotionalen Erregung

① ② ③ ④ ⑤ ⑥ ⑦ ⑧ ⑨ ⑩
niedrig   angeregt   hoch

Bild 4.18 Die emotionale Erregung erhöht die Achtsamkeit

Emotionen zeigen klar und deutlich eine Bewegung, die bewusst wahrgenommen wird: beginnend mit einer Handlungsbereitschaft, wie in den Libet-Versuchen gemessen, über eine deutliche Handlungstendenz, einen Handlungsimpuls bis hin zur affekthaften Handlung.

Offensichtlich wird, warum Emotionen meist einen negativen Ruf genießen. Wenn sie erscheinen – dem Bewussten zugänglich –, fühlen sie sich tatsächlich überwiegend unangenehm an. Die Wirkung des Handelns ist bei hoher emotionaler Erregung häufig nicht erwünscht und manchmal tatsächlich fatal. Diese Erfahrung in dieser Situation wird mit dem unangenehmen Gefühl verbunden. Das Emotionsgefühl steigert sich bei emotionaler Erregung häufig ins Unerträgliche.

■ 4.6 Warum Emotionen weder gut noch schlecht sind

Der Mythos der negativen Emotionen, allen voran der Angst, hat ausgedient. Emotionen sind weder negativ noch positiv, auch wenn Emotionsgefühle als angenehm oder unangenehm empfunden werden. Die Annäherung an die Bedeutung der Emotionen über eine Polarisierung negativ versus positiv als Entweder-oder führt in die Irre. Emotionen sind nicht in gut oder schlecht zu beschreiben. Eine solche, häufig anzutreffende Kategorisierung ist der Verwechslung und Gleichsetzung mit Gefühlen geschuldet. Das Emotionsgefühl, das die Angst auslöst, fühlt sich unangenehm an, was gerne mit negativ verwechselt wird. Das Emotionsgefühl, das die Freude auslöst, fühlt sich angenehm an, was gerne mit positiv verwechselt wird.

Zum anderen werden Emotionen gern anhand ihrer Wirkung von Handlungen bewertet, die durch zu starke Emotionen ausgelöst wurden. Häufig führt eine übertriebene Angst dazu, nicht einzugreifen, und Chancen werden vertan. Manchmal stellt sich die Angst jedoch später als Rettung dar. Die schlimme Wirkung von Taten, die aus Ärger motiviert waren, hat jeder erfahren. Und die schlimme Wirkung von Taten aus Wut oder Hass ist nicht zu übersehen. Dazu wäre es jedoch wichtig, zuerst zu klären, was Emotionen sind und wie sie wirken. Emotionen lassen sich nicht mit gut und schlecht vermessen.

Gefühle und die Wirkung einer Handlung können jedoch, wie Tabelle 4.2 zeigt, recht brauchbar durch diese Polaritäten bewertet werden:

Tabelle 4.2 Gefühle und ihre Wirkung lassen sich in Polaritäten vermessen.

Objekt	Polarität
Emotionsgefühl	angenehm – unangenehm
Wirkung anhand eines Ziels oder Nutzen	gut – schlecht, schlimm
Handlung nach Motiven oder ethischen Richtlinien	gut – böse moralisch – unmoralisch anständig – unanständig
Unterstützung im Sinne einer Zielerreichung, die eine Entscheidung voraussetzt	funktional – dysfunktional unterstützend – verhindernd, schwächend, unterbindend

Emotionen haben immer einen funktionalen und einen dysfunktionalen Bereich. Die Problematik besteht darin, dass die Vorgänge im Emotionssystem nicht bewusst wahrgenommen werden können im Gegensatz zu den daraus abgeleiteten Emotionsgefühlen, die sich – abgesehen von der Freude – auch noch überwiegend unangenehm anfühlen.

■ 4.7 Die Motive des Emotionssystems sind fest vorgegeben

In der gängigen Psychologie herrscht die Auffassung vor, Menschen würden sich vom Unangenehmen weg- und zum Angenehmen hinbewegen. In verbreiteten Motivationsmodellen wie dem des amerikanischen Psychologen David Clarence McClelland wird motiviertes Handeln als das Streben nach positiven Gefühlen verstanden.

Die individuellen und sozialen Motive der Grundemotionen sind jedoch nach K-i-E evolutionär vorgegeben und in neuronalen Strukturen ausgebildet. Motiv, lateinisch motus für Bewegung, Antrieb, ist das Verhaltensmuster, das aus den Grundemotionen wirkt. Jede Grundemotion hat ein eigenes unverwechselbares Motiv. Die Motive sind integraler Bestandteil der Emotionen und als Komponenten der Selbststeuerung, die dem Bewussten nicht zugänglich sind, wirksam. Wir können sie jedoch als Struktur unseres Verhaltens erkennen: etwa, wenn wir einer Gefahr ausweichen, zu kritischen Situationen eine angemessene Distanz suchen und Einfluss nehmen, wenn es geboten ist.

K-i-E geht von einer umfassenden Bedeutung der Motive aus. Das Grundmotiv aller Emotionen ist Leben und Überleben. Es bildeten sich evolutionär sieben Motive in den Grundemotionen aus, die in neuronalen Strukturen abgebildet sind. Des Weiteren geht K-i-E davon aus, dass in den Emotionen die Bewegung, das Verhaltensmuster zur Erreichung des Grundmotivs Leben und Überleben, bereits abgebildet ist.

Eine Emotion genügt folgender Struktur:
- **Motiv** – es sorgt für die Sicherung des Lebens.
- **Verhaltensmuster** – das ausgelöste emotionale Verhaltensmuster, das funktional (angemessen) und dysfunktional (zu wenig – zu viel) sein kann.

Bezeichnenderweise werden die Emotionsgefühle beim dysfunktionalen Verhaltensmuster Zuviel immer stärker (Bild 4.19). Das ist der primäre Grund, warum Gefühle bewusst werden und sich überwiegend unangenehm anfühlen. Beispielsweise macht die Angst achtsam, um Sicherheit herzustellen. Sie ist das Motiv. Ein Zuwenig an Angst, der Leichtsinn, führt zum Tod. Beim leichtsinnigen Überqueren der Straße werden wir früher oder später überfahren. Ein Zuviel an Angst führt zur Starre. Die Starre hindert uns, die Straße zu überqueren. Ein funktionales Maß der Angst und damit aktivierter Achtsamkeit lässt uns die Straße sicher und souverän überqueren.

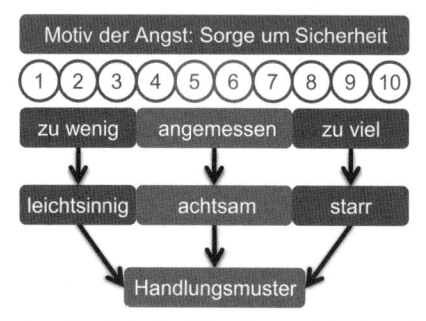

Bild 4.19 Das Motiv der Angst und die funktionalen und dysfunktionalen Verhaltensmuster

Auch die Panik, die im dysfunktionalen Bereich (zu viel) auftritt, führt früher oder später ebenfalls zum Tod. Sie ist ein emotionales Verhaltensmuster (Sorge um Sicherheit, Flucht, Einflussnahme), das aus einer gleichzeitig dysfunktional hohen individuell zusammengesetzten Emotion (Angst, Ekel, Ärger) entsteht. So ist die Panik eine zusammengesetzte Emotion im dysfunktionalen Bereich, die zu einer affekthaften Entscheidung führt, weil sie nicht mehr kognitiv überformt werden kann.

Die Motive, die sich evolutionär ausgebildet haben, sind den Emotionen zuzuordnen (Bild 4.20). Das Streben nach „positiven Gefühlen" ist somit in der K-i-E Theorie nur ein indirekter Effekt. Das Streben umfasst die Verhaltensmuster nach den evolutionär entstandenen Motiven, die in den Grundemotionen neurologisch vorgegeben sind. Das Emotionssystem aktiviert unbewusst die Verhaltensmuster der Emotionen, um eine Situation zu bewältigen. Gelingt dies, so stellt sich Freude ein, die anschließend das interne Belohnungssystem aktiviert.

Das angenehme Gefühl ist der Begleiteffekt der Freude. Freude selbst setzt wiederum neurologische und biochemische Prozesse in Gang, die zu angenehmen Gefühlen führen.

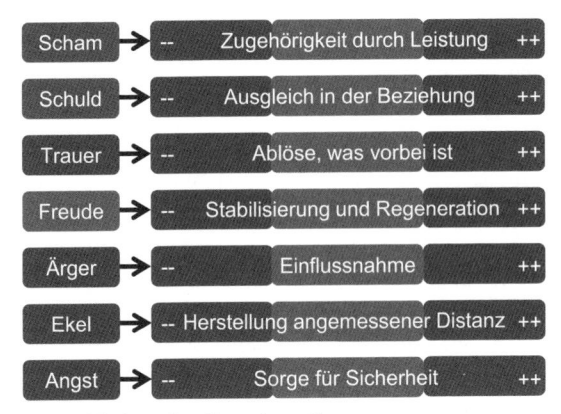

Scham →	-- Zugehörigkeit durch Leistung	++
Schuld →	-- Ausgleich in der Beziehung	++
Trauer →	-- Ablöse, was vorbei ist	++
Freude →	-- Stabilisierung und Regeneration	++
Ärger →	-- Einflussnahme	++
Ekel →	-- Herstellung angemessener Distanz	++
Angst →	-- Sorge für Sicherheit	++

Bild 4.20 Übersicht der Motive aller Grundemotionen

> Die K-i-E Theorie bietet ein Meta-Modell für alle Motivationsmodelle. Durch die umfassenden Motive der Grundemotionen können alle Motive und entsprechenden Modelle der Motivforschung vereinheitlicht und zusammengefasst werden.

4.8 Evolutionäre Entwicklung der Grundemotionen in der K-i-E Theorie

Die K-i-E Emotionstheorie begreift die Grundemotionen anhand ihrer evolutionären Entwicklungsgeschichte. Daraus resultiert die Verortung der Emotionen in Gehirnarealen. Die Motive der Emotionen als Wirkfunktionen für das Überleben sowohl als Individuum als auch in Gruppen und sozialen Verbänden erlauben eine Einteilung in drei Kategorien:

- **Bildung neuronaler emotionaler Programme:** Freude und Trauer – Freude bildet neue und stabilisiert bestehende neuronale Programme. Trauer bildet dysfunktionale Programme zurück. Sie sichern damit die evolutionäre Entwicklung.
- **Individuelle Emotionen: Angst, Ekel und Ärger** – sie sichern das Leben als Individuen.
- **Soziale Emotionen: Schuld und Scham** – sie sichern das Überleben in Gruppen mit der Akzeptanz in der Gesellschaft.

4.8.1 Programmiertes Verhalten

Der funktionale Anteil der Angst sichert unser Überleben, nicht im archaischen Sinne, sondern ganz real in jeder alltäglichen Situation. Das Ausweichen vor einer gefährlichen Situation, die funktionale Sorge in einem Projekt oder für ein Unternehmen sind Lebenssituationen des modernen Menschen.

Die immer bemühten Vergleiche, sie wären Relikte eines Reptilien- oder Dinosauriergehirns, sind unangemessen. Sie verunsichern Entscheider und führen zur Abwertung dieser inneren Mechanismen. Dieses Buch gibt klare Antworten, warum diese inneren Prozesse besser wertgeschätzt werden sollten, um zu guten Entscheidungen zu kommen.

Das Emotionssystem erlaubte diesen frühen Lebewesen bereits eine flexible Reaktion auf spezifische Situationen, was letztendlich entscheiden und handeln bedeutete. Auch der Neandertaler war bereits mit einem Emotionssystem ausgestattet, das ihn, wie den modernen Menschen, als Entscheidungssystem durchs Leben bewegte. Nur verschleiert der Vergleich, dass auch der Neandertaler mit beiden Entscheidungssystemen ausgestattet war. Im Laufe der Evolution hat sich das Kognitionssystem weiterentwickelt, insbesondere in der Interaktion mit dem Emotionssystem. Mit der kognitiv überformten Entscheidung konnten komplexe Herausforderungen flexibel bewältigt werden. Die Erfahrungen dieser erfolgreich bewältigten Situationen bildeten wiederum neuronale emotionale Programme zur Steuerung von Verhaltensmustern heraus. Diese neuronalen Strukturen machen ein flexibles Verhalten durch das Emotionssystem möglich.

Für Führungskräfte reicht es nicht aus, das Richtige zu tun, es muss auch das Falsche vermieden werden. Das Falsche zu korrigieren, ist genauso relevant wie das Richtige zu tun.

> **!** Der Weg zu einem Verständnis von Emotionen als Basis für die souveräne Anwendung von Entscheidungsprozessen führt über die Ablöse von veraltetem und dysfunktionalem Wissen und dem anschließenden Aufbau neuer Erkenntnisse. Erst wenn die neuen Erkenntnisse erfahren werden, entsteht Handlungswissen.

Es gab im Leben eines jeden Menschen eine Zeit, in der er noch nicht laufen und auch nicht Treppen steigen konnte. Das Kognitionssystem war noch nicht so entwickelt, dass Kenntnisse über die Wirkungsweise der Beinmuskulatur ausgebildet waren. Das Emotionssystem war in der Lage, die Bewegung durch Erfahrung zu lernen und im Emotionssystem eine neuronale Struktur, ein neuronales emotionales Programm, auszubilden, das Laufen und Treppensteigen möglich machte. Dem emotionalen Programm steht ein programmiertes Verhaltensmuster gegenüber, das damit gesteuert wird. Versuchen Sie einmal bewusst, eine Treppe zu steigen. Wenn Sie beginnen, die Fußmuskulatur mit den Zehen, die Ober- und Unterschenkel mit der Gesäßmuskulatur und des Beckengürtels bewusst zu steuern, werden Sie merken, dies ist ein so komplexer Prozess, dass er bewusst nur schwer auszuführen ist. Die Steuerung aus dem Emotionssystem, mit dem motorischen Cortex und den anderen unbewusst agierenden Gehirnarealen, führt diese Bewegung mühelos aus (Bild 4.21).

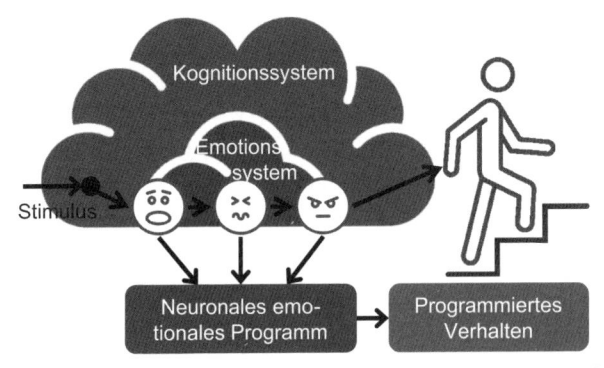

Bild 4.21 Einem programmierten Verhalten steht ein neuronales emotionales Programm gegenüber

Emotionen bewegen sich im funktionalen Bereich nach einem identifizierten Motiv, dazu wurde dem Stimulus vorher eine Bedeutung gegeben. Die neuronalen emotionalen Programme können angemessen wirken, jedoch auch dysfunktional als Zuwenig oder Zuviel. Die Betrachtung im Sowohl-als-auch – Emotionen können zu schwach oder zu stark in ihrer Wirkung sein – erhellt die Wirkungsweise unserer Emotionen. Bei der Angst ist es der Leichtsinn als Zuwenig und die Starre als Zuviel.

> Das Design der in diesem Buch vorgestellten Entscheidungsprozesse orientiert sich an den Eigenschaften der beiden Entscheidungssysteme. Zum einen werden sowohl die individuellen Entscheidungsprozesse als auch die Team-Prozesse an der Reihenfolge und Interaktion der beiden Entscheidungssysteme ausgerichtet. Zum anderen bilden ritualisierte erfolgreich angewendete Entscheidungsprozesse bei allen Beteiligten neuronale emotionale Programme aus, unabhängig davon, ob sie individuell oder im Team genutzt werden. So kann das Versprechen des Buchs, eine neue Entscheidungskultur zu liefern, eingelöst werden.

4.8.2 Individuelle Emotionen

Mit den individuellen Emotionen war ein Leben und Überleben als Individuum möglich und viele Lebewesen, die damit ausgestattet sind, bevölkern sehr erfolgreich die Erde. Das bedeutet nun im Umkehrschluss nicht, alle Lebewesen außer den Menschen hätten keine sozialen Emotionen. Auf Basis der individuellen Grundemotionen lassen sich neuronale emotionale Programme bilden, die ein Gruppenverhalten formieren, das zu einem evolutionären Vorteil führen kann. Dafür sind noch keine sozialen Emotionen wie Schuld und Scham notwendig.

Die Sorge um Sicherheit

Ein funktionales Maß an **Angst** leitet eine Führungskraft in die Achtsamkeit, damit Mitarbeiter, Projekte und anstehende Aufgaben mit der notwendigen Vorsicht angegangen werden. Ein leichtsinniger Umgang gefährdet Projekte genauso, wie wenn die Sorge übertrieben wird und es zur Blockade kommt (Bild 4.22).

Die Angst ist die einzige Emotion, die in Reinform leicht zu identifizieren ist. Eine Studentin der interkulturellen Kommunikation beschrieb das zugehörige Emotionsgefühl in der Selbsterfahrung als rein und klar. Die Angst als eine evolutionär am frühesten entwickelte Emotion sorgt für Sicherheit.

Die Emotion Angst sorgt
für Sicherheit K-i-E®
① ② ③ ④ ⑤ ⑥ ⑦ ⑧ ⑨ ⑩
leichtsinnig   achtsam   starr

Bild 4.22 Die Angst sorgt im funktionalen Bereich für Sicherheit

Einzeller wie Amöben zeigen bereits so etwas wie eine Angstreaktion. Die flexible Reaktion auf eine Bedrohung mit diesem emotionalen Verhaltensmuster führte zu einem evolutionären Vorteil und die Einzeller hatten eine bessere Chance zu überleben. Dieses Emotionsgefühl empfindet der moderne Mensch noch heute, wenn ihn das neuronale emotionale Programm der Angst in die Starre führt. Bei einer mittleren Erregung wird sie von einem aufkommenden beklemmenden Gefühl begleitet, das sich bei hoher Erregung in ein unerträgliches Gefühl steigert. Die Beschreibung von Emotionsgefühlen und die Zuordnung der Motive ist vielfältig, da Emotionen äußerst selten isoliert auftreten, sondern in einer Hierarchie aus Angst, Ekel, Ärger, Freude, Trauer, Schuld und Scham.

> **!** Angst macht achtsam und sorgt für Sicherheit.

Es scheint irgendwie unglaublich, dass sich komplexes menschliches Verhalten auf wenige Grundemotionen reduzieren lässt. Genauso verwunderlich erscheint es, dass die Welt in ihren bunten Farben – Orchideen, Fische, Edelsteine, aber auch das riesige farbenfrohe Fenster im Kölner Dom von Gerhard Richter – sich aus drei Grundfarben Rot, Grün, Blau und den unbunten Farben Schwarz und Weiß zusammensetzt.

Beim Phänomen des Nichtentscheidens oder der zweitbesten Entscheidung wirkt fast immer das Motiv Sorge um Sicherheit. Die größeren Anteile sind jedoch meist Schuldvermeidung und Scham mit dem Verhaltensmuster, es gut machen zu wollen. Die Vermeidung einer Emotion ist eine Interaktion mit dem Kognitionssystem und wird in der Kognitionstheorie näher erläutert. Die Emotionstheorie kommt im Wesentlichen ohne Kognition aus, das heißt auch ohne Bewusstsein.

Die Angst kann alleine, unabhängig von anderen Emotionen, aktiviert werden.

Die angemessene Distanz

Die Grundemotion **Ekel** sorgt für Distanz beim modernen Menschen. Ihre evolutionäre Wurzel war die Vermeidung von Kontakt mit Gift und die Ausscheidung von Vergiftetem. Ekel ist eine wenig diskutierte, weitgehend tabuisierte Emotion. Sie wirkt sehr stark und unmittelbar, da sie gleichzeitig durch Sehen, weniger durch Hören, aber vor allem durch Riechen, Schmecken und auch durch Fühlen ausgelöst werden kann. Evolutionär brachte sie Lebewesen einen enormen Vorteil, durch das tiefere Motiv Schutz vor Vergiftung. Einmal, weil Überleben nach einer Vergiftung durch die Ausscheidung möglich wurde, und außerdem, weil in der weiteren Entwicklung Vergiftung vermieden werden konnte.

Nach wie vor wirkt auch heute noch das neuronale emotionale Programm in seiner archaischen Form. Selbst vor einer ekeligen Szene im Kino wendet man sich unwillkürlich ab. Menschen weichen bereits zurück, bevor der Ekel bewusst wahrgenommen werden kann. Das geschieht automatisch und unmittelbar: im Aufzug, beim Meeting oder bei jeder anderen Begegnung, wenn jemand unangenehm riecht. Das Wahrnehmen des Geruchs geschieht erst nach dem Zurückweichen, wie im K-i-E Konzept ausgeführt wurde. Menschen können diese Situation bewusst überformen, was jedoch anstrengend und unangenehm ist. Das unangenehme Gefühl entsteht, weil das Kognitionssystem aktiviert wurde, und das ist anstrengend.

> **Ekel sorgt für die angemessene Distanz.**

Die modernen Formen von Ekel sind Widerwille, Abneigung, Abscheu, Verachtung – Emotionen mit sie begleitenden Gefühlen, die zuweilen wahrgenommen werden, als wäre man einer Vergiftung ausgesetzt. Die unwillkürliche Wirkung ist Flucht, die Suche nach Distanz. Diese Emotion war lange Zeit in den Medien, aber auch in der Werbung verpönt. Für das Design der Entscheidungsprozesse ist sie relevant, da sie für die angemessene Nähe oder für Distanz sorgt, je nach Situation (Bild 4.23).

Bild 4.23 Der Ekel sorgt für angemessene Distanz

Das neuronale emotionale Programm des Ekels wird in Verbindung mit Angst aktiviert (Bild 4.24). Man kann sich nicht vor etwas ekeln, ohne auch Angst zu haben, sich zu vergiften. Die Abscheu enthält auch die Angst vor einer schädigenden Wirkung. Die Verachtung für einen Kollegen, der etwas Unangemessenes getan hat, impliziert immer die Angst vor der Wiederholung.

Ekel
↑
Angst

Bild 4.24 Ekel tritt nur zusammen mit Angst auf

Die Einflussnahme

Ein funktionales Maß an **Ärger** lässt eine Führungskraft Einfluss nehmen, um anstehende Aufgaben zu bewältigen und die Hürden für eine Zielerreichung zu überwinden (Bild 4.25).

Erst mit der vom Emotionssystem aktivierten Einflussnahme wird eine anstehende Entscheidung angegangen. Die vorher aktivierte Angst sorgt für Achtsamkeit und lenkt den Fokus auf die zu bewältigende Aufgabe. Übersteigt die Angst ein gewisses Maß, wird eine Entscheidung vermieden. Die Interaktion zwischen den Emotionen wird erkennbar, wie ein Zuviel an Angst die Einflussnahme verhindert.

Ein zu drängender Versuch, die Beteiligten von einer Entscheidung überzeugen zu wollen, zeigt bereits das dysfunktionale neuronale emotionale Programm mit zu großer Einflussnahme an. Es besteht das Risiko, beim Gegenüber die Angst zu forcieren, die potenziell in einer eskalierenden emotionalen Schleife Angst, Ärger, stärkere Angst, stärkerer Ärger mündet. Ein Zuwenig an Ärger macht jedoch antriebslos und nimmt nicht oder zu wenig Einfluss (Bild 4.25).

Die Emotion Ärger macht Einflussnahme möglich
1 2 3 4 5 6 7 8 9 10
antriebslos   kraftvoll   unkontrolliert

Bild 4.25 Der Ärger lässt kraftvoll Einfluss nehmen

Stellen Sie sich vor, die Fachabteilung stellt die notwendigen Zuarbeiten für die Erstellung eines Angebots beim Einkauf nicht zur Verfügung. Sie wollen Einfluss nehmen, weil Sie fürchten zu scheitern. Ähnlich verhält es sich mit der internen Zuarbeit: Die kraftvolle Einflussnahme des Ärgers sorgt dafür, dass Sie die notwendigen Kennzahlen für die Bewertung einer Unternehmensübernahme einfordern.

> **!** Ein angemessenes Maß an Ärger macht kraftvoll und lässt Menschen Aufgaben souverän bewältigen.

Zu viel Ärger lässt die Einflussnahme unkontrolliert werden. Die anstehenden Aufgaben werden zwar angegangen, jedoch mit einem hohen Risiko. Die Unternehmensgeschichten und Wirtschaftsnachrichten sind voll davon, was geschieht, wenn bemächtigte Führungskräfte (Mächtige) zuweilen die Einflussnahme übertreiben.

Ärger grenzt zusätzlich von anderen ab. Ein Zuwenig lässt die eigenen Grenzen für andere nicht erkennen und die Umgebung wahrt nicht die Grenzen. Ein Zuviel verschüchtert die Menschen und man bleibt ausgeschlossen und isoliert. Das richtige Maß erlaubt eine angemessene Nähe. Auch hier wird das Zusammenwirken der Emotionen sichtbar

Evolutionär gesehen brachte die Einflussnahme, der Ärger, Lebewesen den entscheidenden Lebensvorteil. Wesen, wohlgemerkt immer noch ohne Kognition und Bewusstsein, begannen die Welt zu gestalten. Einflussnahme bedeutete primär, die Motive Sicherheit (Angst) und Schutz (Ekel) herzustellen. In Unternehmen wird aus der Einflussnahme die Nutzung von Chancen: in der Sicherung von Wachstum, in der Eroberung eines Markts, in der Überholung, Schwächung oder Eliminierung eines Marktbegleiters. Ein übertriebenes Wachstumsziel gehört in den dysfunktionalen Bereich und führt zu unkontrolliertem Handeln.

Das neuronale emotionale Programm des Ärgers wird in der Reihenfolge nach der Angst und dem Ekel aktiviert (Bild 4.26). Ärger grenzt von anderen ab, weil das neuronale emotionale Programm des Ekels für eine angemessene Distanz sorgt. Ein Zuwenig lässt die eigene Grenze nicht erkennen und umgekehrt wahrt auch die Umgebung nicht die Grenzen. Ein Zuviel verschüchtert die Menschen und man bleibt ausgeschlossen und isoliert.

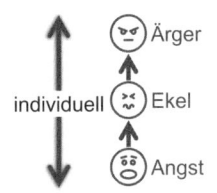

Bild 4.26 Ärger umfasst immer die komplette Sequenz aus Angst, Ekel, Ärger und lässt kraftvoll Einfluss nehmen

Die neuronalen emotionalen Programme wirken auch beim Gegenüber. Eine kraftvolle Einflussnahme durch Ärger löst bei anderen Angst und Ekel aus, was für die Einhaltung von Distanz sorgt. Das richtige Maß an Ärger erlaubt eine angemessene Nähe und Einflussnahme, damit Unternehmungen gelingen. Das kraftvolle Eintreten für ein Ziel ist immer auch motiviert von der Sorge um die Sicherheit einzelner Mitarbeiter, dem eigenen Bereich, einem Projekt, dem Unternehmen und selbstverständlich der eigenen Person und Position. So kann Macht als neuronales emotionales Programm und deren Ausübung als programmiertes emotionales Verhaltensmuster gesehen werden, das vornehmlich eine Angstvermeidungsstrategie darstellt.

> Für das Design von Entscheidungsprozessen ist es evident, Macht als dysfunktionales emotionales Verhaltensmuster sinnvoll zu begrenzen und den funktionalen Bereich des Ärgers frei zu entfalten.

Wie kann es sein, dass Ärger als spätere Emotion im Emotionsbaum subjektiv häufiger erlebt wird als die vorherige Emotion Angst, wie die Studie der TNS Infratest Sozialforschung aus dem Jahr 2009 mit knapp 20.000 Teilnehmern nachweist. Die Teilnehmer erlebten in ihrem persönlichen Umfeld zu 27% Angst in den vorangegangenen vier Wochen vor der Befragung, aber zu 66% Ärger. Die Angst kann als einzige Emotion ohne den Einfluss anderer Emotionen erlebt werden. Im Ärger war vorher Angst enthalten, unabhängig davon, ob sie bewusst wahrgenommen wurde oder nicht. Daraus ergibt sich, dass die Teilnehmer sich zu 93% (27% plus 66%) an Angst und nur zu 66% an Ärger erinnerten.

Der evolutionäre Quantensprung mit einer Einflussnahme brachte gleichzeitig ein Dilemma mit sich: Die Einflussnahme konnte scheitern oder gut ausgehen. Scheitern war meist unweigerlich mit dem Tod verbunden. Es war ein Mechanismus vonnöten, der die erfolgreiche Einflussnahme wiederholbar machte und die gescheiterte wieder ablöst. Sonst drohte sich der evolutionäre Vorteil in einen Nachteil zu verkehren. Die Motive Sorge um Sicherheit und angemessene Distanz waren bereits ebenfalls eine Einflussnahme, die sich aber durch die Emotion Ärger in unvergleichlich höherem Maße ausdrückte.

Ein Mechanismus war nötig, um das neuronale emotionale Programm mit der erfolgreichen Einflussnahme zu stabilisieren und den evolutionären Vorteil zu erhalten. Zu Zeiten der Entwicklung des Emotionssystems gab es keine Kognition, die gelernt hätte und durch ein Gedächtnis abrufen konnte: Nein, das wird jetzt nicht gemacht oder das ist zu gefährlich oder zu risikoreich. Eine neue Emotion wurde nötig, um erfolgreiche Einflussnahme zu stabilisieren und die gescheiterte wieder abzulösen.

Neuronale Strukturen stabilisieren

Die **Freude** ist die Reaktion auf den gelungenen Ausgang einer Situation. Je nach Stärke äußert sich die Emotion Freude mit einem angenehmen Gefühl und findet ihren Ausdruck auch im Körper mit einem Lächeln, Lachen oder einem Freudenschrei, was immer mit einer Erleichterung einhergeht. Freude wird manchmal als die primäre Emotion bezeichnet, weil sie angenehm ist und essenziell für menschliches Leben. Das erleichternde Gefühl, wenn eine Entscheidung getroffen ist, und das beglückende Gefühl, wenn eine Entscheidung zum intendierten Ziel führt, erhebt es über alle anderen Emotionsgefühle. Die Freude kommt auch mit besonderer Vehemenz ins Ziel, wenn eine schwierige Situation gemeistert wurde. Die betroffenen Sportler, genau wie die Tausenden von Zuschauern sowohl in den Stadien als auch vor den Fernsehern, demonstrieren die ausufernde Wirkung dieser Emotion. Der mögliche Verlust des Spiels oder der damit verbundene Abstieg sind Einflussfaktoren, die der Freude ihre Wirkung und auch ihren gefühlten Tenor geben. Sie tritt genauso auf, wenn eine bedrohliche juristische Auseinandersetzung abgewendet werden konnte oder die geplanten Vertriebsziele, die man vereinbart hatte, erreicht wurden.

Auffällig an der Freude ist, dass es nicht so sehr die Größe und Bedeutung der Themen sind, die sie auslösen. Ein wohlriechender Duft, der durststillende Schluck nach dem Sport, der erste gelungene Vertriebs- oder Projektabschluss oder die Erreichung eines mit Engagement verfolgten Ziels lösen die Freude und das damit einhergehende Emotionsgefühl aus.

> **Freude regeneriert und stabilisiert neuronale Strukturen.**

Ohne Zweifel ist die Freude das Ende einer gelungenen Einflussnahme (Bild 4.27), die mit einem Stimulus begann (1). Ihr Ausdruck, wenn sie bewusst wird, findet sich in beliebig vielfältigen Emotionsgefühlen, die ihre Färbung in der Beteiligung der Emotionen (3) an der bewältigten Situation finden. In Bild 4.27 sind nur die bereits eingeführten individuellen Emotionen Angst, Ekel und Ärger dargestellt.

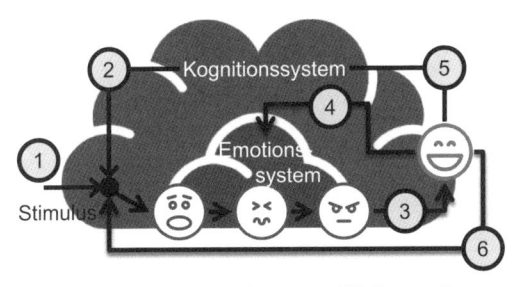

Bild 4.27 Freude ist das Ergebnis einer gelungenen Einflussnahme

Die Freude kann auch über eine Erinnerung (2) ausgelöst werden, was einem internen Stimulus aus dem Kognitionssystem entspricht. Die neuronalen Verbindungen, die aus dem Kognitionssystem zurück an den Thalamus wirken, sind um ein Vielfaches stärker ausgebildet und aktiver als die Verbindungen vom Thalamus ins Kognitionssystem. Beim visuellen Signal ist der Rückweg etwa zehnmal so aktiv. Der Gedanke an seine eigene Lieblingsmusik, die Erinnerungen an glückliche Momente, das Design des neuen Organigramms taugen dafür genauso wie das saubere Design der Ablaufprozesse oder ein durchdachter Übernahmeplan, der die Wertschöpfungskette eines Unternehmens komplettiert.

Das Lächeln einer fremden Person wirkt als externaler Stimulus (1), der unbewusste Prozesse im Emotionssystem auslöst, was einen weiteren Zyklus (4) auslöst. Zugleich setzt er auch bewusste und unbewusste Prozesse (5) im Kognitionssystem in Gang. Um es in einfachen Worten zu sagen: Im Zustand der Freude denken Sie andere Gedanken (6) und treffen Sie andere Entscheidungen (6). Das sind nicht immer die besten und sie sollten bewusst überdacht werden.

Freude als die positive und erstrebenswerte Emotion zeigt sich in vielfältiger Ausdrucksform und kennt viele Beschreibungen. Auch sie hat, wie die anderen Grundemotionen, einen funktionalen und zwei dysfunktionale Bereiche (Bild 4.28) mit zu viel und zu wenig.

Die Emotion Freude sorgt für Regeneration
und stabilisiert erfolgreiches Verhalten

① ② ③ ④ ⑤ ⑥ ⑦ ⑧ ⑨ ⑩

verhärmt   regenerierend,   genuss-
            stabilisierend   süchtig

Bild 4.28 Die Freude stabilisiert

Erfolgreiches Verhalten – Freude – fördert die neurobiologischen Vorgänge zur Bildung und Stabilisierung der neuronalen emotionalen Programme. Die mit der Freude motivierte Regeneration unterstützt ebenfalls diesen Prozess, damit wenig neue Stimuli den Prozess stören. Begriffe wie Schadenfreude zeigen schon an, dass Freude mit den anderen Grundemotionen in den Emotionsbaum einzuordnen ist. Sie ist das Ergebnis einer erfolgreichen Einflussnahme (Bild 4.29) und aus früheren Zyklen können noch andere Emotionen mitschwingen.

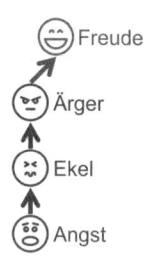

☺ Freude
↑
😠 Ärger
↑
🤢 Ekel
↑
😨 Angst

Bild 4.29 Freude regeneriert und stabilisiert die neuronale Struktur für erfolgreiches Verhalten

Die Ablöse, was vorbei ist

Die **Trauer** ist das Gegenstück der Freude. Sie ist evolutionär gesehen die neurologische Reaktion eines Lebewesens, das trotz einer misslungenen Einflussnahme überlebte. So, wie die Freude eine gelungene Einflussnahme stabilisiert, musste das dysfunktionale neuronale emotionale Programm rückgebildet werden, damit es nicht wiederholt wird (Bild 4.30). Die Trauer ist der Garant dafür, dass sich der evolutionäre Vorteil der Einflussnahme nicht in einen Nachteil verkehrt. Sie ist in dieser Wirkungsweise – auch wenn sie sich sehr unangenehm anfühlt und andauern kann – genauso wichtig, vielleicht wichtiger für die Entwicklung, als ihr Gegenpart, die Freude.

Die Trauer wird dann als sehr belastend empfunden, wenn das, was vorbei ist und abgelöst wird, besonders bedeutend war. Sie ist dann ein schmerzhafter Zustand, der den ganzen Körper durchzieht und eher dazu führt, dass man sich schwach fühlt und zurückzieht. Sie hat aber auch eine laute Seite des Schreiens, des Weinens und Schluchzens, das mit einem Festhalten, aber auch Loslassen des Verlorenen einhergeht. Die

4.8 Evolutionäre Entwicklung der Grundemotionen in der K-i-E Theorie

Zukunft scheint trübe und fern, weil noch das Verlorene schwindet oder fehlt und ohne dies keine Zukunft kreiert werden kann. Die Trauer erscheint aber auch als reinigendes Gewitter, stark und intensiv, das die Luft zum Atmen klärt und einen Aufbruch zu Neuem erst möglich macht. Jedes Ende enthält auch einen möglichen Anfang. Eine vermiedene misslungene Ablöse durch die Trauer hinterlässt dysfunktionale neuronale emotionale Programme, die eine Gestaltung der Zukunft und die Bewältigung neuer Herausforderungen beeinträchtigen. Ein Zuviel an Trauer führt zur Erhöhung von Leiden und lässt keine neuen neurologischen emotionalen Programme entstehen.

> **!** Trauer löst ab, was vergangen ist, und macht frei für Neues.

Wie viele Teams gehen aus einem gescheiterten Projekt und sind dann für Tage und Wochen geknickt und eingeschränkt. Für manche Führungskräfte ist das Scheitern an einer Aufgabe das Ende der Karriere, weil das neuronale emotionale Programm der Trauer nicht ins Ziel kam und man nicht lernte, mit dem Verlust zu leben. Das Emotionsgefühl zur Ablöse wurde blockiert und verhinderte damit die notwendige Ablöse.

Die Emotion Trauer löst ab, was vorbei ist   K-i-E®
(1)(2)(3)(4)(5)(6)(7)(8)(9)(10)
vermeiden   ablösen   leiden

Bild 4.30 Die Trauer öffnet Wege für Neues

Leider ist die Trauer in der Gesellschaft und vor allem in Unternehmen tabuisiert. Zu sehr ist Scheitern mit Versagen verbunden. Alle Kulturen und Gesellschaften jedoch haben mehr oder weniger ausgefeilte Trauerrituale und Zeremonien, die den Ablöseprozess unterstützen. Man mag nur eine Trauermusik erinnern oder hören und kann spüren, wie das Gefühl und das neuronale emotionale Programm der Trauer aktiviert werden, damit eine Ablöse gelingt. Trauer ist so unterschiedlich und facettenreich wie das Leben selbst, weil jeder Mensch über sehr individuelle neuronale emotionale Programme verfügt, die im Ablöseprozess berührt werden. So ist die Trauer überlebensnotwendig für die Anpassung an die Veränderungen, die das Leben und die unternehmerischen Verhältnisse einfach mit sich bringen. Die Trauer ist sowohl für Manager als auch im gesamten unternehmerischen Umfeld tabuisiert. Sie wird mit Schwäche verbunden. Das Wissen über die Wirkmechanismen der Trauer unterstützt Entscheider jedoch. Eine offene Kommunikation darüber sollte immer mit hoher Achtsamkeit erfolgen.

Beim Design von Entscheidungsprozessen sollte Raum für Trauer gegeben werden, wenn ein Scheitern oder ein Verlust die Entscheidungsfindung beeinträchtigt. Während der Interaktion in Entscheidungsprozessen werden immer wieder Sequenzen von Scheitern und Versagen durchlaufen und dafür ist die Struktur äußerst hilfreich. Die Reihenfolge der Schritte, die die Angst wirken lassen, ist entscheidend. Der erste und notwendige Schritt besteht darin, das unangenehme Gefühl anzuerkennen, ja wertzuschätzen, weil damit der Ablöseprozess beginnt und die neuronalen emotionalen Programme aktiviert werden, die zum Scheitern führten. Erst danach ist Lernen sinnvoll möglich, erst wenn der Verlust angeschaut und bewertet ist. In der Folge sind dann eine Entscheidung und Neuorientierung ein Leichtes (Bild 4.31). Das Ablösen von dysfunktionalen Verhaltensmustern vollzieht sich durch das Konditionieren von neuen neuronalen Strukturen.

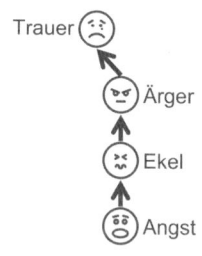

Trauer 😢
↑
😠 Ärger
↑
😖 Ekel
↑
😨 Angst

Bild 4.31 Die Trauer löst neuronale emotionale Programme ab

■ 4.9 Soziale Emotionen

Die sozialen Emotionen eröffnen Lebewesen eine neue Dimension, die das Wirken als Gruppe und Team unterstützt. Soziale Emotionen sind nicht mehr allein im Emotionssystem zu verorten, da sie in Interaktion mit dem präfrontalen Cortex wirken, der dem Kognitionssystem zugeordnet wird.

Viele Emotionsforscher und Theoretiker grenzen sie aus diesem Grunde aus. Sie tauchen nicht auf und werden nicht weiter diskutiert. Zweifelsfrei genügen die sozialen Emotionen jedoch der inneren Struktur und Wirkungsweise von Emotionen. Sie haben ein Motiv und Funktionsbereiche. Die K-i-E Theorie spricht deshalb von einem Emotionssystem und verzichtet auf eine genaue Lokalisierung im Gehirn. Eine Verortung würde eine unverständliche Komplexität heraufbeschwören. Viele Gehirnareale müssten sowohl dem Emotions- wie dem Kognitionssystem zugeordnet werden, genauso wie viele Areale bewusste Prozesse verarbeiten, ebenso wie dem Bewussten nicht zugängliche. Als weiteres Phänomen erschwert der Zugang zu den sozialen Emotionen, dass soziales Verhalten bereits mit individuellen Emotionen hergestellt werden kann.

Mit den individuellen Emotionen Angst, Ekel, Ärger, Freude und Trauer war ein Leben und Überleben als Individuum möglich und viele Lebewesen bevölkern damit sehr erfolgreich die Erde. Das bedeutet nun im Umkehrschluss nicht, alle Lebewesen außer den Menschen hätten kein soziales Verhalten. Zum einen verfügen auch höhere Lebewesen über soziale Emotionen und auf Basis der individuellen Grundemotionen lassen sich vielfältige neuronale emotionale Programme bilden, die ein Gruppenverhalten ausbilden. Wenn das Gruppenverhalten zu einem evolutionären Vorteil führte, wurde ein emotionales Programm neurologisch ausgebildet, das das dazugehörige programmierte emotionale Verhaltensmuster durch einen Stimulus wieder aktivieren konnte.

Das Schwarmverhalten von Vögeln scheint wie ein Beispiel für ein programmiertes Verhaltensmuster, das sozial erscheint, aber aus einem individuellen neuronalen emotionalen Programm heraus gesteuert wird (Bild 4.32). Die erfolgreiche Bewältigung von Situationen wird evolutionär im Individuum aus individuellen Emotionen herausgebildet. Dafür sind noch keine sozialen Emotionen wie Schuld und Scham notwendig. Das Verhalten von Fischen, Vögeln und Insekten in einem Schwarm sollte deshalb auch nicht als soziales Verhalten gesehen werden. Der Begriff Gruppenintelligenz ist auch nicht unbedingt geeignet, da der Begriff eher die Nutzung des Kognitionssystems suggeriert.

Bild 4.32 Schwarmverhalten setzt weder Kognition noch soziale Emotionen voraus

Mit individuellen Emotionen lässt sich bereits sozial anmutendes Gruppenverhalten zusammenfügen. Craig Reynolds simulierte 1987 mittels Computer Schwärme mit Vögeln und Fischen. Mit nur drei Regeln auf der Individuenebene ergibt sich eine Gesamtbewegung, der Schwarm.

- Kohäsion – bewege dich in Richtung der Gruppe, die du in deinem Umfeld siehst.
- Separation – bewege dich weg, sobald dir jemand zu nahe kommt.
- Alignment – bewege dich in etwa in dieselbe Richtung wie deine Nachbarn.

Diese drei Regeln sind mit dem Zusammenspiel der drei individuellen Grundemotionen abzubilden:

- Ekel – sorgt für die angemessene Distanz bei Kohäsion, Separation und Alignment.
- Angst – erkennt mit Achtsamkeit die Unter- oder Überschreitung der Entfernung vom Ziel und führt zur Einflussnahme.
- Ärger – nimmt Einfluss, um die Bewegung zu korrigieren und permanent anzupassen.

> Schwarmverhalten setzt weder Kognition noch soziale Emotionen voraus und sollte daher nicht als soziales kognitives Verhalten gesehen werden.

Schwarmintelligenz, die zur Abgrenzung in der K-i-E Theorie Gruppenkompetenz genannt wird, ist die Befähigung von Individuen, ihre individuelle Kompetenz für die Lösung von Problemen und zur Bewältigung von Anforderungen einzubringen. Unabdingbar dafür sind die funktionale Ausrichtung der Emotionen und damit die Bildung von neuronalen emotionalen Programmen im Design und bei der Anwendung von Entscheidungsprozessen.

Soziales Verhalten erfordert eine Interaktion mit langfristigem und planerischem Vorgehen, das jedoch im Kognitionssystem verankert ist. Aus diesem Grund wird ein abschließendes Verständnis der Wirkungsweise von Emotionen erst durch die Kognitionstheorie möglich.

Der Ausgleich zur Wiederherstellung der Beziehung

Ein Überleben des Menschen war nur als Gruppe möglich. Noch vor wenigen hundert Jahren war die Chance eines einzelnen Menschen, eine Nacht ohne Schutz der Gruppe zu überleben, nicht sehr hoch. Die Interaktion zwischen Menschen führt dabei zwangsläufig zu Situationen, die eine Beziehung gefährden. So musste es evolutionär schon sehr früh ein neuronales emotionales Programm gegeben haben, das eine Beziehung aufbaute und stärkte und genauso wieder herstellte, wenn sie gefährdet war. Die Abbildung in ein neuronales emotionales Programm war zwangsläufig notwendig, zum einen, weil eine evolutionäre Entwicklung ohne Bewusstsein möglich sein musste. Zum anderen kann man aus Überlebens- oder Evolutionssicht eine so lebenswichtige Funktion nicht dem Kognitionssystem, das erst bewusst aktiviert werden müsste, alleine überlassen. Gerade in überlastigen Situationen ist das Kognitionssystem mit anderen Themen beschäftigt, als dass es immerwährend beobachten könnte, wie weit die Beziehung gefährdet ist. Das übernimmt das Emotionssystem, das immer aktiv ist und die Aufgabe mühelos erledigt.

> **!** Schuld sorgt für die Stabilisierung der Beziehung.

Eine Einladung zum Business Lunch illustriert in beeindruckender Weise die einfache Wirkung des neuronalen emotionalen Programms der Schuld. Die Einladung löst sofort einen Impuls zum Ausgleich aus und meist kündigen die Eingeladenen an, den nächsten Lunch zu bezahlen. Ist aber quasi noch eine Rechnung offen, erwartet man unwillkürlich die Einladung. Dabei ist es wenig relevant, ob der Ausgleichsdruck aus einem vorher bezahlten Lunch stammt oder einem Versäumnis oder Fehlverhalten, das die Beziehung gefährdete. Der Spruch „dafür habe ich aber eine Einladung gut" drückt eine neurologische Notwendigkeit aus und ist nicht nur vorteilsuchende Floskel, wenn sie im funktionalen Bereich ausgesprochen wird.

Die natürliche Reaktion des Ausgleichs in Form einer Gegeneinladung stabilisiert die Beziehung oder heilt sie (Bild 4.33).

Die Emotion Schuld stellt die Beziehung wieder her
1　2　3　4　5　6　7　8　9　10
rücksichtslos　ausgleichend　leidend

Bild 4.33 Die Schuld aktiviert den Ausgleich, der eine bedrohte Beziehung wiederherstellt

Der häufigste dysfunktionale Umgang mit dem programmierten Verhaltensmuster des Ausgleichs ist die Abwertung. Das Verhältnis zwischen Lieferanten und Kunden ist oft von dieser Form geprägt. Wie viele Male wertet der Kunde die gelieferte Leistung mit der Aussage ab: Wir hatten etwas ganz anderes erwartet. Meistens ist diese Abwertung der Leistung nur ein Versuch, den eigenen Ausgleich in Form der Bezahlung zu mindern oder vorausschauend einen emotionalen Druck aufzubauen. Die Aussage, der Wettbewerber verfüge über eine höhere Qualität, schlägt in dieselbe Kerbe. Die Aufwertung des Eigenen zielt in dieselbe Richtung: Nachdem wir die Anforderung so präzise beschrieben haben, erwarten wir eine perfekte Umsetzung. Das erhöht den Ausgleichsdruck. Eine Führungskraft überhöht ihre Rolle, wenn sie sagt: Bei dieser Provision dürfen wir eine außergewöhnliche Leistung erwarten. Genauso verfahren Mitarbeiter, wenn sie ihre Leistung überhöhen, um ein höheres Gehalt zu erwirken. Wenn die gegenseitige Abstufung und eigene Erhöhung aufeinandertreffen, ist der Konflikt unvermeidbar.

Wenn der Ausgleich nicht gelingt, nimmt die Beziehung Schaden und ein Auseinandergehen ist die natürliche Konsequenz, sei es nun, dass ein Mitarbeiter sich distanziert, das Unternehmen verlässt oder eine Kundenbeziehung beendet wird.

Die hohe Bedeutung von Beziehungen für das Leben und gleichermaßen für Unternehmen, sei es zu Kunden, Vorgesetzten und Mitarbeitern, ist unbestritten wie die Tabuisierung der Schuld, die sie organisiert. So ist sie im Design von Entscheidungsprozessen zu berücksichtigen. Sie muss vermieden werden und darf nicht offen thematisiert werden. Das Wissen um ihre Wirkungsweise ist jedoch von unschätzbarem Wert.

Das Emotionsgefühl der Schuld ist besonders unangenehm und kann sich ins Unerträgliche steigern. Das ist zum einen der essenziellen Bedeutung des Verhaltensmusters selbst zuzuschreiben und in Folge der exzellenten Eignung zur Konditionierung. Dadurch werden im Laufe der persönlichen Entwicklung vielfältige dysfunktionale neuronale emotionale Programme gebildet. Das davon ausgelöste Gefühl will einfach niemand haben. Insbesondere, wenn man sich im Recht fühlt, wird der Impuls des Ausgleichs abgelehnt. Die Schuld setzt ein Gegenüber voraus und wirkt nur in einer Beziehung. Das Fatale daran ist, wenn einer der Beteiligten die Schuld zurückweist, bedeutet dies zwangsläufig die Zuweisung der Schuld an den anderen. „Ich bin nicht schuld" wirkt auf den anderen wie „Du bist schuld". Das Emotionsgefühl der Schuld wird zu Recht oder Unrecht nicht angenommen, weil es sich sehr unangenehm anfühlt. Die Vermeidung bedeutet für den anderen, dass er schuld sein soll, was er ebenfalls vermeidet, und der fatale Kreislauf hat begonnen (Bild 4.34).

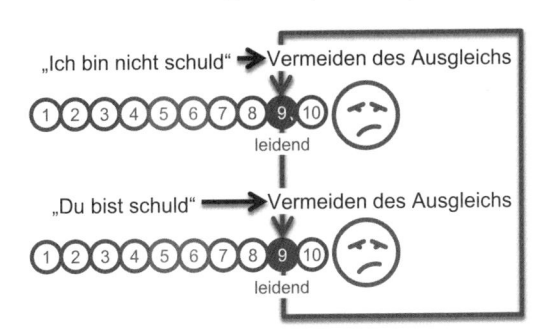

Bild 4.34 Der fatale Kreislauf der kalibrierten emotionalen Schuld-Schuld-Schleife

Die Vermeidung von emotionalen Schleifen, insbesondere der Schuld, muss im Design von Entscheidungsprozessen berücksichtigt werden. Eskalationen sind sonst die Regel und eine Erfolgsschleife wird nicht erreicht.

Guten Entscheidungen steht eine besondere Eigenheit der Schuld im Wege. Gelingt der Ausgleich nicht oder wird er einseitig verhindert, so wird die Vermeidung des emotionalen Impulses durch einen Ausgleich im Schlimmen verfolgt, was ebenfalls fatale Konsequenzen nach sich zieht: Wie du mir, so ich dir. Das blockierende bis sabotierende Verhalten von Mitarbeitern hat oft die Ursache in einem subjektiv empfundenen fehlenden Ausgleich. Auge um Auge, Zahn und Zahn war im Alten Testament noch gängige Praxis der Rechtsprechung. Sie muss heute zu einem Ausgleich im Guten umgestaltet werden. Das Gefühl, schuld zu sein und keinen Ausgleich leisten zu können oder zu dürfen, führt ebenfalls bei vielen zur Blockade. Dieses Wissen über die komplexe Wirkungsweise der Schuld ist eine Kompetenz, die Entscheider unterstützt, tragfähige Entscheidungen herzustellen.

Für das Design der Entscheidungsprozesse ist es außerdem äußerst wichtig, das programmierte Verhaltensmuster der Schuld in angemessener Art und Weise zu berücksichtigen. Die Auflösung und Heilung verfestigter neuronaler emotionaler Programme ist kein Schwerpunkt dieses Buchs und für das Entscheidungsmanagement in Unternehmen tabu. Jedoch bereichert die Kenntnis der Wirkungsweisen der neuronalen emotionalen Programme, gerade dann, wenn dysfunktionale Schleifen auftreten. Für das Design der Entscheidungsprozesse ist ein achtsamer und funktionaler Umgang berücksichtigt.

Auch für die sozialen Emotionen gilt, dass vorher der Emotionsbaum durchlaufen wurde. Die Schuld kann nicht empfunden werden, ohne Angst, die Beziehung zu gefährden, eine angemessene Distanz für die Beziehung zu finden und Einfluss zu nehmen, um individuelle Interessen und das Beziehungsinteresse in Einklang zu bringen. Wenn der Ausgleich gelingt, wird die Sequenz des vorangegangenen emotionalen Programms stabilisiert und bei Misslingen abgelöst (Bild 4.35).

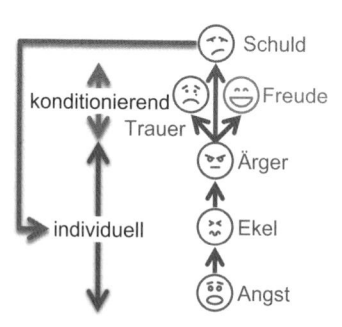

Bild 4.35 Die Schuld erhält eine Beziehung

Mit den sozialen Emotionen sind Emotionen nicht mehr linear zu beschreiben. Ihre Wirkungsweise wird zyklisch. Nach dem Auslösen der Schuld beginnt ein neuer Zyklus mit der Angst, die Beziehung zu verlieren, und dem Ärger, dessen Einflussnahme sie wiederherstellen will. Misslingt diese und ist die Beziehung beschädigt, wird die Trauer aktiviert.

Die Motivation für Leistung

Die **Scham** motiviert zur Leistung, um dazuzugehören, und sorgt für Würdigung und Wahrung von Intimität.

Das Leben und Überleben der Menschen in Gruppen ging mit einer zunehmenden Spezialisierung einher. Jemand kümmerte sich um den Schutz vor Feinden, andere um die Nahrung und wieder andere um das Wohlbefinden zur Regeneration. Auch erzwangen die Unterschiede zwischen Mann und Frau über lange Zeiten des Zusammenlebens eine unterschiedliche Aufgabenteilung. Genauso förderte die jeweilige Erfahrung die Unterschiedlichkeit.

In archaischen Zeiten, in denen Fressen- und Gefressenwerden ein allgegenwärtiger Vorgang war, führte eine Vernachlässigung der Wachsamkeit zum sofortigen Tode, des eigenen oder der Gruppe. Der Mensch war als Individuum nicht überlebensfähig und erwarb sich die Zugehörigkeit durch Leistung für die Gruppe.

> **Scham motiviert zur Leistung, um dazuzugehören.**

Für die Ausführung eines überlebenswichtigen individuellen Beitrags zum Wohle der Gruppe musste ein neuronales emotionales Programm im Emotionssystem herausgebildet werden. Wie bei Schuld wäre das Kognitionssystem nicht in der Lage, ein Individuum immerwährend zu erinnern, die Leistung zu erbringen, damit die Gruppe überlebt. Das neuronale emotionale und sehr produktive Programm der Scham führt das Emotionssystem automatisch, schnell und mühelos aus. Das Individuum übernimmt die Aufgabe und motiviert ohne Zutun der Kognition zur Leistung, um dazuzugehören. Dieser archaische Wirkmechanismus wirkt in jedem Menschen und motiviert zur Leistung (Bild 4.36).

Bild 4.36 Die Scham motiviert zur Leistung und hat eine soziale Funktion

Jeder verfügt über entsprechende eigene Erfahrungen und kennt die zyklische Wirkung der Emotionen. Wenn Menschen versagen, entsteht ein unangenehmes Gefühl und danach möchte man es besser (Ärger) machen. Eine misslungene Präsentation motiviert sofort die Kräfte, es besser machen zu wollen. Das fehlerhafte Modul eines Teams, das die Produkteinführung verzögerte, wird bei angemessener Scham durch Mehrarbeit und Mehrleistung von den Mitarbeitern eigenverantwortlich behoben. Fatalerweise sind Schuld und Scham eng miteinander verwoben. Mindere Leistung führt meist zu einem Schaden eines Geschädigten und zieht unmittelbare Schuld nach sich. Diese Schleife von Schuld und Scham mit der schon sehr kritischen Schuld-Schuld-Schleife führt zu erheblichen Dissonanzen in der Zusammenarbeit und als Folge zur Minderleistung, die wiederum die Schleife verschlimmert. Die einfache kalibrierte Scham-Scham-Schleife hat im Kern eine Freude-Angst-Schleife. Die Freude am Erfolg des einen bewirkt, dass die gute Leistung vom anderen als Angst empfunden wird. Die Angst wird aus dem drohenden Verlust der Gruppenzugehörigkeit gefeuert (Bild 4.37).

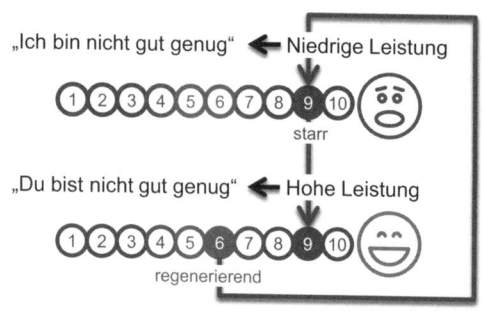

Bild 4.37 Die Freude anderer kann als eigene Angst vor Verlust der Zugehörigkeit empfunden werden

In der Folge werden die emotionalen Schleifen angefeuert: durch Abwertung der hohen Leistung oder Aufwertung der niedrigen Leistungen. Das Zusammenwirken der sozialen Emotionen zeigt, wie neue und bereits im Individuum angelegte neuronale emotionale Programme entstehen.

Auch in Unternehmen setzt sich langsam die Erkenntnis durch, dass Menschen keine Motivation durch Belohnung und Bestrafung brauchen. Der vermeintliche Nutzen verkehrt sich nach kurzer Zeit in sein Gegenteil. „Alles Motivieren ist Demotivieren" formulierte sehr provokant Reinhard K. Sprenger in seinem Buch „Mythos Motivation – Wege aus einer Sackgasse" aus dem Jahre 2010. Auch wenn seine Aussagen pointiert sind, beleuchten sie dadurch indirekt einen wesentlichen Aspekt der Emotionen: Es muss ein motivierendes neuronales emotionales Programm geben, das ohne Belohnung und Bestrafung wirkt, die Scham.

Wie so häufig gelingt der Zugang zu Emotionen nur mit einer Betrachtung im Sowohl-als-auch. Trotz der selbstwirkenden Motivation der Scham beeinflussen Führungs- und Motivationsstrategien das Verhalten von Mitarbeitern.

Beim Thema Motivation wird bereits sichtbar, wie Emotionen zu komplexen Programmen konditioniert werden können. Versagen ist nicht möglich, ohne dass man vorher Einfluss genommen hat und sei es durch Nichthandeln. Die Einflussnahme durch Ärger und das Zusammenwirken mit Angst und Ekel wurden bereits ausgeführt.

Die Schuld ist direkt mit der Scham verbunden, da meist eine Beziehung beschädigt wurde. Das Versagen selbst führt wieder zur Angst vor Konsequenzen und schon beginnt eine neue emotionale Schleife (Bild 4.38).

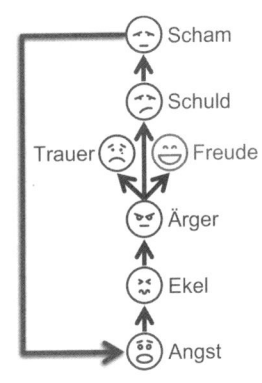

Bild 4.38 Scham im Emotionsbaum erlaubt ein beliebig komplexes Verhalten

4.10 Fazit

Emotionen sind nicht das, was sie zu sein scheinen. Sie wirken als Grundemotionen (Tabelle 4.3) bei allen Menschen mit gleichen Motiven.

Tabelle 4.3 Die Grundemotionen mit ihren Funktionen und Verhaltensmustern

Grund-Emotion	Emotionales Motiv	Programmiertes Verhaltensmuster			Emotionsgefühl
		zuwenig	funktional	zuviel	
Angst	Sicherheit	leichtsinnig	achtsam	starr	unangenehm
Ekel	Distanz	distanzlos	angemessene Distanz	distanziert	unangenehm
Ärger	Einflussnahme	unkontrolliert	kraftvoll	anstriebslos	unangenehm
Freude	Regeneration und Stabilisierung	verhärmt	entspannend	genusssüchtig	angenehm
Trauer	Ablöse, was vorbei ist	vermeidend	ablösend	leidend	unangenehm
Schuld	Wiederherstellung der Beziehung	vermeidend	ausgleichend	rücksichtslos	unangenehm
Scham	Zugehörigkeit durch Leistung	isoliert	zu Leistung motivierend	konform	unangenehm

Emotionen sind weder gut noch schlecht, sie wirken, ob wir wollen oder nicht, als individuelle neuronale emotionale Programme. Damit bewegen sie Menschen mit einem programmierten Verhalten durchs Leben.

Die aus den Emotionen entstehenden Gefühle sind bewusst und geben damit jedem Entscheider die Chance, sie als Signal zu erkennen und damit für gute Entscheidungen zu nutzen.

Die überschaubare Anzahl von Emotionen und ihre Wirkmechanismen in einem Emotionsbaum erlauben es, Emotionen zu beschreiben und funktionale Entscheidungsprozesse abzuleiten.

> **Wenn über das Grundsätzliche keine Einigkeit besteht, ist es sinnlos, miteinander Pläne zu machen.**
>
> *Emotionen sind fundamentale Wirkmechanismen für Entscheidungen. Solange keine Einigkeit über die Bedeutung von Emotionen besteht, ist es tatsächlich sinnlos, neue Entscheidungswerkzeuge zu entwickeln und einzuführen.*
>
> *Folgt man beispielsweise der Prämisse, dass kalibrierte emotionale Schleifen durch eine Ausrichtung von Entscheidungsprozessen erst gar nicht auftreten, sind die Türen offen für eine neue Entscheidungskultur.*

5 Die Theorie der Emotionslogik – wie Menschen bewegt werden

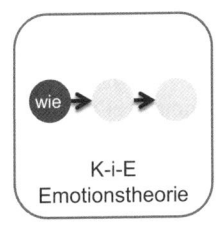

K-i-E Emotionstheorie

„Wir glauben, Erfahrungen zu machen, aber die Erfahrungen machen uns."
Eugène Ionesco

> Das Wissen, dass das Emotionssystem nur durch Erfahrung lernt, muss in das Design von Entscheidungsprozessen einfließen. Die Werkzeuge selbst, aber auch der Einführungs- und Verfestigungsprozess, müssen so gestaltet werden, dass gelungene Erfahrungen gemacht werden. So wird den Kräften entgegengewirkt, die aus Bequemlichkeit, Überheblichkeit sowie Angst vor Machtverlust ein neues Entscheidungsmanagement schwächen und die bestehenden dysfunktionalen verdeckten Entscheidungsprozesse erhalten wollen.
>
> Die zentrale Bedeutung der emotionalen Motive und der emotionalen Erregung öffnet einen Weg, das Bewusstsein für Emotionen ins Unternehmen einzuführen, um gute Entscheidungen herzustellen.

■ 5.1 Zusammengesetzte Emotionen gestalten unser Leben

Grundemotionen alleine sind zu einfach, um flexibles menschliches Verhalten zu steuern und zu gestalten. Dafür sind differenziertere neurologische Strukturen nötig. Die sieben Grundemotionen eignen sich jedoch sehr gut als elementare Bausteine, um buntes Leben zu steuern, so wie die drei Grundfarben ausreichen, um die Farbenpracht dieser Welt zu komponieren. Die K-i-E Emotionstheorie geht davon aus, dass aus Grund-

und zusammengesetzten Emotionen komplexe neuronale emotionale Strukturen entstehen. K-i-E betrachtet weniger die neuronalen Strukturen im Gehirn, sondern konzentriert sich auf die Bedeutung von Entscheidungen und Verhalten, weshalb sie neuronale emotionale Programme (neP) genannt werden.

Bereits Silvan Tomkins führte sie ein. Leider wählte er den Namen Affekte für elementare Emotionen, die heute als Grundemotionen bezeichnet werden und gab ihnen bereits die negative Bedeutung des Affekthaften. Emotionen, die in der K-i-E Theorie nePs heißen, waren für ihn ebenfalls zusammengesetzt und komplexer.

Häufig vorkommende Verhaltensmuster werden in der Psychologie manchmal als Sekundäremotionen bezeichnet, wobei hier das Verhalten und seine Ursache, die Emotionen, vermischt werden. Tatsächlich sind sie nicht zweitrangig, sondern die Wirkung einer Kombination aus Grundemotionen. Eine gewisse Berechtigung für „sekundär" existiert, da sie nicht so häufig in der Evolution erfahren wurden, wodurch sie sich nicht als Grundemotion manifestiert haben. Jedoch sind zusammengesetzte Emotionen evolutionär moderner und für die Bewältigung anspruchsvoller Situationen gebildet. Der Begriff Sekundäremotionen wird in der K-i-E Emotionstheorie nicht verwendet.

Enttäuschung ist eine zusammengesetzte Emotion. Sie ist vornehmlich aus Trauer und Ärger komponiert und meistert eine komplexe Situation. Als Emotion wird sie nach einer misslungenen oder erwarteten Einflussnahme aktiviert. Wird der Vorschlag im Managermeeting zur Verbesserung der Zielerreichung abgelehnt, stellt sich die Enttäuschung wie von selbst ein. Sie löst diese Situation, auch wenn sie sich vordergründig unangenehm anfühlt. Eine angemessene Trauer motiviert, sich vom Misserfolg abzulösen, und der funktionale Ärger macht kraftvoll, um es anschließend besser zu machen. Wenn der Versuch, es besser zu machen, gelingt, entsteht Freude und wenn nicht, verstärken sich der Ärger oder die Trauer beziehungsweise beide (Bild 5.1).

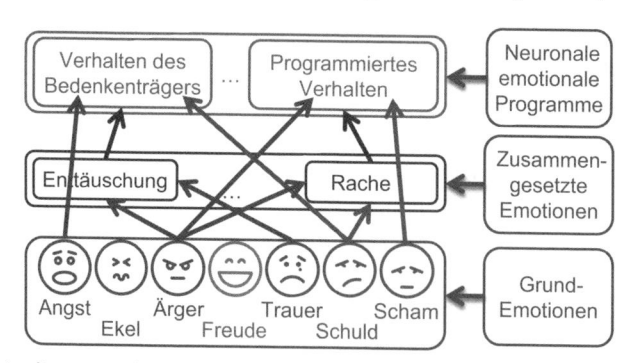

Bild 5.1 Erst mit neuronalen emotionalen Programmen ist flexibles Verhalten möglich

Der innere Prozess ist nicht wahrnehmbar, umso mehr das ausgelöste Gefühl. Die natürliche Sequenz wäre das unangenehme Gefühl der Trauer zur Ablöse des Vergangenen und dann das drängende Gefühl zur erneuten Einflussnahme. Im unternehmerischen Umfeld wird der Ärger mit seiner kraftvollen Einflussnahme mehr in den Vordergrund gestellt und die Trauer tabuisiert. Eine erneute gelungene Einflussnahme erzeugt ein angenehmes Gefühl der Freude.

5.2 Emotionen wirken immer in einer festen Sequenz

Die evolutionäre Entwicklung der Emotionen erfolgte in einer festen Reihenfolge, die neurologisch in Arealen repräsentiert ist und in einer mehr oder minder festen Sequenz aktiviert wird. Joachim Bauer, deutscher Arzt und Neurobiologe mit Ausbildung als Psychiater, hat bereits auf die Sequenz der individuellen Emotionen – Angst, Ekel, Ärger – hingewiesen. Er stellt die negativen Aspekte der Einflussnahme durch Ärger in den Vordergrund und nennt es Aggressionsapparat. So beschreibt er bereits rudimentär die Emotionshierarchie und verortet sie in den Gehirnarealen (Bild 5.2):

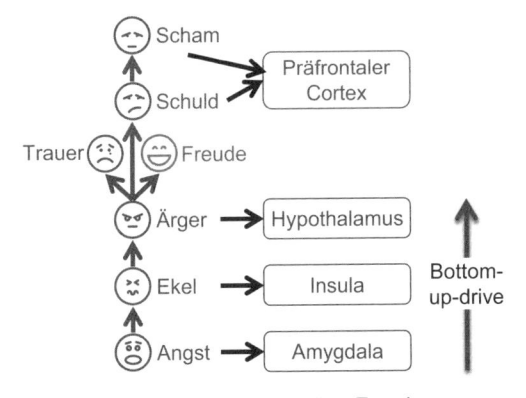

Bild 5.2 Die vorgegebene Sequenz der individuellen Emotionen

Bauer nennt diese Sequenz „Bottom-up-drive" (Bild 5.2) und geht wie die K-i-E Theorie von einer autonomen, schnellen und unbewussten Bedeutungsgebung im Emotionssystem aus, die er als „emotionale Sofortbewertung" bezeichnet.

Mit dem K-i-E Emotionsbaum lässt sich beispielsweise die Aggression, bei der sich alle individuellen Emotionen im dysfunktionalen Bereich befinden, leicht verorten. Die Angst ist hoch und es wird bereits dysfunktionale Nähe gesucht, um mit einer unkontrollierten Einflussnahme die Aggression (programmiertes Verhalten) anzudrohen oder auszuüben (Bild 5.3).

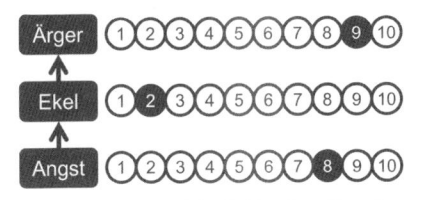

Bild 5.3 Emotionsbaum für Aggression mit individuellen Emotionen

5.2.1 Wie individuelle Emotionen kontrolliert werden

Die Interaktion mit dem Kognitionssystem identifiziert Bauer im Präfrontalen Cortex (PFC) und benennt die Interaktion vom Kognitions- zum Emotionssystem „Top-down-control". Seine Betrachtungen aus einer negativ bewerteten dysfunktionalen Sicht auf Emotionen, insbesondere der Aggression, weist dem Kognitionssystem die kontrollierende Funktion zu.

Die K-i-E Theorie, das Fundament der Entscheidungsprozesse, das sowohl funktionale als auch dysfunktionale Wirkungsweisen von Emotionen betrachtet, geht über diese Einschätzung weit hinaus.

Die kontrollierende Funktion übernehmen bereits die sozialen Emotionen (Schuld und Scham), die dem Bewussten nicht immer zugänglich sind. Erst wenn die sozialen Emotionen in einem zu starken Widerspruch zu den individuellen Emotionen stehen, wird die Kognition aktiviert. Sie übernimmt dann ebenfalls eine kontrollierende Funktion durch die kognitiv überformte Entscheidung. Hier wird die Untrennbarkeit der Entscheidungssysteme wieder sichtbar (Bild 5.4).

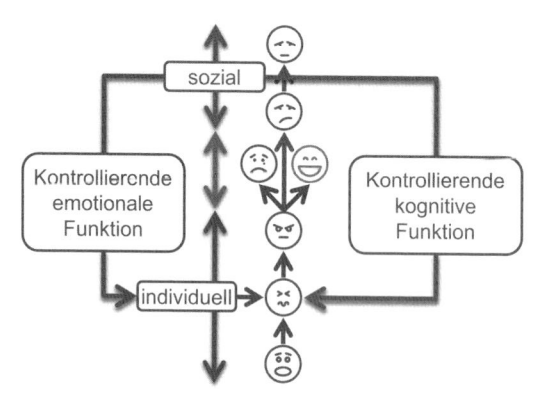

Bild 5.4 Emotionsregulierung über zwei Wege

Der Emotionsbaum ist ein hochfunktionales und stringentes Werkzeug, um Aspekte der Entscheidungsfindung und Führung zu verorten. Zugleich ist er sehr ungewohnt und anfangs schwierig anzuwenden, weil die Emotionstheorie noch nicht tradiert ist. Erschwert wird die Betrachtung durch die zyklischen Prozesse. Der Emotionsbaum wird mehrfach durchlaufen und der Stimulus kann sowohl external durch die äußere Situation, aber auch internal durch das Kognitionssystem aktiviert werden. Diese Zyklen verändern die emotionale Erregung, die maßgeblich im Emotionssystem und damit auf Entscheidungen wirkt.

Dabei überlappen sich die Funktionen und dehnen sich über mehrere Systeme aus. Entsprechend kommunizieren die Areale auch über die Systemgrenzen von Stammhirn, Emotionssystem und Kognitionssystem hinaus.

Eine strenge Trennung der Systeme ist funktional unmöglich (Bild 5.5). Das bedeutet, Emotionen und Kognition sind nicht zu trennen.

Mit diesem Wissen lässt sich ein viel weiterführendes Design von stabilen Ritualen für kooperatives Verhalten ableiten.

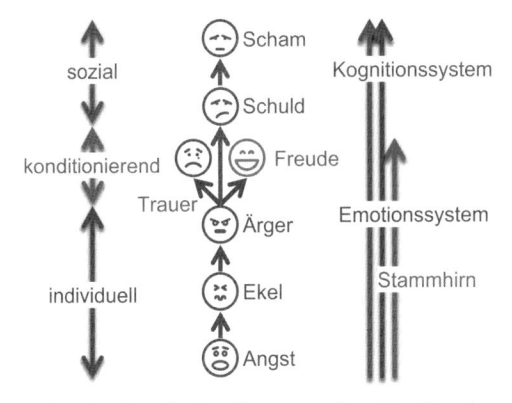

Bild 5.5 Emotionen wirken in einer festen Sequenz, dem Emotionsbaum

Die konzeptionelle Aufteilung in Emotionssystem und Kognitionssystem in der K-i-E Theorie ist jedoch eine ausgezeichnete Orientierung für das Design von Entscheidungsprozessen. Es fördert das Verständnis für die Dilemmata und Verzerrungen bei emotionalen, intuitiven sowie kognitiven und rationalen Entscheidungen.

Für Entscheidungen ist der komplette Emotionsbaum mit den jeweiligen Ausprägungen der einzelnen Emotionen zu berücksichtigen und für das Design der Entscheidungsprozesse ist er eine wesentliche, unverrückbare Vorgabe.

5.2.2 Warum Mut ein hohes Risiko birgt

Das Emotionssystem arbeitet immer in der vorgegebenen Sequenz, sowohl im funktionalen wie im dysfunktionalen Bereich. Mut ist aus Sicht der K-i-E Emotionstheorie bei den individuellen Emotionen noch im funktionalen Bereich, mit einer maximalen funktionalen Einflussnahme durch die Emotion Ärger (7). Für dieses Beispiel werden die sozialen Emotionen nicht dargestellt. Dies ist nicht zu verwechseln mit Aktionismus oder Profilierung. Die Einflussnahme liegt im Bereich des souveränen und entschlossenen Entscheidens und Handelns (Bild 5.6).

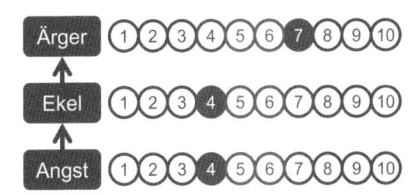

Bild 5.6 Emotionsbaum von Mut mit individuellen Emotionen

Mut bedeutet eine minimale funktionale Sorge um Sicherheit durch die Emotion Angst (4), ebenfalls nicht zu verwechseln mit unüberlegtem und leichtsinnigem Entscheiden und Handeln. Es wird das berücksichtigt, was zur Wahrung der Sicherheit notwendig ist, aber nicht mehr, um in die Entschlossenheit zu kommen. Mut ist damit ein wichtiger Wert für souveränes und entschlossenes Entscheiden und Handeln.

Das Risiko beim Mut ist die Unterschreitung der Sorge um die Sicherheit und die Überschreitung der Einflussnahme durch Übermut (Bild 5.7). Wird die Sorge um Sicherheit vernachlässigt, rutscht man in den dysfunktionalen Bereich der Angst (1) bis (3) und wird leichtsinnig. Überlegtes Entscheiden würde jedoch bedeuten, kognitiv und bewusst zu agieren. Entscheidend und damit der Kern des Führungsverhaltens ist ein Zusammenwirken des Emotionssystems mit dem Kognitionssystem. Da die Angst im dysfunktionalen Bereich (1) bis (3) das Kognitionssystem nicht forciert, kommt es zu unüberlegtem Entscheiden und Handeln.

Gepaart mit zu hoher Einflussnahme wäre dies äußerst gefährlich. Wird die funktionale Einflussnahme durch Ärger (7) überschritten, kommen Führungskräfte in den unkontrollierten Bereich. Dieser wird fatalerweise nicht gebremst, da die Angst häufig nicht mehr ausreicht, um das Kognitionssystem zu forcieren. Die Angst ist im Emotionsbaum schon durchlaufen und der Ärger agiert ungebremst. Die Einflussnahme des Kognitionssystems ist nicht stark genug, um mit dem Mittel der Angst zu einer überlegten Entscheidung zu kommen.

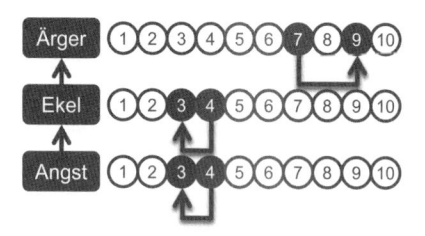

Bild 5.7 Risiko von Mut in Führungssituationen

Die Dynamik des Emotionssystems führt dazu, dass bei geringer Angst leichter der dysfunktionale Bereich des Ärgers (8) bis (10) erreicht wird. Einfach gesagt, Leichtsinn verstärkt die unkontrollierte Einflussnahme. Dieses programmierte Verhaltensmuster wird gerne in polarisierenden Diskussionen mit Mut verwechselt. Dafür wäre „dummer Mut" eine bessere Bezeichnung, also unkontrollierte Einflussnahme bei zu geringer Sorge um Sicherheit und gleichzeitig abwesender Kognition. Damit ist die Gefahr für unkontrolliertes Verhalten und eine unüberlegte und dominante Entscheidung hoch. Man kann konstatieren, dass Mut eine Entscheidung forciert, aber ein hohes Risiko durch die Wirkung auf Entscheidungen bei Unterschreiten der Angst und Überschreiten des Ärgers aufweist.

5.3 Die Emotionslogik führt zu komplexem Verhalten

Emotionen ermöglichen die Kategorisierung typischer Verhaltensmuster, jedoch sind sie auch als innere neuronale Struktur manifestiert, die einfaches, flexibles und komplexes Verhalten (Bild 5.8) erlaubt. Emotionen haben wie das Kognitionssystem alle Prozessschritte einer flexiblen Handlung. Konsequenterweise ist das Emotionssystem durch die Bildung von neuronalen emotionalen Programmen (neP) in der Lage, individuelle Verhaltensmuster ohne Kognition auszubilden. Folglich ist auch flexibles Verhalten ohne Bewusstsein möglich. Die Vorstellung, individuelles Verhalten basiere auf Bewusstsein, trifft nicht zu.

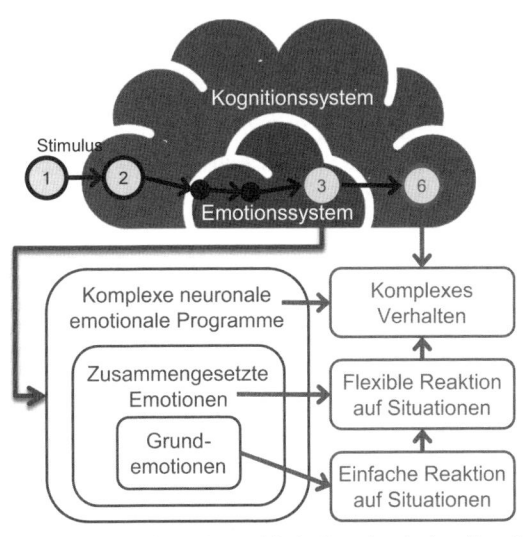

Bild 5.8 Einfaches, flexibles und komplexes Verhalten durch das Emotionssystem

Erst das Zusammenwirken von Emotions- und Kognitionssystem erlaubt freies Verhalten. In diesem Kapitel wird flexibles Verhalten beschrieben, das allein mit dem Emotionssystem ausgebildet und wiederholt ausgeführt werden kann. Aus Sicht der K-i-E Theorie ist das Emotionssystem mit einer klaren Logik zu flexiblem Verhalten ohne Bewusstsein fähig. Die Emotionslogik beschreibt die individuellen neurologischen Strukturen, die emotionale Verhaltensmuster auslösen und steuern, und wie diese Strukturen gebildet werden.

Programmierte emotionale Verhaltensmuster wie eingeübte Bewegungen, die sogenannten Stressreaktionen (Freeze, Flight und Fight) sowie der Abruf von Expertenwissen sind Verhaltensweisen, die durch ein neurologisches emotionales Programm ausgeführt werden. In der K-i-E Theorie werden folgende Begriffe verwendet:

- **Neuronales emotionales Programm** (neP) – die neuronale Struktur im Emotionssystem, das ein emotionales Verhalten steuert. Sie sind ein Überbegriff für Grundemotionen, zusammengesetzte Emotionen und für individuell gebildete neuronale emotionale Programme. Der Begriff neP wird verwendet, um sich von Grund- und zusammengesetzten Emotionen abzugrenzen.

- **Programmiertes Verhalten** (pV) – das Verhalten, welches ein Mensch ohne vorherige bewusste Entscheidung zeigt, das von einem neuronalen emotionalen Programm gesteuert wird. Da programmiertem Verhalten eine gewisse Wiederholbarkeit zu eigen ist, wird es in diesem Buch häufig auch als Verhaltensmuster bezeichnet. Im funktionalen Bereich werden diese Routine- und Expertenverhalten Autopilot oder automatisiertes Verhalten genannt. Im dysfunktionalen Bereich ergeben sich daraus Stressreaktionen, Affektverhalten und emotionales Verhalten. Diese Begriffe assoziieren bereits dysfunktionales Verhalten. Tatsächlich basieren sie auf derselben Emotionslogik wie Expertenverhalten, nur werden sie mit einer hohen emotionalen Erregung ausgelöst und ausgeführt. Für eine Abgrenzung zum freien Verhalten wird flexibles Verhalten auf Basis der Emotionslogik als programmiertes emotionales Verhalten bezeichnet.
- **Freies Verhalten** – das freie Verhalten wird erst durch das Kognitionssystem möglich. Freies Verhalten ist nicht gleichzusetzen mit dem freien Willen. Wenn das Emotionssystem nicht abgespalten wird, sondern als integraler nicht zu trennender Bestandteil des Ichs beziehungsweise des Selbst gesehen wird, wäre freier Wille möglich. Freies Verhalten entspringt der kognitiv überformten Entscheidung, die aus der Untrennbarkeit von Emotions- und Kognitionssystem entsteht.

Die bisherige Beschreibung der Emotionen kann als Emotionslogik für das Design, das Verständnis und die Anwendung von Entscheidungsprozessen vereinfacht werden. Die Emotionslogik wird manchmal genauer als Emotionssequenz bezeichnet, was mehr die sequenzielle Verarbeitung im Emotionssystem darstellt. Diese Emotionslogik ist dem Bewussten nicht zugänglich und sie umfasst alle Routineentscheidungen, die getroffen werden, ohne ein begleitendes Emotionsgefühl (Bild 5.9).

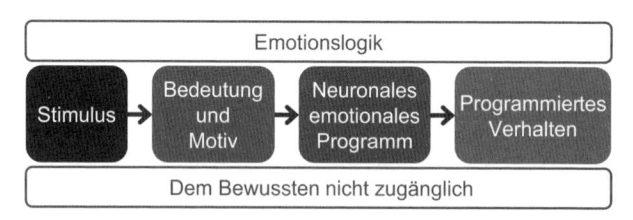

Bild 5.9 Die Emotionslogik, die Menschen durchs Leben bewegt

Programmiertes emotionales Verhalten wie Atmen, Treppensteigen, Autofahren oder Zähneputzen muss zuerst erlernt beziehungsweise konditioniert werden. Sind diese Programme ausgebildet, können sie vom Emotionssystem ohne Kognitionssystem ausgeführt werden. In diesem Fall sind diese Tätigkeiten nicht bewusst, außer sie werden unterbrochen, dann nehmen wir sie im Nachhinein wahr.

Was das Verständnis der Emotionslogik so schwer macht, ist, dass die Tätigkeiten auch bewusst ausgeführt werden können, genau wie das Kognitionssystem die nePs auslösen kann, die dann das programmierte emotionale Verhalten ausführen. Leistungssportler wie Tennisspieler, Fußballer oder Golf Professionals können die drei Formen flexiblen Verhaltens unterscheiden.

- **Programmiertes Verhalten** – beim Aufschlag eines Tennisprofis wird die trainierte Bewegung des Returns ohne Beteiligung des Bewusstseins initiiert.
- **Bewusste Initiierung eines nePs** – ein Fußballprofi wird beim Freistoß die einstudierte Variante bewusst initiieren, aber der Kopfball selbst wird ohne bewusstes Zutun ausgeführt.
- **Freies Verhalten** – das freie Verhalten ist im Leistungssport nicht funktional. Einen Golfschlag bewusst auszuführen, ist in gewissem Umfang möglich, wird aber nicht wirklich gelingen, was die Beschreibung – wenn du denkst, ist es schon zu spät – auf den Punkt bringt.

Achtsame Entscheider lernen, programmiertes Verhalten bewusst zu vermeiden. Sie setzen ihre unbewussten und bewussten Kompetenzen in Entscheidungsprozessen situationsbezogen und souverän ein. Die mehrdeutige Verwendung des Begriffs der Emotionen im allgemeinen Sprachgebrauch und in der Wissenschaft erschwert den Zugang und das Verständnis. So wird die Starre als emotionales Verhaltensmuster und das Angstgefühl meist gleichgesetzt und das auslösende neuronale emotionale Programm mit der Angst vermischt (Bild 5.10).

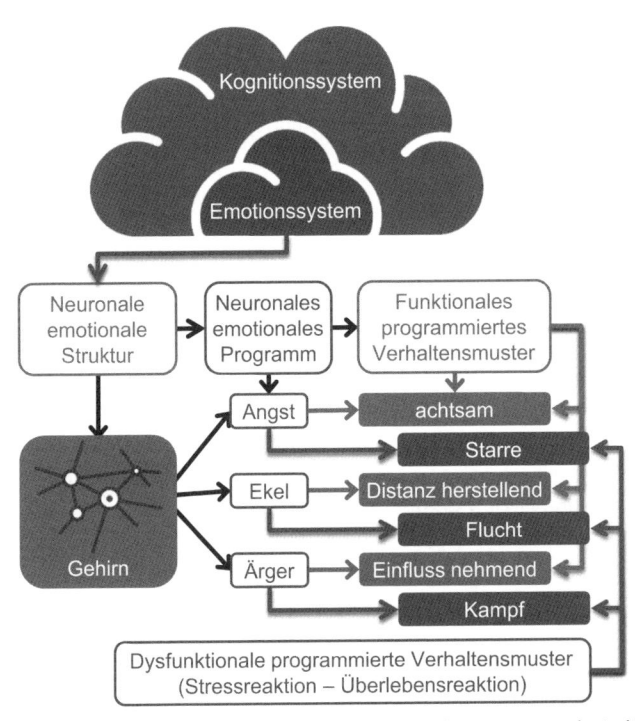

Bild 5.10 Das neuronale emotionale Programm steuert das programmierte Verhaltensmuster

Der Begriff der Emotion wird heute im Zusammenhang mit allen Komponenten der Emotionslogik verwendet. So wird er oft gleichgesetzt mit dem körperlichen Ausdruck, der emotionalen Erregung, den Grund- und zusammengesetzten Emotionen, den neuronalen emotionalen Programmen und vielen mehr. Der bisher verwirrende Sprachgebrauch ist der fehlenden Klarheit in Wissenschaft, Führung, Entscheidungsmanagement und Alltag geschuldet.

Die K-i-E Theorie bietet dagegen ein klares Konzept mit abgegrenzten Begriffen. Kerne sind:

- Biologisches neurologisches Gewebe im Gehirn – die neuronale emotionale Struktur
- Verhaltenssteuerndes emotionales Programm – neuronales emotionales Programm, das die gängigen Emotionen umfasst
- Flexibles menschliches Verhalten – programmiertes Verhaltensmuster (funktional oder dysfunktional), das durch nePs ohne Kognitionssystem gesteuert wird

Grundemotionen sind elementare neuronale emotionale Programme, die Menschen zu einem vorhersagbaren elementaren sowie programmierten emotionalen Verhaltensmuster bewegen.

5.4 Emotionen sind neuronale emotionale Programme

Die neuronalen emotionalen Programme sind evolutionär in drei Stufen zu gliedern. Mit jeder Stufe stieg die Komplexität im Verhalten:

- **Grundemotionen** – als einfachste nePs erlauben sie schon erste einfache Reaktionen auf eine Situation.
- **Zusammengesetzte Emotionen** – als weiterentwickelte nePs sind sie aus Grundemotionen zusammengesetzt und dienen als neuronale Struktur für ein flexibleres Verhalten. Enttäuschung kommt beispielsweise bei allen Menschen in allen Kulturkreisen vor, kann aber als programmiertes emotionales Verhaltensmuster nicht mehr allgemeingültig beschrieben werden. Bei jedem Menschen hat sich ein individuelles neuronales emotionales Programm aus seinen Erfahrungen gebildet. Auch wenn das Verhalten, basierend auf den Grundemotionen, ähnlich ist, geht jeder Mensch anders mit Enttäuschungen um. Er verhält sich entsprechend seinem individuellen neP.
- **Komplexes neuronales emotionales Programm** – es entwickelt sich aus Grundemotionen, zusammengesetzten Emotionen und aufgrund der individuellen Erfahrung. So lassen sich beliebig flexible nePs im Emotionssystem ausbilden, die komplexes Verhalten ohne Kognition steuern (Bild 5.11).

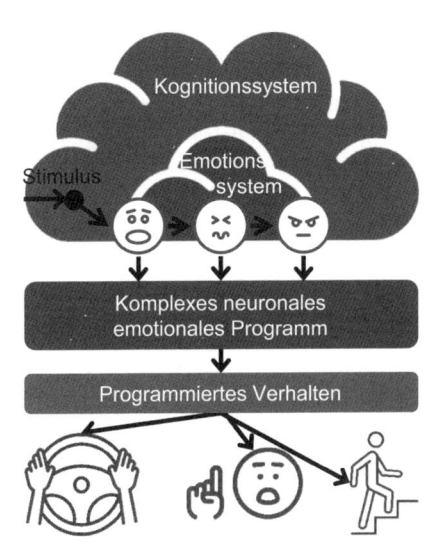

Bild 5.11 Flexibles programmiertes Verhalten durch komplexe neuronale emotionale Programme

Die Verortung der Emotionen beziehungsweise ihrer neuronalen Strukturen ist nicht ohne Weiteres möglich. Die Angst als erste Grundemotion kann noch einem Gehirnareal, der Amygdala, zugeordnet werden. Die weiteren Grundemotionen sind wegen der Sequenz und die sozialen Emotionen wegen der zusätzlichen Interaktion mit dem präfrontalen Cortex schwierig zu verorten. Zusammengesetzte Emotionen und komplexe neuronale emotionale Programme sind wegen der sequenziellen Struktur im Emotionsbaum und der zyklischen Prozesse nicht mehr isoliert in Gehirnarealen zu lokalisieren. Diese Programme (nePs) zeigen komplexe neuronale Aktivitäten in verschiedenen Arealen des Gehirns.

Wenn Menschen in bedrohlichen oder riskanten Situationen häufig scheiterten, also ihre Einflussnahme nicht erfolgreich ausging, und diese Erfahrung nicht durch die funktionale Wirkung der Enttäuschung aufgelöst wurde, manifestiert sich bei häufiger Wiederholung dieser Erfahrung ein stabiles neuronales emotionales Programm, das im Emotionssystem als neuronale Struktur gebildet wird. Sie wirkt handlungsleitend und zeigt sich im Verhalten eines Menschen. Das Fatale an diesem sich zyklisch stabilisierenden Prozess ist, je mehr ein Verhalten angewendet wird, desto robuster entwickelt sich das dazugehörige neuronale emotionale Programm und findet wiederum häufiger Anwendung. Ein neuer Bedenkenträger ist geboren und Führungskräfte, die Entscheidungen herbeiführen wollen, haben eine neue Herausforderung, dagegen Einfluss zu nehmen.

> Das Design eines funktionalen Entscheidungsprozesses im Unternehmen wirkt dysfunktionalen programmierten Verhaltensmustern entgegen und fördert die funktionalen Bereiche der Emotionen.

In den Entscheidungsprozessen werden die Motive in einer fest vorgegebenen Reihenfolge durchlaufen, beginnend mit der Sorge um Sicherheit und anschließender Einflussnahme. Im Fall des Bedenkenträgers wird die Sorge um Sicherheit wieder freigesetzt, indem der Bedenkenträger in die Pflicht genommen wird, sein Wissen zu aktivieren, damit der Erfolg möglich wird. Die Erfahrung des Gelingens und des Erfolgs bildet die neuronalen emotionalen Programme bei den Beteiligten, die in der Folge die neue Entscheidungskultur entstehen lassen.

■ 5.5 Komponenten der Emotionslogik

Im Zusammenwirken des emotionalen Motivs – das aus der Bewertung des Stimulus zugeordnet wurde – mit der dabei entstehenden emotionalen Erregung steuert das Emotionssystem ein neuronales emotionales Programm an. Das bedeutet, dass bei einer sehr hohen emotionalen Erregung in Verbindung mit dem Motiv der Einflussnahme (Ärger) sofort das neuronale emotionale Programm für Kampf aktiviert wird.

In Bild 5.12 wird als Stimulus die Forderung eines Kunden angenommen, die ein Projekt gefährdet. Das Emotionssystem bewertet den Stimulus und aktiviert als Motiv die Einflussnahme bei moderater emotionaler Erregung. Das neuronale emotionale Programm mit einem deutlichen Anteil Ärger im funktionalen Bereich macht kraftvoll für eine Wortmeldung, damit der Forderung entgegengetreten wird. Diese typische Situation im Unternehmen ist die häufigste Sequenz im Emotionsbaum:

- Sorge um Sicherheit (Angst)
- Herstellen der angemessenen Distanz zum Kunden (Ekel)
- Kraftvolle Einflussnahme durch die Wortmeldung (Ärger)

Bei niedriger Erregung würde das Motiv der Angst, die Sorge um Sicherheit, nicht ausreichen, um den Ärger zu aktivieren. Die aktivierte Erregung würde aber dafür sorgen, dass man weiter achtsam bleibt. Eine flexible Reaktion auf die Veränderungen der Situation oder Fehleinschätzung wird durch die zyklischen Prozesse gewährleistet:

1. Steigt die emotionale Erregung, wird sehr achtsam reagiert und kraftvoll Einfluss genommen.
2. Die emotionale Erregung beeinflusst die Bedeutung: Wenn ein Risiko gesehen wird, sorgt die Angst dafür, dass im Weiteren die Bedeutung gefährlicher bewertet wird.
3. Die Bedeutung beeinflusst zyklisch auch die Erregung. Wenn sie bereits hoch ist und eine Situation als gefährlich eingestuft wird, erhöht sich die emotionale Erregung weiter.
4. Wird die Situation nicht bewältigt, wird die Erregung weiter verstärkt, was erneut die Bedeutung verzerrt. Der Prozess schaukelt sich auf mit einer unkontrollierten Einflussnahme oder klingt bei Bewältigung der Situation ab.
5. Bei einer emotionalen Erregung von (10) wird die Kognition abgeschaltet und das Emotionssystem agiert ohne das regulierende Kognitionssystem und ohne die sozial wirkenden Emotionen Schuld und Scham.

Dieser Prozess läuft bis zu einer bestimmten Höhe der emotionalen Erregung ohne Beteiligung des Kognitionssystems ab. Bewältigt das Emotionssystem die Situation, wird das Kognitionssystem nicht aktiviert und das Verhalten geschieht, ohne dass es bewusst wird. Steigt jedoch die emotionale Erregung in eine bestimme Höhe, wird die Kognition aktiviert und eine kognitiv überformte Entscheidung mit Gedankenzyklen sorgt für ein souveränes bewusstes Verhalten.

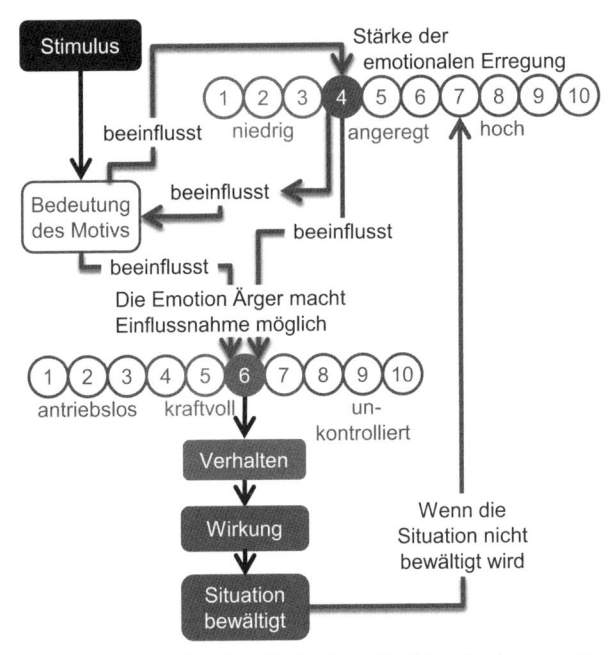

Bild 5.12 Das Emotionssystem ist ein vollständiges flexibles System zur Bewältigung von Lebenssituationen

Eine zu bewältigende Situation dauert durchaus mehrere Sekunden und manchmal Minuten. Das Emotionssystem arbeitet autonom und kann aufgrund der kurzen Verarbeitungsdauer von circa 350 Millisekunden mehrfach durchlaufen werden. Die emotionale Erregung bekommt damit eine besondere Bedeutung, da sie anschwellen oder auch abklingen kann und so zu einem anderen Verhaltensmuster führt.

Der Einfluss der emotionalen Erregung wirkt vielfältig auf das Emotionssystem und andere Gehirnareale. Neben der Erhöhung der bewusst wahrnehmbaren Emotionsgefühle beeinflusst sie in hohem Maße die Auswahl der ausgeführten neuronalen emotionalen Programme. Somit ist sie ein maßgeblicher Einflussfaktor für weniger gute Entscheidungen, die als kognitive Verzerrung bekannt wurden.

> Die Intensität der emotionalen Erregung ermöglicht und bedingt flexibles Verhalten.

Eine angemessene emotionale Erregung ist ein wesentlicher Garant für gute Entscheidungen und muss im Design und vor allem bei deren Durchführung berücksichtigt werden (Bild 5.13). Als Richtlinie kann bereits hier angekündigt werden, eine emotionale Erregung über (5) führt zu minderer Entscheidungsqualität und als Folge sollte der Entscheidungsprozess unterbrochen werden.

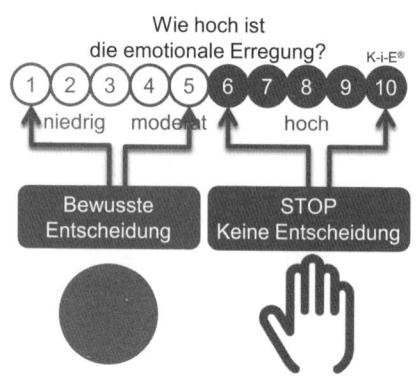

Bild 5.13 Achtung bei emotionaler Erregung

Die üblichen Ermahnungen in Meetings und Entscheidungsprozessen, die Emotionen bitte herauszulassen, erhält eine völlig neue Bedeutung. Emotionen können nicht herausgelassen werden, weil sie immer wirken und mit dem Kognitionssystem untrennbar verbunden sind. Jedoch sollte die emotionale Erregung auf einem angemessenen Niveau gehalten werden. Dies ist ein Design-Anspruch an Entscheidungsprozesse und die vornehmliche Aufgabe jeder Führungskraft und jedes Verantwortlichen für Entscheidungsprozesse.

5.6 Die Autonomie der Emotionslogik

Für die erste Grundemotion Angst, wie für alle anderen neurologischen emotionalen Programme, kann das Fazit gezogen werden: Auch sie ist weder gut noch schlecht. Was jedoch immer gilt, sie macht etwas mit uns. So tun die Emotionen ihre Arbeit, ohne unser bewusstes Zutun.

Das Überqueren einer befahrenen Straße offenbart dies anschaulich. Natürlich können wir die Straße mit Hilfe des Kognitionssystems überqueren und die meisten tun dies auch. Auffällig ist jedoch, wenn Sie bereits erfahren sind, weil Sie häufig eine befahrene Straße überquert haben, sind Sie in der Lage, eine Straße souverän zu überqueren, ohne dass Sie ein Angstgefühl verspüren. Ihr neuronales emotionales Programm im Emotionssystem führt Sie sicher über die Straße und dabei arbeitet es mühelos, schnell, dem Bewussten nicht zugänglich. Das Emotionssystem muss nicht aktiviert werden, damit Sie achtsam sind. Es muss auch nicht deaktiviert werden, wenn Sie die andere Seite erreicht haben. Das Emotionssystem agiert unaufgefordert und bewegt Sie sicher über die Straße. So führt Sie das Emotionssystem zu einer Entscheidung, die Sie die Aufgabe autonom bewältigen lässt (Bild 5.14). Das Kognitionssystem muss nicht ausdrücklich aktiviert werden. Das ist die häufigste Form der Entscheidung, wie bereits im K-i-E Konzept ausgeführt: die Entscheidung ohne Kognitionssystem.

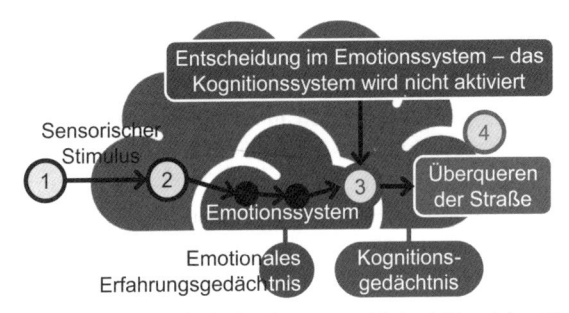

Bild 5.14 Das Emotionssystem arbeitet autonom und bringt Sie sicher über die Straße

Das Emotionssystem muss nicht nur nicht aktiviert werden, es steuert die Intensität der Achtsamkeit in gewissen Grenzen automatisch, die nach der Bewältigung der Situation wieder reduziert wird. Das Emotionssystem muss nicht extra sensibilisiert werden, indem Sie quasi innerlich sagen: „Achtsamkeit hochfahren" und nach dem Überqueren „wieder runterfahren". Diese neurologischen Prozesse agieren automatisch ohne bewusstes Zutun, wie sie es auch tun, wenn Sie beim Wandern eine kritische Stelle passieren oder wenn im Managementmeeting eine schwierige Thematik naht. Die Achtsamkeit und der Fokus steigen automatisch, wenn eine Führungskraft aufsteht, um ihre Position vor dem Team zu vertreten, oder wenn ein Team-Mitglied einen Redebeitrag in einer agilen Ceremony vorbringt. Soweit geht einer Handlung immer eine Entscheidung voraus, ohne Wahrnehmung von Gefühlen, wenn sie sich im funktionalen Bereich der neuronalen emotionalen Programme bewegen.

Kann die gegebene Situation jedoch nicht durch ein individuelles neP im Emotionssystem autonom bewältigt werden, wird das Kognitionssystem aktiviert und übernimmt die Kontrolle. Diese Situation tritt ein, wenn das Erfahrungswissen nicht ausreichend ausgebildet ist oder eine unvorhergesehene Situation als Stimulus auftaucht. Das Emotionssystem aktiviert das Kognitionssystem, das die Steuerung übernimmt. Dann führt Sie das Kognitionssystem mit hoher Achtsamkeit sicher durch alle Situationen. Es wird eine kognitiv überformte Entscheidung getroffen. Auch hier gilt das Sowohl-als-auch.

Die Wirkungsweise kann auf jede Alltags- und Business-Situation übertragen werden, in der wir uns mit dem sogenannten Autopiloten bewegen. Wenn wir mit dem Smartphone durch die Fußgängerzone laufen und unsere Aufgaben erledigen, weichen wir Hindernissen in der Regel automatisch aus. Wenn eine Aufgabe nicht zu bewältigen ist, wird das Kognitionssystem aktiviert und wir erkennen das Hindernis und weichen bewusst aus. Genauso treffen erfahrene Entscheider ihre Routineentscheidungen ohne bewusste oder nur mit geringer Beteiligung des Kognitionssystems.

5.6.1 Blindsehen ist programmiertes Verhalten

Was jedoch, wenn die visuelle Verarbeitung im Kognitionssystem geschädigt ist und kein bewusstes Bild zur Verfügung stellt? Dann könnte ein Verhalten, das die Kognition voraussetzt, nicht mehr ausgeführt werden. Die kognitive Entscheidung ist nicht möglich, weil der Stimulus bewusst nicht erkannt werden kann und folglich weder Bewertung, Vergleich noch Entscheidung bewusst getroffen werden können. Trotzdem bewegen sich „Blinde" sicher durch einen Korridor mit Hindernissen.

Beatrice de Gelder, Neurowissenschaftlerin an der niederländischen Tilburg Universität, untersuchte intensiv dieses Phänomen, das die Wissenschaft Blindsehen nennt. Sie berichtet über einen Klienten, der durch einen zweifachen Schlaganfall komplett blind wurde, obwohl alle anderen für das Sehen relevanten Stationen intakt blieben, wie die Retina im Auge und der Sehnerv, der zum Thalamus führt. Wie im K-i-E Konzept gezeigt, doppelt der Thalamus den visuellen Stimulus und leitet ihn zur weiteren Verarbeitung ins Emotionssystem, das den „blinden" Mann problemlos durch eine unbekannte Umgebung führt (Bild 5.15). Im Versuchsaufbau bewegt sich der Klient sicher an Hindernissen wie einem Papierkorb, einem Stativ und Pappschachteln vorbei. Der Mann versicherte, dass es keine Hindernisse gab, da er ja keine sah.

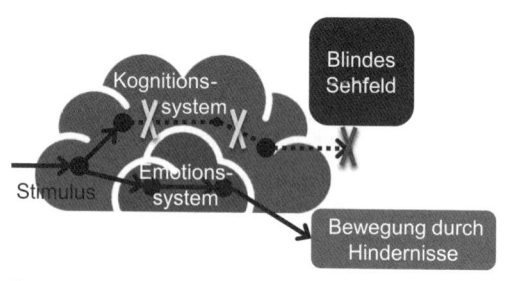

Bild 5.15 Das Emotionssystem agiert ohne Kognitionssystem

Der amerikanische Hirnforscher Vilayanur Ramachandran berichtet in seinem Buch „Die blinde Frau, die sehen kann" von einer Patientin mit den Symptomen des totalen Blindsehens, die in der Lage war, einen Brief in einen Briefschlitz zu werfen, obwohl sie behauptete, nichts zu sehen. Sie konnte auch dann den Brief richtig einwerfen, wenn ohne ihr Wissen der Briefschlitz um 90 Grad gedreht wurde. Das Emotionssystem agiert autonom ohne Zutun des Kognitionssystems.

So, wie das Emotionssystem autonom reagiert, wenn die Kognition – wie im Falle des Blindsehens – nicht zur Verfügung steht, so agiert es immer, unaufgefordert.

5.6.2 Wer fährt Auto?

Auch komplexe neurologische Programme sind nicht mit gut oder schlecht beziehungsweise mit positiv oder negativ zu vermessen, vielmehr liegt ihnen eine Emotionslogik zugrunde, die der Schweizer Psychiater Luc Ciompi bereits als Affektlogik wie die Angstlogik bezeichnete. Emotionen und komplexere nePs dienen dem Leben und bewegen Menschen durchs Leben, indem sie flexibel auf gegebene Situationen reagieren. Das ist ihre Aufgabe, die sie bewältigen und für die sie die Evolution geformt hat.

Den negativen Ruf haben sich Emotionen zum einen dadurch erworben, dass sich das Emotionsgefühl meist sehr unangenehm anfühlt. Dadurch kann die Aktivierung des Kognitionssystems missinterpretiert werden und als Folge eine kognitive Überformung geblockt werden oder gänzlich misslingen. Wenn die Beurteilung eines Mitarbeiters ihn durch eine Fehleinschätzung kränkte, forciert die Emotion Schuld einen Ausgleich, der mit einem „tut mir leid" oder der Korrektur der Einschätzung die Situation heilen würde. Aber das zuweilen unangenehme Schuldgefühl verhindert diese Bewegung. Als Reaktion darauf liefert das Kognitionssystem auch zügig eine Erklärung, warum es zur Fehleinschätzung kam oder sie teilweise doch richtig war. Zum anderen werden Emotionen und nePs mit Recht als negativ eingeordnet, wenn sie so stark sind, dass sie das Kognitionssystem, das zu langfristiger Planung und sozialer Bewertung fähig wäre, dominieren, dysfunktional verzerren oder bei extremer Erregung gänzlich deaktivieren.

Kritiker mögen einwenden, das Emotionssystem könne vielleicht einfache Lebenssituationen meistern, aber doch nicht komplexe. Schon Autofahren ist ein komplexer Vorgang. Sind Sie schon mal tief in Gedanken versunken autogefahren und waren quasi „plötzlich" zuhause, ohne zu wissen, welchen Weg Sie genau fuhren, beziehungsweise Sie erinnern bestimmte Passagen nicht? Die Merkmale, dass etwas dem Bewussten nicht zugänglich und mühelos war wie die unbeschwerte Fahrt, sind klare Hinweise auf das Emotionssystem. Der viel zitierte Autopilot ist Ihr Emotionssystem. Die fehlende bewusste Erinnerung ist somit nur ein Hinweis, dass das Emotionssystem alleine agiert hat (Bild 5.16), da es dem Bewussten nicht zugänglich ist.

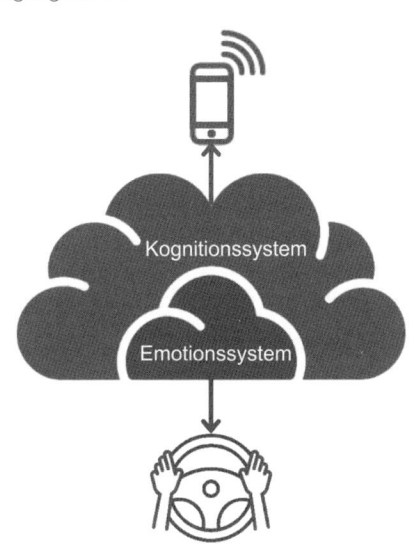

Bild 5.16 Das Emotionssystem fährt und das Kognitionssystem telefoniert

Es ist nicht eine magische unerklärliche Instanz. Es ist Ihr Emotionssystem und die in ihm verarbeiteten neuronalen emotionalen Programme sind durchaus in der Lage, komplexe

Situationen zu bewältigen. Sie werden vielleicht sagen: Nein, ich erinnere mich. Diese Erinnerung und entsprechende Aussage treffen natürlich ebenfalls zu, weil es immer wieder Situationen gab, in denen das Kognitionssystem aktiv war beziehungsweise aktiviert wurde. Doch manchmal geschieht es, dass man vor der Haustüre steht und keinerlei Erinnerung an die vergangenen Minuten hat.

Das durch wiederholtes Erleben im Straßenverkehr erlernte Erfahrungswissen ist im emotionalen Erfahrungsgedächtnis gespeichert und dort als neuronale Struktur repräsentiert. Mit diesen konditionierten neuronalen emotionalen Programmen kann das Emotionssystem autonom agieren. Als Neuling im Straßenverkehr waren die nePs noch nicht ausgeprägt und die Vorgänge mussten bewusst mit dem Kognitionssystem ausgeführt werden. Die Merkmale des Kognitionssystems sind in dieser Lernphase gut zu erleben: mühevoll, langsam und bewusst. Als Anfänger musste man das Kognitionssystem bewusst aktivieren, damit die Vorgänge wie Lenken, Schalten, Bremsen, Gas geben, Beobachtung des Verkehrs initiiert werden.

Als Anfänger fährt das Kognitionssystem und als Erfahrener ist das Emotionssystem in der Lage, autonom zu fahren, wir haben es hier wieder mit dem Sowohl-als-auch zu tun.

Entscheiden ist eine wesentliche Tätigkeit im Unternehmen und sollte nicht dem Emotionssystem alleine überlassen werden. Auch wenn es die beste Entscheidung treffen würde, sollte sie bewusst überprüft werden.

■ 5.7 Wann kommen die Gefühle ins Spiel?

Emotionsgefühle kommen dann ins Spiel, wenn das Emotionssystem mit den neuronalen emotionalen Programmen die Situation, den Stimulus, nicht bewältigen kann. Unangenehme Emotionsgefühle sind ein Hinweis für genau diese Situation. Das kann einmal daran liegen, dass die Situation neu oder zu komplex für das aktivierte neP war. Das sind normale Zustände und das aktivierte Kognitionssystem als evolutionär moderneres System wird die Verantwortung übergeben (Bild 5.17). Im günstigen Fall beginnt die Bildung eines neuen neuronalen Programms, das bei erfolgreicher Wiederholung eines Tages die Aufgabe als Routinetätigkeit ausführen kann.

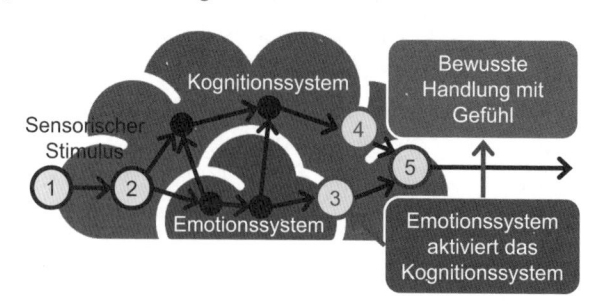

Bild 5.17 Das Emotionssystem aktiviert das Kognitionssystem und dabei entsteht das Emotionsgefühl

Genauso verhält es sich, wenn ein wenig erfahrener Manager eine konflikthafte Entscheidung treffen soll. Das ausgewählte individuelle neP wird nicht gut genug sein, um eine gute Entscheidung zu fällen. Die Situation wird real oder gefühlt nicht optimal bewältigt. Die erste konflikthafte Entscheidung wird wahrscheinlich selten souverän gelingen, aber mit der Erfahrung, die die neuronalen emotionalen Programme formt, wird man bei erfolgreicher Wiederholung zum Experten. Auch bei diesem Ausgang bewährt sich die evolutionäre Architektur unseres Gehirns. Die Bildung eines neuen neuronalen Programms beginnt und bei erfolgreicher Wiederholung wird die Tätigkeit ebenfalls mit Routine ausgeführt. Wird eine Situation nicht bewältigt, entsteht ein neuronales Feuerwerk unangenehmer Gefühle. Ein anschließend gelungener evolutionärer Lerneffekt wird nicht wahrgenommen.

Haben Sie beim Autofahren schon mal telefoniert oder intensiv Musik gehört? Wer, glauben Sie, fährt und wer telefoniert? Spätestens, wenn eine Polizeistreife vorbeifährt, werden Sie es wissen. Das Mobiltelefon fällt Ihnen wahrscheinlich aus der Hand oder Sie legen es bei geringer Gefahr bewusst zur Seite. Danach fahren Sie in jedem Fall wieder bewusst Auto. Sie werden äußerst achtsam sein, konzentriert den Tachometer beobachten und Bremse und Gas bewusst betätigen. Das Kognitionssystem hat die Aufgabe vom Autopiloten übernommen. Sie werden nun einige Zeitlang bewusst weiterfahren, während die mit dem neP aktivierten Emotionsgefühle und Körperreaktionen noch nachklingen. Eines ist damit jedoch sicher, vor diesem Ereignis fuhr das Emotionssystem und das Kognitionssystem telefonierte parallel, danach übernahm das Kognitionssystem. Ein weiteres Detail wird offensichtlich, das Geschehen geht mit bewusst wahrnehmbaren Gefühlen und Gedanken einher.

Sollten Sie den Impuls haben: Nein, telefoniert habe ich selbst, so ist das richtig und stimmig. Die Frage nach dem Selbst und wer bin ich, erhält somit eine erste Antwort: Ihr Emotionssystem sind Sie und Ihr Kognitionssystem sind Sie auch.

> Gefühle kommen dann ins Spiel, wenn das Emotionssystem die Kognition aktiviert.

Menschen besitzen die Fähigkeit zum Dual-Tasking, zwei Aufgaben zur selben Zeit auszuführen. Multi-Tasking ist ein Mythos, durch den schnellen Wechsel zwischen den Systemen scheint es nur so, als könnten Menschen mehrere Dinge gleichzeitig tun. Menschen, die gewohnt sind, ihrem Emotionssystem zu vertrauen, beherrschen sowohl Dual-Tasking als auch den Wechsel zwischen den Systemen mühelos und virtuos.

Als Begleiteffekt gibt es bei Situationen, die das Emotionssystem nicht bewältigen kann, unangenehme Gefühle. Sonst würde das Kognitionssystem nicht aktiviert werden. Stellen Sie sich vor, ein LKW wurde von Ihrem Emotionssystem im hinteren Gesichtsfeld wahrgenommen und das Steuer wird durch Ihr neuronales emotionales Programm herumgerissen. Würde nun das Kognitionssystem als bewusstes Signal – Gefühle sind bewusst – ein angenehmes wohliges Gefühl erhalten, wäre die Situation nicht zu meistern. Das hätte bei Säbelzahntigern nicht funktioniert und würde bei sich gefährlich nähernden LKWs und allen anderen modernen Herausforderungen auch nicht funktionieren. Das Emotionssystem mit seinen funktionalen nePs ist ein fantastisches Organ, das komplexe Situationen bewältigt. Es arbeitet schnell, ist mühelos und autonom, aber es ist dem Bewussten nicht zugänglich und hat keine Stimme, sich in einem Dialog mitzuteilen. Es muss sich jedoch mitteilen, wenn es um das Überleben geht, sodass es dem Kognitionssystem bewusst wird. Das geschieht mit einem Impuls und dem Emotionsgefühl, und das muss unangenehm sein, sonst würden wir nicht überleben.

Auch im unternehmerischen Kontext sind die Emotionsgefühle Hinweise aus Bewertungen des Emotionssystems auf nicht bewältigte Situationen. Diese Erkenntnis gehört in das Repertoire eines jeden Entscheiders, wie in das Design von Entscheidungsprozessen.

■ 5.8 Wie lernt das Emotionssystem?

Das Emotionssystem erhält immer dann eine Chance zum Lernen, wenn eine Situation von einem neuronalen emotionalen Programm nicht bewältigt wird. Das aktivierte Kognitionssystem kann die begonnene Situation erfolgreich beenden. Wenn dies gelingt, ist eine erste Lernerfahrung gemacht, die sich durch weitere Wiederholungen in nePs verankert. Wie weit diese Lernerfahrung in einer stabilen neurologischen Struktur abgebildet wird, hängt von weiteren Faktoren ab.

Bei bewusst aktiviertem Kognitionssystem sind tradierte Ausdrücke von Emotionen Begleiterscheinungen von Lernsituationen. Die Freude zeigt eine gelungene Einflussnahme an. Das Angstgefühl erinnert an die bewältigte Gefahrensituation, die in der Erleichterung des Gelingens nachschwingt. Oder nimmt jemand beispielsweise in einer Besprechung seinem Kollegen unberechtigt das Wort und gibt es zeitnah mit einer Ausgleichsbewegung zurück, so ist auf beiden Seiten die Erleichterung sowie die ausklingende Schuld zu spüren und eventuell im Gesichtsausdruck zu sehen. Gelernt wird aber auch bei erfolgreicher Wiederholung von Verhaltensmustern, die die steuernden nePs verfestigen.

Entscheidungsprozesse zu entwickeln und einzuführen, ist mit anstrengenden Veränderungen verbunden, da von der Gewohnheit abgewichen werden muss. Die Hoffnung und Vision nach der Einführung sind jedoch faszinierend:

- **Unangenehm → zu angenehm**: Was anfangs unangenehm war, wird angenehm. Die neurologischen Programme fühlen sich angenehm an, wenn sie gebildet sind und ins Ziel kommen beziehungsweise das Emotionssystem die Situation bewältigt.
- **Anstrengend → zu mühelos**: Was anstrengend war, wird mühelos und leicht, weil das Emotionssystem zielgerichtet einen Großteil der Entscheidungsprozesse übernimmt.

Lernen beziehungsweise Konditionieren im Emotionssystem gelingt, wenn eine Situation erfolgreich bewältigt wird. Die Freude ist die Emotion, die den Konditionierungsprozess neurologisch in Gang bringt. Das bedeutet nicht immer, dass das mit einem angenehmen Gefühl einhergehen muss. Eine Trübung der Freude erscheint, wenn sie gleichzeitig im Konflikt zu jemand anderem steht. So wirkt das Lob für die geleistete

Arbeit einschränkend, wenn dabei die Kollegen übersehen werden oder sie in schlechtem Licht stehen.

Die weiteren Wirkfaktoren, damit ein neues neuronales emotionales Programm gebildet wird, sind die Wiederholung und die Stärke der emotionalen Erregung. Der Wert der Wiederholung ist erkannt. Gerade im unternehmerischen Kontext ist es wesentlich, dass bestimmte Tätigkeiten, und dazu gehört Entscheiden, häufig wiederholt werden müssen, bis man es zur Meisterschaft bringt. Die Tiefe der emotionalen Erfahrung hängt sehr stark mit der emotionalen Erregung zusammen. Die im dysfunktionalen Bereich aktivierten Emotionen fühlen sich dabei alles andere als angenehm an und reichen oft ins Schmerzhafte.

Auch wenn sich körperlicher Schmerz ähnlich anfühlt und auch ähnlich wirkt, weil die emotionale Erregung ansteigt, sollte dies sehr achtsam betrachtet werden. Verbrennt sich ein Kind erstmals an der Herdplatte die Finger, ist das Emotionssystem meist durch diesen Vorgang konditioniert. Auch wenn das Empfinden durch den körperlichen Schmerz überlagert ist, so wurde die Situation bewältigt, zumindest aus der Sicht eines am Überleben orientierten Emotionssystems. Die Erleichterung, dass es trotzdem gut ausging, ist für viele auch zu spüren.

Die Bewältigung einer demütigenden Situation im Unternehmen ist ebenfalls ein schmerzhafter Vorgang. Das dabei konditionierte neuronale emotionale Programm wird bei einer ähnlichen Situation – Stimulus – den Betroffenen vorsichtiger agieren lassen.

Der Mythos der einen – man würde nur lernen, wenn es schmerzhaft ist – ist genauso wenig richtig und gleichzeitig doch wirksam wie der Mythos der anderen – nur mit Freude und Begeisterung würde man lernen. Beides sind nur Begleiterscheinungen des Konditionierungsprozesses. Das Emotionssystem lernt, wenn eine Situation erfolgreich bewältigt wurde, und das geht mit Freude einher. Wie weit die Freude durch Schmerz oder dysfunktionale Emotionen überlagert wird, hängt von den aktuell wirkenden Emotionen ab.

Die Erklärung von Lernstrategien und Lerneffekten wird weiter erschwert, wenn die Trauer als ablösende Emotion mit betrachtet wird. Bei Stress arbeiten Konditionier- und Auflöseprozesse gegeneinander. Es können keine neuen funktionalen nePs gebildet werden und bereits bestehende funktionale neurologische Programme werden zerstört oder wegen emotionaler Erregung nicht ausgeführt.

5.8.1 Wie tradiertes Verhalten möglich wird

Häufig wiederkehrende Verhaltensmuster von Menschen, die sich im Laufe der Evolution bewährt haben, manifestieren sich als zusammengesetzte Emotionen im Emotionsbaum. Sie sind evolutionär moderner als Grundemotionen und für die Bewältigung anspruchsvoller Situationen gebildet. Die zugehörigen neuronalen emotionalen Programme erlauben „tradiertes Verhalten" über alle Kulturen. Auch im Emotionsbaum wirken die Grundemotionen im funktionalen wie im dysfunktionalen Bereich. Die funktional wirkende Enttäuschung lässt Misslungenes vorbei sein und aktiviert zugleich erneute Einflussnahme, um es noch einmal zu versuchen. Gelingt sie, bildet beziehungsweise passt sich der neP an (Bild 5.18).

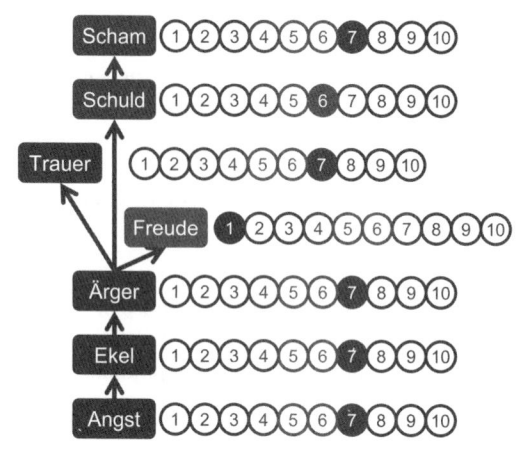

Bild 5.18 Emotionsbaum der funktionalen Enttäuschung

Wenn Sie bei einem internen Innovationsforum mit gesundem Wettbewerbsgedanken einen tollen Vorschlag eingereicht haben und nur Zweiter geworden sind, so wird der funktionale Emotionsbaum aktiviert:

- **Die Scham** ist im hohen funktionalen Bereich aktiviert, um es sofort besser zu machen.
- **Die Schuld** ist im funktionalen Bereich aktiviert, um dem Sieger zu gratulieren, auch wenn Scham und Ärger deutlich wirken.
- **Die Trauer** im hohen funktionalen Bereich löst den Misserfolg ab.
- **Die Freude** ist nicht aktiv.
- **Der Ärger** ist im hohen funktionalen Bereich aktiviert, um für das nächste Mal Einfluss zu nehmen.
- **Der Ekel** bringt auf Abstand, um den Verlust zu verarbeiten.
- **Die Angst** ist noch funktional aktiv und sorgt dafür, achtsam zu bleiben, um zukünftig keinen Fehler zu machen.

Dysfunktionales Verhalten wird provoziert, wenn bestimmte Emotionen vermieden oder verstärkt werden. Wird die Trauer vermieden, wird meist der Ärger forciert und es entsteht ein verbissenes Verhalten. Wird die Scham vermieden, gut zu sein, wird parallel die Trauer vermieden und der Verlust heruntergespielt oder ironisch verkehrt. Ist die Angst zu groß, müssen Scham und Ärger gebremst werden, um die Einflussnahme, es gut zu machen, zu stoppen. Dazu wird der Wettbewerb ins Lächerliche gezogen. Ist die Schuld vermieden, wird eine billige Ausflucht gesucht oder den anderen Manipulation vorgeworfen. Die Variationen sind individuell schier unbegrenzt.

5.8.2 Wie komplexes Verhalten möglich wird

Über die gängigen Konzepte hinausgehend sind Grund- und zusammengesetzte Emotionen wiederum die Basis für sehr individuelle und nahezu unbegrenzt flexible neuronale emotionale Programme. Sie erlauben komplexes menschliches Verhalten, das in Kaskaden von Emotionsbäumen abgebildet werden kann. Erfolgreich erfahrene Verhaltensmuster konditionieren neue neuronale emotionale Programme, die im Emotionssystem als neurologische Struktur abgebildet werden.

Die komplexe Benutzung von Smartphones ist ein Verhalten, das in kurzer Zeit als neP im Emotionssystem ausgebildet ist. Schon zweijährige Babys konditionieren ihr Emotionssystem und sind in der Lage, die Touch-Gesten wie Wisch oder Zoomen zu konditionieren. Neu gebildete, komplexe zusammengesetzte neuronale emotionale Programme fungieren wieder als Basis für weiterentwickelte neuronale emotionale Programme (Bild 5.19).

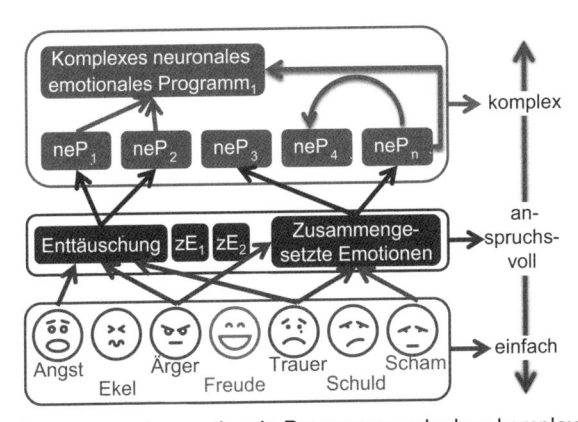

Bild 5.19 Komplexe neuronale emotionale Programme erlauben komplexes Verhalten

Damit sind dem Emotionssystem kaum Grenzen in seiner Entwicklung gesetzt. Der Aufbau des Emotionssystems erklärt, warum eine so rasante Entwicklung des menschlichen Verhaltens in den letzten Jahrtausenden, Jahrhunderten und vor allem Jahrzehnten so rasant geschehen konnte.

Häufig wiederkehrende und bewältigte Situationen werden als nePs abgebildet, die dann als programmiertes Verhaltensmuster abgerufen werden können (Bild 5.20).

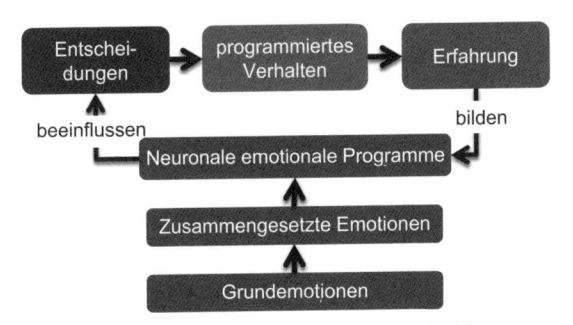

Bild 5.20 Bildung neuronaler emotionaler Programme aus Erfahrungen

Mit der hierarchischen Struktur elementarer Grundemotionen, zusammengesetzter Emotionen und komplexer neuronaler emotionaler Programme können anspruchsvolle Situationen bewältigt werden. Den tradierten menschlichen emotionalen Verhaltensmustern und Routinetätigkeiten stehen immer neuronale emotionale Programme gegenüber.

5.8.3 Stimmungen bilden sich aus Schleifen

Von Stimmung, sei es nun eine gute wie freudig neugierig oder eine schlechte wie ängstlich oder angespannt, spricht man, wenn ein emotionales Verhaltensmuster von geringer emotionaler Erregung länger andauert und nicht mehr objektgerichtet – also nicht mehr auf einen Stimulus reagierend – erkennbar wird. Eine Stimmung mit dem zugehörigen Emotionsgefühl entsteht in einem zyklischen asymmetrischen Prozess.

Nach einer Aktivierung eines neuronalen emotionalen Programms der dysfunktionalen Angst wirkt diese Emotion mit allen Begleiterscheinungen noch länger nach. Bei entsprechender emotionaler Erregung und ausgeschütteter Biochemie kann sich das über Stunden ausdehnen. In dieser Zeit wirkt die Stimmung tatsächlich ohne Stimulus. Jedoch werden durch diesen Effekt leichtere Stimuli und deren Bewertung verzerrt, sodass erneut neuronale emotionale Programme der Angst aktiviert werden. Wird diese Situation über einen noch längeren Zeitraum erfahren, so bilden sich neue neuronale emotionale Programme mit dysfunktionaler Angst. Diese reagieren erneut verzerrend auf die Bewertung der Stimuli und Situationen werden als bedrohlich eingestuft, obwohl sie das nicht sind. Wird dieser Angstkreislauf weder durch die Trauer aufgelöst noch durch freudige Erfahrungen überschrieben, so bilden sich immer mehr „angstbesetzte" neuronale emotionale Programme, die diese Stimmung erzeugen.

Besonders fatal wirkt dieser sich selbst stabilisierende Mechanismus mit emotionalen Schleifen. Kalibrierte emotionale Schleifen verstärken sich gegenseitig und „brennen" sich so tiefer ein, die dazugehörigen nePs bilden sich robust heraus. Im unternehmerischen Kontext entstehen die Schleifen zwischen mehreren und die entsprechenden nePs stabilisieren sich bei allen Beteiligten (Bild 5.21).

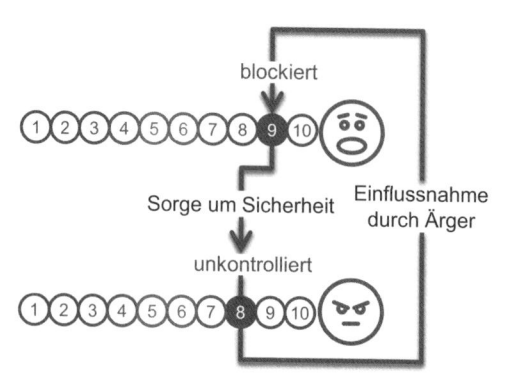

Bild 5.21 Der Teufelskreis der kalibrierten emotionalen Schleife: Ärger-Angst

Eine neue Inszenierung ist nahezu vorprogrammiert. Die Einflussnahme (Ärger) des einen forciert die Angst im dysfunktionalen Bereich beim anderen. Auf die dysfunktionale Angst reagiert der eine mit Blockade, der andere erneut mit höherer Einflussnahme aus Ärger.

Der Teufelskreislauf ist aktiv, die Wiederholung entfaltet ihre stabilisierende Wirkung. So entstehen Stimmungen und verfestigen sich mit einer Kodierung in den nePs von Individuen, anschließend in Beziehungen, in Teams und Systemen und werden immer wieder re-inszeniert.

Die emotionale Schleife Ärger-Angst muss aufgrund ihres häufigen Auftretens im Design von Entscheidungsprozessen zwingend vermieden werden.

5.8.4 Exkurs: Ein Ausflug in die Biochemie der Freude

Das ihr wesenseigene angenehme Gefühl hebt die Freude aus allen anderen Emotionen heraus und gibt ihr eine überragende Bedeutung im Leben, in Unternehmen und in der Gesellschaft. Als weit wichtigere Wirkung stabilisiert sie bestehende und fördert die Bildung neuer neuronaler emotionaler Programme. Im Anschluss an die gelungene Einflussnahme wird das neuronale Belohnungssystem im Gehirn aktiviert und Emotions- und Kognitionssystem werden mit Botenstoffen durchflutet. Das schafft vordergründig weiteres und ein anhaltendes angenehmes Wohlgefühl. In den bisherigen Beschreibungen war die Dauer von neurologischen Prozessen mit Millisekunden und Sekunden angegeben. Die Biochemie, die Freude und die anderen Emotionen auslöst und begleitet, erreicht eine Wirkung von Minuten bis Stunden. Dafür sind die zyklischen Prozesse im Emotionssystem, aber auch in seiner Interaktion mit dem Kognitionssystem, verantwortlich. Die Auswirkungen dysfunktionaler neuronaler emotionaler Programme sollten früh und zügig reguliert werden, damit sich der störende Einfluss auf die Entscheidungssysteme nicht ausdehnt.

Gegebenenfalls ist zu empfehlen, Entscheidungsprozesse zu unterbrechen, damit die biochemische Wirkung abklingen kann und die dysfunktionalen neuronalen emotionalen Programme deaktiviert werden.

Die Entdeckung des Belohnungssystems wird den amerikanischen Psychologen und Verhaltensforschern James Olds und Peter Milner zugeschrieben. Bei der Suche nach Erkenntnissen über Lernprozesse entdeckten sie 1954 zufällig, dass Ratten, die mit einer Elektrode in diesem Gehirnareal stimuliert waren, selbst noch am nächsten Tag an den Ort der Stimulanz zurückkamen. Bei den späteren Versuchsaufbauten stimulierten die Ratten selbst dieses Areal alle fünf Minuten. Manche taten es ausgiebig, bis zur Erschöpfung.

In den folgenden Jahren wurden die Areale, Nervenverbindungen und Botenstoffe des Belohnungssystems verortet und als Hauptakteur der „Glücksbotenstoff" Dopamin identifiziert. Die dabei aktiven Areale sind überwiegend dem Emotionssystem zuzuordnen: Nucleus accumbens, Striatum ventrale, Amygdala, Hippocampus, Cortex entorhinalis, Gyrus cinguli, Basalganglien, Hypothalamus, Septum und Pallidum ventrale.

Die Ursache des Lustgewinns von Mensch und Tier schien entdeckt: Dopamin, nach dem alle immer wieder verlangen. Der amerikanische Neurologe Kent Berridge widerlegte 1996 jäh diese Annahme und identifizierte Oxytocin als den Verursacher des Hochgefühls, quasi als körpereigenes Opiat.

Die Freude ist das Ergebnis einer gelungenen Einflussnahme, mit der eine Reihe von zyklischen Prozessen einhergeht, die deshalb sehr komplex erscheinen. Der biochemische Cocktail begünstigt die Bildung und Verfestigung neuronaler emotionaler Programme. Der angenehme Nebeneffekt, dass sich dieser Vorgang mit einem Wohlgefühl zeigt, war evolutionär gesehen notwendig, damit sich die neuen neuronalen Strukturen stabilisieren konnten. In dieser Zeit durften sich keine weiteren neuen Erfahrungen ereignen, sonst wäre der Prozess der Bildung gestört beziehungsweise zerstört worden.

So wird heutzutage der Freude als Emotion mehr die Bedeutung des Wohlbefindens und des Regenerierens zugeordnet als dem evolutionär bedeutenden Effekt, dem Lernen. Die Freude ist dabei nicht der Auslöser einer frohen Stimmung oder eines frohen Daseins, sie ist jedoch das Ergebnis einer gelungenen Einflussnahme. Das Gefühl der Freude ist ein Emotionsgefühl. Dabei ist es nur von nachrangiger Bedeutung, wie weit der Stimulus external – aus der wirklichen Welt – oder internal – vom Kognitionssystem – initiiert wird. Um die Freude zu empfinden, ist es wesentlich, dass die Emotionssequenz vorher das Kognitionssystem aktiviert hat, damit das Gefühl auch bewusst wahrgenommen werden kann. Der externale Stimulus in zu bewältigenden Lebenssituationen löst das Gefühl der Freude in beliebigen Situationen aus: bei einer guten Entscheidung, einer gelungenen Besetzung für eine Position, einem gelungenen Konzept, einem gewonnenen Fußballspiel, einem bewegenden Theaterstück, einer Bundestagswahl mit einem gewünschten Ausgang.

Der Einfluss der Freude hat zum Glück Einzug in die Lerntheorie gefunden. Lernen gelingt nur mit Freude oder Leidenschaft, wie es Gerald Hüther formulierte. Auch wenn die Ursache-Wirkung anders funktioniert, so ist es doch richtig, was die Wirkung anbelangt. Freude wird ausgelöst durch eine gelungene Einflussnahme, die anschließend die Prozesse zur Ausbildung von neuronalen emotionalen Programmen fördert. Dieser tief verankerte evolutionär ausgebildete Prozess wird im Neuronenfeuer der Emotionen manchmal vergessen. Aufgrund der durch Freude ausgeschütteten menschlichen Biochemie, die mehrere Minuten bis Stunden wirkt, werden anschließend im günstig vorbereiteten Milieu die neuronalen emotionalen Programme leichter verfestigt.

Durch erfolgreiche Einflussnahme, die meist mit Erfolg gleichgesetzt wird, entsteht Freude. Das aus dem verfestigten neuronalen emotionalen Programm entstehende Verhalten kann wiederum erneut zum Erfolg führen (Bild 5.22).

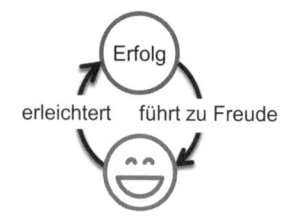

Bild 5.22 Die Erfolgsschleife

5.8.5 Exkurs: Die biologischen Vorgänge des Lernens

Eric Kandel erhielt im Jahr 2000 den Nobelpreis für Physiologie und Medizin für Entdeckungen in der Signalübertragung im Nervensystem. Mit der Stabilisierung der Neuronennetze durch Myelin bei wiederholtem Lernen beziehungsweise Konditionieren hat er einen wesentlichen Beitrag zur Vereinigung der Psychologie und Neurowissenschaften geleistet. Bei Lern- und Konditionierungsvorgängen sind zwei (Bild 5.23) grundlegende Aktivitäten des Gehirns zu unterscheiden:

- bioelektrische beziehungsweise biochemische Aktivitäten zwischen Synapsen,
- biologische Vorgänge an Synapsen selbst und bei der Vernetzung zwischen Synapsen.

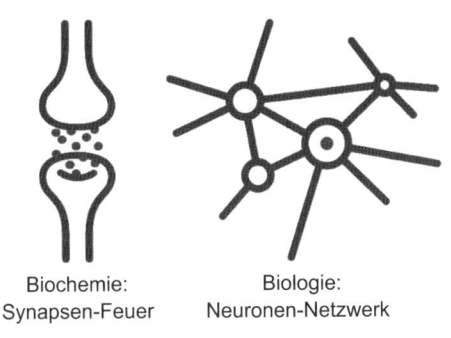

Bild 5.23 Unterschiedliche Aktivitäten der neuronalen Strukturen

Denken ist ein flüchtiger Prozess und manchmal ist nach wenigen Minuten alles vorbei. Gedanken als finaler oder vorläufiger Abschluss, gerade wenn sie in einem längeren Gedanken-Zyklus entstanden sind, haben manchmal eine längere Verweilzeit und nicht selten hat man den Impuls, man möchte sie festhalten – memorieren –, damit sie später zur Verfügung stehen. Dann gibt es Erinnerungen, die eine längere Lebenszeit haben. Die Forschung ist in der Zwischenzeit sicher, dass wir nicht Erinnerungen speichern und dann wieder abrufen, sondern die Vergangenheit aus Artefakten in einem neurologischen Prozess rekonstruieren. Die Rekonstruktion der Erinnerung ist dabei der Konstruktion eines Zukunftsmodells in einem kohärenten Weltbild sehr ähnlich. Für beide subjektiv empfundenen Vorgänge muss es auch eine neurologische Entsprechung geben.

Die bioelektrischen Vorgänge geschehen in Millisekunden, die biologischen Vorgänge im Gehirn ziehen sich über Minuten, Stunden und länger hin. So ist nicht nur die Art und Weise, wie die Gehirnsysteme lernen, zu berücksichtigen, sondern auch die Dauer und der Prozess während dieser Zeit.

Nicht zu vergessen ist die Tatsache, dass nicht nur weit über 90% der neurologischen Prozesse im Gehirn dem Bewussten nicht zugänglich sind. Für das Emotionssystem steht dies außer Frage. Das gilt jedoch auch für das Kognitionssystem, das zum Bewusstsein fähig ist. Neurologische Prozesse generieren bewusste Erlebnisse wie die Stimme des Kollegen oder die grafische Darstellung der Verkaufszahlen, die der Beamer auf die Leinwand projiziert. Der Großteil der Verarbeitungsprozesse, die erst die bewussten

Inhalte erzeugen und vor allem die Interaktion mit dem Emotionssystem leisten, ist dem Bewussten nicht zugänglich. So schätzt Gerhard Roth, dass uns nur 0,1 Prozent dessen, was das Gehirn gerade tut, bewusst wird. Wir sind die Letzten, die erfahren, was unser Gehirn vorhat und wie es uns beeinflusst, so seine Aussage.

Bewusstes Denken, das zu einem deutlichen Anteil im Kognitionssystem verarbeitet wird, ist in bestimmten Phasen ein bioelektrischer Vorgang, insbesondere die Vorgänge im bewussten Kurzzeitgedächtnis. Die Verankerung im Langzeitgedächtnis ist ein biologischer Prozess, bei dem Neuronennetze entstehen, die durch Wiederholung myelinisiert und stabilisiert werden. Die strukturelle Veränderung der Synapsen ist ebenfalls ein biologischer Vorgang.

So wirken bioelektrische, biochemische und biologische Prozesse in den Entscheidungssystemen eng zusammen, die der kanadische Psychobiologe Donald Olding Hebb als synaptische Plastizität einführte (Bild 5.24).

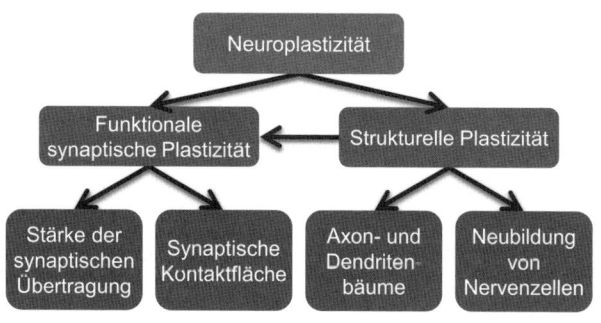

Bild 5.24 Neuroplastizität umfasst bioelektrische, biochemische und biologische Prozesse

Neuroplastizität, die gängigere und umfassendere Bezeichnung der biologischen Prozesse, umfasst auch die Neurogenese, die Bildung neuer Nervenzellen. Die Entscheidungssysteme entwickeln sich weiter und lebenslanges Lernen ist nicht nur möglich, sondern die Bestimmung des Menschen. Dass sich die Interaktion zwischen Emotionssystem und Kognitionssystem unangenehm anfühlt und kognitive Prozesse anstrengend sind, ist nur eine evolutionäre Konstruktion. Sie ist, wie sie ist, und eine Bewertung, wie weit sie sinnvoll ist, führt nicht weiter. Jedoch wie weit Führungskräfte und alle Menschen die Wirkmechanismen verstehen und sich entsprechend danach verhalten, ist eine Entscheidung, die das Kognitionssystem jedem Menschen ermöglicht.

Die irische Neuropsychologin Eleanor Maguire untersuchte in einer Studie 79 Londoner Taxifahrer, die 25.000 Straßen und 20.000 Sehenswürdigkeiten für den Erwerb der Lizenz lernen mussten. Ihre Gehirnstruktur hatte sich nach vier Jahren signifikant verändert und es bildete sich neurologisches Gewebe im Hippocampus mit neuen Neuronen und Vernetzungen. Leider schrumpfte der Hippocampus auf seine normale Größe, wenn die Taxifahrer aufhörten zu fahren oder in den Ruhestand gingen. Das Gehirn ist und bleibt hoch flexibel. Die Organisation der Entscheidungssysteme passt sich der Benutzung an.

5.8.6 Das Emotionsgefühl ist die Erinnerung

Bei der Konditionierung wird oft übersehen, dass alle aktivierten Emotionen auf dem Emotionsbaum kodiert werden. Wirft beispielsweise ein junger Mensch anfangs immer wieder die Kaffeetasse um, lernt er mit der Zeit, wie man so eine fragile Tasse des Sonntagsservice hält. In der einen Familie geht die Konditionierung mit den schuldauslösenden Aussagen der Mutter einher wie: „Mir geht's so schlecht, wenn du dich so benimmst." In einer anderen Familie geschieht die Konditionierung mit belastenden Sätzen der Scham wie „du bist zu blöd" oder „lernst du das nie". Die faszinierende Wirkung der damaligen emotionalen Situation, die sich in den aktivierten Emotionen und der zugehörigen emotionalen Erregung ausdrückt, zeigt 50 Jahre später noch ihre Wirkung. Wirft nun der erstgenannte Erwachsene aus Versehen eine Kaffeetasse um, so wird er Schuld empfinden und der zweitgenannte Scham.

> Das neurologische emotionale Programm enthält die Emotionen, die in der konditionierenden Situation herrschten. Misslingt die Bewegung, die das neP steuert, wird das zugehörige Emotionsgefühl ausgelöst.
>
> Das Gefühl von damals wird erneut hervorgerufen.

Das ist einer der Gründe, warum gerade Schuld und Scham in so unterschiedlichen und individuellen Erscheinungen zutage treten: so unterschiedlich, so facettenreich und bunt, wie die Situationen, in denen das neuronale emotionale Programm konditioniert wurde. Der in der Schweiz geborene Léon Wurmser beschreibt in der Maske der Scham das gesamte Kaleidoskop des Lebens. Dabei fällt auf, dass die Scham in nahezu jeder sozialen Interaktion vorkommt und so in die neuronalen emotionalen Programme eingebettet ist.

5.8.7 Wie bekannte Lerntheorien zu verorten sind

Einzelne Forscher und Persönlichkeiten haben bereits günstige Lernbedingungen beschrieben, die mit dem umfassenden K-i-E Konzept gut zu verorten sind.
- Der Psychologe Mihály Csíkszentmihályi, geboren in Rijeka, das damals zu Italien gehörte, beschrieb 1975 das Flow-Erleben. Es entsteht im Bereich unterhalb der Überforderung, die er mit Angst verortete, und oberhalb der Unterforderung, der er die Langeweile zuordnete. Der Zustand wird erreicht, wenn sich die Emotionen im Emotionsbaum im funktionalen Bereich bewegen. Langeweile ist primär Ärger im dysfunktionalen Bereich Zuwenig. Überforderung wurde im dysfunktionalen Bereich Zuviel verortet. Im Emotionsbaum ist jedoch die Scham, Angst vor Versagen, ebenfalls im dysfunktionalen Bereich.
- Der deutsche Pädagoge Kurt Hahn hat eine „Erlebnispädagogik" mit der Richtschnur der „schöpferischen Leidenschaft" begründet.

- Die italienische Ärztin und Reformpädagogin Maria Montessori hat mit einer Pädagogik, die das Kind als „Baumeister seines Selbst" begreift und die Individualität des Kindes in den Mittelpunkt stellt, das Lernen im Grundschulalter revolutioniert. Das Kind befindet sich in einer lernanregenden Umgebung und findet seinen Weg selbst und holt sich die Anleitung, die es braucht. Belohnungen wie Strafen lehnte Montessori strikt ab.
- Der amerikanische Psychologe Abraham Maslow hat mit seinem Konzept der „peak experience" die Humanistische Psychologie begründet.

Für gute Entscheidungen sind die Erfolgsschleife und die dabei aktivierten Emotionen im Emotionsbaum von entscheidender Bedeutung. Die Entscheidungen entstehen aus funktionalen klar strukturierten Prozessschritten, die eine erfolgreiche Entscheidungsfindung unterstützen und gleichzeitig die agilen Werte etablieren. Das Design in den Entscheidungsprozessen ist so angelegt, dass eine zyklische Lernschleife entsteht. Das Verständnis der Emotionen hilft dabei enorm.

5.9 Wie das Emotionssystem in einer determinierten Zeit entscheidet

Das Emotionssystem entscheidet immer und das in hoher Geschwindigkeit und völlig mühelos. Es arbeitet unaufgefordert, schnell und mühelos mit einer garantierten Entscheidungszeit. Eine immerwährend agierende zuverlässige Entscheidungsmaschine ist das, was Unternehmen und deren Verantwortliche als Idealvorstellung sehen, wenn die Qualität der Entscheidungen angemessen wäre. Dafür hat die Evolution das Kognitionssystem entwickelt, das gezielt mit dem Emotionssystem interagieren kann.

In vielen Phänomenen wurde die Entscheidungszeit des Emotionssystems mit circa 350 Millisekunden vermessen, wie das Libet-Experiment gezeigt hat.

Die Untersuchungen des deutschen Psychologen Joachim Funke an der Universität Heidelberg zeigen erste schnelle und kurze Blickbewegungen nach 100 bis 200 Millisekunden, die in einer Fixation nach 250 bis 300 Millisekunden des Augapfels münden. Die deutsche Psychologin Bettina Pause bestätigt diese Zeit für den Geruchssinn. Der amerikanische Anthropologe Pauls Ekman und sein Kollege Wallace Friesen kamen zum selben Ergebnis für das Erkennen von Gesichtsausdrücken.

Wie gelingt es dem Emotionssystem, selbstorganisiert eine relativ feste Zeitvorgabe von circa 350 Millisekunden einzuhalten?

5.9.1 Zwei Entscheidungstypen

Entscheidungstypen und davon abgeleitete Algorithmen lassen sich in zwei Kategorien einteilen:

- **Maximizer** – sie sind nur mit dem absolut Besten zufrieden. Sie sind langsamer und unzufriedener mit ihren Entscheidungen.
- **Satisfier** – ihnen reicht es, wenn ihre Ansprüche beziehungsweise Ziele erfüllt werden. Sie sind schneller und gleichzeitig zufriedener mit ihren Entscheidungen.

Die Nutzenmaximierung bei gleichzeitiger Kostenminimierung, wie sie die rationale Entscheidung fordert, nutzt den aufwendigen und zeitintensiven Algorithmus der Maximizer. Für High-Performance-Entscheidungen und vor allem für determinierte Entscheidungszeiten sind sie ungeeignet. Auch der Algorithmus eines Satisfier ist ungeeignet. Obwohl er schnell ist, kann er durch die Prüfung gegen eine Zielerreichung keine determinierte Zeitvorgabe erreichen.

Das Emotionssystem entscheidet nach der ihm innewohnenden Logik, die die evolutionäre Entwicklung der Grundemotionen vorgegeben hat. Die Ziele sind als fünf Motive in den Grundemotionen eingebettet. Freude und Trauer sind an diesem Prozess nur stabilisierend oder destabilisierend für die neuronalen Handlungsmuster beteiligt. Die Emotionslogik verfügt über eine fixe Anzahl von Motiven, die mit der Stärke ihrer zugeordneten programmierten Verhaltensmuster abgebildet sind. Die Emotionslogik ist in komplexen neuronalen Programmen als biologische neuronale Struktur ausgebildet.

Die neuronalen emotionalen Programme sind im emotionalen Erfahrungsgedächtnis repräsentiert (Bild 5.25).

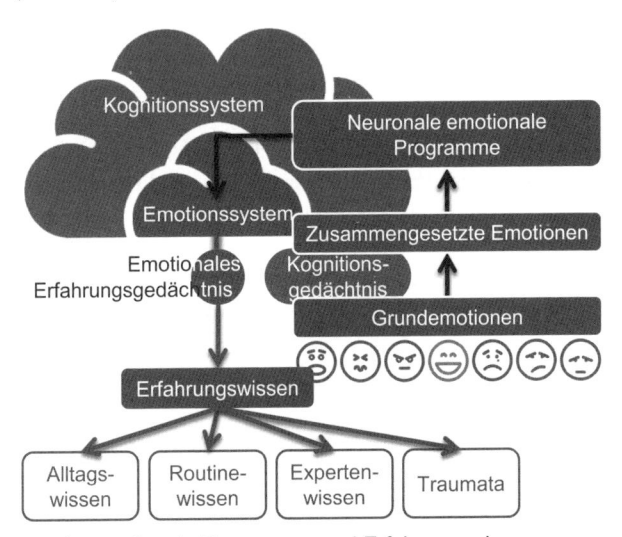

Bild 5.25 Neuronale emotionale Programme und Erfahrungswissen

Das Emotionssystem umfasst alles Erfahrungswissen, das Expertenwissen genauso wie das Alltagswissen, aber auch Traumata. Wie weit das emotionale Erfahrungsgedächtnis und das Kognitionsgedächtnis vernetzt sind, ist bisher nicht abschließend geklärt.

5.9.2 Wie sich emotionale Motive in Verhalten ausdrücken

Abhängig vom Stimulus und der emotionalen Erregung werden die zugeordneten neuronalen emotionalen Programme exekutiert, die wiederum die programmierten Verhaltensmuster ausführen. Die emotionale Erregung steuert die Auswahl und flexible Anpassung im neP.

Drei Beispiele:

Souveräne Einflussnahme – sie geschieht in den funktionalen Bereichen der Motive:
- angemessene minimale Angst als Sorge um Sicherheit,
- angemessener minimaler Ekel für sichere Distanz, um nicht zu weichen,
- angemessener maximaler Ärger für kraftvolle Einflussnahme,
- angemessene minimale Schuld, um Beziehungen nicht zu gefährden,
- angemessene maximale Scham für entschiedene Leistung.

Die souveräne Einflussnahme ergibt folgendes Motiv-Profil (Bild 5.26):

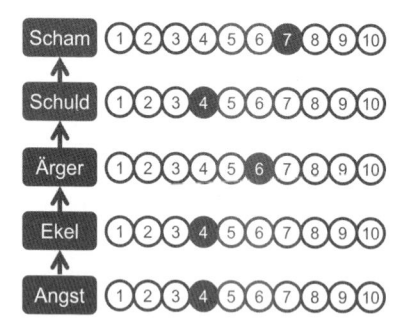

Bild 5.26 Das emotionale Motiv-Profil für souveräne Einflussnahme

Machtmissbrauch – sind alle Grundemotionen im dysfunktionalen Bereich, insbesondere Ärger, der unkontrolliert Einfluss nehmen will, um die Angst zu vermeiden, ist schnell der Grad zum Missbrauch von Macht überschritten (Bild 5.27). Die dysfunktionale Scham im neuronalen emotionalen Programm motiviert zu übertriebener Leistung und potenziell zu Konformismus. Das gleichzeitig niedrige Motiv des Ekels lässt Grenzen anderer überschreiten und die dysfunktional geringe Schuld gefährdet Beziehungen.

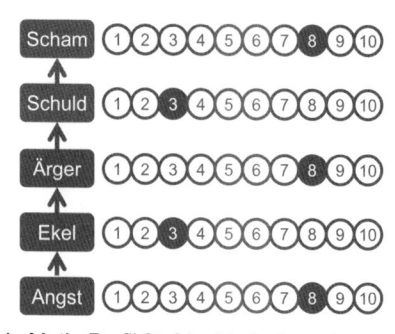

Bild 5.27 Das emotionale Motiv-Profil für Machtmissbrauch

Der Gegenspieler zum Mut, die Demut, hat nur geringe Abweichungen im Motiv-Profil, die jedoch gravierende Auswirkungen auf Entscheidungen haben (Bild 5.28).

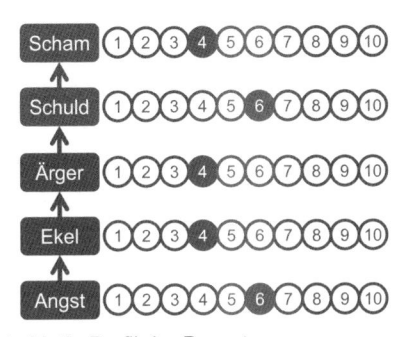

Bild 5.28 Das emotionale Motiv-Profil der Demut

Demut – hier befinden sich alle Motive im funktionalen Bereich. Demut bedeutet eine moderate bis hohe funktionale Sorge um Sicherheit (Angst). Sie forciert eine überlegte und nachhaltige Entscheidung. Ängstlichkeit und Bedenkenträgertum hätten einen höheren Angstanteil. Ein niedriger Anteil an Ekel lässt Nähe zu und eine niedrige funktionale Einflussnahme wirkt, um sanfte, aber klare Entscheidungen zu erreichen. Nicht zu verwechseln mit Passivität oder Devotion. Die hohen funktionalen Anteile der sozialen Emotionen erlauben eine sozial verträgliche Entscheidungsfindung.

Das Risiko bei Demut ist die Unterschreitung der Einflussnahme und weniger die Überschreitung der Angst. Wird die Einflussnahme unterschritten, gerät man in den dysfunktionalen Bereich (1) bis (3) und wird kraftlos. Bei Überschreitung der Sorge um Sicherheit durch die Angst gerät man in den dysfunktionalen Bereich der Starre und die Einflussnahme reicht nicht mehr aus. Diese Bewegungen führen dazu, dass die Führungskraft nicht mehr entscheidet, die zweitbeste begründbare Entscheidung trifft oder ein anderer oft beliebiger Entscheider setzt sich durch. Die Dynamik des Emotionssystems führt dazu, dass die Einflussnahme (Ärger) durch die dysfunktionale Angst noch geringer wird.

Das mit Demut umschriebene Führungsverhalten führt zu einer klaren und sicheren Entscheidung und birgt ein moderates Risiko für fehlende oder wenig eigenbestimmte Entscheidungen.

5.9.3 Der Preis der Geschwindigkeit

Das Emotionssystem agiert in einer vorgegebenen Zeit und kommt immer zu einer Entscheidung, die entweder automatisch ausgeführt wird oder mittels Impuls das Kognitionssystem aktiviert. Die älteren Gehirnstrukturen des Emotionssystems im Zusammenwirken mit dem Stammhirn agieren mit der maximalen emotionalen Erregung (10) affekthaft (Bild 5.29). Das Kognitionssystem wird nicht mehr aktiviert. Damit ist der archaische Mechanismus als garantierte Entscheidung gewahrt, da das Kognitionssystem nach seiner Aktivierung beliebig lange „denken" könnte.

Emotion ①②③④⑤⑥⑦⑧⑨⑩ → Exit mit affekthafter Reaktion

Bild 5.29 Der Preis der Geschwindigkeit – das affekthafte Verhaltensmuster

Die erste Stufe der Eskalation während einer affekthaften Handlung ist bei maximaler Erregung die Angst. Es kommt zur Starre, sodass eine angemessene Nähe und anschließende Einflussnahme nicht mehr möglich sind (Bild 5.30). Das damit einhergehende Emotionsgefühl ist reine Angst.

Angst ①②③④⑤⑥⑦⑧⑨⑩ → Exit1 – Starre

Bild 5.30 Affekthafte Reaktion mit Angst – die Starre

Die zweite Stufe der Eskalation während einer affekthaften Handlung ist die Flucht (Bild 5.31). Sie kann erst entstehen, wenn der Emotionsbaum mit hoher Angst durchlaufen ist. Das damit einhergehende Emotionsgefühl ist wie Abscheu und Verachtung, mit einem starken Anteil an Angst. Eine besondere Bedeutung für Entscheidungsprozesse ist auch hier die fehlende Einflussnahme.

Ekel ①②③④⑤⑥⑦⑧⑨⑩ → Exit2 – Flucht
Angst ①②③④⑤⑥⑦⑧⑨⑩

Bild 5.31 Affekthafte Reaktion mit Ekel – die Flucht

Die dritte Stufe der Eskalation während einer affekthaften Handlung ist Kampf, Angriff. Sie kann erst entstehen, wenn der Emotionsbaum bereits mit hoher Angst durchlaufen worden ist. Der Versuch, die Distanz bei hoher emotionaler Erregung herzustellen, wird aufgegeben und es wird in einen Angriff, der Nähe voraussetzt, übergegangen (Bild 5.32).

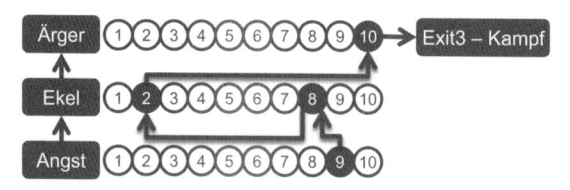

Ärger ①②③④⑤⑥⑦⑧⑨⑩ → Exit3 – Kampf
Ekel ①②③④⑤⑥⑦⑧⑨⑩
Angst ①②③④⑤⑥⑦⑧⑨⑩

Bild 5.32 Affekthafte Reaktion mit Ärger – der Kampf

Das neuronale emotionale Programm des Ärgers aktiviert den gesamten Körper und macht ihn unkontrolliert kraftvoll für einen direkten Angriff. Das damit einhergehende Emotionsgefühl ist bereits eine deutliche Mischung aus starker Angst, Abscheu und Verachtung, die von dem energetisierenden Emotionsgefühl des Ärgers überlagert wird. Eine besondere Bedeutung für Entscheidungsprozesse ist die unkontrollierte Einflussnahme, aber viel schwerer wiegt die darunter verborgene Angst, die mit der unkontrollierten Einflussnahme kompensiert wird.

Dem wiederholten Durchlauf im Emotionssystem mit ansteigender emotionaler Erregung kommt eine besondere Bedeutung zu. In den ersten Schleifen von circa 350 Millisekunden hält das Verhaltensmuster der Starre (Angst) bei sehr hoher Erregung (9) den ansteigenden Fluchtimpuls (Ekel) noch zurück. Ist nach weiteren Iterationen die Flucht nicht mehr möglich, wird sie aufgegeben und führt bei Einflussnahme auf höchster Erregung direkt zum Kampf.

Die Eskalation der individuellen Emotionen wurde früh wissenschaftlich beschrieben, allerdings in umgekehrter Reihenfolge der evolutionären Entwicklung. Was der amerikanische Physiologe Walter Cannon bereits 1915 als Stressreaktionen: Fight-or-flight (kämpfen oder fliehen) benannte, entspricht den programmierten Verhaltensmustern der individuellen Grundemotionen Ärger und Ekel. Sie fanden als biologische Reaktionen oder Stressreaktionen Eingang in unzählige Management-Bücher. Der britische Psychologe Jeffrey Alan Gray erweiterte 1988 die beiden programmierten Verhaltensmuster um die Starre, die aus dem neuronalen emotionalen Programm der Angst resultiert.

Fatal an allen Eskalationen der individuellen Emotionen ist, dass die sozialen Emotionen nicht mehr durchlaufen werden.

Bei Wut oder Hass wird die Wirkung der sozialen Emotionen nicht mehr angemessen berücksichtigt; was jedoch noch stärker wirkt: Das Kognitionssystem wird nicht aktiviert. Bewusste langfristige und soziale Aspekte einer Entscheidungsfindung und Handlungsplanung werden nicht mehr mit einbezogen (Bild 5.33).

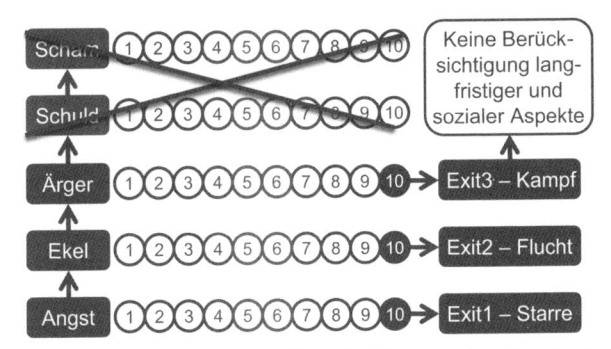

Bild 5.33 Fatale Wirkung der Eskalation – Entscheidungen ohne langfristige und soziale Aspekte

> Der Preis der Geschwindigkeit ist hoch und in vielen Fällen nicht angemessen. Die Eskalation der individuellen Emotionen im Emotionssystem führt zu dysfunktionalen Entscheidungen.

In Unternehmen werden heute rationale Entscheidungen gefordert. Diese Form erzwingt, das Kognitionssystem zu aktivieren, das jedoch nicht unabhängig vom Emotionssystem agieren kann, wie die kognitiven Verzerrungen zeigen. Eine Trennung in rationale und emotionale beziehungsweise intuitive Entscheidung ist nicht möglich, wie im K-i-E Konzept gezeigt wurde. Das Design der in diesem Buch vorgestellten Entscheidungsprozesse berücksichtigt die Dynamik der Emotionslogik. Bei angemessener Prozesstreue ist gewährleistet, dass die fatalen Eskalationen erst gar nicht auftreten. Ein Prozessverantwortlicher, der Master of K-i-E, sorgt dafür, dass die Entscheidungsprozesse im funktionalen Bereich durchgeführt werden. So wird sichergestellt, dass die Entscheidungsprozesse gute Entscheidungen herstellen. Bei wachsender Gruppenkompetenz übernimmt das Team die Kontrolle über die Prozesstreue.

■ 5.10 Selbstorganisation der Emotionslogik

Das Emotionssystem entscheidet selbstorganisiert und benötigt dazu keine weitere Instanz wie ein Ich, Selbst oder eine andere höhere Instanz, um die Ambivalenz zwischen zwei Polaritäten zu lösen. Es gibt keine Polaritäten, sondern nur das Durchlaufen der Sequenz im Emotionsbaum. Das Faszinierende und zugleich Überraschende ist: Die Emotionslogik selbst ist die Steuerung. Es gibt keinen Konflikt, welches Ziel nun mehr oder weniger verfolgt werden soll. Die Motive werden mit der Emotionslogik bewertet und der Emotionsbaum wird in der vorgegebenen Hierarchie abgearbeitet. Das sich ergebende Motiv-Profil bestimmt das auszuführende neuronale emotionale Programm.

Die Selbstorganisation entsteht aus den evolutionär gebildeten neuronalen emotionalen Programmen, den Grundemotionen, die mittels der gemachten Erfahrungen im Laufe eines Menschenlebens ausgebildet werden. Durch die Neuroplastizität sind wir bis zur letzten Sekunde unseres Daseins Gestalter unserer neuronalen Strukturen und der daraus abgeleiteten Konsequenzen.

> ❗ Die vornehme Aufgabe von Entscheidungsprozessen besteht nun darin, die vorgegebene evolutionäre Gehirnarchitektur und deren innere Prozesse zu berücksichtigen, damit gute Entscheidungen entstehen. Das Design von Entscheidungsprozessen muss der Kognition Raum und der Intuition eine bewusste Stimme geben sowie das Emotionssystem im funktionalen Bereich halten. So wird eine neue Entscheidungskultur entstehen und wachsen.

5.11 Fazit

Ob man es wahrhaben will oder nicht, Emotionen spielen eine zentralere Bedeutung für Entscheidungen, als es in Unternehmen bisher gesehen und vor allem gelebt wurde.

Um die Potenziale, die in den Emotionen liegen, auszuschöpfen, muss die Emotionslogik einen Niederschlag in Entscheidungsprozessen finden. Das ebnet den Weg, um gute Entscheidungen herzustellen, aber auch um dem entgegenzuwirken, was gute Entscheidungen verhindert.

Berücksichtigt man die Emotionslogik als intelligente Ressource, werden viele Themen – wie etwa die Motivation –, die vormals schwierig waren, klar, einfach und leicht.

> **Wir glauben, Erfahrungen zu machen, aber die Erfahrungen machen uns.**
>
> *Eine Erfahrung zu machen, bedeutet, die Gefühle, die im Entscheidungsprozess durch den Stimulus ausgelöst wurden, bewusst wahrzunehmen. So glauben wir, die Erfahrungen zu erleben oder zu machen, insbesondere dann, wenn wir die Entscheidung selbst hergestellt haben.*
>
> *Tatsächlich aber wird die Erfahrung durch das neuronale emotionale Programm bestimmt, das sich über Gefühle ausdrückt, die aus den emotionalen Motiv-Profilen abgeleitet wurden. Auch wenn das Emotionssystem unbewusst agiert, ist es als zugehöriger Teil des Ichs zu betrachten und damit machen wir die Erfahrung in einem weiteren Sinne immer noch selbst. Da aber die neuronalen emotionalen Programme sich durch Erfahrung bilden, wird das Emotionssystem von diesen gebildet. Dieser zyklische Prozess ist mit einer linearen Aussage nicht zu beschreiben. So bilden unsere Erfahrungen das Emotionssystem, das wiederum in starkem Maße unsere Erfahrungen erzeugt.*

6 Die Intuitionstheorie – die Intelligenz der Intuition bewusst nutzen

K-i-E Intuitionstheorie

"Der intuitive Geist ist ein heiliges Geschenk und der rationale Verstand ein treuer Diener. Wir haben eine Gesellschaft erschaffen, die den Diener ehrt und das Geschenk vergessen hat."
Albert Einstein

> Das Wissen über die Intuition, was sie ist, wie sie arbeitet und wie sie genutzt werden kann, eröffnet einen klaren Weg, um sie in eine Entscheidungsstrategie bewusst zu integrieren.
>
> Als Teil der Untrennbarkeit der Entscheidungssysteme wirkt die Intuition sowieso, ob man will oder nicht. So müssen nur ihre Qualitäten, aber auch ihre Einschränkungen identifiziert und zum bewussten integralen Bestandteil einer funktionalen Entscheidungsstrategie werden. Der Entscheidungsprozess kann dann dafür sorgen, dass sowohl für individuelle als auch für Team-Entscheidungen die Einschränkungen ausgeglichen und die Qualitäten genutzt werden.

6.1 Was ist Intuition?

Den meisten Menschen ist das Wort „Intuition" wohl bekannt und viele haben eine individuelle Erfahrung mit ihrer Intuition gemacht. Im Allgemeinen wird unter Intuition eine plötzliche Erkenntnis verstanden, die nicht über bewusstes Nachdenken entstand. Die Forschung ist noch weit entfernt von einem akzeptierten Erklärungsmodell. Die außersinnlichen oder spirituellen Erfahrungen, die mit der Intuition in Verbindung gebracht werden, sind in diesem Buch explizit ausgeklammert. Die Phänomene existieren zweifellos, jedoch ist ein Verständnis aus meiner Sicht erst sinnvoll, wenn die

Erkenntnisse und Erfahrungen mit unseren Entscheidungssystemen durchdrungen sind.

Die Ansätze vieler Philosophen wie Platon, Aristoteles, Baruch de Spinoza, René Descartes und später der Phänomenologen wie Husserl, die Intuition als reines Anschauen und absichtsloses Schauen zu verwenden, ist eine wertvolle Facette der Intuition. Dieser Aspekt wird ebenfalls nicht weiterverfolgt, um die Bedeutung der Intuition für die Entscheidungsfindung in den Mittelpunkt zu stellen.

> **!** Im Allgemeinen wird in diesem Buch der Begriff Intuition verwendet. Zur expliziten Abgrenzung von den spirituellen Facetten der Intuition wird der Begriff K-i-E Intuition verwendet.

In der öffentlichen Debatte wird Intuition überwiegend als unmittelbares, nicht auf reflektierendes Denken gegründetes Erkennen gesehen. Der Begriff Intuition stammt aus dem Mittellateinischen „intuitio", unmittelbare Anschauung, und bedeutet lateinisch „intueri": genau hinsehen. Die Intuition wird als Fähigkeit zur Einschätzung von subjektiver Stimmigkeit von Entscheidungen angesehen, ohne diskursiven Gebrauch des Verstands. Diese Definition weist mit dem Begriff der „Anschauung" bereits auf eine bewusste Wahrnehmung hin. Für die Intuition, deren Verarbeitung unbewusst geschieht und deren bewusster Anteil als Impuls mit einem begleitenden Emotionsgefühl erscheint, ist „Anschauung" unpassend (Bild 6.1).

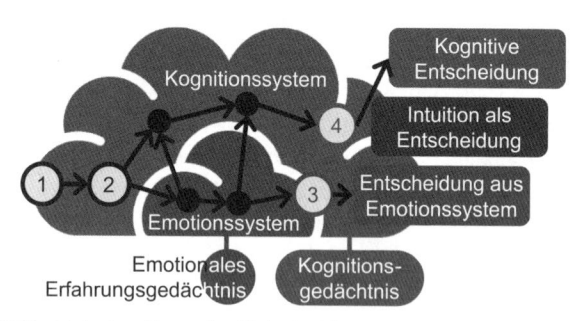

Bild 6.1 Die Intuition ist eine Form der Entscheidung

Der Begriff legt die Bedeutung auf das kohärente Weltbild, das anzuschauen ist und aus der Untrennbarkeit der Entscheidungssysteme entsteht.

Die Kognitionswissenschaft betrachtet die Intuition als das Resultat von bewussten und unbewussten Vorerfahrungen, die im Gehirn abgespeichert sind. Hierbei ist anzumerken, dass ein Resultat der Intuition wie ein Einfall, eine Eingebung, implizites Wissen, eine Vision, eine Innenschau, ein Geistesblitz, ein Gedankenblitz oder eine Idee bereits wieder ein bewusst im Kognitionssystem verarbeitetes Ergebnis ist. Die Ergebnisse der Intuition drückt das Kognitionssystem sowohl in Form von Gedanken, inneren Bildern und innerem Erleben als auch in Gefühlen und im Körper aus. Das Bauchgefühl wird synonym mit der Intuition verwendet und gerne, in der aktuellen Entscheidungsdebatte, der rationalen Entscheidung gegenübergestellt. Ich verwende den Begriff Bauchgefühl nicht, da Gefühle bereits bewusst sind und meist vom Emotionssystem ausgelöst wurden. Auch wenn die Intuition oft mit einem Bauchgefühl einhergeht, kann spätestens bei der bewussten Nutzung der Intuition erfahren werden, dass sich die Intuition auch ohne Bauchgefühl mitteilen kann.

Offensichtlich ist, die Intuition reagiert auf einen Stimulus und agiert mit einem Reaktionsmuster, das bis zu affekthaften Entscheidungen reicht.

Philosophen, Wissenschaftler und außergewöhnliche Denker der letzten Jahrtausende fühlten sich berufen, sich zur Intuition zu äußern. Aristoteles betonte dabei die eigenständige Form des Wissenserwerbs. Der Mathematiker Henri Poincaré machte die Intuition zum Werkzeug der Erfindung, die er von der Logik als dem Werkzeug des Beweises abgrenzte.

Die Intuition muss als eigenstehende Entscheidungsform gesehen werden, die außerhalb der Kognition anzusiedeln ist und einer Reihe von klar definierbaren Merkmalen genügt (Bild 6.2). Diese beiden Kriterien erfüllt mit voller Übereinstimmung das Emotionssystem:

- Es handelt sich um ein eigenständiges Entscheidungssystem (I).
- Die Merkmale (M.I) sind: schnell, mühelos, unaufgefordert, dem Bewussten nicht zugänglich.

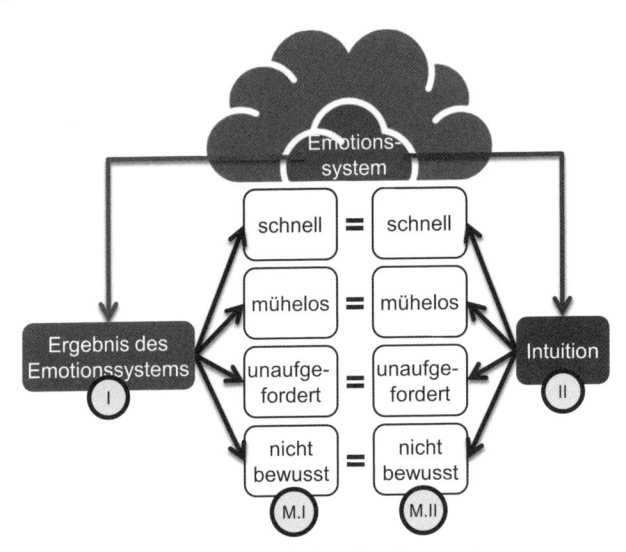

Bild 6.2 Die K-i-E Intuition ist das Ergebnis des Emotionssystems

Alle Merkmale des Emotionssystems (M.I) stimmen mit denen (M.II) der Intuition (II) vollständig überein. Sowohl das Emotionssystem als auch die Intuition haben weitergehende identische Merkmale: schnell, mühelos, arbeitet unaufgefordert, nicht bewusst zugänglich, nonverbal, ist immer aktiv, ist robust, nutzt das emotionale Erfahrungsgedächtnis, trifft immer eine Entscheidung, nur eine alternativlose Entscheidung, aktiviert das Kognitionssystem, ist konditionierbar, arbeitet autonom und genügt der Emotionslogik.

6.2 Wie sich die Intuition zeigt

Der innere Prozess der eigenen Intuition lässt sich sehr präzise beschreiben und wird von nahezu allen Menschen gleich erlebt. Dazu führe ich regelmäßig eine Befragung bei den Teilnehmern meiner Seminare, Vorlesungen und Workshops durch, in der ich nach den Merkmalen der Intuition frage:
- Meldet sie sich schnell oder langsam?
- Ist sie anstrengend oder mühelos?
- Agiert sie unaufgefordert oder muss man sie auffordern?
- Ist ihr innerer Prozess, wie das Urteil entsteht, dem Bewussten zugänglich oder nicht?

Die Befragung wird immer am Anfang durchgeführt, damit die Teilnehmer noch unbefangen antworten. Das Ergebnis bestätigt in hohem Maße den übereinstimmenden inneren Prozess der Intuition (Bild 6.3).

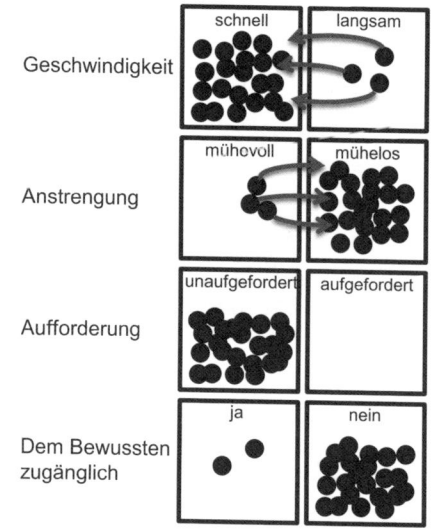

Bild 6.3 Die Intuition erscheint bei allen Menschen gleich

Bei den Kernmerkmalen Geschwindigkeit, Anstrengung, Aufforderung und Bewusstsein liegt die Übereinstimmung zwischen 87 % und 91 %. Die erste Bewertung wird unter Ausschluss von Ankereffekten durchgeführt, indem die Teilnehmer ihre Einschätzung unabhängig auf Karten notieren, die im Anschluss auf ein Plakat übertragen werden.

Die drei Teilnehmer, die die Intuition als langsam erfuhren, berichteten von einem identischen inneren Prozess:
1. Es gibt einen schnellen Impuls.
2. Irgendetwas passt nicht, eine innere Irritation.
3. Das Ringen zwischen dem Impuls und dem „Unbekannten" dauert oft lange.

Die anschließende Frage, wie lange dauert es, bis der erste Impuls wahrzunehmen ist, wird immer mit „sehr schnell" beantwortet. Bei der weiteren Erklärung, warum die Anstrengung hoch sei, wird auf das bewusste Ringen mit dem Unbekannten, der Intuition, verwiesen. Dieses Ringen ist bereits die Interaktion mit der Kognition, die im Konflikt zur intuitiven Entscheidung stand. Nach Bereinigung der inneren Dialoge mit dem Kognitionssystem liegt eine statistische Übereinstimmung aller Merkmale der Intuition von 98% für die 2.800 Teilnehmer seit dem Jahr 2007 vor.

Die obige Umfrage stammt vom 17. Mai 2017, durchgeführt an der Friedrich-Alexander-Universität Erlangen-Nürnberg. In den Seminaren „Entscheidungen im digitalen Zeitalter" wurden weitere Merkmale der Intuition abgefragt:

- Der Wahrnehmungsfokus: umfassend oder fokussiert?
- Ein Handlungsimpuls oder mehrere Handlungsalternativen?
- Die Art der Mitteilung: non-verbal oder verbal?

Auch hier wird eine hohe Übereinstimmung der Merkmale von 87% bis 93% erreicht.

Obwohl die Intuition von allen als unaufgeforderte Aktivität beschrieben wird, beantworten etwa 15% bis 50% der Teilnehmer die Frage, wie weit sie ihre Intuition aktiv benutzen, mit: ja. Bei einigen Berufsgruppen löst die Frage Irritationen aus und bei anderen wird sie als selbstverständlich empfunden. Auch dieses Phänomen ist einfach aufzulösen. Wenn man beginnt, die Intuition bewusst zu benutzen, wird sie zum integralen und selbstverständlichen Werkzeug von Entscheidungen.

Sowohl die Alltagserfahrung als auch alle Beschreibungen der Intuition in philosophischen Betrachtungen stimmen bei den Merkmalen überein: schnell, mühelos, unaufgefordert, nicht bewusst.

6.3 Bewusstsein macht die Intuition erst wahrnehmbar

Wie sich die Intuition bewusst mitteilt, findet vielfältige Ausdrucksweisen, die häufig individuell und kontextspezifisch sind. Manchmal ist es nur ein leichter Impuls, der stimmig oder nicht stimmig anzeigt. In der Folge können Farben, Szenen oder Zielsituationen auftauchen, genauso wie Geräusche, Stimmen oder Signale, die den Impuls in ein Go oder No-go übersetzen. Bei höherer emotionaler Erregung spiegeln sich die beteiligten Emotionen noch in Form einer Blockade (Angst) oder in einem Impuls „weg von" (Ekel) oder in dem Impuls, direkt Einfluss (Ärger) nehmen zu wollen. Bei geringer Erregung erlebte ich in meinen Seminaren die gesamte Palette der Ausdruckweisen als Ahnung oder „es einfach zu wissen". Ein Klient erkannte seine Intuition, indem er über ein farbig markiertes Lineal fuhr und sein Finger dabei fast einrastet. Bei einer Teilnehmerin signalisiert das linke Knie eindeutig die Zustimmung. Der motorische Cortex zur Bewegungssteuerung ist direkt mit dem Emotionssystem verbunden und erklärt dieses Phänomen.

Das Emotionssystem führt beim Routineverhalten die Bewegung automatisch ohne bewussten Impuls aus. Die Intuition, die zwischen dem Emotionssystem und dem Kognitionssystem entsteht, ist nur wahrnehmbar, wenn die Kognition aktiviert wurde. Das Ergebnis des Emotionssystems wird zur Intuition, indem sie bewusst wahrgenommen wird. Die Aktivierung der Kognition erfolgt immer dann, wenn das Emotionssystem die Situation nicht bewältigen konnte.

Die Intuition, die bewusst wahrnehmbar ist, ist das Ergebnis der Emotionslogik, die im unbewussten Emotionssystem hergestellt wurde. Da das Emotionssystem immer arbeitet und sich nur in bestimmten Situationen mitteilt, ist zu erklären, wieso die Intuition über alle Zeiten der Menschheit von allen Disziplinen wie der Philosophie, der Literatur, der Kunst, der Mathematik, der Physik, den Religionen, spirituellen Modellen, Alltagsweisheiten und Wissenschaften als auch in allen Kulturkreisen eine so hohe Bedeutung hatte, ohne dass sie jemals erfasst werden konnte.

■ 6.4 Wie die Transaktionsanalyse von Berne zu komplettieren ist

Der Entwickler der Transaktionsanalyse, der amerikanische Arzt und Psychiater Eric Berne (1983), glaubte, *„eine Intuition ist Wissen, das auf Erfahrung beruht und durch direkten Kontakt mit dem Wahrgenommenen erworben wird, ohne dass der intuitiv Wahrnehmende sich oder anderen genau erklären kann, wie er zu der Schlussfolgerung gekommen ist"*. Damit kam Berne dem Wesenskern der Intuition sehr nahe. Wie der innere Prozess abläuft, damit der intuitiv Wahrnehmende zur Schlussfolgerung kommt, wird durch die Sequenz der Emotions- und Kognitionslogik deutlich (Bild 6.4).

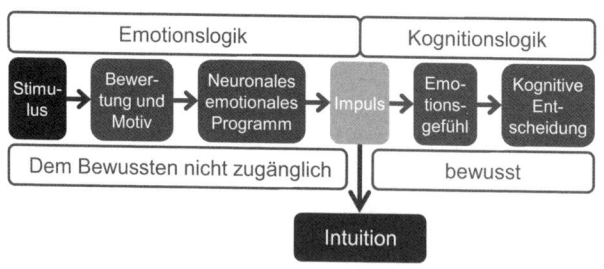

Bild 6.4 Die Intuition macht sich bemerkbar an der Schwelle zwischen den unbewussten und bewussten Prozessen.

Wie der Wahrnehmende zur Schlussfolgerung selbst kommen kann, vollzieht sich durch die Kognitionslogik. Damit wird es erstmals möglich, die Bedeutung der Intuition selbst zu erkennen und anderen zu erklären.

6.5 Die Konzepte von Philon, C. G. Jung, Milton Fisher und Kadanoff

Der Wortursprung im Lateinischen „intueri" mit „ansehen" erfuhr eine Differenzierung im Mittellateinischen mit „intuitio" als unmittelbares Anschauen oder Erfassen. Dies zeugt bereits vom Wissen, dass es zwei Wege für Anschauen gibt und die Intuition den Stimulus auf einem unmittelbaren Weg verarbeitet. Die Bezeichnung als nicht-diskursives Erfassen gab den Hinweis auf einen alternativen Weg, der dem kognitiven gegenüberstand. Die Reduzierung auf ein Polaritätspaar intuitiv versus diskursiv, wie es der griechische Philosoph Philon erwähnte, reduzierte die Intuition auf etwas, was sie nicht ist. Der Schweizer Psychologe Carl Gustav Jung ordnete die Intuition als etwas ein, das nicht im Gegensatz zur Vernunft steht, sondern als etwas, das außerhalb des Bereichs der Vernunft liegt. Wie Bild 6.5 zeigt, entsteht die Intuition parallel (3) und vor (3.2) der Vernunft, die im Kognitionssystem (4) anschließend verarbeitet wird. Damit ist für den ersten Teil Jungs Aussage, sie läge außerhalb der Vernunft, bestätigt. Präziser wäre die Formulierung, die Intuition liegt vor der Vernunft. Dass sie anschließend in die kognitive Entscheidung einfließt, ist in Jungs Einordnung nicht beschrieben.

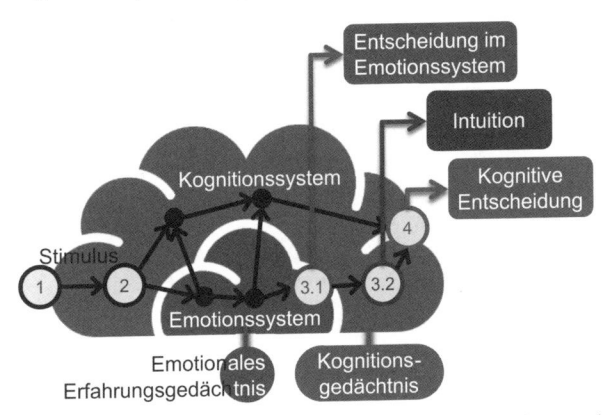

Bild 6.5 Die Intuition entsteht zwischen dem Emotions- und Kognitionssystem

Der Annahme, die Intuition sei im weitesten Sinn eine Sinneswahrnehmung wie Sehen, Hören, Fühlen, Riechen und Schmecken oder könne als solche erlebt werden, muss widersprochen werden. Es ist tatsächlich so, dass die externalen sensorischen Stimuli über den Thalamus in das Emotionssystem gespeist werden, jedoch können sie nicht als Wahrnehmung erlebt werden. Sie werden im Emotionssystem verarbeitet und zu neuronalen emotionalen Programmen verdichtet. Diese sind der Impuls, der das Kognitionssystem aktiviert. Da die Intuition als unbewusster Bestandteil in dieser Form in die Kognitionsverarbeitung einfließt, wird sie zuweilen als Sinneswahrnehmung empfunden. Bevor das Kognitionssystem aus den externalen Stimuli der Sinneskanäle eine bewusste Wahrnehmung erzeugt hat, war die Intuition internal bereits aktiv. So wird die bewusste Wahrnehmung von der zeitlich früheren Intuition sowie parallel von den Sinneskanälen gespeist. Die Kognition kreiert aus beidem, dem intuitiven Impuls mit den mitschwingenden Emotionen und der bewussten Wahrnehmung, ein kohärentes Weltbild. Dieser zeitliche Verlauf lässt die Intuition als Sinneskanal erscheinen, ohne dass er einer ist. Das von der Wirklichkeit abweichende kohärente Weltbild beziehungsweise die „kognitiven Verzerrungen" erlauben Rückschlüsse auf die Verarbeitung im Emotionssystem.

Das kohärente Weltbild ist ein Konstrukt des Kognitionssystems, das die Intuition und die bewusste Wahrnehmung zusammenführt. Alle bisherigen Beschreibungen der Intuition beziehen die späteren kognitiven Anteile mit ein. Auch wenn diese notwendig sind, um die Intuition wahrzunehmen und mitzuteilen, entsteht der Großteil der bewussten Wahrnehmung aus anderen Quellen. Sie ist jedoch kein sechster Sinn. Die Intuition ist die Verdichtung aller Sinne. Zum einen werden alle Sinneswahrnehmungen im Thalamus (2) zusammengeführt, die als Bestandteil der Emotionslogik verarbeitet werden. Zum anderen sind die Erfahrungen in den neuronalen emotionalen Prorammen und dem emotionalen Erfahrungsgedächtnis verdichtet, die ebenfalls für die Emotionslogik herangezogen werden. In eine ähnliche Richtung weist der amerikanische Intuitionsexperte Milton Fisher, wenn er die Intuition als Abruf von Informationen sieht, die irgendwann über die fünf Sinne wahrgenommen und gespeichert worden sind.

> Die Intuition in der K-i-E Theorie ist kein neuer oder sechster Sinn. Sie ist das Ergebnis aller Sinne, die durch die Emotionslogik verarbeitet wurden.

Für das weitere Verständnis der Intuition werden im K-i-E Konzept die Spezialisierungen der Entscheidungssysteme genutzt, so wie es auch der Physiker und Stadtplaner Leo P. Kadanoff vorschlug: *„Intuition ist das, womit man Ideen produziert. Logik ist das, womit man den Ausschuss aussondert."*

6.6 Kann die Erklärung der Intuition so einfach sein?

Ja, sie muss so einfach sein. Etwas so Umfassendes und Wirkungsvolles kann nur einfach sein. Wäre Intuition komplex, hätte analytisches Vorgehen sie längst entzaubert. Die Intuition, die bisher so wenig greifbar und so unendlich vielfältig war, ist mit der Untrennbarkeit der Entscheidungssysteme so einfach zu beschreiben. Die Konsequenzen sind unüberschaubar und wichtige Fragen werden einfach zu beantworten sein. Da wir alle ein Emotionssystem besitzen, verfügt jeder über eine Intuition. Es ist somit keine Frage mehr, ob Menschen die Intuition lernen können, sondern nur noch wie. Selbst diese Aussage ist nicht präzise. Die Intuition ist evolutionär in neuronalen Strukturen angelegt, damit steht sie jedem Menschen zur Verfügung. Wenn sie erscheint, kann sie nur noch ignoriert oder abgelehnt werden. Ignoranz wäre eine Bewertung der

Intuition als belanglos. Die Ablehnung ist bereits eine Bewertung mit höherem Bewusstsein. Die Intuition wird in diesem Fall als relevant erkannt und bewusst nicht berücksichtigt. Jedoch kann die Wahrnehmung für eine feine Differenzierung trainiert werden. Vor allem kann das Selbstverständnis zur bewussten Nutzung der Intuition gelernt werden. Dadurch könnte eine allgemeine Akzeptanz der Nutzung entstehen und die K-i-E Intuition würde zum allgemein geforderten und wichtigen Baustein in der Entscheidungsfindung. Der erfolgreiche Einsatz der Intuition ist nur mit einer Trennschärfe möglich, die die Intuition klar erkennen lässt und sie von anderen Effekten, insbesondere der Kognition, abgrenzt.

Die K-i-E Emotionstheorie zeigte klar auf, wie das Ergebnis der Emotionslogik von mehreren Faktoren abhängt, die ineinanderwirken:

- **Der Stimulus** – er setzt die Emotionsverarbeitung in Gang, aus der die Intuition entsteht.
- **Das emotionale Erfahrungsgedächtnis** – die Intuition hängt wesentlich davon ab, welche Erfahrungen darin abgespeichert sind.
- **Die neuronalen emotionalen Programme** – führen die Emotionslogik mit den jeweiligen Motiven der ihnen innewohnenden Emotionen aus und dominieren damit die Intuition.
- **Die emotionale Erregung** – sie bekommt eine ganz besondere Bedeutung bei dem Entstehen der Intuition. Sie beeinflusst die zyklischen Prozesse im Emotionssystem. Diese Effekte beginnen beim Stimulus und setzen sich über alle Prozessschritte in der Emotionslogik fort. Sie enden in der Stärke des Impulses, der die Intuition begleitet.
- **Untrennbarkeit der Entscheidungssysteme** – Emotions- und Kognitionssystem interagieren auf unterschiedliche Art und Weise miteinander.

6.7 Nutzen und Risiko von Experten stringent erklärt

Das Expertenwissen im Erfahrungsgedächtnis wird zu einem Wirkfaktor, der für gute Ergebnisse sorgen kann. Sichtbar wurde es beispielsweise in der Versuchsreihe der Psychologin Sian Leah Beilock von der Universität Chicago. Sie beobachtete Golfspieler bei ihren letzten Schlägen auf dem Grün, dem Putten, das den Ball ins Loch befördert. Dabei stellte sie überraschend fest: Golf-Professionals putten besser, wenn sie nicht über den Schlag nachdenken. Bei Anfängern ist es genau umgekehrt. Ein Profi verfügt über einen ausgeklügelten Schwung, der tausend Male trainiert wurde.

Sein emotionales Erfahrungsgedächtnis und seine neuronalen emotionalen Programme, die die programmierte Putt-Bewegung ausführen, sind hochfunktional (Bild 6.6).

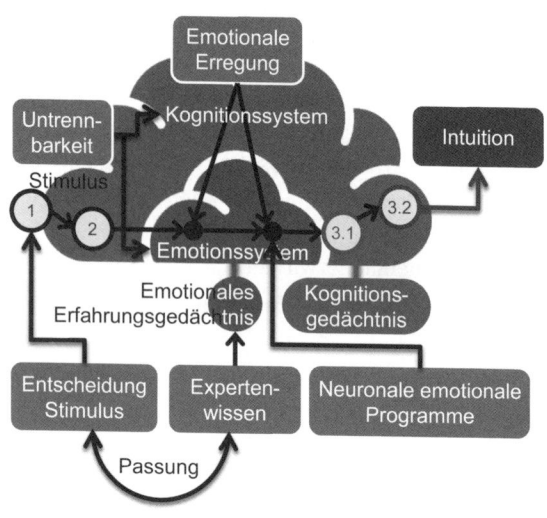

Bild 6.6 Wirkfaktoren auf die Intuition

Ein zweiter Wirkfaktor ist die untrennbare Verbindung der beiden Entscheidungssysteme, die eben auch mit dem Expertenwissen direkt verbunden sind. Jeder Gedanke unterbricht den Autopiloten und führt zu Irritationen und in der Folge zu schlechten Ergebnissen. Dieses Wirkprinzip fand schon der kanadische Psychologe Albert Bandura im Jahre 1997 heraus. Sein Resümee: Die Fähigkeit, Gedanken und Bilder zu kontrollieren, ist ein wesentlicher Erfolgsfaktor.

Der zyklische Prozess zwischen Kognitions- und Emotionssystem erhöht das Risiko, die emotionale Erregung durch Gedanken hochzuschaukeln. Bei einem Anfänger ist es genau umgekehrt, seine Putt-Routine ist noch nicht sicher und die Erinnerung an den Bewegungsablauf hilft ihm, einen besseren Schlag zu machen. Wie viel Wissen zu guten Entscheidungen führt, hängt vom Expertenwissen ab, von der emotionalen Disposition, der Passung des Expertenwissens zur Situation, der zur Verfügung stehenden Zeit und von einigem mehr.

Das Expertenwissen hat ebenfalls keine lineare Dimension. Es hat auch die dysfunktionalen Bereiche des Zuviel und Zuwenig (Bild 6.7).

Bild 6.7 Auch das Expertenwissen hat seine Schattenseiten

Dass das fehlende Expertenwissen oft zu dilettantischem Verhalten führt, ist akzeptiertes Wissen. Das Risiko, dass gerade Experten blind für Neues sind oder ihm zu wenig Bedeutung geben, ist wenig bekannt und wird in den Führungsetagen gerne übersehen. Jede Führungskraft erwirbt sowohl Nutzen als auch Risiko bei Einbindung selbsternannter interner und externer Experten.

Das wies auch Merim Bilalić vom Institut für Psychologie der Alpen-Adria-Universität Klagenfurt nach. Er untersuchte 2015 Schachprofis, die bekannte Spielzüge bevorzugten, und hielt ihre Augenbewegungen fest. In den anschließenden Gesprächen konnten sie nicht erklären, warum sie die bekannten, aber schwierigen Züge ausführten und quasi blind für einfache bessere Lösungen waren. Die fehlende Erklärung der Schachprofis zeigt, dass das emotionale Erfahrungsgedächtnis dem Bewussten nicht zugänglich ist. Die Augenbewegungen geben den Hinweis, dass auf neuronale emotionale Programme zugegriffen wurde.

6.8 Die Intuition ist keine innere Stimme

Das Experiment von Sian Leah Beilock mit den Golf-Profis zeigt, wie untrennbar das Ergebnis des Emotionssystems, die Intuition, mit der Kognition verbunden ist. Die Kardinalfrage, die es zu lösen gilt: Wie unterscheidet man die Intuition von der Kognition? Der Philosoph Ludwig Wittgenstein soll hier stellvertretend für diese zentrale Aufgabenstellung zitiert werden: *„Nur Intuition konnte diesen Zweifel heben? – Wenn sie eine innere Stimme ist, – wie weiß ich, wie ich ihr folgen soll? Und wie weiß ich, dass sie mich nicht irreleitet? Denn, kann sie mich richtig leiten, dann kann sie mich auch irreleiten."*

Der erste Schritt beginnt mit der Erkenntnis, das Emotionssystem entscheidet immer. Das Ergebnis muss nur noch identifiziert werden. Eines kann man mit der Emotionstheorie bereits ableiten. Wittgenstein spricht nicht mehr von der unbeeinflussten Intuition. Wenn sie eine innere Stimme ist, dann hörte er bereits etwas, und Hören ist ein bewusster Vorgang, an dem das Kognitionssystem beteiligt ist. Wann und wie man einer inneren Stimme folgen sollte, erklärt sich erst aus dem Prozess, wie der Mensch ein kohärentes Weltbild herstellt.

> **!** Wenn die Intuition als innere Stimme erscheint, ist es nicht mehr die Intuition.

Die Intuition ist gleichermaßen ein Relikt aus der evolutionären Vergangenheit des Menschen, da sie das Ergebnis der Kognition zugänglich macht. Sie ist aber auch gleichzeitig eine Hochleistungsentscheidungsinstanz, die von der Kognition benutzt werden kann.

Mit der K-i-E Theorie bekommen Entscheider die Wahl, beide Entscheidungssysteme in ihrer Bedeutung zu würdigen und zu nutzen. Sie können die Intuition als erste und treue Entscheidung in jedem Entscheidungsprozess ehren. Durch die gleichzeitige Wechselwirkung zwischen Emotions- und Kognitionssystem wird das Geschenk nicht vergessen und die Kognition kann überdies als spätere Instanz im Entscheidungsprozess die Intuition integrieren und bewusst nutzen.

■ 6.9 Wie der Mensch die unaufgeforderte Intuition erkennt

Eine Unterscheidung der Intuition von der Kognition kann nur mit der Kognition geschehen, da nur sie bewusst agiert. Das Emotionssystem arbeitet immer. Die Intuition als Bestandteil der Emotionslogik wird dem Bewussten nur dann zugänglich, wenn das Kognitionssystem aktiviert wurde. Die kognitiv überformte Entscheidung ist die Form, bei der die Kognition aktiviert wurde und die Intuition wahrgenommen werden kann (Bild 6.8). Bei dieser Entscheidungsform hat sich das Emotionssystem bereits durch die Intuition mitgeteilt, deshalb nenne ich sie „unaufgeforderte Intuition".

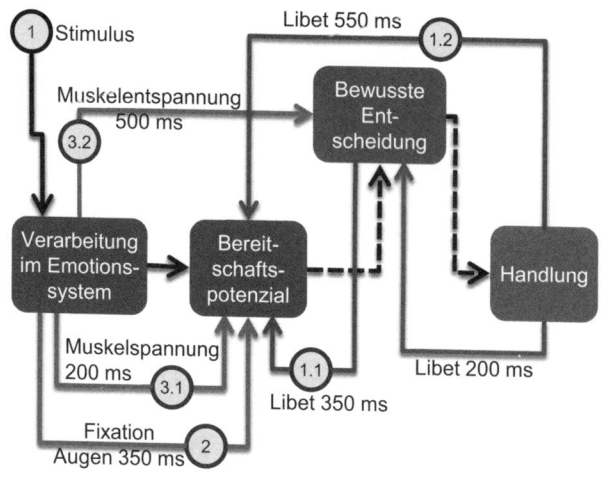

Bild 6.8 Die kognitiv überformte Entscheidung mit den Prozesszeiten

Die Messung aus dem Libet-Experiment vom Bereitschaftspotenzial bis zur bewussten Entscheidung von 350 Millisekunden kann als gesicherter Wert angenommen werden. Da der Stimulus (1) und die Verarbeitung im Emotionssystem vor dem Bereitschaftspotenzial liegen, kann davon ausgegangen werden, dass die Intuition nicht vor 350 Millisekunden (1.1) erzeugt wird.

Neurologische Prozesse sind nicht sehr präzise zu vermessen und die bisherigen Versuchsaufbauten hatten – anders als das K-i-E Konzept – einen engeren Fokus. Trotzdem darf davon ausgegangen werden, dass es sich um keinen Bestätigungsfehler handelt, also der Neigung, Informationen so auszuwählen, zu ermitteln und zu interpretieren, dass diese die eigenen Erwartungen erfüllen. Als gesichert kann der zweite Zugang durch die

Fixation der Augen (2) betrachtet werden. Hier kann davon ausgegangen werden, dass die Intuition nicht schneller als in 350 Millisekunden erzeugt worden sein kann.

Als dritter Zugang dient die Muskelanspannung (3.1), die nach 200 Millisekunden noch nicht bewusst wahrgenommen wurde. Das bestätigt eine Verarbeitungszeit von mehr als 200 Millisekunden im Emotionssystem.

Die Intuition als nachfolgender Prozessschritt kann erst später bewusst erscheinen (Bild 6.9).

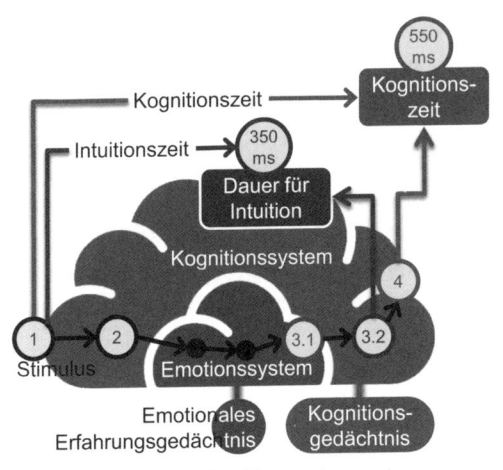

Bild 6.9 Nach 350 Millisekunden ist die Intuition wahrzunehmen

Die Reaktionszeit für das Kognitionssystem ist nicht unter 550 Millisekunden zu erwarten, wie das Libet-Experiment und die Muskelentspannung zeigen.

Damásio vermaß die Geistzeit, wie er die Verarbeitungszeit des Kognitionssystems nannte, und bestätigte diesen Wert. Die Neurowissenschaften, ebenso die Neuropsychologie und die Kognitionswissenschaften gehen ebenfalls von 500 bis 600 Millisekunden aus. Dabei handelt es sich um Minimalzeiten, die nicht unterschritten werden. Sie können sich vielmehr durch Blockieren der Intuition auf mehrere Sekunden und durch Gedankenzyklen auf Minuten und Stunden ausdehnen.

Die Zeitdauer von 200 Millisekunden zwischen der bewussten Entscheidung und der Handlung kann durch die vielfach wiederholten Libet-Experimente, vor allem durch den Versuch des freien Un-Willens von Haynes, als gesichert angesehen werden.

Damit ergibt sich als vierter Zugang ein sicherer Korridor von 350 bis 400 Millisekunden für die Reaktionszeit der Intuition. Im Weiteren wird aus Gründen der Einfachheit eine minimale Reaktionszeit von 350 Millisekunden für die Intuition angenommen und 550 Millisekunden für die Kognitionszeit.

Das mag zur Identifikation der Intuition kurz erscheinen, wie ein Wimpernschlag. Doch dauert ein Wimpernschlag nur 120 Millisekunden und 350 Millisekunden entsprechen im Ski-Abfahrtsrennen bereits 9,7 Meter und würden für Usain Bolt im 100-Meter-Sprint 3,7 Meter Vorsprung bedeuten. Diese Abstände und die daraus abzuleitenden Zeiten entsprechen durchaus gewohnten Vorgängen.

6.10 Die aufgeforderte Intuition

Die unaufgeforderte Intuition als untrennbarer Teil einer Entscheidung kann wie beschrieben anhand der Zeit von 350 Millisekunden nach dem Stimulus trennscharf erkannt und in eine Entscheidung integriert werden.

Der Stimulus ist eine Voraussetzung, damit das Emotionssystem die Verarbeitung beginnt und sich anschließend der Intuition mitteilt. Es arbeitet immer, unabhängig davon, ob der Stimulus external unbeabsichtigt oder beabsichtigt ausgelöst wurde. Die Intuition teilt sich genauso mit, wenn das Emotionssystem internal willentlich oder auch unwillentlich aktiviert wird.

Wird das Emotionssystem willentlich external oder internal durch eine wohlgeformte Leitfrage initiiert, spricht die K-i-E Theorie von der aufgeforderten Intuition. Die Leitfrage nach vorgegebenen Design-Kriterien und die Reaktionszeit von 350 Millisekunden sind das Rüstzeug, um die Intuition trennscharf zu erkennen.

Die folgenden Phänomene des Blindsehens zeigen auf, wie der Stimulus gestaltet sein muss, damit das Emotionssystem mit der aufgeforderten Intuition reagiert.

6.10.1 Sehen, ohne zu sehen

Sehen ist größtenteils eine neurologische Leistung. Die Annahme, unsere Augen würden sehen, ist ein Mythos. Der sensorische Stimulus wird mit beiden Augen, der Retina, aufgenommen und über die Sehnerven ans Gehirn geleitet. Bewusstes Sehen ist dann ein kognitiver Prozess, der über bestimmte Areale im visuellen Kortex als bewusstes Bild repräsentiert wird. Das Zentrum befindet sich am Hinterhaupt, deswegen der Name Hinterhauptlappen oder Occipitallappen. Sind neurologische Areale auf dem Weg dahin oder das Sehzentrum selbst, während die Augen noch intakt sind, durch einen Unfall oder Tumor beschädigt, ist das Sehen eingeschränkt oder nicht mehr möglich (Bild 6.10).

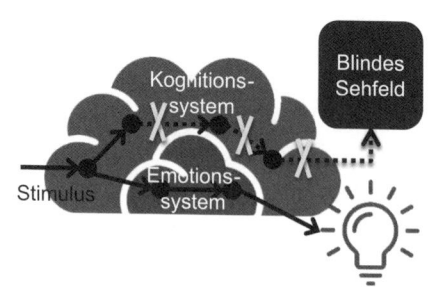

Bild 6.10 Bewusstes Sehen ist bei Schäden der visuellen Verarbeitung nicht mehr möglich

Der Psychologe Ernst Pöppel berichtete 1973 von Blickbewegungen auf ungesehene Ziele, einem schon länger diskutierten Phänomen. Weil die Klienten im blinden Sehfeld nichts sahen, beteuerten sie, bei den Tests keinen Seheindruck gehabt zu haben. Der Neuropsychologe Reinhard Werth hat 2007 in einem ähnlichen Experiment mit Lichtreizen bei 290 Versuchen eine Trefferrate von 99 Prozent erreicht, obwohl der Klient die Untersuchung ziemlich unsinnig fand und nach jedem Versuch angab, er hätte nur geraten.

Als externaler Stimulus wirkt die Frage nach der Lichtquelle, die das Emotionssystem aktiviert und den Klienten in ihre Richtung zeigen lässt. Das Emotionssystem lässt sich auffordern zu arbeiten und die Bedeutung in der Frage wird berücksichtigt.

6.10.2 Reagieren, ohne zu sehen

Die Neurologin und Neuropsychologin Beatrice de Gelder führte seit 2008 weitere Experimente mit blindsehenden Klienten durch. Neben dem Klienten mit total blindem Sehfeld, der einen Korridor mit Hindernissen durchqueren konnte, untersuchte sie zwei Blindseher, deren Sehfeld nur für ein Auge ausgefallen war. Beide Augen waren intakt, jedoch war die visuelle Verarbeitung für das Sehfeld des rechten Auges zerstört (Bild 6.11). Für die visuelle Verarbeitung wurden bisher 30 Areale identifiziert und für die Wahrnehmung, Interpretation und Reaktion der visuellen Reize sind 60% der Großhirnrinde beteiligt. Die Klienten, denen als externaler Stimulus Bilder mit einem emotionalen Gesichtsausdruck dargeboten wurden, konnten überdurchschnittlich häufig erraten, welche Emotion aus den Gesichtern abzulesen war, obwohl sie sie nicht sehen konnten. In einem weitergehenden Versuch verzichtete Beatrice de Gelder auf die diskutierbare Auskunft der Klienten und maß die Muskelreaktion mittels Elektromyographie im Gesicht. Die unwillkürlichen Muskelbewegungen im Gesicht waren eindeutig. Die Klienten spiegelten, wie bei allen Menschen üblich, den emotionalen Ausdruck, den sie nicht sehen konnten.

Das Emotionssystem erkennt den emotionalen Ausdruck und spiegelt diesen im eigenen Gesicht wider, ohne dass die Versuchsperson etwas bewusst wahrnimmt.

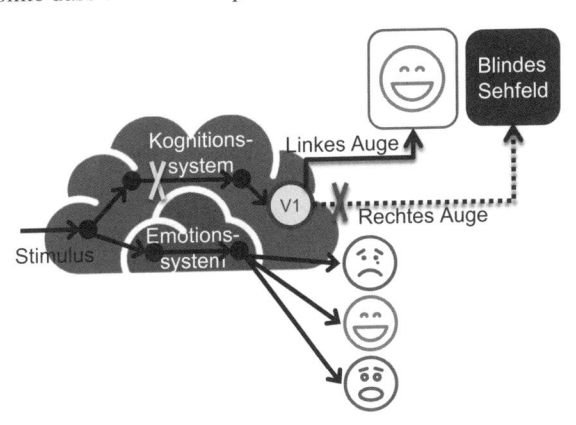

Bild 6.11 Blindes Sehfeld für ein Auge

Die Experimente zeigen, dass „Blindseher" visuelle Stimuli wahrnehmen, ohne dass sie sich dessen bewusst sind. Die Ergebnisse werden bereits mystifiziert und als möglicher sechster Sinn diskutiert. Mit der K-i-E Theorie sind die Experimente einfach zu erklären.

Die Klienten können nicht sehen, weil visuelle Areale des Kognitionssystems zerstört sind, die vorher bewusstes Sehen ermöglichen. Die visuellen Stimuli erreichen jedoch das Emotionssystem, dessen Emotionslogik darauf reagiert. Sehen ist aus meiner Sicht kein angemessener Begriff für das, was das Emotionssystem leistet, weil Sehen als bewusster Vorgang aufgefasst wird. Den visuellen Stimuli eine Bedeutung zu geben, ist nur ein Teil, was das Emotionssystem leistet. Die Emotionslogik, die im Emotionssystem verarbeitet wird, reagiert nach der Bedeutungsgebung, indem sie das Greifen nach Objekten und die Spiegelung des emotionalen Gesichtsausdrucks automatisch ansteuert.

Wie von Beatrice de Gelder und anderen vermutet, sollte die Intuition nicht als sechster Sinn betrachtet werden, sondern als Summe aller Sinne, die ihre Stimuli über den Thalamus an das Emotionssystem leiten und eine Bewertung und Entscheidung verarbeiten. Umgekehrt ist es aus meiner Sicht sehr sinnvoll, den verwendeten Begriff des sechsten Sinns durch die Intuition zu ersetzen.

6.10.3 Reagieren auf die Bedeutung der auffordernden Frage

Über die Fähigkeit, Mitmenschen an ihrer Mimik einzuschätzen, verfügen nahezu alle Menschen. Die Psychologin Nalini Ambady von der Harvard University zeigte Schülern Videoclips ihrer Lehrer von nur zwei Sekunden Dauer. Das Blitzurteil über die Einschätzung der Lehrer deckte sich weitgehend mit dem, das Schüler am Ende eines kompletten Halbjahrs abgegeben hatten. Aus Sicht der K-i-E Theorie waren die Schüler in der Lage, das Motiv-Profil der guten Lehrer blitzschnell mit ihrer Intuition zu prüfen (Bild 6.12).

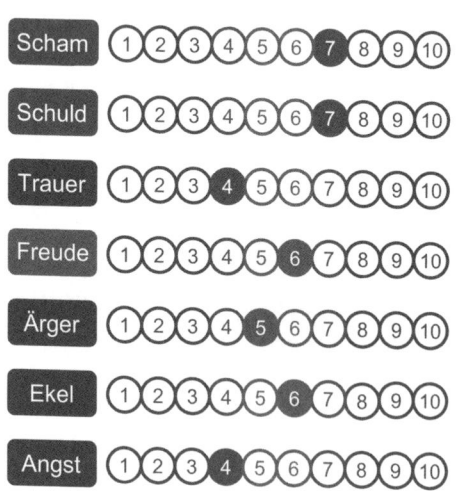

Bild 6.12 Emotionales Motiv-Profil eines guten Lehrers

Das Motiv-Profil eines „schlechten" Lehrers würde sich bei Angst, Freude, Trauer und insbesondere bei Schuld und Scham unterscheiden. Der sichtbare Ausdruck des Motiv-Profils konnte von den Schülern in Sekundenschnelle wahrgenommen werden. Die Leitfrage: „Ist das ein guter Lehrer?" lieferte der Intuition zusätzlich einen deutlichen Impuls.

Ambady beeindruckte durch weitere überraschende Versuchsergebnisse, die zeigten, dass unabhängige Juroren ohne faktische Informationen Ärzte erkannten, die später angeklagt wurden. Sie sahen auf Videoaufzeichnungen nur 40 Sekunden lange Patientengespräche mit diesen Chirurgen. Die hochfrequenten Töne waren entfernt, Worte waren nicht mehr zu verstehen. Die Juroren konnten somit weder dem Gesprächsverlauf folgen noch die Kompetenz der Ärzte einschätzen. Die Interpretation, dass die erkennbare Satzmelodie, der Sprechrhythmus und die Tonhöhe zur stimmigen Voraussage führten, ist aus der K-i-E Theorie nur ein Zugang. Der auditive Stimulus wirkt auf das Emotionssystem, jedoch ist der emotionale Ausdruck der Gesprächspartner – zwischen Patienten und Arzt – stärker. Wahrscheinlich waren es eher die Schuld-Schuld-Schleifen in der Mimik, die die Juroren mit einer Überprüfung durch ihre Intuition identifizierten (Bild 6.13). Ein ausgeglichenes Klienten-Arzt-Verhältnis würde ein deutlich anderes Motiv-Profil des Arztes und auch der Klienten zeigen, insbesondere bei den Grundemotionen Angst, Ekel, Freude, Trauer und vor allem bei Schuld.

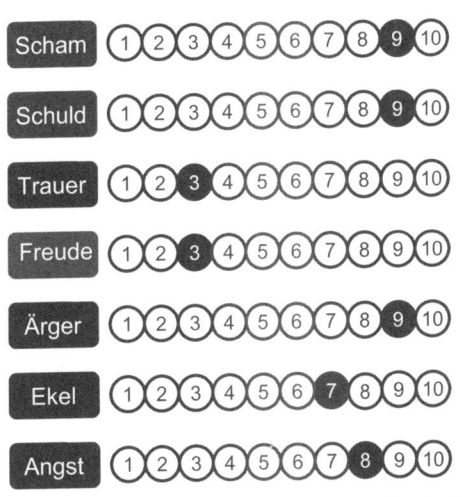

Bild 6.13 Emotionales Motiv-Profil eines Arztes mit zu erwartender Anklage

Diese Phänomene sind mit der Wirkungsweise des Emotionssystems und im Ausdruck der Intuition schlüssig zu erklären. Das Emotionssystem drückt sich in Mimik und im non-verbalen Teil der Sprache aus.

Die Intuition erkennt die programmierten Verhaltensmuster, wie es de Gelder in ihrem Experiment – Blindseher mit einem Auge – nachgewiesen hat.

Diese Phänomene, das Libet-Experiment, das unerklärliche Blindsehen und andere Test-Widersprüche führten dazu, die Wirkungsweise des Emotionssystems und der Intuition zu ergründen.

Mit der fortwährenden Verfeinerung des Zusammenwirkens zwischen Emotion, Intuition und Kognition können nun bis dato unerklärliche Phänomene erklärt werden, allen voran die Intuition selbst (Bild 6.14).

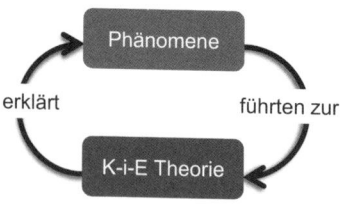

Bild 6.14 Zyklisch-evolutionärer Prozess zur Entwicklung der K–i–E Theorie

In beiden Experimenten kann das Kognitionssystem, aufgrund der fehlenden Fakten, die Fragen nach einem „guten" Lehrer oder einem „angeklagten" Arzt nicht beantworten. Als externaler Stimulus dienen die jeweiligen Fragen, die die „Zielrichtung" für das Emotionssystem mitgeben. Das Emotionssystem verarbeitet mit seiner Emotionslogik diese Stimuli mühelos. Die Leitfrage nach der Berufsgruppe aktiviert das emotionale Motiv-Profil im emotionalen Erfahrungsgedächtnis und vergleicht es mit dem emotionalen Ausdruck der einzelnen Personen. Die Intuition reagiert mit stimmig oder nicht stimmig und lässt die Schüler und Ärzte die richtigen Antworten herausfinden.

6.10.4 Die richtige Leitfrage für die aufgeforderte Intuition

Lawrence Weiskrantz veröffentlichte bereits 1974 Untersuchungen von einem blinden Patienten, der ebenfalls nach visuellen Reizen greifen und die Buchstaben X und O sowie Spielkarten unterscheiden konnte. Sein Nachweis des Blindsehens war deshalb so überzeugend, weil der Patient durch einen chirurgischen Eingriff einen totalen Ausfall des Sehfelds hatte. Auch der Patient war von seinen „überzufälligen" Ergebnissen überrascht. Das Versuchsergebnis liefert uns heute den entscheidenden Hinweis, wie die Intuition mit der Gestaltung der Leitfrage bewusst genutzt werden kann.

Fragen, die eine Entscheidung mit Ja oder Nein forcierten, konnte der Blindseher beantworten:

- Ist das eine rote Spielkarte? – konnte mit einem „Ja" (stimmig) beantwortet werden, falls es eine rote war. Die Antwort war „Nein" (unstimmig), wenn es eine schwarze war.
- Ist das ein „X"? – konnte mit „Ja" beantwortet werden, wenn es ein „X" war. Die Antwort war „Nein", wenn es ein „O" war.

Fragen, die eine Benennung des Objekts und damit eine bewusste Erkennung voraussetzten, konnten nicht beantwortet werden. Der begrenzte Ausdruck der Intuition mit stimmig und unstimmig reichte dafür nicht aus.

- „Was siehst du?" – wurde mit „nichts" beantwortet, wenn dem Klienten eine rote Spielkarte angeboten wurde. „Nichts" ist im Sinne von bewusster Wahrnehmung richtig. Die Frage aktiviert das Emotionssystem und es reagiert meist unspezifisch. Es kann aber das Objekt nicht identifizieren, da keine bewusste Objekterkennung im Emotionssystem möglich ist.

- „Was ist das?" – wurde mit „ich weiß es nicht" beantwortet, wenn dem Klienten ein „X", „O" oder eine Spielkarte dargeboten wurde.

Bei der Frage „siehst du ein X oder O?" würde die aufgeforderte Intuition ebenfalls nicht reagieren, da das Emotionssystem nur eine Entscheidung produzieren kann und nicht zwischen zwei oder mehreren Optionen wählen kann (Bild 6.15). Diese Eigenschaft ist von wesentlicher Bedeutung im unternehmerischen Kontext, da Entscheidungsvorlagen immer mehrere Varianten enthalten müssen. Um die Intuition als Abruf des Expertenwissens bewusst einzusetzen, müssen Führungskräfte lernen, wie die Intuition wirkt, damit sie Leitfragen für unternehmerische Belange flexibel entwerfen können.

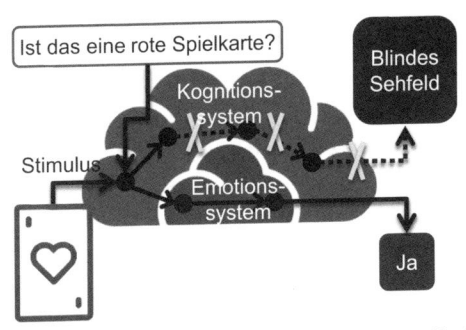

Bild 6.15 Das intakte Emotionssystem erkennt die dargebotene Karte und reagiert darauf

Das Phänomen, das Objekt nicht benennen zu können, ist einfach zu erklären. Die Frage aktiviert das Kognitionssystem, auf die Entscheidung der Intuition zu achten. Da das Emotionssystem dem Bewussten nicht zugänglich ist, hat der Klient keine bewusste Vorstellung davon, was er sieht. Das Emotionssystem kann nur eine Bestätigung oder Verneinung leisten, um die Frage „Ist das eine rote Spielkarte?" mit einem Ja- oder Nein-Impuls zu quittieren. Die Entscheidung drückt das bewegungsorientierte, unbewusst agierende Emotionssystem mit folgenden Hinweisen aus:

1. als Impuls, der als Go- oder No-go-Impuls zu spüren ist. Das sind die programmierten Verhaltensmuster der Angst: Starre (No-go) und Fight oder Flight als (Go).
2. als stimmig oder nicht stimmig, als ein diffuser Impuls aus dem Emotionssystem, der den beginnenden kognitiven Anteil widerspiegelt.
3. mit Ja oder Nein, die evolutionär modernere Übersetzung des Impulses durch das Kognitionssystem.

Eine Frage mit einer Antwortstruktur Ja/Nein aktiviert das Emotionssystem und als Folge zeigt sich die Intuition mit einer klaren Antwort. In der K-i-E Theorie werden Leitfragen mit dieser Antwortstruktur entworfen.

Die Leitfrage aktiviert bewusst und gezielt die Intuition. Sie wird in unternehmerischen Entscheidungsprozessen vom Master of K-i-E gestellt und wirkt so als externaler Stimulus. Genauso kann sie als selbstgestellte Leitfrage als internaler Stimulus wirken. Das Ergebnis einer Leitfrage nach dieser Design-Vorgabe wird in der K-i-E Theorie und bei den Entscheidungswerkzeugen als aufgeforderte Intuition bezeichnet. Unaufgeforderte Intuition wird für ungerichtete externale oder internale Stimuli eingeführt.

Diese Fähigkeit der „blindsehenden" Klienten ließ sich durch Üben verbessern. Je häufiger der Patient trainiert, wo sich der Lichtpunkt im blinden Gesichtsfeld befindet, desto besser und zielgenauer kann er greifen. Das Emotionssystem lernt und die Neuroplastizität des Emotionssystems wird sichtbar.

6.10.5 Die aufgeforderte Intuition für gute Entscheidungen nutzen

Die bewusste Nutzung der Intuition wird ein Leichtes, wenn das Verständnis für die Entscheidungssysteme und deren Interaktion gewährleistet ist. Mit diesem Wissen können Entscheider ihre eigenen inneren Entscheidungsprozesse selbst steuern und als Master of K-i-E andere mit ihrer intuitiven Kompetenz einbeziehen. Die Voraussetzungen für die bewusste Nutzung der Intuition sind:

1. Kenntnisse über die Wirkungsweise des Emotionssystems, der Intuition und des Kognitionssystems
2. Die Erkenntnis, dass die Intuition, zumindest ihre Erscheinung, bewusst ist
3. Erstellung von Leitfragen, die durch die Antwortstruktur von Ja oder Nein geeignet sind
4. Unterbrechung des Entscheidungsprozesses nach 350 Millisekunden, um möglichst trennscharf das Ergebnis der Intuition wahrzunehmen (Bild 6.16)
5. Abschluss der Entscheidungsprozesse als kognitiv überformte Entscheidung

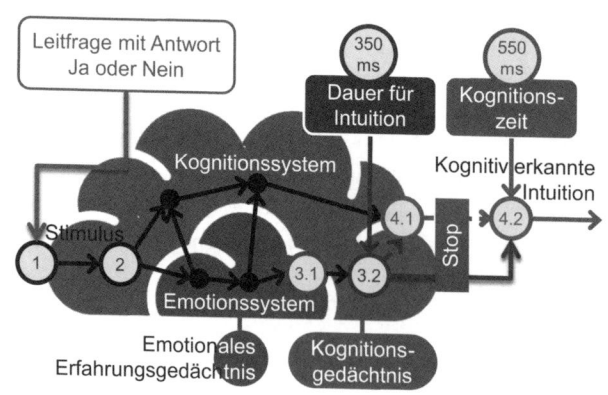

Bild 6.16 Die kognitiv überformte Entscheidung wird nach 350 Millisekunden unterbrochen

Die einfachste Form, die Intuition bewusst zu nutzen, sind klare Fragen wie:
- Stimmt das? – Diese Leitfrage prüft allgemein auf Stimmigkeit.
- Kann ich mich darauf verlassen? – Der Fokus zielt auf das persönliche Commitment.
- Ist das gesichert? – Der Fokus zielt bereits auf die rationale Nachweisbarkeit. Es ist Achtsamkeit geboten, damit die Kognition nicht aktiviert wird.

Diese Leitfragen lassen sich direkt mithilfe der Intuition beantworten. Wenn die Intuition bewusst im Zeitraum von 350 bis etwa 500 Millisekunden wahrgenommen wird, handelt es sich um die reine K-i-E Intuition.

Die Trennschärfe zwischen Kognition und Intuition erfordert eine achtsame Beobachtung des inneren kognitiven Entscheidungsprozesses und der bewusst zugänglichen non-verbalen Impulse aus dem Emotionssystem. Das aus der Intuition übersetzte beziehungsweise identifizierte „Ja" oder „Nein" beziehungsweise „stimmig" oder „nicht stimmig" sind zusammen mit der Frage auch ein Stimulus für das Kognitionssystem. Passen die Entscheidungen von Intuition und Kognition nicht zusammen, entsteht sofort der klassische innere Konflikt. Entscheidend ist nur, dass die Intuition wahrgenommen wird, ohne sie zu bewerten oder ihr einen besonderen Stellenwert zu geben.

Der anschließende natürliche Zielkonflikt zwischen dem Schutz und der Chancennutzung für das Unternehmen und den persönlichen Konsequenzen für den Entscheider oder das Team setzt eine Dynamik in Gang, die in einem Entscheidungsprozess für eine gute Entscheidung berücksichtigt und gelöst werden sollte. Die K-i-E Entscheidungsstrategie als elementares Tool bildet die natürliche, evolutionär vorgegebene Sequenz im Entscheidungsprozess nach. Die unaufgeforderte Intuition war immer am Wirken, bevor die Kognition sie wahrnimmt. Mit der aufgeforderten Intuition kann die Intuition nach der Kognition erneut bewusst abgerufen werden.

> **!** Erst die Einbindung in einen bewussten Entscheidungsprozess macht die Intuition zu einem wertvollen und unersetzlichen Bestandteil einer Entscheidung.

■ 6.11 Warum die Intuition in jeder Entscheidung wirkt

Der Versuch, die Intuition in eine Polarität zur rationalen Entscheidung zu zwängen, ist zwangsläufig zum Scheitern verurteilt. Die Intuition lässt sich nicht auf bestimmte Entscheidungsarten begrenzen, da sie in jeder Entscheidung enthalten ist. Die Lösung besteht darin, das bereits Geschehene, die unaufgeforderte Intuition, als ersten integralen Bestandteil eines Entscheidungsprozesses zu akzeptieren, gerade dann, wenn er den äußeren oder inneren Zwängen widerspricht. Dem zuweilen starken Impuls, der mit der Intuition aus dem Emotionssystem einhergeht, ist nicht unbedingt sofort zu folgen, sondern er ist nur wahrzunehmen und in den anschließenden kognitiven Entscheidungsprozess zu integrieren, der mit der bewusst aufgeforderten Intuition abgeschlossen wird.

Die Intuition ist eine Entscheidung aus dem Emotionssystem, die der Emotionslogik genügt und aus den individuellen neuronalen emotionalen Programmen, dem emotionalen Erfahrungsgedächtnis und der emotionalen Erregung entstanden ist. Besondere Bedeutung bekommen intuitive Entscheidungen bei erhöhter emotionaler Erregung, die in affekthafte Entscheidungen münden und bei höchster emotionaler Erregung in affekthafte Reaktionen ausarten. Die affekthafte Entscheidung gehört streng genommen zu den rein intuitiven Entscheidungen, da die Kognition kaum mehr eine Rolle spielt und bei der affekthaften Reaktion ausgeschaltet ist. Der Begriff der Intuition ist für diese Entscheidungsform nicht gebräuchlich und auch nicht passend. Der finalen affekthaften Entscheidung sind nahezu immer bewusste kognitive Entscheidungszyklen vorangegangen, jedoch gerade im letzten affekthaften Zyklus ist die kognitive Entscheidung nicht mehr aktiv.

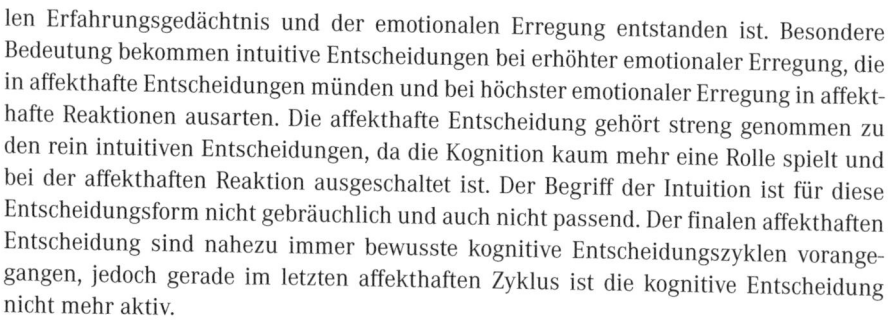

Unabhängig davon, wie man sie nennt, kann das Kognitionssystem die Intuition nicht mehr sinnvoll in einen Entscheidungsprozess integrieren. Die üblichen Verzerrungen und anschließenden rationalen Erklärungsversuche sind die Folge. Die Entscheidung aus dem Emotionssystem ist nicht im üblichen Sinne falsch, sie genügt einfach der Emotionslogik, die bei hoher emotionaler Erregung nicht für die moderne Zeit oder für langfristige tragfähige Entscheidungen ausgelegt ist.

So wie die Weisheit der Intuition bei balancierter emotionaler Erregung und ausreichendem emotionalen Erfahrungsgedächtnis ein Segen ist, so wird die Intuition bei erhöhter emotionaler Erregung mit der Folge von dysfunktionalen neuronalen emotionalen Programmen zum Fluch.

Die Auflösung des Dilemmas zwischen rationaler und intuitiver Entscheidung beginnt mit der Akzeptanz der bewussten Intuition und der anschließenden Integration in einen Entscheidungsprozess. Durch die Untrennbarkeit der Entscheidungssysteme war die Intuition bereits wirksam und die Kunst besteht darin, sie bewusst wahrzunehmen. Damit wächst das Vertrauen in eine außergewöhnliche Entscheidungsinstanz, die bei achtsamem Umgang immer eine schnelle und mühelose Entscheidung liefert. Die Erfahrung, dass die Intuition immer reagiert, schafft die Verbindung zu sich selbst. Sie wird als integraler Teil des Entscheiders wahrgenommen und nicht mehr als ein Impuls aus einer anderen Welt, der meist im Gegensatz zur Kognition steht. Die Intuition ist völlig unabhängig und bereits vor der Kognition aktiv, eine ganz eigene Instanz in jedem Menschen. Die eigene Authentizität und Integrität können nur über sie gefunden werden, nicht weil sie so besonders ist, sondern einfach, weil sie immer wirkt und damit einen Menschen maßgeblich ausmacht.

■ 6.12 Die Intuition kennt keine Grenzen

Die Aufforderung, „*Überlassen Sie schwierige Entscheidungen Ihrem Unbewussten*", wie sie der Sozialpsychologe Ap Dijksterhuis und viele nach ihm forderten, führt schnell zu Fahrlässigkeit. Genauso würde die daraus abzuleitende Konsequenz, die einfachen Entscheidungen mit der Kognition zu treffen, der Intuition nicht gerecht. Es ist nicht möglich, die Intuition einem einzigen Anwendungsbereich zuzuordnen und dadurch zu begrenzen. Sie wirkt in jeder Entscheidung.

Eine Betrachtung dieser Polarität genügt nicht den zugrunde liegenden menschlichen Entscheidungsprozessen. Die Intuition, die bereits stattgefunden hat, kann man nur annehmen oder ignorieren. Sie muss in einer umfassenden Entscheidungsstrategie bewusst genutzt werden.

Eine scheinbare Begrenzung hat die Intuition, sie trifft immer eine Entscheidung, alternativlos. Das geschieht sowohl als unaufgeforderte Intuition als auch als aufgeforderte Intuition mit einer Leitfrage. Sie ist nicht in der Lage zu wählen, Alternativen zu einer bereits gesetzten Entscheidung zu finden oder eine Priorisierung zu unterschiedlichen Varianten vorzunehmen. Diese Grenze wird der Intuition genommen, wenn die Kognition mit einer Leitfrage die Alternativen oder Varianten mit der aufgeforderten Intuition normiert bewerten lässt und anschließend die beste auswählt. Das ist es, was die Kognition tut: in Gedanken-Zyklen denkbare Szenarien durchspielen und eines als geeignet auswählen. Bei genauer Betrachtung ist die scheinbare Begrenzung keine und die Empfehlung, die Intuition bewusst zu nutzen, gilt auch im Gedanken-Zyklus, insbesondere weil auch hier die Untrennbarkeit der Entscheidungssysteme wirkt.

Der Vorstellung, „gute Intuition" würde Informationen ignorieren und folglich sollten Entscheider auf bewusstes Wissen verzichten, wie es Gerd Gigerenzer fordert, liegt die unzulässige Annahme zugrunde, die Intuition würde auf Heuristiken basieren. Zum einen stimmt es, wenn Notärzte Unfallopfer versorgen müssen und jede Minute zählt. Sie vertrauen auf ihre Intuition und verzichten auf bewusste Informationen aus diversen Untersuchungen, weil die Zeit dafür nicht ausreicht. Zum anderen nutzt die Intuition alle, auch die bewusst nicht zugänglichen Informationen bei der Verarbeitung der Emotionslogik, natürlich nicht die kognitiven Daten und Informationen. Gerade wenn es ums Überleben geht, ist das Emotionssystem auf Hochleistung getrimmt. Die Empfehlung lautet klar: Nutzen Sie Ihre Intuition immer und bestätigen Sie diese bewusst.

Binden Sie die Intuition in einen bewussten Entscheidungsprozess ein. Die Intuition bekommt mit größerer Erfahrung mehr Bedeutung. Die Kommunikation zwischen Experten kann dadurch sehr effizient gestaltet werden. Die normierte und universelle K-i-E Skala ist ein Werkzeug, mit dem ein Expertendialog mit der Intuition geführt werden kann.

Der Psychologe Gary Klein von der Oakland University berichtet von einem Feuerwehrmann, der seiner Intuition folgend „alle raus" schrie und viele Menschen vor einem einstürzenden Haus rettete. Er konnte anschließend nicht erklären, wie er das vorhergesehen hatte, weil es seinem Bewusstsein nicht zugänglich war. Auf beharrliche Nachfrage des Psychologen konstruierte der Mann anschließend aus seiner Erinnerung, es sei die ungewöhnliche Stille bei gleichzeitig hoher Temperatur gewesen. Das habe aus seiner Erfahrung nicht zusammengepasst, er habe gespürt, dass etwas nicht stimmt. Der Impuls „unstimmig" aktivierte ihn, das zu tun, was richtig und überlebensnotwendig war. Die Nachfragen der Psychologen waren für ihn der externale Stimulus, um ein kohärentes Weltbild zu erstellen.

6.13 Weder Intuition noch Kognition allein sind verlässlich

Es kann nicht die Frage sein, in welchen Situationen wir uns auf unsere Intuition verlassen sollten, wie Gigerenzer ausführt. Sie arbeitet immer. Die Frage kann nur lauten, wie lernen wir, sie bewusst zu nutzen, und in welchen Situationen haben wir Zeit und Ressourcen, eine gute Entscheidung gezielt mit bewussten Informationen anzureichern. Heuristiken haben ihre Berechtigung als kognitive Strategie, müssen aber mit der heutigen Leistungsfähigkeit von Rechnersystemen und der verfügbaren Fülle von Daten konkurrieren. Der Einsatz von Heuristiken ist dann sinnvoll, wenn die Intelligenz von Computersystemen zeitlich oder vom Zugang her nicht zur Verfügung steht. Heuristiken sind gerade auch ohne Computerunterstützung als bewusste Checkliste sinnvoll, wie ein Kriterienkatalog, ein Sprechzettel, eine Aktionsliste oder eine Bewertungsvorgabe.

Die Forderung aus der K-i-E Theorie bedeutet, die Intuition als das zu nutzen, was sie ist, ein unabdingbarer Teil einer jeden Entscheidung. Damit gehört sie in jede bewusste Entscheidungsstrategie, sowohl in individuelle als auch in Team-Prozesse. Für einen unternehmerischen Nutzen ist es unabdingbar, die intuitive Entscheidung mit ihren unbewussten Wirkmechanismen offenzulegen. Eine bewusste nachträgliche Rekonstruktion der Einflussfaktoren würde die ermüdenden Rechtfertigungen im unternehmerischen Alltag ersetzen. Wird beispielsweise eine vermeintlich alternativlose Forderung nach höherem Budget für mehr Personal rekonstruiert, könnte sich die Angst vor einer Projektverzögerung als emotionaler Wirkfaktor herausstellen. Ein kooperatives Team würde mit einer Zielvorgabe die drohende Verzögerung absichern und wirksam Lösungen finden: etwa der Ersatz beziehungsweise die Reduzierung von Funktionalitäten, die Verschlankung komplexer Anforderungen oder der Einsatz von Standards. Der alternativlose autoritäre Ruf des Managements nach mehr Personal erhöht das Projektrisiko und wird selten zu einer gemeinsam getragenen Lösung führen.

Der Kostenreduzierung durch Personalabbau als vermeintlich einzige Maßnahme zur Erhöhung des Gewinns würde bei der Rekonstruktion vielleicht die Vermeidung von Schuld versäumter Strukturmaßnahmen oder Scham wegen fehlender Leistungsfähigkeit ergeben. Daraus abgeleitete Maßnahmen wie gutes Entscheidungsmanagement, was getan wird und was nicht, sowie schlanke Geschäftsprozesse mit robusten Entscheidungswerkzeugen würden sowohl Kosten und Durchlaufzeiten senken als auch Umsätze erhöhen, mit denen höhere Gewinne erzielt werden.

Das rationale Kalkül ist in der Anwendung offenbar genauso fehleranfällig wie die Intuition, sodass keinem von beiden allein zu trauen ist. Der Verstand hat bereits einen unbewussten Berater, der immer schnell und mühelos zur Stelle ist. Daraus leitet sich ab, dass jeder Entscheider, der rational entscheiden will, zuerst die inneren Entscheidungsprozesse kennenlernen muss, um dann die Intuition bewusst zu integrieren. Das sind die Voraussetzungen für eine neue Entscheidungskultur und für gute Entscheidungen.

6.14 Das Ende der reinen Vernunft

Hat das Prinzip der reinen Vernunft ausgedient? Diese Frage ist eher polemisierend, da Bewusstsein Voraussetzung für die Wahrnehmung der Intuition ist. Die Untrennbarkeit der Entscheidungssysteme hat zur Folge, dass die reine Vernunft nur mit einer integrierten Intuition existiert.

Intuitive Entscheidungen werden längst öffentlich, selbst in Politik und Wirtschaft, diskutiert. Hirnforscher, Psychologen, Ökonomen, Verhaltens- und Kognitionsforscher entdecken die Macht der Intuition und liefern eine Fülle neuer Erkenntnisse rund um das viel zitierte Bauchgefühl. Erstaunt sind Forscher vor allem, wie präzise manch intuitive Entscheidungen sind. Das emotionale Erfahrungsgedächtnis mit der Verarbeitung im Emotionssystem, das dem Bewussten verborgen bleibt, wartet mit reichem Erfahrungsschatz auf seine bewusste Nutzung. Die negativen Auswirkungen der im unternehmerischen Umfeld bevorzugten rationalen Entscheidungen, die nicht unbedingt die besseren waren, sind unübersehbar. Auch sind Situationen wie in der Notfallmedizin und im Sport identifiziert, in denen nur die intuitive Entscheidung aufgrund der knappen Zeit die einzig verbleibende Entscheidungsform ist.

Die reine Vernunft ist nicht am Ende, nur weil die Intuition ihr Anfang ist. Die Intuition ist integraler Bestandteil einer jeden Entscheidung und die Intuition wird erst durch die Kognition bewusst. Mit diesem Wissen beginnt aus Sicht der K-i-E Theorie erst die reine Vernunft, die zwischen formaler Logik, rationaler Entscheidung, statistischer Voraussage, Vernunft, Heuristik und Emotionslogik zu unterscheiden vermag.

6.15 Kann Intuition geschult und gelernt werden?

Ja, die bewusste Nutzung der Intuition kann ohne Weiteres geschult werden, weil die Grundlagen der K-i-E Theorie als bewusstes Rüstzeug vorliegen. Ja, die Intuition kann gelernt werden. Intuition ist keine Begabung, sie ist ein nicht zu trennender Teil unseres inneren Entscheidungsprozesses. Sie kann nur verlernt werden, indem man sie nicht zulässt. Wie gut man sie lernen kann, hängt nur noch von der Methodik ab. Die wesentlichen Inhalte liegen mit diesem Buch vor. Die Tatsache, dass wir das evolutionär modernere Kognitionssystem nutzen können, um das evolutionär ältere Emotionssystem in die Entscheidung zu integrieren, ist das, was aus der Evolution entstanden ist. Wenn Entscheider beginnen, die vorgegebene Architektur wertzuschätzen und sich nach ihr zu richten, können die Herausforderungen unserer Zeit mit guten Entscheidungen bewältigt werden.

Die bisherigen Erfahrungen haben gezeigt, dass Teilnehmer ganz unterschiedlicher Berufsgruppen sich die K-i-E Theorie schon in drei Seminartagen angeeignet haben. Der

Gebrauch der Intuition ist schon in wenigen Stunden zu erlernen. Die souveräne Anwendung entsteht erst im Entscheidungsalltag und zieht sich über eine Dauer von mehreren Monaten hin, bis sie in neuronalen emotionalen Programmen gebildet ist und als Routinekompetenz zur Verfügung steht.

6.16 Fazit

Die Auflösung des Dilemmas zwischen rationaler und intuitiver Entscheidung ist einfach, wenn Führungskräfte, Entscheider und Menschen allgemein akzeptieren, dass die Intuition immer in der Untrennbarkeit der Entscheidungssysteme wirkt.

Da die Intuition die Verdichtung aller Sinne ist, stellt sich nur noch die Frage, wie die Wahrnehmung für eine feine Differenzierung trainiert werden kann. Eine neue Entscheidungskultur entsteht, wenn Menschen lernen, die intelligente Ressource Intuition bewusst wahrzunehmen und in ihre Entscheidungsstrategie zu integrieren. Das gilt für Einzel- wie für Team-Entscheidungen gleichermaßen.

> **Der intuitive Geist ist ein heiliges Geschenk und der rationale Verstand ein treuer Diener. Wir haben eine Gesellschaft erschaffen, die den Diener ehrt und das Geschenk vergessen hat.**
>
> *Die Intuition wirkt schnell, mühelos und unaufgefordert als Geschenk. Jeder verfügt in jedem Augenblick über sie und ehrt sie, wenn ihre Wirkprinzipien erkannt und die in ihr wirkenden neuronalen Programme weiterentwickelt werden. Der rationale Verstand ist ihr Diener, weil die Intuition ihn aktiviert und er sie zeitlich nachfolgend ehrt. Die Erinnerung, an deren Anfang die Intuition steht, hebt beide – die Intuition und den Verstand – auf eine Ebene, weil sie untrennbar miteinander verbunden sind.*

7 Die Kognitionstheorie – wie der Mensch bewusst entscheidet

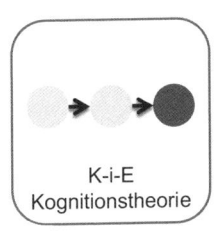

K-i-E
Kognitionstheorie

„Wenn ihr's nicht erfühlt, ihr werdet's nicht erjagen."
Johann Wolfgang von Goethe

> Die Kognitionstheorie zeigt die Untrennbarkeit der Entscheidungssysteme auf. Mit diesem Wissen kann ein angemessenes individuelles Vorgehen für gute Entscheidungen organisiert und ein Design für funktionale Entscheidungsprozesse gestaltet werden.
>
> Die Kognitionstheorie fügt die Emotions- und Intuitionstheorie sowie das K-i-E Konzept zusammen, womit eine umfassende Theorie entsteht, die gut geeignet ist, Entscheidungsphänomene zu verstehen und Maßnahmen abzuleiten, wie man mit ihnen intelligent umgeht.

7.1 Die bewusste Entscheidung

Die bewusste Entscheidung ist ein zyklischer Prozess, der vor dem Verhalten mehrfach durchlaufen wird. Sie ist nicht mit der kognitiven oder der kognitiv überformten Entscheidung zu verwechseln, aus der sie entsteht.

7.1.1 Wie die bewusste Entscheidung in Zyklen entsteht

Die Interaktion zwischen Emotions- und Kognitionssystem findet in jedem Durchlauf untrennbar als ein Gedanken-Zyklus statt, der sich zur bewussten Entscheidung entwickelt (Bild 7.1). Das Ergebnis des Emotionssystems als innerer Teilschritt im Gedanken-Zyklus wird zur Intuition (3), indem sie als solche bewusst identifiziert wird. Die kognitiv überformte Entscheidung kann als Teil einer bewussten Entscheidung somit in Varianten auftreten:

- mit Wahrnehmung der Intuition,
- ohne Wahrnehmung des Impulses aus dem Emotionssystem.

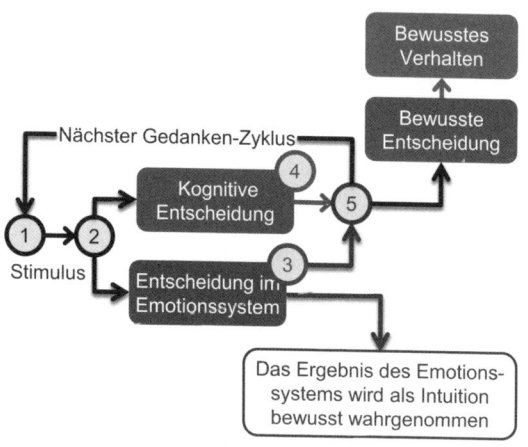

Bild 7.1 Der Gedanken-Zyklus mit bewusster Intuition

Bleibt die Intuition als Entscheidung des Emotionssystems dem Bewussten verborgen, so wird nur die bewusste kognitive Entscheidung als zweiter integraler Teilschritt einer bewussten Entscheidung wahrgenommen (Bild 7.2).

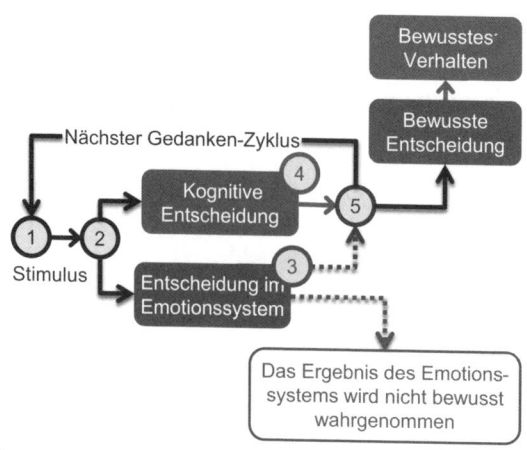

Bild 7.2 Der Gedanken-Zyklus ohne bewusste Intuition

Die kognitiv überformte Entscheidung (5) wirkt als neuer internaler Stimulus (1) und setzt damit einen neuen Entscheidungsprozess in Gang, der alle Wirkfaktoren der Emotionslogik aktiviert: das emotionale Erfahrungsgedächtnis, die neuronalen emotionalen Programme, die emotionale Erregung und die Untrennbarkeit der Entscheidungssysteme (Bild 7.3).

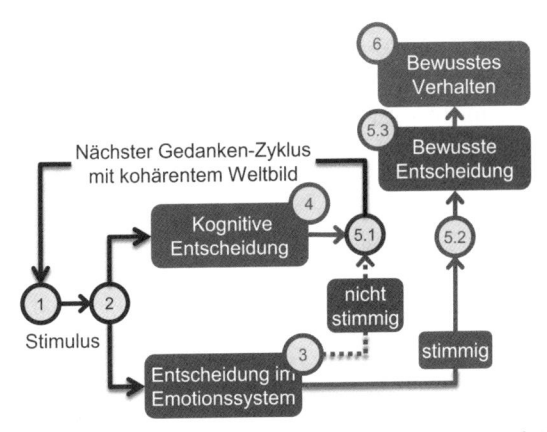

Bild 7.3 Der Gedanken-Zyklus wird durch das Emotionssystem beendet

Die Untrennbarkeit durchläuft die Sequenzen:

- Stimulus (1) – external oder internal im nächsten Zyklus
- Doppelung des Stimulus im Thalamus (2)
- Parallelverarbeitung der Entscheidungssysteme
    - Emotionslogik – mit dem bewussten Ergebnis der Intuition (3)
    - Kognitionslogik – deren Ergebnis als kognitive Entscheidung (4) auf unterschiedlichen Wegen in eine kognitiv überformte Entscheidung eingeht (5.1) oder (5.2).
- Kognitive überformte Entscheidung (5.1) – sie wird als kohärentes Weltbild zum internalen Stimulus (2) für einen neuen Entscheidungsprozess und setzt diesen damit in Gang. Somit entsteht das kohärente Weltbild iterativ in mehreren Gedanken-Zyklen.
- Ende des Gedanken-Zyklus (5.2) – die letzte Überprüfung des kohärenten Weltbilds, das die langfristigen Aspekte mittels präfrontalem Cortex bereits enthält, wird durch das Emotionssystem mit stimmigem Impuls (5.2) als letzter Gedanken-Zyklus ohne Kognitionssystem erzeugt. Der stimmige Impuls zeigt, dass das Emotionssystem die Situation bewältigen kann. Das Emotionssystem braucht das Kognitionssystem nicht und fährt als Autopilot mit einem programmierten Verhalten. Der Impuls (5.1), der das Kognitionssystem aktiviert, kann wahrgenommen und trainiert werden. Er führt immer – ob nun als letzter stimmiger oder als unstimmiger Impuls in den Zyklen davor – zu besseren bewussten Entscheidungen, wenn er wahrgenommen wird. Das Entscheidungswerkzeug zur bewussten Wahrnehmung ist die K-i-E Intuition.
- Bewusste Entscheidung (5.3) – nach Klärung des Themas wird eine bewusste Entscheidung getroffen, die zu bewusstem Verhalten (6) führt.

So hat das Emotionssystem, als evolutionär älteres System, im wahrsten Sinne das letzte Wort. Erinnerungen genügen denselben neurologischen Prozessen des kohärenten Weltbilds. Sie rekonstruieren in einem Gedanken-Zyklus eine vorgestellte Wirklichkeit, bis das Emotionssystem den Zyklus als stimmig beendet. Es ist längst kein Geheimnis mehr, dass Erinnerungen nicht zuverlässig sind, weil sie den denselben Wirkprinzipien wie der emotionalen Erregung und den neuronalen emotionalen Programmen unterliegen. Für Entscheidungsprozesse sind Erinnerungen als vorgestellte kohärente Weltbilder zu betrachten, die in diesem Buch nicht weiter detailliert werden.

Als wesentliche Konsequenz wird erkennbar: Die meisten Entscheidungen sind vorläufig. Erst wenn sie nach Durchlauf der Gedanken-Zyklen in eine bewusste Entscheidung münden, die ein Verhalten initiiert, haben sie eine Wirkung. Wenn die Wirkung einer Entscheidung nicht als final angesehen wird, sondern als Teil eines größeren Entscheidungsprozesses, kann man sie immer noch als vorläufig betrachten und neue bewusste Entscheidungen treffen, mit dem Ziel eines guten Ausgangs. Erst wenn die Wirkung nicht mehr im Sinne eines Motivs oder einer Zielerreichung gestaltbar ist, ist ein Entscheidungsprozess abgeschlossen.

Der Mensch lotet die Begrenzungen seiner Entscheidungssysteme häufig nicht aus und nutzt gleichzeitig ihre evolutionär ausgebildeten Möglichkeiten nicht. Er arbeitet gegen die natürlichen Entscheidungsprozesse, weil die sie begleitenden Emotionen unangenehm sind. Führungskräfte schöpfen das Potenzial nicht aus, wenn sie Entscheidungen als final sehen und nicht beginnen, den Fokus auf die Wirkung zu lenken und Fehler als Stimulus für neue Entscheidungen sehen. Auch hier wird den Emotionsgefühlen, insbesondere den Schuld- und Schamgefühlen, eine zu große Bedeutung gegeben. Die Emotionsgefühle werden vermieden, anstatt den Motiven der Schuld (Ausgleich) und Scham (Zugehörigkeit durch Leistung) zu folgen.

Die Herausforderungen der modernen Zeit sind zu bewältigen, wenn Menschen beginnen, ihre biologisch vorgegebene neuronale Ausstattung vollständig zu nutzen.

Auch sollte Entscheiden von Lernen getrennt betrachtet werden. Für Lernen und nachhaltige Veränderungen, die Routine übersteigen, müssen neue neuronale Netzwerke angelegt werden. Entscheiden an sich erfordert vorerst kein Lernen, sondern nur die Nutzung der Kompetenz, die durch die Entscheidungssysteme bereits vorhanden ist. Lernen kann erst nach dem Erkennen der Wirkung erfolgen. Die Erfahrung der ausgelösten Wirkung einer Entscheidung erlaubt ein Wachsen der Entscheider.

> Eine bewusste Entscheidung entsteht als Ergebnis mehrerer Gedanken-Zyklen von intuitiven und kognitiven Entscheidungen.

7.1.2 Warum der Mensch ein kohärentes Weltbild braucht

Es kommt einer Herkulesaufgabe für das Kognitionssystem gleich, einen Impuls mit dem einhergehenden Emotionsgefühl, dessen Ursprung unbekannt ist, mit dem Ergebnis der kognitiven Verarbeitung zusammenzubringen. Die K-i-E Theorie zeigte bereits mit den Experimenten von Benjamin Libet, Patrick Haggard und Martin Eimer, John Dylan-Haynes und vielen mehr auf, wie neuronale Prozesse den bewussten Entscheidungen vorausgehen. Diese neuronalen Prozesse im Emotionssystem haben einen Einfluss auf Entscheidungen und stehen außer Zweifel. Die Erzeugung des kohärenten Weltbilds (Bild 7.4) lässt den Einfluss des Emotionssystems auf das Kognitionssystem, während die kognitive Entscheidung noch nicht beendet ist, die Zeit von (2.1) bis (3.1), außen vor.

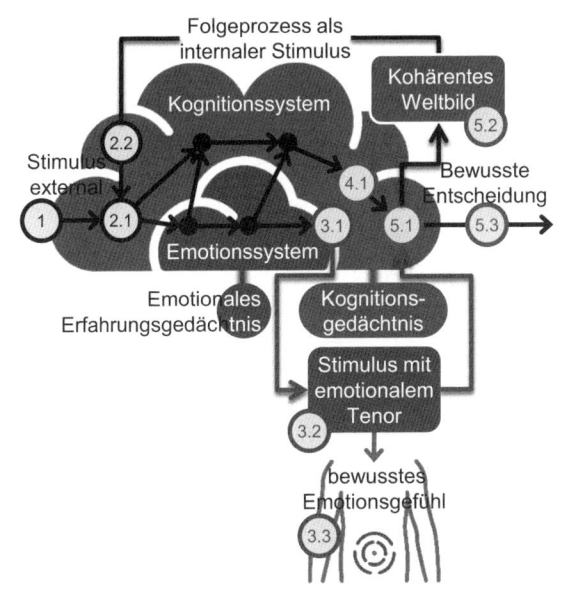

Bild 7.4 So wird das kohärente Weltbild erzeugt

Die Entscheidung ist zu einem bestimmten Zeitpunkt (3.1) im Emotionssystem abgeschlossen und wird in einem programmierten Verhalten ausgeführt.

Die Voraussetzung für die Aktivierung des Kognitionssystems ist ein Stimulus (1), der vom Emotionssystem nicht bewältigt wird. Der nicht bewältigte Stimulus führt zu einer emotionalen Erregung, die das Kognitionssystem (3.2) aktiviert. Die Aktivierung ist bei Achtsamkeit mit einem Impuls wahrnehmbar, der von spezifischen Emotionsgefühlen (3.3) begleitet wird. Sie entstanden aus dem Motiv-Profil des vorher wirkenden neurologischen emotionalen Programms.

Nun muss das Kognitionssystem die parallel verarbeitete kognitive Entscheidung (4.1) mit der vorliegenden emotionalen Entscheidung (3.2) in einem kohärenten Weltbild zusammenfügen. Ist beispielsweise im Motiv-Profil die Angst dominierend, so wird die kognitive Entscheidung einer Führungskraft, trotz zuversichtlicher Kennzahlen, überraschend konservativ ausfallen. Das kohärente Weltbild, das bei Entscheidungen im Unternehmen mitgeliefert wird, klingt wohlvertraut: Trotz der guten Prognosen sei Vorsicht wegen der unsicheren Marktsituation angeraten. Dominiert der Ärger als Einflussnahme, wird der Tenor der Entscheidung eher lauten, die Entscheidung sei sehr sinnvoll und eine Investition sei jetzt zügig anzugehen. Sollte die Schuld im emotionalen Motiv-Profil dominieren und gleichzeitig die Schuld vermieden werden, wird eher eine Aussage kommen, dass Wettbewerber ähnliche Probleme hätten, und die bisherige Freigabe scheitert dann am zähen Freigabeprozess. Da Schuld im Emotionsbaum spät aktiviert wird, ist davon auszugehen, dass vorher individuelle Grundemotionen aktiv waren, zum Beispiel Angst oder Ärger.

Neuere Forschungsansätze wie die von Patrick Haggard gehen davon aus, dass die Kognition ein System ist, das überprüft, wie weit eine Bewegung auch tatsächlich das zugrunde liegende emotionale Motiv erreicht hat. Nehmen Sie an, einer unserer evolutionären Vorfahren wollte sich am Rücken kratzen. Eine Prüfung, wie weit die eigene Hand die Erleichterung brachte und nicht gerade ein Säbelzahntiger begann, am Rücken zu knabbern, war für den Menschen äußerst relevant. Diese Eigenschaft des Kognitionssystems ist es, die auch den modernen Menschen im Kern ausmacht. Er ist in der Lage zu überprüfen, ob eine bewusst intendierte Wirkung auch tatsächlich erreicht wurde. Die Prüfung der gewünschten Wirkung kann mit der Wirklichkeit, die gerne als Realität gesehen wird, aber auch mit der gedachten Wirklichkeit, dem kohärenten Weltbild, abgeglichen werden. Die Kriterien für einen stimmigen Abgleich sind die unterschiedlichen emotionalen Motiv-Profile, genauso wie kognitiv verdichtete Konstrukte oder bewusst gesteckte Ziele, Werte oder Sinn.

Das Kognitionssystem kann als eine Instanz gesehen werden, die eine bereits getroffene Entscheidung im Emotionssystem (3.1) in einen kohärenten Zusammenhang mit der bewussten Wahrnehmung und der bewussten Entscheidung bringt. Ich verwende den Begriff des kohärenten Weltbilds, um deutlich von sinnstiftenden und sinngebenden Ansätzen für das Gehirn zu unterscheiden. Es mag bei ausschließlicher Betrachtung der individuellen Gedächtnis- und Entscheidungssysteme durchaus als sinn-gebend erscheinen, wenn eine Führungskraft eine unsinnige Entscheidung trifft. So mag beispielsweise eine autoritäre Entscheidung, ein Projekt trotz fehlender Erfolgsaussichten fortzusetzen, aus Sicht des drohenden Gesichtsverlusts sinngebend sein, sinnvoll im unternehmerischen Sinne wird es dadurch jedoch nicht. Umgekehrt kann es sinnvoll sein, ein gescheitertes Projekt aus bilanztechnischer Sicht als erfolgreich zu etikettieren. Ein gescheitertes Projekt müsste sofort in vollem Umfang, ein erfolgreiches Projekt kann jedoch über mehrere Jahre abgeschrieben werden.

> Das kohärente Weltbild ist eine zwingende Voraussetzung, um eine bewusste Entscheidung zu treffen.

Die Kognition ist das bewusste Wahrnehmungssystem. Wie weit damit ein kohärentes Weltbild für sich als Individuum und parallel für das Unternehmen hergestellt wird, liegt in der Verantwortung des Entscheiders. Die menschliche Gehirnarchitektur ist für gute Entscheidungen bestens geeignet. Dazu sollten Entscheider die Wirkungsweise ihrer Gehirnsysteme erlernen und die bewusst gesteckten Ziele so wählen, dass sie in Balance mit den individuellen, unternehmerischen und systemischen Werten sind.

7.1.3 Kognition ist mehr als Sinngebung

Bewusstsein sei eine Art Sinngebungsinstanz für die Wahrnehmung, so eine Annahme der Philosophie, die vor allem in jüngerer Zeit sehr populär geworden ist. Prominente Vertreter haben das angedeutet und unterschiedlich deutlich formuliert:
- Immanuel Kant in der Synthesis des Mannigfaltigen,
- Ernst Mach in der ökonomischen Zusammenfassung von Empfindungselementen,
- Edmund Husserl in der intentionalen Sinngebung,
- Paul Ricœur in der narrativen Identität,
- Friedrich Engels in der aktiven Widerspiegelung der Realität,
- Noam Chomsky und Ludwig Wittgenstein in der Bedeutungsgebung der Linguistik,
- Friedrich Nietzsche und Hans Lenk in der Interpretationskonstruktion.

Mit dem Erstarken der Neurowissenschaften wurde diese Idee auf das Gehirn übertragen, so in der Sinnstiftung von Gerald Hüther.

Die Sinngebung ist aber tatsächlich nur eine Spielart im Gedanken-Zyklus. Die Fähigkeit zur Sinngebung ist jedoch eher eine nachgelagerte Erscheinung, die aus der Interaktion zwischen den Entscheidungssystemen entsteht. Wird die Wirkung des Verhaltens – real oder vorgestellt – vom Emotionssystem als nicht stimmig bewertet, forciert es erneut das Kognitionssystem, ein kohärentes Weltbild zu erstellen, das stimmig erscheint. Das kann individuell als sinngebend betrachtet werden. Wenn jedoch Emotionen dominieren, wandelt sich das kohärente Weltbild im unternehmerischen Sinn zum Unsinn.

Tatsächlich fließen die vorgegebenen emotionalen Motive aus dem Emotionsbaum sowohl in das kohärente Weltbild als auch in dessen Abgleich des Emotionssystems im Gedanken-Zyklus mit ein. Bei angemessener emotionaler Erregung stimmen die emotionalen Motive der aktivierten neurologischen emotionalen Programme mit den höheren kognitiven Konstrukten wie Wert oder Sinn weitgehend überein. Soweit handeln Menschen sinnvoll und geben ihren Entscheidungen auch einen Sinn beziehungsweise orientieren sich an ihren Werten. Umgekehrt fühlen sich Menschen mit einer angemessenen emotionalen Erregung in einem Unternehmen auch nur dann wohl, wenn ihre kohärenten Weltbilder mit den im Unternehmen vorgegebenen Werten in Einklang gebracht werden können.

> **!** Es ist jedoch so, dass der Sinn aus den emotionalen Motiven, die in die bewusste Entscheidung einfließen, entsteht und die bewusste Wahrnehmung in einem Gedanken-Zyklus.

Steigt jedoch die emotionale Erregung, verschieben sich die emotionalen Motive in die dysfunktionalen Bereiche, und Entscheidungen wie das nachfolgende wahrnehmbare Verhalten sind – im kognitiven Sinne – weder vernünftig noch sind sie sinnvoll und entsprechen nicht mehr den individuellen Werten.

Die Entscheidungen erscheinen dann aus Sicht der Kognitionslogik unsinnig und gegen die Vernunft, auch wenn sie der Emotionslogik genügen. Das gilt umso mehr, wenn die emotionale Erregung in einen hohen Bereich ansteigt und Entscheidungen skrupellos, unsozial oder unmenschlich werden. Auch dann entsprechen sie der Emotionslogik und sind menschlich, einmal, weil sie von Menschen getroffen wurden, und zum anderen, weil die menschliche Emotionslogik nun mal so gebaut ist.

Für gute Entscheider und folglich gute Entscheidungen gilt immer: Die emotionale Erregung muss im angemessenen Bereich gehalten werden. Wenn der Impuls aus dem Emotionssystem und dem Kognitionssystem einander widersprechen, kommt es zu einem gefühlten Konflikt. Dieses Phänomen wird gerne als Kraftprobe – sowohl in wissenschaftlichen als auch in unternehmerischen Veröffentlichungen – zwischen Gefühl und Verstand beschrieben und meist auch so erlebt. Bei sich wiederholendem Stimulus und zunehmender emotionaler Erregung erhöht das Emotionssystem den Impuls, der sich mit einem unangenehmen Emotionsgefühl ausdrückt. Das ist für souveräne Entscheider das Signal, für eine Emotionsregulierung zu sorgen.

7.1.4 Auch das kohärente Weltbild entsteht in Zyklen

Ein kohärentes Weltbild kann aus zwei Prozessen durch das Kognitionssystem konstruiert werden. Der eine Prozess, der wie Realität erscheint, konstruiert aus der tatsächlichen Wirkung des Verhaltens über die Sinneskanäle einen externalen Stimulus. Der zweite Prozess konstruiert eine vorgestellte Wirkung, die zum internalen Stimulus wird.

Die Gedanken-Zyklen werden, insbesondere bei schwierigen Themen, so lange durchlaufen, bis das kohärente Weltbild von unstimmig zu stimmig transformiert ist (Bild 7.5). Der innere Zyklus mit der Interaktion zwischen Emotions- und Kognitionssystem erzeugt den Impuls, der den äußeren Gedankenprozess mit der Erzeugung des kohärenten Weltbilds bei unstimmig startet und nach dem Transformationsprozess mit stimmig enden lässt. Dem Begriff Nach-denken kommt so eine zweifache Bedeutung zu. Er beschreibt die zyklisch aktivierten Gedanken, um sich über ein Thema klarzuwerden. Nach dem Denken, dem Gedanken-Zyklus, entsteht dann die bewusste Entscheidung.

Nach-Denken beschreibt aber auch in einem einzelnen Zyklus die innere Interaktion zwischen den Entscheidungssystemen. Die kognitive Entscheidung (1.4, 2.4 und 3.4), ein Gedanke, wird zeitlich in jedem Zyklus nach der Intuition (1.3, 2.3 und 3.3) bewusst.

Das endgültige Ergebnis der beliebig häufigen Zyklen, das Ende des Nach-Denkens, bezeichne ich als bewusste Entscheidung.

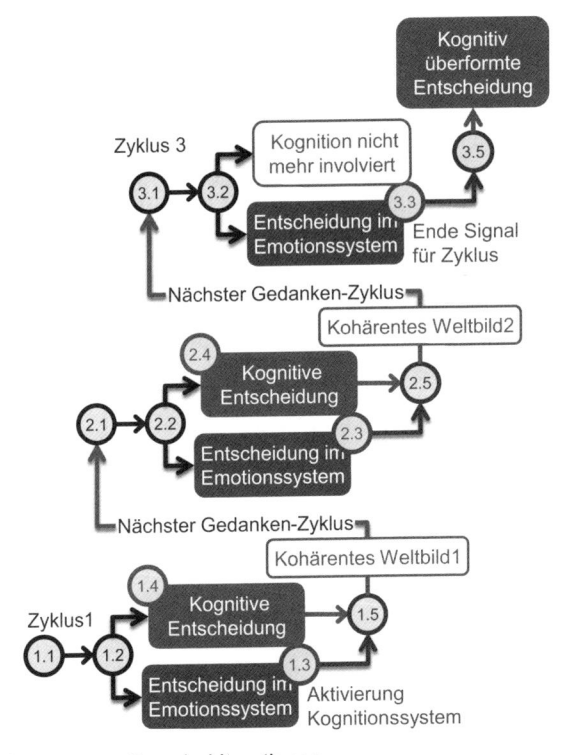

Bild 7.5 Gedankenprozess über drei Iterationen

Die Interaktion der beiden Entscheidungssysteme in mehrfachen Zyklen bringt Licht in die aktuellen Diskussionen und beantwortet viele ungelöste Fragen. Zugleich nimmt die zyklische Herangehensweise Themen auf, die schon vor knapp viertausend Jahren diskutiert wurden, wenn man die vedischen Schriften zugrunde legt, oder vor gut 2.600 Jahren, wenn man Thales von Milet als den ersten Philosophen und systematischen Denker abendländischer Tradition sieht.

Die Vorstellung, unser Bewusstsein würde Gedanken produzieren, kann so nicht aufrechterhalten werden. Vielmehr initiiert das unbewusste Emotionssystem einen Gedanken-Zyklus, der ein kohärentes Weltbild erzeugt, das in weiteren Zyklen als final erstellt wird. Das kohärente Weltbild wird vom Kognitionssystem mit dem Einfluss aus dem Ergebnis des Emotionssystems erzeugt und anschließend dem Bewussten zugänglich. Das Beenden mit einem finalen kohärenten Weltbild wird vom Emotionssystem angestoßen. So kommt dem Emotionssystem eine weitaus höhere Bedeutung zu, als es bisher diskutiert wurde, insbesondere dadurch, dass es die bewusste Entscheidung initiiert und auch wieder beendet.

Wenn es den Emotionen, also den zusammengesetzten oder komplexen neuronalen emotionalen Programmen, nicht gelingt, eine Situation zu bewältigen, aktivieren sie das

Kognitionssystem. So beginnt ein Gedanke als ein Teilschritt des Nach-Denkens im Emotionssystem. Die zugrunde liegende Emotionslogik und die damit einhergehenden Gefühle können erst im zweiten Teilschritt im Kognitionssystem bewusst wahrgenommen werden. Sie sind Begleiterscheinungen, wenn das Kognitionssystem aktiviert und beide Teilschritte in ein kohärentes Weltbild zusammengeführt wurden.

Ist es nach einem oder mehreren Zyklen gelungen, dass sich das kohärente Weltbild stimmig anfühlt, wird mit einer kognitiv überformten Entscheidung, die in eine bewusste Entscheidung mündet, die Situation bewältigt. Eine kognitiv überformte Entscheidung muss nicht zwingend in ein Verhalten münden. In jedem Fall ist das Ergebnis bewusst.

Im archaischen Sinne wurde die wahrgenommene Wirkung als passend bewertet. Entscheider sind dafür verantwortlich, das kohärente Weltbild so lange zu formen, bis es tatsächlich in Bezug auf die individuellen und unternehmerischen Ziele stimmig ist. Das bedeutet als Konsequenz, den Schmerz des unstimmigen Gefühls so lange auszuhalten, bis eine gute Entscheidung gefunden ist. Eine zwingende Voraussetzung dafür ist, dass Entscheider lernen, diesen Schmerz nicht zu ignorieren oder wegzudrängen, sondern ihn als Impuls für die Notwendigkeit einer besseren Entscheidung anzuerkennen.

7.1.5 Wie die Begründung den Gedanken-Zyklus beendet

Um Ziele im unternehmerischen Kontext zu erreichen, ist das Kognitionssystem also bestens vorbereitet. Es ist das geeignete Entscheidungssystem, das Planungsszenarien im Geiste entwerfen und auf die gewünschte Wirkung hin überprüfen kann. Der präfrontale Cortex, als integraler Teil des Kognitionssystems, repräsentiert die langfristigen Aspekte. Die Modellierung von Als-ob-Szenarien mit der möglichen Wirkung von Entscheidungen ist die Kernkompetenz, die sich aus der evolutionären Bedeutung der Kognition abgeleitet hat. Das Emotionssystem prüft das kohärente Weltbild im Als-ob-Modus, das, was Entscheider zu tun haben, eine Entscheidung zu finden, die in Als-ob-Zyklen stimmig geformt werden. Das Design der Gehirnarchitektur und ihrer Prozesse ist geradezu ideal dafür entworfen.

Vergessen wird dabei häufig, dass nach der Entscheidung das individuelle Emotionssystem der Beteiligten, die für die Umsetzung sorgen, weiterwirkt. Wenn das Emotionssystem, insbesondere das emotionale Motiv-Profil der Einzelnen, nicht mit den Zielen einer Entscheidung ausgerichtet ist, ist die Zielerreichung gefährdet und wird mit hoher Wahrscheinlichkeit verfehlt. Und der Mensch verfügt dann über ein reichhaltiges Repertoire an Begründungen, die ebenfalls mit der dafür optimierten Gehirnarchitektur im Nachhinein konstruiert werden. Sie spiegeln im Kern die Wesensart des Kognitionssystems wider und bringen unser Leben im Nachhinein ins Gleichgewicht.

Das kohärente Weltbild erfüllt damit eine doppelte Funktion. Die wichtigere betrifft die Interaktion der Entscheidungssysteme. Das kohärente Weltbild aktiviert einen Folgezyklus mit einem internalen Stimulus für beide Entscheidungssysteme, es beendet aber auch den Denkzyklus. Das Ende ist eine wichtige Funktion, auch wenn sich diese Aussage wenig vertraut anhört, sonst würden Menschen in einer Endlosschleife denken.

Haben Sie schon einmal versucht, einfach das Denken aufzuhören? Es wird nicht gelingen, außer Sie produzieren ein stimmiges kohärentes Weltbild wie: „einfach weiterzudenken ist blöde".

Genauso wirkt dies bei Fehlern oder in unangenehmen Situationen. Eine Entschuldigung beim Zuspätkommen bringt das Gedankenkarussell erst mit einer Begründung wie Stau oder verspäteter Zug zu Ende. Eine individuelle Begründung ist per Definition immer „stimmig", weil sie aus dem individuellen Kognitionssystem des Entscheiders entstanden ist.

So bringt das kohärente Weltbild den Denkzyklus zur Ruhe, in der Folge wird das Kognitionssystem nicht mehr aktiviert und der Denkprozess ist beendet. Dem Emotionssystem kommt auch hier eine zentrale und tragende Rolle zu:

- Das Emotionssystem aktiviert einen kognitiven Prozess (Denkprozess), wenn das Ergebnis von der Emotionslogik als „nicht stimmig" bewertet wurde.
- Das Emotionssystem beendet den kognitiven Prozess (Denkprozess), wenn das Ergebnis von der Emotionslogik als „stimmig" bewertet wurde.

Die zweite Funktion besteht darin, dass das Kognitionssystem die emotionale Entscheidung mit der bewusst zugänglichen Wahrnehmung in ein kohärentes Weltbild zusammenbringt. So sind fatale Fehlentscheidungen genauso wie wegweisende Entscheidungen mit einem gelungenen Ausgang mit ein und demselben Wirkmechanismus der menschlichen Entscheidungssysteme zu erklären. Wie ist es möglich, dass Menschen diesen inneren Mechanismus nicht selbst erkennen? Warum will man sich unbedingt entschuldigen, wenn man zu spät zum Meeting kam, obwohl man weiß, dass die Entschuldigung eine weitere Störung bedeutet? Die Gründe liegen in den inneren Mechanismen der beiden Systeme:

- Die Verarbeitung aus dem Emotionssystem ist dem Bewussten nicht zugänglich. Deshalb glauben Menschen, was sie denken, obwohl es von einem System und von Motiven initiiert und beeinflusst wurde, die dem Bewussten nicht zugänglich sind.
- Das Kognitionssystem wird in den frühen Phasen, die noch nicht bewusst zugänglich sind, bereits vom Emotionssystem beeinflusst (Bild 7.6). Damit wirkt das eigene kohärente Weltbild tendenziell schon stimmig, obwohl in vielen Situationen Außenstehende nur kopfschüttelnd reagieren. Wir glauben so gesehen lieber, was wir fühlen, weil das Emotionsgefühl zeitlich später auch dem Kognitionssystem zugänglich ist.

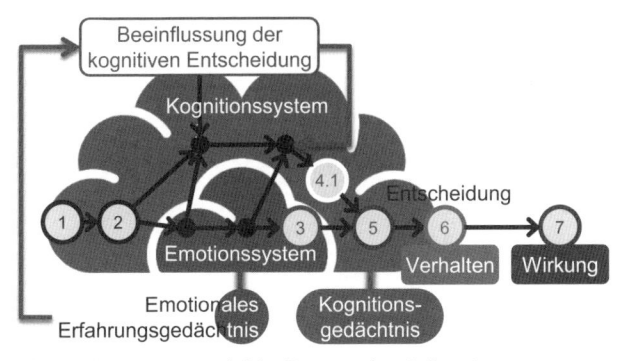

Bild 7.6 Das Kognitionssystem wird im Prozess beeinflusst

- Wir leben mit Tausenden von Entscheidungen täglich und einem evolutionär gebildeten Interagieren unserer Entscheidungssysteme, das nicht ohne Weiteres zu ändern ist und nur mit Achtsamkeit und Training bewusstgemacht werden kann.
- Viele Entscheider haben den Zugang zu ihrer Intuition verloren, blockieren ihn als nicht zugehörig oder verdrängen ihn, weil die Emotionsgefühle sich so unangenehm anfühlen. Mit etwas Achtsamkeit kann man sehr wohl den Impuls und emotionalen Tenor der Intuition wahrnehmen.

Politik, Wirtschaft und Sport liefern uns täglich viele Beispiele dafür. Der Auftrag zur Entwicklung manipulativer Software für Dieselmotoren bei VW wurde mit dem politischen Druck, der Wettbewerbssituation und den vorgegebenen Zielen begründet. Im Motiv-Profil der Entscheider wird sich eine Dominanz von zu hoher Einflussnahme (Ärger), dysfunktional zu wenig Sorge um Sicherheit (Angst) und dysfunktional wenig oder vermiedener Schuld finden.

Für die Entlassung mancher erfolgreicher Fußballtrainer wie 2017 beispielsweise von Thomas Tuchel bei Borussia Dortmund findet sich immer eine Begründung, aber die Kohärenz wirkt für die Eingeweihten oft sehr konstruiert. Das wirkende Motiv-Profil der Macht bei den Entscheidern ist jedoch deutlich zu erkennen.

Die Entscheidung des späteren französischen Staatspräsidenten Emmanuel Macron, 2016 die politische Bewegung En Marche! zu gründen, schien extrem gewagt, entstand aber aus der rationalen Einsicht, mit den Sozialisten nicht genug Einfluss bekommen zu können. Im Motiv-Profil werden sich eine niedrige, sehr funktionale Angst für Sorge um Sicherheit und Ekel für angemessene Distanz, dagegen hohe funktionale Scham für Leistung, jedoch auch funktionale Schuld zur Ablöse von der Parti Socialiste finden.

Keine Nachrichten ohne kohärentes Weltbild:
- Handelsblatt am 19. Juni 2017: Jobwunder im Silicon Saxony – Bosch und Philip Morris bauen Fabriken in Dresden. Schon zur DDR-Zeit war Dresden ein Technologiestandort.
- Handelsblatt am 20. Juni 2016: Bosch-Chef Denner lässt eine Fabrik in Sachsen bauen und streicht dafür eine staatliche Subvention in Höhe von 200 Millionen Euro ein.

Die häufig verwendete Kausalität, die mit „weil" oder „warum" eingeleitet wird, dominiert den unternehmerischen Dialog. Diese Eigenheit des Kognitionssystems zeigt sich in der unternehmerischen und politischen Welt, genau wie im privaten Umfeld, in unzähligen Varianten.

7.2 Die Untrennbarkeit der Entscheidungssysteme

Die Untrennbarkeit der Entscheidungssysteme und die damit verbundene frühe Beeinflussung des Kognitionssystems durch das Emotionssystem bedeuten, jede kognitive und damit auch jede bewusste Entscheidung hat einen intuitiven Anteil (Bild 7.7). Die

Frage, ob die Intuition bessere Entscheidungen liefert oder die Kognition, ist mit diesem Wissen nicht mehr valide. So als würde man fragen: Ist Ausatmen besser als Einatmen? In allen Interaktionen zwischen den beiden Systemen wirkt die Intuition als Ergebnis des Emotionssystems. Die emotionale Erregung wird in einen starken Impuls übergehen. So erscheint die Intuition bei balancierter emotionaler Erregung als neutraler Impuls, der einfach in die kognitive Entscheidung einfließen kann. Bei einer hohen emotionalen Erregung und bei besonders unangenehmen Emotionsgefühlen wie Angst, Schuld oder Scham ist die Intuition schwer zu erkennen und es wird schwierig, sie in eine kognitive Entscheidung zu integrieren.

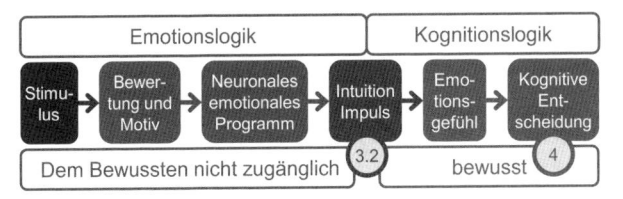

Bild 7.7 Die kognitive Entscheidung ist untrennbar mit der Intuition verbunden

Die kognitive Entscheidung beginnt mit der Intuition (3.2), die das Kognitionssystem aktiviert, das später eine kognitive Entscheidung (4) trifft. Die Intuition selbst entstand im vorgelagerten Prozess entsprechend der Emotionslogik: dem Stimulus, dem emotionalen Motiv und den mittels der emotionalen Erregung aktivierten neuronalen emotionalen Programmen, die mit einem Impuls die Intuition an das Kognitionssystem weitergegeben haben.

7.2.1 Kopf oder Bauch? – das ist die falsche Frage

Die Frage „Kopf oder Bauch – wer trifft die besseren Entscheidungen?" kann niemals befriedigend beantwortet werden, aber durch die Kognitionstheorie lassen sich bessere Fragen stellen, die das wirkliche Anliegen – gute Entscheidungen zu treffen – klären. Beides, Kopf (Kognition) und Bauch (Intuition), sind untrennbar miteinander verbunden. Die Intuition kann alleine agieren, die Kognition jedoch nicht. Die Kognition umfasst vollständig die Intuition und macht die Entscheidung aus dem Emotionssystem zur bewusst wahrgenommenen Intuition. Die Frage kann nur lauten, wie weit wird sie im Prozess der Kognitionsverarbeitung sinnvoll genutzt. Die besseren Fragen lauten:

- **Frage 1:** Wie nutze ich das Bauchgefühl – die Intuition – für gute Entscheidungen?
- **Antwort 1:** Durch die bewusste Nutzung der Intuition, wie sie neurologisch vorgegeben ist.
- **Frage 2:** Wie nutze ich den Kopf – die kognitive Entscheidung – für gute Entscheidungen?
- **Antwort 2:** Durch die bewusste Nutzung des natürlichen neurologischen Entscheidungsprozesses für individuelle sowie für Gruppenentscheidungen.

Die bewusste Nutzung der Intuition mit einer individuellen Entscheidungsstrategie und mit Entscheidungsprozessen für Teams ist Teil der Entscheidungswerkzeuge. Für ein tieferes Verständnis ist zu beachten, dass beide, Kognition (Kopf) und Intuition (Bauch), weitgehend im Kopf lokalisiert sind. Die Intuition drückt sich zwar häufig über ein Bauchgefühl aus, aber viele Menschen haben ganz unterschiedliche Körperteile, in denen sie die Intuition spüren. Die vermeintliche Gleichsetzung von Bauch und Intuition bezieht sich weitgehend darauf, dass Impulse über Unstimmigkeiten mittels eines Gefühls über den Körper mitgeteilt und wahrgenommen werden. Auch das ist keine Einbahnstraße, der Körper ist umgekehrt mit dem Gehirn verbunden und beeinflusst dieses in hohem Maße.

Durch unklare Grenzen, wo das Gehirn beginnt und wo es endet und wie weit biochemische und bioelektrische Vorgänge zum Körper oder zum Gehirn gehören, wird diese Thematik noch komplexer. Die Augen kann man als Verlängerung des Gehirns sehen, sowohl anatomisch als auch funktional. Bei der Haut wird die Vorstellung schon ungewohnter. Ist die Haut, vielleicht am kleinen Zeh, Teil des Gehirns, weil sie als Sensor des Gehirns Stimuli über das unwillentliche und willentliche Nervensystem für eine Entscheidung liefert? Oder sind biochemische Vorgänge, die Botenstoffe wie Adrenalin ausstoßen, damit die Wahrnehmung und die Vorbereitung einer Entscheidung beeinflusst werden, Teil des Gehirns? Eines mag hier angemerkt werden: Der Körper ist ein wesentlicher Baustein im Entscheidungsprozess, der die Intuition stärker als die Kognition betrifft. Da aber die Intuition der Kognition vorgelagert ist, gilt auch das nur für bestimmte Entscheidungsprozesse.

Die häufig geäußerte Annahme, bewusste Prozesse würden 80% der Energie im Gehirn verschlingen und unbewusste entsprechend 20%, ist zu überdenken. Die Anzahl der bewussten Entscheidungen, bedingt durch die mehrfachen Zyklen der beiden Entscheidungssysteme, bedarf einer neuen Betrachtung. Der Appell des Hirnforschers Gerhard Roth von der Universität Bremen, bloß nicht nachzudenken und die Kraft für Neues und Gefahrvolles aufzusparen, sollte ebenfalls nachjustiert werden. Meine Erfahrungen und die Arbeit von 38 Jahren Vorstands- und Technologietätigkeit sowie Training und Coaching zeigen, die Intuition abzulehnen, erfordert eine weitaus größere Kraft, als sie anzunehmen. Daran schließt sich die Integration in eine kognitive Entscheidung an, die wiederum von Emotionsgefühlen begleitet wird, die bewusstes Entscheiden manchmal erschweren. Die Ablehnung der Intuition aber führt zu Stress und langfristiger Stress zu Burn-out. Das Wissen um diese inneren Prozesse löst bei entsprechendem Umgang die inneren Konflikte und führt gleichzeitig zu guten Entscheidungen. Für eine sichere bewusste Umsetzung dieser inneren vorgegebenen Prozesse wurde die K-i-E Entscheidungsstrategie entwickelt, die Intuition und Kognition in eine sinnvolle Reihenfolge bringt.

7.2.2 Der innere Kampf als Entscheidungshilfe

Der Neuromarketing-Professor Baba Shiv von der Stanford University untersuchte Zielgruppen, die sich eine zweistellige und eine siebenstellige Ziffer merken mussten, während sie an einem Buffet zur freien Auswahl vorbeigingen. Die Probanden, die versuchten, sich die siebenstellige Zahl zu merken, griffen mit nahezu doppelter Häufigkeit zu Schokoladentorten statt zum Obstsalat. Das Ergebnis wurde so interpretiert, dass die siebenstellige Zahl den präfrontalen Cortex so auslastete, dass er die Willenskraft nicht mehr aufbringen konnte, dem ungesunden, kalorienreichen Nachtisch zu widerstehen. Umgekehrt verhielt es sich mit dem Glauben an die eigene Sterblichkeit. Dachten Frauen mit einem hohen Körperbewusstsein eher an die eigene Sterblichkeit, so nahmen sie nur zu 23% den Schokoladenkuchen, aber zu 38%, wenn ihre Gedanken um ein langes Leben kreisten.

Eines scheint jedoch sicher, die Beschäftigung mit bestimmten Gedanken verändert das Entscheidungsverhalten. Das geht so weit, dass man gerade das tut, was man eigentlich nicht machen wollte, weil eine intuitive Entscheidung – ohne Beteiligung der Kognition – als programmiertes Verhalten ausgeführt wurde. Dieses nicht „bewusst beabsichtigte" programmierte Verhalten dann in einem kohärenten Weltbild zu begründen, wird willkürlich.

Tatsächlich ist es so, dass sich die Aufmerksamkeit für den emotionalen Impuls verändert, was wiederum einen komplexen Prozess in Gang bringt, in dem die emotionale Erregung und weitere Einflussfaktoren eine Rolle spielen, die dazu führen können, dass eine andere Entscheidungsform gewählt wird.

So gesehen, ist die Entscheidung zwischen Emotions- und Kognitionssystem (Gefühl und Verstand) kein Kampf, sondern ein Hinweis, dass der Stimulus und gegebenenfalls die emotionale Erregung zu hoch sind. Das Phänomen ist auch kein Ermüden der Kognition, dem mit Training der Willenskraft entgegengewirkt werden muss, wie es der Sozialpsychologe Roy Baumeister fordert. Seine Empfehlung zum Muskelaufbau und aufrechter Haltung liefert bessere Entscheidungen, weil in diesem Zustand die Kognition aktiviert wird.

Führungskräfte sollten nicht in den Kampf ziehen – gegen sich oder gegen andere –, sondern den Impuls richtig deuten. Das Training der Willenskraft sollte vielmehr genutzt werden, um ein Bewusstsein für die Wirkmechanismen der Entscheidungssysteme zu gewinnen, damit der Mensch nicht gegen sich selbst kämpft. Der übliche Tenor in Wissenschaft und Praxis, es gäbe kein allgemeingültiges Rezept, um zwischen Gefühl und Verstand zu schlichten, ist ein Anachronismus, der dem fehlenden Wissen über innere Entscheidungsprozesse geschuldet ist.

> **!** Ein sicherer Umgang mit Entscheidungswerkzeugen und die Übung durch Wiederholung ersetzen Disziplin durch Prozesssicherheit.

Die Korrektur der intuitiven Entscheidung in der kognitiv überformten Entscheidung geschieht in jedem Fall auf einer parallel kognitiv konstruierten Wirklichkeit, die langfristige Konsequenzen berücksichtigt. Die ursprünglich bewusste Wahrnehmung der bereits geschehenen Wirkung wird im „Geiste" vorweggenommen und in den Entscheidungsprozess integriert. Die Überformung der intuitiven Entscheidung kann in einer oder mehreren Iterationen geschehen, was langwierige Nachdenkprozesse stringent erklärt.

7.2.3 Die Aufgabe des Schmerzes

Im Laufe der Evolution mit beginnender bewusster Wahrnehmung wurde der Schmerz, der dem Körper signalisierte, eine Situation bewusst wahrzunehmen, ergänzt durch einen unangenehmen Impuls aus dem Emotionssystem (Bild 7.8).

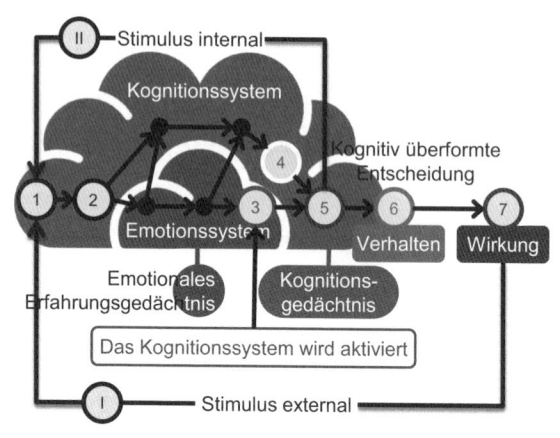

Bild 7.8 Das Emotionssystem aktiviert das Kognitionssystem

Die Fähigkeit der bewussten Wahrnehmung hat sich zyklisch-evolutionär weiter ausgeprägt. Die Überprüfung der tatsächlichen Wirkung (7) des Verhaltens (6), das aus einer Entscheidung (5) abgeleitet wurde, kann als externaler Stimulus (I) wieder in die Entscheidungssysteme einfließen.

Sowohl die schmerzhafte Wirkung als auch die folgende Korrektur des Verhaltens mit einer angenehmen Wirkung können als Ergänzung für zukünftige Entscheidungen sowohl im emotionalen Erfahrungsgedächtnis als auch im Kognitionsgedächtnis gespeichert werden.

Der internale Stimulus (II) aus einer vorgestellten Wirkung ist für Lernen bedingt geeignet. Alle geschriebenen und vor allem alle gelesenen Bücher beweisen diesen Effekt. Jedoch ist der internale Stimulus sehr gut geeignet, um das Emotionssystem zu aktivieren, das dann durch gemachte Erfahrungen lernt.

Die Theorie der Schmerzvermeidung, die der amerikanische Sozialpsychologe Leon Festinger als Dissonanz-Theorie in der kognitiven Dissonanz verankerte, kann in dieser einfachen Form nicht mehr aufrechterhalten werden. Die Untrennbarkeit der Entscheidungssysteme führt dazu, dass im ersten Schritt der Schmerz nicht vermieden werden kann, weil das Emotionssystem dem Bewussten nicht zugänglich ist und Schmerz bewusst ist. Er ist eine notwendige Voraussetzung, damit das Kognitionssystem aktiviert wird.

> Die kognitive Dissonanz – das unangenehme Gefühl aus vermeintlich unvereinbaren Gedanken – entsteht als natürliche Konsequenz aus der Untrennbarkeit und Unterschiedlichkeit der Entscheidungssysteme.

Soweit müsste die Theorie der Vermeidung von Schmerz aufgegeben werden. Erst die Kognition sorgt dafür, dass die Situation zukünftig vermieden wird. Das gilt sowohl in den wenigen Millisekunden der kognitiven Überformung als auch bei planerischem Nachdenken oder bei Lernen durch längere Erfahrungszyklen.

Durch diese Funktionsweise der beiden Entscheidungssysteme wird Schmerz zukünftig vermieden und die K-i-E-Theorie behält ihre Gültigkeit, auch wenn der Schmerz dafür notwendig ist. Die weitere Ableitung einer Weg-von-Bewegung durch Schmerzerfahrung und Hin-zu-Bewegung durch Lust ist damit ebenfalls nicht mehr aufrechtzuerhalten. Diese reduzierte polare Strategie wird durch die emotionalen Motiv-Profile ersetzt und vielfältig erweitert, so wie sich Menschen individuell und sozial verhalten.

In der Interaktion zwischen den Systemen entwickelte der Mensch die Fähigkeit, vor allem die geplanten Handlungen und ihre Wirkungen sowie das Verhalten anderer einzuschätzen. Hat eine Entscheidung ihre Wirkung verfehlt, schöpft der bewusste Mensch aus der Erfahrung: sowohl aus der realen als auch aus der vorgestellten. Der Mensch hat gelernt, die Bewertung der Wirkung – sei sie nun erwünscht oder unerwünscht – in seine nächsten Entscheidungen bewusst einfließen zu lassen. Der bekannte archaische Wirkmechanismus der Trauer, die die neuronalen emotionalen Programme ablöst, und Freude, die sie stabilisiert, blieb erhalten.

7.2.4 Wenn die Untrennbarkeit getrennt wird

Was geschieht, wenn die Untrennbarkeit getrennt wird, zeigt der Fall Phineas Gage. Die massive Metallstange, ein sogenanntes Stopfeisen, verursachte das vielleicht berühmteste Trauma der Medizingeschichte. Phineas Gage überlebte wie durch ein Wunder am 13. September 1848 einen schrecklichen Unfall. Er arbeitete für die Rutland and Burlington Railroad in Vermont/USA. Seine Aufgabe war es, für die Sprengung von Felsen Löcher zu bohren und diese mit Schießpulver zu verfüllen. Darauf kam Sand, der mit einer Metallstange – einen Meter lang und gut sechs Kilo schwer – verstopft wurde. Gage rammte das Stopfeisen in ein Bohrloch, das er noch nicht mit Sand verschlossen hatte. Beim Eintreten der Stange in das Felsloch brachte ein Funke das Pulver zur Explosion.

Das Stopfeisen wurde Gage aus der Hand geschleudert und drang unterhalb des linken Auges in seinen Kopf ein (Bild 7.9).

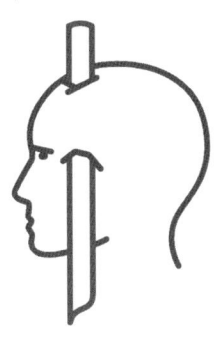

Bild 7.9 Phineas Gage verlor Teile seines präfrontalen Cortex

Es durchdrang den linken Frontallappen seines Gehirns und trat knapp neben der Scheitellinie wieder aus dem Schädel aus und flog etwa 20 Meter weiter.

Gage verlor trotz der Verletzung nicht das Bewusstsein und begrüßte den eintreffenden Notarzt angeblich mit „Doktor, hier gibt es für Sie reichlich zu tun". Ein zweiter Arzt, John Harlow, verfolgte Gages weiteres Schicksal bis zu seinem Tod. Gage erholte sich erstaunlicherweise, arbeitete bald wieder und ging für mehrere Jahre nach Chile, er starb im Mai 1860, fast zwölf Jahre nach seinem Unfall. Abgesehen von der einseitigen Erblindung hatte er keinerlei Ausfälle von Sinneswahrnehmungen, von Sprache, Gedächtnis, Intelligenz oder anderen Körperfunktionen. Diese sind offensichtlich nicht dem verletzten präfrontalen Cortex an der Stirnseite des Gehirns zuzuordnen.

> **!** Die Motive der sozialen Emotionen und die langfristigen Aspekte werden in der Interaktion mit dem präfrontalen Cortex einbezogen.

Auffällig war, er hatte Schwierigkeiten bei rationalen Entscheidungsfindungen. Im persönlichen und sozialen Bereich hielt er sich an keine Konventionen und sorgte nicht für seine Zukunft. Aus dem besonnenen, freundlichen und ausgeglichenen Gage wurde ein kindischer, impulsiver und unzuverlässiger Mensch. Der präfrontale Cortex gilt heute als ein Kontrollzentrum für die situationsangemessene, also die langfristige und soziale Steuerung von Handlungen.

7.2.5 Bewertung von Entscheidungen durch somatische Marker

Daraus entwickelte der portugiesische Neurowissenschaftler António Damásio die Theorie der somatischen Marker, die aus bereits erworbenen Erfahrungen gebildet werden.

Damásio geht davon aus, dass bestimmte Entscheidungen im persönlichen beziehungsweise im sozialen Bereich nicht einer rationalen Kosten-Nutzen-Analyse unterworfen werden, sondern durch bestimmte somatische Marker vorsortiert werden. Diese würden die Alternativen und Konsequenzen einer Handlung mit einer positiven oder negativen Emotion markieren. Gemeint waren spezifische Körpergefühle wie der Druck in der Magengegend als Indikator für einen belastenden Zustand oder die sprichwörtlichen kalten Füße für eine gefährliche Situation. Aufgrund der Untrennbarkeit der Entscheidungssysteme werden alle Entscheidungen zuerst vom Emotionssystem bewertet und nur bewusste Entscheidungen können mit einem Emotionsgefühl einhergehen.

Aus dem Phänomen Phineas Gage verortete Damásio den Abruf der somatischen Marker im präfrontalen Cortex. Er ging davon aus, eine Entscheidungsoption gehe auch immer mit einer bestimmten angenehmen oder unangenehmen Empfindung einher.

Die somatischen Marker könnten, so Damásio, ins Bewusstsein rücken oder aber auch verdeckt den Entscheidungsprozess beeinflussen. Tatsächlich entsprechen die somatischen Marker dem Impuls aus dem Emotionssystem, der bewusst wahrzunehmen ist. Wenn der Impuls beziehungsweise der Marker wahrgenommen wird, handelt es sich um die kognitiv überformte Entscheidung.

Damásios Annahme, die Marker könnten verdeckt beeinflussen, trifft ebenfalls zu, da sich der Impuls aus dem autonom arbeitenden Emotionssystem nicht immer mitteilt. Damásio betonte, dass somatische Marker alleine für den Entscheidungsprozess nicht ausreichten, und gab ihnen die Bedeutung eines Tendenzapparats, den er als automatisches System betrachtete, das eine bestimmte Vorauswahl trifft. Die anschließenden logischen Denkprozesse sollten bei Damásio die abschließende Selektion ergeben.

Des Weiteren identifizierte Damásio das Emotionssystem als autonomes System. Die rein intuitive Entscheidung fand bei Damásio jedoch keine Berücksichtigung. Der angenommene Prozess, die Marker würden eine Vorauswahl treffen, erfolgt tatsächlich in umgekehrter Reihenfolge. Der stimmige Impuls aus dem Emotionssystem schließt bei gelungener Wahl die Gedanken-Zyklen ab, die in einem kohärenten Weltbild enden.

Schon Damásio unterschied in Emotionen und Gefühle. Emotionen unterteilte er in primäre und sekundäre Emotionen, wobei primäre in der K-i-E Theorie den Grundemotionen entsprechen und sekundäre den neurologischen emotionalen Programmen. So beschrieb Damásio wesentliche Details, die in der K-i-E Theorie umfassend zusammengeführt worden sind. Er bestätigt, wie Joachim Bauer, die Interaktion der sozialen Emotionen, um langfristige Aspekte einzubeziehen.

7.2.6 Ohne Schmerz keine bewusste Entscheidung

Der Damásio-Versuch, ein eigens entwickeltes Glücksspiel mit Karten, wurde mit zwei Zielgruppen durchgeführt: mit gesunden Probanden und mit Patienten mit einer Schädigung des präfrontalen Cortex (PFC). Er ist eng mit dem Emotionssystem verbunden und bringt die langfristigen und sozialen Konsequenzen in die Entscheidung mit ein. Beide Gruppen erhielten als Startkapital jeweils ein Darlehen von 2.000 US-Dollar und sollten dieses mittels des Kartenspiels, dessen Regeln sie nicht kannten, soweit wie möglich vergrößern. Das Design des Glücksspiels umfasste vier Stapel mit Spielkarten. Zwei Stapel A+B ergaben bei Aufnahme einer Karte einen hohen Gewinn von 100 Dollar oder einen sehr hohen Verlust von bis zu 1.250 Dollar bei zufälliger Verteilung. Die anderen beiden Stapel C+D ergaben bei Aufnahme einer Karte einen niedrigeren Gewinn von 50 Dollar oder einen Verlust von bis zu 100 Dollar bei zufälliger Verteilung.

Der Damásio-Versuch entwickelte sich in folgenden Phasen:

- **Phase 01**: Zu Beginn zeigen beide Gruppen eine Vorliebe für die Stapel A+B.
- **Phase 02**: Nach circa zehn Kartenaufnahmen haben beide Gruppen noch keine Idee über die Regeln des Spiels. Bei den gesunden Probanden sinkt der Hautwiderstand, ein Zeichen für Angst, die bei weiterer Spieldauer zunimmt. PFC-Patienten zeigen keinerlei Reaktion.
- **Phase 03**: Nach circa 30 Aufnahmen ahnen einige aus beiden Gruppen, dass Stapel A und B riskant sind. Gesunde Probanden wechseln zu Stapel C und D und PFC-Patienten bevorzugen weiter Stapel A und B.
- **Phase 04**: Nach circa 50 Aufnahmen haben die meisten gesunden Probanden und 50% der PFC-Patienten die Logik des Spiels erkannt. Gesunde Probanden bleiben bei Stapel C und D und gewinnen. PFC-Patienten bevorzugen Stapel A und B und verlieren ihr gesamtes Kapital.
- **Phase 05**: Nach 100 Aufnahmen endet das Spiel für die gesunden Probanden als Gewinner.

7.2.7 Wie der Damásio-Versuch zu interpretieren ist

Das Damásio-Glücksspiel wirft eine Reihe von Fragen auf, die für die Entscheidungsfindung relevant sind und erstmals mit der K-i-E Theorie erklärt werden können.

- **Warum wählen beide Gruppen Stapel A+B?** – hoher Gewinn führt zu Freude und stabilisiert das Verhalten beider Gruppen. Hohes Kapital mildert in der Anfangsphase den Verlustschmerz bei den gesunden Probanden.
- **Warum durchschaut die Haut das Spiel schneller als der Kopf?** – bei gesunden Probanden ist der sinkende Hautwiderstand ein Ausdruck des Emotionssystems. Bereits nach 80 bis 100 Millisekunden sind Reaktionen messbar, die wieder abklingen. Erst ab einer bestimmten emotionalen Erregung werden sie dem Kognitionssystem mit einem Impuls mitgeteilt, der von einem unangenehmen Gefühl begleitet wird. Ein starker Impuls mit dem Motiv-Profil der Sorge um Sicherheit aktiviert erst nach mehreren Durchgängen das Kognitionssystem. Damit wird dann als kohärentes Weltbild die Spielstrategie rekonstruiert. Erst das Zusammenwirken der beiden Systeme lässt einen Strategiewechsel zu.
- **Warum zeigt sich bei den PFC-Klienten keine Reaktion beim Hautwiderstand?** – die Interaktion zwischen Emotionssystem und Kognitionssystem ist durch die Schädigung des präfrontalen Cortex eingeschränkt. Ein Verlustszenario als kohärentes Weltbild, das nur durch das Kognitionssystem kreiert werden kann, wird nicht erstellt – ein Kartenspiel ist keine reale Lebenssituation, die durch die Sinne external erfahren werden könnte. Der somit fehlende Stimulus mit einer erhöhten Angst im Motiv-Profil für das Emotionssystem fehlt.
- **Wieso ändern die gesunden Probanden ihre Strategie?** – die Trauer durch den erlebten Verlust destabilisiert die zuerst gewählte Strategie A+B. Der Stimulus aus dem Emotionssystem mit leicht erhöhter Erregung bei Angst und Ärger aktiviert das Kognitionssystem (Bild 7.10). Eine angemessene Nähe (Ekel) ist gegeben und hat im Spielverlauf keine Bedeutung. Bei drohenden höheren Verlusten wäre ein Fluchtimpuls möglich. Die Sorge um Sicherheit und die Einflussnahme aus dem emotionalen Motiv-Profil lassen ein kohärentes Weltbild entstehen, das zum Strategiewechsel führt. Der beginnende Gewinn stabilisiert die Strategie C+D und die gesunden Probanden gewinnen durch das Festhalten an dieser Strategie.

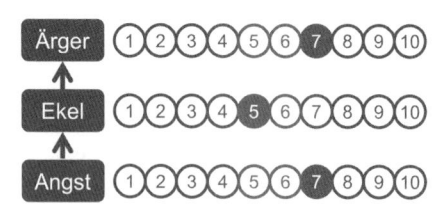

Bild 7.10 Motiv-Profil für Angst und Ärger bei Strategiewechsel

- **Wieso ändern die PFC-Probanden nicht ihre Strategie?** – 50% der PFC-Probanden erkennen die Strategie des Spiels und den resultierenden Verlust aus Strategie A+B. Aber der fehlende Stimulus mit der Sorge um Sicherheit und die weitere Einflussnahme im Motiv-Profil aktivieren das Kognitionssystem nicht. Es entsteht kein kohärentes Weltbild, in dem die Sorge Eingang finden könnte, ein Strategiewechsel wird nicht gedacht. Die fehlende Trauer zur Ablöse der verlustbringenden Strategie A+B lässt sie daran festhalten beziehungsweise forciert keinen Wechsel.

> Die Untrennbarkeit der Systeme ist nicht nur ein evolutionäres Relikt, sondern eine gegebene Funktion für menschliches Entscheiden.

Eine einfache alltägliche Situation illustriert die überlebensnotwendige Funktion des Schmerzes. Sinkt am Abend auf der Terrasse die Temperatur, so fühlen wir das unangenehme Gefühl der Kälte auf der Haut und ziehen einen Pulli über. Ohne dieses unbehagliche Gefühl würden wir uns erkälten. Würden wir immer noch nicht darauf reagieren, würden wir früher oder später sterben. Weil Emotionsgefühle sich unangenehm anfühlen, bewegen wir uns und sorgen für unser Wohlbefinden und Überleben.

Wenn Sie als Führungskraft beginnen, die hinter den Emotionsgefühlen liegenden neuronalen emotionalen Programme als wichtige Überlebensfunktion zu betrachten, können Sie Emotionen willkommen heißen und wertschätzen. Das ist der erste und wichtigste Ansatz, sie zu berücksichtigen, und sei es nur, um anschließend die emotionale Erregung zu regulieren. Die oft zitierte Demut, die vielen abhandengekommen ist, bedeutet: etwas willkommen zu heißen, das sich wahrlich unangenehm anfühlt, etwas anzunehmen, das in der Vergangenheit auch noch einschränkend erfahren wurde. Anzunehmen deshalb, weil das auslösende neuronale emotionale Programm bereits aktiv war, bevor Sie es wahrgenommen haben. Etwas ungeschehen machen zu wollen, was bereits war, ist nicht möglich. Es trotzdem zu versuchen oder eliminieren zu wollen, macht es nur schlimmer. Eine Führungskraft sollte über die Kompetenz verfügen, ihre inneren emotionalen Prozesse zu erkennen, zu interpretieren und so zu regulieren, dass sie anschließend zur wichtigen Ressource werden – für gute Entscheidungen.

Beide Entscheidungssysteme sind notwendige Voraussetzungen für langfristiges und damit für strategisches Denken und Entscheiden. Insbesondere wird die Überprüfung der langfristigen Aspekte bei einer bewussten Entscheidung zwar im präfrontalen Cortex des Kognitionssystems als kohärentes Weltbild erstellt, jedoch durch das Emotionssystem „geprüft" und als Impuls mitgeteilt. Dieser Impuls ist wahrnehmbar.

7.2.8 Der Nutzen für eine Fehlerkultur

Das unangenehme Emotionsgefühl, das erst die Entwicklung von Bewusstsein und guten Entscheidungen möglich machte, kann aber gleichzeitig ein Hinderungsgrund für eine weitere persönliche oder unternehmerische Entwicklung sein. Das unangenehme Gefühl des Scheiterns mit Schuld und Scham verhindert im unternehmerischen Kontext häufig, die Lehren aus dem Scheitern zu ziehen. Aus der Vermeidung der Emotionsgefühle werden Fehler im unternehmerischen Kontext häufig nur mit schlechten Entscheidungen verbunden. Das K-i-E Konzept erlaubt es, die archaische Qualität, die Misserfolgen und Fehlern innewohnt, wieder zu nutzen, um gute Entscheidungen herzustellen. Entscheider können lernen, sich zwischen den Polaritäten – Fehler zu vermeiden und aus Fehlern zu lernen – zu bewegen und damit:

- gute Entscheidungen mit professionellen Entscheidungswerkzeugen herstellen, die eine unerwünschte Wirkung vermeiden und die erwünschte herstellen, also eine Null-Fehler-Kultur.
- aus Fehlern lernen. Das kann erreicht werden durch die Einschätzung von bereits eingetretenen Fehlern, aber auch von Fehlern, die bewusst erzeugt wurden. Genau dann, wenn Fehler zwei- und mehrmals auf unterschiedliche Art und Weise erzeugt werden, um ganz sicherzugehen, also eine offene Fehlerkultur.

Beide Polaritäten sind motiviert von der Sorge um Sicherheit, jedoch durch unterschiedliches Vorgehen. Die unternehmerische Situation gibt vor, welche der beiden Polaritäten dominiert. So ist für kritische und schwer beziehungsweise nicht zu korrigierende Situationen die Vermeidung von Fehlern anzuraten. Bei der Systemsicherheit in einem Kraftwerk oder bei der Verlässlichkeit von veröffentlichten Quartalszahlen muss der Schwerpunkt auf der Vermeidung von Fehlern liegen. Im kreativen Bereich und in frühen Entwicklungsphasen von Projekten wird man bewusst Fehler machen, um die Reaktion des Markts oder der Produkte berücksichtigen zu können. Mit der Emotionstheorie, insbesondere den Motiv-Profilen und der Kognitionstheorie, lassen sich die unterschiedlichen Fehlerkulturen in eine einzige funktionale kontextspezifische Fehlerkultur überführen (Bild 7.11).

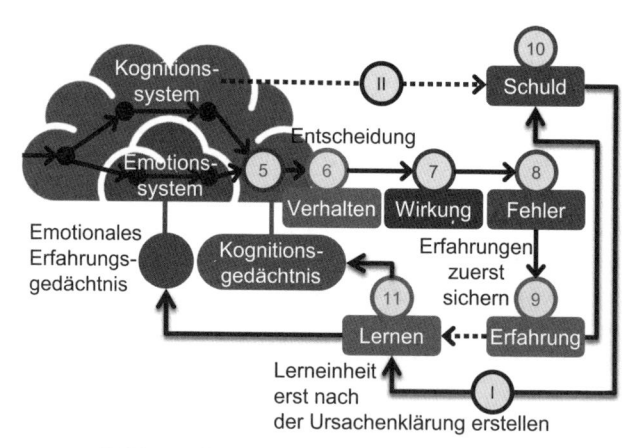

Bild 7.11 Lernen aus Fehlern erfordert zwingend eine Reihenfolge

Zwischen der wertvollen Erfahrung aus Fehlern (9) sowie der daraus abzuleitenden Lerneinheit (11) und der Schuld (10) für die verursachte Wirkung (7) ist zu trennen. Ein eingetretener Schaden ist nicht mehr zu gestalten, er ist nur noch auszugleichen. Jedoch kann aus den gemachten Fehlern ein Nutzen gewonnen werden, wenn auf dem Weg (I) die Erfahrungen (9) aus den Fehlern zuerst gesichert werden, anschließend die Schuldfrage (10) geklärt und dann eine Lerneinheit (11) erstellt wird. Alternativ kann auch der Weg gewählt werden, indem das Lernen bereits vor der Schuldfrage erfolgt, die dann erst später (II) geklärt wird. Wird die Schuldfrage zu früh aufgeworfen und werden Konsequenzen für die Verantwortlichen sowie ein Ausgleich für den Schaden in den Mittelpunkt gestellt, verpassen Entscheider die Chance, aus den Erfahrungen von unerwünschten Wirkungen zu lernen. Ähnliche Effekte treten ein, wenn das Schuldgefühl, das eine angemessene Ausgleichsbewegung verhindert, vermieden wird.

Gute Entscheidungsprozesse trennen zwischen den Phasen Lernen aus Fehlern (9 und 11) und Ausgleich für Schuld (10) und bringen sie in diese klare Reihenfolge.

Während einer kognitiv überformten (5) Entscheidung bleiben nur Millisekunden, um die intuitive (3) mit der kognitiven (4) Entscheidung entsprechend abzugleichen. Wenn Entscheider lernen, nach der intuitiven Entscheidung den Prozess kurz zu unterbrechen, stehen im Dialog mit sich selbst und auch in Entscheidungssituationen mit anderen einige Sekunden zur Verfügung. In Entscheidungsprozessen können dafür Minuten oder Stunden genutzt werden, wenn es die Situation erfordert. Freies Verhalten und eine freie Entscheidung setzen die Kenntnisse über den menschlichen Entscheidungsprozess und einen angemessenen Umgang damit voraus.

7.3 Die bewussten Entscheidungen

Die Evolution hat zuerst das entscheidungs- und handlungsorientierte Emotionssystem geformt, das aus der Erfahrung des Lebens und Überlebens gebildet wurde. Die Emotionstheorie zeigte auf, wie die Erfahrungen im Leben eines Menschen dieses Entscheidungssystem individuell ausprägen. Die zugrunde liegende Emotionslogik ist jedoch sehr archaisch und überlebensorientiert, was dazu führt, dass sie nicht in allen Situationen die besten Entscheidungen erzeugt. Das Emotionssystem entscheidet jedoch immer, mit einer garantierten Entscheidungszeit. Es ist eine Entscheidungsinstanz, die mit hoher Geschwindigkeit völlig mühelos und unaufgefordert ihre Arbeit verrichtet.

Die Evolution hat das Kognitionssystem hervorgebracht, das gezielt mit dem Emotionssystem interagieren kann, um den Mangel einer Dominanz flexibel auszugleichen. So ist das Kognitionssystem sowohl evolutionär als auch im Entscheidungsprozess zeitlich nachgeordnet.

Welches ist nun das dominierende System? Nach den kognitiven Verzerrungen, wie sie Daniel Kahneman ausführlich beschrieben hat, kann nicht mehr angenommen werden, dass das Kognitionssystem das Zepter in der Hand hat. Ist damit die Forderung der Unternehmen nach einer rationalen Entscheidung vermessen oder gar utopisch? Die Intuition genügt in einigen Merkmalen, wie der Geschwindigkeit, der Mühelosigkeit und der unaufgeforderten Arbeitsweise in einer garantierten Reaktionszeit, der Idealvorstellung von Unternehmen. Ihre Instabilität bei emotionaler Erregung und ihre Abhängigkeit vom emotionalen Erfahrungsgedächtnis disqualifizieren sie jedoch als Standard für unternehmerische Entscheidungen. Falsch wäre es jedoch, davon auszugehen, Intuition und Kognition seien Gegensätze, seien unabhängig voneinander oder Polaritäten.

7.3.1 Die kognitiv überformte Entscheidung

Die Frage, ob nun Emotion oder Kognition das dominierende System sind, taucht in jedem Seminar, Workshop oder bei jeder Diskussion auf. Die Frage lautet oft: Wie viel Prozent der Entscheidungen im Management sind dann noch intuitiv?

Die Marktforscher vom Business Application Research Center in Würzburg gehen davon aus, dass 65% aller Entscheider in Unternehmen auf ihre Intuition vertrauen. Die Retail-Experten der Gruppe Nymphenburg glauben, 70% der Kaufentscheidungen gingen auf unbewusste Kräfte zurück.

Nach einem Grundverständnis der Emotions- und Intuitionstheorie liegen die Schätzungen der Teilnehmer in Seminaren zunächst bei circa 60%. Meine stoische Antwort darauf lautet: Nein, der Anteil ist höher. Die Schätzungen steigen dann schnell auf 70% bis 90%, um sich in vielen Iterationen bis auf 99,99% anzunähern. Meist ruft dann jemand resigniert oder genervt 100% auf.

Ja, auch wenn man es nicht wahrhaben möchte, 100% der kognitiv überformten Entscheidungen sind intuitiv beziehungsweise haben einen intuitiven Einfluss, der durch die Untrennbarkeit der Entscheidungssysteme bedingt ist (Bild 7.12).

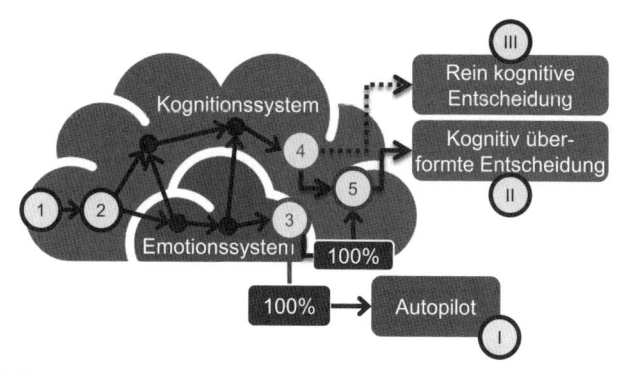

Bild 7.12 100% aller Entscheidungen sind intuitiv

Die Frage ist berechtigt, ob man kognitiv überformte Entscheidungen in allen Facetten dann als eine intuitive Entscheidung bezeichnen kann, besonders dann, wenn die Intuition überstimmt wird. Sicher nicht, das Attribut „kognitiv überformt" zeigt bereits die Bedeutung der Kognition an. Wie groß und vor allem wie funktional die Intuition integriert ist, hängt von der gewählten Entscheidungsstrategie ab.

7.3.2 Die vermiedene intuitive Entscheidung

Die Intuition, und zwar die unaufgeforderte Intuition (3.2), die das Emotionssystem produzierte, hat bereits im Übergang zur Kognition (4) bewusste Anteile, sonst könnte man sie nicht wahrnehmen. Erst wenn der Impuls oder das begleitende Emotionsgefühl deutlich wahrgenommen wird, spricht man vom Bauchgefühl, weil es nicht mehr zu ignorieren ist. Die Intuition oder das deutliche Bauchgefühl gehört somit zur bewussten Entscheidung, auch wenn das emotionale Motiv-Profil, der innere Antrieb aus den Emotionen, nicht bewusst wird. Wie weit der intuitive Einfluss auf bewusste kognitive Entscheidungen wirkt, hängt weitgehend von der individuell ausgeprägten Kognition selbst ab:

- **Fehlende Wahrnehmung** – wird die Intuition tatsächlich für bestimmte Situationen nicht bewusst wahrgenommen, sollten Entscheider lernen, die Intuition bewusst wahrzunehmen.
- **Ignorieren der Intuition** – der Intuition keine Bedeutung zu geben, ist etwas anderes als sie zu erkennen und abzulehnen. Ein Verständnis der Intuition und der Untrennbarkeit der Entscheidungssysteme wird dazu führen, die Intuition als einen wertvollen Anteil zu erkennen und in die Entscheidung einzubeziehen.
- **Ablehnen der Intuition** – die Intuition abzulehnen, setzt voraus, sie wahrzunehmen. Die Wirkung wird auf Dauer zu dysfunktionalen Motiv-Profilen führen und einen Entscheider disqualifizieren. Ist die Bedeutung der Intuition erkannt, muss man ihrem Impuls nicht ohne Weiteres folgen. Sie wird ein natürlicher Bestandteil des Entscheidungsprozesses.
- **Überstimmen durch die Kognition** – geschieht die kognitive Überformung der Intuition mit angemessenen Gründen, so ist das ein angemessener Teilschritt einer Entscheidung.

7.3.3 Die rein intuitive Entscheidung

Vielleicht fragen Sie sich, was hat die rein intuitive Entscheidung in der Kognitionstheorie zu suchen. Da das Kognitionssystem den Impuls aus dem Emotionssystem abfängt und das Ergebnis bewusst erkennt, gehört die rein intuitive Entscheidung zu den bewussten Entscheidungen.

Die Tatsache, die weitere kognitive Entscheidung zu ignorieren oder zu verhindern, zeichnet sie auch als bewusste Entscheidung aus. Dadurch kann kein kohärentes Weltbild entstehen oder man muss es verwerfen, wenn es nicht gelang, den Prozess zu unterbrechen. Dieser aktive und bewusste Vorgang, die kognitive Entscheidung zu unterbrechen oder zu verwerfen, erfordert hohe bewusste Achtsamkeit und macht die Intuition zu einer bewussten Entscheidung (Bild 7.13).

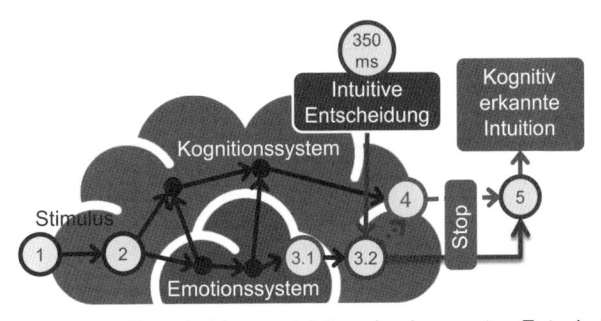

Bild 7.13 Die rein intuitive Entscheidung gehört zu den bewussten Entscheidungen

Die rein intuitive Entscheidung hat kein kohärentes Weltbild und folglich auch keine Begründung. Soll sie im unternehmerischen Umfeld Einzug finden, darf man sie nicht in die rationalen Entscheidungen einordnen und folglich auch keine Begründung fordern. Das Ergebnis der kognitiven Entscheidung ist bis dato unbekannt und kann später mit der K-i-E Entscheidungsstrategie bewusst in eine Sequenz integriert werden.

Es steht außer Zweifel, die neuronalen Prozesse im Emotionssystem haben Einfluss auf intuitive und damit auf kognitive Entscheidungen. Die Einflussfaktoren wie emotionale Erregung, Stimulus, emotionales Erfahrungsgedächtnis, neuronale emotionale Programme, die direkte Beeinflussung des Emotionssystems mittels Priming und die Untrennbarkeit der Entscheidungssysteme können jedoch wieder bewusst beeinflusst werden. Obwohl sie nicht leicht zu fassen sind, stellen sie aufgrund der Untrennbarkeit der Entscheidungssysteme einen unverzichtbaren Teil der bewussten Entscheidungen dar.

> Der intelligente Gebrauch der Intuition als Entscheidungsinstanz, die mit hoher Geschwindigkeit völlig mühelos mit einer garantierten Zeit eine Entscheidung liefert, gehört in das Repertoire jedes Entscheiders.

7.3.4 Die unbewusste Entscheidung

Das Emotionssystem arbeitet automatisch und produziert immer eine Entscheidung. Die Intuition, das Ergebnis des Emotionssystems, fließt somit in alle Entscheidungen ein, sowohl in die bewusst getroffenen als auch in die nicht bewusst wahrgenommenen und in das daraus folgende Routine- oder programmierte Verhalten.

Wenn die Entscheidungen des Emotionssystems ohne bewusste Beteiligung als Autopilot beachtet werden, wozu auch die affekthaften Entscheidungen gehören, ist und bleibt die Antwort: 100% der unbewussten und auch der bewussten, also auch der kognitiven und rationalen Entscheidungen haben einen intuitiven Anteil.

Damit gehen 100% des Kaufverhaltens auf eine unbewusste Kraft, das Emotionssystem, zurück. Auch wenn nur 65% der Entscheider bewusst auf ihre Intuition vertrauen, so sind doch 100% aller Entscheidungen davon beeinflusst. Die Frage nach der Größe des Einflusses hängt von der Emotionslogik ab.

Das Expertenwissen der Entscheider, das sich in der Intuition ausdrückt, wirkt in jeder Entscheidung (Bild 7.14). Das unbewusste Expertenwissen muss nur zugelassen und wahrgenommen werden. Diese Sequenz gehört zum evolutionär vorgegebenen Entscheidungsprozess und ist gleichzeitig der erste Baustein für die K-i-E Entscheidungsstrategie.

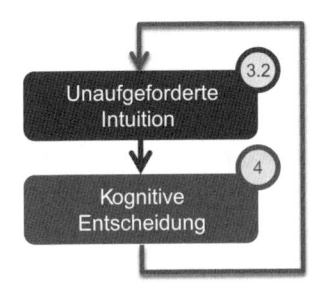

Bild 7.14 Die evolutionär vorgegebene Entscheidungssequenz der kognitiven Entscheidung

7.3.5 Die Macht von Priming

Priming bezeichnet Phänomene mit Stimuli, die bewusst oder dem Bewussten nicht zugänglich dargeboten werden und damit das Kognitionssystem beeinflussen. Dabei werden Gedächtnisinhalte des emotionalen Erfahrungsgedächtnisses aktiviert, die auf die Verarbeitung des späteren Kognitionssystems einwirken.

Das Emotionssystem nimmt den Stimulus auf und verarbeitet ihn. Wenn die kurze Dauer der Darbietung und der Stimulus nicht ausreichen, ein Motiv im Emotionsbau hinreichend stark zu aktivieren, wird das Kognitionssystem nicht aktiviert. Bei Priming ist weniger die Tatsache bedeutend, dass der Stimulus nicht bewusst gesehen werden kann, sondern dass die Kognition nicht aktiviert wurde.

Priming ist mit dem K-i-E Konzept einfach zu erklären und es wird damit gleichzeitig bestätigt. So ist Priming keine vollständige Entscheidung, aber sie hat Einfluss auf weitere sowohl bewusste als auch intuitive Entscheidungen.

James McDonald Vicary, amerikanischer Marktforscher, hatte 1957 mit der „Iss-Popcorn-trink-Cola-Studie" der Wissenschaft einen Bärendienst erwiesen. Er berichtete von einem Experiment mit Kinobesuchern, das nachwies, dass nach unbewusster Darbietung der Werbebotschaften die Zuschauer 18% mehr Cola tranken und 58% mehr Popcorn aßen. Später gab er zu, dass er die Zahlen des Experiments gefälscht hatte. Das Phänomen des Priming blieb bis heute in Verruf, weil die Phänomene in äußerst großer Vielfalt erscheinen und mit den bisherigen psychologischen Konzepten nicht umfänglich zu erklären sind.

Rund vierzig Jahre später wies Johan Karremans, Sozialpsychologe an der Radboud Universität Nijmegen, den von Vicary behaupteten Effekt nach. Er führte das Priming mit zwei Eistee-Marken bei 166 Probanden durch. Tatsächlich griffen 50% statt 30% bei gemessener Kontrollgruppe zur dargebotenen Marke. Waren die Probanden durstig und die Getränke sofort zu greifen, stieg der Wert auf über 80%.

Der dargebotene Stimulus wirkt auf das Emotions- und durch die Untrennbarkeit der Entscheidungssysteme anschließend auf das Kognitionssystem. Der amerikanische Psychologe John A. Bargh, der bei Robert Zajonc als einem der wenigen Vertreter einer Emotionslogik, promovierte, wies schon 1996 nach, dass Priming direkt auf das programmierte Verhalten wirkt. Die Versuchspersonen mussten aus fünf Wörtern Sätze bilden, die alle mit dem Alter assoziiert werden konnten, wie: grau, Falte, vergesslich, Glatze, Florida, was in USA als Rentnerparadies gilt. Anschließend brauchten sie länger, um in einen anderen Raum zu gehen. Die Probanden der Kontrollgruppe, die mit neutralen Wörtern die Sätze bildeten, gaben an, sie hätten kein gemeinsames Thema in den Wortpaaren erkannt. Der Psychologe Stéphane Doyen, Université Libre de Bruxelles, konnte die Ergebnisse von Bargh nicht reproduzieren und stellte die Priming-Phänomene erneut in Frage.

Inzwischen liegen unzählige zuverlässige Studien vor, die die Priming-Phänomene nachweisen. Der französische Mathematiker und Neurowissenschaftler Stanislas Dehaene ließ Versuchspersonen mit zwei Tasten entscheiden, ob eine eingeblendete einstellige Zahl kleiner oder größer als fünf war. Kurz vor der sichtbaren Zahl blitzte nicht wahrnehmbar eine weitere einstellige Zahl auf. Waren beide Zahlen größer oder kleiner als fünf, war die Reaktionszeit signifikant 24 Millisekunden kürzer, als wenn die eine unter fünf und die andere über fünf lag (Bild 7.15).

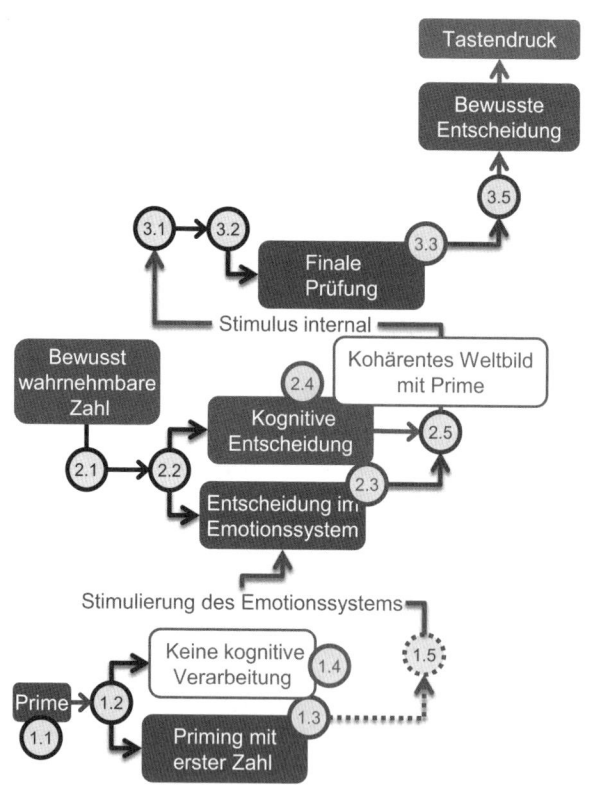

Bild 7.15 Wie Priming wirkt

Was Dehaene zusätzlich aufzeichnete, war eine ganze Kaskade von Hirnaktivitäten, was die Versuchspersonen nicht merkten. Das kohärente Weltbild wird aus beiden Entscheidungssystemen konstruiert, wobei das Emotionssystem mehrmals durchlaufen wird. Einmal beim Stimulieren durch den Prime, dann beim Gedanken-Zyklus und zum finalen Abschluss, der auch direkt im Gedanken-Zyklus ausgeführt werden kann.

Dieser Prozess erklärte zum einen die Kaskade der Hirnaktivitäten, aber auch die Vielfalt der Priming-Effekte und der noch zahlreicheren Erklärungen dafür. Mit Hilfe der strukturellen Verarbeitung konzentrierte sich die Priming-Forschung immer mehr auf die Emotionslogik: Wie geschieht die Bedeutungsgebung und wie wird auf Basis der emotionalen Motive das programmierte Verhalten vorbereitet? Die Diskussion um den freien Willen erhielt einen neuen Impuls über die Plastizität des Emotionssystems, das durch Priming stimuliert wird. Die dabei aktivierten neuronalen emotionalen Programme entstehen durch Erfahrungen. Zum einen ist es in gewissem Umfang eine freie Entscheidung, welche Erfahrung ein Mensch machen will. Zum anderen kann jeder Mensch erkennen, welch programmiertes Verhalten die neuronalen emotionalen Programme initiieren. Langfristig betrachtet hat der Mensch damit gestalterischen Einfluss sowohl auf den Entscheidungsprozess als auch auf die Grundbausteine, in denen die individuelle Emotionslogik kodiert ist.

> Die Priming-Effekte spielen bei Entscheidungsprozessen eine erhebliche Rolle. Gute Prozesse reduzieren die verzerrenden Effekte. Die Nutzung einer ausgerichteten Gruppenkompetenz erlaubt es, diese Effekte zu minimieren.

7.3.6 Der intuitive Anteil

Durch die Untrennbarkeit der Entscheidungen sind alle Entscheidungen – seien sie nun bewusst oder unbewusst – intuitiv oder präziser, sie haben einen intuitiven Einfluss.

Der bisherige Sprachgebrauch einer Polarität zwischen intuitiver und rationaler Entscheidung und die größtenteils wenig definierten Entscheidungsarten erschweren die Diskussion ungemein. Entscheidungen lassen sich klassifizieren in:

- die bewusste, dem Bewussten nicht zugängliche Entscheidung,
- die affekthafte Entscheidung,
- die bewusst intuitive und rein unbewusst intuitive Entscheidung,
- die kognitive und die kognitiv überformte Entscheidung,
- die bewusste Entscheidung,
- die freie Entscheidung,
- den freien Willen.

Alle Entscheidungsarten haben einen intuitiven beziehungsweise einen Einfluss aus dem Emotionssystem. Es ist wenig zielführend, die Diskussion nach Größe des Anteils zu führen. Die bewusst zugänglichen Entscheidungen werden aus dem Emotionssystem initiiert und entstehen in einem Gedanken-Zyklus. Die Wirkung kann nicht linear nach prozentualen Anteilen bestimmt werden. Sie ist in einer zyklischen Entwicklung der bewussten Entscheidung sowohl beliebig anschwellend wie abnehmend.

Wenn alle Entscheidungen intuitiv sind, sollte das berücksichtigt werden und in das Design der Entscheidungswerkzeuge einfließen.

7.4 Freies Verhalten und freies Entscheiden

Das Emotionssystem erlaubt durch die neuronalen emotionalen Programme bereits eine flexible Reaktion (3) auf Stimuli nahezu aller Herausforderungen des Lebens. Freies, selbstbestimmtes Verhalten (6) wird jedoch erst durch den Gebrauch der Kognition (4) möglich (Bild 7.16). Reichen die neuronalen emotionalen Programme, die im Emotionssystem gebildet worden sind, nicht aus, um eine Situation (1) zu bewältigen, wird das Kognitionssystem aktiviert. Es kann entsprechend seiner Möglichkeiten beliebiges freies Verhalten (6) ausführen, das das Emotionssystem mit seinen Beschränkungen nicht erlaubt.

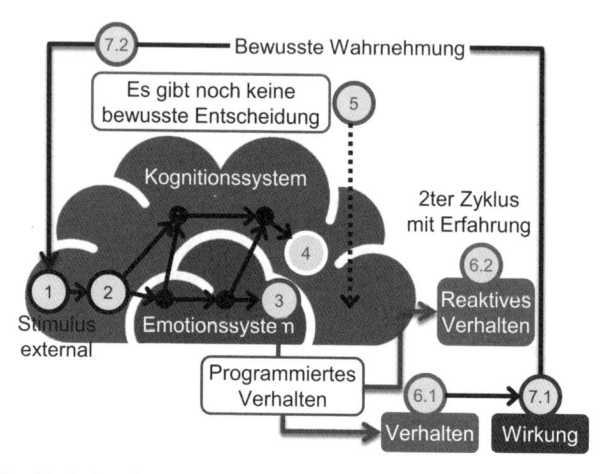

Bild 7.16 Freies Verhalten begann mit der Korrektur auf die wahrgenommene Wirkung

Wie weit daraus eine freie Entscheidung getroffen werden kann, lässt sich nur aufgrund der Untrennbarkeit der Entscheidungssysteme und nur über das Emotionssystem lösen. Der freie Wille ist erst dann zu diskutieren und wäre ein weiterer Entwicklungsschritt.

7.4.1 Freies Verhalten durch den Gebrauch der Kognition

Erst durch den bewussten Gebrauch der Kognition konnte der Mensch, evolutionär gesehen, auf die Wirkung eines bereits geschehenen Verhaltens reagieren und, darauf aufbauend, eine Entscheidung treffen.

Schon der chinesische Philosoph Konfuzius, der von 551 bis 479 vor Christi Geburt lebte, erkannte: *„Wer einen Fehler gemacht hat und ihn nicht korrigiert, begeht einen zweiten."* Fehler sind, archaisch gesehen, einfach nur ein Hinweis darauf, dass die Wirkung (7.1), die das Emotionssystem (3) veranlasste, nicht die beste war.

7.4 Freies Verhalten und freies Entscheiden

Freies Verhalten (6) begann, als die verfehlte Wirkung (7.1) einer Entscheidung bewusst wahrgenommen wurde (Bild 7.16). Das wurde erst durch ein bewusstes Kognitionssystem möglich. Die wahrgenommene Wirkung (7.2), die von einem unbewusst agierenden System verursacht wurde, erlaubte es, darauf in weiteren Zyklen zu reagieren (6.2).

Dann wird die emotionale Entscheidung (3) zeitnah mit der bewussten Wahrnehmung (4) in eine kognitiv überformte Entscheidung (5) zusammengeführt (Bild 7.17).

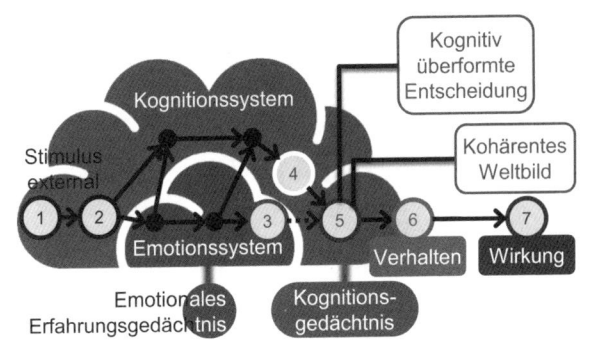

Bild 7.17 Freies Verhalten in Gedanken-Zyklen

Sie ist das heutige Ergebnis der evolutionären Entwicklung der Gehirnsysteme. Das ursprünglich direkt programmierte Verhalten aus dem Emotionssystem wird unterbrochen und durch eine weiterentwickelte Sequenz ergänzt, die die emotionale und die kognitive Entscheidung zur kognitiv überformten Entscheidung (5) zusammenführt.

Auf Basis einer vorgestellten Wirklichkeit in einem kohärenten Weltbild konnte die weitere Entwicklung zu einem freien Verhalten geschehen. Der einmalige Vorgang der kognitiven Überformung wurde zu einem mehrfach durchlaufenen Gedanken-Zyklus (Bild 7.18), der einer bewussten Entscheidung (5.2) vorausgeht. Bei einem hinreichend häufigen Durchlaufen der Gedanken-Zyklen wird die kognitiv überformte Entscheidung (5.1) mehr und mehr zu einer rein kognitiven Entscheidung. Freies Verhalten entsteht in Gedanken-Zyklen einer vorgestellten Wirkung aus angenommenen kognitiv überformten Entscheidungen (5.1).

> **!** Kognitive Entscheidungen sind vorläufig. Erst die letzte im Gedanken-Zyklus wird zur bewussten Entscheidung, die ausgeführt wird.

Die beabsichtigte Wirkung wird durch Gedanken-Zyklen mit wahrgenommenen, erinnerten und konstruierten Weltbildern abgeglichen. Die Konstruktion des kohärenten Weltbilds geschieht nach wie vor aus den untrennbar verbundenen Entscheidungssystemen.

Die bewusste Wahrnehmung im Kognitionssystem, als parallele Entwicklung zum unbewusst agierenden Emotionssystem, war Voraussetzung, um Verhalten zu korrigieren. Die weitere evolutionäre Entwicklung erlaubt es in Gedanken-Zyklen – anhand der vorgestellten Wirkung –, eine bewusste (freie) Entscheidung zu formen, die in einem freien Verhalten mündet (Bild 7.18).

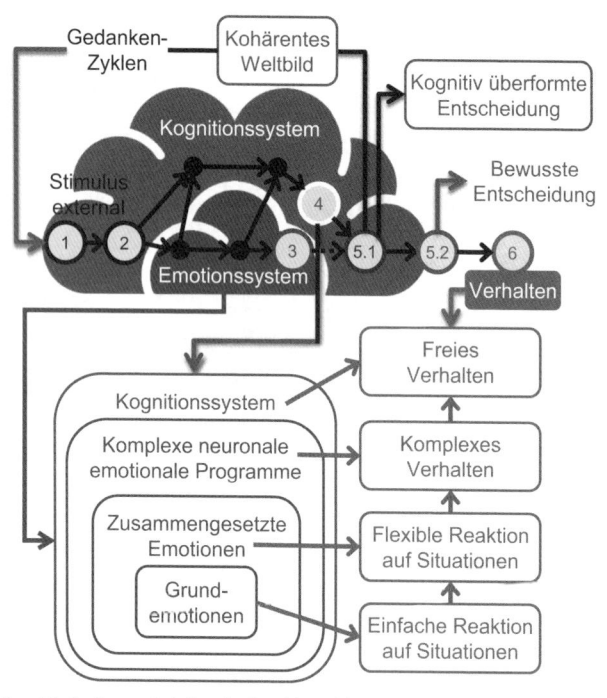

Bild 7.18 Freies Verhalten wird durch das Kognitionssystem möglich

Die bewusste Wahrnehmung im Kognitionssystem, als weitere Entwicklung zum bereits existierenden unbewusst agierenden Emotionssystem, war Voraussetzung, um misslungenes Verhalten zu korrigieren.

Die Folge war, die emotionale Entscheidung zeitnah mit der bewussten Wahrnehmung in ein kohärentes Weltbild zusammenzuführen.

Freies Verhalten entstand als weitere Entwicklung, eine beabsichtigte Wirkung in Gedanken-Zyklen mit kohärenten Weltbildern bewusst herzustellen.

7.4.2 Wie aus der bewussten eine affekthafte Entscheidung wird

Die affekthafte Entscheidung gehört in Reinform, wenn ein Verhalten ohne Beteiligung des Kognitionssystems ausgeführt wird, nicht zu den bewussten Entscheidungen. Diese unangenehme und meist fatale menschliche Reaktion wird ungern mit einer Entscheidung verbunden, weil die Entscheidung selbst nicht bewusst wird und auch das Ergebnis meist als unangenehm empfunden wird und häufig fatale Wirkungen zeigt. Die affekthafte Entscheidung taucht äußerst selten spontan auf, ihr gehen Gedanken-Zyklen und meist Erfahrungszyklen voraus, weshalb sie zu den bewussten Entscheidungen gehört.

7.4 Freies Verhalten und freies Entscheiden

Im unternehmerischen Umfeld ist sie selten funktional und so wird diese Entscheidungsform in Unternehmen gerne ignoriert und als „emotionale Entscheidung" und somit als unerwünscht erklärt. Durch die Untrennbarkeit der Entscheidungssysteme haben alle Entscheidungen einen emotionalen Anteil und das Etikett „emotionale" Entscheidung erschwert generell die Diskussion über Emotionen im Zusammenhang mit unternehmerischen Entscheidungen.

Durch den zyklisch-evolutionären Charakter der bewussten Entscheidung kann aus einer vormals kognitiven Entscheidung leicht eine affekthafte Entscheidung entstehen. Stellt sich trotzdem ein positiver Effekt ein, wird anschließend ein kohärentes Weltbild erzeugt, das individuelle Aspekte des Emotions- und Kognitionssystems zusammenführt, damit es an den unternehmerischen Zielen ausgerichtet erscheint. Bei überzogener Einflussnahme hört man oft die Floskel: „Das Ausbluten musste gestoppt werden." Marktchancen aus Angst nicht zu nutzen, wird anschließend gerne begründet mit: „Dem Hype nicht zu folgen, schütze uns vor den Verlusten nach dem Platzen der Blase."

Solche Begründungen und Rechtfertigungen, die „blauen Geschichten", können aber auch bedeuten, dass die Iterationen im bewussten Entscheidungsprozess kohärente Weltbilder konstruierten, die auf eine zunehmende emotionale Erregung hindeuten. Diese in der Vorstellung erzeugten Weltbilder lösen neuronale emotionale Programme aus, die wiederum zu emotionaler Erregung bei den Grundemotionen führen (Bild 7.19).

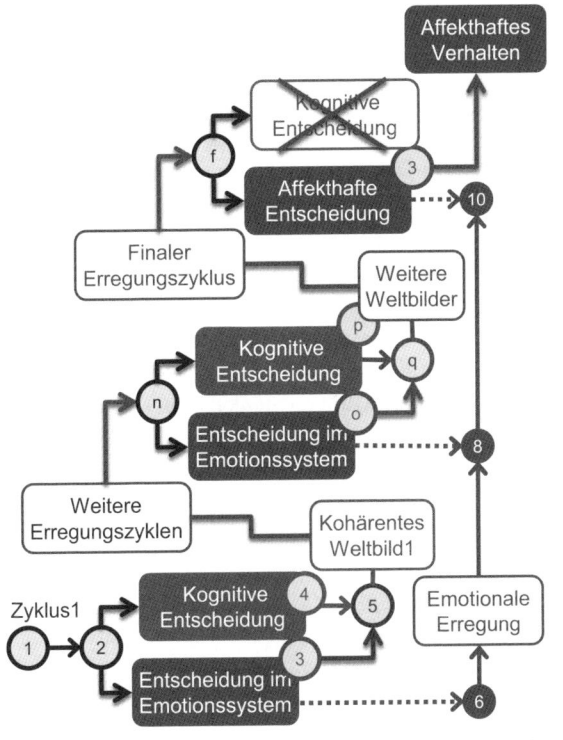

Bild 7.19 Die affekthafte Entscheidung bricht eine bewusste Entscheidung ab

Beispielsweise wird das drohende Scheitern eines Projekts Scham und Schuld auslösen. Die Vorstellung, wie ein Vorgesetzter reagieren würde, und in einem weiteren Denk-Zyklus die vorgestellte Angst vor Sanktionen werden das Ansteigen der emotionalen Erregung weiter forcieren. Weitere neuronale emotionale Programme wie das Scheitern im familiären Kontext und vieles weitere mehr können diesen Teufelskreis anheizen. Die extrem fatale Wirkung von kalibrierten emotionalen Schleifen zwischen Menschen lassen die emotionale Erregung sehr schnell ansteigen.

Steigt die emotionale Erregung über (5), kommt es ab (6) zu deutlichen und zwischen (7) und (9) unverantwortlichen kognitiven Verzerrungen. Im kritischen Bereich von (10) ist die kognitiv überformte Entscheidung nicht mehr möglich.

Das Kognitionssystem wird durch das Emotionssystem deaktiviert, es ist nicht mehr eingebunden. Die Konsequenz ist die affekthafte Entscheidung.

Fatalerweise wird die Rückkoppelungsschleife durch das fehlende kohärente Weltbild nicht mehr durchlaufen. Der präfrontale Cortex, der langfristige Auswirkungen berücksichtigen würde, wird nicht mehr eingebunden. Eine Einbindung der sozialen Grundemotionen Schuld und Scham wird ebenfalls nicht aktiviert und damit werden nur noch Spielarten der biologischen Stressreaktionen wie Starre, Flucht und Kampf aus den Grundemotionen Angst, Ekel und Ärger aktiviert. In der affekthaften Entscheidung sind sowohl langfristige als auch soziale Aspekte deaktiviert. Die bei affekthaften Entscheidungen so häufig gestellte Frage nach dem Warum kann mit diesem Wissen beantwortet werden.

Affekte sind eine natürliche menschliche Konsequenz, wenn die emotionale Erregung ansteigt und die neuronalen emotionalen Programme entsprechend ausgebildet sind. So ist Hass nicht unmenschlich, sondern eine Konsequenz der menschlichen Gehirnarchitektur und ihrer Prozesse, die bei emotionaler ansteigender dysfunktionaler Erregung die sozialen wie langfristigen Konsequenzen einer Entscheidung immer stärker ausblenden und bei maximaler Erregung (10) nicht mehr berücksichtigen. Die Verantwortung für die emotionale Erregung sowie für ihre Wirkung liegt jedoch beim Entscheider.

Eine normative Vorgabe für Entscheider und für das Design von Entscheidungsprozessen muss zwingend dafür zu sorgen, dass die emotionale Erregung im funktionalen Bereich bleibt. Das heutige unternehmerische Verhalten, Emotionen herauszuhalten, beschreibt in etwa diese Forderung, übersieht aber dabei, dass genau diese Aussage zur Eskalation und zum Ansteigen der emotionalen Erregung beitragen kann. Viel mehr wiegt jedoch, dass durch die Untrennbarkeit der Entscheidungssysteme Emotionen nicht herausgelassen werden können, weil Worte und Aussagen als externale Stimuli und dadurch auf das Emotionssystem wirken, ob das nun beabsichtigt ist oder nicht.

Dramatisch und fatal seitens der Wirkung wird es, wenn kalibrierte emotionale Schleifen im Dialog sich gegenseitig anfeuern oder einseitig – bewusst oder unbewusst – benutzt werden. Eine Eskalation ist in wenigen Iterationen die Folge. Dieses Wissen über die theoretischen Wirkmechanismen und daraus abgeleitet die fatale Wirkung gehören zum Grundrepertoire von Führungskräften sowie allen Beteiligten, und dafür müssen alle in die Pflicht genommen werden. Das Design von Entscheidungsprozessen muss zwingend darauf ausgerichtet sein, die emotionale Erregung im funktionalen Bereich zu bewegen.

In dieser Form muss die affekthafte Entscheidung bei den bewussten Entscheidungen eingeordnet werden. Die affekthafte Entscheidung als finale Iteration ist dem Bewussten nicht mehr zugänglich. Jedoch die Gedanken-Zyklen und die ansteigende emotionale Erregung davor sind bewusst wahrzunehmen und als Iterationsschritte einer bewussten Entscheidung zu sehen.

7.4.3 Wie die affekthafte Entscheidung verhindert wird

Als zwingende Vorgaben für Entscheidungsprozesse muss gelten, dass die emotionale Erregung nicht in den kritischen Bereich steigen darf. Das ist die vornehmliche Aufgabe eines jeden Entscheiders. Damit Führungskräfte und Entscheider diese Kompetenz aufbauen, ist Folgendes notwendig:

- das Wissen um die Untrennbarkeit der Entscheidungssysteme, insbesondere, dass eine affekthafte Entscheidung fast immer prozesshaft aus einer bewussten Entscheidung entsprang,
- eine innere bewusste Wahrnehmung für die eigene emotionale Erregung,
- die emotionale Regulierung selbst.

Als goldene Regel in Entscheidungsprozessen gilt, den Prozess ab einer emotionalen Erregung von (6) zu unterbrechen (Bild 7.20).

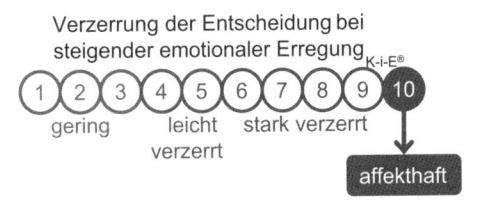

Bild 7.20 Entscheidungen werden mit zunehmender emotionaler Erregung stärker verzerrt

Alle Entscheidungen zwischen (6) und (9) werden maßgeblich vom Emotionssystem verzerrt und bei (10) sind die Entscheidungen unkontrolliert. Die Wirkung der Verzerrung kann bei ansteigender emotionaler Erregung nicht mehr wahrgenommen werden. Auch wenn es noch gelingt, die eigene emotionale Erregung zu kontrollieren, scheint die bewusste Wahrnehmung durch die Verzerrung des Emotionssystems als real. Die dabei entstehenden kohärenten Weltbilder sind surreal und für Außenstehende nicht nachzuvollziehen. So ist die unter Führungskräften weit verbreitete Emotionskontrolle eine fatale Fähigkeit und nur eine vorgegaukelte Hilfe. Sie ist das Gegenteil von dem, was gute Entscheider ausmacht.

Gute Entscheider haben einen feinen Kompass für die eigene und fremde emotionale Erregung, dieser dient der eigenen Emotionsregulierung, um rechtzeitig den Entscheidungsprozess zu unterbrechen. Erst danach können in Teamprozessen andere unterstützt werden.

> Die bewusste Wahrnehmung der emotionalen Erregung ist eine unabdingbare Voraussetzung, die jeder Entscheider beherrschen sollte.

Diese Wahrnehmung lässt sich schulen und übt eine wichtige Kontrollfunktion aus. In kritischen Verhandlungen ist die Unterbrechung, auch im unternehmerischen Kontext, eine gängige Praxis und sollte für gelungene Entscheidungen als natürlicher Prozessschritt übernommen werden. Die Unterbrechung erlaubt eine Regulierung der emotionalen Erregung in den funktionalen Bereich und die anschließende Vorbereitung rationaler Entscheidungen.

7.4.4 Warum die rationale Entscheidung angreifbar ist

In Unternehmen wird die rationale Entscheidung gefordert, die zu den bewussten Entscheidungen gerechnet werden muss. Die normative Entscheidungstheorie der Wirtschaftswissenschaften versucht zu zeigen, wie Entscheidungen von Individuen oder Teams rational getroffen werden sollten. Die rationale Entscheidung ist somit keine Beschreibung des realen Entscheidungsverhaltens und keine Erklärung dessen.

Es gibt keine Einigkeit darüber, was eine rationale Entscheidung nun ist. Die rationale Entscheidung ist eine Sammlung unterschiedlicher Entscheidungsmodelle. Ein Modell des häufig zitierten Homo Oeconomicus wird in den Wirtschaftswissenschaften für die Theorie der rationalen Entscheidung genutzt. Dabei werden jedoch weder der Mensch, sein Wesen noch seine inneren Entscheidungsprozesse beschrieben. Es wird nur ein rational handelnder Akteur definiert, der nach folgenden Prämissen handelt:

- seinen individuellen Nutzen maximieren,
- seine Präferenzordnung kennen,
- über alle notwendigen Informationen verfügen,
- alle möglichen Alternativen widerspruchsfrei erstellen,
- Zeit haben, um alle Alternativen auszuwerten,
- alle möglichen Entscheidungen nach Wichtigkeit ordnen.

Der Nutzenmaximierer, der Homo Oeconomicus, wird auf absehbare Zeit nur ein Modell bleiben, weil weder der Nutzen, die Präferenzordnung und Informationen vollständig bekannt sind, noch Alternativen und Zeit unbegrenzt zur Verfügung stehen. Es steht derzeit außer Frage, dass es einen Menschen in absehbarer Zeit geben wird, der die Prämissen erfüllen kann. Fraglos ist ebenfalls, dass aufgrund der Anforderungen computerbasierte Algorithmen betrachtet werden müssen, die als künstliche Intelligenz zusammengefasst werden. Derzeit können sie den Anforderungen der rationalen Entscheidungen noch nicht genügen. Alleine für die Nutzenoptimierung müssten die emotionalen Motive, die in den neuronalen emotionalen Programmen des Menschen wirken, abgebildet werden. Erst dann wäre ein Modellbild des Individuums erstellt. Ein anschließendes Modell für das Unternehmen stellt eine anspruchsvolle, jedoch geringere Herausforderung dar.

Erst wenn diese Modelle erstellt und die gesellschaftlichen sowie systemischen Aspekte ebenfalls in beiden Modellen repräsentiert sind, könnte mit der Modellbildung einer Balance zwischen dem individuellen und unternehmerischen Nutzen begonnen werden.

Aus meiner Sicht kann das nur eine Emotionslogik leisten, die in der erforderlichen Schlüssigkeit noch nicht Eingang in die allgemeine Diskussion gefunden hat.

Bei der Diskussion um affekthafte Entscheidungen im Unternehmen herrscht die Annahme vor, dass die emotionale Erregung sich noch im funktionalen Bereich befinde. Bei bestimmten Emotionen wie der Schuld ist die Erregung jedoch nicht leicht zu erkennen und viele Führungskräfte lernten, ihre Emotionen zu verbergen. Als Folge sind das Wissen verzerrt sowie die angemessenen Erfahrungen nicht mehr uneingeschränkt abzurufen.

Auch die rationale Entscheidung wird mehr oder weniger vom Emotionssystem beeinflusst, genauso wie die Polarität zwischen individuellem und unternehmerischem Nutzen.

7.4.5 Wer frei entscheiden will, muss sein Emotionssystem konditionieren

Die kontroverse Diskussion zwischen den Verfechtern eines freien Willens – wie Stefan Schmidt, Psychologe am Universitätsklinikum Freiburg – und den Gegnern – wie Gerhard Roth und Wolfang Singer –, die behaupten, es gäbe keinen „freien Willen", erschwert den Blick auf die tatsächlichen Vorgänge in den Entscheidungssystemen. So interpretieren die Gegner die Tatsache, dass in Haggards Versuchen das Bereitschaftspotenzial auch nach der kognitiven Entscheidung gemessen wurde, als Hinweis, dass es keinen freien Willen geben kann. Tatsächlich ist es so, dass durch das zyklische Interagieren der Entscheidungssysteme das kohärente Weltbild wieder Stimulus wird und dadurch ein neues Bereitschaftspotenzial nach der kognitiven Entscheidung entsteht. Umgekehrt argumentiert Schmidt, gerade weil im Bereitschaftspotenzial auch kognitive Anteile (kortikale Potenziale) vorkommen, gäbe es einen freien Willen. John-Dylan Haynes führte den freien Un-Willen ein – ein Zeitfenster zwischen dem Aufbau des Bereitschaftspotenzials und der bewussten Entscheidung –, den man aber erst konditionieren müsse. Haynes weist darauf hin, dass 200 Millisekunden vor der bewussten Entscheidung keine Korrektur mehr möglich sei.

Nur weil die Emotionslogik der Kognitionslogik vorausgeht und sie diese dominieren kann, muss der freie Wille nicht abgeschafft werden. Er kann auch nicht einfach behauptet werden, nur weil es die kognitiv überformte Entscheidung gibt.

Der Auffassung von Roth und Singer – menschliche Entscheidungen seien durch naturwissenschaftlich beschreibbare „Verschaltungen" der neuronalen Organisationsstruktur determiniert – kann für bestimmte Situationen weitgehend zugestimmt werden. Jedoch hat dies nur bedingt mit dem freien Willen zu tun. Zum einen können die neuronalen Strukturen bewusst und willentlich beeinflusst werden, zum anderen sind es nicht nur neuronale Strukturen, die eine Entscheidung beeinflussen, sondern eine ganze Reihe von Faktoren:

- **Die Emotionslogik** – auch wenn sie dem Bewussten nicht zugänglich im Emotionssystem ausgeführt wird – kennt viele Faktoren, die bewusst beeinflusst werden können.

- **Emotionale Erregung** – der Entscheider kann sie gezielt durch Techniken der Emotionsregulierung, der Meditation und durch Achtsamkeitstechniken beeinflussen.
- **Stimuli** – dem Entscheider bleibt in gewissem Rahmen die Wahl, ob, wann, mit wem und wie er sich einem Stimulus aussetzt.
- **Emotionales Erfahrungsgedächtnis** – dem Entscheider bleibt die freie Wahl, es so auszubilden, damit es den Herausforderungen gewachsen ist.
- **Neuronale emotionale Programme** – dem Entscheider bleibt die freie Wahl, seine bestehenden neuronalen Programme anzupassen und neue zu bilden, um auf Herausforderungen zu reagieren.
- **Direkte Beeinflussung des Emotionssystems** – der Entscheider kann sich gegen die direkte Beeinflussung des Emotionssystems (Priming) wehren.
- **Direkte Beeinflussung des Kognitionssystems** – der Entscheider kann das Kognitionssystem in bestimmten Situationen in freier Wahl oder in einem Prozess bewusst und verlässlich aktivieren.
- **Gruppenkompetenz** – der Entscheider kann bewusst die Gruppenkompetenz aktivieren und in die Entscheidung integrieren.

Im ersten Schritt sollte eine Unterscheidung getroffen werden zwischen einer kognitiven Entscheidung, der bewussten Entscheidung und dem freien Willen.

Gerade die Entwicklung neuronaler emotionaler Programme geschieht durch Erfahrung und hat damit eine längere zeitliche Dimension, als sie gemeinhin in der aufgeregten Diskussion um den freien Willen geführt wird. Der freie Wille kann aus meiner Sicht nur zielführend diskutiert werden, wenn man als Basis die K-i-E Theorie zugrunde legt. Eine Annäherung an den freien Willen wird möglich, wenn die emotionale Erregung in den funktionalen Bereich reguliert wird und anschließend das kohärente Weltbild in Gedanken-Zyklen an die Wirklichkeit angenähert wird. Das Zusammenwirken beider wird den freien Willen möglich machen. Ein Gedanken-Zyklus mit hoher emotionaler Erregung wird nur die Phantasien eines mit emotionalen Motiven dominierten Weltbilds erzeugen. Ein nicht ausreichend durch Gedanken-Zyklen verfeinertes kohärentes Weltbild wird die Potenziale des emotionalen Erfahrungswissens und des kognitiven Gedächtnissystems nicht nutzen.

Die Motiv-Profile haben eine viel stärkere Wirkung auf den Willen, als viele wahrhaben wollen. Das kohärente Weltbild ist oft nur der Ersatz für den freien Willen. Die Freiheit, nach der sich viele Entscheider sehnen, sollte jedoch weniger in der Willensfreiheit der Entscheidung gesehen werden, sondern vielmehr in der intelligenten Umsetzung, die durch eine reale oder vorgestellte Handlung angestoßen worden ist. Hier erlangt Bewusstsein in der Prüfung, wie weit die intendierte Wirkung erreicht wurde, seine evolutionäre Bedeutung. Die Entscheidung, mit welcher Maßnahme zyklisch-evolutionär nachjustiert werden muss, wird so zum Schwerpunkt von Führungskräften: das Gestalten der Zukunft. Bewusst-Sein wird zum Selbst-Bewusst-Sein, wenn die inneren neuronalen Prozesse erkannt und bewusst genutzt werden.

7.4.6 Wie Vergangenes in zukünftige Entscheidungen einfließt

Was passiert in unserem Gehirn, während wir schlafen? Eines ist sicher, es schläft und ruht nicht, es ist hochaktiv. Im Schlaf durchläuft das Gehirn zwei Phasen in mehreren Zyklen, die REM-Phase – die durch schnelle Augenbewegungen bei geschlossenen Lidern gekennzeichnet ist – und die Tiefschlafphase. Die REM-Phase (englisch Rapid Eye Movement) wurde 1953 von Eugene Aserinsky und seinem Professor Nathaniel Kleitman an der University of Chicago entdeckt. So gesehen ist das Gehirn wach beziehungsweise aktiv, während Menschen schlafen. Es ist nur eine andere Art von Wachzustand im Vergleich zu dem, was wir am Tage erleben (Bild 7.21).

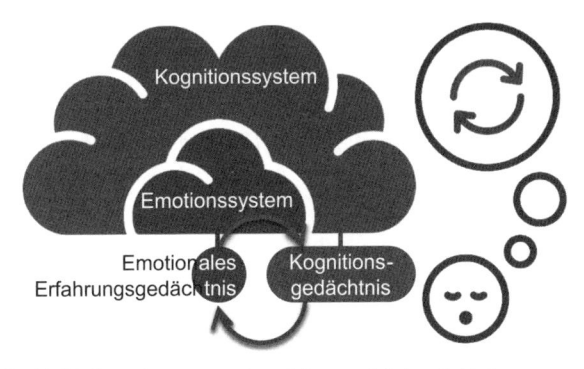

Bild 7.21 Die Gedächtnissysteme synchronisieren sich im Schlaf

Auch die übliche Annahme, man wäre sensorisch von der Außenwelt abgeschnitten, trifft ebenfalls weitgehend nicht zu. Michael Czisch vom Max-Planck-Institut für Psychiatrie in München wies nach, dass der Mensch während des Schlafs auf Geräusche reagiert. Das Emotionssystem ist in den REM-Phasen nach wie vor aktiv und mit den Ohren verbunden. So wird beispielsweise das Weckerklingeln im Traumerlebnis eingebaut.

Der REM-Phase wird das Träumen zugeordnet, so Ursula Voss von der Johann-Wolfgang-Goethe-Universität in Frankfurt am Main. Sie wies nach, dass tatsächlich 96% der Menschen sich an Träume erinnern, wenn sie in dieser REM-Phase geweckt werden. Während dieser Phase sind die beteiligten Gehirnareale bei maximaler Aktivität so sehr mit der Synchronisierung beschäftigt, dass äußere Reize nicht mehr wahrgenommen werden:

- **Emotionssystem** – es ist während der REM-Phase aktiver als im Wachzustand.
- **Kognitionssystem** – es ist aktiv, jedoch ohne präfrontalen Cortex. Das Kognitionssystem konstruiert Erinnerungen, was die Augenbewegungen anzeigen. Sie geben den Hinweis für die dazugehörigen Sinneskanäle, aus dem die Erinnerungen konstruiert werden. Richard Bandler, amerikanischer Mathematiker, Informatiker und Psychologe, sowie John Grinder, amerikanischer Linguist an der Universität von Santa Cruz, erkannten die unwillkürlichen Augenbewegungen und fassten sie im Kommunikationsmodell des Neurolinguistischen Programmierens (NLP) zusammen.

- **Präfrontaler Cortex** (PFC) – für die Synchronisierung muss der PFC deaktiviert sein. Zum einen werden im Emotionssystem keine langfristigen Aspekte gespeichert, zum anderen würde der PFC mit dem kohärenten Weltbild als Stimulus für das Emotionssystem einen Gedankenkreislauf initiieren, der die Synchronisierung unmöglich machen würde. Die übliche Interpretation, der deaktivierte PFC würde die Scham- und Schuldschwelle senken, trifft als Wirkung zu. Jedoch ist das nicht die Ursache, es ist die Voraussetzung, dass die Synchronisierung stattfinden kann, weil der PFC deaktiviert ist. Die Wirkung beziehungsweise das Ergebnis der unter diesen Umständen konstruierten Erinnerungen sind Träume, ohne Prüfung auf langfristige und soziale Aspekte.

Das emotionale Erfahrungsgedächtnis ist aufgrund der zeitlichen evolutionären Entwicklung in vielen subkortikalen Arealen lokalisiert. Gerade bei vielen und raschen Augenbewegungen, also dann, wenn das Kognitionssystem aktiv war, zeichnete der Münchner Czisch gleichzeitig sehr hohe Aktivitäten des Emotionssystems auf, das auf viele verschiedene Areale verteilt war. Die dabei einhergehende vorübergehende Lähmung weist auf das deaktivierte Emotionssystem hin, damit die Synchronisierung stattfinden kann. Dass während dieser Phase die Traumerlebnisse nicht körperlich ausgelebt werden, ist eine Konsequenz daraus.

Baba Shiv von der Stanford University bestätigte diesen Effekt. Nach angemessenem Nachtschlaf lassen sich deutliche und komplexe Auswirkungen auf Entscheidungsprozesse feststellen. Es bilden sich positive Gedanken über die Wahl einer Entscheidung und ein höheres Interesse, sie zu verfolgen. Die Entscheidungsqualität selbst war nicht erhöht, jedoch das Engagement für die Entscheidung.

Der niederländische Sozialpsychologe Ap Dijksterhuis wies in einer Studie nach, dass 80 Probanden nach dem Schlafen bei komplexen Entscheidungen bessere Entscheidungen trafen. Wie weit sie besser ausfallen, hängt jedoch von allen Einflussfaktoren auf die beiden Entscheidungssysteme ab.

Mit dieser Erkenntnis bekommt die Alltagsweisheit „Schlafe vor wichtigen Entscheidungen erst eine Nacht darüber" eine neurologische Bedeutung. Entscheidungen können aufgrund der Synchronisierung anders ausfallen und werden durch sie anders angegangen. Durch die Anwendung von soliden Entscheidungsprozessen können die Ergebnisse der Synchronisierung für gute Entscheidungen genutzt werden.

Der natürliche Mechanismus der Synchronisierung gibt den Weg für eine freie Entscheidung als Voraussetzung des freien Verhaltens und des freien Willens vor. Eine freie Entscheidung ist bei angemessener emotionaler Erregung und einer ausreichenden Zahl von Gedanken-Zyklen näherungsweise erreichbar. Dieser Weg ist jedoch nur ein temporärer, der sofort wieder verloren wird, wenn die emotionale Erregung steigt. Damit ist noch lange keine gute Entscheidung hergestellt, da diese von weiteren Einflussfaktoren abhängt und deshalb für die Betrachtung der freien Entscheidung zu komplex wäre. Der Weg zur freien Entscheidung wird weiter gefestigt und stabil, wenn Entscheider ihre dysfunktionalen emotionalen Programme lösen und auf diesem Weg die emotionale Erregung regulieren, um eine neue und gelungene Erfahrung zu machen.

Auf dieser neu geschaffenen Situation aufbauend entstehen Wissen im Kognitionssystem und Fähigkeiten im Emotionssystem, die zur freien Entscheidung konvergieren.

So lässt sich die Königsdisziplin der hohen Kunst des Führens und Geführt-Werdens erreichen.

7.5 Die rationale Entscheidung

Die rationale Entscheidung ist eine klare Vorgabe im Unternehmen, genauso wie sie als solche umstritten ist. Die Untrennbarkeit der Entscheidungssysteme hat aber gezeigt, dass die rationale Entscheidung weder einfach noch logisch ist und nicht sein kann. Auch die Begründung als ihr Kern ist aufgrund ihrer Entstehung in kohärenten Weltbildern zweifelhaft und genügt darüber hinaus nicht den eigenen Kriterien.

Rationale Entscheidungen gehören in die Kategorie der bewussten Entscheidungen und können deshalb erinnert werden, was ein starkes Argument darstellt. Dem steht gegenüber, dass Erinnerungen vom Emotionssystem initiiert und stark beeinflusst sind. Zusätzlich sorgt es dafür, dass Erinnerungen ins Bewusstsein dringen.

Es ist eine Illusion zu glauben, der Mensch könne rational entscheiden. Auch kann der Glaube, Menschen würden in der Politik und Wirtschaft ganz offensichtlich einem rationalen Menschenbild folgen, nicht aufrechterhalten werden.

Die Forderung wird wieder laut, den Menschen als unzuverlässigen Entscheider durch Maschinen zu ersetzen. Dies wird in vielen Bereichen durch die Künstliche Intelligenz auch geschehen. Den offensichtlichen Unzulänglichkeiten der rationalen sowie der intuitiven Entscheidung kann begegnet werden, wenn die jeweiligen Schwächen ausgeglichen und gleichzeitig die Stärken beider in ein integriertes Entscheidungsmanagement zusammengefügt werden.

Eine Lösung im Entweder-Oder wird es nicht geben. Was untrennbar ist, kann nicht getrennt werden. Eines zeichnet die rationale Entscheidung aus, sie aktiviert zwingend das Kognitionssystem. Wird dies auf sinnvolle Art und Weise getan und werden die Qualitäten der Intuition und der Gruppenkompetenz integriert, ist der Weg offen für eine neue Entscheidungskultur.

7.5.1 Wie Algorithmen die rationale Entscheidung ersetzen können

Trotz oder gerade wegen dieser Sisyphos-Aufgabe hat die künstliche Intelligenz zurzeit wieder Hochkonjunktur und die aktuellen technologischen Entwicklungen rechtfertigen die steigende Bedeutung dieses Trends:

- Kognitiven Verzerrungen entgegenwirken – Algorithmen eignen sich sehr gut für rationale Entscheidungen, indem sie Alternativen mit Metriken bewerten und anschließend priorisieren.
- Verfügbare Daten, wie Big Data, nehmen rapide zu.
- Veredelnde Verfahren, die aus Daten Informationen gewinnen, arbeiten zuverlässig.
- Zunehmende Digitalisierung bei der Abbildung von Geschäftsprozessen in IT-Verfahren
- Bessere Algorithmen, die Informationen und Nutzen aus den Geschäftsprozessen zu Wissen transformieren
- Rapide ansteigende, nahezu unbegrenzte Computerleistungen, die zeitnah Algorithmen berechnen

Diese technologischen Entwicklungen nähern sich allen Prämissen des Nutzenmaximierers an. Ein wirklicher Durchbruch, gerade für den individuellen Nutzen und die Präferenzordnung als Kern einer Entscheidung, würde nur gelingen, wenn auch eine stringente Emotionslogik abgebildet würde. Die Abbildung der Emotionslogik in einem Algorithmus mit den zur Verfügung stehenden Technologien wäre durchaus zu bewältigen. Danach würde es eine spannende Frage sein, in welcher Reihenfolge die Emotionslogik ausgeführt werden kann:

- **alleine** als Ersatz für eine intuitive Entscheidung oder
- **vor** einer rationalen Entscheidung, um damit Zielen oder Motiven näherzukommen, oder
- **danach**, um sie passend für das Emotionssystem der Betroffenen aufzubereiten, oder
- **dazwischen**, als Nachbau der Gehirnarchitektur.

Für diese Diskussion macht es keinen Unterschied, ob die rationale Entscheidung durch einen Algorithmus oder einen Menschen getroffen wurde. Auch wenn die Entwicklung mit der Digitalisierung rasant fortschreitet, werden für viele Arten von Entscheidungen Menschen weiterhin als Entscheider fungieren. Die Kognitionstheorie zeigt jedoch die Untrennbarkeit der Entscheidungssysteme und damit kann auch die rationale Entscheidung nicht unabhängig vom Emotionssystem getroffen werden. Eine Trennung in rationale und emotionale beziehungsweise intuitive Entscheidung ist nicht möglich, unabhängig davon, wie weit sie von einem Entscheider oder von einer Maschine erstellt wird.

Die Nutzenmaximierung bei gleichzeitiger Kostenminimierung – das Profil des Maximierers –, wie sie die rationale Entscheidung fordert, erzwingt aufwendige Algorithmen. Für High-Performance-Entscheidungen und vor allem für determinierte Entscheidungszeiten sind sie ungeeignet. Der Algorithmus eines Satisfier scheint eher den Anforderungen für unternehmerische Entscheidungen wie der automatisierbaren Entscheidung zu genügen. Die Problematik wird jedoch auf die Prüfung gegen eine Zielerreichung oder einen vorgegebenen Nutzen verlagert. Die Prüfung, ob etwas gut genug ist, erfordert den Nutzen beziehungsweise die darunterliegenden Motive, die aber in der Emotionslogik verborgen sind. Der Satisfier kann vernünftig nur mit der Emotionslogik abgebildet werden.

7.5.2 Wie aus Lüge Manipulation wird

In der heutigen medialen Welt nimmt der Wirkmechanismus des kohärenten Weltbilds – mit gleichzeitigem Auseinanderklaffen von Emotions- und Kognitionssystem – mehr und mehr Raum ein. Postfaktisches Verhalten, Fake News und populistische Aussagen zeugen von dieser Entwicklung. Wie weit es sich bei „postfaktisch", dem Wort des Jahres 2016 der Gesellschaft für deutsche Sprache (GfdS), und dem englischen Vorbild „post-truth" vom „Oxford English Dictionary" (OED) um die Charakterisierung einer offensichtlichen Lüge handelt, die akzeptiert wird, muss bezweifelt werden und würde die Wirkung verniedlichen. Das Wort ist insoweit gut gewählt, als das Präfix „post" als Zeitadverb mit „nach" übersetzt werden kann. Damit wird das „Faktische" zeitlich später erzeugt, was tatsächlich nach dem Impuls aus dem Emotionssystem genau so geschieht. Es wird ein kohärentes Weltbild mit herbeigesuchten Fakten erstellt, die bei genauer Betrachtung nicht zur Wirklichkeit passen. Sie können tatsächlich bewusst als manipulative Aussagen platziert werden oder bereits aus einem Emotionssystem stammen, dessen Motiv-Profil entsprechend gestaltet ist.

Die postfaktischen Aussagen entstammen aus einem Motiv-Profil, das erhebliche dysfunktionale Bereiche hat. Werden mit den postfaktischen Aussagen mehr und mehr „erfolgreiche" – anhand des dysfunktionalen Motiv-Profils – Wirkungen erzielt, so manifestieren sie sich bei dem, der sie einsetzt. Teile der postfaktischen Aussagen treffen immer auf emotionale Motiv-Profile, die vom Empfänger als stimmig im Emotionssystem eingeordnet werden. So hinterlässt eine postfaktische Aussage immer eine Wirkung, ob man sie erkennt oder nicht.

Trump gelang es, sein Einreiseverbot mit der Aussage zu verkaufen: Arabische Terroristen seien gefährlich, deshalb sei das Verbot eine sinnvolle Maßnahme zum Schutz des amerikanischen Volkes. Das Wort „Schutz" bedient beim Empfänger die Motive Sicherheit (Angst) und Distanz (Ekel) und der Begriff „amerikanisches Volk" aktiviert Zugehörigkeit (Scham) im Emotionssystem. Das Fatale ist, dass Menschen mit Schutz- und Distanzbedürfnis erreicht werden, auch wenn sie die Lüge erkennen. Die Aussage über Schutz wird verbunden mit der Lüge „alle Araber seien Terroristen". Damit erreicht sie das Emotionssystem und hinterlässt ihre Wirkung. Postfaktische Aussagen wirken, ob man sie nun als solche erkennt oder nicht. Das macht sie so gefährlich. Postfaktische Aussagen gab es immer, sie nehmen auch nicht zu. Nur werden sie durch das Internet schneller als „un-faktisch" entlarvt und durch die sozialen Netzwerke weltweit kommuniziert. Leider gilt auch der umgekehrte Weg, faktisch richtige Aussagen können genauso leicht postfaktisch zur Lüge transformiert werden, die schnell von vielen akzeptiert wird.

Entsprechend der K-i-E Theorie sprechen wir von einer „blauen Geschichte", wenn das kohärente Weltbild aufgrund eines individuell wirkenden Motiv-Profils – dem Bewussten nicht zugänglich – verzerrt wird. Wird dieser Mechanismus bewusst eingesetzt oder im Nachhinein als inkohärent erkannt, so ist es eine manipulative Intervention.

Postfaktisches Verhalten, Fake News und populistische Aussagen nutzen die Gehirnarchitektur und ihre Prozesse und entfalten ihre Wirkung, auch wenn die Beteiligten glauben, sie könnten sich davor schützen.

> Die Aufgabe von Entscheidern ist es, Verzerrungen zu identifizieren und ihnen mit bewussten kohärenten Weltbildern entgegenzuwirken.

7.5.3 Wie die Umsetzung entscheidet

Die Bedeutung des kohärenten Weltbilds beantwortet große Fragen des Entscheidungsmanagements und erfordert ein Umdenken:

- Die Orientierung an der Wirkung einer Entscheidung verlangt zukünftig eine höhere Bedeutung. Damit erhält die Umsetzung eine eigene und höhere Bedeutung als bisher.
- Die Einhaltung eines Entscheidungsprozesses muss unabhängig von Entscheidern mit dysfunktionalen Motiv-Profilen werden. Die Orientierung an einem Entscheidungsprozess, der selbst ein funktionales Motiv-Profil fördert, ist der Königsweg. Das Ziel der Entscheidung muss sich auch an der erfolgreichen Umsetzung orientieren.

Die Motiv-Profile der Entscheider und die der Umsetzer sind per Definition unterschiedlich, sonst würden sie nicht in unterschiedlichen Positionen agieren. Dies wird augenfällig in der seit Jahrzehnten gleich hohen Zahl von gescheiterten Projekten. So stimmen auch die Motive der Projektverantwortlichen zwangsläufig nicht mit den Motiv-Profilen der Umsetzer und allen Beteiligten überein. Die Untrennbarkeit der Entscheidungssysteme ist im Kern die Ursache für Misserfolg bei der Umsetzung. Dies gilt auch, wenn die Entscheidungen dafür richtig waren. Die immerwährende Dominanz des Emotionssystems führt zur automatischen Ausführung der Motiv-Profile, außer wenn das Kognitionssystem aktiviert ist. Die Widersprüche in den Motiv-Profilen können mit Führung, insbesondere mit Steuerung oder Motivation, immer wieder ausgeglichen werden, was jedoch einer Sisyphos-Arbeit gleicht und immer gleichen wird. Die Studien und Projekterfahrungen sprechen eine deutliche Sprache:

- Roland Berger 2015: 90% der Großprojekte überschreiten Budget und Zeitplan um mehr als 55%.
- Computerwoche 2014: 60% der Enterprise Resource Planning (ERP)-Projekte scheitern.
- Chaos Report Standish Group: Der langfristige Report für die Jahre 1994 bis 2015 wies nur 29% erfolgreiche Projekte aus, exakt der Wert für 2015.

Die Top-Gründe werden bei jeder Statistik mitgeliefert. Es sind immer die fehlenden gemeinsam getragenen Entscheidungen, gemeinsam getragene Qualität in den Prozessschritten und die gemeinsam getragene Priorisierung. Das sind exakt die Themen, die mit den Entscheidungsprozessen adressiert werden.

Ein Angleichen des Entscheidungsmanagements an die evolutionär vorgegebene Bauweise und die Wirkmechanismen der menschlichen Entscheidungssysteme geht mit einem entscheidenden Paradigmenwechsel einher. Die erfolgreiche Umsetzung ist für den Erfolg viel entscheidender als die Entscheidung selbst, was wiederum zu einer höheren Bedeutung des Entscheidungsmanagements für die Umsetzer führt.

> Eine sehr gute Entscheidung mit einer guten Umsetzung ist weniger wert als eine gute Entscheidung mit einer sehr guten Umsetzung.

Dazu gehört auch die Abwendung von Polaritäten und unerreichbaren Superlativen der besten Entscheidung, der besten Wahl und der besten Führungskraft hin zu einer normierten Bewertung von nicht gut genug, Eignung mit Verbesserung, gut, sehr gut und exzellent.

Das Design der Entscheidungsprozesse sollte sich an der Wirkung orientieren und gleichzeitig dafür sorgen, dass die Umsetzung gelingt, nicht nur für die Entscheider im Fachbereich, sondern auch im Bereich der Umsetzer. Der deutlich tragfähigere Weg besteht darin, den Motiv-Abgleich bereits in die Entscheidungsfindung zu verlegen. So haben gemeinsam getragene Entscheidungen, die eine hohe gemeinsame Ausrichtung der Motiv-Profile erreichen, die besten Chancen für eine erfolgreiche Umsetzung. Dazu sind wiederum solide Entscheidungsprozesse notwendig, die Intuition und Gruppenkompetenz integrieren.

7.5.4 Wie Intuition die rationale Entscheidung rehabilitiert

Der Schwerpunkt dieses Buchs bleibt die menschliche Entscheidung, auch wenn gerade sie die Blaupause für künstliche Intelligenz sein sollte.

So ist die rationale Entscheidung auch eine bewusste Entscheidung, die in mehreren Gedanken-Zyklen erstellt wird. Als besonderes Merkmal des Nutzenmaximierers hat sich im Unternehmen die Begründung als letzte und manchmal einzige Bedingung für eine rationale Entscheidung gehalten. Die Begründung wäre der finale Schritt für die Auswahl einer einzigen Entscheidung und der Grund gegen alle anderen. Auch wenn dies nicht möglich ist, bleibt das Postulat der bewussten Begründung einer Entscheidung im Unternehmen bestehen.

Die Intuition kann nicht zwischen Alternativen auswählen. Sie ist dazu nicht in der Lage. Einmal, weil sie nicht wählen kann, sie kann nur auf einen Stimulus mit Go oder No-go reagieren. Und sie kann ihre Entscheidung nicht begründen. Die Wahl zwischen Alternativen ist die Domäne des Kognitionssystems. Es verarbeitet in den Gedanken-Zyklen eine Alternative nach der anderen und wird dabei von der Intuition unterstützt. Dieser Vorgang ist tatsächlich ein Priorisierungsprozess, an dessen Ende sich für eine Entscheidung committet wird. Jedoch wirken Kognition und Intuition in ihrer Untrennbarkeit zusammen, indem die Kognition Alternativen anbietet, die von der Intuition bewertet werden. Die rationale Entscheidung ist eher ein Priorisierungsprozess, an dessen Ende die Wahl begründet wird (Bild 7.22).

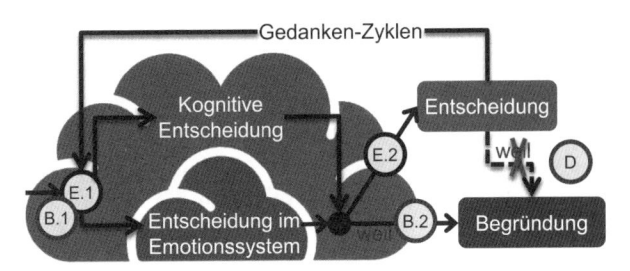

Bild 7.22 Die rationale Entscheidung mit Begründung

Damit genügt die rationale Entscheidung überraschenderweise und in hohem Maße der zyklischen Erstellung des kohärenten Weltbilds und taugt damit als Fragment für einen guten Entscheidungsprozess, wenn die offensichtlichen Mängel ausgeglichen werden.

Die rationale Entscheidung ist eine bewusste Entscheidung, die aus einem Gedanken-Zyklus entstanden ist, der gegebenenfalls mehrfach durchlaufen wurde: (E.1, E.2, E.3). Der direkte Weg, die Begründung aus der Entscheidung (D) abzuleiten, ist nicht möglich. Sie wird jedoch als Stimulus genauso in einem Gedanken-Zyklus nach rationaler Logik geformt, bis die Begründung kohärent ist. Bei diesem Gedanken-Zyklus werden sowohl die Begründung als auch die Entscheidung angepasst. Die analoge Struktur zwischen rationaler Logik in mehreren Zyklen und der Erstellung des kohärenten Weltbilds ist auffällig.

Darin liegt gleichermaßen die Chance, aber auch das Risiko. Eine Begründung kann nur durch die Aktivierung des Kognitionssystems erzeugt werden. Die Struktur der rationalen Entscheidung ist ein äußerst sinnvolles, vielleicht notwendiges Kriterium für gute Entscheidungen. Sie aktiviert zwingend einen zweiten Gedanken-Zyklus mit dem Kognitionssystem, um die Begründung zu erstellen: B1 und B2. Damit wird eine rein intuitive Entscheidung verhindert und gleichzeitig ein Weg geöffnet, um die Intuition bewusst einzubinden. Eine gute unternehmerische Entscheidung sollte die Kognition immer bewusst integrieren. Die Begründung selbst ebnet jedoch wiederum dem Emotionssystem Tür und Tor, wenn sie zur Rechtfertigung, zur Verschleierung und Absicherung verwendet wird oder die Durchsetzung einer Entscheidung als alternativlos erzwungen wurde.

Bei dieser noch recht einfachen Betrachtung scheinen die Emotionen als Begründungen bereits auf: Schuldvermeidung, Risikovermeidung durch Angst und dysfunktionale Einflussnahme. Im ersten Zyklus wird aus dem Stimulus (E.1) eine Entscheidung (E.2) mit beiden Entscheidungssystemen getroffen. Der Entscheidung entspringt im Zyklus der Begründungen ein neuer Stimulus. Die Begründung (B.2) wird im zweiten Zyklus (B.1) selbstverständlich wieder aus beiden Entscheidungssystemen kreiert. Dieser zyklische Prozess hat zur Konsequenz, dass die rationale Entscheidung, gerade weil sie begründet werden muss, zur irrationalen Entscheidung werden kann. So wenig, wie es die rein kognitive Entscheidung aufgrund der Architektur der Entscheidungssysteme gibt, so wenig gibt es die rationale Entscheidung aus demselben Grund. Eine Annäherung an eine rationale beziehungsweise gute Entscheidung kann nur durch einen bewussten und gezielten Zyklus mit Integration der Emotionen erreicht werden. Nicht, weil Emotionen dabei sein müssten. Nein, weil sie bereits dabei waren.

Der 2013 verstorbene französische Philosoph und Phänomenologe Paul Ricœur, dessen bekennender Schüler Emmanuel Macron ist, dehnte die Begründung auf die Persönlichkeit und Geschichte aus. Er nannte sein Konzept „narrative Identität". Jeder Mensch gewinnt seine Identität, indem er eine Erzählung von sich, aber auch von seinen eigenen Veränderungen beständig neu interpretiert. So interpretiert Ricœur zum einen die Notwendigkeit des kohärenten Weltbilds als „narrative Interpretation" und zum anderen beschreibt er die damit einhergehende Entwicklung des Menschen.

Auch wenn in Unternehmen Begründungen und Rechtfertigungen immer häufiger in den Vordergrund treten, bleibt Entscheiden auf absehbare Zeit die Kerntätigkeit der Führung und von Führungskräften. Kognitions- und Emotionssystem sind untrennbar miteinander verbunden. Die Frage, ob oder in welchen Situationen rationale Entscheidungen besser sind als intuitive, ist in dieser Form nicht zu beantworten. Die Erkenntnis, dass Menschen und Führungskräfte immer über die ganze Bandbreite von kognitiven, intuitiven, emotionalen und affekthaften Entscheidungen agieren, erlaubt jedoch ein funktionales Design von individuellen und Team-Entscheidungen, das auch die rationale Entscheidung integriert.

Eine gute Entscheidung eliminiert Verzerrungen, indem sie das Expertenwissen aller Beteiligten nutzt. Wie weit dieses in einer gemeinsam getragenen Entscheidung oder als verdichtetes Wissen in Algorithmen genutzt wird, ist im Entscheidungsmanagement der Unternehmen festzulegen.

■ 7.6 Fazit

Die bewusste Entscheidung ist ein iterativer Prozess, der in einem Gedanken-Zyklus geformt wird. Die Untrennbarkeit der Entscheidungssysteme führt dazu, dass in jedem Zyklus die intuitive der kognitiven Entscheidung vorausgeht. In der finalen Iteration beendet die Intuition den letzten Zyklus und führt zur bewussten Entscheidung. Der Gedanken-Zyklus ist ein Priorisierungsprozess, an dessen Ende sich für eine Entscheidung committet wird. Die Entscheidung aus dem Emotionssystem ohne kognitive Beteiligung hingegen wird in einem linearen Prozess in einer determinierten Zeit ausgeführt. Im Gegensatz dazu wird die Entscheidung aus dem Emotionssystem erst dann zur Intuition, wenn sie vom Kognitionssystem bewusst erkannt wird. Der iterative Prozess ist keine schrittweise Zielerreichung, sondern ein zyklischer Prozess, in dem sich die Entscheidung als Interaktion zwischen Emotions- und Kognitionssystem in der Untrennbarkeit entwickelt. Eine neue Entscheidungskultur orientiert sich an dieser evolutionär vorgegebenen Prozessarchitektur.

Mit dem Wissen über die Untrennbarkeit der Entscheidungssysteme – der Emotion und der Kognition – wächst das Bedürfnis nach smarten und flexiblen Entscheidungsprozessen, die das tradierte Führungsverständnis und die agilen Methoden zusammenbringen. Dazu gehört auch der intelligente Gebrauch der Intuition als eine Entscheidungsinstanz, die immer wirkt und mit hoher Geschwindigkeit völlig mühelos ihren Beitrag zu jeder Entscheidung liefert.

Die natürliche Sequenz – Intuition, Kognition und Intuition – als Basis aller Entscheidungsprozesse wird mit dem Wissen der Kognitionstheorie bei der Einführung eines neuen Entscheidungsmanagements genutzt und gibt dem Entscheider ein valides Rüstzeug an die Hand. Der Umgang mit Fehlern und der Aufbau einer funktionalen Fehlerkultur können direkt daraus abgeleitet werden.

Der bewusste Gebrauch beider Entscheidungssysteme sowie der Intuition ermöglicht kontrolliertes strategisches Denken und Entscheiden und stattet Führungskräfte mit den in Zeiten der digitalen Transformation notwendigen Führungsqualitäten aus.

> **Wenn ihr's nicht erfühlt, ihr werdet's nicht erjagen.**
>
> *Wie Johann Wolfgang von Goethe im Faust I trefflich anmerkt, sind Ziele nicht zu erreichen, wenn sie nicht erfühlt werden. Das Emotionsgefühl wird nur dann bewusst wahrgenommen, wenn Menschen die emotionalen Motive verfehlen, die einem Ziel innewohnen.*
>
> *So signalisieren die unangenehmen Gefühle das Abweichen vom Weg ins Ziel und ein freudiges Gefühl zeigt, wenn das Ziel durch erfolgreiche Einflussnahme erreicht worden ist.*
>
> *Dabei geht es nicht nur um das Erfühlen der Zieldefinition selbst. Vielmehr ist das unangenehme Gefühl zu akzeptieren, als Signal zu handeln, um nicht vom Weg abzuweichen, damit anschließend das angenehme Freudengefühl erzeugt wird.*

TEIL 3

Die Tools

8 Das Wichtigste zu Emotion, Intuition und Kognition – für Schnelleinsteiger

K-i-E Theorie

„Wenn du Erfolg haben willst, begrenze dich."
Augustin Sainte-Beuve

Die K-i-E Tools sind sehr wirksame Entscheidungswerkzeuge. Sie wirken jedoch kalt und mechanisch, wenn der emotionale, intuitive Hintergrund bei der Anwendung außen vor bleibt. Die K-i-E Theorie und das K-i-E Konzept sind so gesehen eine Voraussetzung, um die K-i-E Tools souverän anzuwenden.

Die K-i-E Theorie ist sehr umfangreich und nicht jeder mag in die Tiefe der Emotionen, der Intuition und Kognition einsteigen, nur um eine normierte akzeptierte Bewertungsskala für gemeinsame Bewertungen nutzen zu können.

Die hier zusammengefassten Kernaussagen geben dem Schnelleinsteiger die Möglichkeit, die K-i-E Tools in ihren Grundzügen zu verstehen und einzelne Entscheidungswerkzeuge für sich und im Unternehmen anzuwenden. Sie geben auch den Beteiligten bei der Anwendung im Team ein Verständnis, warum die Prozesse so aufgebaut sind, und werden dadurch akzeptiert. So können sich alle mit ihren Kompetenzen für gemeinsam getragene Entscheidungen einbringen.

8.1 Kurzgefasst

Die K-i-E Theorie für Schnelleinsteiger umfasst die notwendigen theoretischen Voraussetzungen, damit Entscheider die K-i-E Tools anwenden können. Es sind letztendlich die Entscheidungswerkzeuge, die Führungskräfte interessieren, das, was sie wollen und brauchen. Damit die K-i-E Tools ihren Nutzen für alle Beteiligten und die Unternehmen entfalten, brauchen Führungskräfte als Vorbereitung ein Grundverständnis für die in Bild 8.1 dargestellten Themen:

- Das Grundverständnis der K-i-E Theorie
- Eignung der Entscheidungssysteme
- Der zyklisch-evolutionäre Charakter der K-i-E Tools
- Die Beteiligten werden befähigt, ihre Kompetenzen einzubringen
- Die Rollen im K-i-E Entscheidungsmanagement bleiben unverändert
  ↓
- Das **K-i-E Konzept** – wie der Mensch funktioniert
  ↓
- Die **K-i-E Emotionstheorie** – was Menschen bewegt
  ↓
- Die **K-i-E Intuitionstheorie** – wie der Mensch die Macht des Unbewussten nutzt
  ↓
- Die **K-i-E Kognitionstheorie** – wie der Mensch bewusst entscheidet

Bild 8.1 Themen, die ein Grundverständnis erfordern

8.2 Die K-i-E Theorie – kognitiv, intuitiv, emotional

Bewusste Entscheidungen sind kein linearer Prozess, sondern ein Zyklus von Gedanken, die in ein abschließendes stimmiges Weltbild konvergieren.

Der Mensch ist mit zwei unterschiedlichen Entscheidungssystemen, dem Emotions- und dem Kognitionssystem, ausgestattet, die beide untrennbar miteinander verbunden sind. Das evolutionär ältere Emotionssystem erzeugt in einer determinierten Zeit von circa 350 Millisekunden mühelos eine Entscheidung. Der handlungsorientierte Impuls aus dem Emotionssystem aktiviert das Kognitionssystem, das mit der bewussten Wahrnehmung zeitlich verzögert parallel in mehreren Gedanken-Zyklen ein stimmiges Weltbild erzeugt.

Die vermeintlich bewusste Entscheidung wird maßgeblich vom Emotionssystem beeinflusst, das immer wirkt, ob es nun wahrgenommen wird oder nicht. Wird das Ergebnis aus dem Emotionssystem bewusst wahrgenommen, wird es zur Intuition. Das oft zitierte Bauchgefühl, der Impuls, mit dem manchmal ein Emotionsgefühl einhergeht, ist nur eine von vielen Ausdrucksformen der Intuition.

Die K-i-E Theorie ist in vier Themen gruppiert, das K-i-E Konzept mit dem Aufbau der Entscheidungssysteme und das Zusammenspiel von Emotion, Intuition und Kognition.

8.3 Wie der Mensch funktioniert – das K-i-E Konzept

Wir verfügen über zwei unterschiedliche Entscheidungssysteme, das Emotions- (I) und das Kognitionssystem (II), die beide untrennbar miteinander verbunden sind (Bild 8.2). Diese arbeiten parallel, weitgehend autonom und kommen zu unterschiedlichen Zeitpunkten, auf Basis unterschiedlicher Gedächtnissysteme, zu unterschiedlichen Entscheidungen.

Das Kognitionssystem erstellt aus den Ergebnissen beider Systeme ein kohärentes Weltbild (1.5), das wir bewusst erleben. Keines der beiden Systeme ist besser als das andere und beide Systeme können zu guten wie zu falschen Entscheidungen führen. Sie produzieren mit ihren Gedächtnissystemen (III und IV) nach ihrer spezifischen Logik Entscheidungen (1.3 und 1.4), die in einem komplexen Prozess zu einer Entscheidung, zu der auch die Nicht-Entscheidung gehört, zusammengeführt werden.

Gleichzeitig interagieren die beiden Systeme miteinander, wodurch sie eher wie ein monolithisches System erscheinen. Das kohärente Weltbild (1.5) verstärkt diesen Eindruck. Im emotionalen Erfahrungsgedächtnis (III) ist das handlungsorientierte und das Expertenwissen neurologisch abgespeichert.

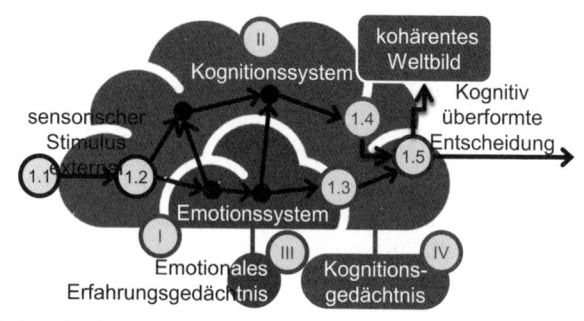

Bild 8.2 Die Untrennbarkeit der Entscheidungssysteme im K-i-E Konzept

Das Emotionssystem aktiviert das Kognitionssystem. Bewusste – im Besonderen kognitiv überformte – Entscheidungen werden in mehrfachen Zyklen hergestellt. Genauso kreisen Gedanken, bis sie durch das Emotionssystem beendet werden.

Das Emotionssystem arbeitet unaufgefordert, schnell, mühelos und ist dem Bewussten nicht zugänglich. Es erkennt die Bedeutung der Objekte mit seiner Logik zeitlich früher und beeinflusst damit den langsameren Erkennungsprozess des Kognitionssystems in den frühen Phasen. Es aktiviert das Kognitionssystem, das in den späteren Phasen den bereits erzeugten Handlungsimpuls aus dem Emotionssystem überformen kann.

Die Versorgung beider Entscheidungssysteme erfolgt über die Doppelung des sensorischen Stimulus, der an beide Entscheidungssysteme weitergeleitet wird. Beide Systeme bauen weitgehend unabhängig daraus ihre eigenen semantischen Objekte auf.

■ 8.4 Die Emotionstheorie – was Menschen wie bewegt

Emotionen sind der Ursprung einer jeglichen Entscheidung. Um zu guten Entscheidungen zu kommen, müssen wir ihre Grundmuster verstehen.

8.4.1 Gefühle sind bewusst

Sie sind bewusst, sonst würden wir sie nicht wahrnehmen (Bild 8.3). Die Annäherung an Emotionen gelingt leichter über Gefühle. Auch wenn wenige Emotionsexperten fordern, Gefühle seien etwas anderes als Emotionen, werden die Begriffe trotzdem meist synonym verwendet.

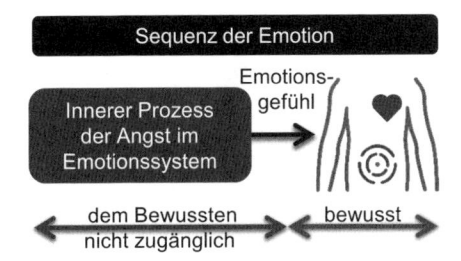

Bild 8.3 Emotionsgefühle sind bewusst und ihnen ist ein Prozess vorgeschaltet

8.4.2 Die Stärke der Emotionsgefühle

Sie wird durch die emotionale Erregung gesteuert (Bild 8.4). Sie geht einher mit gesteigerter Aufmerksamkeit, Wachheit und Reaktionsbereitschaft, inklusive der hormonellen, körperlichen bis hin zu Stoffwechselreaktionen.

Bild 8.4 Die emotionale Erregung versetzt in Achtsamkeit

Das Emotionssystem wirkt auf den Körper und umgekehrt – die Fahrt im Schneetreiben über einen Bergpass in Colorado illustriert, was Emotionen auslösen. Sie fokussierten den Blick des Fahrers durch die Windschutzscheibe. Sie führten zu einem beklemmenden Gefühl, das seinen Körper überflutete. Sie ließen seinen Herzschlag als Hämmern hören. Die Beklemmung aus dem Körper lässt die Angst wahrnehmen. Letztendlich wird die Sensomotorik angesteuert und der Fuß tritt auf die Bremse.

Die lateinische Wurzel des Wortes Emotion „emovere" gleich bewegen gibt dazu einen wertvollen Hinweis. Die Emotionen bewegen, um auf die Bremse zu treten. Umgekehrt gilt auch die Wirkung vom Körper auf das Emotionssystem (Bild 8.5).

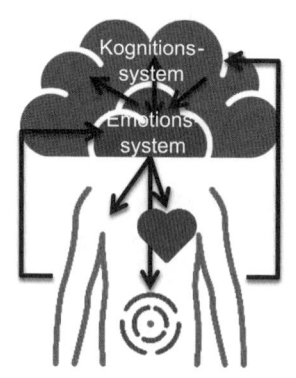

Bild 8.5 Emotionen wirken auf Kognition und Körper und umgekehrt

8.4.3 Emotionale Motive und Verhalten sind verbunden

Eine Emotion genügt folgender Struktur:
- **Motiv** – es sorgt für die Sicherung des Lebens.
- **Verhaltensmuster** – das ausgelöste emotionale Verhaltensmuster, das funktional (angemessen) und dysfunktional (zu wenig – zu viel) sein kann.

Bezeichnenderweise werden die Emotionsgefühle beim dysfunktionalen Verhaltensmuster Zuviel immer stärker. Das ist der primäre Grund, warum Gefühle bewusst werden und sich überwiegend unangenehm anfühlen. Beispielsweise macht die Angst achtsam, um Sicherheit herzustellen (Bild 8.6). Sie ist das Motiv.

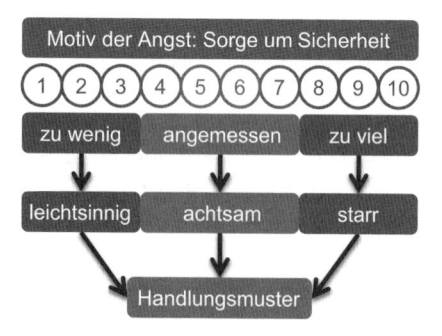

Bild 8.6 Das Motiv der Angst und die funktionalen und dysfunktionalen Verhaltensmuster

Ein Zuwenig an Angst, der Leichtsinn, führt zum Tod. Beim leichtsinnigen Überqueren der Straße werden wir früher oder später überfahren. Ein Zuviel an Angst führt zur Starre. Die Starre hindert uns, die Straße zu überqueren. Ein funktionales Maß der Angst und damit aktivierter Achtsamkeit lässt uns die Straße sicher und souverän überqueren.

8.4.4 Emotionale Motive

Die Motive, die sich evolutionär ausgebildet haben, sind den Emotionen zuzuordnen (Bild 8.7).

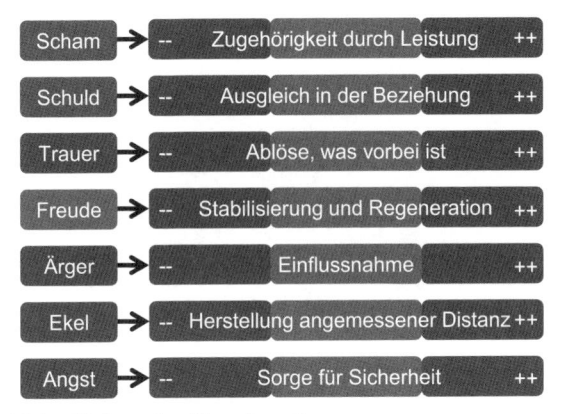

Emotion		Motiv	
Scham	→ --	Zugehörigkeit durch Leistung	++
Schuld	→ --	Ausgleich in der Beziehung	++
Trauer	→ --	Ablöse, was vorbei ist	++
Freude	→ --	Stabilisierung und Regeneration	++
Ärger	→ --	Einflussnahme	++
Ekel	→ --	Herstellung angemessener Distanz	++
Angst	→ --	Sorge für Sicherheit	++

Bild 8.7 Übersicht der Motive aller Grundemotionen

Das Streben nach „positiven Gefühlen" ist somit in der K-i-E Theorie nur ein indirekter Effekt. Das Streben sind die Verhaltensmuster nach den evolutionär vorgegebenen Motiven, die in den Grundemotionen neurologisch vorgegeben sind. Das Emotionssystem aktiviert unbewusst die Verhaltensmuster der Emotionen, um eine Situation zu bewältigen. Gelingt dies, so stellt sich Freude ein, die anschließend das interne Belohnungssystem aktiviert. Das angenehme Gefühl ist der Begleiteffekt der Freude. Freude selbst setzt wiederum neurologische und biochemische Prozesse in Gang, die zu angenehmen Gefühlen führen.

8.4.5 Das Emotionssystem macht freies Verhalten möglich

Emotionen haben wie das Kognitionssystem alle Prozessschritte einer flexiblen Handlung. Diese Emotionslogik ist dem Bewussten nicht zugänglich und sie umfasst alle Routineentscheidungen, die getroffen werden, ohne ein begleitendes Emotionsgefühl (Bild 8.8).

Emotionslogik

Stimulus → Bedeutung und Motiv → Neuronales emotionales Programm → Programmiertes Verhalten

Dem Bewussten nicht zugänglich

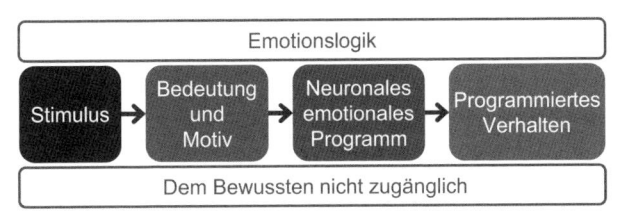

Bild 8.8 Die Emotionslogik, die Menschen durchs Leben bewegt

Über die gängigen Konzepte hinausgehend sind in K-i-E die komplexen neuronalen emotionalen Programme aus Grund- und zusammengesetzten Emotionen die Basis für sehr individuelle und nahezu unbegrenzt umfassende Programme, die komplexes menschliches programmiertes Verhalten erlauben (Bild 8.9). Die erfahrenen und dadurch gelernten neuronalen emotionalen Programme werden im Emotionssystem mit der Interaktion des Kognitionssystems in neurologischen Prozessen verarbeitet, die weitgehend dem Bewussten nicht zugänglich sind.

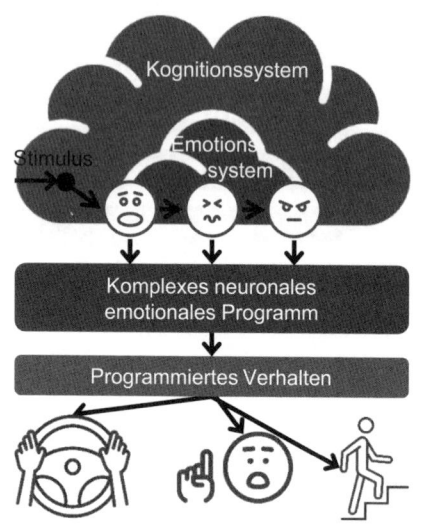

Bild 8.9 Flexibles programmiertes Verhalten durch komplexe neuronale emotionale Programme

8.4.6 Einem programmierten Verhalten steht ein neuronales emotionales Programm gegenüber

Es gab im Leben eines jeden Menschen eine Zeit, in der er noch nicht laufen und auch nicht Treppen steigen konnte. Das Kognitionssystem war noch nicht so entwickelt, dass Kenntnisse über die Wirkungsweise der Beinmuskulatur ausgebildet waren. Das Emotionssystem war in der Lage, die Bewegung durch Erfahrung zu lernen und im Emotionssystem eine neuronale Struktur, ein neuronales emotionales Programm, auszubilden, das Laufen und Treppensteigen möglich machte. Dem emotionalen Programm steht ein programmiertes Verhaltensmuster gegenüber, das damit gesteuert wird. Versuchen Sie einmal bewusst, eine Treppe zu steigen. Sie werden erneut die Erfahrung machen, die Nutzung des Kognitionssystems ist anstrengend und es ist nahezu unmöglich, die Bewegung der Beinmuskulatur bewusst zu steuern. Wenn Sie beginnen, die Fußmuskulatur mit den Zehen, die Ober- und Unterschenkel mit der Gesäßmuskulatur und dem Beckengürtel bewusst zu steuern, werden Sie merken, dies ist ein so komplexer Prozess, dass er bewusst nur schwer auszuführen ist.

Die Steuerung aus dem Emotionssystem, mit dem motorischen Cortex und den anderen unbewusst agierenden Gehirnarealen, führt diese Bewegung mühelos aus (Bild 8.10).

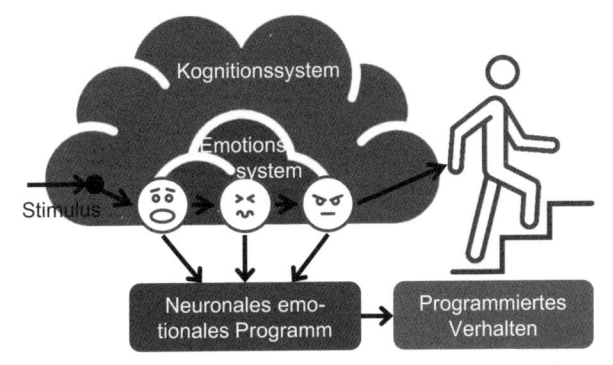

Bild 8.10 Einem programmierten Verhalten steht ein neuronales emotionales Programm gegenüber

8.4.7 Emotionen wirken in einer fest vorgegebenen Sequenz

Die evolutionäre Entwicklung der Emotionen erfolgte in einer festen Reihenfolge, die neurologisch in Arealen repräsentiert ist und in einer mehr oder minder festen Sequenz aktiviert wird (Bild 8.11).

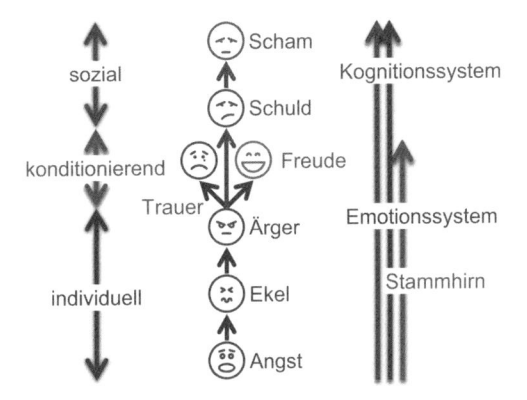

Bild 8.11 Emotionen wirken in einer festen Sequenz, dem Emotionsbaum

Mit dem Emotionsbaum lassen sich verschiedene Verhaltensmuster und vorherrschende Charaktereigenschaften verorten, die aus der Wiederholung von Verhaltensmustern neurologisch verfestigt werden.

Die souveräne Einflussnahme einer Führungskraft ergibt folgendes Motiv-Profil (Bild 8.12).

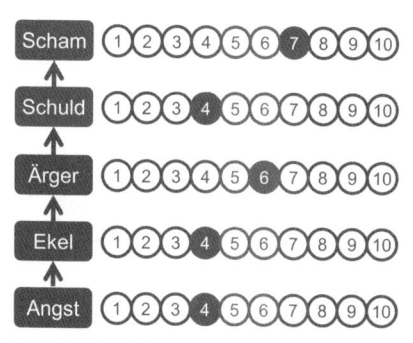

Scham 1 2 3 4 5 6 **7** 8 9 10
Schuld 1 2 3 **4** 5 6 7 8 9 10
Ärger 1 2 3 4 5 **6** 7 8 9 10
Ekel 1 2 3 **4** 5 6 7 8 9 10
Angst 1 2 3 **4** 5 6 7 8 9 10

Bild 8.12 Das emotionale Motiv-Profil für souveräne Einflussnahme

8.4.8 Der Preis der Geschwindigkeit

Das Emotionssystem agiert in einer vorgegebenen Zeit und kommt immer zu einer Entscheidung, die entweder automatisch ausgeführt wird oder mittels Impuls das Kognitionssystem aktiviert. Die älteren Gehirnstrukturen des Emotionssystems im Zusammenwirken mit dem Stammhirn agieren mit der maximalen emotionalen Erregung (10) affekthaft. Das Kognitionssystem wird nicht mehr aktiviert.

Die Eskalation bei hoher emotionaler Erregung erfolgt in Stufen. Die erste Stufe der Eskalation während einer affekthaften Handlung ist bei maximaler Erregung die Angst. Es kommt zur Starre, sodass eine angemessene Nähe und anschließende Einflussnahme nicht mehr möglich ist. Das damit einhergehende Emotionsgefühl ist reine Angst.

Die zweite Stufe der Eskalation während einer affekthaften Handlung ist die Flucht. Sie kann erst entstehen, wenn der Emotionsbaum mit hoher Angst durchlaufen ist. Das damit einhergehende Emotionsgefühl ist wie Abscheu und Verachtung, mit einem starken Anteil an Angst. Eine besondere Bedeutung für Entscheidungsprozesse hat auch hier die fehlende Einflussnahme.

Die dritte Stufe der Eskalation während einer affekthaften Handlung ist Kampf, Angriff. Sie kann erst entstehen, wenn der Emotionsbaum bereits mit hoher Angst durchlaufen worden ist. Der Versuch, die Distanz bei hoher emotionaler Erregung herzustellen, wird aufgegeben und es wird in einen Angriff, der Nähe voraussetzt, übergegangen. Das neuronale emotionale Programm des Ärgers aktiviert den gesamten Körper und macht ihn unkontrolliert kraftvoll für einen direkten Angriff. Das damit einhergehende Emotionsgefühl ist bereits eine deutliche Mischung aus starker Angst, Abscheu und Verachtung, die von dem energetisierenden Emotionsgefühl des Ärgers überlagert wird. Eine besondere Bedeutung für Entscheidungsprozesse hat die unkontrollierte Einflussnahme, aber viel schwerer wiegt die darunter verborgene Angst, die mit der unkontrollierten Einflussnahme kompensiert wird (Bild 8.13).

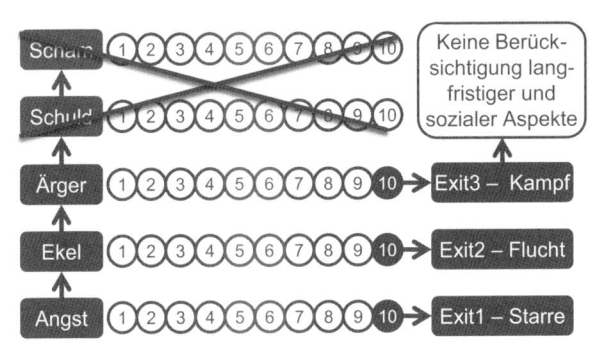

```
Scham    ①②③④⑤⑥⑦⑧⑨⑩    Keine Berück-
                                   sichtigung lang-
Schuld   ①②③④⑤⑥⑦⑧⑨⑩    fristiger und
                                   sozialer Aspekte

Ärger    ①②③④⑤⑥⑦⑧⑨ 10 → Exit3 – Kampf

Ekel     ①②③④⑤⑥⑦⑧⑨ 10 → Exit2 – Flucht

Angst    ①②③④⑤⑥⑦⑧⑨ 10 → Exit1 – Starre
```

Bild 8.13 Fatale Wirkung der Eskalation – Entscheidungen ohne langfristige und soziale Aspekte

Fatal an allen Eskalationen der individuellen Emotionen ist, dass die sozialen Emotionen nicht mehr durchlaufen werden. Bei Wut oder Hass wird die Wirkung der sozialen Emotionen nicht mehr angemessen berücksichtigt. Was jedoch noch stärker wirkt: Das Kognitionssystem wird nicht aktiviert. Bewusste langfristige und soziale Aspekte einer Entscheidungsfindung und Handlungsplanung werden nicht mehr mit einbezogen.

Der Preis der Geschwindigkeit ist hoch und in vielen Fällen nicht angemessen. Die Eskalation der individuellen Emotionen im Emotionssystem führt zu dysfunktionalen Entscheidungen. In Unternehmen werden heute rationale Entscheidungen gefordert. Diese Form erzwingt, das Kognitionssystem zu aktivieren, das jedoch nicht unabhängig vom Emotionssystem agieren kann, wie die kognitiven Verzerrungen zeigen. Eine Trennung in rationale und emotionale beziehungsweise intuitive Entscheidung ist nicht möglich, wie im K-i-E Konzept gezeigt wurde. Das Design der in diesem Buch vorgestellten Entscheidungsprozesse berücksichtigt die Dynamik der Emotionslogik. Bei angemessener Prozesstreue ist gewährleistet, dass die fatalen Eskalationen erst gar nicht auftreten. Ein Prozessverantwortlicher, der Master of K-i-E, sorgt dafür, dass die Entscheidungsprozesse im funktionalen Bereich durchgeführt werden. So wird sichergestellt, dass die Entscheidungsprozesse gute Entscheidungen herstellen. Bei wachsender Gruppenkompetenz übernimmt das Team die Kontrolle über die Prozesstreue.

■ 8.5 Die Intuitionstheorie – die Intelligenz der Intuition bewusst nutzen

K-i-E Intuitionstheorie

Die Intuition ist das Ergebnis des Emotionssystems. Somit ist die Intuition eine eigenständige bewusste Entscheidungsform, die außerhalb der Kognition anzusiedeln ist.

Die Merkmale sind: schnell, mühelos, unaufgefordert und dem Bewussten nicht zugänglich (Bild 8.14).

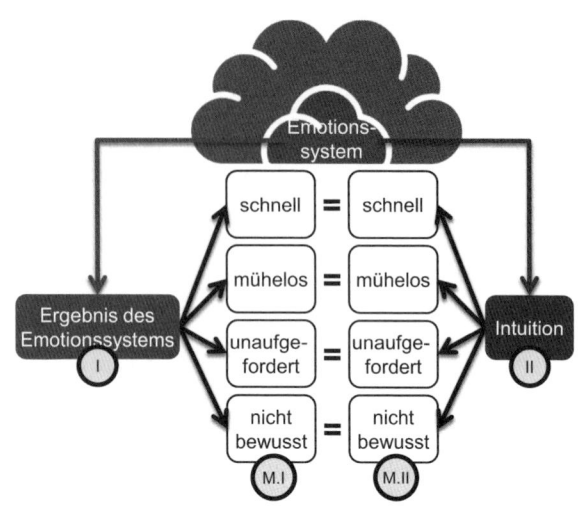

Bild 8.14 Die Intuition ist das Ergebnis der Verarbeitung im Emotionssystem

Das Emotionssystem trifft immer eine Entscheidung und aktiviert gegebenenfalls das Kognitionssystem. Die Intuition, als Ergebnis des Emotionssystems, ist als Entscheidung zwischen den Systemen bewusst zu erkennen (Bild 8.15).

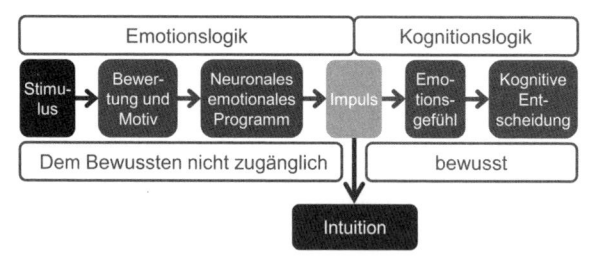

Bild 8.15 Die Intuition an der Schwelle zwischen unbewussten und bewussten Prozessen

8.6 Die Kognitionstheorie – wie der Mensch bewusst entscheidet

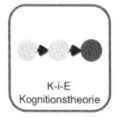

Die Kognitionstheorie zeigt die Untrennbarkeit der Entscheidungssysteme auf. Mit diesem Wissen kann ein angemessenes individuelles Vorgehen für gute Entscheidungen organisiert und ein Design für funktionale Entscheidungsprozesse gestaltet werden.

Der Widerstreit zwischen Intuition und Verstand ist mit der Erkenntnis, dass der Mensch über zwei Entscheidungssysteme – Emotion und Kognition – verfügt, gelöst. Die uralte

Frage „Intuition oder Verstand" ist endgültig beantwortet. Im Grunde ist die Frage falsch gestellt, denn die Polarität existiert in Wirklichkeit nicht. Der menschliche Entscheidungsprozess arbeitet in einer evolutionär vorgegebenen Sequenz: Zuerst agiert die Intuition, anschließend die Kognition und abschließend wieder die Intuition. Sie kann als bewusster Bestandteil einer Entscheidungsstrategie, die die Untrennbarkeit der Entscheidungssysteme nachbildet, erkannt und integriert werden. Die Empfehlung lautet daher: Dem Verstand – integriert in die natürlich vorgegebene Sequenz der menschlichen Entscheidungsprozesse – gehört in einer integrierten Entscheidungsstrategie die zentrale Funktion.

8.6.1 Bewusste Entscheidungen

Die Untrennbarkeit der Entscheidungssysteme ergibt sich aus dem vorgegebenen menschlichen Entscheidungsprozess (Bild 8.16). Das evolutionär ältere Emotionssystem, das dem Bewussten nicht zugänglich agiert, erzeugt autonom in einer determinierten Zeit von circa 350 Millisekunden mühelos eine Entscheidung (3). Der handlungsorientierte Impuls aus dem Emotionssystem aktiviert das Kognitionssystem, das mit dem gedoppelten (2) identischen Stimulus (1) und der bewussten Wahrnehmung zeitlich verzögert parallel ein kohärentes Weltbild (4.2) erzeugt. Dieses Weltbild wird in einem Gedanken-Zyklus in eine bewusste Entscheidung konvergiert.

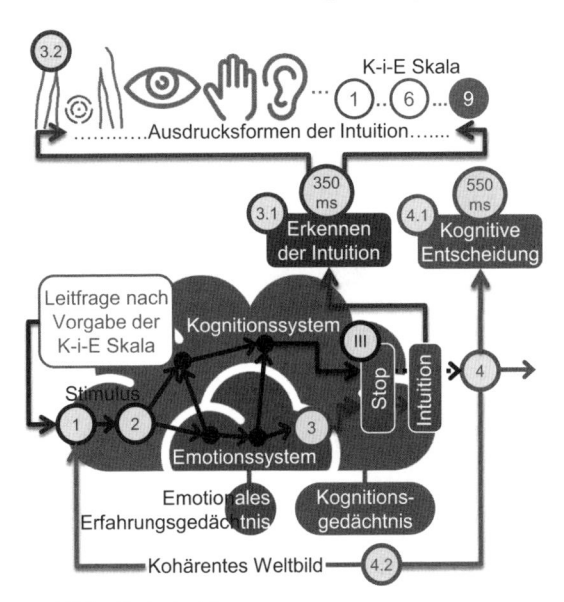

Bild 8.16 Der menschliche Entscheidungsprozess

Die vermeintlich bewusste Entscheidung (5) wird jedoch maßgeblich vom Emotionssystem beeinflusst, das immer wirkt, ob es nun wahrgenommen wird oder nicht. Wird das Ergebnis aus dem Emotionssystem (3) bewusst wahrgenommen, wird es zur Intuition (3.1). Das oft zitierte Bauchgefühl (3.2), der Impuls, mit dem manchmal ein Emotionsgefühl einhergeht, ist nur eine von vielen Ausdruckformen der Intuition. Die Intuition kann im Zeitfenster (3.1) – 350 Millisekunden nach dem Stimulus und vor der kognitiven Entscheidung (4.1) – sicher und trennscharf erkannt werden.

8.6.2 Die bewusste Entscheidung als Gedanken-Zyklus

Der Gedanken-Zyklus (Bild 8.17) beginnt mit der kognitiv überformten Entscheidung (5.1), welche als neuer internaler Stimulus wirkt und damit einen neuen Entscheidungsprozess in Gang setzt. Die Untrennbarkeit durchläuft die Sequenz: Stimulus (1), Doppelung zur Parallelverarbeitung (2) der Entscheidungssysteme (Emotionslogik mit Intuition (3) und Kognitionslogik (4)) in eine kognitiv überformte Entscheidung (5.1). Somit entsteht das kohärente Weltbild iterativ in mehreren Gedanken-Zyklen.

Das Ende des Gedanken-Zyklus (5.2) wird durch die letzte Überprüfung des kohärenten Weltbilds vom Emotionssystem mit einem stimmigen Impuls erzeugt.

Die bewusste Entscheidung (5.3) entsteht nach Klärung des Themas im Gedanken-Zyklus, was dann zu bewusstem Verhalten (6) führt.

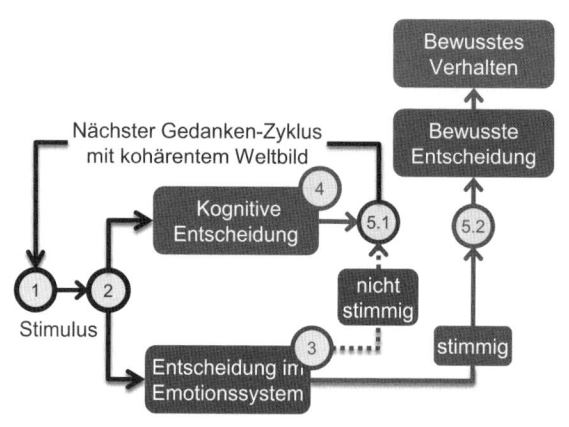

Bild 8.17 Der Gedanken-Zyklus wird durch das Emotionssystem beendet

8.6.3 Die rationale Entscheidung

In Unternehmen wird die rationale Entscheidung gefordert, die zu den bewussten Entscheidungen gerechnet werden muss. Es gibt keine Einigkeit darüber, was eine rationale Entscheidung nun ist. Die rationale Entscheidung ist eine Sammlung unterschiedlicher Entscheidungsmodelle. Es wird nur ein rational handelnder Akteur definiert, der nach folgenden Prämissen handelt:

- maximiert seinen individuellen Nutzen,
- kennt seine Präferenzordnung,
- verfügt über alle notwendigen Informationen,
- erstellt alle möglichen Alternativen widerspruchsfrei,

- hat alle Zeit, um Alternativen und Varianten auszuwerten,
- ordnet alle möglichen Entscheidungen nach Wichtigkeit.

Der Nutzenmaximierer, wie der Homo Oeconomicus in der Wirtschaftswissenschaft genannt wird, wird auf absehbare Zeit nur ein Modell bleiben, weil weder der Nutzen, die Präferenzordnung und Informationen vollständig bekannt sind noch Alternativen und Zeit unbegrenzt zur Verfügung stehen.

So ist die rationale Entscheidung auch eine bewusste Entscheidung, die in mehreren Gedanken-Zyklen erstellt wird. Als besonderes Merkmal des Nutzenmaximierers hat sich im Unternehmen die Begründung als letzte und manchmal einzige Bedingung für eine rationale Entscheidung gehalten. Die Begründung wäre der finale Schritt für die Auswahl einer einzigen Entscheidung und der Grund gegen alle anderen (Bild 8.18). Auch wenn dies nicht möglich ist, bleibt das Postulat der bewussten Begründung einer Entscheidung im Unternehmen.

Damit genügt die rationale Entscheidung überraschenderweise und in hohem Maße der zyklischen Erstellung des kohärenten Weltbilds und taugt damit als Fragment für einen guten Entscheidungsprozess, wenn die offensichtlichen Mängel ausgeglichen werden.

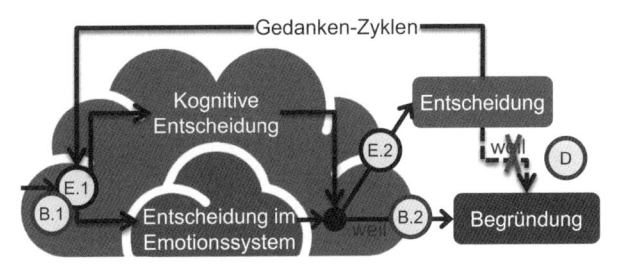

Bild 8.18 Die rationale Entscheidung mit Begründung

Die rationale Entscheidung ist eine bewusste Entscheidung, die aus einem Gedanken-Zyklus entstanden ist, der gegebenenfalls mehrfach durchlaufen wurde: (E.1, E.2, E.3). Der direkte Weg, die Begründung aus der Entscheidung (D) abzuleiten, ist nicht möglich. Sie wird jedoch als Stimulus genauso in einem Gedanken-Zyklus nach rationaler Logik geformt, bis die Begründung kohärent ist. Bei diesem Gedanken-Zyklus werden sowohl die Begründung als auch die Entscheidung angepasst. Die analoge Struktur zwischen rationaler Logik in mehreren Zyklen und der Erstellung des kohärenten Weltbilds ist auffällig.

Darin liegt gleichermaßen die Chance, aber auch das Risiko. Eine Begründung kann nur durch die Aktivierung des Kognitionssystems erzeugt werden. Die Struktur der rationalen Entscheidung ist ein äußerst sinnvolles, vielleicht notwendiges Kriterium für gute Entscheidungen. Sie aktiviert zwingend einen zweiten Gedanken-Zyklus mit dem Kognitionssystem, um die Begründung zu erstellen: B1 und B2. Damit wird eine rein intuitive Entscheidung verhindert und gleichzeitig ein Weg geöffnet, um die Intuition bewusst einzubinden. Eine gute unternehmerische Entscheidung sollte die Kognition immer bewusst integrieren. Die Begründung selbst ebnet jedoch wiederum dem Emotionssystem Tür und Tor, wenn sie zur Rechtfertigung, zur Verschleierung und Absicherung verwendet wird oder die Durchsetzung einer Entscheidung als alternativlos erzwungen wurde.

8.7 Eignung der Entscheidungssysteme

Die Intuition kann nur eine Zustimmung oder Ablehnung zu einem Thema geben. Sie ist nicht in der Lage, eine Wahl zu einer Alternative oder zwischen mehreren Varianten zu treffen. Damit scheidet sie für die rationale Entscheidung aus, wie sie im Unternehmen gefordert ist.

Sie leistet jedoch sehr gute Dienste, um Varianten zu prüfen. Im Gedanken-Zyklus wird diese natürliche Funktionsweise genutzt, um Varianten zu durchdenken. Eine rationale Entscheidung prüft Alternativen und mögliche Varianten und wählt eine davon nach bewussten Kriterien aus. Ein Priorisierungsprozess bewertet aus Themen, die relevant sind, und bringt sie in eine Reihenfolge. Die rationale Entscheidung ist damit im Kern ein Priorisierungsprozess.

Für die rationale Entscheidung mit einer bewussten Begründung ist nur das Kognitionssystem geeignet. Die K-i-E Intuition steht als eigene bewusste Entscheidungsform, die eine Alternative oder Variante bewerten kann.

Die Tatsache, dass die Untrennbarkeit der Entscheidungssysteme in jeder Entscheidung unbewusst wirkt, sollte jeden Entscheider verpflichten, die natürliche Intuition als K-i-E Intuition in jede Entscheidung zu integrieren. Die Anwendung verlangt nur wenige Sekunden zusätzlichen Zeitaufwand. Die Integration der K-i-E Skala eröffnet alle ihr innewohnenden Vorteile, vor allem die klare Bewertung und eine automatische Dokumentation.

> Die K-i-E Entscheidungsstrategie bringt sowohl die unaufgeforderte als auch die aufgeforderte Intuition mit der Kognition in einen bewussten Dreiklang. Sie ist damit die angemessene Wahl für alle individuellen unternehmerischen Entscheidungen als Basis einer neuen Entscheidungskultur.

8.8 Anwendungsbereich

Die K-i-E Theorie gibt dem Schnelleinsteiger ein Grundverständnis, damit die K-i-E Tools zügig verstanden und angewendet werden können:

- **Die K-i-E Skala** – ein universelles Bewertungssystem. Sie ist das Basis-Werkzeug, da jede Entscheidung eine Bewertung voraussetzt. Sie eignet sich gleichermaßen für die individuelle wie die Team-Anwendung.
- **Die K-i-E Ressourcen-Frage** – wie der Weg gefunden wird. Sie ist eine Anwendung der K-i-E Skala und fungiert als Basis-Werkzeug, um die Kompetenzen der Beteiligten herauszuarbeiten. Sie ist eher für den Einsatz im Team geeignet.

- **Die K-i-E Intuition** – die Intelligenz der Intuition bewusst nutzen. Sie wirkt immer und sollte deshalb auch immer benutzt werden. Sie ist für die individuelle Arbeit gedacht, jedoch schöpft man das Potenzial erst wirklich aus, wenn ein Team sich einigt, auf Basis der Intuition zusammenzuarbeiten. Ist diese Form der Zusammenarbeit gelernt, eröffnet sie ungeahnte Möglichkeiten.
- **Die K-i-E Entscheidungsstrategie** – bewusst intuitiv und sicher entscheiden. Sie ist das Abbild der natürlichen menschlichen Entscheidung und sollte immer angewandt werden. Da die unaufgeforderte Intuition meist nicht bewusst wahrgenommen wird, erfordert sie ein achtsames Training. Die K-i-E Entscheidungsstrategie ist für den individuellen Gebrauch, jedoch dient sie als Designvorlage für Entscheidungsprozesse im Team. In ihr sind die K-i-E Intuition und K-i-E Skala integriert.
- **Der K-i-E Güteprozess** – gemeinsam akzeptierte Qualität. Der Güteprozess schafft enormen Nutzen und sollte in jeder Team-Interaktion gelebt werden. In ihm sind die K–i–E Skala, der Commitment-Prozess und die K-i-E Theorie eingebettet.
- **Der K-i-E Commitment-Prozess** – gemeinsam getragene Entscheidungen. Er ist das Herzstück der K-i-E Tools, das die widersprechenden autoritären Führungsstile zusammenbringt. Er vereint alle K-i-E Tools und auf ihrem Fundament entfaltet sich die Gruppenkompetenz. Er ist das Zentrum des integrierten Führungsstils.
- **Der K-i-E Priorisierungsprozess** – gemeinsam getragene Auswahl und Reihenfolge von Themen. In ihm finden alle K-i-E Tools Anwendung, um die unternehmerische Kernaufgabe zu lösen, was wird getan und was nicht. Er gehört in die Team-Anwendung und ist genauso funktional für individuelle Priorisierungen.
- **Das K-i-E Motivationsdreieck** – der sichere Start. Eine Implementierung der K-i-E Skala. Es berücksichtigt die Emotionstheorie und gehört vor jeden Start eines Projekts und Vorhabens. Der größte Nutzen entsteht im Team, jedoch eignet es sich auch für die Einzelanwendung.
- **K-i-E agile** – jeder Einzelne wird befähigt, sich und seinen Teil in etwas größeres Gemeinsames einzubringen. K-i-E agile schließt die Lücke der fehlenden Operationalisierung in Scrum und verhilft den agilen Methoden zu der Produktivität, die Mitarbeiter und Unternehmen brauchen und verdienen. Das Dilemma zwischen tradierten und agilen Führungsmethoden wird gelöst.
- **Der Master of K-i-E** – er wahrt die Prozesstreue. Er bringt die K-i-E Tools und den integrierten Führungsstil ins Unternehmen. Für die Einführung und Verstetigung ist er der Garant. Ein guter Master of K-i-E unterstützt so lange, bis die Teammitglieder es gerne sehen, wenn sie die Verantwortung selbst übernehmen können, wollen und dürfen.

Die K-i-E Tools beziehen sich auf sich selbst. Deshalb lassen sich verschiedene vielfältige Gruppierungen erstellen (Bild 8.19).

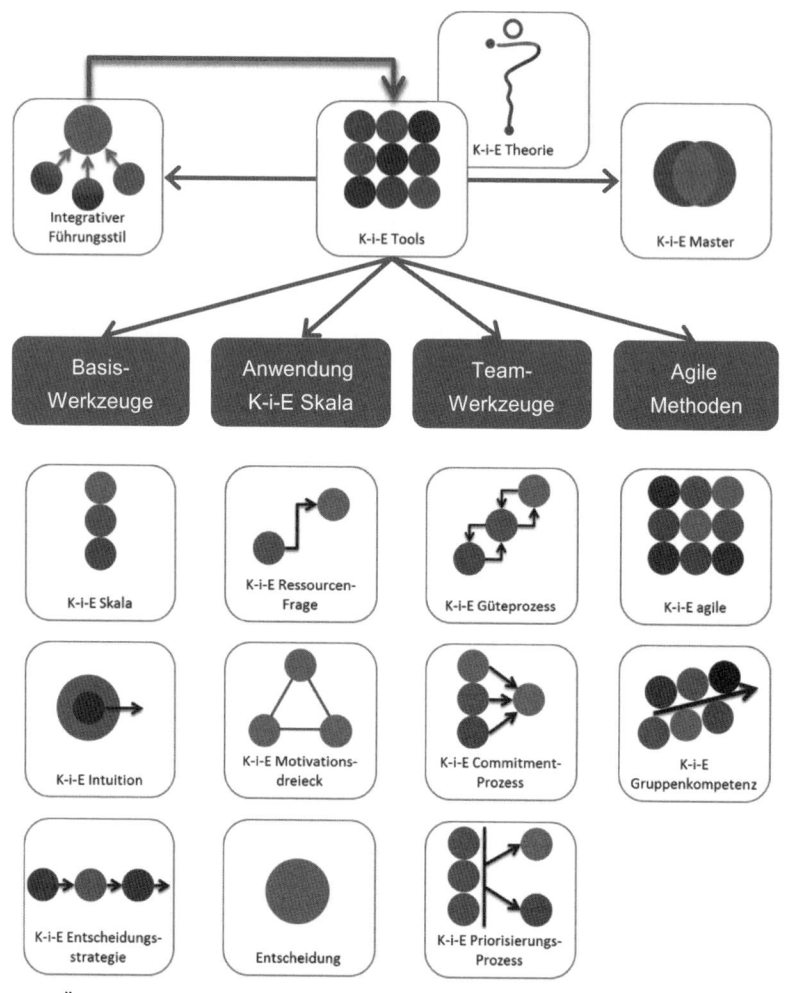

Bild 8.19 Übersicht über die K-i-E Tools

8.8.1 Der zyklisch evolutionäre Charakter der K-i-E Tools

Es ist nicht mehr so, dass die Führungskraft ansagt und der Mitarbeiter ausführt. Mit dem K-i-E Konzept ist es aber auch nicht so, dass ein partizipativer Führungsstil als gemeinsame Entscheidung vorgegaukelt wird.

Mit den K-i-E Tools stellen alle Beteiligten in einem Prozess gemeinsam getragene Entscheidungen her. Dafür werden Mitarbeiter in tradierten Bereichen und agile Teams mit den K-i-E Tools befähigt, ihr Wissen und ihre Erfahrung in eine gemeinsam getragene

Lösung einzubringen. Die Werkzeuge stellen die Entscheidung her und die Führungskraft verantwortet, dass bei der Herstellung der Güte, eines Commitments oder einer Priorisierung die Prozesstreue eingehalten wird. Die dafür vorgesehene Rolle, den Master of K-i-E, kann die Führungskraft übernehmen oder an jemand anderen delegieren. Die Führungskraft erhält ihre Macht und die damit verbundene Verantwortung. In bestimmten K-i-E Tools gibt es Exits, in denen die Führungskraft autoritär entscheidet, wie weiter verfahren wird. So werden mit den K-i-E Tools keine Entscheidungen mehr getroffen, sondern sie werden hergestellt. Durch die Befähigung aller Beteiligten, ihre Kompetenzen in gemeinsam getragene Entscheidungen einzubringen, lernen und wachsen alle.

8.8.2 Die Beteiligten werden befähigt, ihre Kompetenzen einzubringen

Die Beteiligten werden befähigt, ihre Kompetenzen in etwas Gemeinsames einzubringen. Der Prozess nimmt sie anschließend in die Pflicht, seine Prozesstreue wird vom Master of K-i-E verantwortet. Die Beteiligten bekommen die Ziele, Prämissen und den Rahmen vorgegeben, die gegebenenfalls wieder mit einem Commitment-Prozess verbindlich vereinbart werden. So wie die unternehmerischen Anforderungen zyklisch evolutionär sind, so sind auch die K-i-E Tools nach diesem Wirkprinzip aufgebaut. Die K-i-E Skala ist im Commitment-Prozess an verschiedenen Stellen im Prozess eingebettet. Die K-i-E Skala kann und sollte mit einem Commitment-Prozess im Team, im Bereich und im Unternehmen eingeführt werden.

Gelingt es der Gruppe nicht, eine gemeinsame Entscheidung herzustellen, wird der K-i-E Entscheidungsprozess verlassen und die Führungskraft entscheidet, wie weiter verfahren wird. Die Erfahrung zeigt, es sind immer wiederkehrende Situationen (Tabelle 8.1).

Tabelle 8.1 Typische Einsatzbereiche für K-i-E Tools

Thema	K-i-E Tools, die heilen
Das Verständnis ist nicht angemessen hergestellt	Güte- und Commitment-Prozess
Die Qualität ist nicht angemessen	Güteprozess
Das Commitment fehlt	Commitment-Prozess
Die Anzahl oder die Reihenfolge der Themen ist unangemessen	Priorisierungsprozess
Es fehlen Ressourcen	Ressourcen-Frage und Commitment-Prozess
Das Vorhaben ist zu groß	Priorisierungsprozess
Das Vorhaben ist nicht an der Vision und dem Ziel ausgerichtet	Priorisierungs- und Commitment-Prozess
Es fehlt ein planerisches Vorgehen	Alle K-i-E Tools
Das Vorhaben ist unrealistisch	Commitment-Prozess

8.8.3 Die Rollen im K-i-E Entscheidungsmanagement bleiben unverändert

Die Anwendung des K-i-E Entscheidungsmanagements erfordert nach der Einführung keine organisatorischen Veränderungen oder Anpassung der Governance:

Die Führungskraft gibt den Rahmen vor und bleibt dafür in der Verantwortung. Sie kann als Master of K-i-E agieren oder es delegieren.

Die Beteiligten bringen ihre Kompetenzen im vorgegebenen Entscheidungsprozess ein.

Der Master of K-i-E verantwortet die prozesstreue Herstellung der gemeinsam getragenen Entscheidungen. Nach der Einführungsphase übernimmt das Team selbst die Verantwortung und Ownership.

8.9 Best Practice

Wie das Leben, der unternehmerische Alltag und die menschlichen Entscheidungen gelingt auch der Zugang zu den K-i-E Tools zyklisch evolutionär. Für Schnelleinsteiger ist die Zusammenfassung ein guter Einstieg, um die K-i-E Tools zu verstehen und anzuwenden. Nach den ersten Erfahrungen sollten Führungskräfte tiefer in die Theorie einsteigen.

8.10 Fazit

Mit einem wachsenden Verständnis ist das Potenzial der K-i-E Tools voll auszuschöpfen.

> **Wenn du Erfolg haben willst, begrenze dich.**
>
> *Begrenzen ist eine Kunst, die eine Beurteilung voraussetzt, auf was man sich begrenzt. Dafür gibt es drei Wege. Einmal eine beliebige Art der Begrenzung, was Augustin Sainte-Beuve kaum beabsichtigte. Dann eine intuitive Bewertung, die mit der K-i-E Intuition blitzschnell gelingt. Oder aber eine bewusste Begrenzung, die der K-i-E Priorisierungsprozess bei angemessenem Aufwand ergibt.*

9 Ein normiertes Bewertungssystem – intuitiv und kognitiv

K-i-E Skala

„Klarheit schmückt die tiefen Gedanken."
Luc de Clapiers, Marquis de Vauvenargues, 1746

Grundlage des normierten Bewertungssystems ist die K-i-E Skala

Die K-i-E Skala erlaubt schnelle und klare Bewertungen und forciert immer eine klare Entscheidung. Einer jeden Handlung geht eine Entscheidung voraus und dieser geht eine Bewertung voraus. Sie macht die K-i-E Skala zum Kernelement einer jeglichen Art von Entscheidungen und Entscheidungsprozessen.

Die zentrale Bedeutung der Intuition und ihr blitzschneller Abruf des Expertenwissens für Entscheidungen sind unumstritten. Der einfache Impuls aus der Intuition ist jedoch nicht differenziert genug. Der innere Aufbau der K-i-E Skala eignet sich für die bewusste Nutzung der Intuition und bildet sie präzise ab. Mit dieser Eigenschaft kann sie für Intuition und Kognition gleichermaßen genutzt werden und dadurch können beide in eine einzige Entscheidungsstrategie zusammengeführt werden.

Die K-i-E Skala legt sowohl die intuitiven als auch die kognitiven Entscheidungselemente offen und macht sie dokumentierbar. Diese Transparenz öffnet zugleich den Weg, um die Gruppenkompetenz zu nutzen.

9.1 Kurzgefasst

Die K-i-E Bewertung, kurz K-i-E Skala, besteht aus drei Bestandteilen: der Leitfrage, dem Skalen-Typ und den Bedeutungsbereichen, die vom Anwender zu gestalten sind (Bild 9.1). Die Leitfrage gibt einen klaren Fokus vor und korrespondiert direkt mit den Bedeutungsbereichen. Die Antwort in Form einer Bewertung gibt bereits vor, welche Konsequenzen die Bewertung hat.

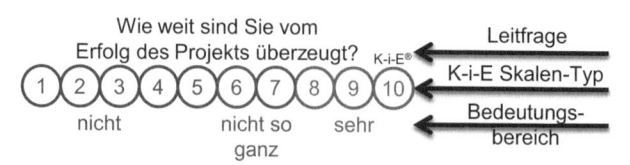

Bild 9.1 Die K-i-E Skala hat immer eine klare Struktur

Die innere Logik zwischen Leitfrage, Bewertung und K-i-E Skalen-Typ forciert bereits eine Entscheidung mit den verbundenen Konsequenzen. Diese Eigenschaft macht die K-i-E Skala so wirkungsvoll für Entscheidungsprozesse.

9.2 Die K-i-E Skala – universell und akzeptiert

Entscheidungen herbeizuführen und umzusetzen, ist die Kerntätigkeit von Führen. Um zu entscheiden, muss vorher ein Bewertungsprozess erfolgen, der mehrmals im Gedanken-Zyklus – sowohl bewusst als auch dem Bewussten nicht zugänglich – ausgeführt wird. Der nachfolgende Umsetzungsprozess erfordert genauso Bewertungen wie die spätere Überprüfung der Wirkung hinsichtlich einer Zielerreichung.

So kommt der Bewertung als Vorstufe eine höhere Bedeutung zu als der Entscheidung selbst. Die Aufgabe, in kurzer Zeit Tausende von Bewertungen zu treffen, ist für Entscheider nur dann zu bewältigen, wenn sie über eine extrem schnell reagierende und klare Bewertungsinstanz verfügen. Diese Instanz steht jedem Menschen bereits zur Verfügung und mit der K-i-E Skala kann er sie bewusst nutzen.

Wenn der Mensch zum Entscheiden geboren ist, so ist er damit in mehrfacher Hinsicht auch zum Bewerten gezwungen. Wenn er nach Erwin Pöppel 20.000 Entscheidungen pro Tag trifft, so leiten sich daraus vielleicht 50.000 Bewertungen (B) pro Tag ab (Bild 9.2).

Das menschliche Gehirn mit seinen Entscheidungssystemen ist optimiert für Bewertungsprozesse. Die K-i-E Skala macht diese hochleistungsfähige Bewertungskompetenz für Entscheider verfügbar.

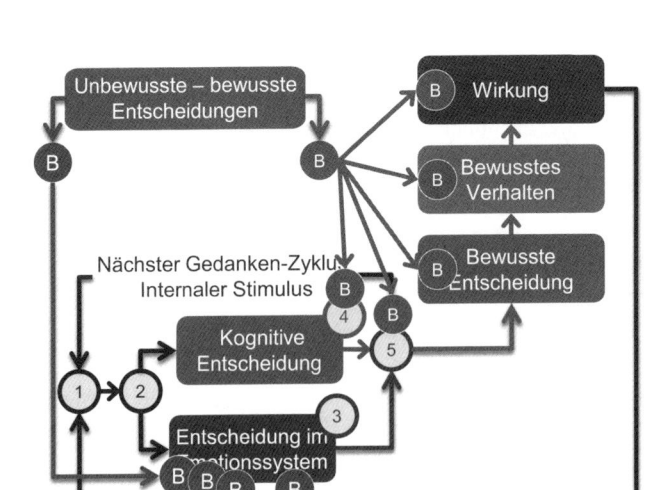

Bild 9.2 Bewertungen kommen im Entscheidungsprozess vielfach vor.

9.3 Design-Merkmale

Die K-i-E Skala hat fünf Elemente (Bild 9.3). Drei Design-Merkmale: Leitfrage (I), K-i-E Skalen-Typ (II) und Bedeutungsbereiche (III), die vom Master of K-i-E so zu gestalten sind, dass die Bewertung (V) vom Anwender mit den fest vorgegebenen K-i-E Skalenwerten (IV) von (1) bis (10) zugeordnet werden kann.

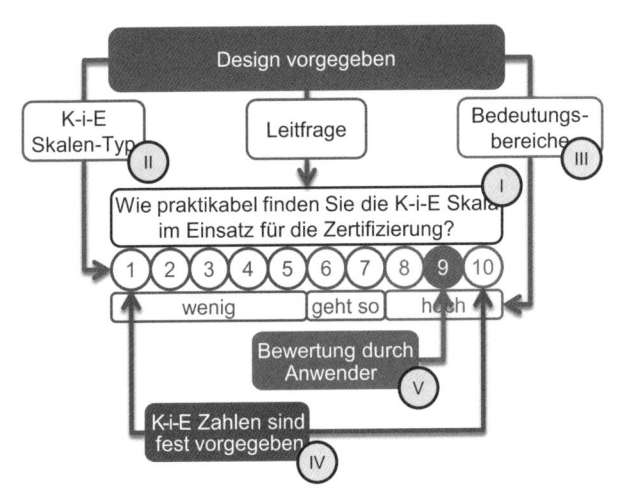

Bild 9.3 Die Bewertung erfolgt in einer klaren Struktur

Die Teilnehmer der Vorlesung „Entscheidungen im digitalen Zeitalter" im Sommersemester 2017 an der Friedrich-Alexander-Universität bewerteten die praktische Anwendbarkeit der K-i-E Skala, nachdem sie sie in drei Seminarblöcken mehrfach angewendet hatten, als hoch praktikabel.

9.3.1 Der K-i-E Skalen-Typ

Die Gehirnarchitektur liefert eine klare Design-Vorgabe für Bewertungen, welche wiederum von zentraler Bedeutung für Entscheidungsprozesse sind. Die Vielzahl von Skalen in Unternehmen beweist vor allem eines: Es ist bisher nicht gelungen, eine einzige akzeptierte universelle Skala einzuführen oder zumindest ein normiertes Set mit wenigen Skalen-Typen.

Dieses Phänomen ist nicht zufällig, sondern primär eine Konsequenz verschiedener Faktoren in Unternehmen. Ein zentraler Grund ist die gezielte Beeinflussung von Bewertungen mit einer Skala, die zum erwünschten Ausgang einer Entscheidung führt. Manchmal ist es nur die vermeintlich oder tatsächlich geringfügig bessere Eignung für spezifische Anforderungen oder oft auch nur die Gewohnheit, die Skala zu nehmen, die man schon immer nahm beziehungsweise die gerade verfügbar ist. Letztendlich wirken die neuronalen emotionalen Programme, in denen die Motive der Grundemotionen ihren Einfluss ausüben, immer. Dem kann jeder mit dem Wissen über menschliche Entscheidungsprozesse entgegenwirken.

Die vielfältigen Effekte bei einer offenen Bewertung in einer Team-Situation oder bei der Befragung durch eine Führungskraft, aber auch die Effekte bei einer geschlossenen oder inneren Bewertung wurden unter dem Sammelbegriff „response bias" zusammengefasst und vielen Entdeckern zugeordnet. Die bekanntesten sind:

- der Sozialwissenschaftler Fritz Roethlisberger, der bereits 1933 mit dem Hawthorne-Effekt nachwies, dass die Befragung selbst und der Befragte die Bewertung beeinflussen,
- der amerikanische Psychologe Lee J. Cronbach sowie der Persönlichkeits- und Intelligenzforscher Joy P. Guilford, die in den 1950er-Jahren viele typische Antwortverzerrungen und Beurteilungsfehler nachwiesen, etwa die Ja-Sage-Tendenz, die Tendenz zur Mitte oder zum Ende einer Skala,
- Kahneman und Tversky, die 1982 in vielen Beispielen kognitive Verzerrungen beschrieben wie etwa die Verlustaversion.

Diese Phänomene lassen bereits erkennen, dass es eine Logik in der Emotionsverarbeitung geben muss. Es dominiert die Angst als evolutionär erste Grundemotion im Emotionsbaum. Damit kommt ihr Motiv, die Sorge um Sicherheit, in gewisser Ausprägung in allen neuronalen emotionalen Programmen vor und wirkt damit stärker als andere Motive, wie etwa die Einflussnahme durch Ärger. Die Emotionslogik erklärt damit stringent, warum Menschen stärker nach Sicherheit streben, also den Verlust vermeiden, als einen Gewinn zu erzielen. Verlustaversion ist dabei ein eher irreführender Begriff, denn es geht nicht nur um die Vermeidung von Verlust, sondern das Motiv ist die Fokussierung auf Sicherheit.

Natürlich beeinflusst die Art der Skala ebenfalls die Bewertung. Im Wissen um diese Effekte eliminiert eine universelle Skala die Effekte gerade dann, wenn man die Wirkprinzipien der Emotionslogik abbildet. Wird der Verlustaversion mehr Raum gegeben, so wird eine Bewertung leichter und trennschärfer möglich. Dem Trend zur Mitte begegnet man, indem die Skala keine Mitte ausweist. Repräsentieren Menschen bevorzugt aufsteigende Skalen von links nach rechts, wird eine Skala mit dieser Ordnung auch leichter angenommen.

Zusätzlich adressiert eine universelle Skala offene Gestaltungsfreiheit, um beliebigen Effekten entgegenzuwirken oder auf bewusste offene Ausrichtungen hinzuwirken. Sie bietet immer eine Antwort in einer normierten kompakten Form, die jeder versteht.

Der prägende Teil ist der Skalen-Typ (Bild 9.4), der durch die Leitfrage und die Bedeutungsbereiche gestaltet wird. Die Leitfrage gibt einen klaren Rahmen für die Bewertung vor. Die Bedeutungsbereiche werden durch die Leitfrage bestimmt und der Skalen-Typ wird davon abgeleitet. So erlaubt erst das Zusammenspiel der drei Bestandteile eine präzise und normierte Bewertung.

Bild 9.4 Die K-i-E Skala zeigt eine klare Bedeutung

Für Führungskräfte eines Seminars ist das Auto für eine Anreise zu einem Business-Termin in der Regel nicht geeignet.

K-i-E Skalen-Typ – aufsteigend mit funktionalem Bereich rechts – der überwiegende Anteil von Entscheidern ordnet Bewertungen aufsteigend von links nach rechts an. Das gilt gleichermaßen für angenehme und unangenehme Themen wie Chancen und Risiken. Die Einschätzung von Führungskräften einer großen Versicherung bezüglich der Chancen, die sich aus dem digitalen Transfer ergeben, wurde mit der aufsteigenden K-i-E Skala und dem funktionalen Bereich rechts abgefragt (Bild 9.5).

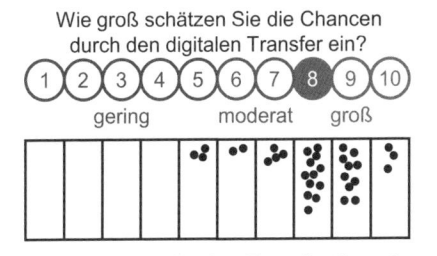

Bild 9.5 Die Führungskräfte sehen im digitalen Transfer überwiegend Chancen

K-i-E Skalen-Typ – absteigend mit funktionalem Bereich rechts – einzelne Entscheider tun sich schwer, Leitfragen mit der aufsteigenden K-i-E Skala zu bewerten. Für sie wäre eine hohe kognitive Leistung erforderlich, bei der die Qualität im Entscheidungsprozess leiden würde. Häufig ist die intuitive Bewertung individuell anders repräsentiert und eine Umkehrung der Reihenfolge die Lösung (Bild 9.6). Diese Anpassung ist nur für Einzelarbeit wie im Coaching sinnvoll, da die überwiegende Mehrheit der Entscheider eine aufsteigende Skala bevorzugt.

Bild 9.6 Das Thema ist sehr bedeutend

K-i-E Skalen-Typ – aufsteigend mit funktionalem Bereich links – die Bewertung eines Risikos ist für die meisten Menschen leichter einzuschätzen, wenn man einer großen Bedrohung auch eine große Bewertungszahl zuweisen kann. Die größte Zahl wird intuitiv von der überwältigenden Mehrzahl rechts angeordnet. Die Frage nach den Risiken, die mit dem digitalen Transfer einhergehen, wurde im Workshop einer Versicherung mit der aufsteigenden K-i-E Skala und dem funktionalen Bereich links abgefragt (Bild 9.7).

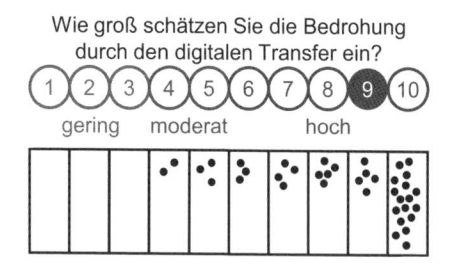

Bild 9.7 Die Führungskräfte schätzen die Bedrohung überwiegend als sehr hoch ein

K-i-E Skalen-Typ – aufsteigend mit funktionalem Bereich mittig – im Business dominieren heutzutage noch offen aufsteigende Skalen, auch wenn längst bekannt ist, dass eine Zielerreichung, wie beispielsweise Wachstum oder Umsatz, eine klare Definition in einer Begrenzung voraussetzt. Das bedeutet, es gibt einen angemessenen Bereich sowie ein Zuviel und ein Zuwenig. Auch wenn die Erfahrungen zeigen, dass ungesundes Wachstum oft das gesamte Unternehmen gefährdet, dominiert häufig eine Orientierung am Maximum. Eine optimale Qualität ist oft aus fertigungstechnischen Gründen nicht herzustellen, genauso wenig wie es die optimale Besetzung für eine Position gibt.

Eine Zieldefinition „so gut wie möglich" ist wenig funktional:

- Es ist oft zu aufwendig und dauert zu lange, das Optimum herzustellen.
- Das Optimum weist andere Einschränkungen auf. So ist das Tuning eines Formel-1-Motors zu einer nahezu unbegrenzten Leistung möglich, die aber auf Kosten der Standfestigkeit geht.

9.3 Design-Merkmale

- Auch können natürliche Effekte gegen das Optimum wirken. Die Glasqualität ist mit einem bestimmten Anteil Altglas aus der eigenen Fertigung am höchsten. Wird zu hohe Qualität erreicht, wird temporär Ausschuss produziert, um diesen Anteil wieder der Fertigung zuzuführen.
- Die Regulierung von Prozessen erfordert eine Toleranz, sonst würde die Regulierung zu aufwendig. Die Regulierung von Banken wurde seit der Finanzkrise sukzessive verschärft. Die Finanzindustrie erwartet von den Behörden, dass durch zu starke Regulierung sinnvolle Geschäfte nicht unterbunden werden. Zugleich wurde das Standardgeschäft für alle Beteiligten aufwendiger und inflexibler. Die Risiken und der Verwaltungsaufwand wurden wieder teilweise auf die Kunden abgewälzt.

Eine Bewertung mit zwei dysfunktionalen und zwei gerade noch funktionalen Bereichen und einem funktionalen Bereich in der Mitte bildet viele natürliche Dynamiken ab (Bild 9.8).

Bild 9.8 Eine zu lasche Regulierung der Banken führte 2008 zur Finanzkrise

Dieser K-i-E Skalen-Typ eignet sich sehr gut für Sowohl-als-auch-Dynamiken. Viele Bewertungen scheitern, weil sie von einer Polarität zwischen gut und schlecht ausgehen. Diese K-i-E Skala löst dieses Problem.

Freie K-i-E Skalen-Typen – der K-i-E Skalen-Typ kann für spezielle Fragestellungen individuell angepasst werden. Dafür können die Bedeutungsbereiche verschoben und in der Größe verändert werden (Bild 9.9 bis Bild 9.12). Weiterhin ist es möglich, Farbkodierungen zu ergänzen. Die Zehner-Skala sollte aufgrund einer normierten Bewertung nicht aufgegeben werden.

Für viele Bewertungen ist diese Differenzierung mit zwei halbwegs funktionalen Bereichen um die Mitte herum zu fein. In dem Fall kann auf den blauen Bewertungsbereich verzichtet werden.

Bild 9.9 Das Meeting dauerte zu lang

Der freie K-i-E Skalen-Typ erlaubt es, beliebige Leitfragen zu formulieren, flexibel verschiedene Bewertungen abzubilden und an spezielle Themenstellungen anzupassen

(Bild 9.10). Golf Professionals greifen ihre Golfschläger weniger kraftvoll als Amateure, um entsprechend ihrem Spielniveau gute Ergebnisse zu erreichen. Diese Gegebenheit ist mühelos abzubilden.

Wie stark ist der Griffdruck, wenn Professionals putten? K-i-E®
① ② ③ ❹ ⑤ ⑥ ⑦ ⑧ ⑨ ⑩
zu locker — passt geht — geht — zu fest

Bild 9.10 Der Griffdruck bei Professionals ist bei (4) optimal

Amateure putten besser, wenn sie stärker zugreifen (Bild 9.11).

Wie stark ist der Griffdruck, wenn Amateure putten?
① ② ③ ④ ⑤ ❻ ⑦ ⑧ ⑨ ⑩
zu locker — passt geht — geht — zu fest

Bild 9.11 Amateure erreichen bessere Ergebnisse bei (6)

Mit der K-i-E Skala lässt sich der Ausdruck des Emotionsgefühls bei ansteigender emotionaler Erregung gut abbilden (Bild 9.12). Anfangs fühlt sich die kraftvolle Energie angenehm an (1 bis 3), die bei ansteigender emotionaler Erregung (4 bis 5) in ein unangenehm empfundenes Gefühl übergeht, das kontrolliert werden will. Bei höherer emotionaler Erregung (6 bis 8) ist das Emotionsgefühl sehr unangenehm und wird bei hoher Erregung (9 und 10) nicht mehr wahrgenommen, die Einflussnahme dominiert.

Wie drückt sich Ihr Ärgergefühl bei zunehmender Erregung aus? K-i-E®
① ② ③ ④ ⑤ ⑥ ⑦ ⑧ ⑨ ⑩
angenehm — überlappend — unangenehm — nicht mehr da

Bild 9.12 Ärger lässt sich gut in vier Bereichen abbilden

Auch Expertenwissen ist nicht nur gut oder nur schlecht. Im funktionalen Bereich liefert es eine souveräne professionelle Einschätzung. Haben Entscheider zu viel Wissen, tendieren sie zu Vorurteilen. Sind sie blind für Neues und achten zu sehr auf Details, verlieren sie das große Ganze aus dem Blick. Haben Entscheider zu wenig Expertenwissen, wird es leicht dilettantisch. Diese Dynamik und die damit verbundenen Risiken lassen sich mit diesem K-i-E Skalen-Typ gut abbilden (Bild 9.13).

Expertenwissen mit unterschiedlich funktionalen Bereichen K-i-E®
① ② ③ ④ ⑤ ⑥ ❼ ⑧ ⑨ ⑩
dilettantisch, laienhaft — souverän, professionell — blind für Neues, Vorurteile, pedantisch

Bild 9.13 Experten befinden sich häufig tendenziell im dysfunktionalen Bereich

Ein Ausweg für die Experten, die sich an der Grenze des funktionalen Bereichs befinden, besteht darin, die Intuition bewusst abzufangen und sie mit einer bewussten Entscheidungsstrategie kognitiv zu überprüfen.

> Mit der K-i-E Skala lassen sich vielfältige Sachverhalte, Fakten oder Phänomene klar darstellen und leicht kommunizieren.

9.3.2 Die Leitfrage – das Tor zur sicheren Bewertung

Eine quantitative Leitfrage richtet wie ein Stimulus sowohl Kognition als auch Intuition auf das Thema und die Bewertung aus. Eine Leitfrage sollte kurz und präzise sein. Eine unscharfe, vor allem längere Leitfrage löst bei der intuitiven Bewertung Irritation aus oder führt zu einer mäßigen Trennschärfe. Fehlende Klarheit in der Leitfrage führt bei der kognitiven Bewertung zu Diskussionen und Widerständen, die die Ausrichtung im Entscheidungsprozess gefährden. Die aus der Leitfrage abgeleiteten Bedeutungsbereiche brauchen Präzision, damit Diskussionen vermieden werden.

Das Design der Leitfrage ist der wichtigste Prozessschritt für den erfolgreichen Einsatz der K-i-E Skala. Eine gute Leitfrage wird mit einem quantitativen Fragewort eingeleitet, beispielsweise:

- Wie gut schätzen Sie die Qualität ein?

Eine Leitfrage:

- Ist die Qualität gut?

würde nur einen einfachen Impuls – gut oder schlecht – als Intuition auslösen. Die folgende kognitive Antwort wäre geschlossen und würde einen hohen Aufwand zur kognitiven Überformung erfordern.

Eine Leitfrage:

- Wie ist die Qualität?

hätte nur einen schwachen Fokus und entsprechend würde die Intuition eher irritiert zwischen gut und schlecht reagieren. Bei der Entscheidungsfindung geht es nicht darum, etwas in seiner Absolutheit zu beurteilen, sondern nur darum, mit welcher Qualität weiterverfahren werden kann. Die Definition hängt maßgeblich vom zugrunde liegenden Geschäftsprozess ab und spiegelt sich in der Leitfrage wider. Die Einschätzung der Qualität dient dazu, um den nächsten Prozessschritt mit hoher Erfolgswahrscheinlichkeit starten zu können, sei es der nächste Fertigungsschritt, der Kauf einer Ware oder die Abnahme im Projekt.

Eine sinnvolle Kombination des Fragworts mit einem Adjektiv für die Einleitung einer Leitfrage öffnet den Antwortraum und bringt den nötigen Fokus:

- Wie weit ...?
- Wie viel ... ?

- Wie stark ... ?
- Wie bedrohlich ...?
- Wie entscheidend ...?

Die Kombination aus dem Antwortbereich mit den drei Bedeutungsbereichen und den zehn Zahlen auf dem K-i-E Skalentyp schließt ihn wieder (Bild 9.14). Innerhalb dieses klaren und zielgerichteten Rahmens reagieren sowohl Intuition als auch Kognition mühelos. Mit etwas Erfahrung, einem achtsamen Design und einer Auswahl an standardisierten Leitfragen gelingt es mühelos, spezifische Leitfragen für beliebige Bewertungen in unterschiedlichen Kontexten anzupassen oder neu zu erstellen.

Bild 9.14 Wohlgeformte K-i-E Skala

Da die K-i-E Skala so einfach und klar ist, wird sie von allen Beteiligten schnell akzeptiert. In der Anfangsphase führt dies häufig dazu, sie unüberlegt einzusetzen, was zu Irritationen im Entscheidungsprozess führen kann. Ein wohlgeformtes Design ebnet von Anfang an den Weg in eine neue Entscheidungskultur.

9.3.3 Die Bedeutungsbereiche

Die Leitfrage und der K-i-E Skalen-Typ geben die Antwortstruktur in den Bedeutungsbereichen vor. Die fehlende Mitte forciert eine Entscheidung und verhindert ein Unentschieden, eine Nicht-Entscheidung, ein Vermeiden oder Ausweichen. Die innere Logik der K-i-E Skala verbindet die Leitfrage mit der Bewertung im K-i-E Skalen-Typ und die Bedeutungsbereiche lassen bereits erkennen, welche Konsequenzen die Bewertung hat (Bild 9.15). Diese Eigenschaft macht die K-i-E Skala so wirkungsvoll für Entscheidungsprozesse.

Bild 9.15 Eine Bewertung führt gleichzeitig zu einer Bedeutung

Das Design der Bedeutungsbereiche orientiert sich primär an zwei Kriterien:
- dem Fokus der Antwort, die zu einer Entscheidung führt,
- an der Wohlgeformtheit.

Der mittlere Bedeutungsbereich „mit Maßnahmen" lenkt den Fokus auf beide emotionalen Motive: Einflussnahme (Ärger), um den Erfolg sicherzustellen, und Sorge um Sicherheit (Angst), die durch bestimmte Maßnahmen hergestellt wird.

Der innere Aufbau der K-i-E Skala führt von der Bewertung über die Bedeutung direkt zur Entscheidung. Die Bedeutungsbereiche nehmen in gewissem Maße die Entscheidung vorweg. Noch deutlicher wird dies, wenn direkt eine Prozessvorgabe mit der Bedeutung verbunden wird.

Ein Bedeutungsbereich „mit Vorbehalten" würde den Fokus auf Risiken (Angst) lenken und die Beteiligten würden nur feststellen, dass sie nicht überzeugt sind. Eine Ausrichtung auf das Motiv der Angst, der „Sorge um Sicherheit", müsste anschließend mit Aufwand auf ein Gelingen umgelenkt werden, damit Maßnahmen zur Absicherung der Risiken identifiziert werden.

Ein Bedeutungsbereich „nicht so sehr" wäre neutral bezüglich des emotionalen Motivs und müsste im weiteren Entscheidungsprozess ausgerichtet werden.

Die Standardempfehlung im unternehmerischen Umfeld ist die Ausrichtung auf beide zentralen Emotionsmotive: Einflussnahme und Sorge um Sicherheit. Will man jedoch in einem sicherheitsrelevanten Entscheidungsprozess in einem ersten Schritt möglichst alle Risiken identifizieren, so ist es sinnvoll, die Grundemotion Angst in den Vordergrund zu stellen. Der Entscheidungsprozess muss wohl entworfen sein, weil anschließend das Team in einen anderen Zustand geführt werden muss, damit sinnvolle Maßnahmen erarbeitet werden können. Will man beispielsweise Begründungen erarbeiten, warum man etwas nicht tut, so kann ein angstorientierter Bedeutungsbereich sinnvoll sein.

Die Grundemotionen, die im Emotionsbaum vorgegeben sind, geben die Reihenfolge der Motive vor, im Unternehmen genauso wie im Leben. Die Sorge um Sicherheit kommt zuerst, das ist die Verantwortung einer jeden Führungskraft und daran ist jede Entscheidung ausgerichtet. Einfluss zu nehmen, ist die zweite Pflicht, um Chancen zu suchen, und sei es nur dafür, um die bestehenden Werte zu erhalten.

Die Wohlgeformtheit ergibt sich direkt aus der Leitfrage: Wie weit sind Sie vom Erfolg des Projekts überzeugt?

- Ich bin sehr vom Erfolg des Projekts überzeugt.
- Ich bin mit Maßnahmen vom Erfolg des Projekts überzeugt.
- Ich bin nicht vom Erfolg des Projekts überzeugt.

Eine Leitfrage nach der Häufigkeit von Fehlern würde einen Skalen-Typ mit funktionalem Bereich links erfordern und die Bewertungsbereiche „selten", „manchmal" und „häufig" forcieren (Bild 9.16).

Bild 9.16 K-i-E Skala mit Häufigkeit

Die Wohlgeformtheit ergibt sich so:
- Fehler treten häufig auf.
- Fehler treten manchmal auf.
- Fehler treten selten auf.

Das Design der Leitfragen und der Bedeutungsbereiche erfolgt in der Vorbereitung von Entscheidungsprozessen und erfordert bei großen Teams, insbesondere bei kritischen Entscheidungen, eine hohe Achtsamkeit. Das Design der K-i-E Skala, insbesondere wohlüberlegter Leitfragen, gelingt für Entscheidungsprozesse in angemessener Zeit und alle Beteiligten bringen anschließend ihre Kompetenzen ein. Bei wohlgeformten K-i-E Skalen werden unnötige Diskussionen vermieden, inhaltliche und Verständnisfragen treten erst gar nicht auf und taktisch motivierte Diskussionen werden als solche erkannt.

Tabelle 9.1 zeigt weitere, gut funktionierende Fragen und Bedeutungsbereiche:

Tabelle 9.1 Formulierungen für Bewertungsbereiche

Leitfrage	Rot	Blau	Grün
Wie weit sind Sie vom Erfolg überzeugt?	nicht	mit Ressourcen	sehr
Wie weit stimmen Sie zu?	nicht	vielleicht	entschieden
Wie weit haben Sie das Thema verstanden?	kaum	einigermaßen	vollständig
Wie wichtig ist Ihnen das Thema?	nicht	einigermaßen	sehr
Wie dringlich ist das Thema?	wenig	einigermaßen	sehr
Wie empfanden Sie die Dauer?	zu kurz	gedrängt	ausreichend
Wie gut schätzen Sie die Qualität ein?	nicht ausreichend	mit Verbesserungen	gut
Wie weit tragen Sie die Entscheidung mit?	nicht	mit Ressourcen	entschieden

Die Bedeutungsbereiche müssen in der Einführungsphase durch den Prozessverantwortlichen weiter detailliert werden. Dazu wird der Zehner-Skala jeweils eine konkrete Bedeutung zugeordnet. Bei der Einführung eines neuen Entscheidungsmanagements sind die Vorgaben für das Design der Bewertungsbereiche ein wichtiges Thema. Die Orientierung an den menschlichen Entscheidungsprozessen führt aber schnell dazu, dass nur noch drei Bedeutungsbereiche verwendet werden. In letzter Konsequenz spielt es beim grünen Bereich eine untergeordnete Rolle, ob er mit (8), (9) oder (10) eingeschätzt wurde, denn es handelt sich um eine Zustimmung. Danach beginnt die Umsetzung und diese ist weit bedeutender für den Erfolg.

Tabelle 9.2 bis Tabelle 9.4 zeigen detaillierte Standardbereiche für Zustimmung, Qualität und Priorität.

Tabelle 9.2 Detaillierter Bewertungsbereich für Zustimmung

Wert	Zustimmung	Bewertung
10	Ja, stimme entschieden zu	Ja
9	Ja, stimme zu	
8	Ja, trage mit	
7	Vielleicht, mit Tendenz Ja	Vielleicht
6	Vielleicht, mit Tendenz Nein	
5	Noch ein Nein	Nein
4	Nein	
3	Klares Nein	
2	Entschiedenes Nein	
1	Indiskutables entschiedenes Nein	

Die K-i-E Skala Zustimmung ist noch der tradierten Welt verhaftet. Die Bewertung zieht noch keine Konsequenzen nach sich. Sie ist für den Transfer der alten in die neue Entscheidungskultur nötig.

Tabelle 9.3 Detaillierter Bewertungsbereich für Qualität

Wert	Qualität	Bedeutung
10	exzellent	gut
9	sehr gut	
8	gut	
7	gut, mit geringfügigem Nachbessern wird es rund	geht so mit Nachbessern
6	reicht noch nicht, es muss etwas nachgebessert werden	
5	eignet sich noch nicht	reicht nicht aus
4	gute Ansätze, reicht nicht	
3	erkennbar, wenig verwendbar	
2	etwas erkennbar, nicht verwendbar	
1	indiskutabel, nichts vorhanden	

Die Bewertung mit (6, 7) im mittleren Bedeutungsbereich sagt, dass die Qualität nur mit Nachbessern akzeptiert wird. Die Bewertung mit (8, 9, 10) bedeutet, dass im Prozess ohne Rücksprache fortgefahren werden kann. Bei einer Bewertung (1, 2, 3, 4, 5) führt das zur Bedeutung: Zurückweisung.

Tabelle 9.4 Detaillierte Bewertung und Bedeutung für die Priorisierung

Wert	Priorität	Bewertung
10	notwendig	aus fachlicher Sicht notwendig
9	dringend angeraten	
8	angeraten	
7	sinnvoll	sinnvoll
6	vernünftig	
5	überdenkenswert	aus jetziger Sicht nicht sinnvoll
4	wenig sinnvoll	
3	nicht sinnvoll	
2	fragwürdig	
1	nicht darstellbar	

Sind die detaillierten Bewertungsbereiche für die K-i-E Skalen im Unternehmen eingeführt, werden innerhalb kurzer Zeit nur noch diese drei Bedeutungsbereiche verwendet, das zeigt die Praxiserfahrung von gut 200 Projekten. Auch bei Moderationen mit großer Teilnehmerzahl oder in Coaching-Projekten wird die K-i-E Skala mit drei Bedeutungsbereichen akzeptiert. Die Erfahrungen mit der K-i-E Skala prägen sich bei den Beteiligten sehr schnell ein und die Abbildung der menschlichen Entscheidungsprozesse unterstützt diese Akzeptanz.

Nur in kritischen und konfrontativen Entscheidungsprozessen ist eine Detaillierung angeraten. Für eine formale Einführung in Unternehmen erfordert es die Governance, dass die Bedeutungsbereiche dokumentiert werden. Für bereichs- und firmenübergreifende Prozesse sind die Bedeutungsbereiche vorher in einem Change-Projekt mit einem Commitment aller Parteien festzulegen.

9.3.4 Die K-i-E Skalenwerte

Die Bewertung erfolgt mithilfe eines Skalenwerts, der bei der K-i-E Skala von 1 bis 10 rangiert. Die K-i-E Werte, ob auf- oder absteigend, rangieren für alle Skalen-Typen gleich. Eine unternehmerische Anwendung fordert ein Design, das den menschlichen Entscheidungssystemen gerecht wird und gleichzeitig den Vorlieben der Entscheider Rechnung trägt. Die Affinität der meisten Menschen für eine aufsteigende Skala und den wichtigen Bereich rechts sind im emotionalen Expertenwissen gespeichert. Trotzdem ist es möglich, sie bei Bedarf zu verändern oder auch kognitiv zu überformen.

Jedoch empfinden Menschen die kognitive Überformung als mühevoll und langsam, was die Anwendung erschwert und die Akzeptanz in der Einführung schwächt.

Geschlossener Wertebereich – ein geschlossener Wertebereich ist gefordert, da ein offener – sowohl nach oben oder unten – ungeeignet ist, weil das unternehmerische Umfeld keine Vermessung der Welt erfordert, sondern eine Bewertung, die in eine Entscheidung mündet. Trotzdem ist es umgekehrt erforderlich, beliebig offene, nichtlineare Wertebereiche in einer Skala abzubilden. Eine nach oben offene Provisionsvereinbarung ist genauso abzubilden wie eine gedeckelte (Bild 9.17).

Bild 9.17 K-i-E Skala mit offener Provisionsvereinbarung

Die Provisionierung der einzelnen K-i-E Werte zur Zielerreichung werden in den detaillierten Bedeutungsbereichen dokumentiert. Der Zielerfüllung mit erfüllt (8), übererfüllt (9) und deutlich übererfüllt (10) wird die Provisionszahlung zugewiesen und dokumentiert. Nach gleicher Vorgehensweise können nichtlineare Wertebereiche abgebildet werden.

Zehner-System – eine Zehner-Skala stellt eine gute Balance zwischen Einfachheit und Trennschärfe dar. Eine zu hohe Differenzierung ist unhandlich und verwirrend und eine zu niedrige lässt die notwendige Trennschärfe nicht zu. Mit drei Ausprägungen pro Bedeutungsbereich sind gute Ergebnisse zu erreichen, womit ein Wertebereich mit drei Ausprägungen bereits neun Abstufungen ergibt. Das Dezimalsystem hat alle anderen Zahlensysteme verdrängt und die Natur hat dem Menschen mit zehn Fingern diesen Wertebereich vorgegeben. Auch wenn Computer mit dem binären Zahlensystem (0 und 1) rechnen, ist der Mensch zu einer höheren Komplexität fähig, die er anschließend in eine binäre Entscheidung verdichtet: Ja oder Nein.

Unbegrenzter Wertebereich – die Anforderungen an Sauberkeit unterscheiden sich je nach Ort und Geschäftsprozess. Eine U-Bahnhaltestelle hat andere Vorgaben als ein Präsentationsraum, ein Operationssaal oder ein Reinraum für die Fertigung von Mikrosystemen (Bild 9.18).

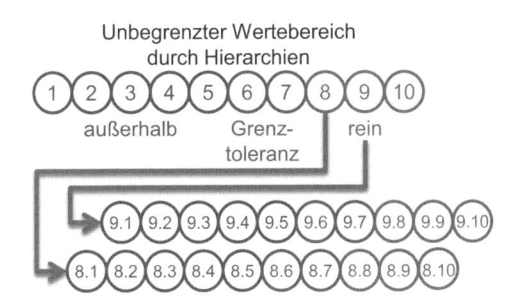

Bild 9.18 Unbegrenzter Wertebereich

Dafür können K-i-E Skalen in einer Hierarchie geschaltet werden und erhalten dadurch einen unbegrenzten Wertebereich.

Die zehn K-i-E Skalen entsprechen Klassen, die in beliebige Stufen von Unterklassen geordnet werden können. In symmetrischen Hierarchien erhalten alle Klassen wieder zehn Unterklassen. Asymmetrische Hierarchien bilden nur in bestimmten definierten Klassen, in der obigen Abbildung (8) und (9), Unterklassen. So lassen sich DIN- und ISO-Normen abbilden.

Keine Mitte – eine Skala, die zu einer Entscheidung führen soll, darf unter keinen Umständen eine Mitte ausweisen. Skalen mit einer Mitte sind für Entscheidungen ungeeignet, denn sie würden es erlauben, sich nicht zu entscheiden. Ein Nicht-Entscheiden ist in einem Entscheidungsprozess zwar eine legale Situation, die aber eine Ursache hat und vor allem eine Maßnahme nach sich ziehen muss. So kann sich ein Experte nicht entscheiden, wenn ihm wesentliche Kennzahlen fehlen. Die Maßnahme ist die Beschaffung der notwendigen Informationen. Eine Mitte wäre ein Rückzugspunkt, ohne Verantwortung zu übernehmen, sowohl für den Entscheidungsprozess selbst als auch für die inhaltliche Auseinandersetzung. Die fehlende Mitte erlaubt es dem Master of K-i-E, den Prozess stringent zu führen und nach einer klaren Bewertung im Folgeschritt die Entscheidung herzustellen.

Es wird heute viel über Mut geredet, der für eine Entscheidung erforderlich sei, und über die oft fatalen Auswirkungen, wenn nicht entschieden wurde. Gerade dieser Mut fehlt jedoch häufig, um eine geeignete Skala in Unternehmen durch einen Change einzuführen. Die verzögernde und blockierende Wirkung des Unentschiedens hat schon viele Projekte zum Scheitern gebracht und Unternehmen zerstört. Das Vermeiden und Ausweichen in Entscheidungsprozessen blendet umgekehrt das notwendige Wissen für eine gute Entscheidung aus und lässt starke Führungskräfte frei walten, was ebenfalls eine fatale Wirkung haben kann. Diese meist dramatischen Auswirkungen werden nicht durch Appelle verhindert. Wenn sie jedoch in der inneren Struktur einer Skala, die Werte wie Mut abbildet, verankert sind, kann ihnen nicht ausgewichen werden und die Entscheidungs- und Unternehmenskultur stellt sich bei erfolgreicher Anwendung selbstorganisiert ein.

Mit der unabdingbaren Forderung – keine Mitte – kommen nur geradzahlige Skalen in Frage. Bei der Zweier-Skala heißen die Skalenwerte Ja und Nein. Sie ist genauso wenig differenziert wie eine Vierer-Skala. Die Sechser-Skala könnte mit jeweils zwei Werten drei Bedeutungsbereiche abbilden. Durch die sechs Schulnoten ist sie sowohl kognitiv als auch emotional kontaminiert und zusätzlich zu wenig differenziert. Mit der Zehner-Skala werden die besten Ergebnisse erreicht, das bestätigen die Erfahrungen mit der K-i-E Skala.

Emotionslogik – die Intuition ist das Ergebnis unseres überlebensorientierten Emotionssystems. Ein handlungsorientiertes Entscheidungssystem fordert immer eine klare Entscheidung: Go oder No-go beziehungsweise Ja oder Nein. Die Emotionslogik hat nur zwei Bedeutungsbereiche, die aus jeder K-i-E Skala letztendlich abzulesen und durch die entsprechenden Farben symbolisiert sind (Bild 9.19).

Die Emotionslogik ordnet den mittleren Bereich – die Bewertungen (6) und (7) – zum linken Bereich. Folglich bedeuten sie „nein", so wie die Redewendung „Schau mer mal" ein elaboriertes „nein" zulässt.

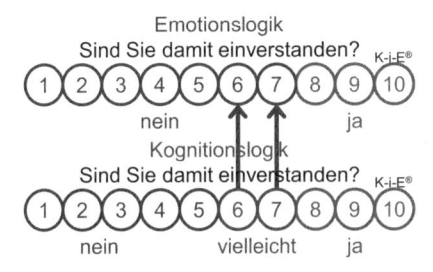

Emotionslogik
Sind Sie damit einverstanden? K-i-E®
① ② ③ ④ ⑤ ⑥ ⑦ ⑧ ⑨ ⑩
nein　　　↑↑　　　ja
Kognitionslogik
Sind Sie damit einverstanden? K-i-E®
① ② ③ ④ ⑤ ⑥ ⑦ ⑧ ⑨ ⑩
nein　　vielleicht　　ja

Bild 9.19 Die Emotionslogik ist in jeder K-i-E Skala abgebildet

Intuition und Kognition – auch wenn die Emotionslogik dem Bewussten nicht zugänglich ist, wird die Tendenz zur Polarität Ja und Nein noch wahrgenommen. Die Aufteilung in drei Bedeutungsbereiche ist der Kognition geschuldet. Sie ist in der Lage, Situationen zu beurteilen und langfristig zu bewerten. Die Intuition, als bewusst erkannte Entscheidung aus dem Kognitionssystem, hat bereits kognitive Anteile, die den mittleren Bedeutungsbereich entstehen lassen. So liegt die kognitiv überformte Entscheidung im mittleren Bereich, als Chance auf Erfolg, der durch günstige Einflussnahme hergestellt werden muss oder sich durch eine günstige Entwicklung ergibt (Bild 9.20).

Sind Sie damit einverstanden?
① ② ③ ④ ⑤ ⑥ ⑦ ⑧ ⑨ ⑩
nein　　vielleicht　　ja

Bild 9.20 Die Kognition erhält einen Ausdruck in der K-i-E Skala

Der Untrennbarkeit der Entscheidungssysteme wird Rechnung getragen und sie wird in der Skala repräsentiert. Intuition und Kognition finden in der K-i-E Skala gleichermaßen ihren Ausdruck. Diese Eigenschaft ist der wesentliche Erfolgsfaktor für eine neue Entscheidungskultur, da Menschen nicht auf Dauer gegen ihre Intuition agieren können.

Damit die Intuition, basierend auf dem Erfahrungswissen, bei einer bestimmten Frage auf die K-i-E Skala reagieren kann, darf sie keine Mitte haben. Sie muss sich einfach ins Erfahrungsgedächtnis verankern und die spezifischen Eigenheiten der Emotionslogik abbilden.

Asymmetrie – auffällig ist die Asymmetrie der K-i-E Skala beim häufig verwendeten Skalentyp mit den Funktionsbereichen rechts oder links, weniger deutlich zu erkennen beim Skalentyp mit einem Funktionsbereich mittig. Die Asymmetrie bildet die Verlustaversion ab. Unterschiedliche Wissenschaften haben in vielen Versuchen gezeigt, dass Menschen eher das Risiko vermeiden, das heißt, der Sorge um Sicherheit mehr Gewicht geben, als dass sie Chancen suchen. Das gilt natürlich nicht für jeden Menschen und nicht für jede Situation. Für eine universelle und normierte Skala ist dies jedoch zu berücksichtigen. Eine symmetrische Skala würde die Intuition verzerren beziehungsweise unscharf oder gar nicht abbilden.

Die immer wieder erhobene Forderung von Statistikexperten, Statistikprogramme funktionierten mit linearen symmetrischen Skalen besser, sollte mit der Forderung nach asymmetrischen Algorithmen zurückgewiesen werden. Das Leben und genauso auch Business-Prozesse genügen keinen linearen und auch keinen symmetrischen Prozessen, so würden symmetrische Skalen die Wirklichkeit verzerren.

■ 9.4 Die Bewertungen

Die Darstellung von mehreren Bewertungen in einer K-i-E Skala oder mehrere K-i-E Skalen in einer Sequenz eröffnen eine neue Dimension. Sie zeigen auf einen Blick Informationen wie Soll-Ist, den Abstand zur Erreichung von Zielen oder Inkohärenzen auf.

9.4.1 Die Bedeutung der Abstände

Die Bedeutung der K-i-E Skala im unternehmerischen Umfeld wird durch weitere Eigenschaften deutlich. Auf der K-i-E Skala lassen sich nicht nur eindimensionale Bewertungen abbilden. Die Abbildungen von zwei Bewertungen (Bild 9.21) zeigen auf einen Blick entscheidungsrelevante Details:

- klare Quantifizierung der Zielerreichung, Sollabweichung sowie Prozess- und Ergebnisbewertung,
- klarer Abstand zwischen den Bewertungen, wie Soll/Ist-Vergleiche, Zielerreichung.

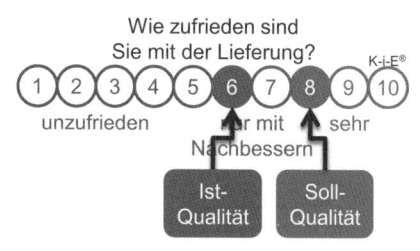

Bild 9.21 Soll/Ist-Vergleich in einer klaren Darstellung

Die klare Verortung lässt sofort den Abstand zur Zielerreichung erkennen. Die K-i-E Skala bekommt dadurch den Charakter einer Prozessinformation, im Sinne von: Was ist zu tun und wie viel ist zu tun. Die langjährigen Erfahrungswerte in unterschiedlichen Dimensionen ergaben für den Abstand zwischen den K-i-E Zahlen:

- Abstand = 1 – das Ziel kann mit geringem Aufwand erreicht werden.
- Abstand = 2 – deutet einen machbaren Aufwand an, mit dem der gewünschte Zustand erreicht werden kann.

- Abstand = 3 – bedeutet Maßnahmen, die geplant werden müssen. Im klassischen Projektgeschäft bedeutet das einen Projektstopp.
- Abstand = 4 – das Ziel ist deutlich gefährdet und kann nur in Ausnahmen und mit hoher Achtsamkeit in der Maßnahmenplanung noch erreicht werden.
- Abstand >= 5 – das Ziel ist normalerweise nicht mehr zu erreichen.

Diese einfache und handlungsorientierte Darstellung hat in der Praxis nachgewiesen, wie wertvoll die K-i-E Skala ist für alle Phasen wie Design, Planung, Güte, Entscheidung, Priorisierung, Umsetzung, Kontrolle, Steuerung und Abnahme.

9.4.2 Die Grundlage für die Ressourcen-Frage

Die visuelle Anzeige der Lücke zwischen dem Ist- und dem Soll-Zustand kann bei einer zweidimensionalen Bewertung zum einen erkannt werden und zum anderen erlaubt sie es, einen lösungsorientierten Ansatz für einen gelungenen Entscheidungsprozess einzuleiten. Mit einer K-i-E Skalenbewertung sind immer der Ist- und der Soll-Wert dokumentiert. Durch die Bedeutungsbereiche ist der Soll-Wert standardmäßig auf (8), was der Entscheider intuitiv spürt und mit etwas Erfahrung mit der K-i-E Skala auch kognitiv weiß. Der Soll-Wert kann bei höheren Ansprüchen auf (9) und in seltenen Ausnahmen auf (10) gesetzt werden.

Die sichtbare Größe der Lücke dokumentiert das Ergebnis und lebt die Offenheit in der Anwendung, ohne dass darüber verhandelt werden oder extra aufgefordert werden muss. Alle K-i-E Tools etablieren selbstorganisiert durch dieses Design die agilen Werte wie hier die Offenheit und den Fokus.

Die grafische Darstellung der K-i-E Skala zeigt, wie viel und welcher Weg noch zu bewältigen ist (Bild 9.22).

Bild 9.22 Die Anforderung muss nur geringfügig nachgebessert werden

Neben der Offenheit wird hier auch der bisherigen Leistung (7) gegenüber Respekt gezollt: Die Anforderung ist nahe am Ziel und mit geringer Nachbesserung gut genug, um das Design fortzusetzen.

Mit einer zielgerichteten K-i-E Ressourcen-Frage werden die Beteiligten in die Lage versetzt, motiviert und ausgerichtet an der Lösung zu arbeiten, statt sich in den Ursachen zu verwickeln. Die K-i-E Ressourcen-Frage, die sich direkt aus der K-i-E Skala ableiten lässt, kann heißen:

- Was müsste sein, damit Sie von der (6) auf die (8) kommen?
- Welche Maßnahme müsste ergriffen werden, um von der (6) auf die (8) zu kommen?
- Was ist nötig, um ...?

9.4.3 Der Umgang mit Bewertungen

Die individuelle Anwendung ist denkbar einfach und es kann ohne Mühe die intuitive und anschließend die kognitive Bewertung mit der Leitfrage durchgeführt werden. Die intuitive Bewertung (I) sollte immer als Erstes durchgeführt werden, da sie durch die kognitive Bewertung (II) verzerrt oder blockiert würde. Die intuitive Bewertung dauert weniger als 1 Sekunde und verzögert somit den Prozess nicht, liefert jedoch schon einen ersten Eindruck (Bild 9.23).

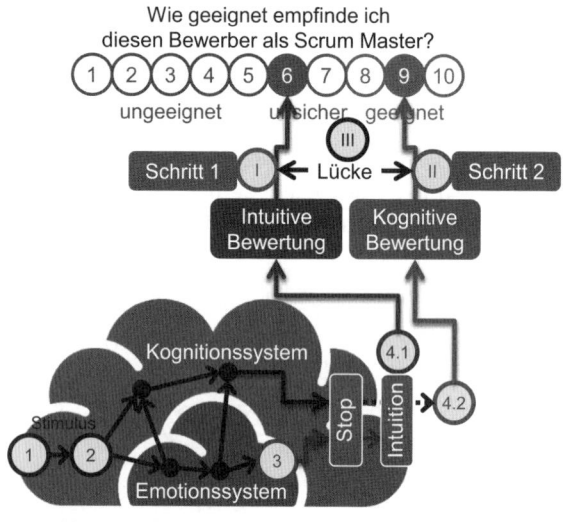

Bild 9.23 Intuitive und kognitive Bewertung liegen weit auseinander

Eine Bewertung mit einer Lücke (III) von drei K-i-E Zahlen (6) zu (9) kann als große Inkohärenz betrachtet werden. Eine Überprüfung, sowohl der intuitiven als auch der formalen Kriterien aus dem Bewerbungsprozess, ist dringend angeraten. Diese einfachen und klaren Prozessinformationen liefert die K-i-E Skala mühelos.

Die Eignung der K-i-E Skala für Doppelbeschreibungen unterschiedlicher Sichten ist offensichtlich und führt zu einem einfachen und klaren Umgang mit Intuition und Kognition, Soll- und Ist-, Selbst- und Fremdbeschreibung, Key-Performance-Indicators für Zieldefinition und aktueller Zielerreichung und vielem mehr.

9.4.4 Das Erkennen von Inkohärenzen

Das Design der Entscheidungsvorbereitung erlaubt mit der K-i-E Skala das sofortige visuelle Erkennen von Inkohärenzen. Damit können die Beteiligten und der Prozess klar geführt werden, mit Maßnahmen, wie der Konfrontation mit der Inkohärenz, um eine Korrektur einzuleiten, eine Aufklärung zu initiieren und mit der Ressourcen-Frage die Lücken zu füllen.

Bild 9.24 zeigt ein Unternehmen der Finanzbranche, welches sich auf den digitalen Transfer vorbereitet. Die folgenden Leitfragen zeigen den Bereichsverantwortlichen deutlich eine Inkohärenz innerhalb ihres Unternehmens auf:

Wie bedeutend ist der
digitale Transfer für Ihr Unternehmen?
1 2 3 4 5 6 7 8 **9** 10
unbedeutend   einiger-   sehr
               maßen

Wie gut ist Ihr Unternehmen für den
digitalen Transfer vorbereitet?
1 2 3 4 **5** 6 7 8 9 10
nicht   geht so   gut

Wie gut ist Ihr Bereich für den
digitalen Transfer vorbereitet?
1 2 3 4 5 6 **7** 8 9 10
nicht   geht so   gut

Bild 9.24 Die Inkohärenz zwischen den Fähigkeiten des Unternehmens und der Bereiche klafft auseinander

Die Bereichsverantwortlichen erarbeiteten in Workshops ihre Einschätzung für den digitalen Transfer bezüglich Kundenorientierung, Fach-, Kunden- und IT-Prozesse sowie des Führungsstils des Managements. Das Unternehmen im Ganzen ist nicht vorbereitet (5), aber die Summe der Bereiche sei mit geringer Nachbesserung gut vorbereitet. Die häufig verwendete Taktik, bei mir ist alles gut, aber bei den anderen stimmt es nicht, ist aufgedeckt. Die Führungskräfte wurden mit der Inkonsistenz konfrontiert und der Workshop wurde unterbrochen. Nach einer Neuausrichtung des Workshops konnten noch am selben Tag zentrale, gemeinsam getragene Entscheidungen für den digitalen Transfer getroffen werden.

9.5 Prozessmerkmale

Die K-i-E Skala unterstützt Entscheidungsprozesse in vielfältiger Weise. Als wesentliche Voraussetzung gibt sie allen Beteiligten über alle Organisationseinheiten eine normierte Sprache. So werden alle gehört und sind in der Lage, ihre Kompetenzen ins Unternehmen einzubringen.

Die innere Logik der K-i-E Skala bereitet eine Entscheidung in den Bewertungsbereichen vor. Sie können direkt als Kennzahlen für die Prozesssteuerung verwendet werden.

Die K-i-E Skala ist das Werkzeug, mit dem jeglicher Entscheidungsprozess eine normierte und automatische Dokumentation erhält. Mit ihr erhalten alle K-i-E Tools einen garantierten Wiederaufsetzpunkt. Bereits erreichte Arbeitsergebnisse sind gesichert. Sie dienen der verlustfreien Fortsetzung und können nach Unterbrechung nicht mehr hinterfragt oder bezweifelt werden.

Die universelle und flexible Einsetzbarkeit erlaubt den Transfer existierender Skalen und Bewertungssysteme in die K-i-E Skala. Diese Eigenschaft ist ein wichtiges Kriterium zur Akzeptanz in Unternehmen, vor allem in der Einführungsphase.

9.5.1 Herstellen von Augenhöhe

Die K-i-E Skala gibt mit den drei Bestandteilen eine normierte Kommunikation und Bewertung vor. Im Übergang zwischen organisatorischen Schnittstellen ist eine angemessene Qualität erforderlich, um eine erfolgreiche Arbeit im Folgeschritt zu gewährleisten. So treffen in allen Unternehmen beim Artefakt der Anforderung, das meist in einem Textdokument abgebildet ist, Vertreter des Business und der Umsetzung, insbesondere IT-Mitarbeiter, in digitalen Vorhaben aufeinander. Im tradierten Rollenverständnis von Kunde und Dienstleister fühlt sich der Dienstleister untergeordnet. Nun soll dieser dem Kunden, der gefühlt übergeordnet ist, erklären, warum dessen Anforderungen nicht gut genug sind. Zusätzlich treffen meist rhetorisch gebildete Anforderer, Senior Manager, auf wenig kommunikationsstarke Entwickler, Junior Manager. Oft wird durch die gefühlten Rollen und unterschiedliche Eloquenz nicht die bestmögliche Güte der Anforderungen erreicht.

Die fehlende Augenhöhe als Hemmschwelle für eine Feedback-Schleife funktioniert nicht. Zum einen gelingt es unerfahrenen und introvertierten Entwicklern nicht, sich ausreichend Gehör zu verschaffen. Zum anderen gelingt es durch hohe Eloquenz dem Business – jenseits der Sachinformation –, Wertungen wie die übertriebene Relevanz zu transportieren, die den agilen Prozess unterlaufen und unterschwellig Druck erzeugen. Nachdem sich auch der Entwickler dem Business verpflichtet fühlt, ist eine ungleiche Situation entstanden, die unmittelbar auf die Güte der Anforderungen negativ einzahlt. Das ursprünglich gemeinsame Interesse an hohem Alignment zwischen Business und IT als Basis für Effektivität im Entwicklungsprozess geht verloren. Als Konsequenz wird eine niedrige Qualität der Umsetzung erreicht, die wiederum zu Friktionen zwischen den Bereichen sorgt.

Die K-i-E Skala schafft es, dass nicht die Redefertigkeit oder der Status der Beteiligten über die Güte der Anforderungen entscheidet, sondern rein der fachliche Inhalt. Die K-i-E Skala stellt auf diese Weise Chancengleichheit her, sorgt damit für bestmögliche Anforderungen und sichert den Erfolg und das Investment.

> Die K-i-E Skala entfaltet ihre wirkliche Größe und ihren Nutzen, wenn sie im Team, als normierte Skala, Verwendung findet. Entscheidungsprozesse werden um Faktoren kürzer und gleichzeitig steigen Qualität, Sicherheit, Tragfähigkeit, Transparenz, Beteiligung, Mitwirkung und Nachhaltigkeit von Entscheidungen. Der Entscheidungsprozess selbst wird leichter, freudiger, kreativer und sicher.

9.5.2 Prozesssteuerung durch Bewertung

Eine Bewertung der normierten universell einsetzbaren K-i-E Skala kann in vielen Phasen des Entscheidungsprozesses, aber auch in beliebigen Projekten und Vorhaben eingesetzt werden: für die Zieldefinition, die Umsetzung, den Ressourceneinsatz, die Zielerreichung und für die Beurteilung der Prozess- und Ergebnisqualität. Die Verbindung der Bewertung mit den Bedeutungsbereichen erlaubt einen einfachen Übergang in die Prozesssteuerung. So können die Bedeutungsbereiche direkt als Information zur Prozesssteuerung Verwendung finden. Genauso können die K-i-E Zahlen als Parameter in komplexere Steuerungsmechanismen eingehen (Bild 9.25).

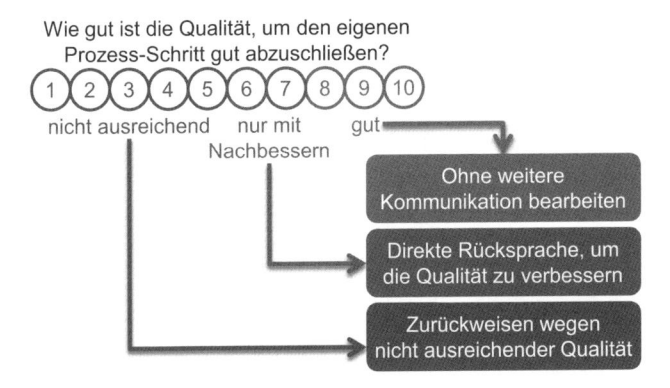

Bild 9.25 Einfache und normierte Prozesssteuerung mit der K-i-E Skala

Bei einer Güte von (8, 9 oder 10) wird die Qualität des Vorgängerschritts dokumentiert und gewürdigt. Der Standard wird wertschätzend zum Ausdruck gebracht. Wird die Qualität nur knapp verfehlt, wird das ebenfalls zum Ausdruck gebracht. Die Qualität kann dann in Eigenverantwortung selbstorganisiert hergestellt werden. Wird die Qualität verfehlt, so ist dies erstmals dokumentiert und das Vorgehen, das für eine Zielerreichung notwendig ist, kann angestoßen werden.

Bewährt hat sich der Einsatz im agilen Umfeld, vor allem, um die Qualität der Stories im Backlog auf ein hohes Niveau zu bringen, das die Voraussetzung für einen erfolgreichen Sprint darstellt. Genauso gut lässt sich die K-i-E Skala in andere freie Prozesse einsetzen oder in automatisierte Prozesse formal einbinden. Dazu gehören Ideation und kreative Prozesse von der Vision, der ersten Idee bis zum Entwurf, weiter zur Priorisierung, Planung, Umsetzung, Kontrolle, Steuerung und Abnahme.

9.5.3 Sicheres Wiederaufsetzen

Im Entscheidungsprozess werden mit der K-i-E Skala Zwischenstände und Teilergebnisse jederzeit einfach beschreibbar und gleichzeitig automatisch dokumentiert. Sie sind dadurch immer überprüf- und nachvollziehbar. Nach Unterbrechungen oder Irritationen kann problemlos und zielführend auf dem letzten Zwischenstand wiederaufgesetzt werden.

Der Workshop für den digitalen Transfer wäre ohne Aufdecken der Inkohärenzen zur Alibi-Veranstaltung verkommen. Nur mit den bereits gesicherten Zwischenergebnissen konnte ohne großen Gesichtsverlust der Workshop fortgesetzt werden. Die K-i-E Skala wurde dadurch zu einem Werkzeug, das zum einen die Investitionen schützt und zum anderen sicher zu Entscheidungen führt.

Die alte und sehr mächtige Führungsstrategie des Aussitzens und Verzögerns hat ausgedient und wird durch ein kooperatives und zielführendes Vorgehen ersetzt. Zum einen funktioniert die Aussitztaktik mit den K-i-E Tools nicht mehr und zum anderen sind die K-i-E Entscheidungsprozesse um Faktoren schneller als die tradierten.

9.5.4 Automatische Dokumentation

Die K-i-E Skala eignet sich durch ihren inneren Aufbau für die Dokumentation beliebiger Entscheidungsprozesse. Die typischen Anforderungen in Unternehmen an Protokollführung, Nachvollziehbarkeit, Wiederaufsetzbarkeit, Regulatorik und Revisionssicherheit lassen sich elegant abbilden.

Die Eignung erstreckt sich vom freien Dialog über themenzentrierte oder Regel-Meetings, agile Ceremonies, Check-Listen, dokumentierte Prozesse, mehrstufige Prozesse mit unterschiedlichen Bereichen, über Auftragnehmer- und Auftraggeber-Kommunikation, Partnernetzwerke bis hin zu E-Mail-Kommunikation (Bild 9.26). Der Einsatz kennt keine Grenzen, da die abgebildete innere Logik an den menschlichen Entscheidungsprozessen ausgerichtet ist. Ein herausragendes Merkmal ist die Eignung für digitale Prozesse. Dadurch, dass die K-i-E Zahl eine einzige Zahl ist, kann sie mit geringem Aufwand in jedes IT-Verfahren integriert werden. So wurde die Integration, bei gelungenem Design, in Ticket-Systeme wie Jira, Request-Tracker oder Freshdesk mit ein paar Stunden Aufwand in wenigen Tagen umgesetzt.

Wie bedeutend ist die Multi-Channel-
Strategie für das Unternehmen?

① ② ③ ④ ⑤ ⑥ ⑦ ⑧ ⑨ **10**
nicht   etwas   sehr

Flip-Chart
Name:(8)
Namenskürzel: N1:(8), N2:(9), N3:(8)
Mehrere Bewertungen: (N1, N2, N3, N4)
Verständnis: (8, 8, 9, 10)
1tes Commitment: (7, 6, 9, 8)
2tes Commitment: (8, 8, 9, 9)

Welche Bedeutung haben gemeinsam
getragene Entscheidungen?

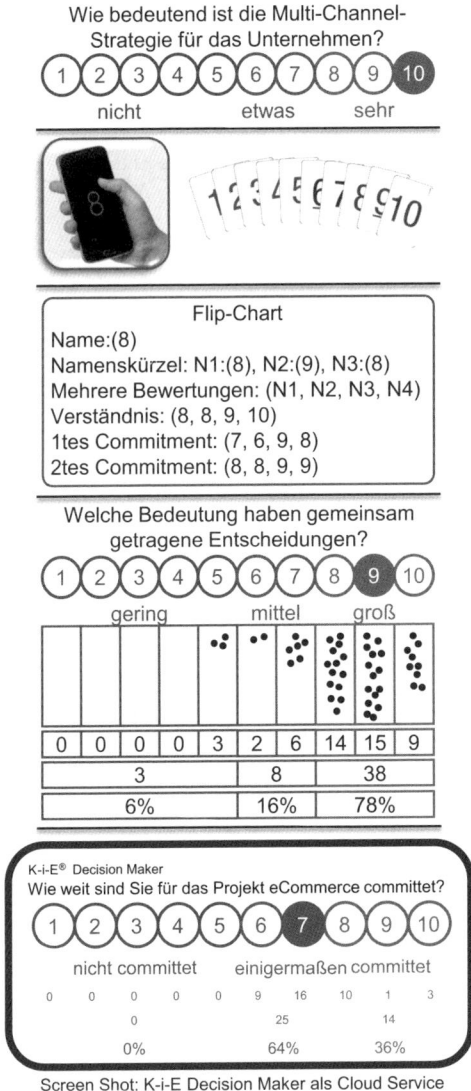

① ② ③ ④ ⑤ ⑥ ⑦ ⑧ **9** ⑩
gering   mittel   groß

0	0	0	0	3	2	6	14	15	9
	3			8			38	
	6%			16%			78%	

K-i-E® Decision Maker
Wie weit sind Sie für das Projekt eCommerce committet?

① ② ③ ④ ⑤ ⑥ **7** ⑧ ⑨ ⑩
nicht committet   einigermaßen committet

0   0   0   0   0   9   16   10   1   3
                0   25   14
              0%   64%   36%

Screen Shot: K-i-E Decision Maker als Cloud Service

Bild 9.26 Die K-i-E Skala lässt sich in vielfältiger Form normiert abbilden

9.5.5 Abbildung in andere Skalen

Die Vielzahl von Skalen in Unternehmen müssen in eine einzige akzeptierte universelle Skala konsolidiert werden. Ein Change-Projekt wird ergeben, wie viele der alten Skalen noch aus Kompatibilitätsgründen eine gewisse Zeit erhalten bleiben müssen und welche aufgrund von regulatorischen oder sonstigen Vorgaben weiterhin Verwendung finden. Die bisherige Praxiserfahrung im Change zeigt, dass die Beteiligten sehr zufrieden sind, weil die Anwendung mit der K-i-E Skala intuitiv gelingt und an Schnittstellen eine normierte Kommunikation möglich wird. Die Digitalisierung ist an vielen Stellen, insbesondere in der fachlichen Abbildung und der technischen Umsetzung, einfach umzusetzen. Bild 9.27 zeigt einige Beispiele für den Transfer gängiger Skalen:

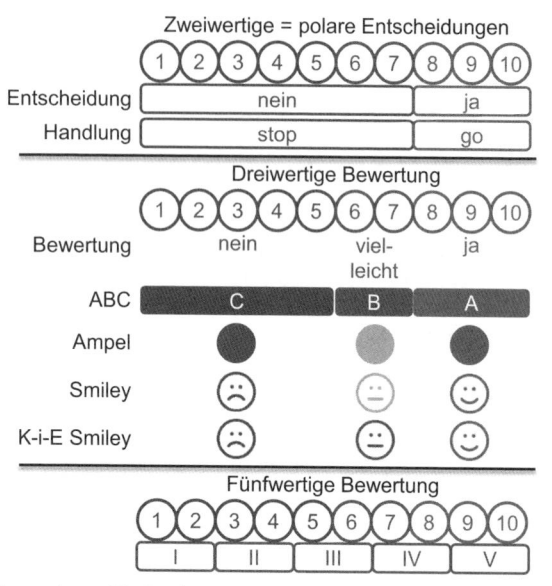

Bild 9.27 Transfer anderer Skalen in die K-i-E Skala

9.6 Team-Anwendungen

Die K-i-E Skala kann im Team in vielfältiger Form angewendet werden. Dabei sind zwei grundsätzliche Arten zu unterscheiden:

- normierte Anwendung in einer Prozesskette,
- gleichzeitige Bewertung im Team für eine hundertprozentig unbeeinflusste Beteiligung.

In einer Prozesskette wird über alle Schritte eine normierte Bewertung verwendet, die eine Vergleichbarkeit über alle Prozessschritte und alle Beteiligten automatisch herstellt. Die normierte Bewertung in einer Prozesskette bringt Klarheit und Geschwindigkeit in Prozesse und schützt sie zugleich vor Verzerrungen und Beeinflussungen.

Die gleichzeitige Bewertung mit der K-i-E Skala im Team ist die notwendige Voraussetzung, damit überhaupt gemeinsam getragene Entscheidungen hergestellt werden. Die K-i-E Skala eliminiert Ankereffekte und sorgt für eine hundertprozentige Beteiligung. Damit wird gezielte Einflussnahme minimiert und eine zügige Durchführung von Bewertungen erst möglich.

Die beiden Team-Anwendungen verkürzen die Prozessdurchlaufzeit und den Zeitbedarf bei Bewertungen im Team um einen Faktor zwei bis vier bei gleichzeitig erhöhter Qualität im Prozess und beim Ergebnis.

9.6.1 Erhöhte Prozessgeschwindigkeit

Die dokumentierte Bewertung kann für Werte, für ein Briefing, für Güte-, Priorisierungsdelegation und beliebige Entscheidungsprozesse verwendet werden. Der Übergang zur individuellen Anwendung ist fließend. So kann die K-i-E Skala als normierte Bewertung in einer Prozesskette Anwendung finden (Bild 9.28), was die Prozessgeschwindigkeit und Entscheidungssicherheit verbessert und darüber hinaus zu gemeinsam getragenen Entscheidungen führt.

Bild 9.28 Recruiting-Prozess mit konsistenten Ergebnissen

Die Bewerberinformation wird automatisch dokumentiert und durch den gesamten Recruiting-Prozess transparent weitergereicht. Die normierte Dokumentation wird auf die drei Bedeutungsbereiche nach Vorgaben reduziert und kann so als akzeptierte Bewertung zwischen unterschiedlichen Bereichen wie der Personalabteilung, dem Fachbereich, dem Vorgesetzten und dem Team verglichen werden. Die Selbsteinschätzung und Fremdbewertung sind eine enorme Bereicherung und führen zu einer soliden Zusammenarbeit. Die normierte Bewertung lässt sofort Inkonsistenzen erkennen, die im Dialog aufgedeckt und gelöst werden können. Der Vergleich der Profile mit den K-i-E Skalen erlaubt am Ende des Recruiting-Prozesses die sichere Auswahl eines Kandidaten auf Basis einer gemeinsamen Bewertung.

In einem Referenzprojekt beim Staffing eines Großprojekts wurden die Prozesszeiten um einen Faktor 4 verbessert und anschließend wurde die Fluktuation um 60% reduziert. Es entstand durch die Qualität im Recruiting ein gut aufgestelltes Team, das das Projekt sicher ins Ziel brachte.

Die K-i-E Skala entfaltet ihr wirkliches Potenzial erst bei der Anwendung im Team für alle Arten von Interaktionen, Meetings und agilen Ceremonies. Von zentraler Bedeutung wird die K-i-E Skala in allen Business-Aktivitäten, im interaktiven Dialog zur Quantifizierung und Dokumentation, damit ein Entscheidungsprozess stringent ins Ziel geführt werden kann.

9.6.2 Unbeeinflusste hundertprozentige Beteiligung

Die K-i-E Skala erlaubt eine hundertprozentige Einbindung aller Beteiligten in einen Bewertungs- und Entscheidungsprozess. Ihr Potenzial zeigt:
- Eine Bewertung mit nahezu beliebig vielen Teilnehmern kann in wenigen Sekunden durchgeführt werden.
- Die Bewertung ist sofort automatisch dokumentiert.
- Die Bewertungsergebnisse sind für alle verständlich präsentiert.

Schnell und einfach ist die K-i-E Skala mit K-i-E Karten herzustellen (Bild 9.29). Damit können die üblichen Anker-Effekte vermieden werden. Eine starke dominierende Führungskraft, die sofort mit einer Brandrede die Notwendigkeit einer alternativlosen Entscheidung vortragen würde, erhält dieselbe Stimme wie ein zurückhaltender Experte. Die Bewertung läuft in folgender Form ab:

1. Die Leitfrage wird gestellt.
2. In formalen oder kritischen Prozessen wird das Verständnis für das zu bewertende Thema ebenfalls mit Einsatz der K-i-E Skala sichergestellt.
3. Alle Teilnehmer erhalten eine begrenzte Zeit von 30 Sekunden bis 3 Minuten, um ihre Intuition wahrzunehmen und anschließend die individuellen, bereichsspezifischen und unternehmerischen Interessen in eine bewusste Entscheidung zusammenzuführen.
4. Alle Teilnehmer decken gleichzeitig ihre Bewertung mit einer K-i-E Karte auf.
5. Das Ergebnis ist eine unbeeinflusste Bewertung mit hundertprozentiger Beteiligung.

Bild 9.29 Bewertung mit guter Chance auf eine gemeinsam getragene Entscheidung

Dem Forcieren von Positionen wird gleichermaßen wie dem Rückzug ein Riegel vorgeschoben. Damit müssen sich alle Beteiligten im Sinne einer guten Entscheidung auf ihre Position festlegen. Dadurch wird das Fundament für den weiteren und tragfähigen Entscheidungsprozess geschaffen. Alle Beteiligten erhalten die spezifische Unterstützung, die sie brauchen, damit sie ihre Expertise in die Entscheidung einbringen. Schwache Entscheider erhalten ein Werkzeug, das ihnen Rückhalt gibt. Versteckte Interessen werden deutlich und als integraler Bestandteil berücksichtigt. Kritische Meinungen und Positionen werden sofort dokumentiert und quantifiziert. Dadurch erhalten sie die Wertschätzung für die Sicherheit des Projekts.

Besserwisser, Selbstdarsteller und Vielredner kommen erst gar nicht zu Wort oder werden aufgedeckt. Alle Beteiligten werden durch den Entscheidungsprozess in die Kooperation und in eine angemessene Mitarbeit geführt. Machtkämpfe und Selbstdarstellungen werden eingedämmt und nivelliert, da jeder die gleiche normierte, für alle verständliche und akzeptierte Stimme hat. Die vergeblichen Versuche mit Appellen oder Regeln erhalten keinen Raum und sind auch nicht mehr nötig.

> Der Entscheidungsprozess mit K-i-E Karten sorgt mit der ihm innewohnenden Logik für Disziplin, Beteiligung und Freude an einem guten Ergebnis, das sicher erreicht wird. Die K-i-E Skala sichert kurz- und langfristig die Tragbarkeit des Erfolgs.

9.7 Agile Werte und das Bewertungssystem

Entsprechend des agilen Manifests, das 2001 siebzehn unabhängige Experten für Software-Entwicklung – darunter Ken Schwaber und Jeff Sutherland – formulierten und daraus abgeleitet die fünf agilen Werte Offenheit, Mut, Fokus, Commitment und Respekt entwickelten –, erweitert die K-i-E Theorie den Begriff Respekt als Augenhöhe (Bild 9.30).

Bild 9.30 Die agilen Werte werden in sehr hohem Maße adressiert

Die K-i-E Skala ist offen (10), sowohl in der Darstellung, der inneren Logik als auch in der Dokumentation. Mit ihr lassen sich mutige Aussagen treffen, die mutige Entscheidungen nach sich ziehen. Natürlich gehört zu Mut mehr als eine Skala, deshalb der K-i-E Wert (9). Sie unterstützt den Fokus (10) auf ein Thema, erlaubt es, dass der Fokus in Entscheidungsprozessen immer wieder aufrechterhalten wird, und ist selbst klar und fokussiert. Die K-i-E Skala stellt Augenhöhe her (10) und ist damit das zentrale Werkzeug überhaupt, um Agilität zu leben. Sie fördert und fordert klare Commitments und ist die Grundvoraussetzung für den Commitment-Prozess.

Mit der Anwendung der K-i-E Skala entstehen eine Verbindlichkeit, Klarheit und Wertschätzung, die einer guten Atmosphäre in der Beziehung zwischen den Menschen und der Zielerreichung dienen. Sie ist ein relevanter Aspekt für klare und entschlossene Entscheidungen.

> Die K-i-E Skala liefert die notwendige Basis für die agilen Methoden, die – zusammen mit den anderen Entscheidungswerkzeugen – für das Gelingen des digitalen Transfers stehen.

9.8 Merkmale in der Praxis

Die K-i-E Skala verfügt über alle Merkmale, die sie zu einem universell einsetzbaren Werkzeug macht:

- **klar und einfach** – der Aufbau in drei Einheiten, die sich farblich unterscheiden, und die innere Struktur führen zu einem klaren Verständnis und einfacher Anwendung.
- **natürlich** – die lineare Teilung wird als natürlich empfunden. Weitere Merkmale wie das Dezimalsystem, das zu den zehn Fingern passt, unterstützen diesen Effekt. Insbesondere die Akzeptanz durch die Intuition weist sie als die natürliche Skala aus.
- **normiert** – sie ist im definierten Aufbau fest vorgegeben und somit verlässlich einzusetzen.
- **flexibel** – mit ihrem inneren Aufbau und der flexiblen Gestaltung der Design-Elemente Leitfrage, Skalen-Typ und Bedeutungsbereiche ist sie für alle Arten von Bewertungen zu verwenden. Mit ihr lassen sich sowohl harte Fakten als auch weiche Kriterien gleichermaßen abbilden.
- **präzise** – mit zehn Skalenwerten ist sie bereits differenzierter als viele bekannte Skalen im unternehmerischen Kontext. Der funktionale Bereich mit drei Ausprägungen mag auf den ersten Blick wenig präzise erscheinen, verglichen mit einem laserbasierten Messgerät. Wird die mehrstufige Schaltung verwendet, so ist eine beliebige Präzision abbildbar.
- **trennscharf** – zehn Ausprägungen sind gut zu unterscheiden ohne Überdifferenzierung. Die drei Bedeutungsbereiche heben sich jeweils klar voneinander ab und zeigen die gängigen Ausprägungen, mit denen eine Entscheidung forciert wird: Zustimmung, Ablehnung oder es ist noch etwas zu tun.

- **verknüpft mit einer Wirkung** – die Bedeutungsbereiche sind mit einer Konsequenz verknüpft. Eine K-i-E Zahl liefert eine Bewertung und bedingt eine Konsequenz, die aus ihr folgen muss. Eine Bewertung der Qualität von (8) bedeutet die Akzeptanz oder Abnahme, eine (7) heißt, dass nachgebessert werden muss.
- **forciert eine Entscheidung** – alle Merkmale entsprechen einem Design, damit eine Entscheidung zwingend hergestellt werden kann. Ein Ausweichen wird verhindert.
- **Abbildung der Entscheidungssysteme**
  - intuitiv – sie ist intuitiv in der Anwendung. Sie bildet aber auch die Intuition und damit das Emotionssystem ab.
  - kognitiv – sie ist bewusst anzuwenden und eignet sich für kognitive Bewertungen. Damit werden auch die rationale Logik und beliebige Prozesse im Kognitionssystem abgebildet.
- **praxistauglich** – die Erfahrungen zeigen die Praxistauglichkeit in verschiedenen Kontexten:
  - in unterschiedlichen Situationen wie für Unternehmen, Change, Coaching und Leistungssport,
  - bei verschiedenen Anwendungen wie für formale Entscheidungswerkzeuge, freie Entscheidungsfindung, Moderation, Lehre und Algorithmen der Künstlichen Intelligenz und
  - in verschiedenen Ausdrucksmitteln wie K-i-E Karten, Smart-Phone, Moderationstechnik oder Finger.
- **robust** – sie verhält sich robust in der freien Anwendung, genauso eingebettet in Entscheidungswerkzeuge. Eine missbräuchliche Verwendung, um seinen Protest auszudrücken, wird durch ihre innere Struktur verhindert genauso wie der Versuch, eine Entscheidung zu blockieren. Ihre universelle Einsetzbarkeit sichert sie gegen Ablehnung.
- **akzeptiert** – die vielfältigen Eigenschaften führen dazu, dass sie sofort akzeptiert und in beliebige Prozesse integriert wird.
- **digitalisierbar** – sie ist einfach in IT-Systeme zu integrieren.
- **universell** – mit allen Merkmalen ist die K-i-E Skala universell einzusetzen. Das muss auch so sein, weil sie die Intuition abbildet und diese entscheidet in jeder Lebenssituation.
- **Skalen-System** – der innere Aufbau und die innewohnende Logik lassen in Verbindung mit der freien Gestaltung der drei Design-Elemente ein schier unbegrenzt flexibles Skalen-System entstehen, das trotzdem einfach und klar bleibt. Der Entscheidungsprozess ist zielorientiert, professionell, wertschätzend und robust gegen Störungen.

9.9 Anwendungsbereich

Die K-i-E Skala ist das einzige Werkzeug, das die Intuition und die Kognition abbildet, und eignet sich damit für jede unternehmerische wie persönliche Bewertung. Durch die direkte und einfache Verbindung der Bewertung mit der Bedeutung des jeweiligen Skalenwerts lässt sich die K-i-E Skala universell für jegliche Art von bewussten Entscheidungen in Prozessen und Projekten anwenden. Sie eignet sich für jegliche Art von Kommunikationsformaten im Team wie Besprechungen, für alle Formen von Workshops, zur Dokumentation von der Telefonnotiz über Protokolle bis zu komplexen Dokumenten, zur Entscheidungsvorbereitung genauso wie zur Nachbereitung.

> Die K-i-E Skala ist die Basis aller weiteren Entscheidungswerkzeuge, in die sie eingebettet ist. Damit kommt sie als einzelnes K-i-E Tool in allen Entscheidungsprozessen vor.

Die Akzeptanz ist im agilen Umfeld leicht zu finden. Scrum ist eine reine Projektmanagement-Methode und beschreibt die Rollen (Wer), Artefakte (Was) und Ceremonies als Kommunikationsformate. Die Operationalisierung (Wie) ist in der agilen Methodik nicht ausgeführt und wird durch die K-i-E Tools, insbesondere die K-i-E Skala, ergänzt. Für den Product Owner, den Mittler zwischen agiler und tradierter Welt, ist die K-i-E Skala das Basiswerkzeug, mit dem er Entscheidungsprozesse zwischen Fachbereich und den agilen Teams zusammenführen kann.

Bewährt hat sich der Einsatz in kreativen Prozessen von der ersten Idee über die Ideation, Priorisierung, Planung, den Entwurf, die Umsetzung bis zu Kontrolle, Steuerung und Abnahme. Exzellente und messbare Ergebnisse und Verbesserungen sind in formalen Entscheidungsgremien und Prozessen zu erzielen.

Besonders gut eignet sich die K-i-E Skala bei großen Moderationen für eine hundertprozentige Beteiligung, klare Bewertung und schnelle und verständliche Präsentation der Ergebnisse. Sie wird in kooperativen, aber auch in konfrontativen Bewertungen zum unverzichtbaren Anker, um auf einem Lösungsweg zu bleiben.

Die Eignung erstreckt sich vom freien Dialog, über Check-Listen, dokumentierte Prozesse bis hin zu IT-basierten Verfahren. Sie ist unabdingbar, um den digitalen Transfer zu bewältigen, und sie ist eine normierte Bewertung für Algorithmen als Künstliche Intelligenz (KI).

In unzähligen Anwendungen hat sich die K-i-E Skala als sicher, trennscharf und anwendbar erwiesen, sowohl für Frauen als auch für Männer, für Experten wie Unerfahrene, für Intellektuelle wie Praktiker. Sie eignet sich für Business und persönliche Themen, für faktische wie weiche Themen, also für nahezu alle Bereiche des Lebens.

9.10 Best Practice

Die Bewertung durch Teilnehmer erfordert mit gut vorbereiteten K-i-E Skalen keinerlei Vorkenntnis und wird im kooperativen Umfeld rasch akzeptiert. In konflikthaften konfrontativen Interaktionen ist die K-i-E Skala mit einem Commitment-Prozess vorher einzuführen, damit bei Eskalationen sicher darauf zurückgegriffen werden kann.

Für das Design von K-i-E Skalen-Bewertungen ist es Voraussetzung, den inneren Aufbau der K-i-E Skala zu erlernen. Begonnen wird mit der Leitung von vorbereiteten Entscheidungsprozessen mit wohlformulierten K-i-E Skalen. Erst dann wird eine souveräne Anwendung im freien Dialog und bei offenem Vorgehen möglich.

Um die K-i-E Skala fest in Teams oder Projekten zu verankern, ist es zu empfehlen, sie in einem Change-Prozess einzuführen.

Einzelne Zielgruppen erfordern unterschiedliche technische Umsetzungen. Für individuelle Bewertungen hat sich eine Visualisierung auf einem Flipchart oder Notizblock als sehr praktikabel herausgestellt. Die K-i-E Skala kann in kurzer Zeit mit der Hand skizziert werden.

Im Coaching und Zweiergespräch ist die Verwendung der K-i-E Karten angezeigt. Die Führungskraft, der Teamleiter, Coach, Vertriebsmann oder die Führungskraft erhalten die Führung und das Gegenüber kann sich unbeeinflusst entscheiden. Es ist faszinierend, wie schnell und gerne eine Karte gewählt wird und wie oft früher lange und viele Worte gewechselt wurden.

Im Team sind vorbereitete Flipcharts oder Plakate gut geeignet. Die K-i-E Karten und K-i-E App sind bei Teams mit bis zu 16 Teilnehmern sehr gut geeignet. Die K-i-E App findet im Business Coaching hohe Akzeptanz.

Bei größeren Team-Prozessen und Moderationen eignen sich vorbereitete Pin-Wände, die eine gute Visualisierung erlauben.

Bei erfahrenen Klienten und Teams reicht ein Wort für die Leitfrage aus.

9.11 Fazit

Die K-i-E Skala ist viel mehr als eine Skala oder Bewertung. Ihr innerer Aufbau führt von der Bewertung über die Bedeutung direkt zur Entscheidung. Die Bedeutungsbereiche nehmen in gewissem Maße die Entscheidung vorweg beziehungsweise bereiten sie konsequent vor.

Die K-i-E Skala ist ein wertvolles, ja fast unabdingbares Werkzeug für alle Entwicklungsprozesse im persönlichen, beruflichen, sozialen, sportlichen, kulturellen und pädagogischen Kontext, einfach in allen Lebensbereichen. Sie eröffnet eine neue Dimension der Entscheidungsfindung, wenn diese parallel für die kognitive und intuitive Bewertung eingesetzt wird. Damit erhält man eine doppelte Beschreibung bzw. Bewertung einer

Situation. Bei Übereinstimmung erhält man stimmige, sichere und getragene Entscheidungen. Die Abweichungen zwischen kognitiven und intuitiven Bewertungen zeigen Konflikte und ungelöste Themen auf. Die Anwender gewinnen einen präzisen Ansatzpunkt, an dem nachgebessert werden muss.

Das Faszinierende an der K-i-E Skala ist ihre einfache Erlernbarkeit und Praktikabilität. Die K-i-E Skala entfaltet ihren vollen Nutzen, wenn sie im Team, als normierte Skala Verwendung findet. Entscheidungsprozesse werden um Faktoren kürzer und gleichzeitig steigen die Qualität, Sicherheit, Tragfähigkeit, Transparenz, Beteiligung sowie Mitwirkung und die Nachhaltigkeit von Entscheidungen. Die Interaktionen im Team werden mit ihr freudig, kreativ und sicher. Die Dauer von Besprechungen und Entscheidungsprozessen vermindern sich um Faktoren zwei bis vier.

Die ihr innewohnende Logik ist faszinierend, einfach und funktional zugleich.

> **Klarheit schmückt die tiefen Gedanken.**
>
> *Tiefe in Gedanken hat ihren Ursprung im Emotionssystem. Die Intuition verleiht ihm eine Stimme, die in der K-i-E Skala abgebildet wird.*
>
> *Aber auch die Gedanken, die im Kognitionssystem entstehen, finden einen klaren Ausdruck in der K-i-E Skala.*
>
> *Sie stellt die Untrennbarkeit von Intuition und Kognition her. So schmückt die Klarheit der K-i-E Skala sowohl den Ursprung als auch das Ergebnis.*

10 Die Ressourcen-Frage – nimmt alle für die Lösung in die Pflicht

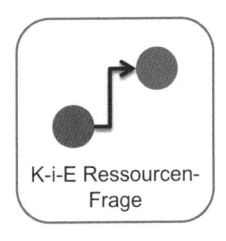

K-i-E Ressourcen-Frage

„Problem talk creates problems. Solution talk creates solutions."
Steve de Shazer

> **Die K-i-E Ressourcen-Frage ist eine Anwendung der K-i-E Skala.**
>
> Die Ressourcen-Frage stößt ein klares Vorgehen an, das notwendig ist, damit Erfolg möglich wird. Die Beteiligten werden in die Pflicht genommen, ihren Beitrag für eine Lösung einzubringen. Statt zu kritisieren, das Problem zu beleuchten oder sich in Ursachenforschung zu ergehen, wird der Rückblick vermieden. Stattdessen wird stringent die Kompetenz gefordert und es zeigt sich rasch, was und wie viel für den Erfolg nötig ist.
>
> Dadurch verkürzen sich Diskussionen um Faktoren. Es werden brauchbare Maßnahmen erarbeitet und als Begleiteffekt wird erkennbar, wie unterstützend sich jemand verhält.

■ 10.1 Kurzgefasst

Das Ungewöhnliche an der K-i-E Ressourcen-Frage ist, dass im ersten Schritt mit einer Verortung des Problemzustands begonnen wird, ohne dass im Weiteren darauf Bezug genommen wird. Hinschauen, was ist, initiiert den notwendigen Impuls im Emotionssystem und aktiviert die Kognition für eine Lösung. Werden beispielsweise die Kompetenzen im Team für eine PR-Kampagne als noch nicht ausreichend (6) eingeschätzt, leitet die Ressourcen-Frage – was ist nötig, damit die PR-Kampagne gelingt (8)? – direkt in eine Lösungsfokussierung über. Zugleich integriert eine gute Ressourcen-Frage alle Beteiligten auf dem Weg dahin (Bild 10.1).

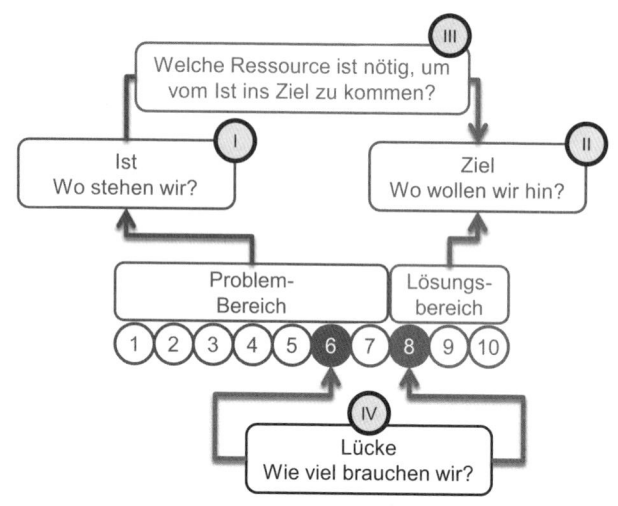

Bild 10.1 Weg vom Problem – hin zur Lösung

Mit der K-i-E Intuition wird in wenigen Millisekunden beziehungsweise mit einer kognitiv überformten Bewertung in wenigen Sekunden der Ist-Zustand (I) offen verortet. Die Logik der K-i-E Skala gibt den Soll-Zustand (II) für die Intuition und die Kognition vor und jegliche Diskussion über das Problem und seine Ursachen erübrigt sich. In den Ressourcen (III), sprich den vorgeschlagenen Maßnahmen, sind Problem und Lösung enthalten. Dadurch wird sofort in den Lösungszustand (II) übergegangen und das Expertenwissen angezapft. Die notwendigen Ressourcen entstehen aus dem vorhandenen Wissen und es wird völlig darauf verzichtet, den anderen zu überzeugen.

Der andere bekommt das Vertrauen und wird gleichzeitig in die Pflicht genommen, aus seiner Sicht eine Lösung zu skizzieren. Das vorgelegte Ergebnis zeugt gleichermaßen von der Seriosität wie der Kompetenz für die Erreichung des Ziels.

■ 10.2 Die K-i-E Ressourcen-Frage – verpflichtend zielorientiert

Die K-i-E Skala ist konsequent in die Ressourcen-Frage eingebettet. Sie setzt das lösungsorientierte Vorgehen zielgerichtet um und nutzt das Potenzial der K-i-E Skala virtuos aus.

Der amerikanische Therapeut Steve de Shazer und seine Frau Insoo Kim Berg gelten als die Erfinder der lösungsorientierten Kurztherapie (solution-focused brief therapy). Sie trafen einige Grundannahmen, die auch für ein modernes Entscheidungsmanagement gelten. Sie gingen davon aus, Problem und Lösung seien voneinander unabhängig und es wäre am besten, wenn Menschen die Lösung selbstständig fänden. Ihr Ressourcen-Ansatz, der Mensch trage alle Ressourcen in sich, um das Problem zu lösen, greift für die unternehmerische Anwendung zu kurz. Aber der Einzelne kann seine Ressourcen zur Lösung beitragen. De Shazer erfand die Wunderfrage, mit der er die Menschen in den Lösungszustand versetzte: *„Stellen Sie sich vor, Sie hätten Ihr Ziel erreicht, wie würden Sie sich verhalten, was würden Sie tun, wie würden Sie sich fühlen, und was könnten Sie jetzt tun, um dem Ziel näher zu kommen?"*

Die Ressourcen-Frage hat eine analoge Struktur wie die Wunderfrage, nutzt jedoch die K-i-E Skala. Die Ressourcen-Frage fungiert hier als Leitfrage, die mit den vorher ermittelten Ist- und Soll-Werten einen Stimulus für beide Entscheidungssysteme auslöst, der – wunderbarerweise – bei den Beteiligten durch den vorgegebenen Bedeutungsbereich automatisch ein Lösungsbild hervorruft.

Die erste Grundannahme, Lösung und Problem sind voneinander unabhängig, wird für das Entscheidungsmanagement mit dem K-i-E Konzept nicht hinterfragt. Die Ursache offen zu lassen und erst gar nicht zum Thema zu machen, gibt der Ressourcen-Frage hohe Wirksamkeit. Die vier Stärken heißen:

- **Keine Rechtfertigung** – die K-i-E Ressourcen-Frage erlaubt erst gar nicht, sich mit Ursachen und Rechtfertigungen zu beschäftigen. Durch die festen Bedeutungsbereiche der K-i-E Skala bedürfen diese keiner weiteren Erklärung.
- **Aktiviert Kompetenzen aller** – sie aktiviert die Kompetenzen aller Beteiligten, da sie als Stimulus für die Entscheidungssysteme wirkt und die Motive auslöst. Durch die K-i-E Skala wird der Zielbereich vorgegeben, der am Emotionssystem ausgerichtet ist. Auch hier wird keine Diskussion durch die festen Bedeutungsbereiche ausgelöst.
- **Nimmt in die Pflicht** – sie nimmt alle in die Pflicht, ihre Kompetenzen offen einzubringen.
- **Offenbart die Kooperation** – die Antwort auf die Ressourcen-Frage offenbart sowohl die Kompetenzen als auch die Kooperation, die jeder Einzelne einbringt.

Jedes einzelne Merkmal qualifiziert die Ressourcen-Frage für jede Form von Entscheidungsfindung. Im Zusammenwirken ist sie unverzichtbar für jeden Entscheidungsprozess. Ihre Nutzung führt zu guten Entscheidungen, die gleichzeitig zeitnah, kooperativ und gemeinsam hergestellt werden.

Die K-i-E Ressourcen-Frage konzentriert sich ausschließlich auf die Lösung und wie sie gemeinsam erreicht wird. Eine Problemorientierung, unabhängig davon, ob das Problem mit der Lösung etwas zu tun hat oder nicht, würde zwingend Schuld, Scham sowie Angst mit den zugehörigen Motiven auslösen. Die natürliche Konsequenz wären kalibrierte emotionale Schleifen, die definitiv von der Lösung wegführen und Friktionen verursachen, die den Weg dahin unmöglich machen. Sie löst aber gleichzeitig alle Motive, insbesondere die Einflussnahme, um das Ziel zu erreichen, aus. Die K-i-E Ressourcen-Frage wirkt hier mit doppelter Kraft. Sie mindert dysfunktionale Bereiche in den emotionalen Motiven und aktiviert gleichzeitig die funktionalen im gesamten Emotionsbaum.

> Im K-i-E Entscheidungsmanagement wird davon ausgegangen, dass die Menschen über Ressourcen verfügen, um ein gemeinsames Ziel zu erreichen. Gerade in Unternehmen verfügt ein Einzelner nicht über alles, was für den Erfolg nötig wäre.

Es mag günstig und ehrenhaft sein, wenn ein Mensch die Lösung selbst entdeckt, jedoch ist es im Entscheidungsmanagement unwesentlich, wer die Lösung findet, sondern wesentlich ist, dass sie gefunden wird. So zielt die Ressourcen-Frage auf den Weg, wie das Ziel gemeinsam erreicht werden kann. Die Wunderfrage „Stellen Sie sich vor, Sie hätten das Ziel erreicht ..." gehört in die Vision und tut da eine äußerst positive Wirkung.

Die Ressourcen-Frage jedoch füllt die notwendige Lücke zwischen dem jetzigen Zustand (I) und dem Ziel (II) und ermittelt gleichzeitig alle notwendigen Informationen (III) und (IV), um das Ziel zu erreichen (Bild 10.2).

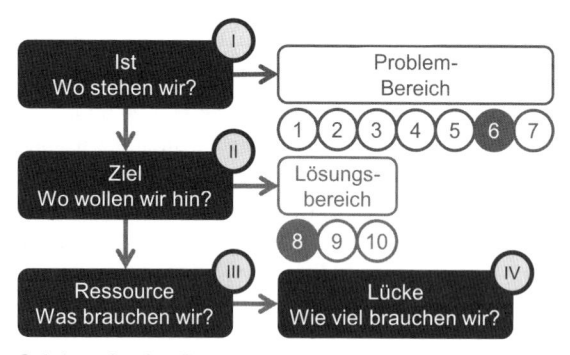

Bild 10.2 In vier Schritten ist den Beteiligten klar, was zu tun ist

Zu beachten ist, dass nach der Ist-Situation mit der Zielbewertung von (8) als Standard fortgesetzt wird. So verliert man keine Zeit in diesem Prozessschritt.

Bei der Bewertung wird davon ausgegangen, dass die Beteiligten ihr Expertenwissen einbringen, und somit erübrigt sich jegliche Diskussion, sowohl über den Ist- als auch den Soll-Zustand. So kann zügig alle Konzentration auf die Lösungsfindung gelegt werden.

Die innere Logik der K-i-E Skala visualisiert alle Informationen und dokumentiert sie für alle Beteiligten zur weiteren Verwendung (Bild 10.3).

Bild 10.3 Die Lücke ist klein und das gewünschte Ergebnis ist leicht zu erreichen

10.3 Die vier Elemente der Ressourcen-Frage

Mit drei Fragen wird der Weg vom Problem zur Lösung schnell ermittelt und nachvollziehbar dokumentiert. Die Distanz vom Ist-Stand zum Ziel ergibt sich durch die normierte K-i-E Skala von selbst.

Das Potenzial der Ressourcen-Frage wird ausgeschöpft, wenn die Reihenfolge konsequent eingehalten wird. Disziplin schafft den kreativen Freiraum, in dem die Ressourcen frei werden. So bringen der Einzelne und bei Team-Prozessen alle Beteiligten ihre Kompetenzen ein.

10.3.1 Wo stehen wir? – die Frage nach dem Ist-Zustand

Mit der K-i-E Zahl (7) wird angezeigt, dass das Ergebnis fast gut genug ist und nur wenig Nachjustierung nötig ist (Bild 10.4). Damit wird die Wertschätzung für das Geleistete ausgedrückt, aber auch die Einschätzung, bezogen zur Zielerreichung. In den meisten Situationen tritt eine Erleichterung ein, da motivierte Mitarbeiter eher glauben, dass ihre Leistung nicht gut genug sei. Mitarbeiter, die ihre Leistung zu positiv einschätzen oder zur Selbstüberschätzung neigen, erhalten ein gutes Regulativ, um die Notwendigkeit für ein gemeinsames Arbeitsergebnis zu erkennen. Die Governance ist klar geregelt. Der Vorgänger in einer Prozesskette bleibt in der Eigenverantwortung und stellt die Leitfrage.

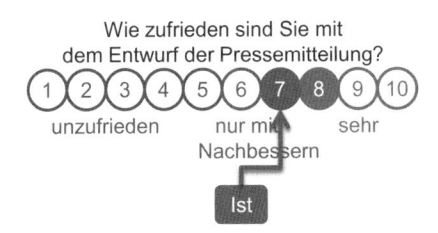

Bild 10.4 Die Aussage über den Ist-Zustand verankert das Thema

Es sind keine weiteren Diskussionen über Ursachen nötig. Die Konzentration geht nicht mehr dahin, warum etwas nicht gut genug ist, sondern allein dahin, wie es gut werden kann. Bei Experten spricht die K-i-E Intuition in weniger als einer Sekunde an und sie können die Vorortung sofort benennen.

10.3.2 Wo wollen wir hin? – die Frage nach dem Ziel

Das standardmäßige Ziel (8) auf der K-i-E Skala spürt jeder Entscheider intuitiv und mit etwas Erfahrung im Umgang mit der K-i-E Skala ist dieses Wissen auch kognitiv abzurufen. Die Aufwand-Nutzen-Relation ist bei dieser Zahl optimal. Auch wenn im Einzelfall eine höhere Qualität gelebt wird, so wird in den meisten Unternehmen und bei nahezu allen Vorhaben diese Qualität nicht auf Anhieb erreicht. Sie muss erst mit einem Güteprozess hergestellt werden. Mit regelmäßiger Anwendung der K-i-E Skala und ihrer Farbkodierung wird der einzelne Wert rasch verankert und bei erfolgreicher Anwendung ist er immer schneller präsent. Die meisten Vorhaben werden mit dem Standard – von links nach rechts aufsteigend – eine gute Wahl treffen. Bei der Einführung der K-i-E Skala wird sie in der Standardform schnell akzeptiert (Bild 10.5).

Bild 10.5 Die K-i-E Skala und ihr Soll-Zustand

Bei sehr gut ausgebildeten Führungskräften oder Coaches taucht gelegentlich die Frage auf, warum der zu erreichende Zielwert bei der Zahl (8) liegt. Das wird insbesondere in bestimmten Branchen, die immer oder gerne nach der besten Qualität und dem Optimum streben, gefragt. Die K-i-E Skala bildet die Intuition ab und eignet sich auch für die Abfrage einer kognitiven Antwort. Das Emotionssystem ist auf das Leben ausgerichtet, das viele Unschärfen aufweist und sich nicht von Optimum zu Optimum bewegen kann. Die meisten unternehmerischen Prozesse stehen dem nicht nach. Die emotionalen Motive, die zur Zielerreichung streben, sind in den neurologischen emotionalen Programmen abgebildet. Sie sorgen gleichermaßen für Individualität wie Diversität und für eine hohe Übereinstimmung bei der Einschätzung der Zielerfüllung.

Unabhängig von diesen allgemeingültigen Wirkprinzipien erfordern bestimmte Vorhaben oder Geschäftsprozesse eine höhere Qualität, die sich mühelos in die K-i-E Skala implementieren lässt. So wird ein PR-Team bei einer Pressemitteilung die Alleinstellung mit einer Zielvorgabe von sehr gut anstreben, um das neue Produkt optimal zu platzieren (Bild 10.6).

Bild 10.6 Die Alleinstellung ist in der Pressemitteilung sehr gut

Die Lösungsorientierung ist keine Vorgabe, die aus der Therapie entliehen ist, sie ist die natürliche Konsequenz aus der kooperativen Zusammenarbeit im Unternehmen. Kooperation und gegenseitige Unterstützung werden durch die Anwendung der K-i-E Ressourcen-Frage entwickelt. Diese zyklisch evolutionäre Wirkung gibt Unternehmen die Chance, ihre Potenziale zu nutzen und sie gleichzeitig weiterzuentwickeln. Die Ressourcen-Frage und ihre Beantwortung durch die K-i-E Skala führt alle Beteiligten in einen Prozess, der die agilen Werte automatisch herstellt:

- **Offenheit** – gelebt mit sofort sichtbarer Dokumentation und normierter Bedeutung,
- **Fokus** – solide im kompletten Prozess der Ressourcen-Frage verankert,
- **Mut** – die innere Logik erlaubt und fordert konstruktives Feedback,
- **Augenhöhe** – die Anwendung im Team stellt Augenhöhe, Wertschätzung und Unterstützung automatisch her,
- **Commitment** – der Prozess stellt es transparent her.

10.3.3 Was brauchen wir? – die Frage nach der Ressource

In diesem Schritt wird derjenige in die Pflicht genommen, der über das Wissen verfügt. Der Kunde, der Nachfolgende in mehrstufigen Prozessen, die Führungskraft oder der Bedenkenträger wissen, was nötig ist, um das Ziel zu erreichen. Die Governance regelt klar, dass die Leitfrage noch vom Prozessvorgänger verantwortet wird. Die Steuerung geht nicht unkontrolliert zu dem, der vielleicht mit zu viel Einflussnahme (Ärger) vom Ziel abweicht. Die Leitfrage, die die Ressourcen fördert und fordert, würde lauten:

- Was müsste verbessert werden, um von der (7) auf die (8) zu kommen?

Erst an dieser Stelle ändert sich die Verantwortung und der Prozessnachfolger liefert sein Wissen und Know-how, damit die gewünschte Qualität hergestellt werden kann. Bei der Pressemitteilung würde der Verantwortliche vielleicht folgende Maßnahmen zur Unterstützung geben:

- Drei von vier Nominalisierungen sollten verbalisiert werden.
- Die Autorenmeinung sollte klar vom Zitat getrennt und erklärt werden.
- Die fragwürdige Kausalität sollte als Phänomen beschrieben werden.

Es reicht also nicht, das Ergebnis einfach als nicht ausreichend zurückzuweisen.

Die Antwort mit den notwendigen Ressourcen offenbart sofort die Kooperation und Seriosität des Gegenübers. Werden die Prämissen, Vorgaben oder der Rahmen mit den erforderlichen Ressourcen überschritten, ist das von allen Beteiligten sofort zu erkennen und es kann gezielt gegengesteuert werden. Eine Verdoppelung des Budgets oder der Laufzeit sind sichere Hinweise für eine fehlende Kooperation. Genauso ist der Ruf nach mehr Mitarbeitern ein Indikator für versteckte Themen. Ein klarer Bezug zu Schwächen und Mängeln sowie angemessene Ressourcen zu ihrer Behebung deuten auf Kooperation hin. Das Risiko zum Missbrauch der Ressourcen-Frage, zum „Wünsch-Dir-Was", oder die Verschiebung von Aufgaben und Verantwortung lässt sich durch die Offenheit der Vorgehensweise verhindern. Unlautere Versuche heilt die Ressourcen-

Frage – wie alle K-i-E Tools – durch ihre innere Logik meist automatisch. Wenn nicht, dann wird immer das Problem oder der Verursacher selbst sichtbar.

In der Einführungsphase und vor allem in komplexen oder kritischen Situationen sollte die Ressourcen-Frage mit der folgenden K-i-E Skala noch abgesichert werden (Bild 10.7).

Bild 10.7 Mit den Maßnahmen wäre das Ziel sehr gut zu erreichen

Damit werden „moving targets" verhindert und offene Schleifen erst gar nicht zugelassen. Gleichzeitig wird der Prozess sicher und die Nacharbeit wird begrenzt.

Die Leitfrage sollte der Situation, der Diktion im Unternehmen und dem Geschäftsprozess angepasst werden, wie:

- Was müsste getan werden, damit Sie von der (6) auf die (8) kommen?
- Welche Maßnahme müsste ergriffen werden, um von der (6) auf die (8) zu kommen?
- Was ist nötig, um …?
- Was müsste geschehen, um …?

Die abschließende K-i-E Skala sichert den Prozess nicht nur ab, sondern signalisiert, dass mit den formulierten Maßnahmen ein sehr gutes Ergebnis erreicht werden könnte. Dem Bearbeiter bleibt der Gestaltungsfreiraum, es gut genug zu machen oder im Sinne einer gemeinsamen Arbeit ein sehr gutes Ziel zu erzeugen. Auch hier tut die K-i-E Intuition ihre wertvollen Dienste. Sie ist von Experten blitzschnell abzurufen.

10.3.4 Wie viel brauchen wir? – die Frage nach der Quantität

Die K-i-E Skala offenbart auf einen Blick, vor allem durch den Abstand und die Farbkodierung, wie weit der Weg zum Ziel ist (Bild 10.8).

Bild 10.8 Die Qualität ist ein deutliches Stück vom Ziel entfernt

Alle Beteiligten erhalten durch die innere Logik der K-i-E Skala eine normierte, akzeptierte und präzise Sicht auf die Situation, die mit dem Abstand und der Farbkodierung verdeutlicht wird.

Der Abstand auf der K-i-E Skala hängt natürlich ab von den Beteiligten und ihrer individuellen Art, die Qualität kritisch oder wohlwollend beziehungsweise mit einem niedrigen, angemessenen oder hohen Anspruch einzuschätzen. Der Abstand wird sich jedoch in der Anwendung für den jeweiligen Geschäftsprozess einpendeln und es werden sich Richtwerte herauskristallisieren.

Die klare Verortung lässt sofort den Abstand zur Zielerreichung erkennen. Die K-i-E Skala bekommt dadurch den Charakter einer Prozessinformation, im Sinne, was ist zu tun und wie viel ist zu tun. Die langjährigen Erfahrungswerte in unterschiedlichen Dimensionen ergeben für den Abstand zwischen den K-i-E Zahlen:

- Abstand = 1 – das Ziel kann mit geringem Aufwand erreicht werden.
- Abstand = 2 – deutet einen machbaren Aufwand an, mit dem der gewünschte Zustand erreicht werden kann.
- Abstand = 3 – bedeutet Maßnahmen, die geplant werden müssen. Im klassischen Projektgeschäft bedeutet das einen Projektstopp.
- Abstand = 4 – das Ziel ist deutlich gefährdet und kann nur in Ausnahmen und mit hoher Achtsamkeit in der Maßnahmenplanung noch erreicht werden.
- Abstand >= 5 – das Ziel ist normalerweise nicht mehr zu erreichen.

Diese Praxiserfahrungen stammen aus circa 300 Projekten in unterschiedlichen Geschäftsprozessen wie Erstellung von Angeboten, Präsentationen, Design, Planung, Briefing, Abnahme und vieles mehr.

10.4 Anwendungsbereich

Die K-i-E Ressourcen-Frage gehört in jede Gesprächsführung und in jeden Entscheidungsprozess.

In kooperativen Entscheidungsprozessen entfaltet die Ressourcen-Frage ihre äußerst unterstützende Wirkung. Mit ihrer Eigenschaft, störende Emotionen erst gar nicht anzufachen und vorhandene zu mindern sowie gleichzeitig die unterstützenden Motive aller Emotionen im Emotionsbaum zu aktivieren, gehört die Ressourcen-Frage in die mittlere Phase der Entscheidungsprozesse. Die frühe Phase ist der Klärung vorbehalten und die finale Phase dient der Absicherung der Maßnahmen.

Die K-i-E Ressourcen-Frage ist ungeeignet, um Schuldfragen zu klären. Im unternehmerischen Kontext sollten Entscheider möglichst darauf verzichten. Das Thema Schuld ist den Anwälten zu überlassen. Ihre hohe Kunst besteht darin, die eigene Schuld zu vermeiden und zu minimieren und die der Gegenseite möglichst groß erscheinen zu lassen. Eine harte und langwierige Disziplin.

Die Ressourcen-Frage zeichnet sind besonders in der Anwendung im Team aus, um die Gruppenkompetenz zu aktivieren und zu nutzen. So gehört sie in das Repertoire agiler Teams, insbesondere des Scrum-Masters und jeder Führungskraft im tradierten Bereich.

■ 10.5 Best Practice

Bei der Anwendung der K-i-E Ressourcen-Frage ist kooperativ und ohne Druck einfach die Prozesstreue einzuhalten. Die Antwort wird sowohl Qualität als auch Kooperation zeigen. Die Verantwortung für den Inhalt bleibt da, wo die Governance es vorsieht.

Die K-i-E Ressourcen-Frage ist kein Werkzeug, um Verantwortung zu delegieren. Wird dies versucht, so wird ihr der Zauber geraubt und die Wirkung bleibt aus.

■ 10.6 Fazit

Es wohnt eine ungeheure Macht in der Ressourcen-Frage, ohne dass diese Macht ausgeübt werden muss. Die K-i-E Ressourcen-Frage ist eine elementare und wichtige Anwendung der K-i-E Skala. Die Verbindung der beiden führt neben der Lösungsorientierung alle agilen Werte über das Entscheidungsmanagement ins Unternehmen.

> **Problem talk creates problems. Solution talk creates solutions.**
>
> *Problemorientierung ist eine natürliche Konsequenz aus der Konstruktion des menschlichen Entscheidungssystems.*
>
> *Fragen wirken als Stimulus für die Entscheidungssysteme. Zielen sie auf das Problem, feuern sie besonders Angst, Schuld und Scham im Emotionsbaum an. Das Kognitionssystem erfüllt anschließend seine Kernfunktion, ein kohärentes Weltbild zu erstellen mit Erklärungen, Begründungen oder Rechtfertigungen. Werden die Emotionsgefühle vermieden, weichen sie von der Wirklichkeit ab.*
>
> *Lösungsorientierung benötigt eine klare Prozessvorgabe, die mit der K-i-E Ressourcen-Frage leicht, das heißt ohne Druck, erreicht wird. Damit werden Lösungen erzeugt, wie in einem Fertigungsprozess bei Autos oder Waschmaschinen.*

11 Die Intelligenz der Intuition bewusst nutzen

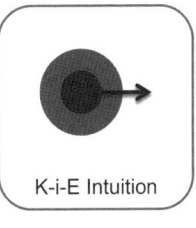

K-i-E Intuition

„Eure Zeit ist begrenzt. Vergeudet sie nicht damit, das Leben eines anderen zu leben. Lasst euch nicht von Dogmen einengen – dem Resultat des Denkens anderer. Lasst den Lärm der Stimmen anderer nicht eure innere Stimme ersticken. Das Wichtigste: Folgt eurem Herzen und eurer Intuition, sie wissen bereits, was ihr wirklich werden wollt."
Steve Jobs, 2005

Die natürliche Intuition wird zur K-i-E Intuition, wenn sie durch die K-i-E Skala einen normierten und trennscharfen Ausdruck bekommt.

Die K-i-E Intuition macht das Expertenwissen blitzschnell bewusst abrufbar, um stimmige Entscheidungen zu treffen. Als sicheres und bewusstes Entscheidungswerkzeug steht sie jedem Menschen eigenständig zur Verfügung.

Sie ist eine eigene bewusste Entscheidungsform, wenn keine Zeit für eine kognitive Ergänzung bleibt.

Die Zerrissenheit zwischen Kopf und Bauch, die dem Menschen oft schmerzhaft bewusst wird, bekommt eine natürliche Erklärung und die Zweiteilung kann wieder zusammengeführt werden, als Ergänzung für sichere Entscheidungen.

Die K-i-E Intuition ist integraler Baustein einer kongenialen Entscheidungsstrategie. Mit ihr erhält die Intuition einen bewussten Rahmen, der die Untrennbarkeit der Entscheidungssysteme nachbildet und ihren Einsatz für individuelle und Team-Entscheidungen flexibel möglich macht.

11.1 Kurzgefasst

Die K-i-E Intuition befreit die natürliche Intuition aus den engen Fesseln der Untrennbarkeit der Entscheidungssysteme und macht sie als bewusste Entscheidung (Bild 11.1) zu einem wertvollen und flexibel einzusetzenden Entscheidungswerkzeug.

Die K-i-E Skala (I) ist Voraussetzung. Sie gibt der K-i-E Intuition eine Stimme. Eine wohlgeformte Leitfrage (II) als Stimulus stößt den kurzen Prozess an und nach 350 Millisekunden erscheint das Ergebnis (4.1) als bewusster Ausdruck (IV) in der K-i-E Skala. Dafür ist der Entscheidungsprozess zu unterbrechen (III), damit die Intuition nicht durch eine kognitive Entscheidung überformt oder die bewusste Entscheidung durch ein kohärentes Weltbild (4.2) verformt wird.

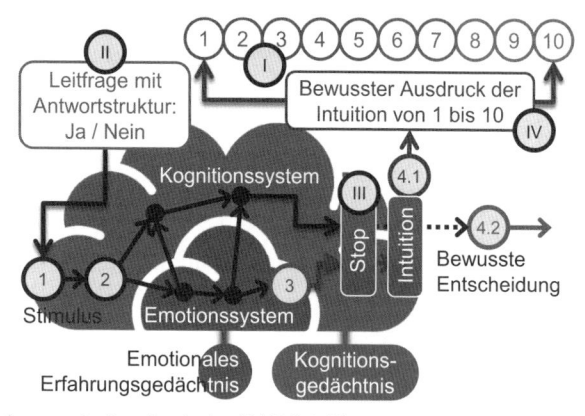

Bild 11.1 Der bewusste Ausdruck der K-i-E Intuition

Sie eignet sich gleichermaßen für individuelle Entscheidungen und liefert zusätzlich einen hohen Nutzen für Team-Entscheidungen und weitere Interaktionen in Teams.

11.2 Die K-i-E Intuition – schnell und präzise

Die natürliche Intuition ist ein Ergebnis der untrennbaren Entscheidungssysteme. Sie teilt sich in einem bewussten Impuls mit, den häufig ein Gefühl begleitet, das gerne als Bauchgefühl bezeichnet wird. Wenn das Kognitionssystem beginnt, ein kohärentes Weltbild zu erzeugen, spricht man gerne von Ahnung. Wenn es konkreter wird, zum Beispiel sich eine innere Stimme, ein inneres Bild oder eine innere Vorstellung meldet, ist die Intuition in die Kognition übergegangen.

> Um die Intuition zu erkennen, muss der natürliche Entscheidungsprozess kurz unterbrochen werden.

Der Impuls stammt aus dem handlungsorientierten Emotionssystem, das dem Bewussten nicht zugänglich ist. Sein Ergebnis wird meist als Go- oder No-go-Impuls wahrgenommen, der anschließend als Zustimmung oder Ablehnung gedeutet wird (Bild 11.2). Dieser einfache Impuls ist für bewusste Entscheidungen meist zu wenig differenziert. Die Stärke des Impulses ist, neben anderen Faktoren, von der emotionalen Erregung abhängig. Deshalb sollte die K-i-E Intuition nur bei angemessener emotionaler Erregung angewendet werden. Auch wenn bei hoher Erregung in seltenen Fällen situationsgemäße Entscheidungen getroffen werden, bergen sie zu viel Risiko und gehören nicht in den unternehmerischen Kontext. Die Erregung sollte zuerst reguliert und – wenn möglich – die Gruppenkompetenz des Teams einbezogen werden, damit das Risiko minimiert wird.

Mit welcher Erregung kann die
K-i-E Intuition sinnvoll genutzt werden?

① ② ③ ④ ⑤ ⑥ ⑦ ⑧ ⑨ ⑩

gut nur mit nicht
GO   Vorsicht STOP

Bild 11.2 Die K-i-E Intuition ist ab einer Erregung von (6) nicht mehr abzurufen

Das unglückliche Zusammentreffen bisher nicht erklärter Wirkfaktoren hat der natürlichen Intuition den Ruf des Unerklärlichen, Mystischen eingebracht und den Ruf, sie sei für unternehmerische Entscheidungen nicht zu gebrauchen:

- ein wenig differenzierter Impuls aus einer emotionalen Erregung,
- unterschiedlich zusammengesetzte und unterschiedlich starke Emotionsgefühle,
- ein anschließend äußerst individuell erscheinendes kohärentes Weltbild, das aus unkontrollierten Zugriffen auf bewusste Gedächtnisinhalte erzeugt wurde.

Mit der K-i-E Theorie ist nun eine Erklärung der Wirkfaktoren möglich und gleichzeitig ein Design vorgegeben, wie man die natürliche Intuition im Entscheidungswerkzeug K-i-E Intuition bewusst für individuelle, unternehmerische und gleichermaßen für Team-Entscheidungen nutzen kann.

11.2.1 Die natürliche Intuition

In der unternehmerischen Umgebung kann mit der natürlichen Intuition gearbeitet werden. Die zunehmende Anzahl der Manager, die sich zur Bauchentscheidung bekennen, können jetzt guten Gewissens aus dem Bauch agieren und die Intuition als einen Baustein in ihre bewusste Entscheidung integrieren (Bild 11.3).

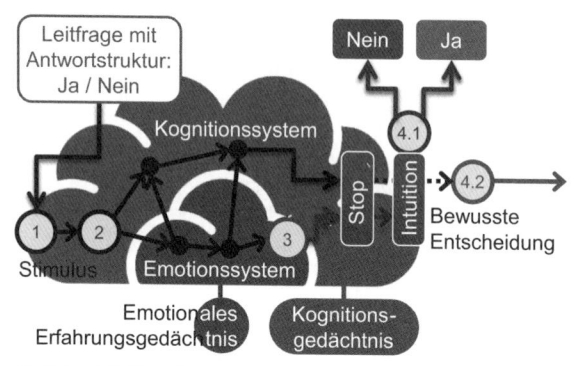

Bild 11.3 Die natürliche Intuition bewusst nutzen

Damit sich die natürliche Intuition sicher und trennscharf mitteilt, ist die Leitfrage so zu stellen, dass sie klar mit Ja oder Nein zu beantworten ist. Diese Anforderung gilt gleichermaßen, ob die eigene Intuition aktiviert wird oder jemand anders unterstützt oder forciert wird, den Impuls zu erkennen:

- Ist mir dieser Mensch sympathisch?
- Ist der Kandidat fachlich geeignet?
- Erkennen Sie die Gefährdung des Projekts?
- Ist das Angebot gut formuliert?
- Haben wir den richtigen Ansprechpartner gewählt, um zu deeskalieren?
- Überzeugt diese Formulierung unsere Kunden?

Für Führungskräfte haben sich Leitfragen bewährt, die bereits auf ein Commitment hinzielen:

- Kann ich mich auf Sie verlassen?
- Habe ich mich klar ausgedrückt?
- Ist Ihnen klar, das wird Konsequenzen haben?
- Liegt das in Ihrer Verantwortung?
- Kann ich mit Ihrer Unterstützung rechnen?
- Sind wir rechtlich abgesichert?

Diese Leitfragen wirken als klarer Stimulus für das Emotionssystem und die natürliche Intuition reagiert unverzüglich mit dem bewusst nicht zugänglichen, kondensierten Expertenwissen und reagiert in weniger als 350 Millisekunden.

Die Fähigkeit, den Impuls mit den einhergehenden Emotionsgefühlen wahrzunehmen, ist bei den meisten Menschen vorhanden. Die Führungskräfte, die zu lange die natürliche Intuition blockiert haben oder sofort mit einer kognitiven Bewertung die natürliche Intuition abwerten, brauchen nur wenig Training, um ihre Achtsamkeit zu reaktivieren. Auch für Leser mit spiritueller Erfahrung wäre es bedeutend, zuerst die hier dargestellte K-i-E Intuition zu erlernen, um die spirituelle Dimension einordnen zu können. Für einen Entscheider ist ein Coaching angeraten, das erfahrene K-i-E Coaches mit geringem Aufwand erfolgreich umsetzen.

Die anschließende Integration individueller, bereichsspezifischer und unternehmerischer Motive ist quasi Tagesgeschäft von Führungskräften und kein Schwerpunkt dieses Buchs.

11.2.2 Vier Schritte

Für viele Entscheidungen ist der einfache Impuls Go/No-Go aus der natürlichen Intuition nicht differenziert genug. Die natürliche Intuition transformiert sich mit Verwendung der K-i-E Skala zur K-i-E Intuition (Bild 11.4). Entsprechend der ihr innewohnenden Logik erhält der Entscheider eine präzise trennscharfe Antwort.

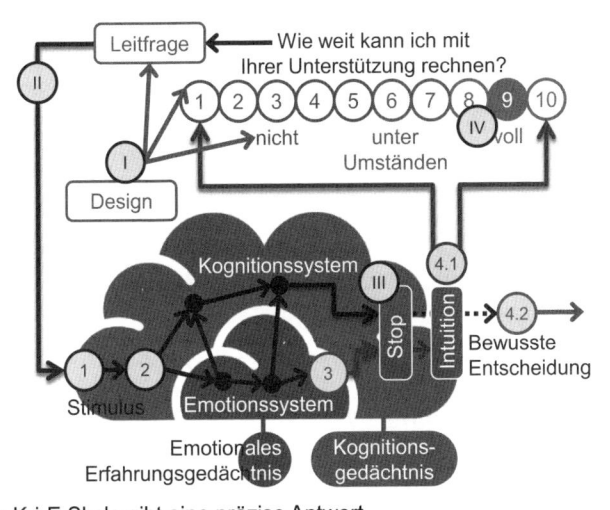

Bild 11.4 Die K-i-E Skala gibt eine präzise Antwort

Als Anwendung der K-i-E Skala erfordert die K-i-E Intuition ein vorbereitendes Design mit den drei Elementen: Leitfrage, Skalen-Typ und Bedeutungsbereiche. Es hat sich sehr bewährt, die K-i-E Skala zu visualisieren. Das Emotionssystem reagiert auf die räumliche Ausdehnung, wie auf die Farbgebung und die Bedeutungsbereiche. Eine durch den Master of K-i-E vorgelesene Leitfrage als externaler Stimulus wirkt stärker als ein internaler Stimulus. Als Folge gelingt der Prozess leichter und die Trennschärfe der Intuition ist höher. Die Intuition zeigt sich sehr individuell und in unterschiedlichen Ausdrucksformen, worauf der Entscheidungsprozess nach 350 Millisekunden unterbrochen wird. Anschließend wird das Ergebnis gesichert (Bild 11.5).

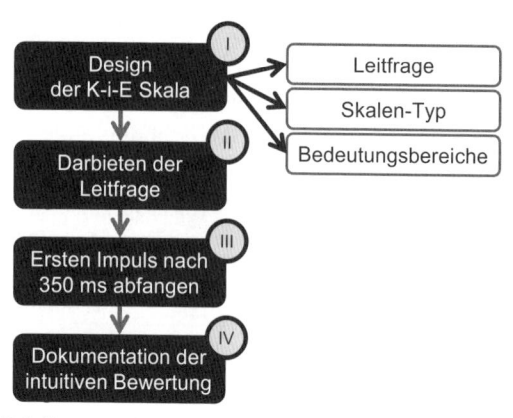

Bild 11.5 Mit vier Schritten zu einer trennscharfen Intuition

Für Entscheidungsprozesse trägt der Entscheider – beziehungsweise tragen alle an der Entscheidung Beteiligten – auf einer Skala von 1 bis 10 ein, wo sie ihre intuitive Antwort verorten. Die K-i-E Skala ist immer in drei Bereiche aufgeteilt: Dem archaischen Überlebensmuster gemäß, dem die intuitiven Impulse entstammen, steht der größere untere Bereich für die Risikovermeidung beziehungsweise die Sorge um Sicherheit zur Verfügung, der kleinere rechte Bereich für die Suche nach Chancen. Konkret: Die Stufen 1 bis 5 bedeuten Abstufungen von „Nein". Eine Unterstützung ist nicht gegeben und wenn eine Abhängigkeit besteht, ist der Misserfolg für ein Vorhaben wahrscheinlich. Die Stufen 6 und 7 stehen für „vielleicht", für eine Ressourcen-Orientierung ist zu klären, welche Umstände zur Unterstützung führen. Ein Projekterfolg ist nur mit zusätzlichen Ressourcen erreichbar. Die Stufen 8 bis 10 sind Abstufungen eines klaren „Ja", die Unterstützung ist gewährleistet. Hier wird der Erfolg meist ohne große Störungen eintreten.

11.2.3 Die richtige Leitfrage

Tabelle 11.1 zeigt Leitfragen, deren Fragewort einen Bereich öffnet und aufspannt und welche die K-i-E Intuition spontan mit einer K-i-E Zahl reagieren lassen.

Tabelle 11.1 Leitfragen der K-i-E Intuition und der natürlichen Intuition im Vergleich

K-i-E Intuition	Natürliche Intuition mit Ja / Nein
Wie weit ist mir dieser Mensch sympathisch?	Ist mir dieser Mensch sympathisch?
Wie weit ist der Kandidat fachlich geeignet?	Ist der Kandidat fachlich geeignet?
Wie gefährdet ist das Projekt?	Ist das Projekt gefährdet?
Wie gut ist das Angebot formuliert?	Ist das Angebot gut formuliert?
Wie weit haben wir den richtigen Ansprechpartner gewählt, um zu deeskalieren?	Haben wir den richtigen Ansprechpartner gewählt, um zu deeskalieren?
Wie überzeugend wirkt diese Formulierung auf unsere Kunden?	Überzeugt diese Formulierung unsere Kunden?
Wie weit kann ich mich auf Sie verlassen?	Kann ich mich auf Sie verlassen?
Wie klar habe ich mich ausgedrückt?	Habe ich mich klar ausgedrückt?
Wie weit sind Ihnen die Konsequenzen klar?	Ist Ihnen klar, das wird Konsequenzen haben?
Wie weit fällt dieses Thema in Ihre Verantwortung?	Liegt das in Ihrer Verantwortung?
Wie weit kann ich mit Ihrer Unterstützung rechnen?	Kann ich mit Ihrer Unterstützung rechnen?
Wie weit sind wir rechtlich abgesichert?	Sind wir rechtlich abgesichert?

Die in der K-i-E Skala verborgene Logik verleiht der K-i-E Intuition eine Stimme, die auch in den unternehmerischen Kontext gehört und – vielleicht noch wichtiger – präzise dokumentiert werden kann. Die vorgegebene Antwortstruktur der K-i-E Skala sorgt dafür, dass die K-i-E Intuition immer reagieren kann. Der mittlere Bereich, der evolutionär dem Kognitionssystem geschuldet ist, hat genauso seine Kodierung in den neuronalen emotionalen Programmen. Emotionsgefühle kommen erst ins Spiel, wenn das Emotionssystem das Kognitionssystem aktiviert und gegebenenfalls der Kopf nicht mit dem vom Bauch ausgesendeten Impuls einverstanden ist. Diese Abweichung zwischen intuitiver und kognitiver Bewertung zeigt innere Konflikte und ungelöste Themen auf – und liefert damit präzise Ansatzpunkte, an denen nachgebessert werden muss.

11.2.4 Trennscharfe Erkennung

Wenn der innere Dialog begonnen hat, sind Sie definitiv nicht mehr in der K-i-E Intuition. Auch wenn Sie bereits Gefühle wahrnehmen, haben Sie schon das Kognitionssystem erreicht. Die reine K-i-E Intuition, genau wie die natürliche Intuition, hat noch keine Gefühle.

Die Frage ist nun, woran ist trennscharf zu erkennen, dass es die Intuition und nur die Intuition war? Die Antwort ergab bereits die K-i-E Theorie:

> **!** Die Intuition wird an der Reaktionszeit von circa 350 Millisekunden trennscharf erkannt.

Die Intuition hat keine Begründung. Sie darf keine haben, sonst wirkt bereits ein kohärentes Weltbild, das im Zusammenwirken von Intuition und Kognition entstanden ist. Dieses Merkmal gehört zwingend zur Intuition, ist aber nicht trennscharf genug, weil es Effekte gibt, für die wir ebenfalls keine Erklärung oder Begründung haben.

Alle anderen Merkmale der Intuition wie Mühelosigkeit, unbewusst, unaufgefordert oder die immerwährende Aktivität sind ebenfalls nicht trennscharf genug, um die K-i-E Intuition eindeutig zu identifizieren. Ein Impuls, der innerhalb von 350 Millisekunden erscheint, entstammt sicher der Intuition. Dauert es länger, ist nicht mehr zu entscheiden, was es ist. Der Umkehrschluss, alles, was länger dauert, ist Kognition, ist nicht zulässig und würde den Einsatz der K-i-E Intuition gefährden. Durch die Untrennbarkeit der Entscheidungssysteme ist einfach unklar, welche Anteile danach wirken. Das einzige, was man sagen kann, es sind neurologische Prozesse aktiv. Im Rahmen von Entscheidungsprozessen ist angeraten, sich nicht weiter damit zu beschäftigen, da es beim Entscheiden nicht hilft.

Die Zeit mag kurz erscheinen, wenn Sie sich erinnern, dass 350 Millisekunden etwa 5 Meter beim Stundenweltrekord im Radfahren 2015 des Briten Bradley Wiggins entsprechen und bereits 10 Meter beim schnellsten Abfahrtssieg auf der Streif in Kitzbühel durch Fritz Strobel 1997. Analogien wie diese, verbunden mit einfachen und wohlgeformten K-i-E Skalen, erleichtern den Zugang zur eigenen Intuition. Alle Aspiranten, so unterschiedlich sie sind, erlernen in den Master of K-i-E- und Expert-Seminaren, die Intuition in wenigen Stunden trennscharf zu erkennen. Die schnelle Erlernbarkeit ist faszinierend und der Zugriff auf diese ureigene und präzise wirkende Entscheidungsinstanz ist oft sehr berührend, wie dieses Zitat illustriert: *„Endlich weiß ich, was ich ein Leben lang versucht habe zu ignorieren."*

Mit der Zeitvorgabe existiert ein klarer Indikator, an dem die natürliche und die K-i-E Intuition erkannt werden können. Mit der K-i-E Skala haben Entscheider nun ein Werkzeug an der Hand, mit dem sie die K-i-E Intuition aktiv auffordern können. Die K-i-E Intuition wird zu einem bewusst einzusetzenden Werkzeug, das jederzeit in weniger als einer Sekunde angewendet werden kann. Es bleibt nur noch offen, wie die K-i-E Intuition sich mitteilt.

11.2.5 Vielfältige Erscheinung

Dass sie sich mitteilt, hat seine Ursache im inneren Aufbau der K-i-E Skala. Er führt von der Bewertung über die Bedeutung direkt zur Entscheidung. Die Bedeutungsbereiche nehmen die Entscheidung vorweg. So kann die Intuition reagieren. Das zugrunde liegende Emotionssystem ist handlungsorientiert und reagiert nicht klar, wenn es zu keiner Handlung, keiner Konsequenz führt. Wird die K-i-E Skala wohlgeformt genutzt, so kann die K-i-E Intuition mühelos und präzise reagieren.

Die natürliche Intuition erscheint als bewusst wahrnehmbarer Impuls, der manchmal von einem Gefühl begleitet wird (Bild 11.6). Die K-i-E Intuition wird zwischen dem Impuls (3.1) aus dem Emotionssystem und der Kognition identifiziert. Bei professioneller Anwendung ist in dem Zeitfenster zwischen 350 und 550 Millisekunden anfangs noch kein Gefühl spürbar und die Intuition teilt sich ohne Beeinflussung der Kognition mit.

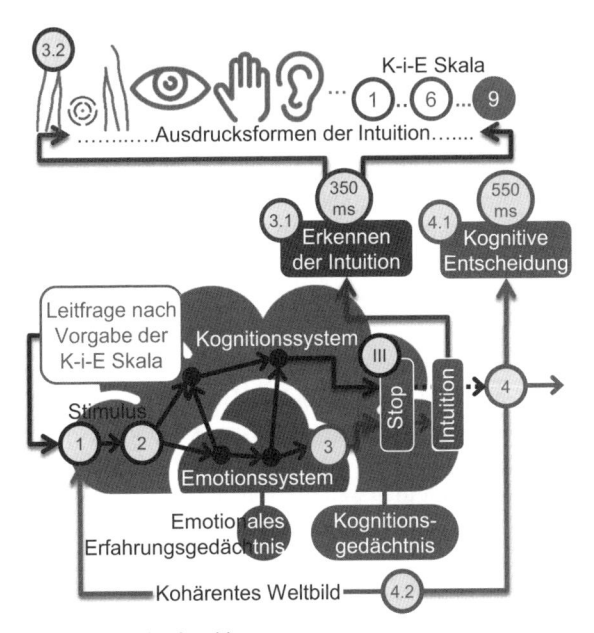

Bild 11.6 Ausdrucksformen der Intuition

Das oft zitierte Bauchgefühl (3.2), der Impuls, mit dem manchmal ein Emotionsgefühl einhergeht, ist nur eine von vielen Ausdruckformen der Intuition. Die Intuition kann im Zeitfenster (3.1) – 350 Millisekunden nach dem Stimulus und vor der kognitiven Entscheidung (4.1) – sicher und trennscharf erkannt werden. Der Ausdruck der K-i-E Intuition ist so vielfältig wie die Menschen selbst:

- Viele sehen eine einzelne K-i-E Zahl oder eine Markierung auf der K-i-E Skala. Meist sind sie in Originalfarben dargestellt. Einige haben jedoch auch eine Schwarzweiß- oder ganz individuelle Farbkodierung.
- Viele haben eine Ahnung, ohne genau sagen zu können, wie oder wo die K-i-E Zahl repräsentiert ist. Sie sind jedoch absolut sicher.
- Einige wissen die Zahl, ohne bewusste innere Repräsentanz.
- Einige spüren sie anhand der Gefühlsausprägung.

- Einige sehen einen Schleier, Vorhang oder Nebel, hinter dem sie die K-i-E Zahl oder Skala wahrnehmen.
- Besonders trennscharf ist die räumliche Dimension. Ist die K-i-E Skala sauber visuell dargestellt und jemand fährt mit einem Finger über die Skala, spüren die meisten Menschen, an welcher Stelle die eigene K-i-E Intuition stoppt. Mehrere Teilnehmer an Workshops, auch im Top-Management, haben sich Hilfsmittel, wie ein Lineal, angefertigt, an dem sie entlangfahren, um den Impuls deutlich zu spüren.
- Wenige hören die K-i-E Zahlen. Die Stimme ist sehr individuell und es kommen alle vorstellbaren Submodalitäten wie Lautstärke, Geschlecht, Sprache, Dialekt vor.
- Wundern Sie sich nicht, wie Ihre K-i-E Zahl oder Skala erscheint. Achten Sie nur darauf, wie trennscharf die K-i-E Zahl ist und wie sicher Sie sich dabei fühlen. Mit der Zeit werden Sie immer geübter.

Die begleitenden Emotionsgefühle sind von geringer Bedeutung, da sie aus früheren Gedanken-Zyklen herrühren können. Gefühle sind schwerlich einer Ursache zuzuordnen. Aus diesem Grunde sollte den Gefühlen bei der K-i-E Intuition keine große Aufmerksamkeit geschenkt werden, solange sich die emotionale Erregung im Bedeutungsbereich von (1) bis (5) bewegt. Die Intuition arbeitet präzise und zuverlässig mit und ohne Gefühle. Diese sind nur eine Begleiterscheinung, die anzeigt, dass die Kognition aktiviert wurde.

Wichtiger ist die emotionale Erregung, sie hat einen starken Einfluss auf die Emotionslogik und dadurch auch auf die Stärke der Gefühle. Die emotionale Erregung wirkt immer, auch wenn sie nicht wahrgenommen wird. Die Verzerrungen werden durch unterschiedliche neurologische Programme verursacht. Manche Menschen müssen sich in die Achtsamkeit regulieren, um ihre Intuition wahrzunehmen. Sie ist von verschiedenen Faktoren geprägt: dem Stimulus selbst, dem Expertenwissen, das unter anderem in neurologischen emotionalen Programmen kodiert ist, der emotionalen Erregung und vielem mehr.

Die K-i-E Intuition arbeitet dann noch immer zuverlässig, aber das Ergebnis kann von seiner Güte nicht ohne Weiteres eingeschätzt werden. So sollte die Intuition nicht alleine stehen, wann immer das möglich ist, und durch eine kognitive Entscheidungsstrategie ergänzt werden. Ignoriert werden darf die Intuition jedoch auf keinen Fall, weil sie immer wirkt, auch dann, wenn sie nicht wahrgenommen wird. Das macht die K-i-E Intuition zu einem essenziellen Werkzeug für die neue Entscheidungskultur.

Mit diesem Rüstzeug kann die Intuition jederzeit bewusst genutzt werden.

11.3 Erlernen und wahrnehmen

Kann etwas erlernt werden, das seit der Geburt zu jedem Menschen dazugehört und bis an sein Lebensende wirken wird? Es geht bei der Intuition auch nicht so sehr darum, etwas zu befreien, weil es durch die Untrennbarkeit der Entscheidungssysteme immer wirkt.

Das Erlernen der K-i-E Intuition hat drei zentrale Aspekte:
- die Intuition mit einem klaren Fokus auszulösen, um die aufgeforderte K-i-E Intuition zu erhalten,
- die Intuition trennscharf wahrzunehmen und
- der Intuition, die dem Bewussten nicht zugänglich ist, eine präzise Sprache zu geben.

Den ersten Aspekt übernimmt die K-i-E Skala. Ihr Design führt von Bewertung über die Bedeutung direkt zur Entscheidung. Wird die K-i-E Skala wohlgeformt genutzt, reagiert die aufgeforderte K-i-E Intuition mühelos und präzise.

Der zweite Aspekt der Wahrnehmung fällt Managern, die ihr Emotionssystem meist ohnehin schon unbewusst nutzen, in der Regel leicht. Mit etwas Training wird für alle die Wahrnehmung des Gefühls – die Intuition – für die kurze Zeitspanne von 350 Millisekunden schnell und sicher erlernt.

Der dritte Aspekt, seine eigene natürliche Intuition entsprechend bewusst zu konditionieren, um den Impuls mit dem einhergehenden Gefühl in eine Bewertungszahl der K-i-E Skala zu übersetzen, gelingt ebenfalls in wenigen Stunden. Auch hier tut der innere Aufbau der K-i-E Skala gute Dienste. Bereits 40% bis 50% der Teilnehmer nehmen im ersten Kontakt mit der K-i-E Intuition die K-i-E Zahlen wahr. In den Master of K-i-E-Seminaren lernen 95% der Teilnehmer die K-i-E Intuition ohne große Hürden. Die restlichen 5% brauchen persönliches Coaching, das ihnen dann den Zugang zu ihrer eigenen Intuition öffnet.

Alle Teilnehmer erreichen früh eine gute Qualität in ihren Entscheidungen. Die Erfahrung in den rund 500 Business-Projekten, Workshops, Coachings und Lehrveranstaltungen zeigten bisher eine hohe Präzision, die die Entscheider durchwegs überrascht hat. Es stellt sich schnell eine Zufriedenheit mit den eigenen Entscheidungen ein. Dies ist kaum verwunderlich. Da die Intuition immer wirkt, werden auch weniger gute Entscheidungen besser umgesetzt und am Ende zählt das Ergebnis.

Ein wesentlicher Vorteil der K-i-E Intuition ist die Tatsache, dass sie mit der K-i-E Skala eine präzise und normierte Sprache bekommt, dadurch notiert und anschließend sauber dokumentiert werden kann. Damit wird der Lernerfolg nachhaltig unterstützt und er kann jederzeit überprüft und nachvollzogen werden, gerade im Spannungsfeld mit der kognitiven Bewertung und dem daraus entstehenden kohärenten Weltbild.

Die Hürde ist der natürliche menschliche Entscheidungsprozess selbst. Die Untrennbarkeit der Entscheidungssysteme führt dazu, dass die K-i-E Skala das Kognitionssystem aktiviert. Dies hat zur Folge, dass die K-i-E Intuition die kognitive Entscheidung anstößt. Beide zusammen gehen in einer bewussten Entscheidung auf, die zusätzlich durch ein kohärentes Weltbild begründet wird. Nach der Aktivierung des Kognitionssystems ist die Intuition nicht mehr erkennbar, auch wenn sie meist vermeintlich in einem überdeutlichen kohärenten Weltbild präsentiert wird. Der anschließende innere Dialog oder die inneren Prozesse verschleiern die ursprüngliche Intuition.

Die Vermeidung dieser Phänomene, die die Wahrnehmung der K-i-E Intuition verhindern würde, verlangt Disziplin und wiederholtes bewusstes Training:
- **Erste Disziplin** – der eigenen Wahrnehmung trauen. Die K-i-E Intuition stimmt immer, da sie aus einem Entscheidungssystem stammt, das nicht bewusst beeinflusst werden kann. Wenn sie mal nicht stimmt, ist es nicht die K-i-E Intuition. Das ist keine tautologische Aussage und bedeutet nur, dass sie dann von der Kognition verschleiert oder einfach verändert wurde.
- **Zweite Disziplin** – Training in aufbauenden Schritten:
  - entstehende Gedanken blockieren,
  - entstandene Gedanken, die die Intuition nicht beeinflussen, durchziehen lassen,
  - Gedanken erst gar nicht entstehen lassen.
- **Dritte Disziplin** – Achtsamkeit, um die emotionale Erregung wahrzunehmen und gegebenenfalls zu regulieren. Hilfreich ist, den inneren Dialog während des Trainings bewusst zu beobachten.

> Auch wenn die K-i-E Intuition immer eine eindeutige Sprache spricht, bedeutet dies nicht zwangsläufig, dass sie unmittelbar zu einer guten Entscheidung führt. Erst die Anreicherung mit kognitiven Anteilen in einem sicheren Prozess macht eine Entscheidung zu einer guten Entscheidung.

11.3.1 Die Wiederholbarkeit

Entgegen der bisher vorherrschenden Meinung, die Intuition wäre unzuverlässig und nicht vorhersehbar, ist sie absolut verlässlich und in gewissen Grenzen auch wiederholbar. Verlässlich bedeutet nur, sie liefert zuverlässig immer ein Ergebnis, das jedoch nicht unbedingt eine gute Entscheidung sein muss oder zu einer guten Entscheidung beiträgt. Das Ergebnis ist weitgehend wiederholbar, wenn die Wirkfaktoren stabil bleiben. Da das nie ganz gewährleistet ist, ist die Wiederholbarkeit nur mit Einschränkungen zu sehen:
- die Zeit – sie ist ein Wirkfaktor, der nicht identisch für eine Wiederholung herzustellen ist.
- der Stimulus – er ist durch eine wohlgeformte Leitfrage in der K-i-E Skala identisch auszulösen.
- die emotionale Erregung – sie ist ein sehr fragiler Einflussfaktor, der von vielen Faktoren, der Intuition selbst und vor allem den nachfolgenden kognitiven Prozessen, beeinflusst wird. Die emotionale Erregung kann jedoch mit Achtsamkeitsritualen wieder in einen gewünschten Zustand reguliert werden.
- das emotionale Erfahrungsgedächtnis – es ist stabil und robust. Jedoch jede Erfahrung lässt es lernen. So kann es sich in jedem Entscheidungsprozess verändern. Zwischen zwei Gedanken-Zyklen ist die Veränderung erfahrungsgemäß nicht wesentlich.

- die neuronalen emotionalen Programme – sie sind sehr stabil, insbesondere bei Experten. Auch wenn sie veränderbar sind, so ist davon auszugehen, dass innerhalb von zwei Gedanken keine großartige Veränderung stattfindet.
- Beeinflussung zwischen der Wiederholung – die indirekte Beeinflussung des Emotionssystems mittels Priming oder direkt mittels Argumenten und Fakten ist gegeben.

Die Erfahrung zeigt, dass die Wiederholbarkeit, auch wenn sie nie wirklich ganz hergestellt werden kann, in hohem Maße gewährleistet ist. Wird eine K-i-E Skala mit der Intuition beantwortet, zeigt sie bei einer Wiederholung eine sehr hohe Übereinstimmung. Genauso deutlich ist die Abweichung, im Sinne einer Entscheidungsfindung, wenn wirkliche Maßnahmen und Fakten angeführt werden, die die Motive der Grundemotionen aufscheinen lassen.

Der intelligente Gebrauch der K-i-E Intuition wird damit zur wertvollen Entscheidungsinstanz, die mit hoher Geschwindigkeit völlig mühelos in einer garantierten Zeit eine Entscheidung liefert. Als eine verlässliche Entscheidungsinstanz gehört sie in das Repertoire eines jedes Entscheiders.

11.3.2 Der Preis der Geschwindigkeit

Die Intuition reagiert verlässlich in einer vorhersagbaren Zeit und kommt immer zu einer Entscheidung. Die garantierte Entscheidung in deterministischer Zeit von circa 350 Millisekunden hat ihren eigenen Preis in Form von Einschränkungen, die auszugleichen sind, wenn man die Intuition als verlässliches Entscheidungswerkzeug nutzen will. Die potenzielle Eskalation in Gedanken-Zyklen kann als eine Einschränkung gesehen werden, wird aber bei angemessener Prozesstreue mit der K-i-E Entscheidungsstrategie ausgeschlossen. Übernimmt ein Master of K-i-E als Prozessverantwortlicher die Anwendung der Entscheidungsprozesse, wird sichergestellt, dass die Phänomene erst gar nicht auftreten. Bei wachsender Gruppenkompetenz übernimmt das Team selbst die Kontrolle über die Prozesstreue.

Das grundlegende Merkmal bewusster Entscheidungen, wie es der liberale deutsche Unternehmer Walther Rathenau formuliert: *„Entscheiden heißt wählen"*, trifft für die Intuition gerade nicht zu.

Die Intuition kann nicht direkt wählen oder sich zwischen zwei Alternativen entscheiden. Diese Leitfragen sind durch die Intuition nicht direkt zu beantworten:

- Welcher der Kandidaten ist besser für die Position geeignet?
- Ist es wirksamer, die Kosten zu reduzieren oder den Absatz zu erhöhen?
- Soll ich mich als Entwicklungsleiter oder doch lieber als Projektleiter bewerben?
- Welche der Maßnahmen sollten wir für den digitalen Transfer als Erstes umsetzen?

Die Ursache, warum die Intuition nicht reagieren kann, liegt in ihrer inneren Konstruktion. Sie produziert nur dann eine klare Entscheidung, wenn sie mit einer Antwortstruktur Ja-Nein oder der K-i-E Skala reagieren kann. Die K-i-E Skala schafft auch hier elegant

Abhilfe, indem Fragen, die nicht der intuitiven Antwortstruktur genügen, umformuliert werden. Bild 11.7 und Bild 11.8 zeigen Beispiele für solche Entscheidungsprozesse.

Wie gut ist Bewerber A für die Position geeignet?
① ② ③ ④ ⑤ ⑥ ⑦ ⑧ **⑨** ⑩
ungeeignet   einigermaßen   geeignet

Wie gut ist Bewerber B für die Position geeignet?
① ② ③ ④ ⑤ ⑥ ⑦ **⑧** ⑨ ⑩
ungeeignet   einigermaßen   geeignet

Bild 11.7 Bewerber A ist die richtige Wahl

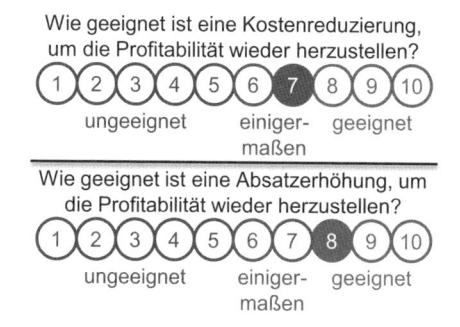

Wie geeignet ist eine Kostenreduzierung, um die Profitabilität wieder herzustellen?
① ② ③ ④ ⑤ ⑥ **⑦** ⑧ ⑨ ⑩
ungeeignet   einigermaßen   geeignet

Wie geeignet ist eine Absatzerhöhung, um die Profitabilität wieder herzustellen?
① ② ③ ④ ⑤ ⑥ ⑦ **⑧** ⑨ ⑩
ungeeignet   einigermaßen   geeignet

Bild 11.8 Es sollten Vertriebs- und Kostenmaßnahmen eingeleitet werden

Mit der Wahl einer neuen Position kann analog verfahren werden und bei der Auswahl von Maßnahmen empfiehlt sich ein Priorisierungsprozess.

Viele erfahrene Führungskräfte haben ihre Kognition so konditioniert, dass sie die Umformung automatisch durchführen. Mit dem Wissen über die Untrennbarkeit der Entscheidungssysteme und ihre inneren Wirkmechanismen bleibt die K-i-E Intuition ein sehr wirkungsvolles Entscheidungswerkzeug, das jede Führungskraft mit wohlformulierten Leitfragen souverän nutzen kann.

11.3.3 Intuition oder Verstand

Die uralte Frage „Intuition oder Verstand" ist endgültig beantwortet:
- Eine einfache Antwort würde lauten: zuerst die Intuition und anschließend die Kognition und als Abschluss wieder die Intuition.
- Eine aufdeckende Antwort würde lauten: Die Intuition wirkt immer, in jeder Entscheidung, ob sie nun wahrgenommen wird oder nicht. Die Frage – gestellt als Polarität – ist Unsinn.

- Eine weiterführende Antwort wäre: Die Intuition kann als bewusster Bestandteil einer Entscheidungsstrategie, die die Untrennbarkeit der Entscheidungssysteme nachbildet, erkannt und bewertet werden.
- Eine korrekte Antwort auf die Polarität wäre: Die Intuition kann als einzige Entscheidung alleine stehen. Sie gehört jedoch zu den bewussten Entscheidungen, auch wenn der Prozess, wie sie entstand, dem Bewussten nicht zugänglich ist.
- Eine Empfehlung ist: Der Verstand sollte immer benutzt werden. Allerdings so, wie es in der K-i-E Kognitionslogik beschrieben ist, die der Intuition nachfolgt.
- Eine bessere Frage wäre: Was ist der Verstand? Was die Intuition ist, dazu liefert dieses Buch die Antwort.
- Eine praktikable Antwort im unternehmerische Sinne wäre: Zu entscheiden ist, welche Logiken neben der rationalen sollten Anwendung finden und wie viel Zeit und Ressourcen verwendet man dafür.

Die Intuition kann unterschiedlichste Stimuli bewerten. Sie liefert jedoch nur den ersten Baustein, um das Problem der Untrennbarkeit zu lösen. Sie kann gerade nicht auswählen, sie kann sich nur für oder gegen etwas entscheiden. Eine rationale Entscheidung vorgeben, im Sinne der Auswahl der besten Lösung aus Alternativen, wie es Unternehmen mit einer rationalen Entscheidung fordern, kann sie nicht.

Der Widerstreit zwischen Intuition und Verstand ist mit der Untrennbarkeit der Entscheidungssysteme und ihrer Zusammenführung aufgelöst. Die uralte Frage „Intuition oder Verstand" ist damit endgültig beantwortet. Im Grunde ist die Frage falsch gestellt, denn die Polarität existiert in Wirklichkeit nicht. Der menschliche Entscheidungsprozess arbeitet in der evolutionär vorgegebenen Sequenz: Zuerst agiert die Intuition, anschließend die Kognition und abschließend wieder die Intuition. Würde man sich der Polarität der Frage unterwerfen, so bliebe nur die Intuition.

Nur die Intuition kann als einzige Entscheidungsform alleine stehen, was im unternehmerischen Umfeld weder praktikabel ist noch akzeptiert würde. Sie kann jedoch als bewusster Bestandteil einer Entscheidungsstrategie, die die Untrennbarkeit der Entscheidungssysteme nachbildet, erkannt und integriert werden. Die Empfehlung lautet daher: Dem Verstand – integriert in die natürlich vorgegebene Sequenz der menschlichen Entscheidungsprozesse – gehört in einer integrierten Entscheidungsstrategie die zentrale Funktion. Die spirituellen Erfahrungen, die mit der Intuition in Verbindung gebracht werden, wurden in diesem Buch ausgeklammert, auch wenn die Phänomene zweifellos existieren. Es ist sicherlich sinnvoll, die Erkenntnisse und Erfahrungen mit der Untrennbarkeit der menschlichen Entscheidungssysteme zuerst zu durchdringen, bevor man sich diesen Themen zuwendet.

Der Diskurs über die natürliche Intuition in Wissenschaft und den Medien, im Management und in Unternehmen ist aufgrund des fehlenden Wissens über die Interaktion der Entscheidungssysteme und ihrer Wirkfaktoren sehr polarisierend geführt worden. Mit der K-i-E Intuition kann das Wissen des sogenannten „Unbewussten" angezapft werden, um so zu schnellen und stimmigen Entscheidungen zu kommen.

11.4 Der Untrennbarkeit Respekt zollen

Wenn die Intuition untrennbar mit der Kognition verbunden ist, so ist die Frage durchaus berechtigt, warum sie dann noch bewusst beachtet und in eine Entscheidungsstrategie integriert werden muss.

Das Emotionssystem wirkt immer, ist jedoch dem Bewussten nicht zugänglich. Seine Wirkung sollte aber bewusst hinterfragt werden. Ist sie gewollt oder sollte sie korrigiert werden (Bild 11.9)?

Die Unterscheidung zwischen dem Emotionssystem und einer seiner Ausdrucksweisen, der Intuition (III), ist der erste Schritt, wie die bewusste Kontrolle erfolgen kann. Tatsächlich beeinflusst das Emotionssystem auf vielfältige Weise das Kognitionssystem (I). So bestimmt beispielsweise die emotionale Erregung in hohem Maße, welche kognitiv überformte Entscheidung (VI) oder welches kohärente Weltbild (VII) in den jeweiligen Gedanken-Zyklen erstellt wird. Die bewusste Entscheidung (VIII) ist dann als Ergebnis mehrfacher Zyklen von allen vorherigen Wirkfaktoren beeinflusst.

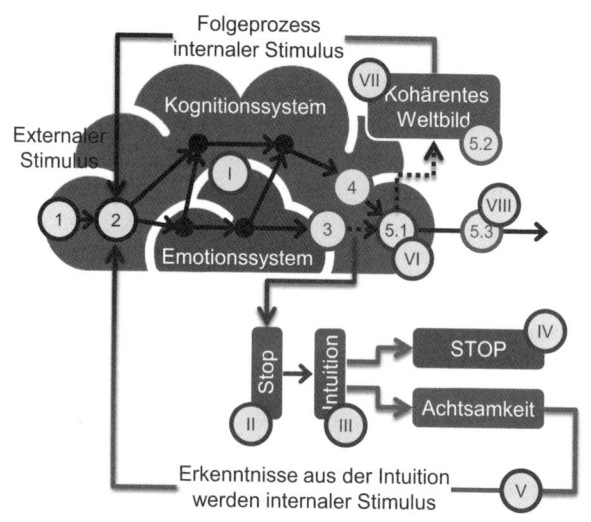

Bild 11.9 Die Intuition als erste Einflussnahme für eine bewusste Entscheidung

Die Intuition ist der Hinweis auf das, was im Emotionssystem anhand der Emotionslogik verarbeitet wurde. Die Emotionslogik besteht aus wesentlichen Einflussgrößen, die sich in jedem Zyklus dynamisch verändern:

- Stimulus
- Emotionale Erregung
- Ansteuerung der individuellen emotionalen Programme
- Emotionale Motive im Emotionsbaum

Die Intuition ist ein sehr frühes Signal und der erste mögliche Zeitpunkt, in den Entscheidungsprozess einzugreifen, um ihn bewusst zu gestalten. Die Gestaltung beginnt damit, den Entscheidungsprozess zu unterbrechen (II) und die Intuition danach (III) bewusst wahrzunehmen.

Der erste und wichtigste Indikator, den die Intuition anzeigt, ist die Stärke des Impulses und die damit einhergehende emotionale Erregung. Auf sie ist zu achten und bei hoher Erregung ist abzubrechen (IV). Bei niedriger und moderater Erregung ist Achtsamkeit (V) angezeigt, um die Abweichung zwischen intuitiver und kognitiver Bewertung zu erkennen. Sie bringt die aktivierten emotionalen Motive, die ihre Wirkung schon getan haben, zum Ausdruck. Mit dem emotionalen Tenor hat man einen weiteren Hinweis, auf welches Motiv reagiert wurde. Mit diesen Informationen kann eine Entscheidung bewusst gestaltet werden, indem man diese Erkenntnisse (V) als bewussten Stimulus in den Gedanken-Zyklus einfließen (2) lässt.

■ 11.5 Anwendungsbereich

Die Intuition wirkt durch die Untrennbarkeit der Entscheidungssysteme in jeder Entscheidung. Der intuitive Impuls wird mit der K-i-E Intuition bewusst gemacht und mit Kenntnis der Wirkfaktoren – gerade der emotionalen Erregung und der direkten und indirekten Beeinflussung – wird die Intuition zur bewussten Entscheidung, die sich normiert dokumentieren lässt.

> Die K-i-E Intuition gehört als bewusst identifizierter Teil in jede Entscheidung und somit auch in jede Art von Entscheidungen.

Das gilt auch für alle kognitiven und rationalen Entscheidungen, auch in ihnen wirkt sie und zeigt die beste Wirkung, wenn sie bewusster Baustein einer Entscheidungsstrategie wird. Dies gilt gleichermaßen für individuelle wie für Team-Entscheidungen. Im Team ist die Wirkung bedeutender, da die Gruppendynamik häufig dafür sorgt, dass keine, eine zweitbeste oder schlechte Entscheidung gefällt wird.

Wenn keine Zeit für rationale Entscheidungen bleibt, gerade dann, wenn Gefahr in Verzug ist, wird die K-i-E Intuition zur richtigen Wahl. Sie sollte auch in diesem Fall als bewusste Entscheidung getroffen werden.

Besonderer Schwerpunkt ist, neben der Entscheidungsfindung selbst, die Umsetzung. Wird sie nicht berücksichtigt, so wirkt sie dem Bewussten verborgen und die Zielerreichung bleibt gefährdet.

Sind die K-i-E Tools im Unternehmen nicht eingeführt, kann der Entscheider trotzdem die K-i-E Intuition als bewusste Entscheidung identifizieren und sie anschließend in seinen persönlichen Entscheidungsprozess bewusst einbringen.

11.6 Best Practice

Die Anwendung der K-i-E Intuition erfordert das Wissen über die K-i-E Theorie und das Zusammenwirken von Emotion, Intuition und Kognition. Ohne dieses Vorwissen wird die Intuition dilettantisch angewendet und bleibt im Halbschatten fragwürdiger Interpretationen.

Die K-i-E Skala ist eine wesentliche Voraussetzung, die K-i-E Intuition zu erlernen und souverän anzuwenden. Die Nutzung der natürlichen Intuition wird durch die K-i-E Intuition substanziell bereichert. Der akzeptierte, normierte und präzise Ausdruck in der K-i-E Skala erlaubt einen weiteren und tieferen Zugang zur natürlichen Intuition.

Die K-i-E Intuition wirkt als innerer Prozess und ist von anderen nicht unbedingt zu erkennen, es sei denn, Emotionen drücken sich in Körper und Gesicht aus. Die damit einhergehenden Gefühle können nicht erkannt werden. Der innere Dialog und die Auseinandersetzung mit dem Zielkonflikt zwischen individuellen, sozialen und unternehmerischen Motiven sind bei einer bewussten Entscheidung von jedem Einzelnen zu führen. Mit der K-i-E Intuition kommt man näher an alle Motive. Deshalb ist es angeraten, die K-i-E Intuition in einem geschützten Raum zu erlernen und die ersten Anwendungen eher im persönlichen Umfeld zu trainieren.

Das Ergebnis der K-i-E Intuition, also die Bewertung mit einer Zahl, ist kognitiv nicht zu fassen und sollte weder individuell noch im Team in Frage gestellt werden. Eine Frage: „Wieso gibst du eine (4)?" wäre eine persönliche Grenzüberschreitung und würde die K-i-E Tools entwerten und ihren Einsatz gefährden. Die K-i-E Intuition hat keine Erklärung und Begründung, deshalb ist sie auch nicht zu begründen, zu erklären oder zu diskutieren. Das Ergebnis der K-i-E Intuition ist erstmals ein Schnappschuss, ein Blitzlicht – mehr nicht. Auch wenn die sie auslösenden neuronalen emotionalen Programme aus den Emotionsgefühlen mithilfe von sich annäherndem kohärentem Weltbild erkannt werden können, sind diese Phänomene für die bewusste Nutzung der K-i-E Intuition im ersten Schritt eher hinderlich.

Die K-i-E Intuition ist nur bei niedriger (1) bis (3) und moderater (4) und (5) emotionaler Erregung anzuwenden. Steigt sie über (5), wird die Anwendung diffus und das Ergebnis fragwürdig (Bild 11.10).

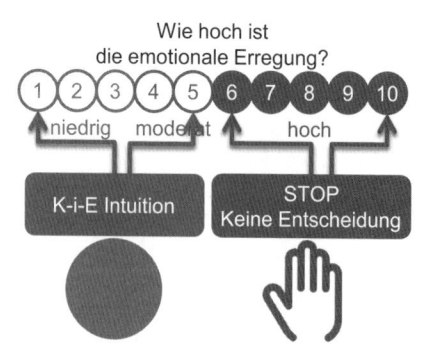

Bild 11.10 Die Anwendung ist nur bei niedriger und moderater Erregung zu empfehlen

Die Diskussion im unternehmerischen Umfeld sollte mit der aus der Intuition abgeleiteten kognitiven Bewertung oder Entscheidung geschehen. Für die Anwendung im Team müssen sowohl die K-i-E Skala als auch die K-i-E Intuition im Team erlernt und anschließend in einem Change-Prozess als gemeinsam getragene Entscheidung eingeführt werden. Damit wird sie zu einem mächtigen Werkzeug, das sowohl Produktivität als auch Zufriedenheit enorm steigert.

Erfahrene Master of K-i-E und erfahrene Anwender können auf die Visualisierung verzichten, jedoch wird sie immer angeraten, um Klarheit und Trennschärfe zu erhöhen.

11.7 Fazit

Die K-i-E Intuition macht es erstmals möglich, die natürliche Intuition in einer bewussten Form anzuwenden. Sie wird dadurch zur bewussten Entscheidung und kann damit alleine stehen.

Durch die Untrennbarkeit der Entscheidungssysteme wirkt sie sowieso in jeder Entscheidung. Diese Tatsache sollte jeden Entscheider verpflichten, die natürliche Intuition als K-i-E Intuition in jede Entscheidung zu integrieren.

Als Eintritt zu einer bewussten Entscheidung beträgt der Mehraufwand weniger als eine Sekunde und der Nutzen für gute Entscheidungen und eine gelungene Umsetzung ist enorm.

Mit der K-i-E Intuition öffnet sich der Weg in eine neue Entscheidungskultur.

> **Eure Zeit ist begrenzt. Vergeudet sie nicht damit, das Leben eines anderen zu leben. Lasst euch nicht von Dogmen einengen – dem Resultat des Denkens anderer. Lasst den Lärm der Stimmen anderer nicht eure innere Stimme ersticken. Das Wichtigste: Folgt eurem Herzen und eurer Intuition, sie wissen bereits, was ihr wirklich werden wollt.**
>
> *Steve Jobs spricht viele Details der K-i-E Theorie in einer bewundernswerten Klarheit an. Der Lärm anderer übertönt leicht die eigene Intuition. Das Gefühl des Erstickens ist der individuelle Impuls mit dem begleitenden Emotionsgefühl, das entsteht, wenn die eigene Kognition die Intuition zurückweist. Es sind nicht die anderen, der Lärm der anderen löst nur aus, was man selbst bewirkt.*
>
> *Dogmen sind in neuronalen emotionalen Programmen verdichtet, ein Resultat des Denkens sind tatsächlich dann die Dogmen, die in einem kohärenten Weltbild erscheinen. Davon sollte man sich nicht einengen lassen.*
>
> *Die Wirkung der Intuition in der Untrennbarkeit der Entscheidungssysteme führt dazu, dass die Intuition in unseren Handlungen immer zum Ausdruck kommt, insbesondere dann, wenn sie – dem Bewussten nicht zugänglich – agiert. Entscheidend ist, dass die Wirkung der neuronalen emotionalen Programme das Handeln der Menschen dahin führt, dass man das wird, was in ihnen kodiert ist.*

12 Sicher entscheiden im Dreiklang von Intuition-Kognition-Intuition

K-i-E Entscheidungsstrategie

„Der Mensch hat dreierlei Wege klug zu handeln: durch Nachdenken als der edelste, durch Nachahmen als der einfachste, durch Erfahrung als der bitterste."
Konfuzius

> **Die K-i-E Entscheidungsstrategie ist das Fundament für die sichere Entscheidung.**
>
> Sie führt Erfahrung und Wissen zusammen und integriert die Intuition mit der Kognition. Dadurch befreit sie Entscheider von der Zerrissenheit zwischen Kopf und Bauch.
>
> Als Voraussetzung für bewusste Entscheidungen liefert die K-i-E Entscheidungsstrategie die Richtschnur für Führungskräfte, indem sie die evolutionär vorgegebene Untrennbarkeit der Entscheidungssysteme im Sinne guter Entscheidungen integriert.

■ 12.1 Kurzgefasst

Die K-i-E Entscheidungsstrategie nimmt den natürlichen menschlichen Entscheidungsprozess als Design-Vorgabe und bildet ihn in einem einfach zu erlernenden Entscheidungsprozess ab. Die einzelnen Schritte eines natürlichen Gedanken-Zyklus werden jedoch bewusst ausgeführt. Im Sinne der K-i-E Theorie ist eine Entscheidung erst bewusst, wenn auch die Intuition bewusst genutzt und integriert wird.

Mit der K-i-E Entscheidungsstrategie wird erstmals ein Entscheidungsprozess zur Verfügung gestellt, der alle Prozessschritte bewusst ausführt (Bild 12.1). Im ersten Schritt wird die unaufgeforderte K-i-E Intuition bewusst wahrgenommen (I) und dokumentiert. Danach wird die Kognition (II) aktiv in gewohnter Form genutzt. Im finalen Schritt wird mit der K-i-E Intuition (II) erneut das Emotionssystem konsolidiert und das Ergebnis bewusst wahrgenommen. Durch diesen finalen Schritt wird sichergestellt, dass auf dem Weg der Umsetzung (IV) das Emotionssystem durch die Untrennbarkeit der Entscheidungssysteme die getroffene Entscheidung nicht boykottiert.

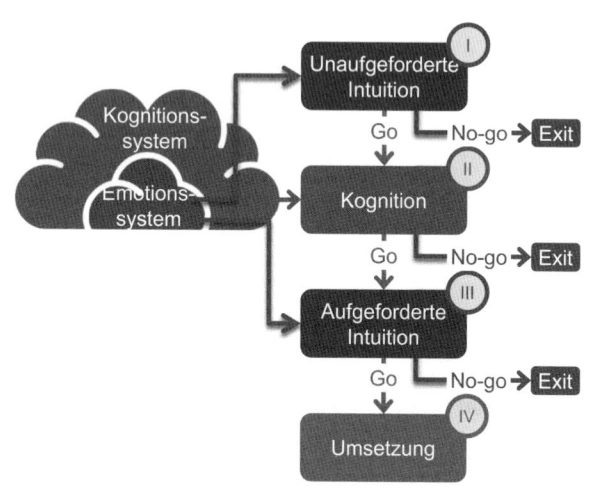

Bild 12.1 Entscheiden mit der K-i-E Entscheidungsstrategie

Diese Entscheidungsstrategie zielt auf die individuelle Anwendung für jegliche Art von Entscheidung. Sie wird als innerer bewusster Gedanken-Zyklus für einen Standard-Entscheidungsprozess empfohlen.

12.2 Die K-i-E Entscheidungsstrategie – bewusst und entschlossen

Aus der Untrennbarkeit der Entscheidungssysteme ergibt sich eine stringente Entscheidungsstrategie. Wird in Phase 1 die unaufgeforderte Intuition wahrgenommen und in Phase 3 die aufgeforderte Intuition angewendet, werden beide Entscheidungssysteme bewusst genutzt. Zusammen mit der Kognition in Phase 2 steht damit erstmals eine vollständig bewusste Entscheidungsstrategie zur individuellen Anwendung zur Verfügung.

Von Bedeutung ist der Umgang mit einer Ablehnung aus den drei Phasen:
- Das Vorhaben wird verworfen.
- Das Vorhaben wird verändert.
- Es werden Ressourcen aktiviert, damit das Vorhaben gerettet werden kann.

Eine von mir im Jahre 2005 mit 17 deutschen Entrepreneurs durchgeführte Analyse über ihre innere Entscheidungsstrategie ergab eine übereinstimmende Struktur, die sich am natürlichen Entscheidungsprozess orientiert. Die Befragten waren alle Unternehmer in unterschiedlichen Bereichen, die eigene Firmen gegründet hatten und erfolgreich aufbauten. Einige verkauften ihr Unternehmen und zwei erwarben sie in einer kritischen Situation wieder zurück, um sie zu sanieren.

Standen die Entscheider vor einer Herausforderung oder einer Entscheidung, so achteten sie in der ersten Phase auf das automatisch erzeugte Ergebnis des Emotionssystems, die unaufgeforderte Intuition (UAI). Die Rückmeldungen waren sehr individuell:

- „Wenn mein Bauchgefühl ein deutliches Signal gibt, beginne ich, ein neues Vorhaben erstmals zu betrachten. Vorher mache ich nichts."
- „Ohne ein sicheres Gefühl beginne ich erst gar nicht, darüber nachzudenken."
- „Erst, wenn ich Lust und Interesse empfinde, beginne ich, mich mit dem Thema zu beschäftigen."
- „Wenn sich ein unsicherer Impuls rührt, tue ich nichts."

Auffallend war, dass alle Unternehmer auf ihre Intuition achteten und nach ihr handelten. Sie wurden erst aktiv, wenn die Intuition ein klares Go signalisierte. Übereinstimmend war auch die Reaktion, wenn die unaufgeforderte Intuition nicht reagiert oder ein No-go signalisiert hatte. Sie taten nichts. Das No-go verwirft die Idee oder das Vorhaben, einige legten sie für eine spätere Prüfung beiseite. Die Entscheider verließen sich auf das intuitive Expertenwissen in Phase 1, was sie sicher machte für die Vorhaben, die sie verfolgten, und gleichzeitig frei von Themen, hinter denen sie nicht voll standen.

Die Intuition kann nicht zwischen Alternativen auswählen. Sie ist in zweierlei Hinsicht nicht dazu in der Lage, eine rationale Entscheidung zu treffen, einmal, weil sie gerade nicht auswählen kann, und zum zweiten, weil sie ihre Wahl nicht begründen kann. Die Wahl zwischen Alternativen kann nur vom Kognitionssystem getroffen werden, was in einem Priorisierungsprozess geschieht. Jedoch kann die Kognition die Intuition unterstützen, indem sie Alternativen anbietet und die Intuition befragt, wie bedeutend oder stimmig eine Alternative ist. Mehr dazu im Priorisierungsprozess.

Das intuitive Go der unaufgeforderten Intuition initiiert die Phase 2. Entscheider wägen das Vorhaben bewusst ab, bewerten die Faktenlage und spielen in Gedanken-Zyklen mit rationalen Begründungen verschiedene Szenarien durch. In dieser Phase werden die Alternativen bewertet und priorisiert. Die rationale Entscheidung als Sonderform der Priorisierung wählt am Ende die beste Alternative aus. Diese komplexe Tätigkeit spiegelt das Expertenwissen der Unternehmer wider. Sie agieren in dieser Phase bewusst, in Abhängigkeit von der Tragweite und der Situation und erarbeiten mit gängigen Business-Methoden eine Bewertung, die das Für und Wider in einer nachvollziehbaren Dokumentation aufbereitet:

- Kosten-Nutzen-Analyse
- Gewichtete Entscheidungsmatrix
- SWOT-Analyse
- Risiko-Analyse und Chancen-Bewertung

- Opportunitätskosten
- Simulationen und Business War Games
- Business Model Canvas

Eine nachvollziehbare Dokumentation ist bewusst von der Kognition initiiert und bietet einen definierten Rückzugs- und Aufsetzpunkt sowie eine Diskussionsbasis mit Dritten. Meist wurden externe Ressourcen wie Freunde, Partner und Lebenspartner eingebunden. Bei größeren Vorhaben beauftragen Entrepreneurs Unternehmensberatungen, Coaches, Rechtsanwälte, um Chancen und Risiken weiter abzusichern.

Übereinstimmend verwarfen alle das Vorhaben, wenn das Ergebnis der kognitiven Prüfung ein No-go war. Die klare Entscheidung gab den Aufwänden zur kritischen Prüfung einen Sinn und sie ließen die Vorhaben los und wurden so frei für andere Themen.

Das klare Go für die kognitive Bewertung führt direkt in die dritte Phase mit bewusst aktivierter Intuition, der aufgeforderten Intuition. Im Jahre 2005 war das Bauchgefühl noch nicht salonfähig und der Begriff der Intuition wurde in unternehmerischen Kreisen eher in die esoterische Ecke verwiesen. Entsprechend bunt waren die Rückmeldungen:

- „Ich schlafe erst mal darüber und nur wenn ich klar und 100% committet bin, gehe ich das Projekt an."
- „Wenn mein Gefühl nicht absolut klar ist, verwerfe ich das Projekt."

Überraschend war, dass die überwiegende Mehrheit der Unternehmer die Vorhaben nach der erfolgreichen kognitiven Prüfung konsequent verwarfen, wenn die aufgeforderte Intuition nicht mit Go übereinstimmte. Es waren ja bereits große Investitionen mit Unternehmensberatern und internen wie externen Beteiligten getätigt, die mit dieser Entscheidung verloren gingen. Die Begründung zeigte, wie sehr sich die Unternehmer auf ihre Intuition verlassen, aber auch, wie sehr sie um die Untrennbarkeit der Entscheidungssysteme wissen, insbesondere was die spätere Umsetzung betrifft:

- „Wann immer ich nicht voll überzeugt war, kümmerten die Projekte dahin."
- „Es ging immer schief, wenn ich gegen mein Gefühl handelte."

Bei einer Zustimmung der aufgeforderten Intuition wurde zügig und entschlossen mit der Umsetzung begonnen. Dann gab es kein Zaudern mehr, die Budgets und notwendigen Ressourcen wurden freigegeben und alles wurde darangesetzt, dass das Vorhaben startet und auf dem Weg der Umsetzung die notwendige Achtsamkeit bekommt.

12.2.1 In drei Schritten zur sicheren Entscheidung

Die Integration der K-i-E Intuition führt zur K-i-E Entscheidungsstrategie. Die etwas undifferenzierte natürliche Entscheidungsstrategie mit Go und No-go bekommt mit der K-i-E Skala eine transparente Form, die für jedermann anzuwenden ist (Bild 12.2).

12.2 Die K-i-E Entscheidungsstrategie – bewusst und entschlossen

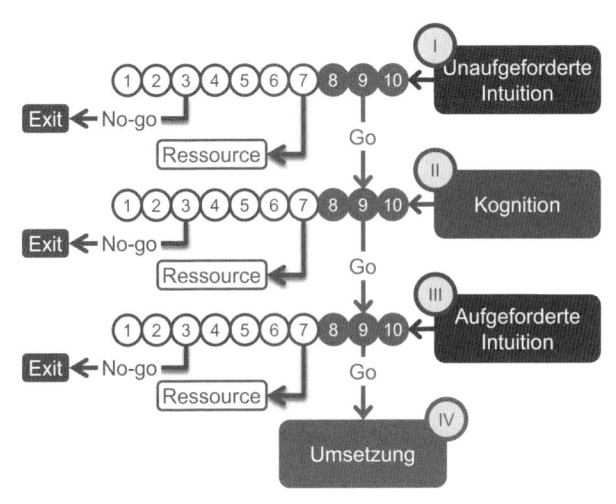

Bild 12.2 Sicher entscheiden mit der K-i-E Entscheidungsstrategie

Es werden die unaufgeforderte und die aufgeforderte Intuition bewusst eingebunden. Bei einer (8), (9) oder (10) im finalen Schritt, der Zustimmung der aufgeforderten Intuition, wird ebenfalls entschlossen mit der Umsetzung begonnen und es werden alle notwendigen Ressourcen zur Verfügung gestellt. Das ausgerichtete Emotionssystem unterstützt den Weg der Umsetzung und die Entscheider kümmern sich gerne mit der angeratenen Achtsamkeit um Kontrolle und Steuerung. Das Vorhaben ist durch die Ausrichtung der Entscheidungssysteme zur Herzensangelegenheit geworden. Es ist alles getan, damit der Erfolg eintreten kann.

Die zweite Phase der kognitiven Bewertung birgt noch ein wesentliches Risiko, die emotionale Erregung kann dysfunktionale neurologische Programme aktivieren:

- Dominiert die Einflussnahme aus der Grundemotion Ärger, werden Vorhaben erzwungen. Die dabei entstehenden kohärenten Weltbilder begründen, warum ein Vorhaben unbedingt gemacht werden muss.
- Dominiert die Sorge um Sicherheit aus der Grundemotion Angst, wird dem Vorhaben ausgewichen, es wird vermieden, ausgesessen und verhindert. Mit den dabei entstehenden kohärenten Weltbildern wird begründet, warum ein Vorhaben zu risikoreich, zu schwierig oder aussichtslos ist.

Das fatale Zusammenwirken von dysfunktionalen neuronalen emotionalen Programmen mit einer ansteigenden emotionalen Erregung ist ein explosives Gemisch, das zu erheblichen Risiken führen kann und gute Entscheidungen sabotiert. Die emotionale Erregung zu regulieren, gehört zum Grundrüstzeug von Entscheidern. Eine externe Referenz mag zusätzlich unterstützend sein. Gemeinsam getragene Entscheidungen sind ein sicherer Weg, um das Risiko individueller Entscheidungen zu vermeiden.

Häufig angeführte Vorbehalte in Coachings und Seminaren, Entscheidungsprozesse wären komplex und aufwendig, rühren meist aus einem kohärenten Weltbild her, das aus Angst vor dem Unbekannten gespeist ist:

- Die Zeitdauer für Phase 1 und 3 liegt in freier Anwendung bei nur etwa einer Sekunde. Berücksichtigt man dabei die Erstellung einer K-i-E Skala, so sind bei etwas Erfahrung ebenfalls nur einige Sekunden bis Minuten dafür nötig.
- Die K-i-E Entscheidungsstrategie folgt natürlichen Prozessen, so wie sie in jedem Menschen wirken. Ob sie nun als komplex oder einfach empfunden werden, ist dabei wenig von Belang. Mit dem Wissen um die K-i-E Theorie wird sie mit etwas Training einfach. Überraschend ist, dass Menschen in Seminaren, die das Erlernen zunächst als komplex empfanden, die K-i-E Entscheidungsstrategie nach kurzer Vertrautheit leichter erlernten. Diejenigen, die sie sofort als einfach identifizierten, neigen dazu, das wirkliche Potenzial zu übersehen, und fallen beziehungsweise verharren in alten Strategien.

Indem die Intuition in der wiederholten Anwendung erfahren und so bewusster Bestandteil der Entscheidung wird, beginnt eine zyklisch verfestigende Wirkung bei der Anwendung der K-i-E Entscheidungsstrategie. In kurzer Zeit wird sie zum individuellen Standard einer jeglichen Entscheidung. Im größeren Zyklus wird der Projekterfolg dafür sorgen, dass sich das Erfahrungswissen, das die Erfolgsschleife in Gang bringt, aufbaut und weiter ausbaut.

12.2.2 Einstieg in die Erfolgsschleife

Die K-i-E Entscheidungsstrategie hat die faszinierende Eigenschaft, sowohl aus der Misserfolgsschleife auszusteigen als auch parallel in die Erfolgsschleife einzusteigen. Im ersten Schritt wird die fehlende Ausrichtung im Emotionssystem erkannt (Bild 12.3).

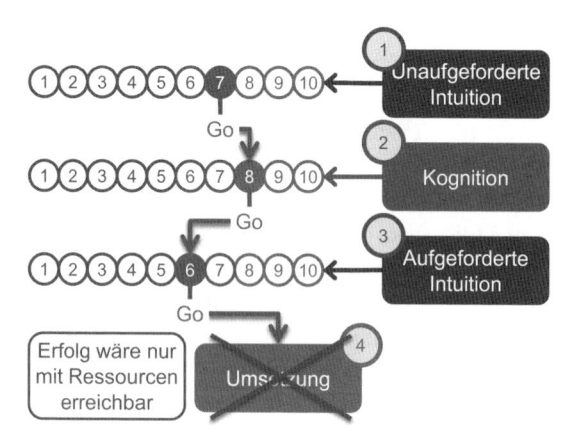

Bild 12.3 Der klassische Misserfolgsfall

Die unaufgeforderte Intuition wird anfangs als unbedeutend oder mit nahe am Ziel mit (7) ignoriert. Mit einem „wird schon gut gehen" wird in die kognitive Bewertung gegangen, die klare Chancen (8) für einen Erfolg aufzeigt. Die aufgeforderte Intuition, wenn sie denn gemacht worden wäre, würde eine (6) zeigen: Ein Erfolg ist nur mit deutlichen Ressourcen zu erreichen.

Dieses Vorhaben sollte niemals in dieser Form gestartet werden. Natürlich gibt es immer wieder günstige Umstände, die ein solches Projekt gelingen lassen. Jedoch wird in den meisten Fällen dieses Vorhaben scheitern oder sich zum unangenehmen Kümmerprojekt entwickeln.

Die meiste Zeit wird im Widerstreit zwischen Intuition und Kognition vergeudet. Die K-i-E Entscheidungsstrategie zeigt diesen auf und quantifiziert die Lücke in einer offenen und verständlichen Form. Hierin liegt ein großer Nutzen. Es ist sehr erleichternd, wenn man selbst erfährt, warum ein innerer Konflikt existiert und wie groß er tatsächlich ist. Eine Begründung für diese innere Zerrissenheit öffnet sofort neue Wege. Damit kann mit der Abweichung bewusst umgegangen und eine Lösung angestrebt werden.

Traut man seiner Intuition nicht in dem Sinne, dass sie den Erfolg kennt oder herstellen könnte, sondern im Sinne, dass sie wirken wird, und wendet man konsequent die K-i-E Entscheidungsstrategie an, wird in die Misserfolgsschleife erst gar nicht eingebogen. Ein Workshop-Teilnehmer beschrieb sowohl die Not wie auch die Lösung: *„Mit der K-i-E Entscheidungsstrategie merke ich erstmals, was bei mir wirklich geschieht. Seither blockiere ich meine Intuition nicht mehr und komme so zu guten Entscheidungen."*

Der Weg wird frei, sich Vorhaben zuzuwenden, die eine gute Chance auf Erfolg haben, und deren Erfolgschancen werden klar identifiziert. Eine entschlossene Entscheidung ist eine natürliche Konsequenz und die notwendigen Ressourcen können für eine erfolgreiche Umsetzung eingesetzt werden. Die Erfolgsschleife kann beginnen.

12.2.3 Klare Entscheidung – wenn es knapp ist

Ein typischer Bewerbungsverlauf: Bewerber A tritt exzellent auf und hinterlässt einen überzeugenden ersten Eindruck (10). Die Prüfung der Qualifikationen in den Bewerbungsunterlagen und den internen Assessments weist ein sehr gutes Ergebnis (9) aus. Der finale Eindruck, mit kognitiver Bewertung des gesamten Bewerbungsverlaufs, ergibt beim Verantwortlichen eine gute Eignung (8). Ein zweiter Bewerber B durchläuft den gesamten Bewertungsprozess mit einer sehr guten Bewertung (9), ohne in seiner Leistung abzufallen. Die ermüdende Diskussion, warum Bewerber A anfangs so exzellent war und wie sein Abfall zu begründen sei, entfällt. Gerade bei engen Entscheidungen unterstützt die Entscheidungsstrategie.

Alle Beteiligten entscheiden sich übereinstimmend für Bewerber B (Bild 12.4).

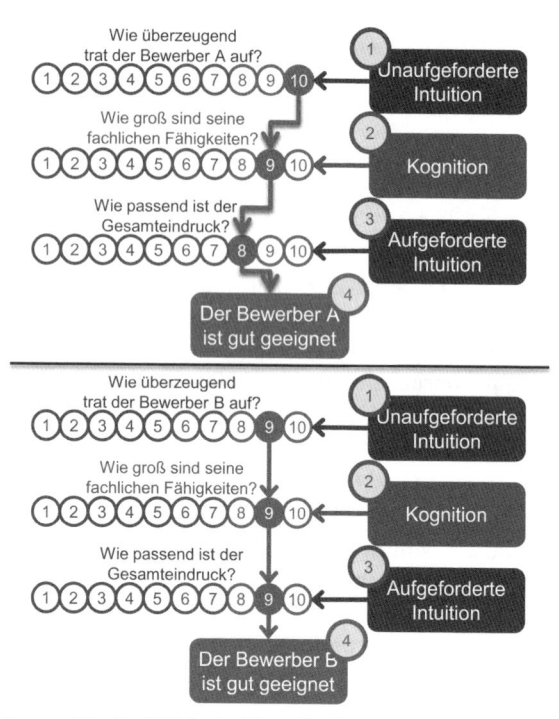

Bild 12.4 Bewertungsablauf mit Entscheidung für Bewerber B

12.2.4 Klare Ablehnung – ohne weiteren Aufwand

Ein Bewerber hinterlässt einen sehr guten ersten Eindruck (9). Die Prüfung seiner Qualifikationen zeigt jedoch nur eine bedingte Eignung (6), womit der Bewerbungsprozess sofort mit Ablehnung beendet werden kann (Bild 12.5). Die weiteren Ressourcen in Personal- und Fachabteilung werden geschont.

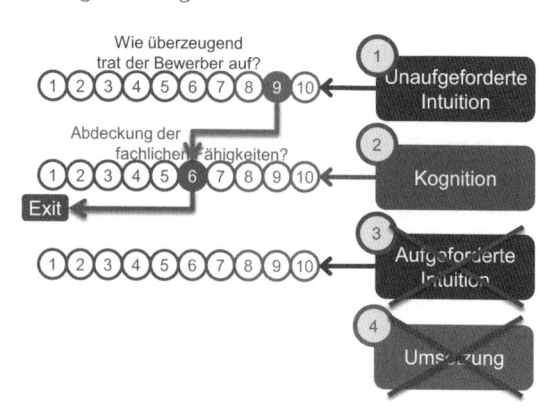

Bild 12.5 Ablehnung eines Bewerbers

12.2 Die K-i-E Entscheidungsstrategie – bewusst und entschlossen

Joint Venture (Bild 12.6) – ein Unternehmen, das seit Jahren mit Schwierigkeiten zu kämpfen hat, kann mit einem Joint Venture sowohl Innovations- als auch Managementschwächen ausgleichen. Ein jüngeres und dynamisches Partnerunternehmen scheint äußerst attraktiv (8), um wieder Anschluss zu finden. Die Due-Diligence-Prüfung desillusioniert die aus der Sorge um Sicherheit verzerrten Chancen, erinnert aber auch an die eigenen Stärken, die zu einer kognitiven Bewertung mit einer sehr guten Chance (9) führen. Die anschließende intuitive Bewertung nivelliert sich auf einem soliden Gut (8), was die nötige Achtsamkeit für den Umsetzungsprozess aktiviert. Das Joint Venture wurde tatsächlich erfolgreich gegründet.

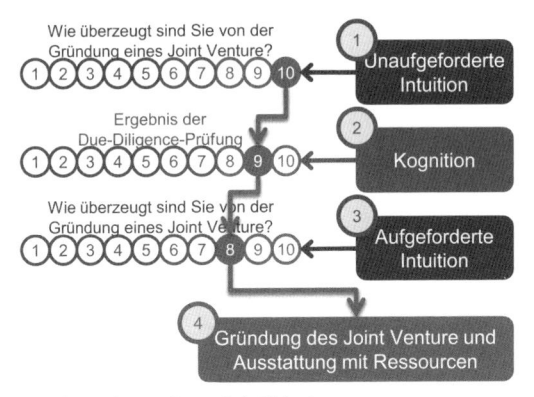

Bild 12.6 Erfolgreiche Gründung eines Joint Venture

Eine klassische Vertriebssituation verlangt die Einschätzung einer Opportunity (Bild 12.7). Das Engagement, das zur Aufforderung eines Angebots und zur Entwicklung eines Show Case führte, lässt den Account-Verantwortlichen die Opportunity – gefühlt – mit exzellent (10) bewerten.

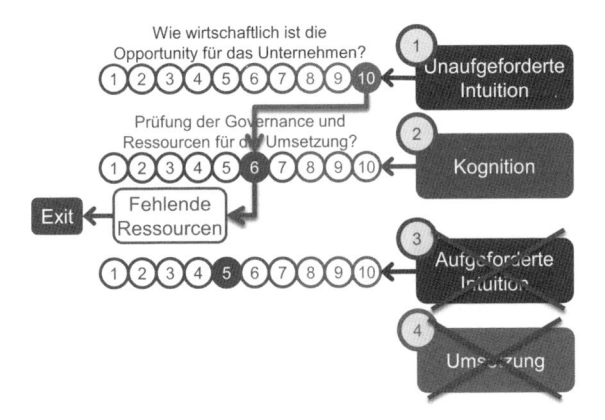

Bild 12.7 Vertriebschance, die durch begrenzte Ressourcen verworfen wird

Die anschließende bewusste Prüfung der verfügbaren Ressourcen, die Technologie- und Strategiepassung und die Stakeholder-Analyse, ergeben jedoch bei der kognitiven Bewertung eine (6), was zum Ausstieg aus dem Vertriebsprozess führt. Die K-i-E Entscheidungsstrategie lieferte ein transparentes Ergebnis und sicherte das Wissen im Entscheidungsprozess:

Die nach dem Exit nicht mehr notwendige, aber durchgeführte aufgeforderte Intuition zeigte tatsächlich, dass die Opportunity intuitiv als nicht geeignet bewertet wurde. Das Emotionssystem lernt im Prozess. Würde die Vertriebschance weiterverfolgt, so würden die Ressourcen für den Show Case und die des Vertriebs verschwendet. Chancenreiche Opportunities blieben unbearbeitet auf der Strecke.

Für erfahrene Anwender der K-i-E Entscheidungsstrategie können Vorhaben, die mit (7) bewertet wurden, durch Einsatz weiterer K-i-E Tools so gestaltet werden, dass sie mit Ressourcen ausgestattet oder so angepasst werden, damit sie gelingen können.

Die K-i-E Entscheidungsstrategie lässt die Planung des Misserfolgs erst gar nicht zu und zeigt klar auf, wann in eine Erfolgsschleife eingetreten werden kann.

■ 12.3 Anwendungsbereich

Für individuelle Entscheidungen ist die K-i-E Entscheidungsstrategie die richtige Wahl. Das Feedback eines Workshop-Teilnehmers „Ich entscheide nur noch so" gibt den Anwendungsbereich vor. Jede individuelle Entscheidung sollte so getroffen werden.

Eine Ausnahme bildet die K-i-E Intuition als bewusste Entscheidungsform, wenn Gefahr in Verzug ist.

Für Team-Entscheidungen liefert die K-i-E Entscheidungsstrategie die Grundstruktur, die in allen Entscheidungsprozessen enthalten ist. In einer vertrauensvollen Umgebung kann sie offen angewendet werden und gibt zusätzliche wertvolle Informationen.

Steigt die emotionale Erregung über einen gewissen Punkt (höher als 6), sollte unterbrochen werden (Bild 12.8).

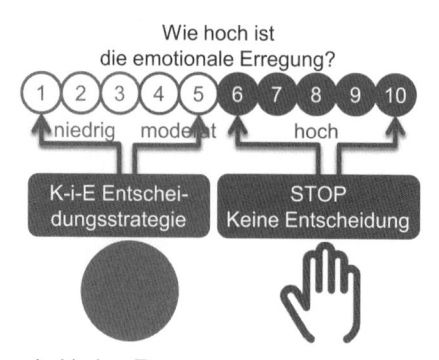

Bild 12.8 Unterbrechung bei hoher Erregung

Die intuitiven Entscheidungen sind in einem angeheizten Umfeld für eine unternehmerische Entscheidung nicht mehr brauchbar und die kognitive Entscheidung wird durch das von der emotionalen Erregung beeinflusste kohärente Weltbild unglaubwürdig.

Eine Besonderheit der K-i-E Entscheidungsstrategie ist die Dokumentation im Nachhinein, die ein Lernen und Begründen von Misserfolg und Erfolg darstellt. Sie gibt damit der Intuition einen Ausdruck, um Rückschaufehler zu vermeiden. Damit eignet sie sich exzellent für bereichsübergreifende Prozessschritte.

■ 12.4 Best Practice

Die K-i-E Entscheidungsstrategie baut auf den Kenntnissen der K-i-E Skala und der K-i-E Intuition auf. Ihre Anwendung erfordert ebenfalls das Wissen über die K-i-E Theorie und das Zusammenwirken von Emotion, Intuition und Kognition, um gerade in der Lernphase immer wieder eine klare Orientierung zum Was, Wie und Warum zu haben.

Achten Sie in der Anfangsphase darauf, nach der unaufgeforderten Intuition mit dem inneren Konflikt zwischen individuellen, Team-, Bereichs- und unternehmerischen Interessen achtsam umzugehen. Diese inneren Dialoge sind natürlich und niemand kann von außen erkennen, wie Sie Ihre oft widersprüchlichen Motive in einer Entscheidung zusammenführen.

■ 12.5 Fazit

Die Orientierung am natürlichen menschlichen Entscheidungsprozess mit der vollständig abgebildeten Untrennbarkeit macht die K-i-E Entscheidungsstrategie so wirkungsvoll. Sie ist die Voraussetzung für bewusste Entscheidungen, die im Zusammenwirken von Erfahrung und bewusstem Wissen einen guten Entscheider ausmachen.

Die Tatsache, dass die Untrennbarkeit der Entscheidungssysteme in jeder Entscheidung unbewusst wirkt, sollte jeden Entscheider verpflichten, die natürliche Intuition als K-i-E Intuition in jede Entscheidung zu integrieren. Die Anwendung verlangt nur wenige Sekunden zusätzlichen Zeitaufwand. Die Integration der K-i-E Skala eröffnet alle ihr innewohnenden Vorteile, vor allem die klare Bewertung und eine automatische Dokumentation.

Mit der K-i-E Entscheidungsstrategie kann man erstmals von einer vollständigen bewussten Entscheidung sprechen, da sowohl unaufgeforderte als auch die aufgeforderte Intuition mit der Kognition in einen bewussten Dreiklang gebracht wird.

Die K-i-E Entscheidungsstrategie ist die Wahl für alle individuellen unternehmerischen Entscheidungen als Basis einer neuen Entscheidungskultur.

> **Der Mensch hat dreierlei Wege klug zu handeln: durch Nachdenken als der edelste, durch Nachahmen als der einfachste, durch Erfahrung als der bitterste.**
>
> *Konfuzius, chinesischer Lehrmeister 551 bis 479 vor Christi Geburt, nennt Nachdenken als edle Entscheidungsstrategie – klug zu handeln, erfordert sich zu entscheiden. Er fügt zwei weitere Arten an, um das Rüstzeug für gute Entscheidungen zu erwerben.*
>
> *Die bitterste sei die Erfahrung. Sie formt die neuronalen emotionalen Programme, wenn sie eine Situation nicht bewältigen konnte, und das fühlt sich unangenehm an. Bitter ist die Erfahrung, wenn sie ohne Rahmen und Strategie gemacht wurde. Lernt man aus der bitteren Erfahrung, wird sie zur Grundlage zukünftiger edler Entscheidungen.*
>
> *Die Nachahmung sei die einfachste, sagt Konfuzius. Sie ist einfach, weil eine wiederholte Nachahmung kein bewusstes Wissen entstehen lässt, wenn sie gelingt. Wenn die Nachahmung misslingt, wird das Scheitern zur Erfahrung und kann über die Untrennbarkeit zur edlen Entscheidung konvertieren.*
>
> *Die edelste sei Nachdenken. Eine Entscheidung mit Nachdenken öffnet den Weg, die Intuition bewusst zu integrieren und mit der Kognition zu überformen. Wird als abschließender Teil des Nachdenkens die K-i-E Intuition erneut genutzt, wird die Entscheidung edel.*
>
> *Bittere Erfahrungen werden reduziert.*

13 Der Güteprozess – gemeinsam akzeptierte Qualität herstellen

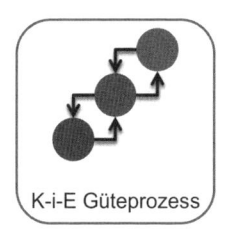

K-i-E Güteprozess

„Qualität ist kein Zufall, sie ist immer das Ergebnis angestrengten Denkens."
John Ruskin, britischer Sozialphilosoph

> Ergebnisse werden unter angemessenem Ressourceneinsatz in angemessener Qualität erstellt. Dabei wird die Qualität bereits in frühen Phasen hergestellt, wodurch spätere Probleme und Aufwände begrenzt werden.
>
> Mit dem Güteprozess entwickelt sich die Eigenverantwortung der Beteiligten als Voraussetzung, um den gemeinsamen Erfolg herzustellen. Die Verantwortung für das eigene Prozessergebnis wird forciert und übernommen. Darüber hinaus wird die gemeinsame Unterstützung für das gesamte Lieferergebnis entwickelt und im Prozess verankert.
>
> Die Qualitätskennzahlen zur Überwachung und Steuerung entstehen automatisch und erhalten selbstregulierend die Prozessqualität. Es entsteht eine Verlässlichkeit zwischen allen Beteiligten, insbesondere in den Übergängen der Prozessschritte, in den sogenannten Quality-Gates.

13.1 Kurzgefasst

Mit dem Güteprozess stellen die Beteiligten eine angemessene und akzeptierte Qualität in einem mehrstufigen Prozess selbstorganisiert her. Die automatisch entstehende Dokumentation überwacht und steuert den Prozess selbstregulierend. Im Design des Güteprozesses wirken zwei wesentliche Besonderheiten. Das Vorgängerobjekt, die „Anforderung", wird an den Nachfolgeprozess übergeben und von Verantwortlichen (I) mit einer selbst eingeschätzten Gütekennzahl (8) versehen (Bild 13.1). Im Weiteren spiegelt der Nachfolgeprozess (II) die Qualität der Vorarbeit mit einer Gütekennzahl (7) zurück. Die beiden Gütekennzahlen ergeben die Güte-Information für ein Objekt, hier die Anforderung (Vorgänger: 8, Nachfolger: 7) oder kurz (8,7). Die zweite Komponente (7) aus dem Nachfolgeprozess ist Grundlage für den selbstorganisierten Prozess, damit im Nachfolgeschritt eine angemessene Qualität, das „Design", hergestellt werden kann. Die erste Komponente und die Differenz zwischen den beiden Komponenten sind die Grundlage, um den selbstlernenden Prozess zu überwachen und zu steuern. Die Güte-Information (III) dient den weiteren Prozessschritten.

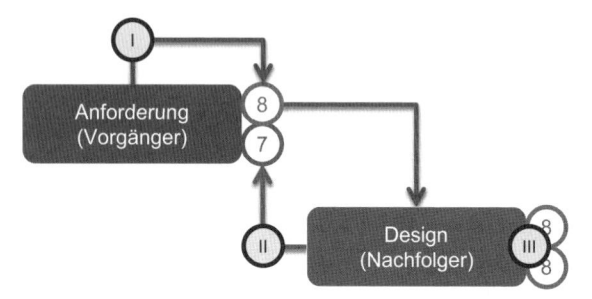

Bild 13.1 Der Kern des Güteprozesses – Steuern mit Gütekennzahlen

Die Güte-Information der Anforderungen (8, 7) mit der Differenz (-1) drückt aus, dass die Güte im Dialog zwischen Nachfolger und Vorgänger ressourcenorientiert gelöst werden kann. Die Verantwortung des Nachfolgers ist in einer K-i-E Ressourcen-Frage klar und unterstützend zu benennen, was nötig ist, um die Güte von (7) auf (8) bringen. Die Verantwortung des Vorgängers ist dann, die Güte eigenverantwortlich mit der zur Verfügung gestellten Ressourceninformation herzustellen. Mit einer Gütekennzahl von (8) signalisiert der Nachfolger, dass die Güte gut genug ist, um eigenverantwortlich das Prozessergebnis im Design herzustellen.

Die Gütekennzahlen werden mit Hilfe der K-i-E Skala erstellt und kommuniziert. In erfahrenen Teams, insbesondere beim Einsatz agiler Methoden, wird die K-i-E Intuition von den Team-Mitgliedern als schnelle Bewertung verwendet.

■ 13.2 Der K-i-E Güteprozess – intelligent selbstregulierend

Güte hat als Begriff zwei Schattierungen, einmal den Grad der erwünschten und beabsichtigten Beschaffenheit, die Qualität, und damit den Wert eines Objekts. Wichtige Vertreter sind die DIN-Norm, ein vom Deutschen Institut für Normung erarbeiteter freiwilliger Standard, die europäische Norm EN oder die international anerkannte Qualitätsnorm ISO 9000. Zum Zweiten bedeutet Güte eine innere Bereitschaft, eine Haltung, anderen Gutes zu tun. Güte umfasst Großmut, Entgegenkommen, Hilfsbereitschaft und Milde.

13.2 Der K-i-E Güteprozess – intelligent selbstregulierend

Güte ist die Eigenschaft des Wohlwollens. Das Gegenteil von Güte ist die Strenge. Der K-i-E Güteprozess bringt die Qualität und die gegenseitige wertschätzende Unterstützung in einem klaren Prozess zusammen. Die Strenge zeigt sich in der Zusammenarbeit bedingt geeignet. So wird der Anspruch – eine angemessene Qualität gemeinsam herzustellen – zum Standard und die Strenge zur Ausnahme, wenn die Kooperation verweigert wird. Der Begriff „gemeinsam" bezieht sich hierbei auf das Herstellen des Ergebnisses und dehnt sich somit auf die beteiligten Kollegen, Bereiche, das gesamte Unternehmen und über die Unternehmensgrenzen hinweg auf Kunden, Zulieferer und Partner aus. Die hieraus resultierende Komplexität, die Anzahl der Beteiligten und die hohe Geschwindigkeit sind meist nicht mehr direktiv zu steuern und Effizienzvorgaben folglich nur schwer einzuhalten. Der Güteprozess reduziert die Steuerung von außen und verlagert die Organisation in die Selbstverantwortung der Beteiligten.

> **!** Güte ist die Haltung, eine angemessene Qualität gemeinsam herzustellen.

Die Qualität in einem mehrstufigen Prozess ist nur so gut wie dessen schwächstes Glied, denn nachfolgende Prozessschritte können selten mangelnde Güte in Vorgängerschritten ausgleichen. Als Konsequenz wird die angestrebte Qualität häufig nicht erreicht. Auch wenn Mängel in einer Prozesskette punktuell durch höheres Engagement gemildert und durch Verschiebung von Kompetenz teilweise ausgeglichen werden können, führt dies zu Frustration und auf Dauer wieder zu weiteren direkten und indirekten Qualitätseinbußen.

Mit dem Güteprozess organisieren die Prozessbeteiligten – basierend auf Experteneinschätzungen – die Qualität selbstverantwortlich. Dafür ist er in einem Change-Prozess (Bild 13.2) einzuführen, in dem zuerst die Quality-Gates (I) identifiziert werden, in denen er die höchste Wirksamkeit zeigt.

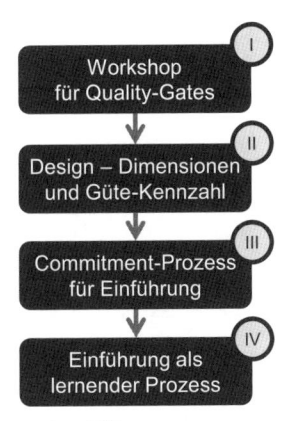

```
        ┌─────────────────────┐  I
        │     Workshop        │
        │ für Quality-Gates   │
        └─────────┬───────────┘
                  ▼
        ┌─────────────────────┐  II
        │ Design – Dimensionen│
        │  und Güte-Kennzahl  │
        └─────────┬───────────┘
                  ▼
        ┌─────────────────────┐  III
        │  Commitment-Prozess │
        │    für Einführung   │
        └─────────┬───────────┘
                  ▼
        ┌─────────────────────┐  IV
        │   Einführung als    │
        │  lernender Prozess  │
        └─────────────────────┘
```

Bild 13.2 Schritte zur Einführung des Güteprozesses

Der Erfolgsgarant ist eine einzige Qualitätskennzahl, die in einem gemeinsamen Design (II) gefunden wird. Ein Commitment-Prozess (III) ist zwingend notwendig, da über Bereichsgrenzen hinweg ein Prozess mit unterschiedlichen Interessen gesteuert wird.

Der selbstlernende Prozess (IV) erfordert in der Einführungsphase Unterstützung, die dann zeitnah in die Verantwortung der Beteiligten übergeht. Die automatisch entstehende Dokumentation der Güte-Information überwacht und steuert den Prozess selbstregulierend.

Die Haltung, eine angemessene Qualität gemeinsam herzustellen, ist im Prozess verankert und führt zum Prozessergebnis. Die Experteneinschätzung wird mit der K-i-E Skala, der K-i-E Intuition und der Ressourcen-Frage unterstützt. Die Anwendung der K-i-E Entscheidungsstrategie wird für alle individuellen Entscheidungen empfohlen.

13.2.1 Die Quality-Gates

Der Güteprozess ist ein Standardprozess, um angemessene gemeinsame Qualität in beliebigen Prozessen herzustellen. Die Anpassung an die jeweils fachlichen und technischen Details ist in einem Change-Projekt durchzuführen. Jedoch besteht selten die Chance, einen fachlichen Prozess neu zu designen und einzuführen. In den häufigsten Situationen muss man die gegebene Situation im Unternehmen annehmen und auf dieser Vorgabe einen Prozess verbessern. Der Güteprozess eignet sich sehr gut für punktuelle gezielte Verbesserungen und kann in bestehende Prozesse integriert werden. Der Schwerpunkt des Güteprozesses ist der Übergang in der Prozesskette, in den Quality Gates.

Das Design des Güteprozesses erfolgt mit einem vorbereitenden Workshop, um eine einzige Gütekennzahl und das Prozessverhalten in den Quality-Gates zwischen zwei Prozessschritten zu entwerfen. Die beiden Themen werden in einem Commitment-Prozess mit verlässlichen Größen als gemeinsam getragen vereinbart. Für die Beschreibung des Güteprozesses wird ein Standardprozess (Bild 13.3) herangezogen, der mit der fachlichen Anforderung beginnt, durch das Design zur darauf aufbauenden Umsetzung führt und mit der Qualitätssicherung und Abnahme abgeschlossen wird.

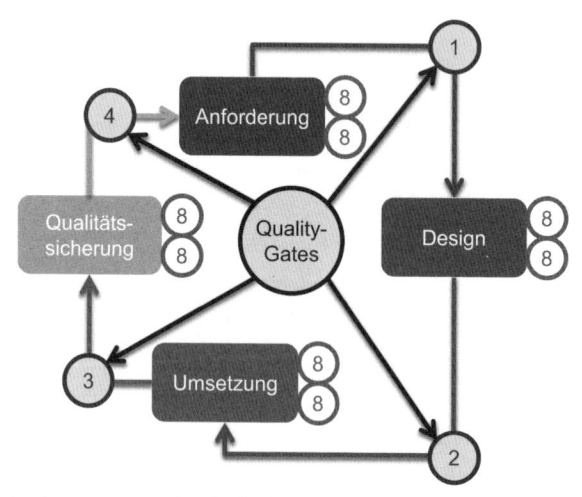

Bild 13.3 Standardprozess von der Anforderung zur Umsetzung

13.2.2 Eine einzige Gütekennzahl

Voraussetzung für die automatische Dokumentation und Selbstregulierung ist eine einzige Gütekennzahl für das Objekt, die über alle Prozessschritte weitergegeben wird. Im Vorfeld werden die notwendigen Dimensionen für eine zu erreichende Güte gemeinsam definiert. Es wird dringend empfohlen, neben der inhaltlichen Beschreibung, die sehr individuell sein kann, sich auf fünf bis sieben Dimensionen zu beschränken. Sind Objekte komplex und nur mit einer Vielzahl von Merkmalen zu fassen, so sind sie hierarchisch auf eine begrenzte Anzahl von Dimensionen zu verdichten. Die Anforderung könnte in einem typischen Digitalisierungsprojekt folgende Dimensionen umfassen:

- **Ziel** – wie weit beschreibt das Ziel die Relevanz der Anforderung?
- **Inhaltliche Beschreibung** – wie weit ist die Beschreibung für die weitere Umsetzung verständlich?
- **Kundennutzen** – wie weit ist der qualitative und quantitative Nutzen für den Kunden beschrieben?
- **Wirtschaftlichkeit** – wie weit ist die Wirtschaftlichkeit nach vorgegebener Metrik im Unternehmen ausgeführt?
- **Business-Impact** – wie klar ist die Bedeutung für den Fachbereich und der daraus erhoffte Nutzen für das Unternehmen?
- **Vollständigkeit der Kanäle** – wie weit sind alle Kanäle für das Unternehmen wie Mobile, Shop und weitere beschrieben?
- **Aufwandschätzung** – wie hoch ist der Aufwand als erste Grobschätzung aus Sicht der Anforderung? Als Metrik wird Fibonacci empfohlen. Auch wenn die Verantwortung für die Schätzung im Design liegt, so drückt die Anforderung bereits eine Vorstellung aus. Eine Übereinstimmung oder Abweichung der Schätzung von Anforderung und Design ist ein deutlicher Indikator dafür, ob die Beteiligten das gleiche Verständnis haben.

Schon während der Einführungsphase des Güteprozesses können die einzelnen Dimensionen mit einer Kennzahl versehen werden (Bild 13.4).

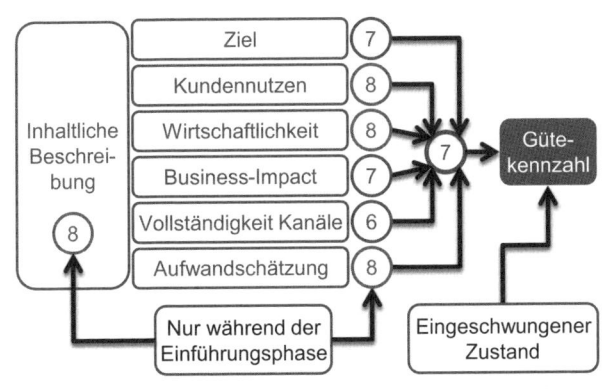

Bild 13.4 Die Gütekennzahl ergibt sich aus der Summe aller Dimensionen

Diese Unterstützung führt zu einem schnelleren Lernen und konsequenter Anwendung der K-i-E Skala und des Güteprozesses für die Herstellung der Gütekennzahl. Aus der Gesamtheit der Bewertungen ergibt sich dann die Gütekennzahl.

Die Erfahrung in vielen Projekten zeigte, dass die Akzeptanz steigt, wenn das Tool selbst für seine Einführung angewendet wird. Das gilt gleichermaßen für die K-i-E Skala.

Dieses Vorgehen erlaubt es den Beteiligten, detailliertes Feedback für einzelne Dimensionen zu geben und zu erhalten. Sie können gezielt unterschieden werden, in solche, die gut genug sind, und jene, die nachgebessert werden müssen. So könnte in der oben beschriebenen Anforderung ein Online-Portal die Gütekennzahlen von (8, 7) erhalten (Bild 13.5). Die Rückmeldung der Ressourcen-Frage würde entsprechend lauten: Damit die Güte von (7) auf (8) steigt, muss die Wirtschaftlichkeit periodengerecht für drei Jahre in Euro beschrieben werden.

Wie gut ist die Wirtschaftlichkeit für das Design spezifiziert?

① ② ③ ④ ⑤ ⑥ **⑦** ⑧ ⑨ ⑩

nicht ausreichend — nur mit Nachbessern — gut

Bild 13.5 Die Beschreibung der Dimension Wirtschaftlichkeit muss nachgebessert werden

Mit diesem Vorgehen wird die Wertschätzung sowohl für die bereits erreichte Qualität der anderen Dimensionen als auch für die nahezu ausreichende Qualität (7) zurückgemeldet.

Die Gütekennzahl macht zwei wesentliche Besonderheiten möglich, die den Übergang zwischen den Prozessschritten auszeichnen:

- Der Nachfolgeprozess spiegelt die Qualität der Vorarbeit mit einer Gütekennzahl zurück und steuert damit den Prozess.
- Das Vorgängerobjekt, die „Anforderung", wird an den Nachfolgeprozess übergeben und mit einer selbst eingeschätzten Gütekennzahl versehen.

Die beiden Gütekennzahlen werden in der Güte-Information zusammengeführt, als ein 2-Tupel, das entsprechend aus zwei Bewertungen besteht (Vorgängerbewertung, Nachfolgerbewertung). Die zweite Komponente aus dem Nachfolgeprozess ist Grundlage für den selbstorganisierten Prozess, damit im Nachfolgeschritt eine angemessene Qualität hergestellt werden kann. Die erste Komponente und die Differenz zwischen den beiden Komponenten sind die Grundlage, um den selbstlernenden Prozess zu überwachen und zu steuern.

13.2.3 Das Nachfolge-Team

Die Güte-Information der Anforderung wird beim Bewertungsprozess (Bild 13.6) anhand der vereinbarten Dimensionen vom erstellenden Anforderungs-Team im ersten Schritt

(I) selbst bewertet und mit der ersten Komponente der Güte-Information (8) an den Nachfolger, das Design, weitergeleitet.

Das Design-Team bewertet die Güte aus Sicht der Verantwortung für das Design und spiegelt die Information als zweite Komponente der Güte-Information in einem zweiten Schritt (II) zurück.

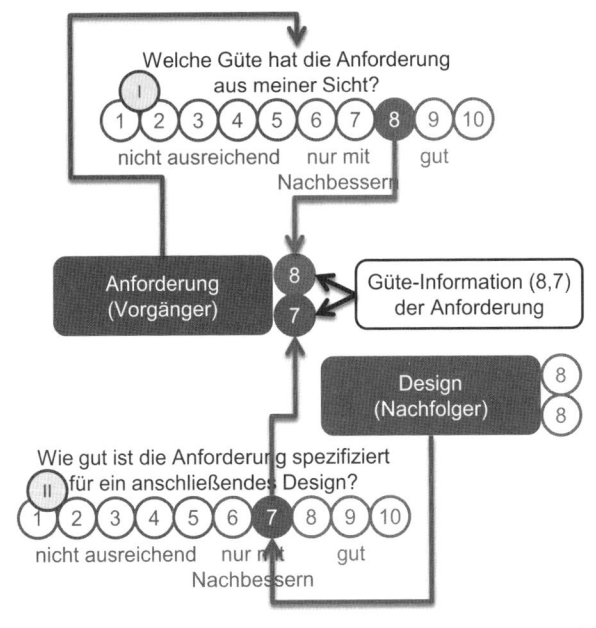

Bild 13.6 Die Anforderung wird vom Design-Team mit einer Qualität von (7) bewertet

Für das Quality-Gate Anforderung-Design heißt damit die Güte-Information: (8, 7). Das Design-Team hat die Expertise, um einzuschätzen, wie weit die Güte der Anforderung ausreicht, das Design mit guter Qualität herzustellen. Es ist in der Verantwortung und Pflicht, mit seinem Wissen die Qualität einzuschätzen, aber auch in der Verpflichtung, mit seiner Erfahrung das Anforderungs-Team zu unterstützen, damit es die Güte herstellen kann. Der Güteprozess bringt somit die Verantwortung und das Wissen aller in den Prozess ein. Es reicht nicht, nur zu kritisieren. Diejenigen, die über die Expertise verfügen zu beurteilen, werden im Prozess verpflichtet, genau die dafür notwendige Expertise an den Prozessvorgänger weiterzugeben. Der Prozessvorgänger hat Anspruch auf dieses Wissen und anschließend die Verpflichtung, damit die Güte des eigenen Objekts, der Anforderung, herzustellen.

> Die viel beschworene und selten funktionierende Hol- und Bringschuld wird so durch eine im Prozess verankerte gegenseitige Unterstützung ersetzt.

13.2.4 Eine klare Steuerung

Die zweite Komponente der Güte-Information steuert direkt, wie die Güte für ein Objekt zwischen Vorgänger und Nachfolger eigenverantwortlich hergestellt wird (Bild 13.7).

Wie gut ist die Qualität, um den eigenen Prozess-Schritt gut abzuschließen?

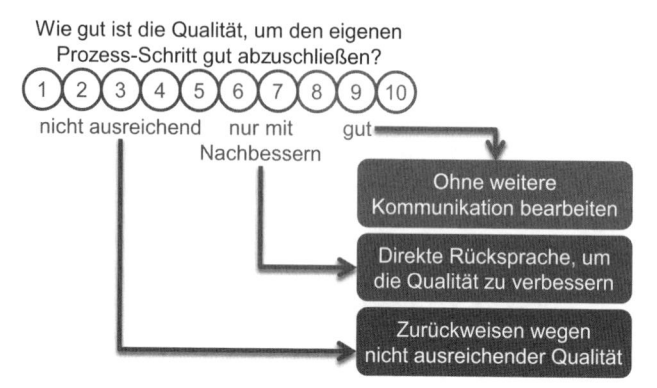

1　2　3　4　5　6　7　8　9　10

nicht ausreichend　　nur mit Nachbessern　　gut

- Ohne weitere Kommunikation bearbeiten
- Direkte Rücksprache, um die Qualität zu verbessern
- Zurückweisen wegen nicht ausreichender Qualität

Bild 13.7 Die Güte des Nachfolgeprozesses steuert den gesamten Prozess

- **Güte-Information (8, 8 bis 10):** Die Güte ist gut bis exzellent und es kann ohne weitere Kommunikation am Folgeschritt gearbeitet werden. Dem Vorgänger, dem Anforderungs-Team, wird die Leistung mit der Güte-Information unaufgefordert wertschätzend zum Ausdruck gebracht.
- **Güte-Information (8, 6 oder 7):** Die Güte reicht noch nicht aus. Sie ist aber so gut, dass mittels direkter Rücksprache die Qualität gemeinsam hergestellt werden kann. Die bisherige Leistung wird wertschätzend ausgedrückt und die Ressourcen-Information wird eigenverantwortlich zur Unterstützung an das Vorgänger-Team gegeben. Das Objekt wird in der Verantwortung des Vorgängers nachgebessert und im kooperativen Dialog mit dem Nachfolger auf die Güte (8 – 10) gebracht.
- **Güte-Information (8, 1 bis 5):** Die Güte ist nicht ausreichend, um auf dieser Basis eine ausreichende Qualität im Nachfolgeobjekt herzustellen. Deshalb wird das Objekt mit der Ressourcen-Information zurückgewiesen. Das zurückgewiesene Objekt wird in der Verantwortung des Vorgängers auf eine Güte von 6 bis 10 gebracht. Wie eine Zurückweisung aufgrund von fehlender Güte organisiert ist, wird in einem Change-Prozess vor Beginn des Güteprozesses in einem Commitment-Prozess verankert. Der Vorgänger besorgt eigenständig die Ressourcen, die dafür nötig sind. Der Prozessnachfolger zeigt gegebenenfalls die nachzubessernden Dimensionen mit der Ressourcen-Information an, damit die Güte vom Vorgänger hergestellt werden kann.

Die Macht des Nachfolgers, des Design-Teams, den Prozess mit der Güte-Information zu steuern, geht im nächsten Prozessschritt an das Umsetzungsteam weiter. Mit dieser rotierenden Verantwortung, für die Qualität im eigenen Prozessschritt zu sorgen und gleichzeitig den Vorgänger zu unterstützen, wächst die Kompetenz aller Prozessbeteiligten und es wird die gegenseitige Unterstützung für ein gutes Gesamtergebnis immer wieder aktiviert. Dieses Design-Merkmal des Güteprozesses sorgt immerwährend für

das selbstorganisierte Funktionieren des Prozesses und etabliert als Prozessergebnis die agilen Werte:
- Offenheit in der Weitergabe der Güte-Information,
- Fokus auf das Gesamtergebnis,
- Mut in der Form, eine nicht ausreichende Güte mitteilen zu können und zu müssen,
- Augenhöhe in Verantwortung und gegenseitiger Unterstützung, aber auch in der Rückmeldung guter Leistungen genauso wie für eine Güte, die gemeinsam verbessert wird,
- Commitments, die im gesamten Güteprozess in vielen Interaktionen gelebt werden.

13.2.5 Der selbstlernende Prozess

Die erste Komponente der Gütekennzahl und die Differenz zwischen den beiden Komponenten dienen als Grundlage, um den selbstlernenden Prozess zu überwachen und zu steuern. Die zweite Komponente zeigt auf einen Blick an, wie groß der anfallende Aufwand ist, um eine angemessene Güte herzustellen. Standardmäßig gilt eine Güte (8):

- **Die Güte-Information (8, 7) mit der Differenz (-1)** drückt aus, dass die gegenseitige Einschätzung nur gering abweicht und im weiteren Dialog zwischen Nachfolger und Vorgänger voneinander gelernt wird. Die Verantwortung des Nachfolgers ist in einer Ressourcen-Frage klar und unterstützend zu benennen, was nötig ist, um die Güte von (7) auf (8) zu bringen. Die Verantwortung des Vorgängers ist dann, die Güte eigenverantwortlich mit der zur Verfügung gestellten Ressourcen-Information herzustellen.
- **Eine Güte-Information (8, 8) mit der Differenz (0)** zeigt den idealen Zustand im Verständnis untereinander an und dokumentiert gleichzeitig ein optimales Aufwand-Nutzen-Verhältnis. Es wird genau das geliefert, was zur weiteren Arbeit in der Prozesskette benötigt wird.
- **Eine Güte-Information (7, 7) mit einer Differenz (0)** zeigt ebenfalls den Idealzustand bezüglich der Einschätzung an. Vorgänger und Nachfolger beurteilen die Güte übereinstimmend. Es ist davon auszugehen, dass die Beteiligten kooperativ die Güte (8) herstellen.
- **Eine Güte-Information (8, 9) mit einer Differenz (+1)** zeigt an, dass Ressourcen beim Vorgänger eingespart werden können, die sich durch die offene Kommunikation selbst regeln.
- **Die Güte-Information (9, 3) mit einer Differenz von (-6)** zeigt an, dass ein Problem vorliegt, das eskaliert werden muss. Die Ursachen können vielfältig sein: Missverständnisse, fehlendes Know-how, Zeit oder andere Ressourcen-Probleme, fehlendes Commitment und vieles mehr. Die Eskalation sollte vom Master of K-i-E oder Prozess-Owner gelöst werden.

> Auf wiederkehrende Muster, dass Prozessbeteiligte konsistent zu hoch oder zu niedrig bewerten, können sich die Team-Mitglieder einstellen. Über die permanente Feedback-Schleife nivellieren sich diese Effekte nach kurzer Zeit.

13.2.6 Change-Prozess

Der K-i-E Güteprozess wird für einen mehrstufigen Prozess entsprechend der vorgefundenen Prozessschritte und Anforderungen entworfen. Im Übergang zwischen den Schritten werden Quality-Gates (Bild 13.8) eingeführt:

- Anforderung-Design (I) – die Schnittstelle zwischen Fachbereich und Umsetzung: im agilen Vorgehen der Backlog und im klassischen das Pflichtenheft
- Design-Umsetzung (II)
- Umsetzung-Qualitätssicherung (III)
- Qualitätssicherung-Anforderung – Schnittstelle zurück zum Fachbereich mit der Abnahme (IV)

In den Quality-Gates wird der Güteprozess verankert und ausgeführt. Dafür werden die oben exemplarisch beschriebenen Dimensionen für alle Quality-Gates gemeinsam mit den Prozessbeteiligten vereinbart.

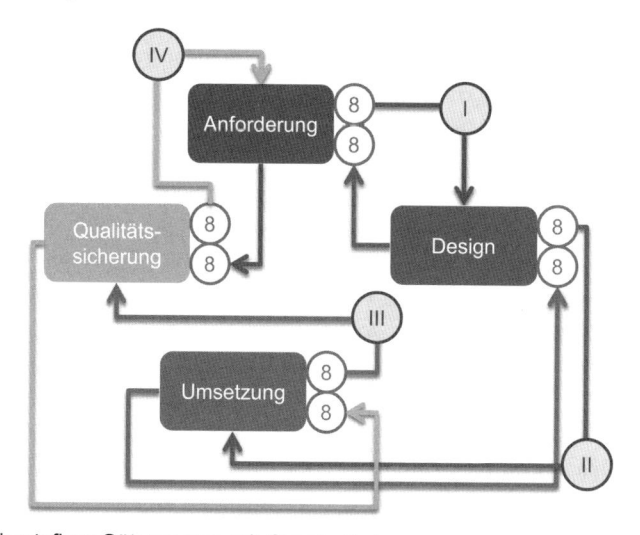

Bild 13.8 Vierstufiger Güteprozess mit Quality-Gates

Für die Einführung des Güteprozesses ist ein Change-Prozess dringend zu empfehlen, da in bestehende Prozesse und gewachsene „Schutzburgen" eingegriffen wird. Die Erfahrungen aus den Projekten zeigen, dass nach kurzer Zeit eine gute Qualität und die Basis für eine konstruktive Zusammenarbeit entstehen.

In agilen Projekten ist der Güteprozess oft die Voraussetzung für eine erfolgreiche Anwendung und Einführung der agilen Methoden. Besondere Bedeutung bekommen die Artefakte Sprint- und Produkt-Backlog, die eine angemessene Güte erhalten. Ohne ausreichende Güte können die Potenziale der agilen Methoden nicht ausgeschöpft werden.

Die Referenzprojekte mit dem Güteprozess zeigen bereits nach wenigen Monaten ein Ansteigen der Qualität bei den Ergebnissen mit gleichzeitiger Entwicklung der Bereitschaft, eine angemessene Qualität gemeinsam herzustellen. Die typischen Gütekennzahlen bei Anforderungen liegen in der Summe nur bei (5) und manchmal noch niedriger. Eine Verbesserung der Güte von (5) auf (7) bei Anforderungen ist in wenigen Monaten zu erreichen, was einen Produktivitätsgewinn bei gleichzeitig ansteigender Güte von 30 bis 40 Prozent bedeutet. Eine solche Performance-Steigerung, bei gleichzeitig steigender Güte und dem Wachsen der agilen Werte, ist keine Seltenheit. Die automatisch entstehenden Prozesskennzahlen dokumentieren die Entwicklung.

13.3 Der Güteprozess – Anpassungen im Design

Der Güteprozess ist ein äußerst wichtiger und anpassungsfähiger Entscheidungsprozess, der sich in viele technische und fachliche Prozesse integrieren lässt. Entsprechend passt er sich flexibel an unterschiedliche Gegebenheiten an.

13.3.1 Anpassung der Standardgüte

Bei den meisten Prozessen wird als Standardgüte (8) erwartet. Dann kann der nachfolgende Prozessschritt mit einem guten Ergebnis erstellt werden. Abweichungen ergeben sich aus den Prozesseigenheiten, die sich in der Höhe und Präzision der Qualitätsanforderungen ausdrücken:

- Höhere Qualitätsanforderungen können mit einer Hierarchie von K-i-E Skalen gesteuert werden. Die Fertigung einer Linse für einen Entfernungsmesser stellt höhere Qualitätsanforderungen als die Erstellung einer Vertriebspräsentation. Empfohlen wird, die Prozesssteuerung mit der K-i-E Skala durchzuführen und die höheren Qualitätsanforderungen in den Dimensionen abzubilden.
- Niedrigere Qualitätsanforderungen erlauben eine höhere Freiheit und lassen mehr Gestaltungsraum in den nachfolgenden Schritten. In kreativen Prozessen ist oft eine Güte von (4) ausreichend und gewünscht, um auf groben Vorgaben und Ideen aufzusetzen, die den eigenen Gestaltungsfreiraum offenhalten.
- Eine niedrige Güte im Standardprozess kann erlaubt werden, um anzuzeigen, dass die erwartete Güte nicht erreicht werden konnte, weil das Know-how, die Zeit oder sonstige Ressourcen nicht zur Verfügung standen. Die Beteiligten am Nachfolgeprozess werden vorgewarnt, dass momentan die vereinbarte Güte nicht erreicht werden kann, aber die Zeitvorgaben eingehalten werden sollen. So erhält das gesamte Team Freiheitsgrade, die selbstorganisiert verwaltet werden.

13.3.2 Zweistufige Anforderungen

Mit dem Güteprozess können auch komplexere Prozesse abgebildet werden. In größeren Unternehmen sind die strategische und die fachliche Entwicklung oft unterschiedlichen Bereichen und Verantwortlichen (I) zugeordnet. Das empfohlene Vorgehen ist, die Anforderungen fachlich und technisch zu trennen (Bild 13.9). Damit bekommt der Güteprozess eine wichtige Bedeutung, diese beiden meist unterschiedlichen Bereiche in eine gemeinsam akzeptierte Qualität zusammenzuführen. Die oft zu groben und unspezifischen Business-Anforderungen konvertieren zu greifbaren Einheiten, die leicht zu bewerten und anschließend umzusetzen sind. Ein großer Engpass in vielen Unternehmen wird aufgelöst und der damit verbundene Stau von Anforderungen wird auf eine handhabbare Anzahl reduziert. Die erreichte Qualität der Umsetzungsanforderungen ist gleichermaßen sowohl für eine klassische als auch für eine agile Umsetzung geeignet.

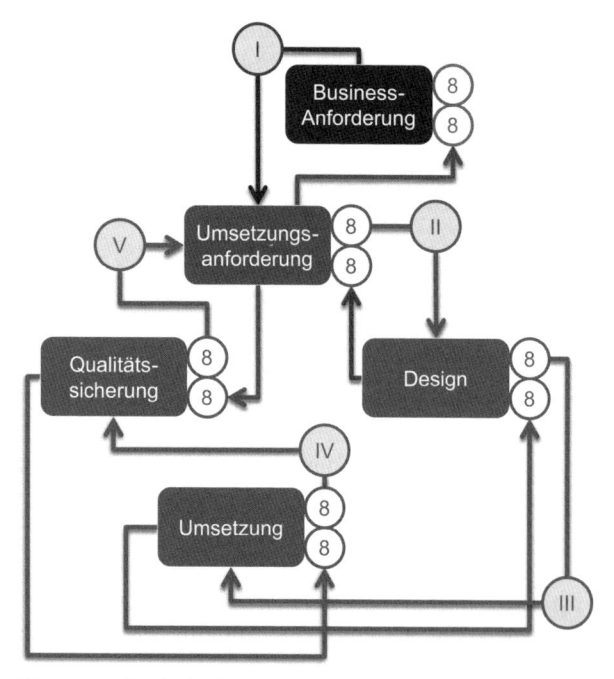

Bild 13.9 Eine Trennung der Anforderungen erhöht die Chance auf Erfolg

13.3.3 Agiles und klassisches Vorgehen verzahnt

Im agilen Vorgehen genauso wie im klassischen zeigt sich manchmal erst in der Umsetzung, dass die Schätzung im Design (II.1) und damit das gegebene Commitment im Quality-Gate (III) bezüglich Aufwand oder Komplexität zu hoch waren. Die Konsequenz ist, entweder muss die Anforderung überdacht oder der Ressourcenbedarf neu geplant werden. In den meisten Projekten oder Products versuchen die Umsetzungs-Teams diesen Schätzungsfehler auszubügeln oder zu verschleiern. Reichen die Ressourcen aus, geht es gerade noch mal gut aus, wenn nicht, sind Qualitätsprobleme oder abgeleitete Konsequenzen die Folge, die das Projekt belastet.

Ohne die Einbeziehung des Vorgängers wird auch der zur Verfügung stehende Lösungsraum eingeschränkt. Oft wären eine Reduzierung der Anforderungen oder andere Maßnahmen eine einfache Lösung. Die Konsequenzen sind meist eine Irritation oder Krise im Projekt, die immer mit einem Vertrauensverlust einhergeht. Um dieses Thema erst gar nicht aufkommen zu lassen, werden häufig Design und Umsetzung zusammengelegt, was auf Kosten der Konzentration von Kompetenzen geht. Der Verlust an Performance und Verwässerung der Vorgehensweisen sind die Folge.

Mit einem Re-Commitment (II.2) bei angepasster Anforderung beziehungsweise ergänzenden Maßnahmen und entsprechendem Design wird diese ungeplante Situation korrigiert und elegant gelöst (Bild 13.10).

Bei innovativen Themen oder wenn sich Unternehmen in kaum bekannte Bereiche vorwagen, tritt diese Dynamik häufig fast vorhersehbar auf. Diese unternehmerische Vorgabe ist mit dem Güteprozess gut abzubilden und gibt einen sicheren Rahmen für die Vorhaben. In Vorhaben des digitalen Transfers sind diese Situationen an der Tagesordnung. Der Güteprozess ist die Antwort, in der die Klarheit der Umsetzungsmethoden aufrechterhalten bleibt und für eine erfolgreiche Umsetzung sorgt. Beides zahlt in hohem Maße auf die Mitarbeiterzufriedenheit und Motivation ein.

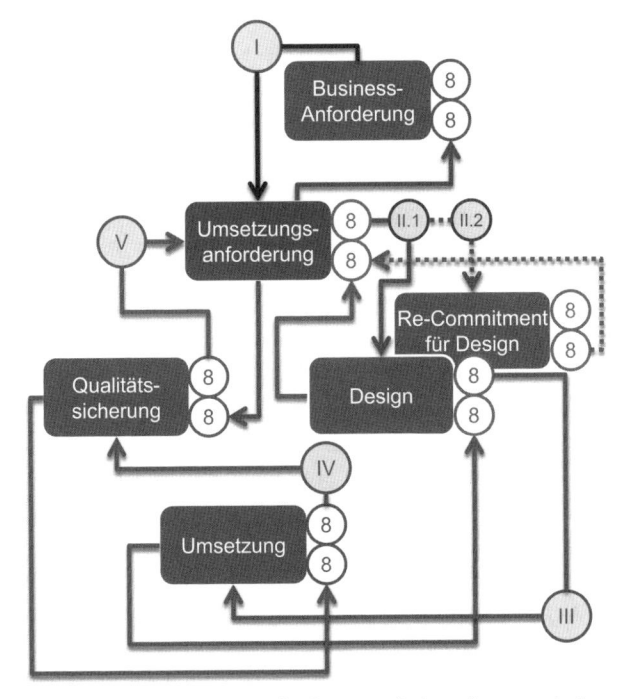

Bild 13.10 Innovative und klassische Anforderung miteinander verzahnt

13.4 Der Güteprozess – seine Design-Merkmale

13.4.1 Warum der Güteprozess so robust ist

Die Dimensionen sind für jedes Objekt in allen Prozessübergängen zu definieren. Aus diesen Dimensionen wird jeweils eine Gütekennzahl aus Sicht des Prozessvorgängers und -nachfolgers abgeleitet. Dazu findet die K-i-E Skala mit den Bedeutungsbereichen für Qualität Anwendung. Ein eingeschwungener Güteprozess lässt sich mit einer einzigen Güte-Information für die zu übergebenden Objekte kontrollieren und steuern. Nach der Einführungsphase können die Gütekennzahlen für die Dimensionen weggelassen und gegebenenfalls an klar definierten Problemzonen wieder aktiviert werden. So bleibt der Güteprozess sehr einfach und reagiert sehr robust auf entstehende typische Schwierigkeiten.

Der Vorgänger im Prozess wird gezwungen, sich nicht nur darüber Gedanken zu machen, was er weiß und vielleicht will, sondern auch, was der Nachfolger benötigt, damit er im nächsten Schritt eine gute Arbeit machen kann und am Ende ein gutes Ergebnis entsteht. Die gemeinsame Ausrichtung braucht keine Forderung mehr oder einen Appell an die Beteiligten. Das ist eine klare Eigenschaft des Güteprozesses, die während des gesamten Prozesses wirkt.

Sowohl die Bewertung des Vorgängers als auch die des Nachfolgers sind eine Experteneinschätzung, die nicht hinterfragt werden darf. Der Nachfolger weiß, was nötig ist, um es gut zu machen, und gibt dieses Wissen an den Vorgänger weiter. Damit entsteht automatisch eine Lernsituation, die bei weiterer Anwendung zu einem Verständnis der Beteiligten führt. Damit verschwinden unnötige Diskussionen und der Zwang, sich zu rechtfertigen oder beweisen zu müssen. Die Verwendung zu niedriger oder zu hoher Gütekennzahlen, gerade am Übergang von Bereichs- und hierarchischen Grenzen, regelt der Prozess selbstorganisiert. Dabei ist beachtenswert, dass diese selbstregulierende Wirkung, unabhängig von der Ursache, korrigierend wirkt. Missverständliche Anwendung, Unerfahrenheit werden genauso aufgelöst wie Missbrauch oder eine taktische Anwendung, um auf den Prozess einseitig einzuwirken. Dabei können folgende Situationen entstehen:

- Eine zu niedrige Bewertung des Vorgängers wird auf Augenhöhe vom Nachfolger nach oben korrigiert. Die Übererfüllung wird wertschätzend zum Ausdruck gebracht. Der Nachfolger kann auf hohem Niveau weiterarbeiten und der Vorgänger hat die Wahl, in Zukunft mit weniger Ressourcen eine angemessene Qualität herzustellen.
- Eine zu hohe Bewertung des Vorgängers wird durch den Nachfolger korrigiert. Die Ressourcen-Information, die der Nachfolger liefern muss, zeigt den Nachbesserungsbedarf klar an. Der Vorgänger hat keine Argumente mehr, seine eigene Leistung aufzuwerten. Die vorliegende Ressourcen-Information und das Commitment für den Prozess und die Dimensionen nehmen allen Vorbehalten den Wind aus den Segeln.
- Eine zu niedrige Bewertung des Nachfolgers würde an der Ressourcen-Information erkannt werden. Mit dem Commitment für den Prozess und die Dimensionen kann der Vorgänger eigenverantwortlich die Kooperation herstellen.

- Eine zu hohe Bewertung des Nachfolgers würde die Probleme im Nachfolgeschritt, im Design, entstehen lassen. Die Überforderung im Design würde im Team, insbesondere bei agilem Vorgehen, schnell aufgedeckt werden. Spätestens im nächsten Schritt würde der Mangel erkannt werden.

Für alle Abweichungen kann auf Benchmark-Informationen aus dem Prozess zurückgegriffen und gegengesteuert werden, die ebenfalls selbstregulierend wirken, wenn man sie offen kommuniziert.

Alle Faktoren unterstützen eine reibungslose Zusammenarbeit. Die transparenten Gütekennzahlen fördern und fordern das gegenseitige und gemeinsame Lernen. Der Prozess schwingt sich ein und der Kommunikationsbedarf sinkt wegen geringerem Bedarf an Klärungen und sinkendem Risiko von Eskalationen. Die frei werdenden Kapazitäten können für eine gute Qualität im eigenen Prozessschritt und für gegenseitige Unterstützung verwendet werden.

> Der offene Umgang mit den Gütekennzahlen schafft die Transparenz und die selbstregulierende Kontrolle. Damit wird die Haltung bei allen Beteiligten forciert, die Qualität gemeinsam zu erstellen.

13.4.2 Warum der Güteprozess so wirksam ist

Die verblüffend hohe Wirksamkeit des Güteprozesses ergibt sich aus dem sehr engen Zusammenwirken der Design-Merkmale:

- einer verlässlichen und gemeinsam vereinbarten normierten Bewertung und der daraus abzuleitenden Prozessanweisung,
- dem inneren Design, das im Kern der Verarbeitung der menschlichen Entscheidungsprozesse folgt,
- einer wirksamen Aktivierung der Schuld und Scham.

Die vereinbarte normierte Bewertung mit der K-i-E Skala schafft es, dass nicht die Redefertigkeit oder der Status der Beteiligten über die Güte von Anforderungen entscheidet, sondern rein der fachliche Inhalt. Die K-i-E Skala stellt auf diese Weise Augenhöhe und Chancengleichheit her, sorgt für bestmögliche Anforderungen und sichert den Erfolg in den einzelnen Prozessschritten und damit für das ganze Investment.

So treffen in allen Unternehmen beim Artefakt der Anforderung, das meist in einem Textdokument abgebildet ist, Vertreter des Business und der Umsetzung, insbesondere IT-Mitarbeiter, in digitalen Vorhaben aufeinander. Diese Situation gilt gleichermaßen für klassisches wie agiles Projektvorgehen. Manager mit einem tradierten Führungsstil begegnen Mitarbeitern in agilen Teams, die es gewohnt sind, auf Augenhöhe zu entscheiden. Im konservativen Rollenverständnis von Kunde und Dienstleister fühlen sich der Dienstleister, die agilen Team-Mitglieder und viel mehr noch die IT-Mitarbeiter untergeordnet. Der Bruch mit dem tradierten Führungsparadigma wirkt noch deutlicher bei einem Vorgehen mit agilen Methoden.

Üblicherweise soll der Dienstleister dem Kunden, der gefühlt übergeordnet ist, erklären, warum dessen Anforderungen nicht gut genug beschrieben sind. Zusätzlich treffen meist rhetorisch gebildete Anforderer, oft Senior Manager, mit weniger kommunikationsstarken Entwicklern und jungen Mitarbeitern zusammen. Oft wird durch die gefühlten Rollen und die unterschiedliche Eloquenz nicht die bestmögliche Güte der Anforderungen erreicht.

Die fehlende Augenhöhe verhindert oft als Hemmschwelle eine Feedback-Schleife. Zum einen gelingt es unerfahrenen und introvertierten Entwicklern nicht, sich ausreichend Gehör zu verschaffen. Zum anderen gelingt es durch hohe Eloquenz dem Business – jenseits der Sachinformation – Wertungen wie die übertriebene Relevanz zu transportieren, die den agilen Prozess unterlaufen und unterschwellig oder direkt Druck erzeugen. Nachdem sich auch der Entwickler dem Business verpflichtet fühlt, ist eine ungleiche Situation entstanden, die unmittelbar auf die Güte der Anforderungen negativ einzahlt. Das ursprünglich gemeinsame Interesse an hohem Alignment zwischen Business und Umsetzung als Basis für Effektivität im Entwicklungsprozess geht verloren. Als Konsequenz wird dann eine niedrige Qualität der Umsetzung erreicht, die wiederum für Friktionen zwischen den Bereichen sorgt. Aus diesem Grund sind die tiefen Fronten zwischen Fachbereich und IT in Unternehmen entstanden und wirken heute wieder in das agile Projektvorgehen hinein.

> Der Güteprozess mit seiner normierten Bewertung und der gleichberechtigten Teilhabe aller Beteiligten sorgt für die bestmöglichen Anforderungen und sichert so den Erfolg und das Investment.

13.4.3 Design-Vorgabe für menschliche Interaktion

Der Güteprozess eignet sich als grundlegende Design-Vorgabe für jegliche menschliche Interaktion, die zu einem planbaren und gewünschten Ergebnis führen sollte. Auch die häufigste Interaktion, Frage und Antwort, führt zu einem planbaren Ergebnis. Tatsächlich werden im unternehmerischen Alltag viele Fragen gestellt, aber selten beantwortet. Für den Güteprozess zwischen Fragenden und Antwortenden ergeben sich zwei Quality-Gates:

- **Frage-Antwort** – die Frage, die als Nachfolgeprozess eine Antwort produziert.
- **Antwort-Frage** – die Antwort, die Verständnis beim Fragenden erwartet.

Der Güteprozess mag formal erscheinen für eine so häufige Interaktion zwischen Führungskräften und Mitarbeitern, auch in Teams auf Augenhöhe. Es trifft auch zu, dass er bestimmte kreative Prozesse einschränkt, die gerade dann entstehen, wenn die Fragen oder Antworten nicht wohlüberlegt und wohlformuliert sind. Jedoch ist der Anspruch im unternehmerischen Umfeld gerade der, dass ein planbarer Wissensaustausch auf Augenhöhe oder in einem hierarchischen Verhältnis beabsichtigt ist. Für kreative und offene Dialoge kann man sich immer noch bewusst auf andere Dialogformen einigen. So führt der Güteprozess mit zwei Quality-Gates in einem zyklischen Prozess sicher ins Ziel. Ein Exit wird zum legalen und akzeptierten Ausgang, wenn die Frage nicht ausreichend klar formuliert werden kann, die Antwort nicht gewusst oder in Worte gefasst werden kann oder nicht verstanden wurde. Unnötige und wenig erquickliche Ausweichstrategien wie Rechtfertigungen oder Pseudodiskussionen entfallen.

Bild 13.11 zeigt die Schritte, mit denen ein wertschätzendes und sicheres Ergebnis erreicht wird:

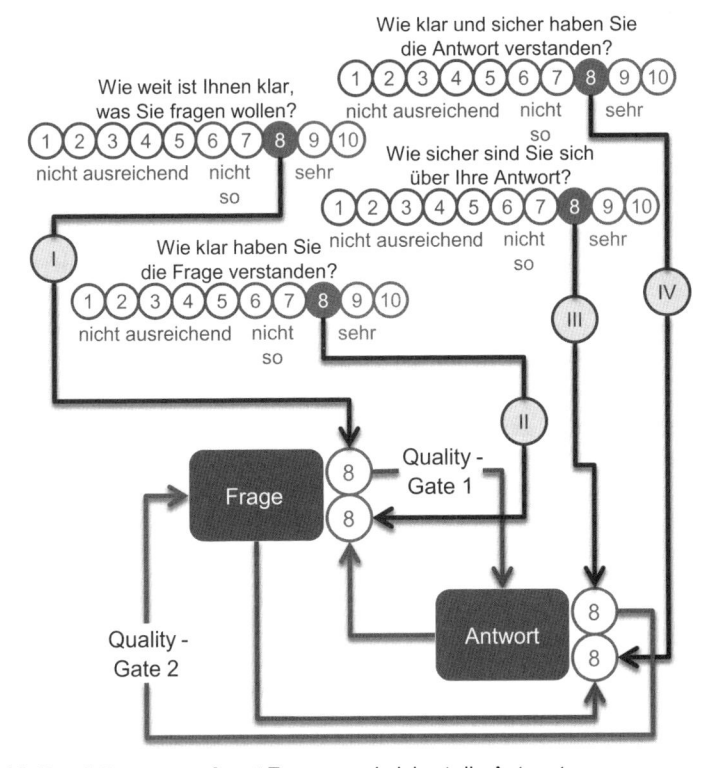

Bild 13.11 Der Güteprozess formt Fragen und sichert die Antwort

Das Ziel einer klaren Frage-Antwort-Struktur ist dem Güteprozess immanent:

- Eine Frage sollte erst gestellt werden, wenn sich der Fragende hinreichend klar (I) darüber ist, was er fragen will und wie weit eine Antwort seine Verständnislücke schließen würde. Mit einer Güte von (8) wird dann die Frage weitergegeben.
- Eine Frage sollte das Quality-Gate erst passieren, wenn der Antwortende die Frage hinreichend gut (8) verstanden hat (II) und dies zurückspiegelt.
- Eine Antwort sollte erst dann weitergegeben werden (III), wenn eine Güte von (8) erreicht ist.
- Eine Antwort sollte erst dann akzeptiert werden (IV), wenn sie auch verstanden ist. Oft erkennt der Fragende erst im Spiegel der Antwort, wie die nächste Frage gestellt werden müsste, damit eine gute Antwort möglich ist. Ein zyklisch evolutionärer Prozess.

Durch die Ressourcen-Frage unterstützen sich Antwortende und Fragende gegenseitig bei aussagekräftigen Formulierungen. In der Interaktion entsteht so eine hohe Qualität, die sich weiter verfestigt.

■ 13.5 Anwendungsbereich

Qualität und eine sichere Ergebniserreichung braucht es überall. Der Güteprozess kann in jedem mehrstufigen Prozess eingesetzt werden. Schwerpunkte sind das agile und klassische Projektvorgehen für den digitalen Transfer genauso wie für fachliche Change-Prozesse. Der Güteprozess eignet sich für Innovationskampagnen, Ideation, die Strategieentwicklung, das Portfoliomanagement über alle Umsetzungsvorhaben, insbesondere mit externen Unternehmen wie Agenturen bis zu Systemintegratoren und anderen Partnern. Bewährt hat sich der Güteprozess in klassischen Prozessen, bestehend aus Anforderungsdefinition, Design, Umsetzung, Qualitätssicherung und Abnahme.

Exzellente Ergebnisse wurden mit agilen Entwicklungsmethoden wie Scrum und Kanban erreicht. Sofortigen Return-of-Investment versprechen Briefing-, Recruiting- und Staffing-Prozesse. Gerade formale Prozesse wie etwa in Behörden zeigen hohes Verbesserungspotenzial. Güte ist eine Eigenschaft, die am Ergebnis orientiert ist und nicht nur an der Einhaltung von Regeln. Somit ist der Güteprozess universell einzusetzen für Change-Prozesse, Software-Entwicklungsprozesse, zu genehmigende Bauvorhaben, BID-Prozesse, die Erstellung von Präsentationen, von Konzepten und beliebigen Objekten mit zwei oder mehr Prozessbeteiligten.

Überall dort, wo die Business-Anforderungen nicht im gewünschten Umfang, nicht mit der benötigten Funktion, in wenig verlässlichem Zeitrahmen, mit unangemessenem Aufwand oder nur mittels unvernünftig hoher Kommunikation mit den Beteiligten umgesetzt werden, stellt der Güteprozess das Ergebnis planbar und mit angemessenen Ressourcen für die Anforderungen her.

Der Güteprozess ist die Design-Vorgabe für alle neuen unternehmerischen Prozesse, insbesondere für den digitalen Transfer. Der Güteprozess eignet sich für punktuelle gezielte Verbesserungen und kann in bestehende Prozesse integriert werden. Der größte Nutzen, sogenannte Quick-Wins, sind in den kritischen Übergängen zwischen unterschiedlichen Verantwortungen, Bereichen und Unternehmen zu erreichen.

> Nicht zuletzt ist der Güteprozess die grundlegende Design-Vorgabe für jegliche menschliche Interaktion, da er zu einem planbaren gewünschten Ergebnis führt.

13.6 Best Practice

Es wird dringend empfohlen, den Güteprozess nur in Verbindung mit einem Change-Prozess und mit Rückendeckung durch den Gesamtverantwortlichen sowie auf Basis klarer Zielvereinbarung mit diesem einzuführen. Da die Prozessschritte häufig in unterschiedlichen Bereichen verantwortet werden, ist großer Wert auf die Governance zu legen.

Unternehmen haben in der Regel eine geringe Akzeptanz für die Veränderung bestehender Prozesse. Die Akzeptanz steigt, wenn die Prozesse unverändert bleiben und der Güteprozess nur als Ergänzung in den Quality-Gates eingeführt wird.

Der Güteprozess deckt häufig die Versäumnisse der Vergangenheit und deren Verursacher auf. Die Güte liegt in vielen Projekten, gerade in frühen Prozessschritten, bei (5) und niedriger, was zwar ein enormes Potenzial für Verbesserung aufweist, aber auch den Widerstand der Verantwortlichen aktiviert. Die Lösung birgt gleichzeitig ein Risiko für die Einführung durch passive Widerstände, Rechtfertigung, Schuldzuweisung, Verschleierung, Abwertung und persönliche Angriffe. Eine klare Auftragsdefinition mit dem Gesamtverantwortlichen, eine Governance, die offen kommuniziert wird, und eine möglichst kurze Projektlaufzeit für das Change-Projekt wirken diesen Widerständen entgegen.

Mit einer angemessenen Einführungsphase und einem Commitment-Prozess mit den Stakeholdern sind in kurzer Zeit enorme Verbesserungen zu erreichen. Diese Erfolge müssen in einer Stabilisierungsphase durch begleitendes Coaching abgesichert werden. Die Verantwortlichen für die Versäumnisse der Vergangenheit werden versuchen, diese Fortschritte zu verhindern.

Die Unternehmen haben für ihre Prozesse oft eine unterschiedlich tiefe IT-technische Integration und setzen eine Vielzahl unterschiedlicher IT-Systeme ein. Daraus leiten sich zwei wesentliche Best-Practices ab:

- **IT-Systeme** – die einfache Notation in zwei Komponenten eignet sich hervorragend für eine IT-technische Integration in die bereits bestehenden Systeme. Eine transparente Dokumentation der Güte-Informationen in einem IT-System ist der zentrale Erfolgsfaktor für die Motivation der Prozessbeteiligten und für die Steuerung, sofern noch nötig.

- **Führung der Güte-Informationen** – sie sollten im Bereich des ersten Prozessschritts, typischerweise bei den Business-Anforderungen, geführt werden. Werden sie tiefer im Prozess geführt, entsteht das Risiko, den Güteprozess aufzuweichen. Die Delegation in ein bestehendes IT-System verschleppt und verschleiert oft die Einführung. Im Zweifel wird ein neues Güte-System empfohlen, das die unterschiedlichen IT-Systeme wieder vereint.

- **Expertenschätzungen** – für die Experteneinschätzung der Güte und die daraus abgeleiteten Gütekennzahlen ist bereits für das Design des Change-Prozesses die K-i-E Skala einzuführen. Die farbliche Wiedererkennung und kompakte Darstellung der Güte sowie ihre Einordnung auf der K-i-E Skala erleichtern die Übernahme als Standard in die Kommunikation der Unternehmen und sollten deshalb nicht verändert werden.

13.7 Fazit

Mit dem Güteprozess entsteht ein selbstorganisierter Prozess, der die Prozessbeteiligten befähigt, die Qualität selbstbestimmt herzustellen.

Die transparenten Gütekennzahlen fördern und fordern das gegenseitige und gemeinsame Lernen. Der Prozess schwingt sich ein und der Kommunikationsbedarf sinkt wegen geringerem Bedarf an Klärungen und sinkendem Risiko von Eskalationen. Der offene Umgang mit den Gütekennzahlen schafft die Transparenz und die selbstregulierende Kontrolle. Damit wird die Haltung bei allen Beteiligten forciert, die Qualität gemeinsam zu erstellen.

Eine Kultur von Selbstverantwortung, Offenheit, Verbindlichkeit und Ehrlichkeit wächst messbar von selbst und bleibt im weiteren Prozess verankert.

> **Qualität ist kein Zufall, sie ist immer das Ergebnis angestrengten Denkens.**
>
> Der britische Sozialphilosoph John Ruskin, der im 19. Jahrhundert in Oxford Kunstgeschichte lehrte, stellte das Evangelium der Schönheit als Tugend in den Mittelpunkt, worunter er ein Zusammenführen von Kunst, Politik und Wirtschaft verstand.
>
> Qualität sei das Ergebnis angestrengten Denkens und bedeutet, die Kognition zu nutzen. Bewusstes Streben ist anstrengend und das Ergebnis ist dadurch kein Zufall.
>
> Der Güteprozess erfordert anfangs ein bewusstes und ungewohntes Vorgehen. Es ist anstrengend, wenn man mit der Bewertung nicht nur den Mangel anzeigt, sondern die Ressourcen angeben muss, damit der andere es gut machen kann.
>
> Wenn sich das Erfahrungswissen jedoch als neurologisches emotionales Programm bei den Beteiligten herausgebildet hat, wird es leicht.
>
> So müsste das Zitat von Ruskin erweitert werden: Qualität ist kein Zufall, sie ist anfangs das Ergebnis angestrengten Denkens. Mit Expertenwissen, das durch Erfahrung entwickelt wurde, kann Qualität später mühelos hergestellt werden.

14 Der Commitment-Prozess – gemeinsam getragene Entscheidungen herstellen

K-i-E Commitment-Prozess

„Der Weg zum Ziel beginnt an dem Tag, an dem Sie die hundertprozentige Verantwortung für Ihr Tun übernehmen."
Dante Alighieri

Commitment bedeutet die selbst gefühlte Verpflichtung, die eigenen Fähigkeiten einzusetzen, um ein Ziel zu erreichen. Eine gemeinsam getragene Entscheidung umfasst die Entscheidung und die Umsetzung, die ebenfalls gemeinsam getragen wird.

Identifikation und Loyalität zum Ziel sind der wesentliche Erfolgsfaktor schlechthin. Sie reduzieren den Aufwand für Steuerung und Kontrolle maßgeblich und sind ein erster zentraler Baustein für Selbstorganisation und Ownership.

Menschen, Mitarbeiter und vor allem Experten geben ihr Commitment nur dann, wenn sie selbst vom Erfolg und von der Tragfähigkeit der Unternehmung überzeugt sind. Die für den Erfolg notwendigen Maßnahmen werden in den Commitment-Prozess integriert.

Vorbehalte, Risiken und verborgene Konflikte werden in frühen Phasen identifiziert. In späteren Projektphasen würden sie Aufwandsteigerungen und Verzögerungen verursachen, nachdem bereits erhebliche Investments getätigt wurden. Dieser Situation wird bereits vor dem Beginn eines Vorhabens entgegengewirkt und die erfolgsichernden Maßnahmen werden gemeinsam erarbeitet. Die Wirkung in der anschließenden Umsetzung ist zentral für den Erfolg.

Der Commitment-Prozess bindet alle Teilnehmer ein und der Prozess forciert, dass sich alle äußern und einen bewertbaren Standpunkt einnehmen. Divergierende Sichtweisen werden gleich zu Beginn sichtbar und durch Beteiligung und Mitwirkung aller einer gemeinsamen konstruktiven Lösung zugeführt.

> Die zwingende innere Logik führt zum Ziel und macht den Commitment-Prozess zu einem soliden robusten Werkzeug, das mit Unschärfen und unterschiedlichen wie auch widrigen Situationen gut zurechtkommt.
>
> Mit dem Commitment-Prozess entsteht ein selbstorganisierter Prozess, der eine Kultur von Offenheit, Verbindlichkeit, Ehrlichkeit, Sicherheit und gemeinsam getragenen Commitments wachsen lässt, ohne dies zu erzwingen.

■ 14.1 Kurzgefasst

Im Commitment-Prozess (Bild 14.1) wird davon ausgegangen, dass die Qualität des Entscheidungsbedarfs durch den Güteprozess hergestellt wurde und damit in ausreichender Qualität vorliegt.

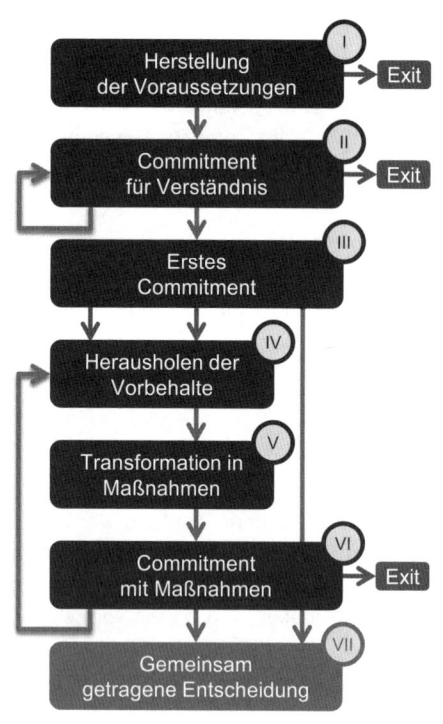

Bild 14.1 Commitment-Prozess für gemeinsam getragene Entscheidungen

Im ersten Schritt wird geklärt, wie weit die Voraussetzungen wie Governance und Kooperation im Team (I) gewährleistet sind. Das Commitment für das Verständnis (II) wird im zweiten Schritt eingeholt und gegebenenfalls hergestellt. Im nächsten Schritt wird bereits ein erstes Commitment für eine erste Einschätzung (III) ermittelt und im Erfolgsfall ist bereits das Commitment erreicht. Erst im vierten Schritt werden erfolgsverhindernde Risiken (IV) identifiziert und die notwendigen Maßnahmen (V) für die Absicherung der Risiken erarbeitet. Das finale Commitment ist nur noch ein formaler Akt (VI), wenn die Schritte vorher ordentlich durchgeführt worden sind. Als Ergebnis ist eine Entscheidung (VII) hergestellt, die von allen getragen wird und in die Umsetzungsphase als Erfolgsfaktor hineinwirkt.

14.2 Der K-i-E Commitment-Prozess – gemeinsam getragen

Durch den Commitment-Prozess werden Entscheidungen gemeinsam hergestellt und getragen. Der Commitment-Prozess führt faktisch zu einem neuen Führungsstil, dem integrativen Führungsstil.

Die Annahme, autoritäre Führungsstile seien mit partizipativen Führungsstilen nicht zu vereinen, trifft nicht zu. Es ist durchaus möglich, heroische und post-heroische mit partizipativen sowie demokratischen Führungsstilen zu vereinen.

Es werden die Vorteile der unterschiedlichen Führungsstile wie Geschwindigkeit und Klarheit sowie Beteiligung in den integrativen Führungsstil zusammengeführt. Die Nachteile der jeweiligen Stile, wie ein hoher Zeitbedarf und ein Verwässern der Entscheidungen, werden eliminiert. So ist es eher eine Frage, in welcher Reihenfolge welche Prozessteile im Commitment-Prozess ausgeführt werden. Der Entscheidungsprozess selbst wird zum Führungsinstrument, um die gemeinsam getragene Entscheidung herzustellen. Die Führungskraft bleibt in ihrer Verantwortung und der gemeinsam getragene Prozess stellt die Entscheidung her.

Der integrative Führungsstil ist die direkte Antwort auf die agilen Methoden, die das Führungsdilemma ausgelöst haben. Er ist gleichzeitig der natürliche Nachfolger des postheroischen Führungsstils und stattet die tradierten Bereiche mit gemeinsam getragenen Entscheidungen aus, die zeitnah hergestellt werden können. Agile Bereiche erhalten die Prozesse, um auf Augenhöhe zu entscheiden. Das stellt zum einen Verbindlichkeit her und bringt die Gruppenkompetenz zur Entfaltung, zum anderen entstehen eine Klarheit und Anwendbarkeit im Entscheidungsmanagement aller Ceremonies und Artefacts.

Dadurch, dass sowohl tradierte als auch agile Bereiche ein und denselben Entscheidungsprozess nutzen, sind die Bereiche zusammengeführt und können gemeinsam getragene Entscheidungen treffen.

> Der integrative Führungsstil ist die Königsdisziplin des Führens und Geführt-Werdens.

14.2.1 Der integrative Führungsstil

Entscheidungen werden mit dem integrativen Führungsstil nicht mehr autoritär, partizipativ oder durch Mehrheits- oder Konsensentscheidung getroffen, sie werden durch einen Prozess hergestellt.

Die Einhaltung der Prozesstreue, damit die Entscheidung gemeinsam getragen bleibt, übernimmt das Team selbst, wenn der Prozess eingespielt ist, sonst der autoritäre Entscheider oder ein Master of K-i-E. In der Einführungsphase sollte immer ein Master of K-i-E benannt werden. Führungskräften wird empfohlen, die Verantwortung für den Entscheidungsprozess an ihn zu delegieren, um sich auf die Inhalte zu konzentrieren.

Die autoritären Führungsstile werden in eine gemeinsame Entscheidung integriert und dabei spielt es keine Rolle, ob sie postheroisch oder partizipativ daherkommen. Im Design des Commitment-Prozesses kann festgelegt werden, wo eine autoritäre Entscheidung die Macht erhält oder die Governance sichert. Für bestimmte Situationen und Phasen im Commitment-Prozess kann auch eine Mehrheitsentscheidung stattfinden.

Die formale Verantwortung bleibt erhalten und der Commitment-Prozess sorgt für ein angemessenes Sicherheitsdenken und eine gleichzeitige Einbindung und klare Abgrenzung sowohl von Bedenkenträgern als auch von Erfolgserzwingern. So werden Entscheidungen in angemessener Zeit getroffen bei gleichzeitig wachsendem Verständnis und Freude.

Das Sprichwort „Der Erfolg hat viele Väter. Der Misserfolg ist ein Waisenkind", das dem englischen Unternehmer Richard Cobden zugeschrieben wird, zeigt eines: Erfolg wird gemocht und Misserfolg gemieden. Das verwundert wenig. Denn wenn das Motiv Einflussnahme – aus der Emotion Ärger – ins Ziel kommt, entsteht Freude. Die mit dem Misserfolg verbundenen Emotionsgefühle Schuld, Scham und nicht zuletzt Angst fühlen sich unangenehm an und werden vermieden.

Der integrative Führungsstil schafft den Rahmen für eine gelungene Einflussnahme, weil er eine Entscheidung sicher herstellt. Die Angst wird mit ihrem Motiv, der Sorge um Sicherheit, in den Prozess sinnvoll integriert. Alle anderen Grundemotionen bleiben durch das Design des Commitment-Prozesses im angemessenen Bereich, eine Voraussetzung für Erfolg.

14.2.2 Was unter einem Commitment zu verstehen ist

Menschen, vor allem Experten, geben ihr Commitment nur dann, wenn sie selbst vom Erfolg und von der Tragfähigkeit der Unternehmung überzeugt sind. Die für den Erfolg notwendigen Maßnahmen werden in den Commitment-Prozess integriert. Es steigen die selbst gefühlte Identifikation und die Verpflichtung, die eigenen Fähigkeiten einzusetzen, um ein Ziel zu erreichen. Die Identifikation und Loyalität zum Ziel sind der wesentliche Erfolgsfaktor schlechthin. Der Aufwand für Steuerung und Kontrolle sinkt maßgeblich und führt die Kommunikation untereinander in eine neue Dimension. Die Geschwindigkeit für Entscheidungen steigt deutlich. Mitarbeitermotivation ist nicht zuletzt ein konsequentes Ergebnis erfolgreicher Entscheidungen und deren Umsetzung und ein erster zentraler Baustein für Selbstorganisation und Ownership.

Vorbehalte, Risiken und verborgene Konflikte, die in späteren Projektphasen Aufwandsteigerungen und Verzögerungen verursachen, nachdem bereits erhebliche Investments getätigt wurden, werden in frühen Phasen identifiziert und ihnen wird bereits vor dem Beginn eines Vorhabens entgegengewirkt. Die erfolgsichernden Maßnahmen werden gemeinsam erarbeitet und damit gemeinsam getragen. Die Wirkung in der anschließenden Umsetzung ist zentral für den Erfolg.

Alle Teilnehmer werden mit ihrem Commitment eingebunden und der Prozess forciert, dass sich alle äußern und einen bewertbaren Standpunkt einnehmen. Divergierende Sichtweisen werden gleich zu Beginn sichtbar und durch Beteiligung und Mitwirkung aller einer gemeinsamen konstruktiven Lösung zugeführt.

Der Commitment-Prozess stellt die Voraussetzungen her, damit die Beteiligten ihr Commitment geben können.

14.2.3 Was zeichnet eine gemeinsam getragene Entscheidung aus

Eine gemeinsam getragene Entscheidung zeichnet sich dadurch aus, dass sie gemeinsam mit einem akzeptierten Prozess hergestellt wird. Damit dies möglich wird, sind die Voraussetzungen, welchem Ziel eine Entscheidung dient und in welchen Rahmenbedingungen sie eingebettet ist, von allen Beteiligten verstanden und gewährleistet. Das Besondere an der gemeinsam getragenen Entscheidung ist, dass Vorbehalte in einem geordneten Vorgehen in Maßnahmen transferiert werden, die die Zielerreichung unterstützen. Als abschließendes Merkmal kennzeichnen sich gemeinsam getragene Entscheidungen dadurch, dass ihre Güte und Tragfähigkeit bereits zum Entscheidungszeitpunkt messbar ist.

Führung selbst ist ein recht komplexer Vorgang. Führung heißt, Ziele zu setzen, Menschen für diese Ziele zu begeistern und für das Erreichen dieser Ziele zu sorgen. Der Kern der Führung besteht jedoch darin, eine Entscheidung herbeizuführen, die die Umsetzung in Gang bringt.

Zu guter Führung gehört unbedingt, dass Mitarbeiter ein Verständnis für den Geschäftsprozess haben. Sie müssen für ihren Beitrag zur Wertschöpfung in die Pflicht genommen werden. Führungskompetenz wird gerne mit Führungsstärke verwechselt, mit der Kraft, eine Entscheidung alleine zu treffen. Führungskompetenz dagegen ist eine Fähigkeit, gemeinsam getragene Entscheidungen herzustellen.

Der Führungsalltag sieht meist anders aus: Führungskräfte sind oft zufrieden, wenn sie in schwierigen Situationen – endlich – eine Entscheidung getroffen haben. Erst bei der Umsetzung oder beim Ergebnis stellt sich heraus, dass es keine gute Entscheidung war. Die Liste von den Unternehmenserfolg beeinflussenden Fehlentscheidungen in deutschen wie internationalen Unternehmen ist lang. Das kann zwar niemals gänzlich verhindert werden, aber gerade deshalb sollten die Verantwortlichen weitreichende Entscheidungen nicht nur abnicken oder ihnen zustimmen, sondern gemeinsam mittragen.

Die Güte und Tragfähigkeit einer Entscheidung zeigt sich bereits an der Anzahl der Personen, die die Entscheidung gemeinsam mittragen.

Der Entscheidungsprozess in Unternehmen dauert heute oft zu lange. Zunächst muss klar sein, worüber entschieden werden muss. Dann sollte das verfügbare Expertenwissen einfließen. Ebenso sind alle wesentlichen Stakeholder zu beteiligen und gleichzeitig in die Verantwortung zu nehmen. Häufig ist die Anzahl der Beteiligten zu hoch und fatalerweise gleichzeitig auch zu niedrig, wenn die Richtigen fehlen. In jedem Fall braucht man einen robusten Entscheidungsprozess. Damit lässt sich die oft widersprüchliche Ausgangssituation bewältigen. Eine gute Entscheidung wird eben nicht zur Abstimmung vorgelegt, sie entsteht in einem geordneten Prozess. Die Entscheidung stellt nach wie vor die Führungskraft her, jedoch über einen verlässlichen Prozess, der von der Führungskraft gesteuert wird. Die Entscheidung wird nicht mehr getroffen, sondern es werden die Fähigkeiten aller genutzt, die in ihrer Summe eine gute Entscheidung entstehen lassen.

Nur wenn keine gemeinsam getragene Entscheidung hergestellt werden kann, entscheidet die Führungskraft autoritär, wenn es die Governance so regelt. Auch in diesem Fall steht das Wissen aus dem vorherigen Entscheidungsprozess der Führungskraft zur Verfügung. Das heißt, die Führungskraft profitiert immer, weil sie über das Erfahrungswissen der Gruppe verfügt, und dadurch steigt auch die Kompetenz der Führungskraft.

■ 14.3 Wie wird eine gemeinsam getragene Entscheidung hergestellt

Im Folgenden wird in sieben Schritten beschrieben, wie Führungskräfte und Projektleiter eine gemeinsam getragene Entscheidung mit ihrer Gruppe herstellen. Die einzelnen Schritte werden ausführlich anhand einer Fallstudie aus dem eCommerce-Bereich illustriert. Als Master of K-i-E und Business Coach unterstützte ich das Vorhaben über zwei Jahre. Die Gesamtinvestition bewegte sich im niedrigen zweistelligen Millionenbereich und war notwendig, da das Altsystem die wachsenden Anforderungen – digitaler Transfer, insbesondere mit Multi-Channel-Support – nicht mehr bewältigen konnte.

Das Kick-off zum offiziellen Projektstart mit circa 40 Beteiligten wurde als Commitment-Prozess durchgeführt. Das Vorhaben umfasste das Re-Design mit einer modernen Architektur und komplett neuer Technologie. Das Umsetzungsteam war in fünf Scrum-Teams organisiert, die mit agilen Methoden arbeiteten. Die zentralen Host-Systeme wurden mit klassischem Projektvorgehen angeschlossen. Das eCommerce-System wurde im Jahr 2016 in Betrieb genommen und wird seither kontinuierlich in zweiwöchigen Sprints agil weiterentwickelt. Das Altsystem wurde nach sechsmonatigem Parallelbetrieb abgeschaltet und zurückgebaut. Im Projektverlauf kamen alle K-i-E Tools zum Einsatz.

14.4 Schritt 1 – Herstellung der Voraussetzungen

Die Voraussetzungen sind für das Unternehmen im Design festzulegen. Es wird empfohlen, sie im Commitment-Prozess für die Dokumentation und Wertschätzung der Vorbereitung mit der K-i-E Skala durchzuführen. Erinnern Sie sich, eine Bewertung mit der K-i-E Skala dauert nur wenige Sekunden. Typischerweise werden als Voraussetzungen die Qualität des Entscheidungsbedarfs, die Vollständigkeit der Teilnehmer und die Kooperation geklärt. Die Voraussetzungen gerade für Regelmeetings sollten wohlüberlegt sein und sich an einem funktionalen Minimum orientieren. Der Umgang mit Ausnahmesituationen ist ebenfalls Bestandteil des Prozesses. Selbstverständlich ist der Commitment-Prozess selbst mit einem Commitment-Prozess einzuführen. Studien zeigen, dass deutsche Manager circa 60 Prozent ihrer Zeit in Meetings verbringen. Sie dauern meist länger als nötig, sind häufig langweilig und bleiben oft ohne konkretes Ergebnis. Der Commitment-Prozess adressiert genau diese Themen, er schafft die Voraussetzungen, dass Teams zügig und mit Freude zu gemeinsam getragenen Entscheidungen kommen (Bild 14.2). Er löst direkt die heiklen Themen, ohne sich in einem Formalismus zu verlieren. Die wiederholte Anwendung lässt eine neue Entscheidungskultur entstehen.

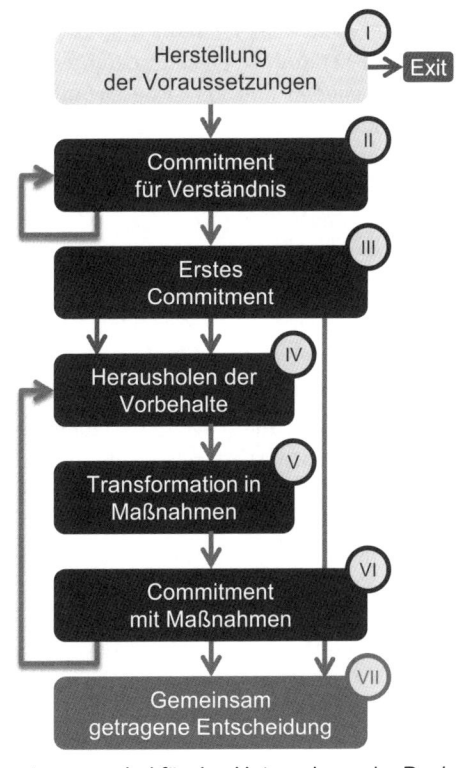

Bild 14.2 Die Voraussetzungen sind für das Unternehmen im Design festzulegen

14.4.1 Qualität des Entscheidungsbedarfs

In der Vorbereitungsphase ist zu klären, wie weit der Entscheidungsbedarf in einer ausreichenden Qualität vorliegt und den Teilnehmern rechtzeitig kommuniziert wurde. Wenn der Güteprozess zum Einsatz kam, ist eine angemessene Güte gesichert. Ohne Güteprozess ist es eine notwendige Maßnahme, die Qualität zu Beginn festzuhalten. Zur Sicherheit und für die Wertschätzung wird empfohlen, die Güte immer mit einer K-i-E Skala zu dokumentieren. Ist die Qualität nicht gegeben, ist zu prüfen, ob diese im Commitment-Prozess hergestellt werden kann, oder es ist zu unterbrechen, nachdem die Aktionen für die Herstellung der Qualität festgelegt wurden. Im Design des Commitment-Prozesses wird festgelegt, wie viele Fragen gestellt werden können, bis es zum Abbruch oder zur Unterbrechung des Prozesses kommt. Die Erfahrungen zeigen, eine Unterbrechung heilt meist selbstorganisiert die Mängel.

14.4.2 Entscheidungsfähigkeit sicherstellen

Unvollständige Teilnahme, insbesondere der Verantwortlichen und von Experten, ob nun gegeben oder als taktische Maßnahme, erschwert und verhindert Commitments. In diesem Schritt wird geprüft, ob alle Verantwortlichen oder deren Vertreter auch anwesend sind. Es kann auch ein Vertreter in diesem Commitment-Prozess definiert werden, der im Nachgang den Prozess mit dem Verantwortlichen durchführt. Der Commitment-Prozess kann dann unter Vorbehalt begonnen und mit sicheren Aufsetzpunkten komplettiert werden. Durch die klare Struktur und automatische Dokumentation wird der Commitment-Prozess im Umlaufverfahren, mit vertraulicher Einzelmoderation oder durch Wiederholung mit Teilbesetzung wieder aufgesetzt und sicher abgeschlossen. Im Gut-Fall wird die gemeinsam getragene Entscheidung bestätigt. Im Schlecht-Fall wird auf einem bereits soliden Ergebnis aufgesetzt und gegebenenfalls der Prozess wiederholt.

Laut einer Studie des amerikanischen Arbeitspsychologen Steven Rogelberg und seiner Kollegen beginnen 37% der Meetings später als geplant. Verspätete lösen fast immer Frust und Ärger bei den Wartenden aus und gefährden das Ergebnis. Die Kosten belaufen sich auf Milliarden und eine Abhilfe wäre so leicht möglich.

Mit Verspäteten kann im Prozess durch die Wiederaufsetzpunkte genauso umgegangen werden wie mit fehlenden Teilnehmern. Die Erfahrungen in Einführungsprojekten zeigen dreierlei. Besprechungen beginnen und enden pünktlich und manchmal früher. Die Meetings machen wieder Spaß, weil Arbeit erledigt wird und gute Entscheidungen getroffen werden. Die Kultur des Zuspätkommens hört auf. Die normierende Wirkung des Commitment-Prozesses, der pünktlich begonnen werden kann, auch wenn nicht alle Teilnehmer anwesend sind, führt zu einer neuen Kultur der inneren Verpflichtung, hergestellt durch die Motive der Emotionen. Das unterstützt selbstmotivierend eine neue Entscheidungskultur.

14.4.3 Kooperation überwachen

Eine kooperative Grundhaltung ist Voraussetzung für ein Gelingen. Entscheidungsprozesse, Projekte und Verhandlungen durchlaufen unterschiedliche Phasen. Ein wesentliches Thema für diese Phasen ist die entweder kooperative oder konfrontative Austragung. Der Versuch, etwas kooperativ mit einem konfrontativen Gegenüber aufzubauen, ist zum Scheitern verurteilt, verursacht Schmerzen und erzeugt Reibungsverluste bei allen Beteiligten und in den Organisationen.

Eine konfrontative Situation erfordert deutlich mehr Achtsamkeit, eine genauere Planung sowie eine unanfechtbare Dokumentation als eine kooperative Situation. Etwas zu gestalten oder aufzubauen, ist vielfach aufwendiger als etwas zu verhindern oder zu zerstören. Umgekehrt sind die Möglichkeiten und Freiheiten im kooperativen Umgang vielfältig und erlauben oft ungeahnte Lösungsräume.

Es ist also wichtig zu erkennen, in welcher Situation man sich gerade befindet, und das eigene Verhalten und die Steuerung daran anzupassen. Wenn sich Vorgehen und Maßnahmen an der aktuell vorherrschenden Haltung aller Beteiligten – kooperativ oder konfrontativ – orientieren, besteht eine gute Chance auf Erfolg (Bild 14.3).

Wie gut ist die Qualität des Entscheidungsbedarfs vorbereitet?
① ② ③ ④ ⑤ ⑥ ⑦ ⑧ ⑨ ⑩
nicht ausreichend   nur mit Nachbessern   gut

Wie weit ist das Team entscheidungsfähig?
① ② ③ ④ ⑤ ⑥ ⑦ ⑧ ⑨ ⑩
nicht   mit Vorbehalt   vollständig

Wie weit ist die Kooperation gewährleistet?
① ② ③ ④ ⑤ ⑥ ⑦ ⑧ ⑨ ⑩
konfrontativ   passiv-aggressiv   kooperativ

Bild 14.3 Alle Voraussetzungen für den Commitment-Prozess sind erfüllt

Die innewohnende Logik des Commitment-Prozesses deckt allen Beteiligten konfrontative Situationen auf und führt selbstregulierend zu kooperativem Verhalten. So wird bereits in der Einführungsphase ein kooperatives Verhalten erreicht, ohne dies explizit zu fordern oder zu forcieren.

Als Standardvorgehen ist im funktionalen Bereich mit dem Prozess fortzufahren. Der mittlere Bereich erfordert eine hohe Achtsamkeit und Prozesstreue, insbesondere bei der Dokumentation. In einer konfrontativen Situation ist der Commitment-Prozess zu unterbrechen oder abzubrechen. Dafür sind andere Verhandlungsmethoden oder Moderationstechniken und Vorgehen erforderlich, für die der Commitment-Prozess in einem anderen Rahmen wieder eingesetzt werden kann.

Die Praxis zeigt, dass mit dem Commitment-Prozess, wenn er eingeführt und committet ist, die Kooperation immer wieder hergestellt wird.

14.4.4 Fallstudie: Voraussetzungen

Das Projektvorhaben war durch den Güteprozess mit den Beteiligten in mehreren Durchgängen zu einer guten Qualität gereift und den Teilnehmern rechtzeitig kommuniziert worden. Die Verantwortlichen waren im Kick-off anwesend und damit war die Entscheidungsfähigkeit im Prozess direkt gewährleistet. Die Kooperation hatte sich nach anfänglichen Startschwierigkeiten und den Friktionen aus dem gescheiterten Vorgängerprojekt durch Anwendung der K-i-E Tools auf einem sehr guten Niveau stabilisiert.

■ 14.5 Schritt 2 – Commitment für das Verständnis

Ein Commitment kann nur erreicht werden, wenn das Thema und die Konsequenzen im Spannungsfeld des eigenen Verantwortungsbereichs sowie der beteiligten Bereiche und letztendlich des Unternehmens verstanden sind (Bild 14.4).

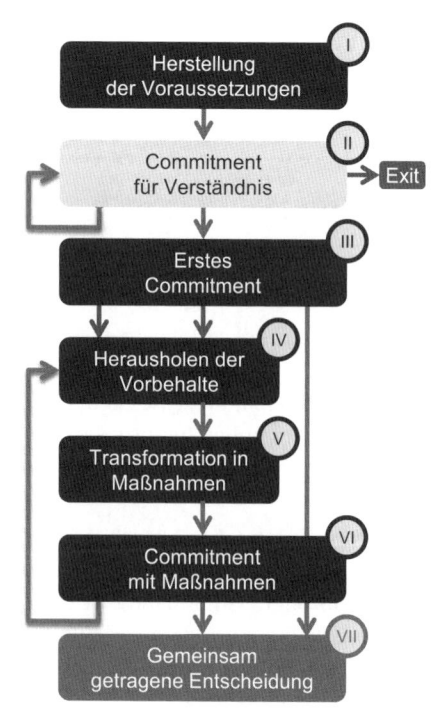

Bild 14.4 Erst wenn ein Verständnis hergestellt ist, kann entschieden werden

14.5 Schritt 2 – Commitment für das Verständnis

Dies wird mittels der K-i-E Skala sichergestellt (Bild 14.5). Im Design wird festgelegt, wie man in Abhängigkeit des Themas, der Commitment-Kultur und der Dringlichkeit bei fehlendem Verständnis verfährt. Bei Abbruch wird die Klärung der Fragen mit klaren Aktionen und Terminen versehen. Folgende Varianten haben sich für ein Fortfahren des Prozesses herauskristallisiert:

- Es wird eine begrenzte Anzahl von Verständnisfragen zugelassen. Dabei wird davon ausgegangen, dass sich die Kompetenz im Raum befindet und sich durch die Beteiligten die Informationslücke schließen lässt.
- Es werden Teilnehmer mit fehlendem Verständnis im weiteren Prozess ausgeschlossen, damit die übrigen Beteiligten nicht umsonst zum Commitment-Prozess kamen. Für die ausgeschlossenen Teilnehmer kann der Commitment-Prozess nach Aufbau des eigenen Verständnisses wiederholt werden. Ziel ist immer, dass eine taktische oder gegebene Blockade nicht möglich ist.
- Man trifft Annahmen für Teilthemen, die später überprüft werden.

So wird verhindert, dass alle Beteiligten wegen einiger weniger zur Untätigkeit verurteilt sind oder am Ende das Commitment auf Sand gebaut ist.

Wie gut ist der Entscheidungsbedarf verstanden?
① ② ③ ④ ⑤ ⑥ **⑦** ⑧ ⑨ ⑩
nicht verstanden   einiger- verstanden
                                 maßen klar

Bild 14.5 Die K-i-E Skala zeigt: Das Verständnis kann wahrscheinlich im Dialog hergestellt werden

Bewährt hat es sich, eine vorgegebene Anzahl von Verständnisfragen zuzulassen, die in einem zweischrittigen Verfahren geklärt werden.

14.5.1 Einsammeln der Fragen

Die offenen Fragen werden im ersten Schritt mit der Leitfrage gesammelt und visualisiert:
Welche Fragen müssten Sie hier klären, damit Sie ein ausreichendes Verständnis erreichen?
Die folgende Leitfrage schließt den ersten Schritt ab und verhindert, dass der weitere Prozess durch Fragen gestört wird:
Wie weit haben Sie ein ausreichendes Verständnis, wenn alle Fragen beantwortet sind?

14.5.2 Beantwortung der Fragen

Erst wenn die Vollständigkeit der Fragen gesichert ist, werden in einem zweiten Schritt anschließend im Gremium die Fragen beantwortet. So gelingt es mühelos, das Verständnis herzustellen.

Danach wird das Verständnis – für alle sichtbar – erneut mit der K-i-E Skala geprüft (Bild 14.6). Damit wird sichergestellt, dass sich bei einzelnen Beteiligten ihr Verständnis nicht verändert hat.

Wie gut ist der Entscheidungsbedarf nach
Beantwortung der Fragen verstanden?
1 2 3 4 5 6 7 8 **9** 10
nicht verstanden   einiger-   verstanden
                   maßen klar

Bild 14.6 Nach der Fragerunde ist das Verständnis hergestellt

Die Erfahrungen zeigen, wie in wenigen Runden eine wachsende Commitment-Kultur entsteht. Die Basisemotionen Scham und Schuld sowie Angst, die immer mitspielt, stellen das Verständnis durch den offenen Prozess ohne weiteres Zutun her.

Das zweischrittige Verfahren ist von großer Bedeutung. Wieder geht es darum, dass taktische oder andere Blockaden aufgedeckt und beseitigt werden. Die Prozesstreue stellt Offenheit, Mut, Respekt vor den Wissenden, aber auch vor den Nicht-Wissenden her. Der Fokus bleibt immer erhalten und das Ziel wird nie aus den Augen verloren.

14.5.3 Fallstudie: Verständnis

Die Beteiligten hatten ein sehr gutes Verständnis über das Projektvorhaben (Bild 14.7). Der erst vor einer Woche hinzugezogene Qualitätsmanager hatte nur ein vages Verständnis. Er wurde vom weiteren Commitment-Prozess ausgeschlossen, konnte jedoch im Kick-off wieder dabei sein, um tiefer in das Projekt hineinzufinden.

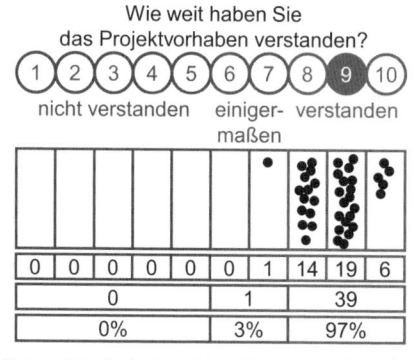

Wie weit haben Sie
das Projektvorhaben verstanden?
1 2 3 4 5 6 7 8 **9** 10
nicht verstanden   einiger-   verstanden
                   maßen

0	0	0	0	0	0	1	14	19	6
0					1		39		
0%					3%		97%		

Bild 14.7 Bei den Beteiligten ist ein hohes Verständnis vorhanden

14.6 Schritt 3 – erstes Commitment für das Projekt selbst

Mit einer spezifisch angepassten Leitfrage „Wie weit bin ich zur Projektplanung mit Zeit, Budget und Leistungsumfang committet?" wird ein erstes Commitment ohne vorherige Diskussion ermittelt. Es wird sofort eine schnelle und offene Einschätzung möglich und ein Scheitern in späteren Phasen unwahrscheinlich (Bild 14.8).

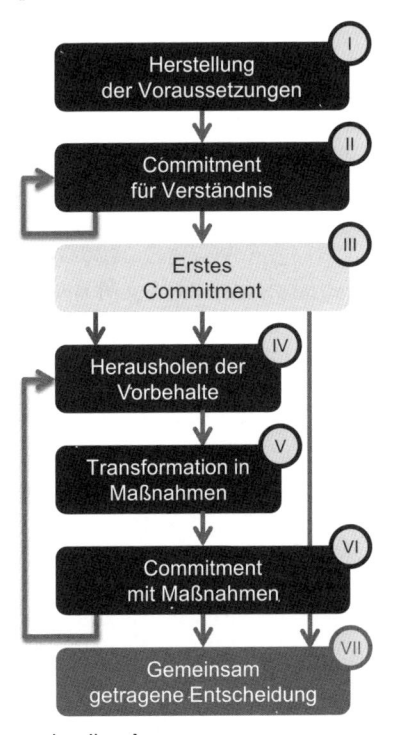

Bild 14.8 Die Chance zum schnellen Ausgang

Viele Entscheidungsbedarfe sind klar und ohne lange Redebeiträge und ermüdende Selbstdarstellungen bereits in dieser Phase zu klären und das Commitment wird eingeholt. Es entsteht in wenigen Sekunden eine unbeeinflusste gemeinsam akzeptierte Standortbestimmung.

14.6.1 Sich-Zeigen-Können und -Müssen

Divergierende Sichtweisen werden auf einen Blick sichtbar und der Weg zum Ziel ist gut einzuschätzen. Bereits im Vorfeld geführte, taktisch erzwungene Optionen wie gezielte Zeitverzögerungen oder Ausflüchte werden weitgehend offengelegt und verhindert. Das Commitment, sich zu zeigen und sich zeigen zu müssen, öffnet den Raum für Lösungen.

Der Prozess verhindert, dass Einzelne abschweifen oder sich in Details verlieren. Durch die hohe kontrollierte Beteiligung und gesteuerte Interaktion gibt es keine Gelegenheit, auf dem Smartphone oder Tablet herumzutippen. Die typischen Meeting-Killer werden mit dem Commitment-Prozess direkt adressiert, ohne dass sich einzelne gegen die Störer positionieren müssen oder sich aus Frust zurückziehen.

Das im Design festgelegte wiederholte „Sich-Zeigen-Müssen" – zuerst als Risikovermeider und später als Erfolgsuchender – fördert die Commitment-Kultur. Unterschiedlichkeit wird als Wert erlebt und nicht mit Gegenreden entwertet, da zuerst bewertet wird und bis zu diesem Prozessschritt keine Diskussion stattfindet (Bild 14.9).

Bild 14.9 Die Gruppe erkennt den geringen Abstand zum Commitment

Der Schritt 3, das erste Commitment, wird mit einer klaren Standortbestimmung durch die Anzahl der Beteiligten eingeleitet, die vom Erfolg überzeugt sind, und jene, die es nicht sind. Die K-i-E Skala tut hier ihre Dienste und es ist bereits offensichtlich, wie weit das Team von einem Commitment entfernt ist.

14.6.2 Fallstudie: erstes Commitment für das Projekt selbst

Der erste Blick auf das Commitment des Teams verriet: Die Beteiligten waren nicht ausgerichtet und zwei Drittel waren nicht überzeugt, dass das Vorhaben eine gute Chance auf Erfolg hat (Bild 14.10).

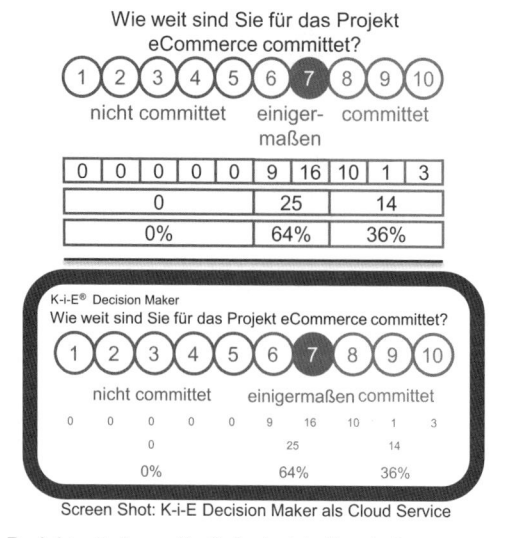

Bild 14.10 Dieses Projekt würde große Schwierigkeiten bekommen

Niemand im Team glaubte zwar, dass das Projekt keine Chance hat, aber die Mehrheit glaubte nicht so recht an den Erfolg. Die K-i-E Skala machte deutlich, es gab noch Vorbehalte, die im Rahmen der Projektplanung nicht bearbeitet worden waren.

Es wäre geradezu fahrlässig gewesen, insbesondere seitens der Projektverantwortlichen, dieses Projekt fortzusetzen. Die Anzahl der Beteiligten, die im Fall von Schwierigkeiten oder gar des Scheiterns bereits die Ausrede parat hatten, war in der Mehrheit. Der zu erwartende Aufwand, das Team zu motivieren und vom Erfolg immer wieder zu überzeugen, wäre viel zu hoch. Die Botschaft an das Team musste an diesem Punkt lauten: „So mache ich als Verantwortlicher das Projekt nicht."

Die Aussage lautete aber auch, mit moderatem Aufwand kann das Projekt nachjustiert werden, damit der Großteil der Team-Mitglieder vom Erfolg überzeugt ist.

■ 14.7 Schritt 4 – Herausholen der Vorbehalte

Als wesentliche Qualität wird Angst als wertvoller Motivator für Achtsamkeit eingeführt, die zur Sicherheit führt. Zu wenig an Angst macht leichtsinnig, zu viel führt in die Blockade und ein angemessenes Maß sorgt durch Achtsamkeit für Sicherheit, als Kern des Erfolgs. In den Vorbehalten steckt die Sicherheit für den Projekterfolg (Bild 14.11).

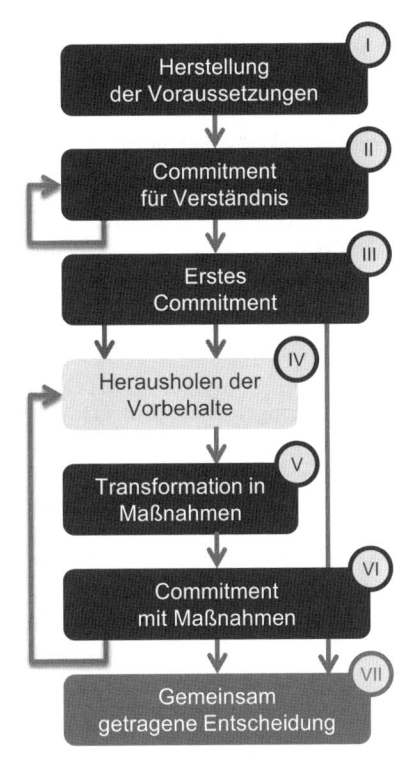

Bild 14.11 In den Vorbehalten ist die Lösung verborgen

Vorbehalte sind von übertriebenen Risikobetrachtungen und überzogenem Sicherheitsdenken im dysfunktionalen Bereich zu bereinigen, bevor man gemeinsam angemessene Maßnahmen erarbeitet.

14.7.1 Was Vorbehalte bedeuten

Ein Team wird gerne an Schutzmaßnahmen zur Risikovermeidung arbeiten, aber es wird sich weigern, überzogenen Risikobetrachtungen zu folgen oder übertriebenen Aktionismus zu betreiben. Viele Führungskräfte und Projektmanager versuchen, Vorbehalte wegzudiskutieren, und schwächen damit das Commitment und den Projekterfolg. Je mehr die Vorbehalte ignoriert, wegdiskutiert oder weggedrängt werden, desto geringer wird das Commitment und desto größer das Projektrisiko.

Beides, die kraftvolle Einflussnahme und die Sorge für die Sicherheit, sind für den Erfolg notwendige Voraussetzungen (Bild 14.12).

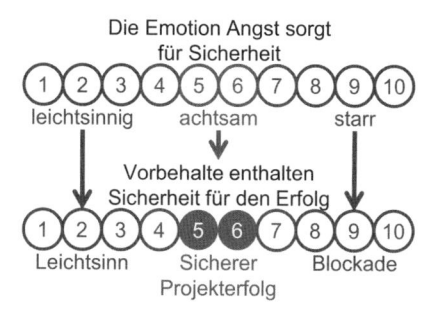

Bild 14.12 In den Vorbehalten sind die Maßnahmen für den Projekterfolg enthalten

14.7.2 Vorbehalte sichern

Die im Schritt 3 – erstes Commitment für das Projekt – identifizierten Beteiligten, die nicht vom Projekterfolg überzeugt sind, werden aufgefordert, ihre Vorbehalte zu dokumentieren:

- K-i-E Skalen-Werte von 6 bis 7 bringen zum Ausdruck, dass noch Vorbehalte existieren, die unbekannte Risiken bergen und damit den Erfolg gefährden.
- K-i-E Skalen-Werte von 1 bis 5 bringen zum Ausdruck, dass die Beteiligten nicht vom Erfolg überzeugt sind.

Beide Gruppen werden gleich behandelt. Sehr erfahrene Experten drücken mit einer K-i-E Zahl von 1 bis 5 aus, dass das Vorhaben nicht erreichbar ist und auch mit Maßnahmen nicht gerettet werden kann. In diesen Teams werden die Experten aufgefordert, Alternativen zum Projektvorhaben zu entwickeln, die sich an den ursprünglichen Prämissen oder Zielvorgaben orientieren. Dafür ist ein anschließender Priorisierungsprozess nötig. Meist wird jedoch mit einer niedrigen Zahl ausgedrückt, dass der Vorbehalt und das darin enthaltene Risiko sehr groß sind.

Die Leitfrage setzt den richtigen Fokus und verhindert, mit nicht zum Thema gehörenden Risiken abzulenken: „Welche Vorbehalte müssen mit einer Maßnahme gelöst werden, damit Sie committen können?"

Wichtig ist bei diesem Schritt, dass das Team weiß, dass diese Arbeit den Erfolg sichert und nicht verhindert. Es ist in der Verantwortung und Pflicht der Bedenkenträger, mit ihrem Wissen und ihrer Erfahrung um die Risiken die Vorbehalte zu erarbeiten. Es reicht nicht, nur zu kritisieren. Diejenigen, die die Risiken beurteilen können, werden im weiteren Prozessverlauf verpflichtet, die Maßnahmen zu erarbeiten, um den Erfolg sicherzustellen.

In dieser Phase wird meist im Plenum gearbeitet. Bei größeren Gruppen mag es sinnvoll sein, dass sich diese aufteilen. Finden mehrere Gruppen gemeinsame Vorbehalte, werden diese in einem weiteren Prozessschritt wieder zusammengefügt. Die Vorbehalte können in kleinen Gruppen per Zuruf aufgenommen und dokumentiert werden. Empfohlen wird jedoch, dass die Beteiligten die Vorbehalte selbst auf Karten oder Stickies sichern. Dieses Vorgehen weist eine Reihe unvergleichlicher Vorteile auf:

- Zum Schreiben müssen die Beteiligten ihre Kognition einsetzen. Impulshafte Reaktionen werden von vornherein abgemildert.
- Ankereffekten wird entgegengewirkt.
- Das gemeinsame Vorgehen und Beitragen zum Projekterfolg wird geankert und dabei werden die agilen Werte gelebt. Die üblichen Tendenzen zur Auf- und Abwertung beziehungsweise zum Aus- oder Eingrenzen werden durch gemeinsame Arbeit ersetzt. Es entsteht eine Arbeitsatmosphäre auf Augenhöhe mit einem gemeinsamen Ziel.
- Die Vorbehalte stehen sofort für eine Dokumentation zur Verfügung.
- Die Arbeit wird parallelisiert, was für größere Gruppen unabdingbar ist.
- Der Master of K-i-E wird entlastet und kann sich um den Prozess kümmern.

Sind alle Vorbehalte gesammelt, sauber zusammengeführt und klar dokumentiert, wird dieser Schritt mit zwei K-i-E Skalen zum Verständnis und zur Vollständigkeit der Vorbehalte abgeschlossen.

Das Verständnis der Vorbehalte jedes einzelnen Teammitglieds fördert eine gemeinsame Sicht auf die offenen Themen und lässt das Team zusammenwachsen. Das wesentliche Ergebnis dieses Prozessschritts ist jedoch, dass ein Wiederaufsetzpunkt geschaffen wird, hinter dem das Team nicht mehr zurückfallen kann. In den weiteren Projektschritten wird vorausgesetzt, dass jeder Beteiligte weiß, worum es geht. Späteren Ausreden wie „das habe ich nicht gewusst" oder „das haben die Verantwortlichen nicht angezeigt" wird früh entgegengewirkt (Bild 14.13).

Wie weit verstehen Sie inhaltlich die Vorbehalte?
1 2 3 4 5 6 7 8 **9** 10
nicht   nicht so   gut
        ganz

Bild 14.13 Das Verständnis sichert den weiteren Prozess

Als Konsequenz geht die Verantwortung mehr und mehr auf die Beteiligten über. Mit der anschließenden K-i-E Skala wird sichergestellt, dass der Commitment-Prozess einen klaren Umfang und ein greifbares und definiertes Ende bekommt (Bild 14.14). So wird ein Moving-Target, also eine Änderung des Projektziels, präventiv ausgeschlossen und verhindert. Es entsteht eine konstruktive Arbeitsatmosphäre bei hoher Motivation.

Wie weit ist ein Commitment nach Lösung dieser Vorbehalte erreichbar?

① ② ③ ④ ⑤ ⑥ ⑦ **⑧** ⑨ ⑩
nicht   nicht   gut
         ganz

Bild 14.14 Vollständigkeit über die Vorbehalte ist erreicht

Zusammen mit der Standortbestimmung aus dem vorherigen Schritt 3, dem ersten Commitment für das Projekt selbst, und den gesammelten Vorbehalten erhalten die Beteiligten nun einen präzisen Eindruck, welche Arbeit noch vor ihnen liegt. Gleichzeitig wird ein sicherer Wiedereinstiegspunkt definiert.

14.7.3 Fallstudie: Herausholen der Vorbehalte

Für das eCommerce-Vorhaben wurden in einem Kick-off mit allen Beteiligten die Vorbehalte während eines Workshops herausgearbeitet. Die Ergebnisse wurden anschließend konsolidiert und in einer Liste zusammengeführt (Tabelle 14.1).

Tabelle 14.1 Die Vorbehalte sind valide Risiken für den Projekterfolg.

Vorbehalte	Prio
Abzug von Ressourcen führt zu einer Verzögerung in der Projektplanung.	8
Die Anforderungsdefinition hat nur eine durchschnittliche Güte (5). Der daraus entstehende Aufwand im Design und das Risiko für die Umsetzung sind zu hoch. Der Fachbereich wird die Umsetzung nicht akzeptieren.	10
Entscheidungen auf dem kritischen Pfad müssen zeitnah getroffen werden.	7
Der Informationsstand für die Planung war nicht ausreichend.	6
Abstimmung mit SAP für die Middleware Services ist noch nicht aufgesetzt.	9

14.8 Schritt 5 – Transformation in Maßnahmen

Die Transformation in angemessene Maßnahmen ist ein kreativer Schritt für die Projektsicherheit. Schritt 4 – Vorbehalte herausholen – und Schritt 5 – Transformation in Maßnahmen – müssen klar voneinander getrennt werden.

Der Commitment-Prozess verzichtet völlig darauf, den anderen zu überzeugen. Er nimmt die Beteiligten eigenverantwortlich in die Pflicht und fordert, die Kompetenzen für den gemeinsamen Erfolg einzubringen. Er forciert im Prozess einen wertschätzenden Umgang und zielt inhaltlich auf angemessene Maßnahmen, die den Projekterfolg sicherstellen. Maßnahmen für die Risikovermeidung oder für das Risikomanagement erarbeiten zu müssen, konzentriert die Gruppe auf das Wesentliche. Damit wird verhindert, Risiken als taktische Maßnahmen zur Verzögerung und Verhinderung einzusetzen. Es wird für die Gruppe sichtbar, was und wer der Projektsicherheit dienen und wer taktisch agiert. Jeder Vorbehalt bzw. Themenkomplex wird durch die Teilnehmer auf Basis ihres Expertenwissens in eine Maßnahme transferiert (Bild 14.15).

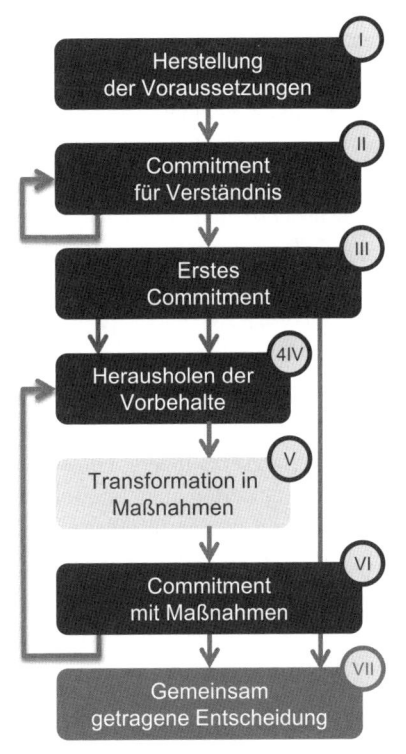

Bild 14.15 Die Transformation der Vorbehalte als kreativer erfolgssichernder Schritt

14.8.1 Wie Maßnahmen erarbeitet werden

Die Maßnahmen werden in üblichen Workshop-Formaten aufbereitet und dokumentiert. Die Leitfrage: „Mit welchen Maßnahmen werden die Vorbehalte gelöst, damit Sie committen können?" setzt den richtigen Fokus und verhindert, dass abgeschweift wird. Dieser Fokus ist in den Workshops ein zentraler Erfolgsfaktor und wird als Zieldefinition mitgegeben. Es ist nicht zu erarbeiten, was vielleicht technologisch oder fachlich möglich oder wünschenswert wäre, sondern was notwendig ist, damit der Projekterfolg sichergestellt wird.

Wichtig ist bei diesem Schritt, dass das Team weiß, dass diese Arbeit den Erfolg sichert und nicht verhindert. Es ist in der Verantwortung und Pflicht der Bedenkenträger, mit ihrem Wissen und ihrer Erfahrung um die Risiken die Vorbehalte zu erarbeiten. Es reicht nicht, nur zu kritisieren. Diejenigen, die über die Expertise verfügen zu beurteilen, welche Risiken existieren, werden im weiteren Prozessverlauf verpflichtet, die Maßnahmen zu erarbeiten, um den Erfolg sicherzustellen.

In Abhängigkeit von der Größe werden mehrere Gruppen gebildet. Ziel ist es, dass mehrere Gruppen verschiedene oder auch gemeinsame Maßnahmen für Vorbehalte finden, die in einem weiteren Prozessschritt wieder zusammengeführt werden.

- Dieser Prozessschritt ist maßgeblich von der Komplexität des Projekts und der Anzahl der Beteiligten abhängig. Als Orientierung gilt:
- Es müssen immer mehrere Gruppen gebildet werden. Auch wenn nur zwei Teilnehmer verfügbar sind, bildet jeder eine eigene Arbeitsgruppe und arbeitet für sich.
- Möglichst zwei Gruppen oder mehrere Teams an einem Vorbehalt arbeiten lassen, um eine Diversität der Ergebnisse zu erhalten.
- Die Ergebnisse sind zu dokumentieren und anschließend vor der Gruppe zu präsentieren. Gegebenenfalls kann ein Güteprozess durchgeführt werden, damit ein gemeinsames Verständnis hergestellt wird.

Mit dieser Vorgehensweise ist sichergestellt, dass alle Innovationen immer dokumentiert sind und beliebig wieder aufgesetzt werden können. So kann auf alle Störungen reagiert werden, was die Robustheit der K-i-E Tools auszeichnet.

Experten, mit einem Anteil des Erfolgserzwingers, neigen dazu, Vorbehalte sofort mit Argumenten als unbedeutend zu bewerten und im weiteren Verlauf zu entwerten. Bedenkenträger reagieren analog und werten ihrerseits die Argumente der Erfolgserzwinger ab oder ihre Argumente bezüglich des Risikos auf. Die erneute Reaktion der Erfolgserzwinger ist eine Abwertung der Bedenkenträger und Aufwertung der eigenen Argumente.

14.8.2 Was Überzeugen auf Augenhöhe bewirkt

Den anderen zu überzeugen, ist keine erfolgversprechende Beeinflussungsstrategie für Teams auf Augenhöhe, insbesondere dann nicht, wenn das Eigene auf- und das andere abgewertet wird. Es gehen die agilen Werte Offenheit, Fokus, Mut, Augenhöhe und Commitment verloren. Überzeugen wollen gleicht oft dem Anrennen gegen eine Betonwand mit Friktionen bei allen Beteiligten und fördert das Vorankommen nicht.

Rasch mündet die Diskussion in kalibrierte emotionale Schleifen und jegliche Kreativität und konstruktives Vorgehen schwinden. Das Ziel, die Maßnahmen für die Sicherheit des Projekts zu erarbeiten, ist meist längst aus den Augen verloren. Eine funktionale Strategie dagegen gibt dem Team die Kompetenz selbst in die Hand, sodass es in einem soliden geordneten Prozess zum Commitment findet.

14.8.3 Vorbehalte in Maßnahmen transferieren

Ist eine Maßnahme bearbeitet und klar dokumentiert, wird sie mit zwei K-i-E Skalen zum Verständnis und zur Lösung des Vorbehalts abgeschlossen (Bild 14.16).

Bild 14.16 Erfolgreicher Abschluss einer Maßnahme

Die K-i-E Skalen zum Verständnis und zur Lösung des Vorbehalts dienen auch als Dokumentation gegen taktische Verzögerungen, damit der Commitment-Prozess sicher zu Ende geführt und eine gemeinsame Entscheidung hergestellt werden kann.

Zum Abschluss der Bearbeitung aller Maßnahmen wird ihre Vollständigkeit mit einer K-i-E Skala abgesichert (Bild 14.17).

Bild 14.17 Mit den Maßnahmen sind alle Vorbehalte abgesichert

Auch mit diesem Schritt wird der Fokus auf ein Commitment aufrechterhalten. Die Maßnahmen werden anschließend Teil des Projektvertrags oder Vorgehens. Um sich innerhalb des Projektrahmens, der Prämissen und Vorgaben zu bewegen, sind die Maßnahmen immer wieder in Erinnerung zu rufen. Nehmen die Verantwortlichen teil und erlaubt es die Governance, so können die Maßnahmen bereits in diesem Schritt als Teil des Projektvertrags vereinbart werden. In jedem Fall sind die Vorbehalte und Maßnahmen dokumentiert und können in einem nachgelagerten Prozess mit den Stakeholdern verhandelt werden. Der weitere Commitment-Prozess wird mit der Annahme, die Maßnahmen werden später Teil des Projekts, weitergeführt. Damit wird wieder verhindert, dass der Prozess taktisch verzögert oder verhindert wird. Mit den sicheren Aufsetzpunkten kann der Prozess an dieser Stelle fortgesetzt werden, wenn bestimmte Maßnahmen nicht in den Projektrahmen passen oder vom Management abgelehnt werden.

Sind alle Vorbehalte gesammelt, sauber zusammengeführt und klar dokumentiert, wird dieser Schritt mit zwei K-i-E Skalen zum Verständnis und zur Vollständigkeit der Vorbehalte abgeschlossen.

14.8.4 Fallstudie: Transformation in Maßnahmen

Die Maßnahmen aus den strukturierten Workshops zeigten, warum das Commitment so gering war. Die Erfahrungen der Vergangenheit mussten mit einem Commitment-Prozess geheilt werden. Die Schwächen in der Projektplanung waren mit sinnvollen Maßnahmen zu beheben. Die Güte der Anforderungen wurde mit dem Güteprozess angehoben. Die Kompetenz der Gruppe führte dazu, dass für den Erfolg notwendige Maßnahmen im Projekt verankert wurden (Tabelle 14.2).

Tabelle 14.2 Vorbehalte in Maßnahmen transferiert

Vorbehalte	Prio	Maßnahmen
Abzug von Ressourcen führt zu einer Verzögerung in der Projektplanung.	8	Commitment, dass bei Abzug von Ressourcen eine Anpassung der Planung stattfindet
Die Anforderungsdefinition hat nur eine durchschnittliche Güte (5). Der daraus entstehende Aufwand im Design und das Risiko für die Umsetzung sind zu hoch. Der Fachbereich wird die Umsetzung nicht akzeptieren.	10	Commitment der Projektleitung, das Anforderungsmanagement zu verbessern und Maßnahmen zur Erhöhung der Güte einzuführen. Eine mittlere Güte von 8 wird vorausgesetzt.
Entscheidungen auf dem kritischen Pfad müssen zeitnah getroffen werden.	7	Lenkungsausschuss und Commitment für zeitnahe Eskalation, Klärung und Entscheidung kritischer Themen
Der Informationsstand für die Planung war nicht ausreichend.	6	Einrichtung eines Regelmeetings zur Projektplanung (agile – classic)
Abstimmung mit SAP für die Middleware Services ist noch nicht aufgesetzt.	9	Gründung eines Projekt-Teams zur Abstimmung mit dem SAP-Team

14.9 Schritt 6 – Commitment mit Maßnahmen

Das finale Commitment mit Maßnahmen ist nur noch ein formaler Akt und dient wieder der Absicherung vor taktischen Verzögerungen und Wiederholungen (Bild 14.18). Wenn die Schritte ordentlich durchgeführt wurden, sind im Rahmen der Prämissen und Projektvorgaben alle Vorbehalte identifiziert und mit Maßnahmen gelöst. Jeder der Beteiligten hat sich in der gemeinsamen Arbeit öffentlich zum Projektziel bekannt. Damit ist das Team ausgerichtet, Engagement und Loyalität aller Mitarbeiter stehen auf solidem Boden.

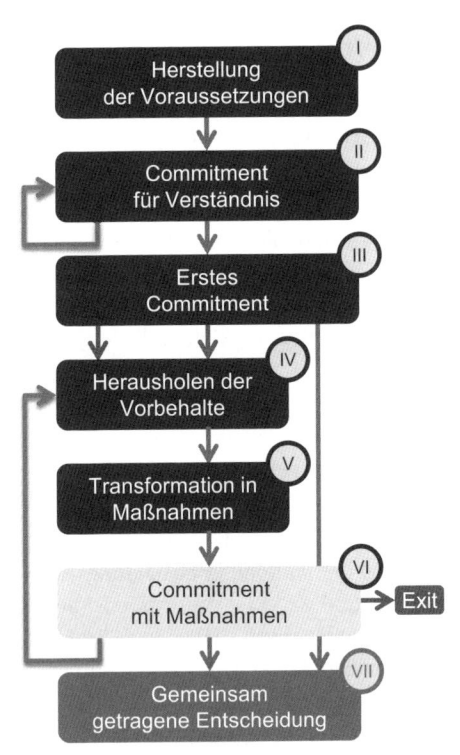

Bild 14.18 Das finale Commitment mit Maßnahmen sichert den Projekterfolg

Wird das finale Commitment nicht erreicht, wurde etwas übersehen oder es wird eine taktische Maßnahme zur Verhinderung des Commitments sichtbar. Beides kann durch eine Wiederholung des entsprechenden Prozessschritts gelöst werden. In der Einführungsphase trauen sich zurückhaltende Experten nicht immer, ihre Vorbehalte zu nennen, gerade dann, wenn sie in der Vergangenheit von Erfolgserzwingern niedergebügelt wurden. Diese Mitarbeiter fassen erst langsam Mut, zeigen sich anschließend als sehr dienlich und bringen ihre Expertise ein. In Teams und Unternehmen, in denen eine Kultur herrscht, in der Bedenkenträger oder Erfolgssucher abgewertet oder überstimmt wurden, dauert die Einführung länger. Das Vertrauen steigt mit zunehmender Anwendung des Commitment-Prozesses und der K-i-E Tools.

> Häufig erkennen viele die Ernsthaftigkeit und hohe Funktionalität des Commitment-Prozesses nicht sofort. Manche glauben, wenn sie ihre Vorbehalte nicht nennen, würden die Versäumnisse der Vergangenheit nicht aufgedeckt oder sie könnten notwendige Maßnahmen umgehen.
>
> Das wachsende Vertrauen und die sich etablierenden agilen Werte sorgen dafür, dass offen und ehrlich die erfolgsrelevanten Themen auf den Tisch kommen und vom Team gelöst werden.

Mit der im Prozess entstandenen Dokumentation kann das Commitment von jedem offen und gemeinsam abgestimmt in die Organisation kommuniziert werden. Es gibt keine Ausflüchte, keinen Rückzug in gewohnte Schutzburgen und keine Distanzierung mehr. Wenn dies trotzdem geschieht, weil neue Risiken aufgetaucht oder Maßnahmen gescheitert sind, kann dies durch Wiederholung des entsprechenden Prozessschritts geheilt werden.

Vorbehalte, die nur zur Selbstdarstellung, zum Ausgleich vergangener Friktionen oder aus taktischen Gründen platziert worden sind, werden durch den robusten und offenen Prozess sehr schnell aufgedeckt und verschwinden nach einigen Durchgängen von selbst. Eine neue Entscheidungskultur entsteht selbstorganisiert, wenn der Commitment-Prozess angewendet wird.

14.9.1 Exit und autoritäre Entscheidung

Kein Commitment ist ebenfalls eine Entscheidung. Die Entscheidung ist dann nicht gemeinsam getragen und kann mit anderen Entscheidungsformen getroffen werden. In dem Fall kommt es zum Exit und zu einer autoritären Entscheidung durch die Führungskraft, so wie es die Governance regelt. Dabei ist es ihr überlassen, ob sie eine autoritäre Chefentscheidung trifft oder eine andere Entscheidungsform wählt.

Überschreiten die Maßnahmen Verantwortungsbereiche oder Vorgaben, kann das finale Commitment erst im Anschluss mit den Verantwortlichen erreicht werden. In Abhängigkeit von diesem Commitment ist dann faktisch eine gemeinsam getragene Entscheidung hergestellt oder die autoritäre Entscheidung muss greifen und sei es nur, um einen neuen Commitment-Prozess mit geänderten Prämissen zu beauftragen.

Auch in diesem Fall steht das Wissen aus dem vorherigen Entscheidungsprozess der Führungskraft zur Verfügung. Das heißt, die Führungskraft wird immer reicher an Erfahrung, weil sie über das erarbeitete Erfahrungswissen der Gruppe verfügt, und dadurch steigt ihre Kompetenz. Das im Prozess vorher erarbeitete Bild gibt eine klare Einschätzung für alle Beteiligten, wie weit die Entscheidung vom Team getragen wird und mit welchen Vorbehalten und Risiken zu rechnen ist.

14.9.2 Fallstudie: Commitment mit Maßnahmen

Das finale Commitment zeigte, dass 100% der Beteiligten vom Projekterfolg überzeugt sind (Bild 14.19). Die Maßnahmen wurden Teil der Dokumentation und für alle zugänglich im Projektverzeichnis abgelegt. Aufgrund der belastenden Erfahrungen in der Vergangenheit wurde mit den Projektverantwortlichen vereinbart, dass signifikante Änderungen ein Re-Commitment erfordern würden. Das Projekt-Team für die Projektziele war committet und für die Zielerreichung ausgerichtet.

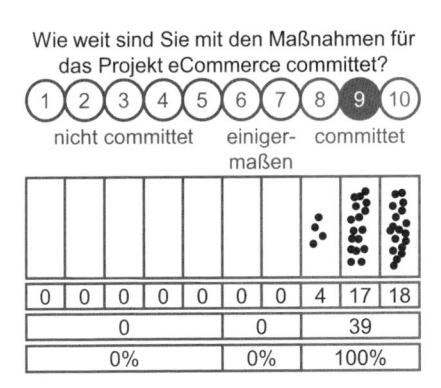

Wie weit sind Sie mit den Maßnahmen für das Projekt eCommerce committet?

1	2	3	4	5	6	7	8	9	10
nicht committet				einigermaßen			committet		
0	0	0	0	0	0	0	4	17	18
0				0			39		
0%				0%			100%		

Bild 14.19 Mit diesem Commitment werden Projekte erfolgreich

Der Bereichsleiter eCommerce kommentierte: „Ein persönliches Commitment aller Teilnehmer wurde für die Projektziele mit Zeit, Aufwand und Funktionalität in einem Workshop von wenigen Stunden erreicht."

14.10 Schritt 7 – gemeinsam getragene Entscheidung

Das Commitment als selbst gefühlte Verpflichtung, die eigenen Fähigkeiten für den Projekterfolg einzusetzen, ist erreicht. Die gemeinsam getragene Entscheidung umfasst die Entscheidung und die Umsetzung, die ebenfalls gemeinsam getragen wird. Die Identifikation und Loyalität zum Ziel sind als wesentlicher Erfolgsfaktor hergestellt. Die Team-Mitglieder geben ihr Commitment nur, wenn sie selbst vom Erfolg und von der Tragfähigkeit der Unternehmung überzeugt sind. Die notwendigen Maßnahmen werden ins Vorhaben integriert.

Alle Teilnehmer werden eingebunden und der Prozess forciert, sich zu äußern und einen bewertbaren Standpunkt einzunehmen. Die divergierenden Sichtweisen werden gleich zu Beginn sichtbar und durch die Beteiligung und Mitwirkung wird gemeinsam eine konstruktive Lösung erstellt.

Die zwingende innere Logik führt zum Ziel und macht den Commitment-Prozess zu einem soliden robusten Werkzeug, das mit Unschärfen und unterschiedlichen wie auch widrigen Situationen gut zurechtkommt.

Mit dem Commitment-Prozess entsteht ein selbstorganisierter Prozess, der eine Kultur von Offenheit, Verbindlichkeit, Ehrlichkeit, Sicherheit und gemeinsam getragenen Commitments wachsen lässt, ohne dies zu erzwingen. Auf diese Weise entsteht die gemeinsam getragene Entscheidung (Bild 14.20).

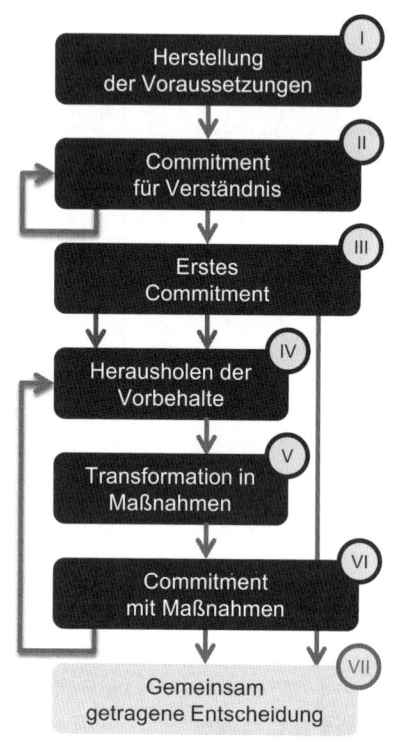

Bild 14.20 Die gemeinsam getragene Entscheidung als überlegene Entscheidungsform

14.10.1 Fallstudie: gemeinsam getragene Entscheidung

Das Projekt ist tatsächlich nach zwei Jahren erfolgreich eingeführt worden. Das Altsystem wurde abgeschaltet, was in der IT als Königsdisziplin gilt.

14.10.2 Weitere Fallstudie: Stadtverwaltung

In einer deutschen Großstadt mit 330.000 Einwohnern produzierte ein Regelmeeting von zwölf Verantwortlichen im Immobilien-Management nicht die notwendigen Entscheidungen, weder in Quantität noch in Qualität. Die Leiterin des Geschäftsbereichs musste unterschiedliche politische, gebäudetechnische und finanzielle Interessen in gemeinsamen Entscheidungen zusammenführen. Das Regelmeeting fand einmal die Woche statt und es wurden im Mittel 1,5 Entscheidungen pro Meeting getroffen. Bei einem Zugang von 2,5 neuen Themen pro Woche war der Backlog bedrohlich angewachsen und die Verzögerung für wichtige Entscheidungen führte zu Mehraufwand, Krisensituationen und persönlichen Belastungen. Die Erhöhung auf zwei Regelmeetings pro Woche führte nicht zur erhofften Entspannung und mit dem anwachsenden Backlog drohte das gesamte System bereits in sechs Monaten zu kollabieren. Die Einführung des Commitment-Prozesses führte zu einem Durchsatz von vier Entscheidungen pro Meeting und nach sechs Monaten war der Backlog auf ein normales Maß abgearbeitet. Die Bereichsleiterin beschreibt den Erfolg: „Mit der Einführung des K-i-E Commitment-Prozesses konnten wir die Entscheidungen im Regelmeeting um den Faktor 3 steigern. Seither ist es leicht und macht dazu noch Freude."

Die Freude entstand primär dadurch, dass alle Beteiligten ihre Arbeit mit angemessenem Aufwand erfolgreich schafften. Freude ist das Ergebnis von gelungener Einflussnahme, dem Motiv des Ärgers.

■ 14.11 Anwendungsbereich

Der Commitment-Prozess gehört als die überlegene Entscheidungsform zu einem neuen integrierten Führungsstil, als legitimer Nachfolger des postheroischen oder postmodernen Führungsstils. Er ersetzt alle partizipativen Ansätze durch eine echte gemeinsame Mitwirkung für eine gemeinsam getragene Entscheidung.

In der Unternehmensführung kann der Commitment-Prozess die tradierte hierarchische Organisation erhalten und gleichzeitig die Einbindung aller Verantwortlichen für gemeinsam getragene Entscheidungen herstellen.

Alle Projektvorhaben, seien sie mit agilem oder klassischem Vorgehen, sind ein idealer Anwendungsbereich. Die Lücke durch die fehlende Operationalisierung in Scrum wird durch den Commitment-Prozess und die K-i-E Tools wirkungsvoll geschlossen. Kein relevanter Schritt sollte ohne Commitment-Prozess durchgeführt werden: beginnend mit der Vision, dem Ziel, dem Projektvorgehen, der Technologieauswahl, dem Staffing, dem Kick-off beziehungsweise Sprint-Planning und endend mit der Abnahme oder dem Sprint-Review und der Sprint-Retrospective.

Die neu entstandene Führungssituation zwischen tradierten Bereichen und agilen Teams kann mit dem Commitment-Prozess überbrückt werden. Insbesondere der Product Owner wird als Schnittstelle zwischen dem Fachbereich und den agilen Teams nicht ohne Commitments auf Dauer bestehen können.

Der Commitment-Prozess findet Anwendung für alle Besprechungen, Gesprächssituationen, Klausuren, Foren und Change-Projekte. Es lassen sich auch Teilaspekte beleuchten, um eine Situationseinschätzung für alle klar aufzuzeigen. Letztendlich zielt er auf den Aufbau einer neuen Entscheidungskultur, die geprägt ist von verlässlichen Commitments.

> Der Commitment-Prozess zeigt seinen größten Nutzen in standardisierten Regelmeetings, jedoch entfaltet sich seine Wirkung sehr demonstrativ für einzelne gerade kritische Entscheidungsbedarfe vor allem unter Moderation eines Master of K-i-E.

Bewährt hat sich der Einsatz bei mehrstufigen Standardprozessen. Damit werden sichere Commitments erreichbar wie Lieferergebnisse im Briefing-Prozess, Team-Entscheidungen, Abnahme von Lieferergebnissen und Teillieferungen in Studien und Projekten.

Für die Akzeptanz letztendlich aller Zieldefinitionen ist der Commitment-Prozess als Voraussetzung zu sehen.

■ 14.12 Best Practice

Ein souveräner Umgang mit der K-i-E Skala ist vorauszusetzen. Der Entscheidungsbedarf muss eine Qualität aufweisen, die mit dem Güteprozess hergestellt werden kann. Zur Moderation auftretender Probleme und unvorhersehbarer Aufgaben sind weitere K-i-E Tools, wie der Priorisierungsprozess oder das Motivationsdreieck, unverzichtbare Werkzeuge. Es ist in jedem Fall sicherzustellen, dass eine Bewertung ohne Einflussnahme stattfinden kann und muss.

> Für die Durchführung sind solide Leadership-Skills erforderlich. Sie setzen primär die Erfahrung in der Leitung und Organisation von Meetings und Moderationen voraus. Neben einem sicheren Auftreten sind Prozess- und inhaltliches Verständnis der Entscheidungsbedarfe für die Akzeptanz in der Gruppe angeraten.

Es wird empfohlen, den Commitment-Prozess nur in Verbindung mit einem Change-Prozess mit Rückendeckung und klarer Zielvereinbarung des Verantwortlichen einzuführen. Die hohe Performance und das zügige Vorankommen im Commitment-Prozess decken die Versäumnisse der Vergangenheit und deren Verursacher auf. Auch wenn die Erfolge geradezu sensationell sind, kann es vorkommen, dass die Verantwortlichen, meist sehr erfahrene Manager, dafür sorgen, dass der Commitment-Prozess geschwächt, funktional verändert, entwertet oder ausgegrenzt wird.

In der Einführungsphase wird dringend geraten, einen Master of K-i-E zu benennen, der die Prozesstreue während der Durchführung verantwortet. Erfahrene Teams sorgen selbstorganisiert für die Einhaltung der Prozesstreue. Zur Sicherheit wird angeraten, regelmäßig einen Master of K-i-E einzuladen, der den Commitment-Prozess unterstützt und für Auffrischung sorgt.

Bewährt haben sich bis zu einer Gruppengröße von 16 Teilnehmern die K-i-E Karten und die K-i-E App. Für größere Gruppen ist auf Plakate mit Klebepunkten oder eine Software-Lösung auszuweichen. Das Material und das Design der K-i-E Skalen sind zielgruppen- und themenspezifisch vorzubereiten. Größere Gruppen erfordern einen höheren Aufwand. Auch hier ist Erfahrungswissen, das sich bereits in neuronalen emotionalen Programmen manifestiert hat, von hohem Wert.

Nach Einführung des Commitment-Prozesses sind für einfache Entscheidungen in Gruppen 30 Minuten anzusetzen und für komplexere bis zu zwei Stunden. Mit hoher Commitment-Kultur zeigen Messungen einen Zeitbedarf von acht Minuten für eine Entscheidung, die mit hoher Qualität vorbereitet wurde.

■ 14.13 Fazit

Das Ziel gemeinsam getragener Entscheidungen wird in einem klaren Prozess erreicht. Vorbehalte, Risiken und verborgene Konflikte werden in frühen Phasen sichtbar, die in späteren Phasen Kosten- und Aufwandsteigerungen sowie Verzögerungen verursachen, wenn bereits erhebliche Investments getätigt worden sind. Der Commitment-Prozess bindet alle Teilnehmer ein und der Prozess forciert, dass sich alle äußern und einen bewertbaren Standpunkt einnehmen.

Divergierende Sichtweisen werden gleich zu Beginn sichtbar und durch Beteiligung und Mitwirkung aller einer gemeinsamen konstruktiven Lösung zugeführt. Eine schnelle, offene Situationseinschätzung zeigt, wie weit das Commitment in diesem Gremium zu erreichen ist. So wird ein Scheitern in späteren Phasen unwahrscheinlich und Optionen, die aus Zeit- oder Ressourcenmangel taktisch erzwungen wurden, werden weitgehend verhindert.

Der Schutz vor Misserfolg, der Vorbehalten und Risiken innewohnt, wird wertgeschätzt und in einem Transferprozess zu Erfolgsfaktoren gewandelt. Die selbstentstehende Dokumentation ermöglicht klare und offene Kommunikation, einfache Wiederaufsetzpunkte nach Unterbrechungen und dient der einfachen Nachverfolgung und gezielten Nachsteuerung. Die klare und akzeptierte Struktur erlaubt durch Annahmen eine iterative Durchführung ohne vollständige Teilnahme und Verfügbarkeit des Expertenwissens.

Die zwingende innere Logik führt zum Ziel und macht den Commitment-Prozess zu einem soliden robusten Tool, das mit Unschärfen und unterschiedlichen wie auch widrigen Situationen gut zurechtkommt.

Mit dem Commitment-Prozess entsteht ein selbstorganisierter Prozess, der eine Kultur von Offenheit, Verbindlichkeit, Ehrlichkeit, Sicherheit und gemeinsam getragenen Commitments wachsen lässt, ohne dies zu erzwingen.

> **Der Weg zum Ziel beginnt an dem Tag, an dem Sie die hundertprozentige Verantwortung für Ihr Tun übernehmen.**
>
> *Dante lässt die Entscheidung außen vor, so als wüsste er, dass sie weniger Gewicht hat als der Weg. Der Weg, die Umsetzung, hat einen Beginn. Ihn zu beschreiben, erfordert Fähigkeiten und Kontinuität, die an Bord sein müssen, um das Ziel zu erreichen. Das Ziel ist nur vordergründig, die Wirkung ist bedeutend. Für sie kann erst die Verantwortung übernommen werden, wenn sie eingetreten ist.*
>
> *Die Kognition muss dazu ein zukünftiges kohärentes Weltbild kreieren, was aus dem Tun entstehen würde. Erst dann kann das Gefühl als Ergebnis der erneuten Intuition entstehen, das signalisiert, wie weit man bereit ist, die Verantwortung für dieses Tun zu übernehmen.*
>
> *So greift Dante sehr weit mit seiner Aussage, deren innere Logik auch im Commitment-Prozess eingebettet ist.*

15 Der Priorisierungsprozess – gemeinsam getragene Auswahl und Reihenfolge

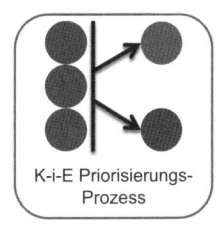

K-i-E Priorisierungs-Prozess

„Wenn man guten Gebrauch von seiner Zeit machen will, muss man wissen, was am wichtigsten ist, und sich dann mit ganzer Kraft dafür einsetzen."
Lee Iacocca

Mit dem Priorisierungsprozess wird die unternehmerische Kernfrage – was wird getan und was wird nicht getan? – mit den Verantwortlichen gemeinsam beantwortet. Die Themen, die bearbeitet werden müssen, werden anschließend in eine Reihenfolge gebracht.

In einer Organisation konkurrieren diverse Anforderungen aus den verschiedenen Bereichen um die begrenzten Ressourcen an Zeit, Budget, Kompetenzen, Fokus und Umsetzungskapazitäten. Mit dem Priorisierungsprozess wird das Ziel erreicht, eine gemeinsam getragene Auswahl von Anforderungen in einem gegebenen Zeitrahmen zu finden. Die Entscheidungen müssen bereichsübergreifend, meist in einem größeren Team, mit Verantwortlichen der Bereiche im Sinne des Gesamtunternehmens getroffen und kommuniziert werden.

Im beruflichen wie persönlichen Bereich wird Priorisierung zum verlässlichen Standardprozess mit gesichertem Ergebnis. Ausgerichtet an den vorgegebenen Zielen erreichen die Verantwortlichen einen maximalen Nutzen mit den zur Verfügung stehenden Ressourcen.

Als vorrangiger Effekt zeigt sich ein verlässliches und planbares Ergebnis, das in einem geordneten Prozess überprüfbar und messbar erzeugt wird. Die Robustheit des Prozesses verhindert gezielte parteiliche Einflussnahme und Manipulation und sorgt dafür, dass die Themen in eine gemeinsam getragene Auswahl überführt werden. Damit können auch aufgestaute Backlogs geplant abgearbeitet und die Priorisierung wieder in ein Regelverfahren überführt werden.

Die Ausrichtung an den menschlichen Entscheidungsprozessen lässt den Zeitbedarf für den Priorisierungsprozess deutlich sinken, erfahrungsgemäß um einen Faktor zwei bis fünf.

Der deutliche Performance-Anstieg geht gleichzeitig einher mit einem wachsenden Verständnis der gemeinsamen Arbeit. Die beteiligten Verantwortlichen entwickeln eine Unternehmenskultur, in der Sicherheit, Wertschätzung und Verständnis durch den verlässlichen Prozess gemeinsam hergestellt werden. Es wird die Kompetenz der Gruppe genutzt und gleichzeitig werden alle Führungskräfte reicher, weil das Erfahrungswissen aller verfügbar gemacht wird und dadurch die Kompetenz aller Führungskräfte wächst.

■ 15.1 Kurzgefasst

Das Ziel einer jeden Priorisierung ist es, eine gemeinsam getragene Auswahl von Themen im vorgegebenen Scope zu finden, die anschließend mit den zur Verfügung stehenden Ressourcen bewältigt werden. In einer vorbereitenden Phase wird der standardisierte Priorisierungsprozess an die Anforderungen und Ziele angepasst (Bild 15.1).

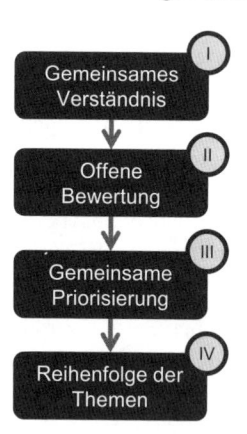

Bild 15.1 In fünf Phasen zur gemeinsamen Priorisierung

Das Design (0) wird als gemeinsam getragene Entscheidung mit den Verantwortlichen hergestellt und als Change-Prozess eingeführt und verstetigt. Erst danach beginnen die Phasen, um die Priorisierung der einzelnen Themen durchzuführen. Zuerst wird das Verständnis (I) über die zu priorisierenden Themen hergestellt. Erst wenn dies gelungen ist, werden die einzelnen Themen anhand einer einzigen Kennzahl, nach ihrer

Bedeutung (II) für das angestrebte Ziel, gemeinsam bewertet. Die Kennzahl für die Bewertung wird auf der K-i-E Skala in drei Bedeutungsbereiche klassifiziert:
- notwendige Themen, die mit hoher Priorität verfolgt werden,
- sinnvolle Themen, die mit niedriger Priorität angegangen werden,
- nicht sinnvolle Themen, die nicht weiterverfolgt werden.

In der dritten Phase wird ein Commitment (III) für eine gemeinsam getragene Priorisierung eines Themas hergestellt. In der finalen vierten Phase (IV) wird in den fünf Gruppen für die Themen in den Bedeutungsbereichen notwendig (10, 9, 8) und sinnvoll (7, 6) die Reihenfolge gemeinsam festgelegt.

Ein funktionierender Priorisierungsprozess muss sein Ziel, die Rangfolge der Themen, sicher und zügig erreichen, was häufig im Widerspruch zur Beteiligung aller Verantwortlichen steht. So muss zum einen der Prozess die Beteiligten klar führen und forcieren, damit die Kompetenz eingebracht wird und eine gemeinsame Priorisierung entsteht. Das Gleiche gilt für eine anschließende gemeinsam getragene Umsetzung. Zum anderen muss für eine sichere Zielerreichung die Option der Chefentscheidung transparent integriert werden.

Die Umsetzungsplanung ist kein Bestandteil des Priorisierungsprozesses.

15.2 Der K-i-E Priorisierungsprozess – robust und fokussiert

Mit dem Priorisierungsprozess wird die unternehmerische Kernfrage mit den Verantwortlichen gemeinsam gelöst: Was wird getan in welcher Reihenfolge und was wird nicht getan? In einer Organisation konkurrieren diverse Anforderungen aus den verschiedenen Bereichen um die begrenzten Ressourcen an Zeit, Budget, Kompetenzen, Fokus und Umsetzungskapazitäten.

Der Priorisierungsprozess ist klar in fünf Phasen organisiert:

Anpassung des Standard-Designs (0) – der Grundstein für den Erfolg ist ein angepasstes Design, das die individuellen Bedürfnisse des Bereichs, für den der Priorisierungsprozess angewendet wird, berücksichtigt und auf die spezifischen Eigenheiten des Unternehmens eingeht.

Gemeinsames Verständnis (I) – es wird ein gemeinsames Verständnis geschaffen, das es den Beteiligten erlaubt, eine solide Bewertung abzugeben. Ein anschließendes Commitment für das Verständnis sorgt dafür, dass in späteren Phasen und Schritten nicht blockiert wird und gemeinsame Arbeit verloren ist.

Offene Bewertung (II) – sie zeigt die offene Team-Bewertung und führt sie – bei einer Abweichung zwischen den Beteiligten – anschließend weiter zusammen.

Gemeinsame Priorisierung (III) – als wesentliche Phase wird eine gemeinsam getragene Priorisierung committet, aus der sich bereits anhand der K-i-E Bedeutung eine grundlegende Reihenfolge durch die K-i-E Werte (10, 9, 8, 7 und 6) ergibt.

Reihenfolge der Themen (IV) – eine Reihenfolge innerhalb der Bedeutungsbereiche wird finalisiert.

Priorisierung bedeutet die Bewertung von Themen nach einheitlichen Kriterien, mit der sie anschließend in eine eindeutige Reihenfolge gebracht werden. Mit der Priorisierung werden für ein vorgegebenes Ziel die wichtigen Themen ermittelt, die anschließend anhand der zur Verfügung stehenden Kapazitäten umgesetzt werden. Themen und Ziele können vielfältiger Natur sein, wie die Stories im Backlog der agilen Methoden, Arbeitspakete im klassischen Projektvorgehen, Tickets im Vorgangssystem, Projekte im Portfolio-Management, Business-Anforderungen, Prozessverbesserungen bis hin zu Maßnahmen für die strategische Unternehmensentwicklung.

Priorität, lateinisch „prior", bedeutet der Vordere oder „prioritas" Vorrang. Sie bezeichnet im Allgemeinen den Vorrang eines Themas. Schon im Wortstamm ist offengelassen, wie der Vorrang entsteht. Im Priorisierungsprozess wird er mit einer Bewertung nach Dringlichkeit und Wichtigkeit geregelt und anschließend erst wird die Reihenfolge der Themen festgelegt.

Dieser natürliche Konflikt wird immer wieder offensichtlich. Gerade erfahrene Führungskräfte und Spezialisten tendieren dazu, die Bewertung zu überspringen, ohne eine Übersicht aller Themen gesehen zu haben, und gleich zur Rangfolge zu gehen. Dann fallen Sätze wie „Das ist wichtiger" oder „Dieses Thema ist alternativlos". Dieser Effekt hat sich auch in der Mehrdeutigkeit des Wortes niedergeschlagen. Priorität bedeutet auch, etwas herauszugreifen, etwas Vorrang oder Dringlichkeit zu geben, genauso wie eine Reihenfolge herzustellen.

Diese beiden Vorgänge sind im Priorisierungsprozess klar zu trennen, vor allem dann, wenn mehrere Beteiligte gemeinsam die Priorisierung herstellen. Unabdingbar wird die Trennung, wenn eine große Anzahl von Themen zu priorisieren ist, und noch mehr, wenn beliebige Aufsetzpunkte für Unterbrechungen gefordert sind. Im K-i-E Priorisierungsprozess sind folgende Aufgaben zu unterscheiden:

- **Bewertung** – ein Thema wird von den Beteiligten mit einer quantifizierbaren Kennzahl, der K-i-E Bedeutung, versehen.
- **Priorisierung** – die Gruppe committet sich für eine K-i-E Bewertung.
- **Reihenfolge** – die Themen in einem Bedeutungsbereich werden in eine Reihenfolge gebracht.

Beide Entscheidungssysteme sind nicht für alle Aufgaben gleich gut geeignet. Die Intuition ist im Kern eine im Emotionssystem bereits getroffene Entscheidung, die sich mit einem zustimmenden oder ablehnenden Impuls mitteilt. Mit der K-i-E Skala wird sie zur K-i-E Intuition und kann sich mit einer K-i-E Zahl differenziert ausdrücken. Aber sie ist nicht dazu in der Lage, eine Auswahl zu treffen oder eine Reihenfolge festzulegen.

Die Umsetzungsplanung gehört in die Folgephase und ist kein Bestandteil des Priorisierungsprozesses. Welche Themen anhand der vorhandenen Ressourcen und Kapazitäten in Projekten und Releases bearbeitet werden, das ergibt sich im klassischen Vorgehen aus der Kapazitätsplanung. Im agilen Vorgehen werden die Themen als Stories in Sprints abgearbeitet und inkrementell, schrittweise, zur Verfügung gestellt.

15.3 Phase 0: Anpassung des Standarddesigns

Als vorbereitende Maßnahme wird das Design zur Anpassung des Priorisierungsprozesses entworfen (Bild 15.2). Das Ziel einer jeden Priorisierung ist es, eine gemeinsam getragene Auswahl von Themen im Einklang mit dem vorgegebenen Scope herzustellen. Er wird für den Priorisierungsprozess vorausgesetzt und ergibt sich aus den Zielen, den Prämissen, den eigenen Vorgaben und denen des verantworteten Bereichs, eingebettet in die Werte und Strategie des Unternehmens. Der Scope ist immerwährender Begleiter im Priorisierungsprozess. Es wird empfohlen, den Scope für den Prozess zu visualisieren, damit man sich gegebenenfalls darauf beziehen kann.

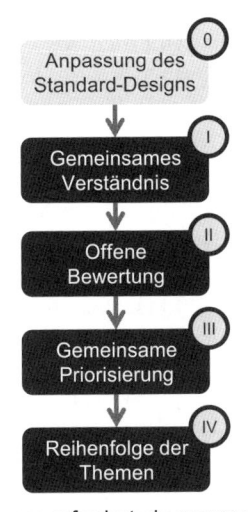

Bild 15.2 Der Priorisierungsprozess erfordert ein angepasstes Design

Die gemeinsam getragene Priorisierung wird klassifiziert in drei Bedeutungsbereiche: notwendige, sinnvolle und nicht sinnvolle Themen. Wie weit die notwendigen und sinnvollen Themen mit den gegebenen Ressourcen erledigt werden können, ist ein nachgelagerter Prozess. In vielen Unternehmen wird sehr viel darüber geredet und auch viel Zeit damit verbracht, Themen zu priorisieren, aber selten darüber, welche Themen nicht gemacht werden. Dieses Versäumnis führt zu fehlender Fokussierung, Zeit und Ressourcen gehen verloren.

Wesentlich ist jedoch, dass die Bewertung vor der Reihenfolge stattfindet. Nicht sinnvolle Themen werden vorher aussortiert und nicht weiterverfolgt. Sie nehmen erst gar nicht an der Reihenfolge teil. Als Themen sind sie gesichert und können im Backlog später wieder an Bedeutung gewinnen.

Themen für das Design – für das Design und die spätere Anwendung sind in einem Change-Prozess folgende Themen zu erarbeiten, die mit einem Commitment-Prozess als gemeinsam getragen verbindlich eingeführt und verstetigt werden:

- K-i-E Bedeutung – eine einzige, von allen akzeptierte Kennzahl für die Bedeutung der Themen
- Dimensionen – aus denen die K-i-E Bedeutung abgeleitet wird
- K-i-E Skalen – für die Bewertung und Priorisierung
- Güteprozess – der die Themen auf die angemessene Qualität bringt. Er wird als gegeben vorausgesetzt.
- Anpassungen – individuelle Anpassung an die spezifischen Anforderungen des Unternehmens

15.3.1 Auf eine K-i-E Bedeutung einigen

Eine sprechende und für den Fachprozess eindeutige Benennung der Bedeutung ist ein kleiner, jedoch wichtiger Schritt für den Erfolg. Als einzige akzeptierte Kennzahl zieht sie sich durch den gesamten Priorisierungsprozess und ist gleichzeitig bestens geeignet für eine IT-technische Abbildung. Sie wird für die Identifikation mit dem Prozess und den spezifischen Bedürfnissen des Unternehmens benannt.

Die Zusammenführung auf eine Kennzahl ist auch technisch notwendig und wird dringend empfohlen. Die häufig gewählte Form in Unternehmen, die einzelnen Dimensionen selbst als Kriterium für die Priorisierung zu wählen und sie mit einer Metrik in wenige Kennzahlen zusammenzuführen, greift viel zu kurz. Veränderungen der Ziele, Anpassungen an Herausforderungen des Markts, aber auch innere Notwendigkeiten und Re-Priorisierungen haben Auswirkungen auf die Dimensionen. In der aktuellen Marktsituation wäre eine Dimension Digitalisierung bei Business-Anforderungen anzuraten. Die bisherigen Priorisierungen würden nicht mehr zu den neuen Dimensionen passen und es könnte nicht nahtlos weitergearbeitet werden. Mit einer einzigen Kennzahl bleibt die Flexibilität erhalten. Die bereits bearbeiteten Themen können sofort oder später nachgezogen werden. So können erforderliche Änderungen in den Priorisierungsprozess integriert werden.

15.3.2 Dimensionen festlegen

Wie bereits im Güteprozess ausgeführt, wird die Anzahl aus Praktikabilitätsgründen auf fünf bis sieben begrenzt und als Standard festgelegt. Aus den Dimensionen wird die Bedeutung abgeleitet und als verlässliche Größe transparent vorgehalten, das Ziel immer vor Augen.

So zielen die Dimensionen einer Business-Anforderung in der Regel auf die Unternehmensentwicklung: das Ziel, das verfolgt wird, der Kundennutzen, der dabei entsteht, die Wirtschaftlichkeit für das Unternehmen, der Business-Impact als strategische Passung und eine Grobschätzung für den Aufwand (Bild 15.3). Die Aufwandschätzung ist sicher keine Kernkompetenz des Fachbereichs, jedoch wissen Experten, ob eine Anforderung nur klein, mittel oder groß ist. Mit der gegenseitigen Schätzung kann später im Güteprozess eine Sicherung eingebaut werden, die vor Missverständnissen schützt und die gemeinsame Kommunikation unterstützt.

Bild 15.3 Die Dimension als verlässlicher Ankerpunkt für die Business-Importance

15.3.3 Die K-i-E Skala detaillieren

Die Leitfrage kann bei erfahrenen Mitarbeitern in der kurzen Form „Wie dringlich und wichtig ist dieses Thema?" verwendet werden. In der Anfangsphase, bei unerfahrenen Mitarbeitern und vor allem bei kritischen Themen, bei denen Interessenkonflikte offensichtlich sind, sollte mit der Langform gearbeitet werden: „Wie dringlich und wichtig ist dieses Thema für Sie, für Ihren Bereich und das gesamte Unternehmen?" In der gemeinsamen Bewertung und Priorisierung wird früher oder später sichtbar, wer taktiert, und die Wirkung der Emotionen, insbesondere Schuld und Scham, führt bei einem eingeschwungenen Prozess zu einem deutlichen Regulativ (Bild 15.4).

Bild 15.4 Die Bewertung und Priorisierung mit der K-i-E Skala

Themen werden typischerweise nach den Kriterien Dringlichkeit und Wichtigkeit priorisiert, woraus sich stringent die Bedeutungsbereiche ableiten: notwendig, sinnvoll und nicht sinnvoll. Die Verantwortlichen stehen vor der Aufgabe, in einem Zielkonflikt zwischen den individuellen, den Bereichs- und den Unternehmensinteressen zu entscheiden. Dafür ist eine klare und robuste Logik der K-i-E Skala bestens gerüstet. Durch ihre Eignung, die Intuition und die Kognition abzubilden, können die Beteiligten sowohl ihre Intuition nutzen als auch anschließend die unterschiedliche Interessenlage in einer kognitiven Bewertung ausdrücken.

Eine schnelle, normierte und akzeptierte Bewertung ist die Voraussetzung und der Garant für den Priorisierungsprozess. Ohne die K-i-E Skala wird nur ein Viertel der Leistungsfähigkeit des Priorisierungsprozesses ausgeschöpft. Das ist einer der Hauptgründe, warum viele Priorisierungen in Unternehmen scheitern, sehr lange dauern und zu wenig tragfähigen Entscheidungen führen. Die Konsequenzen sind ein wachsender Stau im Backlog, fehlende Maßnahmen und Ausrichtung ins Unternehmen und nach außen in den Markt.

Für eine höhere Akzeptanz und in kritischen Priorisierungen hat es sich bewährt, die Bedeutungsbereiche für alle K-i-E Werte zu normieren und die detaillierten Formulierungen, als Plakat für alle sichtbar, an die Wand zu hängen (Tabelle 15.1).

Tabelle 15.1 Detaillierter Bewertungsbereich für eine sichere Einführung

Wert	Priorität	Bewertung
10	notwendig	aus fachlicher Sicht notwendig
9	dringend angeraten	
8	angeraten	
7	sinnvoll	sinnvoll
6	vernünftig	
5	überdenkenswert	aus jetziger Sicht nicht sinnvoll
4	wenig sinnvoll	
3	nicht sinnvoll	
2	fragwürdig	
1	nicht darstellbar	

15.3.4 Anpassungen gemeinsam committen

Der Priorisierungsprozess setzt sich aus verschiedenen K-i-E Tools zusammen. Wie schon beim Commitment-Prozess und bei anderen Entscheidungswerkzeugen werden die K-i-E Tools für einen fachlichen Prozess in einem angepassten Design zusammengefügt. Der Priorisierungsprozess, wie er hier dargestellt wird, ist als Standardprozess zu sehen, der individuell für das Unternehmen und für die jeweiligen fachlichen Anforderungen anzupassen ist. Als Kern werden die Phasen nach dem Design jedoch in jeder Priorisierung vorkommen. Die Priorisierung kommt in vielfältigen Ausprägungen in jeder Besprechung, in jedem Personalgespräch, in der täglichen Vorbereitung des Arbeitspensums und in jedem Projekt oder Strategie-Meeting vor. So dient der Priorisierungsprozess als Design-Vorgabe für vielfältige Anwendungen im Unternehmen.

Das Design – K-i-E Bedeutung, Dimensionen, K-i-E Skala, Güteprozess sowie die individuellen Anpassungen – werden im Vorfeld des Priorisierungsprozesses wiederum mit einem Güteprozess zu einer angemessenen Qualität geführt und anschließend mit dem

Commitment-Prozess ins Unternehmen eingeführt und verfestigt. Damit sind eine einfache und sichere Kontrolle, eine Flexibilität für notwendige Anpassung, ein transparenter Prozess und eine nachvollziehbare Dokumentation und Kommunikation gewährleistet.

15.3.5 Fallstudie – Design

Zur Illustration wurde der Priorisierungsprozess eines Handelsunternehmens gewählt. Die Design-Optionen werden anhand der Business-Anforderungen erläutert. Im Rahmen der digitalen Transformation war es das Ziel, die Business-Anforderungen aus verschiedenen Ländern und Bereichen so zu priorisieren, um einen hohen Nutzen für die strategische Ausrichtung unter optimaler Nutzung der Ressourcen zu erreichen.

Der aufgestaute Backlog von 120 offenen Themen belastete die Situation erheblich. Er war größter Treiber für die Einführung eines geordneten Prozesses und forderte zügige Abhilfe. Der Backlog war aufgelaufen, weil das verantwortliche Team nur drei Priorisierungen pro Meeting schaffte. Ihre Performance wurde durch Schwächen in der Kommunikation, Qualität und im Prozess begrenzt. Als Konsequenz hatte sich ein Umgehen des offiziellen Gremiums etabliert. Um trotzdem noch handlungsfähig zu sein, wurden dringende Themen direkt mit den Umsetzungsteams verhandelt, ohne gemeinsame Priorisierung über die Bereiche. Als Konsequenz und Begleiteffekt, wie sie in vielen Unternehmen zu finden sind, bekamen somit gut vernetzte Bereichsleiter über diesen Weg direkt ihre Anforderungen umgesetzt und andere, die nicht dezentral operierten oder nicht so gut vernetzt waren, blieben auf der Strecke.

Nach Einführung des Priorisierungsprozesses normalisierte sich die Situation bereits nach vier Meetings und es entstand erstmals eine effektive Priorisierung, die an den Unternehmenszielen und nicht an Bereichsinteressen „starker" Direktoren ausgerichtet war.

Ein Master of K-i-E war für diesen Priorisierungsprozess eine notwendige Voraussetzung. Durch die gängige Praxis gegenseitiger Beeinflussung in asymmetrischer Kommunikation war ein neutraler Prozessverantwortlicher vonnöten. Die klare Struktur und die Zeitvorgaben heilten die Versäumnisse der Vergangenheit und es entstand eine ziel- und ergebnisorientierte Arbeitsatmosphäre.

Im Rahmen eines Change-Projekts wurde das Design des Priorisierungsprozesses anhand der Anforderungen entworfen. Als einzige Kennzahl für die Business-Anforderung wurde die Business-Importance definiert. Die K-i-E Karten erhielten das Branding des Unternehmens, um eine höhere Identifikation mit dem Prozess zu erreichen.

In der Vorbereitungsphase wurden drei Piloten durchgeführt, mit den dabei gewonnenen Erfahrungen wurde das Design weiter optimiert. Nach einer zweistündigen Einführung verlief der erste Priorisierungsprozess recht prozesssicher und es wurden bereits sehr gute Ergebnisse erreicht. Parallel wurden die Schwächen der Vergangenheit aufgedeckt, in Form geringer Güte in den Business-Anforderungen und parteilicher Einflussnahme einzelner erfahrener Direktoren. Der bereits in den Piloten erkannten, geringen Güte der Anforderungen wurde mit einem Güteprozess begegnet, der noch vor dem Start des Priorisierungsprozesses aufgesetzt wurde und nach drei Monaten substanzielle Verbesserungen brachte.

15.4 Phase I – gemeinsames Verständnis herstellen

Ohne eine hinreichende Qualität der Beschreibung des Themas und ein Verständnis der Teilnehmer ist keine Priorisierung möglich. Wie im Commitment-Prozess bereits ausgeführt, committen sich Experten nur dann, wenn sie vom Erfolg überzeugt sind. Diese frühe Prozessphase ist zwingend, damit in späteren Phasen und Schritten nicht abgebrochen wird.

Ein Güteprozess als integraler Teil der Einführung des Priorisierungsprozesses wird vorausgesetzt und sorgt dafür, dass die Themen in einer ausreichenden Güte vorliegen (Bild 15.5). Tatsächlich werden die meisten Priorisierungen, gerade in der Einführungsphase, durch mangelnde Qualität zurückgewiesen. Um einen taktischen oder manipulativen Missbrauch zu vermeiden, ist die Güte der Anforderungsdokumentation ein essenzieller Erfolgsfaktor und kann im Design festgelegt werden.

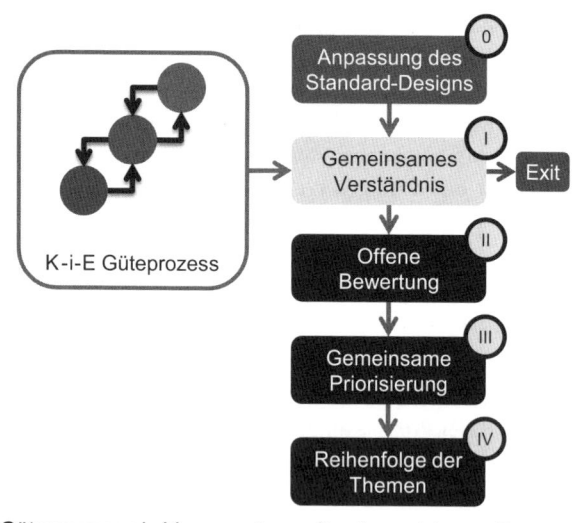

Bild 15.5 Der Güteprozess als Voraussetzung für einen sicheren Prozess

Für die kompakte Darstellung wird davon ausgegangen, dass die Themen in der entsprechenden Güte bereits vorbereitet und allen zugänglich sind. Ein spontanes Einsammeln von Themen ist für kleinere Priorisierungen sehr gut möglich, gerade dann, wenn in einem Entscheidungsprozess mehrere Alternativen zu einem Thema auftauchen. Es erfordert einen erfahrenen Master of K-i-E, um die Priorisierung geordnet durchzuführen. Der Ablauf genügt aber dem gleichen strukturellen Vorgehen wie größere und formale Priorisierungsprozesse.

15.4.1 Präsentation der Themen

Die Themen werden in einem definierten Setting vorgestellt. Die Komplexität der Themen, die Kompetenz der Beteiligten und die Governance geben vor, wie weit die Themen für die Beteiligten präsentiert oder schon vor dem Priorisierungsprozess zur Verfügung gestellt werden. Für Priorisierungen, die regelmäßig durchgeführt werden, sollte ein formales und eng geführtes Design festgelegt werden. Für alle Themen wird einzeln das Verständnis committet und anschließend seriell bewertet und priorisiert, bevor mehrere Themen in der Bewertungsgruppe in eine Reihenfolge gebracht werden.

15.4.2 Verständnis committen

Nach der Präsentation eines Themas wird das Verständnis für alle Teilnehmer hergestellt (Bild 15.6). Die K-i-E Skala zeigt das an. Bei ausreichendem Verständnis wird zum nächsten Schritt gegangen. Bei unvollständigem Verständnis wird dieses nach einem geregelten Vorgehen hergestellt.

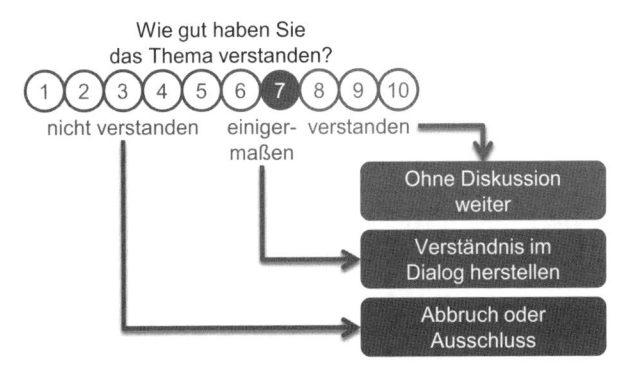

Bild 15.6 Das Verständnis wird im Dialog hergestellt

Liegt das Verständnis im Bewertungsbereich von 1 bis 5, wird die Priorisierung unterbrochen (Exit) und es wird dokumentiert, was die Beteiligten brauchen, damit sie bis zum nächsten Priorisierungsprozess das Verständnis erwerben. Im Design ist festgelegt oder der Leiter der Priorisierung entscheidet spontan, wie weit diese Teilnehmer für dieses Thema ausgeschlossen werden oder das Thema für die weitere Priorisierung zurückgestellt wird. Wie bei allen K-i-E Tools kann die Priorisierung von Einzelnen im Nachgang komplettiert werden. Ein Verschleiern des eigenen Verständnisses ist seitens der Teilnehmer auf Dauer auszuschließen. Zum einen wird der Prozess über alle Phasen transparent dokumentiert und zum anderen würde es in späteren Phasen und Schritten sichtbar. Das motiviert die Teilnehmer, sich offen und unterstützend zu verhalten.

15.4.3 Verständnis herstellen

Bei einem Verständnis von (6 oder 7) wird im Design festgelegt, wie viele Verständnisfragen gestellt werden dürfen und wie im Fall verfahren wird, dass kein Verständnis hergestellt werden kann. Es ist von der Annahme auszugehen, dass genügend Expertise über die Themen bei den Beteiligten oder durch hinzugezogene Spezialisten verfügbar ist.

Die Fragen werden in einem festgelegten Format durch die Expertise der anwesenden Teilnehmer beantwortet. Ein erneutes Commitment für das Verständnis dokumentiert das Einvernehmen für die nächste Phase. Bei einem Verständnis von (8 bis 10) wird direkt mit der nächsten Phase fortgefahren.

15.4.4 Finales Commitment des Verständnisses

Zur Sicherheit wird nach dem Austausch der Informationen zu den Fragen ein finales Commitment abgefragt. Haben einzelne Beteiligte immer noch kein Verständnis erreicht, wird laut Vorgehen verfahren, das im Design committet wurde. Das Verständnis ist in der Regel in fünf bis zehn Minuten herzustellen und es wird im Prozess sichergestellt, dass es zu keinen ausufernden Diskussionen und Grundsatzdarstellungen kommt.

15.4.5 Fallstudie: gemeinsames Verständnis

Das Setting (Bild 15.7) wurde als Regelmeeting sehr formal organisiert, da es monatlich stattfand und 16 Senior Directors aus ganz Europa anreisten. Deren Zeit sollte möglichst effektiv genutzt werden.

Bild 15.7 Effiziente Herstellung des Verständnisses

Die Anforderungen wurden eine Woche vor dem Priorisierungsprozess allen Teilnehmern zur Verfügung gestellt. Die Business-Anforderung wurde in der Struktur der Dimension von einem Fachexperten in maximal zwei Minuten präsentiert (1). Für das erste Commitment wurde eine Minute veranschlagt, die im eingeschwungenen Prozess auf 30 Sekunden reduziert wurde. Zwei bis drei Verständnisfragen erwiesen sich als ausreichend (3). In den ersten Runden wurden einige Beteiligte, wegen mangelnder Vorbereitung für eine Anforderung, aus dem Prozess ausgeschlossen oder der verantwortliche Geschäftsführer führte eine autoritäre Entscheidung durch. Die Einhaltung der Prozesstreue führte zu einer schnell wachsenden Disziplin, die mit Freude in der Erledigung der Aufgaben belohnt wurde. Auch das finale Commitment für das Verständnis pendelte sich bei 30 Sekunden ein. Die Dokumentation wurde mit einem Fotoprotokoll und gleichzeitiger Mitführung der Ergebnisse in einem Excel-Sheet durch zwei Assistenten gesichert.

Für den Master of K-i-E war es in den ersten Meetings eine große Herausforderung, Diskussionen in der Phase I zu unterbinden. Die Direktoren waren es gewohnt, bereits in dieser Phase Einfluss zu nehmen. Es wurde im weiteren Verlauf darauf geachtet, dass der Fachexperte möglichst neutral präsentierte.

■ 15.5 Phase II – offene Bewertung

Die Bewertung der Business-Importance selbst ist bei guter Vorarbeit im Priorisierungsprozess ein überschaubarer Vorgang (Bild 15.8).

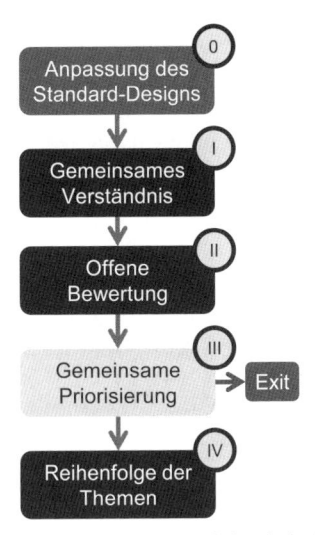

Bild 15.8 Erst nach dem Commitment für Verständnis wird mit der Bewertung fortgefahren

Einer ersten Bewertung folgt eine strukturierte Diskussion, die das Ziel verfolgt, die unterschiedlichen Bedeutungen für alle Beteiligten darzustellen. Die Diversität in der Bedeutung führt zu einer gemeinsamen Sicht auf das Thema. Eine Annäherung ist meist die Konsequenz, die in einer zweiten Bewertung abgefragt und als gemeinsames Ergebnis gesichert wird.

15.5.1 Stille Betrachtung

Im ersten Schritt der Phase III, der stillen Betrachtung, wird den Teilnehmern eine kurze Zeit für die eigene Betrachtung ohne Beeinflussung anderer gegeben. Die Teilnehmer erhalten die Möglichkeit, ihre Intuition abzurufen und mit der kognitiven Bewertung in Einklang zu bringen. Dabei können die oft widersprüchlichen individuellen, Bereichs- und Unternehmensinteressen in Einklang gebracht werden.

15.5.2 Erste Bewertung

Die Leitfrage: „Wie wichtig und dringlich ist die Anforderung für meinen Bereich und für das gesamte Unternehmen?" aktiviert erneut die Intuition und die kognitive Bewertung. Bewährt hat sich ein neutraler Master of K-i-E, der die Leitfragen laut und deutlich vorliest. Die Teilnehmer können sich bewusst entscheiden und wählen für ihre Bewertung eine K-i-E Karte nach der K-i-E Skala (Bild 15.9), die verdeckt abgelegt wird. Durch diese Vorgehensweise werden gegenseitige Beeinflussung und Ankereffekte eliminiert. Alle Teilnehmer kommen mit einer normierten Bewertung gleichzeitig zu Wort.

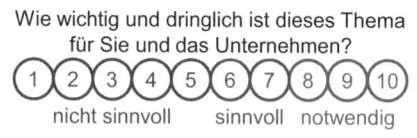

Bild 15.9 K-i-E Skala für Bewertung

Nachdem alle Teilnehmer ihre Bewertung verdeckt abgegeben haben, wird das Ergebnis aufgedeckt. In ein bis zwei Minuten erhalten alle Beteiligten und gegebenenfalls der Master of K-i-E sowie der Verantwortliche einen ersten Einblick (Bild 15.10).

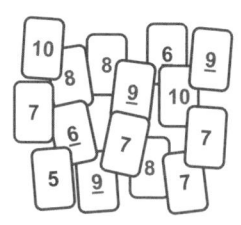

Bild 15.10 Die Bewertung auf einen Blick

Durch die innere Logik der K-i-E Karten ist bereits zu erkennen, wie nahe man bereits an einer gemeinsamen Business-Importance oder wie weit man davon entfernt ist. Bis zu diesem Zeitpunkt gibt es im gesamten Prozess in der Regel keine störenden Interaktionen. Alle Diskussionen, Überzeugungsversuche, Abwertungen oder Aufwertungen, Selbstdarstellungen oder Retourkutschen für Friktionen der Vergangenheit werden durch den Prozess eliminiert.

Die üblichen emotionalen Schleifen tauchen nicht auf, weil sie durch das Design des Priorisierungsprozesses erst gar nicht initiiert werden. Für jeden wird sofort erkennbar, wie weit man von einer gemeinsamen Bewertung abweicht. Dieses Vorgehen ist ein weiterer wesentlicher Erfolgsfaktor.

Die Bewertung durch die Gruppe ist der erste gemeinsame Schritt. Das Bild der Bewertung ist bereits ein erstes gemeinsam erarbeitetes Ergebnis, unabhängig davon, wie weit die Bewertungen selbst inhaltlich übereinstimmen. Der Master of K-i-E signalisiert dem Team: Ab jetzt geht es darum, etwas Gemeinsames zu tun, um eine gemeinsame Bewertung zu erreichen.

15.5.3 Erläuterung der Bedeutung

Zunächst erläutern die Teilnehmer mit den niedrigsten (5, 6, 6) und anschließend jene mit den höchsten (10, 10) Bewertungen ihre Gründe für die Business-Importance. Die Anzahl wird im Design festgelegt. In der Praxis haben sich jeweils zwei bewährt. Um die Möglichkeit, anonym zu bleiben, aufrechtzuerhalten, werden die Teilnehmer nicht reihum abgefragt, sondern es wird jemand aus der Gruppe gleicher Bewertungen gebeten, seine Einschätzung zu erläutern. Dabei werden zuerst die Teilnehmer mit der höheren Nummer angesprochen, also die (6) vor der (5). Mit diesem Prozessschritt wird die Expertise Einzelner der ganzen Gruppe zur Verfügung gestellt. Es gibt gute Gründe für die jeweilige Bewertung am unteren und oberen Ende. Die Beteiligten verzichten darauf, andere zu überzeugen, was nur emotionale Schleifen initiieren würde. Die Darstellung der unterschiedlichen polarisierenden Positionen geben jedem Einzelnen in der Gruppe die nötigen Informationen, um eine Priorisierung vorzubereiten. So können die individuellen, aber auch Bereichs- und Unternehmensbelange von allen berücksichtigt werden. Durch die Transparenz des Prozesses wird verhindert, dass in diesem Schritt taktiert wird. Eine offene Begründung würde dies früher oder später aufdecken. Eine solide Begründung bereichert die Gruppe mit Einsichten, die vorher nicht vorhanden waren.

15.5.4 Zweite Bewertung

Mit den aus der Gruppe gewonnenen Einsichten wird nun eine zweite Bewertung vorgenommen (Bild 15.11).

Bild 15.11 Eine Tendenz zur Bedeutung von „sehr wichtig (9)" wird erkennbar

Bei einem eingeführten und eingeschwungenen Priorisierungsprozess führt dieser Prozessschritt die Bewertungen der Teilnehmer erfahrungsgemäß zusammen.

Die Phase liefert in wenigen Minuten ein klares Bild über die Bewertung der gesamten Gruppe. Einer späteren Distanzierung oder Veränderung der Business-Importance wird durch die transparente Dokumentation vorgebeugt.

15.5.5 Fallstudie Business-Anforderung: offene Bewertung

Die früher in ausufernden Diskussionen ohne greifbare Ergebnisse geführte Bewertung wurde durch eine vorgegebene Struktur ersetzt (Bild 15.12).

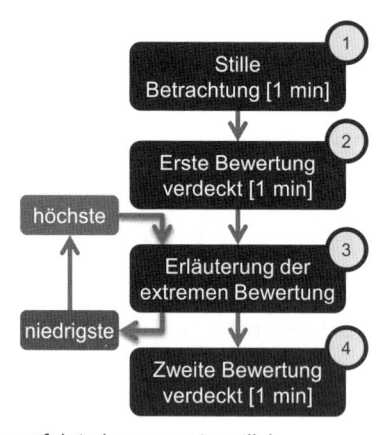

Bild 15.12 Die Bewertung erfolgt eigenverantwortlich

Das war der größte Change und wurde als sehr erleichternd empfunden. Die stille Betrachtung wurde von drei auf eine Minute reduziert, da die Direktoren es kaum aushielten, sie wollten zur Tat schreiten. Beeindruckend, fast berührend, war der Moment, wenn die K-i-E Karten aufgedeckt wurden. Anfangs wurde noch viel mit Sticheleien und Provokationen auf- und abgewertet, aber bald wurde das aufgedeckte Bild als die gerade herrschende Wirklichkeit akzeptiert und wertgeschätzt. Die Erläuterungen waren sehr bereichernd und brachten notwendige Informationen ins Team. Wichtig war die Reihenfolge, die den Themen die Polarisierung nahm. Wurde eine niedrige Bewertung, K-i-E Karten mit (6), erläutert, waren meist die stärker polarisierenden Aussagen mit (5) und weniger nicht mehr nötig. Die eng geführte Erläuterung mit genauen Vorgaben der doch sehr unterschiedlichen Bedeutung ließ häufig bereits den Wert der Bedeutung annähern.

15.6 Phase III – gemeinsame Priorisierung

Die Phase III setzt auf dem letzten Bild der gemeinsamen Bewertung auf und zielt darauf, eine gemeinsame Priorisierung für jedes einzelne Thema herzustellen. Das Team wird in dieser Phase eng durch das vorher festgelegte Design der gemeinsamen Priorisierung geführt. Aus den bisher individuellen Bewertungen für ein Thema wird in dieser Phase eine gemeinsam getragene Priorisierung forciert. Die diversen Sichten der Einzelnen liefern die Information, wie weit das Team von einer gemeinsam getragenen Priorisierung entfernt ist. Der Master of K-i-E ermittelt aus seiner Erfahrung eine K-i-E Bedeutung, die direkt aus dem Bild der Bewertungen abgeleitet wird. Im Anschluss werden die individuellen Bedeutungen in einer eng geführten Diskussion, mit dem Ziel, auf eine Bewertung zu konvergieren, ausgetauscht. Auf dieser Basis wird ein Commitment für jedes einzelne Thema hergestellt. Die Priorisierung selbst ist ein automatisch erzeugtes Ergebnis. Mithilfe der K-i-E Bedeutung können die Themen sortiert werden (Bild 15.13). Die Themen liegen dann in der gemeinsam getragenen Reihenfolge vor: notwendig (10), dringend angeraten (9), angeraten (8), sinnvoll (7) und vernünftig (6).

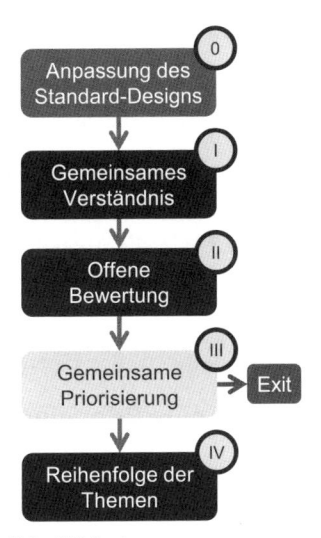

Bild 15.13 Phase III legt die Priorität fest

15.6.1 Stille Betrachtung

Die Phase IV wird mit der stillen Betrachtung der bisher erarbeiteten gemeinsamen Bewertung eröffnet. Die Zeit gibt den Teilnehmern die Chance, ihre Intuition abzurufen und mit der kognitiven Bewertung in Einklang zu bringen. Das Bild der Bewertungen als gemeinsames Ergebnis kann wirken, um individuelle, Bereichs- und Unternehmensbelange zusammenfließen zu lassen.

15.6.2 Vorschlag einer Priorisierung

Der Master of K-i-E bildet in seiner Verantwortung aus dem Bild einen Vorschlag für eine Business-Importance, die für ein Commitment aller vorgegeben wird (Bild 15.14).

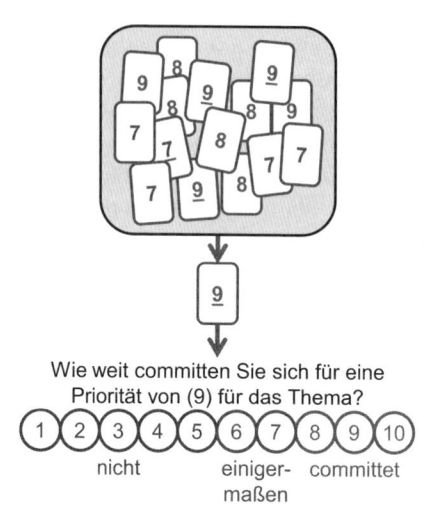

Bild 15.14 Der Master of K-i-E gibt eine K-i-E Priorität vor

Die Metrik, wie aus den einzelnen K-i-E Zahlen eine K-i-E Bedeutung gewonnen wird, ist Teil des Designs. Wesentlich ist, die K-i-E Zahl ist eine natürliche Zahl, ganzzahlig von 1 bis 10. Das arithmetische Mittel ist nur bedingt geeignet, da es Ausreißer zu stark berücksichtigt. Als Empfehlung kann gelten, der Master of K-i-E trifft eine gute Wahl, die durch die Gruppe gegebenenfalls korrigiert wird.

15.6.3 Erstes Commitment für eine Priorisierung

Der Master of K-i-E stellt die Leitfrage nach dem Commitment für die Priorität laut und deutlich.

Das Commitment wird wieder verdeckt ohne Diskussion ausgeführt und erst aufgedeckt, nachdem alle ihr Commitment gegeben haben

Wird ein Commitment von allen mit (8 bis 10) gegeben, so liegt eine gemeinsam getragene Business-Importance für eine Anforderung vor.

15.6.4 Fragen zur Bedeutung

Sollten einige Teilnehmer nur ein Commitment zwischen (1 bis 7) abgeben, so wird eine definierte Anzahl von Verständnisfragen erlaubt, die aus der Gruppenexpertise beantwortet werden. Bewährt haben sich drei Fragen. Dieser Prozessschritt reichert das Gruppen-Know-how an und begünstigt die Chance für ein zweites erfolgreiches Commitment im nächsten Schritt.

15.6.5 Finales Commitment für eine Priorisierung

Der Master of K-i-E hat die Wahl, die Bedeutung aufgrund der Diskussion zu korrigieren, und stellt dann erneut die Leitfrage nach dem Commitment für die Priorität laut und deutlich. Gelingt ein Commitment, ist die Priorität für dieses Thema festgelegt.

15.6.6 Exit bei gescheiterter Priorisierung

Committen sich einer oder mehrere Teilnehmer nicht zu dieser Business-Importance, so wird die gemeinsame Priorisierung für gescheitert erklärt (Exit). Der vorzeitige Exit hat auf Dauer die Wirkung, dass das Team dazu tendiert, eine eigene gemeinsame Entscheidung zu forcieren. Die Governance, die im Design abgebildet ist, gibt vor, wie bei einem gescheiterten Commitment für eine Priorisierung zu verfahren ist.

Ist für bestimmte Bereiche ein Commitment zwingend zu geben oder wird eine gemeinsam getragene Entscheidung verlangt, ist zu empfehlen, eine Ressourcen-Frage direkt im Prozess zu verwenden, um doch noch eine gemeinsam getragene Priorität zu erreichen. Ein nachgestalteter Commitment-Prozess, der die Vorbehalte in sinnvolle Maßnahmen transferiert, ist ein solider Weg, um doch noch ein Commitment zu erzeugen.

Gibt die Governance jedoch vor, dass bei einem Exit die autoritäre Entscheidung folgt, erhält der Verantwortliche als Hilfestellung in jedem Fall eine Einschätzung der Teilnehmer durch das vorher erarbeitete Bild. Der transparente Prozess sorgt durch dieses Vorgehen dafür, dass mit zunehmender Erfahrung die Gruppe lieber eine gemeinsam getragene Priorisierung wählt, als eine ungewisse autoritäre Entscheidung auf den Leiter abzuwälzen.

In der Praxis hat sich für den Exit bewährt, den Verantwortlichen autoritär entscheiden zu lassen. Auch die Phase III erzeugt in wenigen Minuten ein klares und nachvollziehbares Ergebnis.

15.6.7 Fallstudie Business-Anforderung: gemeinsame Priorisierung

Die gemeinsame Priorisierung war anfangs die größte Herausforderung. Die stille Betrachtung von einer Minute führte zu einer erneuten Sammlung. Der erfahrene Master of K-i-E verzichtete aufgrund seiner Legitimation auf Erklärungen, was nach wenigen Durchgängen akzeptiert wurde. Die Unterscheidung der K-i-E Zahl für das Commitment einer Bewertung, die gemeinsame Priorisierung, war für einige der Beteiligten anfangs schwierig. Eine niedrige Bewertung, beispielsweise „nicht sinnvoll" (5), später mit einer hohen Zustimmung von (9) zu committen, war anfangs für einige verwirrend. Die Erfahrung im Vorgehen löste diese Irritation auf (Bild 15.15).

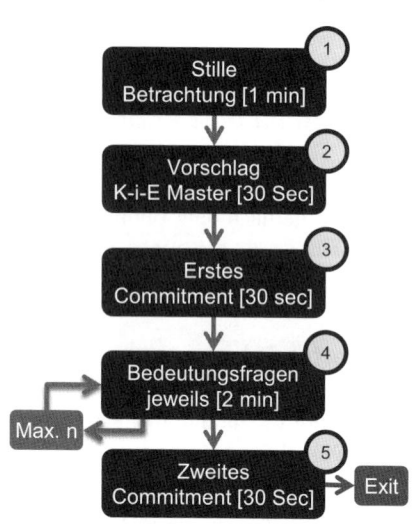

Bild 15.15 In fünf Minuten zur Priorisierung

Die meist sehr erhellenden Verständnisfragen (4) zu fehlenden Commitments förderten das Verständnis von bereichsfremden Bedeutungen. Generell stieg das Verständnis für die Belange anderer an und förderte bereichsübergreifendes Denken und Handeln. Im Design wurde als Standard festgelegt, dass der verantwortliche Geschäftsführer die Priorisierung übernahm, wenn sich das Team nicht einigen konnte. Diese Maßnahme führte dazu, dass schon nach wenigen gescheiterten Commitments (5) sich die Direktoren mehr und mehr auf eine Priorisierung einigten, um der autoritären Entscheidung, dem Exit, zuvorzukommen.

15.7 Phase IV – Reihenfolge der Themen

Die Phase IV liefert bereits automatisch die Priorisierung in Form einer Reihenfolge in fünf Gruppen von notwendig (10, 9, 8) bis sinnvoll (6, 7). Durch die normierte K-i-E Bedeutung kann die erarbeitete Priorisierung direkt in einen bestehenden Backlog eingeordnet werden. Der Prozess zeigt hier seine Eignung für die agile Arbeitswelt genauso wie für die tradiert klassische.

Für viele Unternehmen ist es wesentlich und ein erster großer Gewinn, dass die nicht sinnvollen Themen (1, 2, 3, 4, 5) klar identifiziert sind und nicht weiterverfolgt werden.

Die Grobsortierung der Themen liefert die Reihenfolge mit Gruppen der K-i-E Bedeutung für 10, 9, 8, 7, 6 (Bild 15.16).

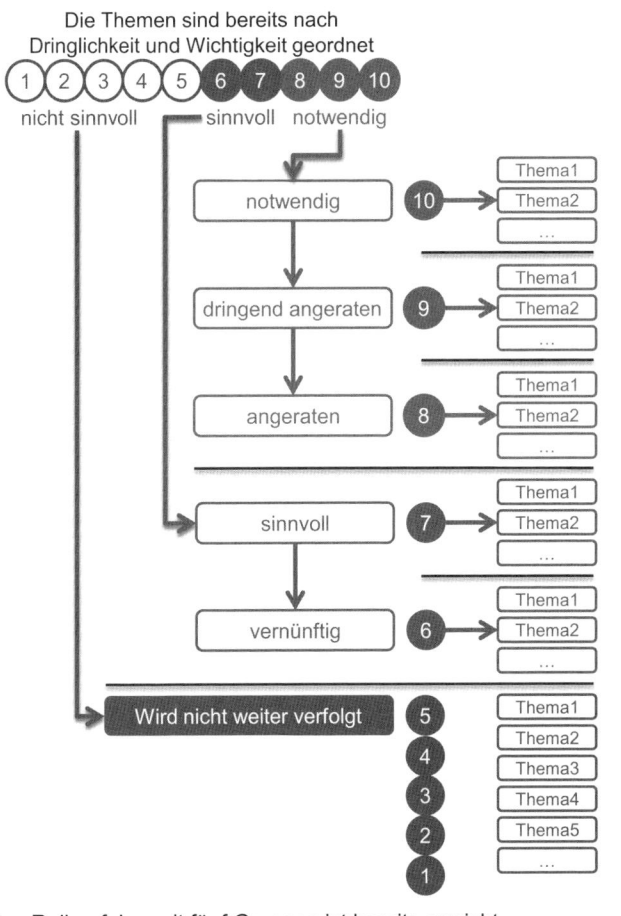

Bild 15.16 Eine Reihenfolge mit fünf Gruppen ist bereits erreicht

15.7.1 Reihenfolge – agile Methoden und klassisches Projektvorgehen

Für die agilen Arbeitsmethoden ist die Priorisierung abgeschlossen. Die agilen Teams bekommen als Vorgabe, die notwendigen Themen (10) als Erstes anzugehen, bevor sie sich den Themen mit der K-i-E Bedeutung dringend angeraten (9) und angeraten (8) zuwenden. Sie landen wie die Themen mit der Bedeutung sinnvoll (7) und vernünftig (6) im Backlog. Die am höchsten priorisierten Themen – die notwendigen (10) – werden gegebenenfalls vorher im Refinement-Meeting besprochen und abschließend im Sprint Planning für den kommenden Sprint durch das Umsetzungsteam ausgewählt.

Dominiert noch eine klassische Vorgehensweise, werden die einzelnen Gruppen (10 bis 8 und gegebenenfalls 7 und 6) in eine Reihenfolge gebracht (Bild 15.17).

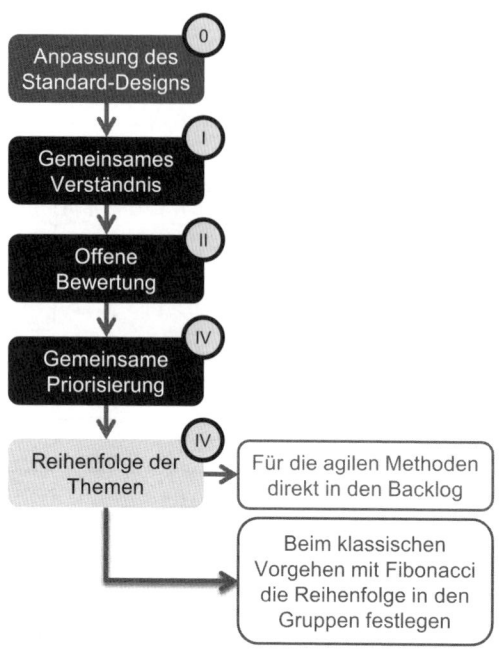

Bild 15.17 Die weitere Reihenfolge in den Gruppen hängt von der Vorgehensmethode ab

Um die Reihenfolge bei klassischer Vorgehensweise herzustellen, wird empfohlen, in Abhängigkeit der Anzahl der Beteiligten und der Anzahl der Themen in der jeweiligen Bedeutungsgruppe mit Fibonacci zu gewichten (Bild 15.18). Die Fibonacci-Karten sind Teil des K-i-E Kartensets und eignen sich exzellent für Aufwandschätzungen und Gewichtungen.

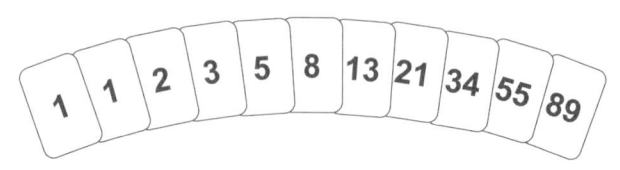

Bild 15.18 Fibonacci eignet sich für die Gewichtung

Der Priorisierungsprozess erzeugt sicher eine gemeinsam getragene Reihenfolge, unabhängig von einer agilen oder klassisch tradierten Unternehmenswelt.

15.7.2 Fallstudie Zusammenfassung

Der Priorisierungsprozess, insbesondere der spielerische und gleichzeitig sehr verbindliche Umgang mit den K-i-E Karten, überzeugte alle. Die K-i-E Skalen wurden sofort akzeptiert und sorgten für die Prozesstreue. Die Einhaltung dieser Prozesstreue, gerade gegenüber den „Alten Hasen", war eine große und gleichzeitig erfolgsichernde Maßnahme des Master of K-i-E. Letztendlich war es jedoch die Performance, die alle begeisterte. Die Anzahl der Priorisierungen stieg von ursprünglich drei auf 15 Priorisierungen pro Meeting. Wohlgemerkt, ein Faktor fünf bei gleicher Besetzung. Der Backlog wurde sukzessiv abgearbeitet und es konnte wieder auf die aktuellen Herausforderungen reagiert werden.

> Der K-i-E Priorisierungsprozess vereint die K-i-E Skala, den Güte- und Commitment-Prozess zu einem funktionalen und klaren Prozess, der mit begrenztem Zeitaufwand eine sichere und gemeinsam getragene Priorisierung hervorbringt.

Mit der Einführung des Priorisierungsprozesses wurde ein wesentlicher Schritt zur Entwicklung einer neuen Entscheidungskultur gemacht, der auch eine bedeutende Annäherung an eine agile Unternehmenskultur darstellte.

Die Steigerung der Priorisierungen erzeugte eine kooperative Arbeitsatmosphäre. Nach sechs Monaten konnten sich die Bereichsverantwortlichen wieder auf die strategische Ausrichtung konzentrieren, um die inneren und äußeren Herausforderungen zu meistern.

■ 15.8 Struktur des Gedanken-Zyklus

Der Priorisierungsprozess entspricht dem Gedanken-Zyklus. Die Kognition, als evolutionär weiterentwickeltes Entscheidungssystem, ist mit dem Gedanken-Zyklus geradezu prädestiniert, eine Reihenfolge herzustellen (Bild 15.19).

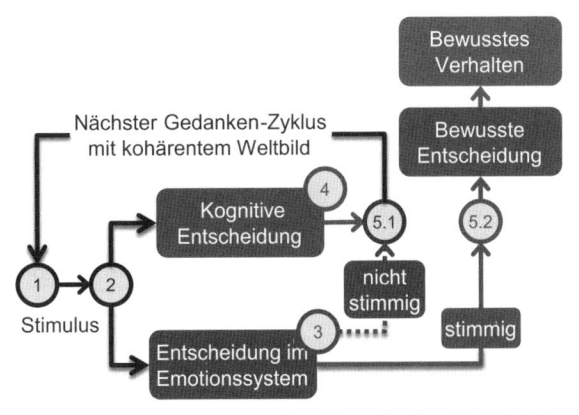

Bild 15.19 Der Gedanken-Zyklus ist die Design-Vorgabe für die Priorisierung

Das von der Kognition erstellte kohärente Weltbild wird in jedem Zyklus mit der Intuition bewertet, die jeweils zustimmt oder ablehnt.

Der Gedanken-Zyklus dient als Design-Vorlage in einem bewussten und offenen Priorisierungsprozess.

Für die eigene Arbeitsorganisation scheint eine „gemeinsame" Priorisierung auf den ersten Blick wenig sinnvoll. Durch die zwei Entscheidungssysteme gibt es jedoch zwei Instanzen, die auch der Einzelne zusammenbringen kann, die Intuition und die Kognition.

In meiner langjährigen Arbeit als verantwortliche Führungskraft und auch später als Business-Coach bestand nahezu jede Interaktion mit Kollegen, Mitarbeitern oder Klienten darin, eine Priorisierung der Themen vorzunehmen. Auch heute noch beginnt jede unternehmerische Aktivität damit, das Ziel zu bestimmen, anhand dessen eine priorisierte Themenliste festgelegt wird. Ob diese nun Agenda, ToDos, Backlog und Aufgabenliste genannt wird, ist wenig von Belang.

Erst wenn die Priorisierung bewusst gelang, sind Zeit und Kraft unternehmerisch gut gebraucht. Was vielleicht ergänzt werden müsste: Erst wenn die Intuition für das Gewusste das Go signalisiert, wird die Kraft frei und steht der Einsatz unbeschränkt zur Verfügung.

Das Commitment in der Phase III für die Priorisierung und dann erst die Reihenfolge festzulegen, mag für viele ungewohnt sein, aber es fügt dem Wissen die Kraft hinzu, die ihren Einsatz und die Zeit lohnen.

15.9 Anwendungsbereich

Der Priorisierungsprozess ist ein Standardprozess, der sich methodisch und strukturell für alle Arten von Priorisierungen im beruflichen und auch persönlichen Kontext eignet. Durch die Klarheit und Robustheit des Prozesses eignet er sich für kleine Unternehmen genauso wie für Konzerne. Bei größeren Unternehmen sind mehrere Bereiche an einem Thema beteiligt wie Geschäftsführung, Unternehmensentwicklung, Strategie und Methoden, Vertrieb, Marketing und je nach Organisationsform die unterschiedlichen Business-Bereiche. Vorbereitung, Organisation und Prozessstrenge sind der Anzahl der Beteiligten anzupassen.

> Besondere Bedeutung bekommt der Priorisierungsprozess für die agile Methodik, die bisher allein weder bessere Projektergebnisse erzeugt noch die Entwicklungsprozesse nachhaltig beschleunigt. Die fehlende Operationalisierung in Scrum und ähnlichen agilen Methoden wird mit dem Priorisierungsprozess, der K-i-E Skala, dem Güte- und Commitment-Prozess wirkungsvoll ergänzt.

Der Prozess hat sich in dieser Form für viele Bereiche bewährt, so im Portfolio-Management für die strategische Unternehmensentwicklung, für den M&A-Integrations- und Transformationsprozess bis zum Anforderungsmanagement in Projekten.

Für den digitalen Transfer wird der Priorisierungsprozess das unabdingbare Werkzeug. Der Anwendungsbereich spannt sich vom Ideation-Process bis zur Umsetzung mit agilen Methoden.

Für den persönlichen Kontext eignet sich ein reduzierter Priorisierungsprozess für beliebige Themen, für die tägliche Arbeitsplanung genauso wie für die jährliche Auswahl der Opernvorstellungen sowie der Urlaubsplanung.

15.10 Best Practice

Die Priorisierung ist als Change-Prozess auf Basis eines stringenten Designs einzuführen und zu verstetigen. Es wird dringend empfohlen, die K-i-E Skala, den Güte- und Commitment-Prozess bereits im Vorfeld zu schulen und die einzelnen K-i-E Tools an den Eigenheiten des Unternehmens und deren Anforderung in einer funktionalen Sequenz auszurichten. Die K-i-E Theorie sollte immer als Rahmen berücksichtigt werden.

Ein wesentlicher Erfolgsfaktor ist der Master of K-i-E bei komplexen Entscheidungsprozessen. Die Entscheidung, wie weit er in der Einführungsphase die Prozesstreue sichert oder auf Dauer im Prozess verankert bleibt, ist gemäß der vorherrschenden Situation im Unternehmen zu planen.

Die K-i-E Karten oder die K-i-E App sind notwendige Voraussetzung, um den Prozess sicher umzusetzen.

15.11 Fazit

Der K-i-E Priorisierungsprozess ist ein komplexer Prozess, der die unternehmerische Kernaufgabe löst, was getan wird und was nicht. Der Standardprozess ist aus den K-i-E Tools zusammengesetzt, deren Design in einem vorgelagerten Prozess entworfen und mit einem Change-Prozess eingeführt und verstetigt wird.

Der Nutzen ist außergewöhnlich hoch, da er sofortige Verbesserung ins Unternehmen bringt. Die Priorisierung ist im Entscheidungsmanagement eine zentrale Aufgabe der Führungskräfte und dadurch auch ein großer Einflussfaktor, der ungern aufgegeben wird.

Der K-i-E Priorisierungsprozess ist gleichermaßen in der agilen wie in der klassisch tradierten Arbeitswelt eine Schlüsselstelle zum Erfolg.

> **Wenn man guten Gebrauch von seiner Zeit machen will, muss man wissen, was am wichtigsten ist, und sich dann mit ganzer Kraft dafür einsetzen.**
>
> *Die zwei Dimensionen Zeit und Kraft, deren Ressourcen wohlüberlegt sein wollen, werden in den Vordergrund gehoben. Beides wäre vertan, auch oder gerade, wenn sich mit ganzer Kraft dem Unwichtigen gewidmet wird. Iacocca, der als erfolgreicher amerikanischer Manager der tradierten Welt verhaftet war, weiß, nur die Kognition kann „wissen", was das Wichtigste ist.*

16 Das Motivationsdreieck – drei Dimensionen für den Erfolg

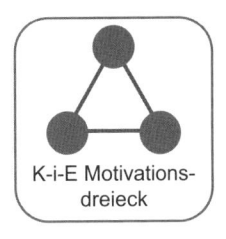

K-i-E Motivationsdreieck

„Man liebt das, wofür man sich müht, und man müht sich für das, was man liebt."
Erich Fromm

> **Das K-i-E Motivationsdreieck ist eine praxisorientierte Anwendung der K-i-E Skala.**
>
> Projekte, Vorhaben und Aufgaben gelingen, wenn das Können, Wollen und Dürfen im funktionalen Bereich liegen. Das K-i-E Motivationsdreieck bietet ein klares Vorgehen in Staffing- und Recruiting-Vorgängen, um Positionen sicher zu besetzen. Die Kandidaten bekommen eine Chance auf Erfolg und für das Projekt wird offensichtlich, welche Erfolgschancen sich ergeben.
>
> Sowohl die Beteiligten als auch die Verantwortlichen werden in die Lage versetzt, auf einer soliden Bewertungsmatrix die Chancen des Gelingens einzuschätzen und gegebenenfalls zu planen, welche Ressourcen nötig sind, damit die Chance auf Erfolg erhalten wird.

■ 16.1 Kurzgefasst

Das K-i-E Motivationsdreieck ist ein transparentes Werkzeug, mit dem zum einen Kandidaten nachvollziehbar eingeschätzt werden, zum anderen kann man mit seiner Hilfe ableiten, wie groß die Chancen für das Gelingen eines Vorhabens oder einer Aufgabe sind.

Ziele werden erreicht, Konflikte werden gelöst und Projekte werden erfolgreich, wenn die entsprechenden Fähigkeiten entwickelt sind, die innere oder äußere Erlaubnis gegeben und der Wille bei den Beteiligten ausreichend vorhanden ist (Bild 16.1).

Bild 16.1 Drei Dimensionen, die den Erfolg weisen

Das Motivationsdreieck liefert eine präzise Einschätzung für die Besetzung einer Position, und die Summe der Einschätzungen veranschaulicht die Chancen auf Erfolg. Das Ziel wird erreicht, wenn in allen drei Dimensionen „wollen", „können" und „dürfen" in der K-i-E Skala eine 8 bis 10 erreicht wird.

Liegen eine oder mehrere Dimensionen zwischen (6) und (7), braucht das Projekt zusätzliche Unterstützung, eine enge Steuerung oder sonstige Ressourcen, um eine Chance auf Erfolg zu bekommen. Liegt eine der Dimensionen zwischen 1 und 5, ist der Projekterfolg erfahrungsgemäß schwer beziehungsweise nicht zu erreichen.

■ 16.2 Das Motivationsdreieck – klar und pragmatisch

Menschen committen sich, wenn sie vom Erfolg überzeugt sind. Das ist immer dann der Fall, wenn sich Können, Wollen und Dürfen im grünen Bereich befinden. Dazu brauchen Menschen eine eigene Einschätzung, wie weit der Erfolg zu erreichen ist. Sie werden immer dann erfolgreich sein, wenn ihre Fähigkeiten zu den gesetzten Zielen passen. Die Motivation eines Menschen ist durch die emotionalen Motive geprägt, die sich in unterschiedlichen Fähigkeiten, aber auch in komplexeren Oberflächenstrukturen wie Werte oder Sinngebung offenbaren.

Allen emotionalen Motiven ist eines gleich, sie wollen ins Ziel kommen. Das Motivationsdreieck ist ein pragmatisches Werkzeug, das auf die im Einzelfall gefragte Fähigkeit fokussiert und die restlichen emotionalen Motive in den Dimensionen Wollen und Dürfen verdichtet (Bild 16.2).

```
        ┌─────────────────┐  I
        │   Können –      │
        │   Fähigkeiten   │
        └─────────────────┘
                 ↓
        ┌─────────────────┐  II
        │  Wollen – eigene│
        │ innere Motivation│
        └─────────────────┘
                 ↓
        ┌─────────────────┐  III
        │ Dürfen – innere und│
        │ äußere Erlaubnis │
        └─────────────────┘
                 ↓
        ┌─────────────────┐  IV
        │ Klar entscheiden│
        └─────────────────┘
```

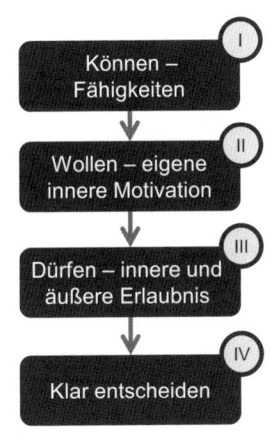

Bild 16.2 Die Schritte zum Erfolg

16.2.1 Schritt I – Verortung der Fähigkeiten

Im ersten Schritt werden die Fähigkeiten verortet. Die Fähigkeiten mit Dimensionen zu beschreiben, analog des Güte- und Priorisierungsprozesses, wird vorausgesetzt. Auch hier gelten als Orientierung drei bis fünf unterschiedliche Dimensionen, die in der K-i-E Bewertung „Fähigkeiten" zusammengeführt sind (Bild 16.3).

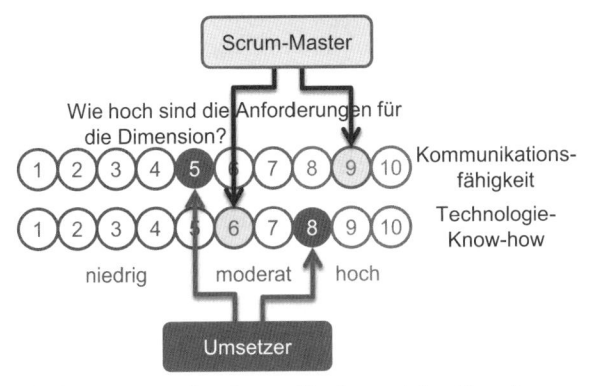

```
              ┌──────────────┐
              │ Scrum-Master │
              └──────────────┘
     Wie hoch sind die Anforderungen für
           die Dimension?
    ① ② ③ ④ ⑤ ⑥ ⑦ ⑧ ⑨ ⑩   Kommunikations-
                                fähigkeit
    ① ② ③ ④ ⑤ ⑥ ⑦ ⑧ ⑨ ⑩   Technologie-
                                Know-how
     niedrig   moderat   hoch
              ┌──────────────┐
              │   Umsetzer   │
              └──────────────┘
```

Bild 16.3 Die Anforderungen an den Scrum-Master und den Umsetzer

Bei den Fähigkeiten ist es sinnvoll, zwischen den konzeptuellen und Umsetzungskompetenzen zu unterscheiden, die in unterschiedlichen Dimensionen abgebildet werden. Es wird davon ausgegangen, dass die geforderten Fähigkeiten für die Position bereits mit einer K-i-E Skala verortet sind.

Das Anforderungsprofil für einen Scrum-Master und einen Umsetzer würde sehr unterschiedlich ausfallen.

Sind die Anforderungen für die vorgegebenen Dimensionen auf einer K-i-E Skala definiert, so ist es ein Leichtes, die Kandidaten zu verorten (Bild 16.4). Die Fähigkeiten sind der erste Schritt, da die Dimensionen vorbereitet werden müssen und kognitive Prozesse dominieren.

Wie weit verfügt der Kandidat über
die Fähigkeit für die Aufgabe?

① ② ③ ④ ⑤ ⑥ ⑦ ⑧ ⑨ ⑩
niedrig   moderat   hoch

Bild 16.4 Der Kandidat verfügt über angemessene Fähigkeiten

Die Fähigkeiten der einzelnen Dimensionen werden in einer K-i-E Zahl verdichtet. Wesentlich ist, die Vorgabe auf die Bewertung des Kandidaten zu übertragen. Wird eine (6) bei der Technologie gefordert und der Kandidat weist eine (6) nach, dann bedeutet dies eine (10) für die Bewertung dieser Dimension. Eine höhere Kompetenz in diesem Bereich kann kontraproduktiv sein, da die Gefahr bestünde, dass sich der Scrum-Master inhaltlich zu sehr einmischt.

Sind die Dimensionen zusammengeführt, so ist auf einen Blick zu erkennen, wie weit sich der Kandidat für die Position eignet.

16.2.2 Schritt II – Verortung des Wollens

Im zweiten Schritt wird die innere Motivation, das Wollen, verortet. Beim Wollen ist keine Abbildung in Dimensionen nötig. Die emotionalen Motive sind im Emotionssystem verdichtet und dem Bewussten nicht direkt zugänglich. Mit der Leitfrage wird die K-i-E Intuition aktiviert, die trennscharf die innere Motivation anzeigt (Bild 16.5).

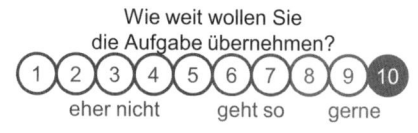

Wie weit wollen Sie
die Aufgabe übernehmen?

① ② ③ ④ ⑤ ⑥ ⑦ ⑧ ⑨ ⑩
eher nicht   geht so   gerne

Bild 16.5 Der Kandidat ist hoch motiviert und will die Aufgabe unbedingt übernehmen

Wie weit diese dann kognitiv überformt wird, damit sie vielleicht besser zum Selbstbild passt oder zu den taktischen Überlegungen des Kandidaten, liegt in der Verantwortung des Kandidaten. Es ist natürlich auch die Aufgabe des Projektleiters beziehungsweise Staffing-Managers, auf Inkonsistenzen zu achten. Dieses Thema wird hier nicht weiter diskutiert. Der Kandidat erhält, bei genügend Erfahrung, einen klaren Hinweis aus dem Emotionssystem.

Bei niedriger Motivation ist davon auszugehen, dass die emotionalen Motive oder verdeckten Interessen während der Laufzeit die Ergebnisse mindern.

Die Gegenüberstellung der beiden Dimensionen „Fähigkeiten" und „Wollen" ergibt bereits erste Einblicke auf die Erfolgschancen (Bild 16.6).

```
        Wie hoch ist die
     Motivation für die Aufgabe?
  1  2  3  4  5 (6) 7  8  9 10   Können
  1  2  3  4  5  6  7  8 (9) 10  Wollen
   niedrig    moderat   hoch
```

Bild 16.6 Der Kandidat zeigt eine Inkonsistenz

Inkonsistenzen sind zu überprüfen und Maßnahmen sind zu ergreifen. Eine stringente Erklärung wäre, dass der Kandidat die Aufgabe als Chance sieht, sich die Fähigkeiten zu erwerben. Das mag ehrenhaft sein, jedoch gefährdet es das Projekt oder die Aufgabe. Sollte der Verantwortliche für das Projekt sich auf diese Situation einlassen, so muss er dafür sorgen, dass das erhöhte Risiko durch Ausbildung, Coaching oder andere Maßnahmen ausgeglichen wird.

16.2.3 Schritt III – Verortung des Dürfens

Im dritten Schritt werden die innere und äußere Erlaubnis, das Dürfen, verortet. Auch bei der inneren Erlaubnis ist keine Abbildung in Dimensionen nötig. Die emotionalen Motive sind ebenfalls im Emotionssystem verdichtet. Die äußere Erlaubnis kann in Abhängigkeit von der Aufgabe verortet werden. Beispielsweise sollte der Scrum-Master eine Zertifizierung vorlegen, wenn diese als Voraussetzung gefordert ist. Die Loyalität zum eigenen Team oder zum Vorgesetzten, die durch die Übernahme einer Aufgabe gefährdet wäre, ist ein Beispiel für einen Konflikt zwischen innerer und äußerer Erlaubnis. In jedem Fall gilt, die Leitfrage wird die K-i-E Intuition aktivieren, die trennscharf die innere und äußere Erlaubnis anzeigt. Wie weit diese dann mit der Kognition überformt wird, ist wieder in der Verantwortung des Kandidaten. Er erhält bei genügend Erfahrung einen klaren Hinweis aus dem Emotionssystem.

16.2.4 Schritt IV – klar entscheiden

Ist die Verortung der Anforderungen angemessen vorgegeben und werden die agilen Werte im Unternehmen gelebt, so erhält man eine präzise Einschätzung über den Projekterfolg und die notwendigen Ressourcen, die für eine Chance auf Erfolg bereitgestellt werden müssen (Bild 16.7). Der finale Schritt IV – eine klare Entscheidung – ist eine natürliche Konsequenz, die automatisch dokumentiert ist.

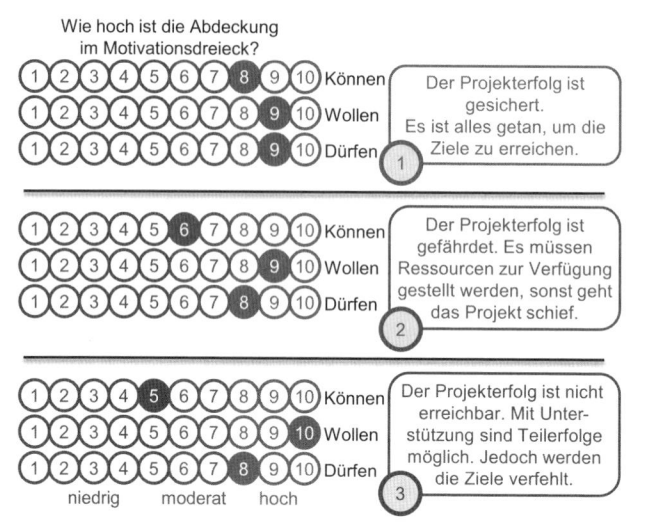

Wie hoch ist die Abdeckung im Motivationsdreieck?

① ② ③ ④ ⑤ ⑥ ⑦ **8** ⑨ ⑩ Können
① ② ③ ④ ⑤ ⑥ ⑦ ⑧ **9** ⑩ Wollen
① ② ③ ④ ⑤ ⑥ ⑦ ⑧ **9** ⑩ Dürfen

1 Der Projekterfolg ist gesichert. Es ist alles getan, um die Ziele zu erreichen.

① ② ③ ④ ⑤ **6** ⑦ ⑧ ⑨ ⑩ Können
① ② ③ ④ ⑤ ⑥ ⑦ ⑧ **9** ⑩ Wollen
① ② ③ ④ ⑤ ⑥ ⑦ **8** ⑨ ⑩ Dürfen

2 Der Projekterfolg ist gefährdet. Es müssen Ressourcen zur Verfügung gestellt werden, sonst geht das Projekt schief.

① ② ③ ④ **5** ⑥ ⑦ ⑧ ⑨ ⑩ Können
① ② ③ ④ ⑤ ⑥ ⑦ ⑧ ⑨ **10** Wollen
① ② ③ ④ ⑤ ⑥ ⑦ **8** ⑨ ⑩ Dürfen

niedrig   moderat   hoch

3 Der Projekterfolg ist nicht erreichbar. Mit Unterstützung sind Teilerfolge möglich. Jedoch werden die Ziele verfehlt.

Bild 16.7 Auf einen Blick ist zu sehen, was zu tun ist

Mit der K-i-E Ressourcen-Frage können die Fähigkeiten, die im Projekt (2) fehlen, identifiziert werden. Mit dem Commitment- sowie dem Güte- und Priorisierungsprozess stehen Werkzeuge zur Verfügung, um die Ressourcen so zu gestalten, dass ein Erfolg möglich wird.

Oft wird ein starkes Wollen eines Mitarbeiters oder Teams mit Fähigkeiten verwechselt. Diese Verzerrung ist eine häufige Ursache für notleidende Projekte. Das Projekt (3) sollte in keinem Fall in dieser Form gestartet werden. Mit den K-i-E Tools stehen leistungsfähige Werkzeuge zur Verfügung, um das Projekt neu zu gestalten oder die passenden Fähigkeiten ins Projekt zu bringen.

> Das Motivationsdreieck ist ein sehr nützliches Entscheidungswerkzeug für die Besetzung von Positionen sowie für die Übernahme von Aufgaben.

Das Motivationsdreieck ist eine sehr funktionale Anwendung der K-i-E Skala, die praxisgeprüft den Erfolg bereits in einer frühen Phase sichern kann.

■ 16.3 Anwendungsbereich

Das K-i-E Motivationsdreieck eignet sich für Staffing- und Recruiting-Maßnahmen, um Projekte, Vorhaben und Positionen in Unternehmen erfolgreich zu besetzen, aber auch um Kandidaten eine Chance auf Erfolg zu ermöglichen.

Es sollte zum Standardwerkzeug eines jeden Mitarbeiters und jeder Führungskraft gehören, bevor eine Aufgabe übernommen beziehungsweise delegiert wird.

16.4 Best Practice

Das K-i-E Motivationsdreieck wurde in circa 200 Projekten eingesetzt und hat sich als absolut praxistauglich erwiesen. Die Verantwortlichen wissen meist, dass die von ihnen verantworteten Positionen nicht optimal besetzt sind, aber sie planen nicht die notwendigen Maßnahmen, damit die Schwäche ausgeglichen wird.

Erfolgsorientierte Mitarbeiter und Führungskräfte verzerren gerne die Dimension „Wollen" und überbewerten sie. Die Dimension „Fähigkeiten" wird meist unterschätzt und „Dürfen" wird häufig ignoriert. Dafür sind die K-i-E Tools hervorragende Werkzeuge, um die Schwächen auszugleichen und die unterstützenden Maßnahmen zu planen und umzusetzen.

16.5 Fazit

Das Motivationsdreieck zeigt, wie einfach ein praxiserprobtes Werkzeug mit den K-i-E Tools kombiniert werden kann (Bild 16.8).

Bild 16.8 Das Tor zum Erfolg – das Motivationsdreieck

> **Man liebt das, wofür man sich müht, und man müht sich für das, was man liebt.**
>
> *Die Mühe endet, wenn Können ausgeprägt ist sowie das Dürfen seine Bremskraft löst und das Wollen seine Zugkraft entwickelt. Dann wird das, was man liebt, leicht und freudig erreicht. So gesehen, dürfte man Fromm nicht ganz zustimmen.*
>
> *Die Geschichte geht jedoch weiter. Wenn nun durch die Mühe oder Mühelosigkeit neue Erfahrungen gemacht wurden, bilden sich neue neuronale emotionale Programme und folglich wendet man sich neuen und größeren Bemühungen zu. So gesehen wird Fromms Zitat wieder stimmig.*
>
> *Es gibt noch einen weiteren Fortgang der Geschichte. Freut man sich nicht nur an der Mühe, sondern am Ergebnis und an der Wirkung, so kann man mühelos mit Können, Wollen und Dürfen das tun, was man liebt.*

16.6 Das Motivationsdreieck – wie es wirkt

16.6.1 Was den Menschen motiviert

Motivation entsteht aus den emotionalen Motiven (Bild 16.9) und ist somit fest in der Natur des Menschen verankert.

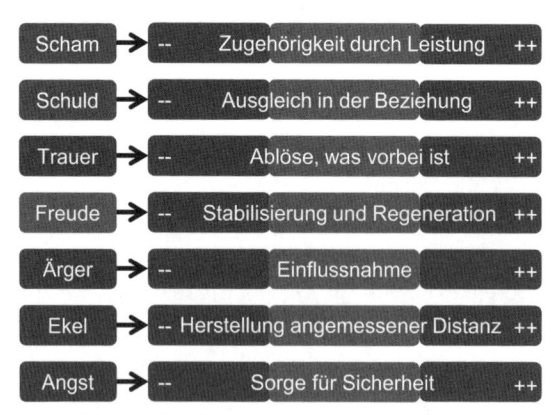

Emotion		Motiv	
Scham	→ --	Zugehörigkeit durch Leistung	++
Schuld	→ --	Ausgleich in der Beziehung	++
Trauer	→ --	Ablöse, was vorbei ist	++
Freude	→ --	Stabilisierung und Regeneration	++
Ärger	→ --	Einflussnahme	++
Ekel	→ --	Herstellung angemessener Distanz	++
Angst	→ --	Sorge für Sicherheit	++

Bild 16.9 Übersicht der Motive der Grundemotionen aus der Emotionstheorie

Ärger als Grundemotion macht kraftvoll, damit selbstwirksam mit dem Motiv Einflussnahme Aufgaben erledigt werden. Scham, die evolutionär betrachtet in Teams für Motivation sorgt, wirkt selbstwirksam aus dem Emotionssystem und ist dem Bewussten nicht zugänglich. Sie teilt sich, wie alle individuellen und sozialen Emotionen, bei der

Zielerreichung mit einem angenehmen Gefühl der Freude mit. Werden Ziele verfehlt, reagiert das Emotionssystem mit einem Impuls, es besser machen zu wollen, was von einem unangenehmen Emotionsgefühl begleitet wird.

Da Scham an der Spitze der evolutionären Entwicklung steht, sind die im Emotionsbaum vorausgehenden Emotionen bereits aktiviert gewesen, bevor die Scham wirksam wurde und sich als Gefühl zeigt. Motivation kann aus Sicht der Emotionslogik somit niemals isoliert gesehen werden, sondern immer im Zusammenwirken aller Grundemotionen und der individuell ausgebildeten neuronalen emotionalen Programme. Damit ist zu erklären, warum Motivation überwiegend allgemeingültig, aber auch sehr individuell ausgeprägt ist.

16.6.2 Warum Motivation selbstwirksam ist

Motivation ist dann selbstwirksam, wenn die individuellen emotionalen Motiv-Profile ins Ziel kommen. Damit sind Zufriedenheit und Motivation eng miteinander verzahnt. Zufriedenheit entsteht, wenn die emotionalen Motive erreicht werden. Die Motivation ist gegeben, wenn die Aufgaben und die darin enthaltenen Ziele bewältigt werden können. Die Bewältigung der Aufgaben hängt maßgeblich von den neuronalen emotionalen Programmen und den kognitiven Fähigkeiten des Mitarbeiters ab. Beides dient der erfolgreichen Bewältigung von Aufgaben und damit gleichermaßen Unternehmen und Mitarbeitern.

Wie viele Aufgaben in einer vorgegebenen Zeit erledigt werden können, ist primär von den Fähigkeiten des Mitarbeiters abhängig. Der Durchsatz oder die Leistung ist somit weniger eine Frage der Motivation, sondern vielmehr die Frage, wie weit die Fähigkeiten zur Aufgabe passen. Sind die Aufgaben zu viele oder reichen die Fähigkeiten nicht aus, muss steuernd eingegriffen werden, was nur über einen bedingten Zeitraum sinnvoll ist.

Damit ist es eine unternehmerische Aufgabe, Ziele so zu definieren, dass Mitarbeiter diese erreichen können. Zugleich ist es die Pflicht von Mitarbeitern, auch von Führungskräften, sich Unternehmen zu wählen, deren gelebte Motive zu ihren individuellen Motiven passen. Eine gemeinsame Pflicht ist es, die Zielvereinbarungen im Rahmen des Möglichen so zu gestalten, dass sie zu den emotionalen Motiv-Profilen und Fähigkeiten der Mitarbeiter passen und erreichbar sind.

16.6.3 Wie kognitiv überformte Entscheidungen für Passung sorgen

Mit der kognitiv überformten Entscheidung ist es jedem Mitarbeiter gegeben, sich flexibel an Führungskräfte und Unternehmen anzupassen. Damit lässt sich die fehlende Passgenauigkeit zwischen der vorgegebenen und gelebten Unternehmenskultur und den individuellen Motiv-Profilen flexibel gestalten. Das Argument „Ober sticht Unter" gilt auf Dauer nicht. Das Emotionssystem wirkt immer. Langfristig wird ein Mitarbeiter weder die Leistung bringen noch die Motivation aufrechterhalten können, wenn er länger gegen sein Motiv-Profil verstößt. Es wäre zu anstrengend und nur für bewusstes Verhalten möglich.

Der Anteil, wie viel ein Mitarbeiter geführt werden soll und wird, und wie viel Gestaltungsfreiheit herrschen soll und wird, ist wiederum abhängig vom individuellen Motiv-Profil. Ein Veganer wird im Schlachthof nicht glücklich werden, genauso wenig wie ein kreativer Mitarbeiter im starr geregelten Prozess einer Behörde. Jedoch wird ein Mitarbeiter mit hoher Sorge um Sicherheit und geringer Einflussnahme einen wertvollen Beitrag in einer Stadtverwaltung leisten und dadurch zufrieden sein.

Die Bedeutung der Motivation, vor allem der Eigenmotivation, kann in Unternehmen gar nicht hoch genug eingeschätzt werden. Die Erfahrung in der Unternehmensführung, dass Menschen keine Motivation durch Belohnung und Bestrafung brauchen und sie sich eher ins Gegenteil verkehrt, ist hinlänglich bekannt. Die Motive der Grundemotionen und der individuellen neuronalen emotionalen Programme wirken immer (Bild 16.10).

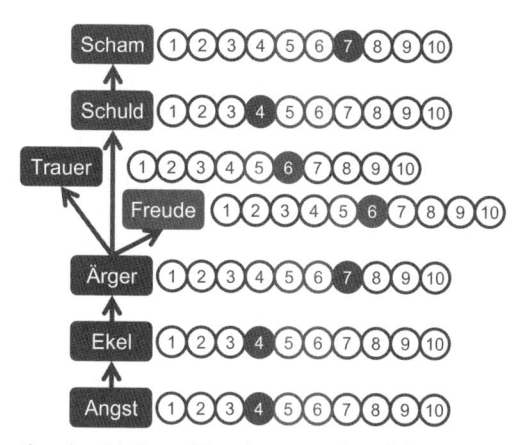

Bild 16.10 Die emotionalen Motive wirken immer – ein erfolgreicher Projektleiter

Werden Sorge um Sicherheit, angemessene Distanz und Einflussnahme sowie nicht zu viel ungerecht empfundene Schuld und immer wieder Erfolgserlebnisse mit angemessener Zugehörigkeit erlebt, sind Menschen motiviert. Freude entsteht, wenn sich die mit angemessener Zeit und Ruhe gelungenen Verhaltensweisen verfestigen, so wie die Trauer die misslungenen Erfahrungen verarbeitet, um dysfunktionale neuronale emotionale Programme abzulösen, auch wenn subjektiv nur erlebt wird, dass für die Verarbeitung des Misserfolgs Zeit nötig war.

16.6.4 Was Motivationsprogramme bewirken

Auch wenn die selbstwirkenden emotionalen Motive dominieren und immer wirken, beeinflussen Führungs- und Motivationsstrategien trotzdem das Verhalten von Mitarbeitern:

- **Grundmotive** – die Motive der Grundemotionen, die in den neuronalen emotionalen Programmen des Einzelnen kodiert sind, müssen mit den gesteckten Zielen des Unternehmens weitgehend vereinbar sein. Wird das vom Unternehmen nicht geliefert, muss ein Mitarbeiter die Dissonanzen, die in seinem Emotionssystem aktiviert werden, kognitiv überformen. Das kann ein Mitarbeiter nur bewusst leisten und es ist anstrengend, was auf Dauer nicht zu halten ist. Streben umgekehrt Mitarbeiter aufgrund von persönlichen dysfunktionalen „neuronalen emotionalen Programmen" Ziele – im Widerspruch zu den unternehmerischen – an, schädigen sie das Unternehmen. Beides führt dazu, dass sowohl die unternehmerischen als auch die individuellen Ziele nicht erreicht werden.

- **Unternehmensziele** – die individuellen kognitiven Motive, die aus individuellen emotionalen Motiv-Profilen gespeist sind, müssen auch im Unternehmen gelebt werden können, damit Mitarbeiter und Führungskräfte motiviert und zufrieden sind. Dann binden die gelebten Werte eines Unternehmens und sie motivieren Mitarbeiter gleichermaßen so, wie sie zur inneren Kündigung und Trennung führen, wenn sie nicht gelebt werden können.

- **Anpassung durch den Mitarbeiter** – die kognitiv überformte Entscheidung erlaubt es Mitarbeitern, die Lücke zwischen den Unternehmenszielen und den individuellen Motiv-Profilen eine Zeitlang zu organisieren. Da die Nutzung des Kognitionssystems anstrengend ist und nur bewusst ausgeführt werden kann, ist dieser Spagat auf Dauer nicht möglich. Bei automatisiertem Verhalten übernimmt irgendwann das Emotionssystem das Kommando.

Sicherheit ist für die meisten Menschen die zentrale Grundmotivation, auch wenn sie selten bewusst ist. Sie kommt beispielsweise bei angemessenem Gehalt, sicheren Arbeitsverträgen und stabiler Unternehmensentwicklung ins Ziel. Wird der eigene Beitrag an der Wertschöpfung eines Produkts oder einer übergreifenden Aufgabe als relevant erfahren, wird auch das Motiv der Scham, der Zugehörigkeit durch Leistung, befriedigt. Die Mitarbeiterführung und Entwicklung bestehen darin, Mitarbeiter mit passenden Motiv-Profilen zu rekrutieren und die unternehmerischen Ziele mit denen der Mitarbeiter möglichst nahe zusammenzuführen.

Die emotionalen Motive und ihre abgeleitete Bewegung sind im Emotionssystem durch die neuronalen emotionalen Programme verankert. Die Passung zwischen gelebten unternehmerischen und individuellen Werten wird letztendlich die Motivation der Mitarbeiter und die Erfolge im Unternehmen auf Dauer bestimmen. Es entsteht eine sich gegenseitig beeinflussende Dynamik (Bild 16.11), deren Wirkmechanismen Unternehmen genauso bewusst nutzen können wie Mitarbeiter. Führungskräfte verfügen dabei über eine höhere Gestaltungsmacht und Verantwortung.

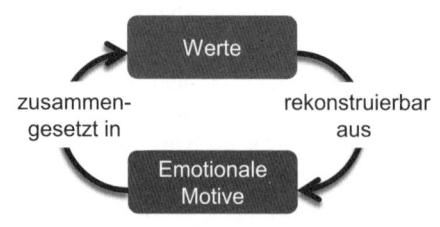

Bild 16.11 Werte sind eine Oberflächenstruktur der emotionalen Motiv-Profile

Ein Wert wie Freiheit ist für einen Angestellten nicht immer leicht zu erreichen. Wenn man jedoch die zugrunde liegende Dynamik kennt, kann der Einzelne überprüfen, ob er gestaltende Freiräume mit angemessener Einflussnahme und Eigenverantwortung füllt und mit dem notwendigen Konformismus vereinbart (Bild 16.12). Ein Unternehmen mit starren Regeln wird mit jemandem, der Freiraum braucht, schwer zu einem glücklichen Verhältnis finden. Freiheit kennt eine hohe Diversität an Nähe und Distanz. Die einen suchen die Freiheit, weil sie eine große Distanz brauchen, die anderen nutzen ihre niedrige Distanz, um mit ihrer Freiheit in Kontakt zu treten.

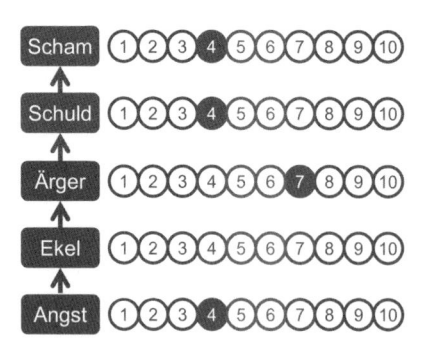

Bild 16.12 Ein emotionales Motiv-Profil für den Wert Freiheit

Steht Sicherheit im Zentrum, dürfen die einzelnen emotionalen Motive aus dem nachfolgenden emotionalen Motiv-Profil nicht gefährdet werden. Die Rahmenbedingungen wie Arbeitsverträge und Aufgabenbeschreibung brauchen eine klare Definition.

Die Einflussnahme muss gering bleiben und es dürfen keine Fehler gemacht werden, damit Schuld und Angst nicht ausgelöst werden (Bild 16.13).

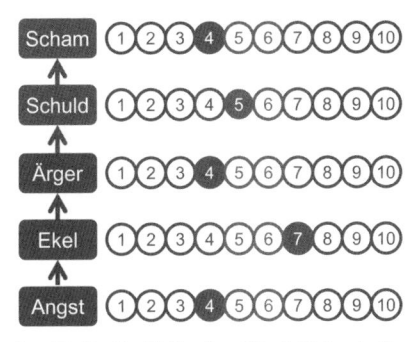

Bild 16.13 Ein emotionales Motiv-Profil für den Wert Sicherheit

16.6.5 Warum Motivationsprogramme scheitern

Die emotionalen Motiv-Profile zeigen überdeutlich, dass übliche Motivationsprogramme auf Dauer keinen Erfolg haben können. Sie wirken zwar als Stimulus im Emotionssystem und lösen neuronale emotionale Programme aus, die aber nur temporär wirken. Überspitzt formulierte Reinhard K. Sprenger, alles Motivieren sei Demotivieren, und alles, was in Unternehmen an Tricks und Kniffen zur Mitarbeitermotivation praktiziert werde, sei kontraproduktiv. Genauer hingeschaut, heißt das:

- **Bedrohen** – löst primär Angst aus.
- **Bestrafen** – löst primär Schuld und damit eine dysfunktionale Sequenz im Emotionsbaum aus.
- **Bestechen** – verspricht erfolgreiche Einflussnahme (Ärger), die meist im Widerspruch zu Schuld und Scham steht.
- **Belohnen** – konditioniert das belohnte Verhalten als neuronales emotionales Programm. Dies führt dazu, dass das zugehörige Verhaltensmuster wiederholt und gesteigert werden muss, was zu Stress führen kann. Die Freude bei gelungener Einflussnahme durch die geleistete Arbeit ist nur eine vorübergehende Belohnung zur Stabilisierung dysfunktionaler Verhaltensmuster.
- **Belobigen** – hat eine ähnliche Wirkung wie Belohnen. Das ist nicht zu verwechseln mit Anerkennung, die durch Leistung entsteht und gewürdigt werden will.

Die beschriebene Dynamik ist nicht statisch. So wie sich Menschen entwickeln, verändern sich auch Unternehmen und deren Führungskräfte. Die erfolgreiche Erfahrung lässt neue und komplexere „neuronale emotionale Programme" wachsen sowie kognitives Wissen entstehen. So sind Unternehmen nicht nur eine Umgebung, die zu den Mitarbeitern passen muss, sondern auch ein Umfeld, das sie prägt und entwickelt. Genauso werden Unternehmen von Mitarbeitern gestaltet. Die prägende Wirkung der Systeme, insbesondere großer und stabiler Unternehmen, ist ungemein größer als der Einfluss von Mitarbeitern auf Unternehmen, auch wenn die Summe der emotionalen Motiv-Profile ein Unternehmen und seine Kultur ausmachen.

16.6.6 Motive in der Psychologie

Die Psychologie geht davon aus, Menschen würden sich vom Unangenehmen weg- und zum Angenehmen hinbewegen. Im Motivationsmodell des amerikanischen Psychologen David Clarence McClelland ist motiviertes Handeln das Streben nach positiven Gefühlen, die sich einstellen, sobald man den Zugang zu natürlichen Anreizen erreicht. Die Verknüpfung des Stimulus, als natürlicher Reiz, mit der ausgelösten Emotion wird als angeboren betrachtet. So betonte McClelland bereits im vorigen Jahrhundert die emotionale Grundlage in Motiven.

Auch Aristoteles nahm ein Motiv an, das er der Nikomachischen Ethik vorausstellt: „Jede Kunst und jede Lehre, desgleichen jede Handlung und jeder Entschluss, scheint ein Gut zu erstreben, weshalb man das Gute treffend als dasjenige bezeichnet hat, wonach alles strebt."

Motiv, lateinisch motus für Bewegung, Antrieb, ist die Bewegung, die aus den Grundemotionen entsteht. Jede Grundemotion hat ein eigenes unverwechselbares Motiv (Bild 16.14).

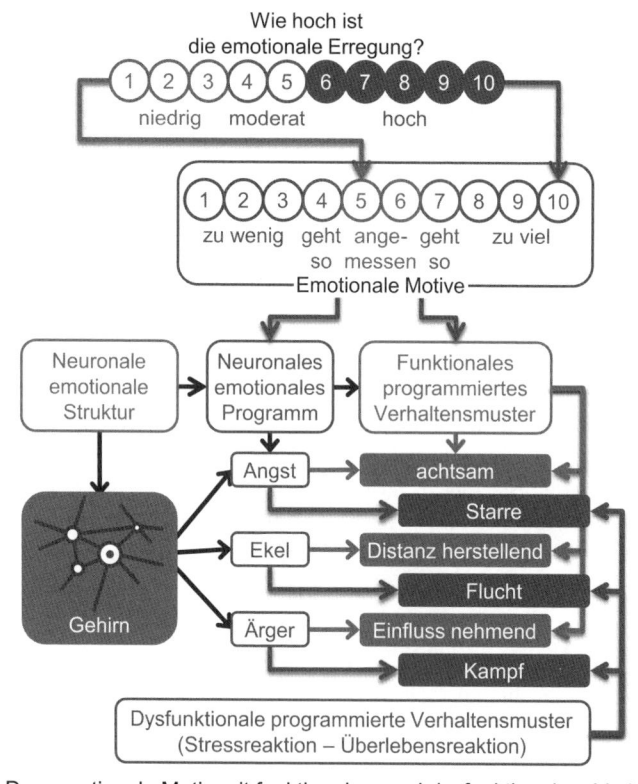

Bild 16.14 Das emotionale Motiv mit funktionalem und dysfunktionalem Verhalten

Die Motive sind integraler Bestandteil der Emotionen und wurden als Komponenten der Selbststeuerung angesehen, die nicht zwingend bewusst sind. Die Psychologie sieht sie als relativ stabile Persönlichkeitseigenschaft an, die bestimmte Handlungsziele anstrebt.

K-i-E geht von einer umfassenden Bedeutung der Motive aus. Das Grundmotiv aller Emotionen ist Leben und Überleben. Es wurde evolutionär in den Motiven der Grundemotionen ausgebildet, die in neuronalen Strukturen fest eingebettet sind (Bild 16.14). Mit diesen Motiven lassen sich tradierte Motive und Motivationsmodelle mühelos verorten. Die Weg-von- und Hin-zu-Bewegungen sind in den einzelnen Emotionen verankert, wie zum Beispiel der Ekel mit seiner Fluchtbewegung. Des Weiteren geht K-i-E davon aus, dass in den Emotionen die Bewegung, das Verhaltensmuster, zur Erreichung des Grundmotivs Leben und Überleben bereits abgebildet ist.

Eine Emotion hat unter anderem zwei Strukturmerkmale: das emotionale Motiv, das für die Sicherung des Lebens sorgt, und das ausgelöste programmierte Verhalten. Die relativ feste neurologische Struktur kann bereits funktional (angemessen) oder dysfunktional (zu viel oder zu wenig) angelegt sein (Bild 16.14), was dann zu einem entsprechenden programmierten Verhalten führt. Zusätzlich wirkt die emotionale Erregung auf die neurologischen emotionalen Programme, wodurch schwer erkennbar ist, was im Emotionssystem abläuft. Bezeichnenderweise werden sich die Emotionsgefühle beim dysfunktionalen Verhaltensmuster „Zuviel" immer stärker und unangenehmer anfühlen. Das ist der Grund, warum in der Vergangenheit diese Gesamtsituation mit einer Weg-von-Bewegung verwechselt wurde.

Die Vermeidung eines unangenehmen Gefühls fühlt sich an, als möchte man weg. Sie ist jedoch nur bei Ekel eine Weg-von-Bewegung.

16.6.7 Ausblick: wie Motivtheorien vereinheitlicht werden können

Die umfassenden Motive der Emotionen erlauben es, alle Motive der Motivforschung zu vereinheitlichen. Die K-i-E Theorie bietet somit ein Meta-Modell für alle Motivationsmodelle und im Folgenden sind gängige skizziert:

McClellands allgemeine Motivationstheorie:

- **Das Machtmotiv** ist eine starke Angstvermeidung (Sorge um Sicherheit) mit hoher Einflussnahme (Ärger) und geringer Schuld (Erhalt der Beziehung).
- **Das Leistungsmotiv** hat geringe Angst, hohe Einflussnahme (Ärger), hohe Scham (Zugehörigkeit durch Leistung) und geringe Schuld (Erhalt der Beziehung).
- **Zugehörigkeit** zeichnet sich aus durch hohe Anteile von Scham (Zugehörigkeit durch Leistung), aber auch Schuld (Erhalt der Beziehung).

Abraham Maslows Bedürfnispyramide besteht aus:

- **Sicherheit** ist primär Angst (Sorge um Sicherheit).
- **Sozialbedürfnis** ist primär Schuld (Erhalt der Beziehung) und Scham (Zugehörigkeit durch Leistung).
- **Anerkennung und Wertschätzung** werden im Wesentlichen aus der Scham abgeleitet.

Die Zwei-Faktoren-Theorie von Frederick Herzberg zielt auf das Emotionssystem mit dem Fokus der erfolgreichen Bewegung aller Grundemotionen. Bei der Gerechtigkeitstheorie von John Adams dreht sich vieles um Scham und Schuld. So lassen sich alle gängigen Modelle der Motivationsforschung verorten und in ein Modell zusammenführen.

> Auf Basis der K-i-E Emotionstheorie und der darauf aufbauenden Entscheidungsprozesse – wie die K-i-E Tools – lässt sich bestimmtes angemessenes Verhalten bei Mitarbeitern in einem fest umrissenen Rahmen erfolgreich verankern. So entstehen funktionale Werte, die den unternehmerischen Zielen dienen.

17 Agile – empowers People

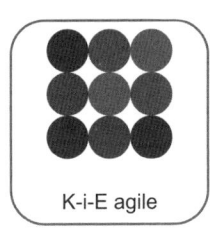

K-i-E agile

„Wege entstehen dadurch, dass man sie geht."
Franz Kafka

Jeder Einzelne im Fach- und agilen Bereich wird befähigt, um seinen Teil in etwas größeres Gemeinsames einzubringen. Das wirkliche Potenzial der agilen Methoden wird erst durch die K-i-E Tools voll ausgeschöpft und lässt Mitarbeiter wie Unternehmen wachsen.

Die Lücke der fehlenden Operationalisierung in agilen Methoden wird ausgeglichen und etabliert sie als erfolgreiches Projektvorgehen. Eine Steigerung der Produktivität (Velocity) um einen Faktor zwei ist möglich.

Das faktische Dilemma zwischen tradierten und agilen Führungsmethoden wird gelöst. Die Wirkung ist eine gelungene Kommunikation zwischen Fachbereich und agilem Bereich. Damit wird der Fachbereich handlungskompetent und die agilen Methoden entfalten ihre volle Performance (Velocity).

17.1 Kurzgefasst

Alle K-i-E Tools werden in die Artefacts, Ceremonies und Roles integriert (Bild 17.1). Der Scrum Master übernimmt die Rolle des Master of K-i-E und sorgt für die Ausbildung, Anpassung, Einführung und Verstetigung der K-i-E Tools.

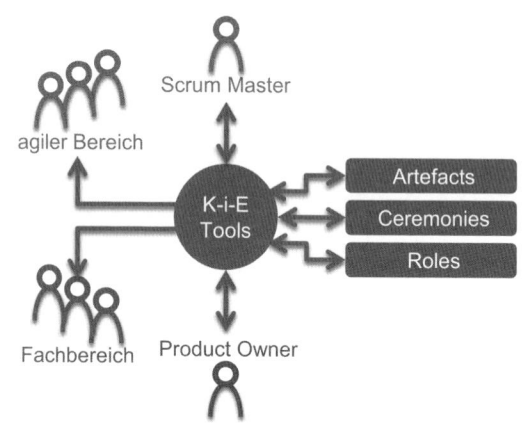

Bild 17.1 Fachbereich und agiler Bereich werden unterstützt und zusammengeführt

17.2 Agile – gemeinsam befähigt

Agile Methoden dominieren mehr und mehr das Projektmanagement und werden zunehmend von der jüngeren Generation gefordert. Das geht so weit, dass junge Menschen der Generation Y und Z Unternehmen und Teams verlassen, wenn die agilen Methoden nicht gelebt werden, oder erst gar nicht in die Unternehmen kommen, wenn sie nicht angeboten werden. Scrum, als weit verbreitetes agiles Framework, ist Stand der Dinge in der Software-Entwicklung und dehnt sich in viele andere Bereiche aus. Im Weiteren wird die Ergänzung der agilen Methoden mit den K-i-E Tools für Scrum dargestellt, auch wenn sie gleichermaßen für Kanban und andere gelten.

Auch Unternehmen selbst fordern von ihren Mitarbeitern agiles Projektvorgehen, um im Wettbewerb und in den disruptiven Märkten bestehen und den Herausforderungen der immer schneller werdenden Anforderungen des Markts begegnen zu können. Kunden erwarten es von ihren Partnern und Lieferanten. Die Unternehmen selbst wiederum verlangen es von Agenturen, Beratungen, Dienstleistern und Zulieferern.

Projekte sind zu komplex und kreative Initiativen zu unbestimmt, um sie in einem Projektplan vollständig zu beschreiben und damit erfolgreich zu steuern. Selbst wenn es gelingt, einen Projektplan zu erstellen, bedrohen ihn Veränderungen von Projektinhalt, Beteiligten, Technologie und vielem mehr.

Dieses klassische Vorgehen führt dazu, dass sich alle Beteiligten zu einem großen Teil mit den entstandenen und erzwungenen Anpassungen der Projektplanung beschäftigen müssen, anstatt sich auf das Ziel zu konzentrieren, ein lauffähiges Produkt zu entwickeln. Wird zu starr am Plan festgehalten und nicht auf die Veränderungen eingegangen, die zwangsläufig immer entstehen, so wird nicht das produziert, was erwartet wird.

Die Digitalisierung ist der Megatrend und erreicht nahezu alle Geschäftsmodelle. Die damit einhergehenden dynamischen Veränderungen und Herausforderungen können mit dem K-i-E Entscheidungsmanagement gelingen. Die durch die K-i-E Tools beförderten agilen Methoden ermöglichen das angemessene Projektvorgehen, das sowohl die Flexibilität als auch die notwendige Leistungsfähigkeit freisetzt. Jedoch brauchen sowohl Führungskräfte mit tradiertem klassischem Vorgehen als auch agile Teams auf Augenhöhe ein gemeinsames Entscheidungsmanagement.

■ 17.3 Wie Scrum entstand

Im Februar 2001 trafen sich im amerikanischen Utah 17 unabhängige Experten für Software-Entwicklung – darunter Ken Schwaber, Kent Beck und Jeff Sutherland – und formulierten vier zentrale Thesen:

- Individuals and interactions over processes and tools
- Working software over comprehensive documentation
- Customer collaboration over contract negotiation
- Responding to change over following a plan

Ergänzend formulierten die Experten zwölf Prinzipien, aus denen sich die fünf agilen Werte entwickelten:

- Offenheit
- Mut
- Fokus
- Respekt – die K-i-E Theorie erweitert diesen Wert als Augenhöhe
- Commitment

    Jenseits des Hypes vor allem um Scrum, aber auch Kanban, Extreme Programming, Crystal und andere, steht jedoch das agile Manifesto mit seinen Thesen und Werten tatsächlich für einen grundlegenden Paradigmenwechsel im Projektvorgehen.

17.3.1 Wie man mit Scrum vorgeht

Der agile Ansatz stattet Projekte und Vorhaben mit der notwendigen Flexibilität und Handlungsfreiheit aus, um in disruptiven Märkten bestehen zu können. Der Glaube an einen perfekten Plan wird ersetzt durch schnelles Feedback auf die Wirkung von Entscheidungen und Handlungen. Eine zwanghafte finale Zielerreichung wird aufgegeben und durch eine konsequente kontinuierliche Verbesserung abgelöst. Bild 17.2 zeigt das Vorgehensmodell von Scrum.

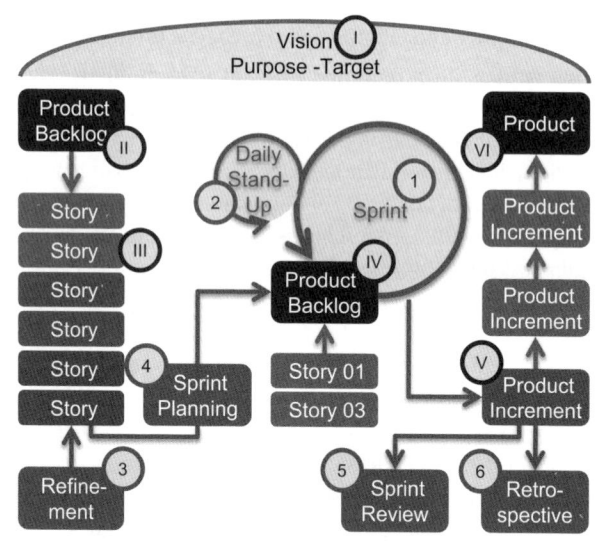

Bild 17.2 Entwicklungsprozess mit dem Scrum-Vorgehensmodell

Vision in Scrum – Scrum ist eine Prozess- oder Vorgehensbeschreibung, die Ergebnisse (Artefacts), Interaktionen (Ceremonies) und Rollen (Roles) regelt. Scrum geht von einem umfassenden ersten und leitenden Artefact, der Vision (I), aus. Die Vision ist bereits auf ein Ziel und den Nutzen heruntergebrochen, um als Leitlinie aller Ceremonies und Roles im Vorhaben und bis zum Product (V) offen verwendet zu werden.

Der Sprint – das Herz von Scrum und aller agilen Vorgehensweisen ist die schrittweise Abarbeitung von sinnvollen zusammengehörigen Anforderungen (Stories) in festen zeitlichen Einheiten: Sprints (1). Diese Vorgehensweise (Time-boxing) führt inkrementell zu einem gewünschten Ergebnis: Product (VI). Ein Sprint dauert üblicherweise 14 Tage (zwischen einer und vier Wochen) und liefert für die Anwender einen sinnvoll nutzbaren Umfang an Funktionalität: Product Increment (V). Der Sprint, die Artefacts und die Ceremonies im Sprint werden vom Development Team (Role) verantwortet. In einem Sprint werden kontinuierlich die Anforderungen abgearbeitet, um sie dem Fachbereich in angemessener Güte bereitzustellen.

Ceremonies – Ceremony als Begriff für einen Workshop, ein Meeting oder eine Arbeitseinheit führt eine Wertschätzung für Interaktionen ein, die für einen bewussten Gegenpol zu der eher bescheidenen Meeting-Kultur in der tradierten klassischen Welt steht. Der Sprint (1) und das Daily Stand-up (2), das meist im Stehen durchgeführt wird, gehören zu den Ceremonies.

Artefacts – die Anforderungen – Stories (III) oder „Backlog Items" – führen inkrementell zu einem finalen Produkt: Product (VI). Als Artefacts werden die Stories im „Produkt Backlog" (II) gesammelt. Die Verantwortung der Stories im Product Backlog liegt im

Fachbereich. Dafür wurde eine zentrale Rolle „Product Owner" vorgesehen. Die Zentralisierung auf einen einzigen Ansprechpartner und Verantwortlichen für die Anforderungen ist ein Erfolgsfaktor der agilen Methoden, aber auch gleichzeitig ein Brennpunkt und Risikofaktor, der entsprechend achtsam gestaltet werden muss.

Der Scrum Master – er ist dafür verantwortlich, dass Scrum verstanden und konsequent angewendet wird. Sein Fokus sind die Grundannahmen, die Werte, die klare Einhaltung des Prozesses mit den Ceremonies, Artefacts und Roles. Sein Ziel ist es, jeden Einzelnen und das agile Team bei allen Ceremonies zu unterstützen und dafür zu sorgen, dass die Werte gelebt werden. Er agiert genauso zum Product Owner, damit der Product Backlog die Qualität und das Verständnis beim Team erreicht und so eine hohe Produktivität (Velocity) gewährleistet ist. Als Prozessverantwortlicher ist er für einen geregelten Ablauf der Ceremonies zuständig. So kommt dem Scrum Master eine zentrale Rolle zu und er wirkt als wichtiger Erfolgsfaktor.

Das Development Team – das Development Team ist so aufgestellt und befähigt, dass es selbstorganisiert und als Experten-Team am Ende eines Sprints das fertige Product Increment (V) abliefern kann. Die Team-Mitglieder arbeiten eng mit dem Scrum Master und dem Product Owner zusammen, sind jedoch eigenverantwortlich für die Umsetzung und Fertigstellung der Ergebnisse zuständig. Die Verantwortung liegt immer beim gesamten Team. Das Development-Team entwickelt das Product Increment auf Basis der Stories im Sprint Backlog (IV).

Backlog Refinement – in der Ceremony „Backlog Refinement" (3) wird die Qualität der Stories verfeinert, damit sie anschließend in den Sprints bearbeitet werden können. Die wesentliche Aufgabe im Backlog Refinement besteht darin, die Güte der Stories herzustellen, um auf einer hohen Qualität die Schätzung der Komplexität, des Risikos und des Aufwands für die nächsten Sprints vorzubereiten. Die kontinuierliche Arbeit am gesamten Product Backlog konzentriert sich auf angemessene Größe und deren Bewertung und Priorisierung für die nächsten Sprints. Zu große Stories (Epics) sind zu risikoreich und können nicht in einem Sprint bearbeitet werden. Sie werden sukzessive in kleinere Stories mit angemessener Güte heruntergebrochen, die nicht mehr als ein Fünftel der Sprint-Kapazität ausmachen dürfen. Erst wenn sie die Güte, zu der die Dimensionen Größe und Aufwand gehören, erreicht haben, sind sie für die Bearbeitung in einem Sprint geeignet. Für alle Artefacts wird die Fertigstellung für die Nachfolger klar als „Definition of Done" vereinbart und committet, ein weiterer Erfolgsfaktor in Scrum.

Sprint Planning – in der Ceremony „Sprint Planning" (4) wird der Arbeitsvorrat „Sprint Backlog" (IV) für einen Sprint festgelegt. Die Auswahl des Sprint Backlogs liegt in der Verantwortung des Development Teams (Role). Das Team vereinbart ein Ziel, das Sprint Goal, das den Sprint Backlog beinhaltet. Während des Sprints werden keine Qualitätsreduzierungen oder Änderungen zugelassen, die das Sprint Goal gefährden.

Sprint Review – am Ende des Sprints wird das Arbeitsergebnis Product Increment (V) in der Ceremony Sprint Review (5) dem Product Owner und den Fachbereichen (Stakeholder als Role) zur Überprüfung präsentiert. Im Sprint Review wird mit Stakeholdern und dem Product Owner der Product Backlog anhand von Vision und Ziel für das Produkt ausgerichtet. Die Ergebnisse sind gegenseitiges Feedback, ein angepasster Product Backlog und eine optimierte inkrementelle Weiterentwicklung.

Sprint Retrospective – um die Arbeit kontinuierlich zu verbessern, gibt es die Ceremony-Retrospektive (6), an der alle Mitglieder des Teams teilnehmen. Die Sprint-Retrospektive ist eine Chance für das Scrum-Team, sich selbst zu überprüfen und einen Plan für Verbesserungen zu schaffen, die während des nächsten Sprints umgesetzt werden sollen. Auch hier, wie in allen Ceremonies, hält man sich an das Time Boxing. Im Fokus stehen Hürden und – daraus abgeleitet – Verbesserungen für Prozesse und Tools genauso wie für den Umgang mit Menschen. Das Ergebnis sind klare Maßnahmen zum einen, um die Zusammenarbeit effektiver und angenehmer zu gestalten, und zum anderen, damit die Produktqualität steigt.

Daily Scrum – während eines Sprints wird täglich das Daily Scrum oder Stand-up (2) abgehalten. Dies ist eine Ceremony mit einer Timebox von nicht mehr als 15 Minuten. Das Daily ist ein Meeting für das Development-Team, um seine Aktivitäten und den Fortschritt zu synchronisieren und mögliche Schwierigkeiten und Hindernisse zu adressieren und gemeinsam als Team oder mit dem Scrum Master (Role) zu lösen. Die Synchronisierung und Übersicht über den Fortschritt werden anhand des Sprint-Ziels ausgerichtet und mit einer Überprüfung von geleisteter Arbeit und einer Voraussage für den kommenden Tag durchgeführt.

> Scrum ist tatsächlich ein Vorgehensmodell, das die Herausforderungen der Digitalisierung lösen kann. Damit Scrum jedoch die Leistungsfähigkeit erreicht, müssen der Fachbereich und der agile Bereich (alle Beteiligten, die mit agilen Methoden arbeiten) an klaren Schnittpunkten zusammengeführt werden. Will der Fachbereich den Nutzen der agilen Methode erschließen, ist der Widerspruch im Führungsparadigma zu lösen.

Agiles Denken erneuert das Verständnis von Initiativen und Projekten an sich und den Umgang mit Projektmitarbeitern grundsätzlich. Agile Methodik ersetzt damit ein tradiertes autoritäres Führungsverständnis durch ein gleichberechtigtes und wertschätzendes Miteinander aller. Die Projektsituation mit einem Anfang und einem Ende wird aufgelöst und in einen Flow überführt, an dem alle Leistungsträger mitwirken. Das gemeinsam geschaffene Ergebnis von Initiativen und die Umsetzung der Anforderungen werden zur Grundlage für den Produkt- und Unternehmenserfolg.

17.3.2 Warum Scrum K-i-E Tools braucht

Die fehlende Operationalisierung in Scrum erfordert die K-i-E Tools. Es ist bisher kein Teil von Scrum, wie etwa die Güte im Product Backlog hergestellt wird. Die K-i-E Tools füllen diese Lücke passgenau und flexibel.

Scrum ist aus Sicht von K-i-E im Wesentlichen ein Priorisierungsprozess, der festlegt, welche Stories in einem Sprint bearbeitet werden und welche nicht. Des Weiteren ist Scrum ein Güteprozess, der die Stories im Product Backlog zu einer angemessenen Güte reifen lässt. Definition of Done ist ein Commitment-Prozess für eine gemeinsam getragene Entscheidung, wie ein Artefact von den Beteiligten verlässlich als fertig betrachtet wird. Der Sprint selbst ist ein Güteprozess zwischen den Prozessvorgängern und dem Nachfolger: Design, Umsetzung, Qualitätssicherung und Akzeptanz durch den Product Owner.

In vielen Ceremonies und Artefacts werden K-i-E Tools angewendet beziehungsweise in Prozessen eingebettet. Auch wenn die K-i-E Skala das geeignete Werkzeug wäre, so wird – auch wenn sie nicht benutzt wird – intuitiv oder kognitiv ein Bewertungsmaßstab verwendet. In den Ceremonies werden ebenfalls Bewertungen vorgenommen, Ressourcen-Fragen gestellt, die Güte hergestellt und Priorisierungen über Maßnahmen festgelegt. Die Liste ließe sich beliebig fortsetzen. Scrum verlangt nach einer Implementierung von Werkzeugen wie den K-i-E Tools, um ihr Potenzial voll auszuschöpfen.

■ 17.4 Die unternehmerische Wirklichkeit

Die Führungskräfte und Mitarbeiter im Fachbereich, die von tradierten autoritären Führungsstilen geprägt sind, sehen den Hype und möchten zu Recht die Performance und den Nutzen der agilen Methoden ausschöpfen. Sie wissen jedoch meist nicht, welche Voraussetzungen und Konsequenzen agile Methoden für das Zusammenwirken im Wertschöpfungsprozess erfordern und wie ihre eigenen Verantwortungsbereiche davon betroffen sind. Gleichzeitig verschleiern tradierte Führungsparadigmen die Dynamiken im Fachbereich und das Denken bleibt im tradierten Projektvorgehen gefangen.

Unter dem Druck von langfristiger Planung, Top-Down-Budgetvorgaben, Ressourcen- und Kapazitätsengpässen und umgeben von weiteren Widrigkeiten behindern und konterkarieren tradierte Führungskräfte häufig die agilen Methoden und beschränken die Entfaltung ihres Potenzials.

Agile Methoden entfalten ihre Wirksamkeit dann, wenn sie in einem autonomen Bereich oder durchgängig im Unternehmen implementiert werden. Das tradierte Projektvorgehen findet bei klar abgegrenzten Themen außerhalb dessen seinen sinnvollen Einsatz. Ansonsten zeigt die Praxis, dass das agile Vorgehen alleine weder automatisch bessere Ergebnisse erzeugt noch die Entwicklungsprozesse nachhaltig wesentlich beschleunigt.

17.4.1 Das ungelöste Dilemma im Fachbereich

So entwickeln Unternehmen, gerade in Deutschland, interne und externe Inseln, auf denen agile Methoden praktiziert werden sollen. Das mag in der gegebenen unternehmerischen Kultur Deutschlands momentan die beste aller praktikablen Lösungen sein und die Namen, Rechtsformen und Modelle variieren in bunter Vielfalt: Digital-Fabrik,

Digital-Garage, Digitaler-Inkubator oder Digitaler-Accelerator. Jedoch offenbaren sie unumstößlich zwei schwerwiegende Fakten, die als Bürde auf der Zukunft lasten:

- Das Dilemma zwischen tradierten und agilen Führungsmethoden ist ungelöst und man geht ihm aus Sicht der tradierten Bereiche aus dem Weg (Bild 17.3).
- Wenn die Assets, sei es in Form von Mitarbeitern, Teams, Produkten bis hin zu den ausgegründeten Unternehmen, wieder ins Unternehmen zurückgebracht werden sollen, sind diese Altlasten zu lösen oder es droht ein teilweiser oder vollständiger Verlust der Investitionen.

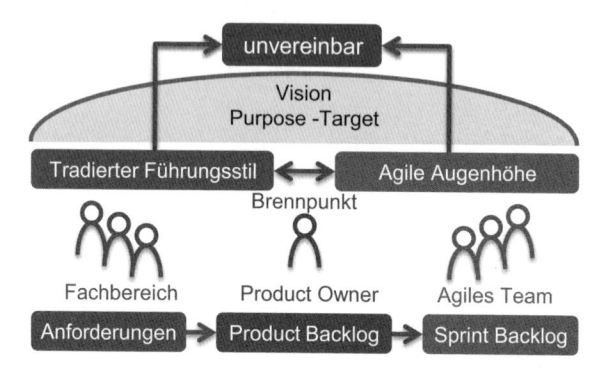

Bild 17.3 Ungelöste Führungssituation mit Brennpunkt

Der Product Owner, der im Fachbereich verankert ist, verantwortet die Erstellung und die Priorisierung des Product Backlogs. Er muss als Konsequenz seiner Verantwortung und seines Handelns die vereinbarten Produkteigenschaften sicherstellen sowie die generierte Wertschöpfung im Blick haben. Ihm werden häufig nicht die Kompetenzen zur Verfügung gestellt, um widersprüchliche Interessen der Stakeholder durch die Erstellung gemeinsam getragener Produkteigenschaften zu einen. Das erschwert es ihm, eine einheitliche Sicht gegenüber dem Scrum-Team zu vertreten und zu einer gemeinsam getragenen Reihenfolge zu kommen.

17.4.2 Die fehlenden Fähigkeiten im agilen Bereich

Die Team-Mitglieder im agilen Bereich werden auf Augenhöhe eingebunden und sollen plötzlich eigenständig entscheiden. Sie wissen oft nicht, wie sie interagieren sollen und mit welchem Instrumentarium sie zu gemeinsam getragenen Entscheidungen über dogmatische Grenzen hinweg kommen, weil sie das tradierte Führungsverhalten nicht hinreichend beherrschen und zudem ablehnen, zum Teil radikal. Sie haben jedoch auch nicht methodisch gelernt, „auf Augenhöhe zu entscheiden" oder wie man Entscheidungen gemeinsam im Team herstellt.

Die Praxisempfehlung eines Teams von fünf Mitgliedern entspringt dem limitierenden Spannungsfeld zwischen funktionsfähigen Product Increments und Koordination der Gruppendynamik:

- Ein Team muss alle Fähigkeiten abdecken, um ein freizugebendes Product Increment herstellen zu können.
- Der ansteigende Kommunikationsaufwand und die Gruppendynamik begrenzen Freude, Wachstum und die Produktivität der einzelnen Team-Mitglieder und des Teams.

Trotz der geringen Team-Größe entstehen die gleichen Probleme wie im tradierten Umfeld. Da die Team-Größen begrenzt sind, sind die Auswirkungen nicht so dramatisch wie im Fachbereich. Dieser Einblick zeigt, dass die agilen Methoden Team-Prozesse nicht automatisch verbessern, sondern umgehen und damit zwar einen deutlichen Mehrwert erreichen, der aber auf fragilem Untergrund steht und gefährdet ist.

Dem Scrum Master, der die prozessuale Vorgehensweise mit Ceremonies, Artefacts und den Umgang der Beteiligten in den unterschiedlichen Rollen verantwortet, fehlen die angemessenen Werkzeuge.

17.4.3 Die Bedrohung für die Zukunft

Tradierte Führungs- und Entscheidungsstile prallen heute mit agilem Vorgehen auf Augenhöhe aufeinander. Sie können nicht auf Dauer voneinander getrennt bleiben. Die Kommunikations- und Entscheidungsprozesse gerade an der Schnittstelle zwischen tradiertem Fachbereich und agilem Bereich prallen unvereinbar aufeinander. Ein tradiertes Projektvorgehen sowie eine klassische Projektorganisation und die darin intern eingebetteten oder extern ausgegründeten agilen Inseln bedürfen der Moderation zu gemeinsam getragenen Entscheidungen.

17.5 Tradierte und Agile zusammen erfolgreich

Es verstehen weder die „Tradierten" noch die „Agilen" wirklich, worum es geht, und die aufgeregten Diskussionen und die Maßnahmen gehen weitgehend am Kern und am ursächlichen Bedarf aller Beteiligten vorbei. Die agilen Methoden sind ein wunderbarer Ansatz, sie geben Mitarbeitern etwas Wertvolles zum Nutzen des Unternehmens an die Hand.

Die Lücke durch sowohl die fehlende Operationalisierung in Scrum als auch die Führungssituation im Fachbereich ist weder mit autoritär vorgegebenen Entscheidungen noch im Konsens sowie mit Mehrheitsentscheidungen oder sonstigen partizipativen

Ansätzen nachhaltig zu füllen. Die Kluft durch die neu entstandene Führungssituation und die geänderte Projektvorgehensweise kann mit einem Entscheidungsmanagement durch die K-i-E Tools wirkungsvoll und nachhaltig geschlossen werden. Beide Seiten, Fach- und agiler Bereich, erhalten funktionale Entscheidungsprozesse und alltagstaugliche Tools für sichere Entscheidungen an die Hand, mit denen sie angemessene Güte, verlässliche Commitments, gemeinsam getragene Entscheidungen, angemessen besetzte Teams und abgestimmtes Briefing im Umgang mit internen und externen Partnern herstellen können.

Das wirkliche Potenzial wird ausgeschöpft und lässt Mitarbeiter wie Unternehmen wachsen, wenn die bewusste Nutzung der Intuition sowie die Gruppenkompetenz aktiviert werden und eine fundierte K-i-E Theorie mit Standardwerkzeugen zur Verfügung gestellt wird, um gezielt eigene Entscheidungswerkzeuge zu entwerfen, umzusetzen, einzuführen und zu verfestigen (Bild 17.4).

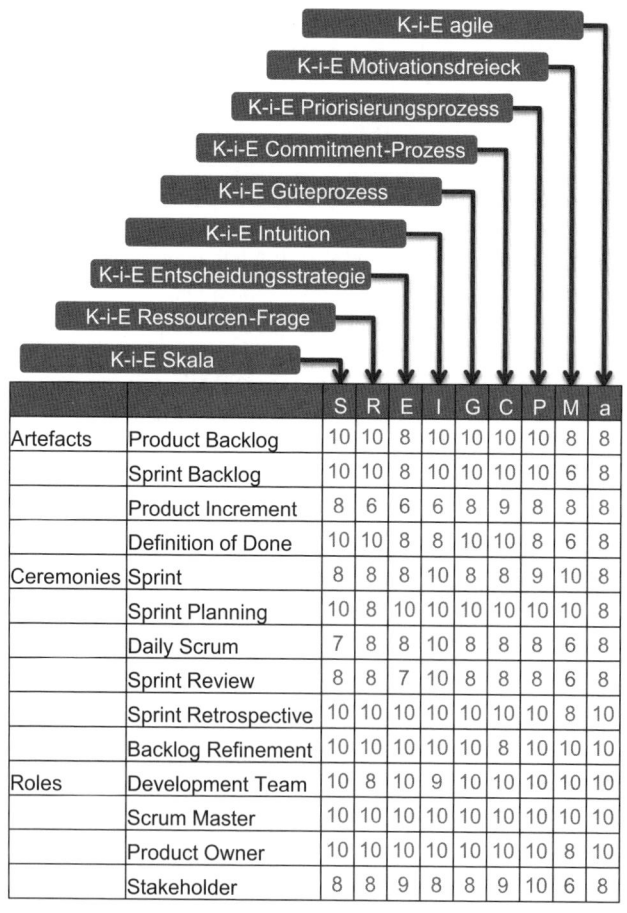

		S	R	E	I	G	C	P	M	a
Artefacts	Product Backlog	10	10	8	10	10	10	10	8	8
	Sprint Backlog	10	10	8	10	10	10	10	6	8
	Product Increment	8	6	6	6	8	9	8	8	8
	Definition of Done	10	10	8	8	10	10	8	6	8
Ceremonies	Sprint	8	8	8	10	8	8	9	10	8
	Sprint Planning	10	8	10	10	10	10	10	10	8
	Daily Scrum	7	8	8	10	8	8	8	6	8
	Sprint Review	8	8	7	10	8	8	8	6	8
	Sprint Retrospective	10	10	10	10	10	10	10	8	10
	Backlog Refinement	10	10	10	10	10	8	10	10	10
Roles	Development Team	10	8	10	9	10	10	10	10	10
	Scrum Master	10	10	10	10	10	10	10	10	10
	Product Owner	10	10	10	10	10	10	10	8	10
	Stakeholder	8	8	9	8	8	9	10	6	8

Spalten-Header (von oben nach unten): K-i-E agile, K-i-E Motivationsdreieck, K-i-E Priorisierungsprozess, K-i-E Commitment-Prozess, K-i-E Güteprozess, K-i-E Intuition, K-i-E Entscheidungsstrategie, K-i-E Ressourcen-Frage, K-i-E Skala

Bild 17.4 Die K-i-E Tools eignen sich für alle Artefacts, Ceremonies und Roles

Das bedeutet für den agilen Prozess:

Eignung der K-i-E Tools – die K-i-E Tools eignen sich durchgehend für alle Artefacts, Ceremonies und Roles (Bild 17.4). Die Erfahrung, insbesondere bei größeren Produktvorhaben, zeigte mit agilen Methoden die größte Wirksamkeit.

Güteprozess – mit ihm wird die durchschnittlich vorgefundene Güte von 4 bis 6 auf 8 gehoben.

Product Owner – er steht im Brennpunkt zwischen Fach- und agilem Bereich. Wird er mit leistungsfähigen Werkzeugen ausgestattet, kann er für gemeinsam getragene Entscheidungen und Priorisierungen sorgen sowie eine unterstützende Kommunikation zum agilen Team herstellen.

Scrum Master – er wird mit den K-i-E Tools befähigt, sowohl den Entwicklungsprozess als auch die Kommunikation zu entwickeln.

Sprint Retrospective – das Development-Team erhält die notwendigen Entscheidungswerkzeuge, um die Verbesserung und weitere Entwicklung zu erreichen.

Stakeholder – der Fachbereich wird in die Lage versetzt, aus der diversen Interessenlage die Vorgaben und Anforderungen für eine Product-Version zu gestalten. Der Product Owner eint die Interessen der Stakeholder, die im Product Backlog verbindlich zur Verfügung stehen.

Die Führungskräfte im Fachbereich und die Mitglieder in den agilen Teams erhalten gleichermaßen ein robustes Instrumentarium an Standardwerkzeugen, mit dem sie den Umgang mit den Herausforderungen beherrschen. Beide sind dann gleichermaßen in der Lage, unterschiedliche Interessen in gemeinsam getragene Entscheidungen zu überführen, eine Notwendigkeit für eine erfolgreiche Umsetzung von Vorhaben. Damit dies gelingen kann, sollten Führungskräfte und agile Mitarbeiter wissen, wie man bewusst Entscheidungen im Team herbeiführt, damit sie zu einem wertschätzenden und produktiven Miteinander finden. Die erfolgreiche Bewältigung der unternehmerischen Herausforderungen ist ein Begleiteffekt, genauso wie die weitere Entwicklung der beteiligten Menschen und der Unternehmen.

■ 17.6 Anwendungsbereich

Die K-i-E Tools können für alle Artefacts, Ceremonies und Roles sowohl im agilen Bereich als auch im Fachbereich eingesetzt werden. Die K-i-E Tools lassen sich in Scrum integrieren und die Roles können mit den nötigen Werkzeugen ausgestattet werden, um das volle Potenzial ausschöpfen zu können.

17.7 Best Practice

Es wird empfohlen, im agilen Bereich zu beginnen und Scrum Master und Product Owner als Master of K-i-E auszubilden und zu zertifizieren. Die K-i-E Tools sind mit einem Change-Prozess in die Bereiche oder Vorhaben einzuführen. Empfohlen wird ein Change im gesamten Unternehmen, um die alten Strukturen in die agilen zu transformieren.

17.8 Fazit

Die K-i-E Tools schließen die Lücke der fehlenden Operationalisierung in Scrum und verhelfen den agilen Methoden zu der Produktivität, die Mitarbeiter und Unternehmen brauchen und verdienen.

Das Dilemma zwischen tradierten und agilen Führungsmethoden wird gelöst. Die Wirkung ist eine gelungene Kommunikation zwischen Fach- und agilem Bereich. Damit wird der Fachbereich handlungskompetent und die agilen Methoden schöpfen ihr Potenzial aus.

Jeder Einzelne wird befähigt, sich und seinen Teil in etwas größeres Gemeinsames einzubringen.

> **Wege entstehen dadurch, dass man sie geht.**
>
> *Die agilen Methoden stellen das Tun in den Vordergrund. Innerhalb kurzer Zeit wird ein auslieferbares Ergebnis produziert. Feedback im Prozess ist ausdrücklich erwünscht und gefordert, um ein Ergebnis gemeinsam zu erstellen, das zum Kunden passt und Innovationen möglich macht, die oft noch gar nicht beabsichtigt waren.*
>
> *Die Erfahrung im Tun ist die Verbindung der agilen Methodik mit den K-i-E Tools. Eine gelungene Erfahrung formt neuronale emotionale Programme. Die agilen Methoden geben den funktionalen Rahmen vor und die K-i-E Tools unterstützen die Beteiligten, damit es gut ausgeht. So entwickeln sich Menschen und die von Kafka angesprochenen Wege sind neuronale Strukturen in unserem Emotions- und Kognitionssystem.*

18 Der Master of K-i-E – die Prozesstreue wahren

K-i-E Master

„Das Geheimnis des außerordentlichen Menschen ist in den meisten Fällen nichts als Konsequenz."
Buddha

> Mit dem Master of K-i-E wird das Potenzial der K-i-E Tools ausgeschöpft. Unternehmen und Verantwortliche erreichen zwei- bis vierfach höhere Produktivität bei gleichzeitig ansteigender Freude und Zufriedenheit, weil die Arbeit erfolgreich getan wird.
>
> Der Change zum agilen Unternehmen und die Entwicklung der agilen Werte werden selbstorganisiert installiert.

18.1 Kurzgefasst

Der Master of K-i-E sorgt für die Prozesstreue bei der Herstellung von guten Entscheidungen. Mit den K-i-E Tools führt er die Fach- und die agilen Bereiche zusammen.

Wenn seine Arbeit gut getan ist, übernehmen die Teams die Verantwortung für die Prozesstreue selbst (Bild 18.1).

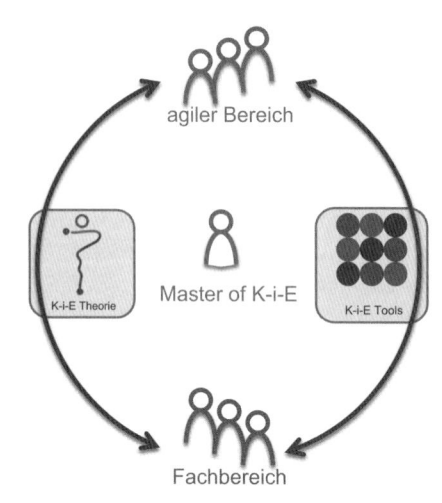

Bild 18.1 Fach- und agiler Bereich werden durch den Master of K-i-E geeint

18.2 Der Master of K-i-E – klar und prozesstreu

Der Master of K-i-E verantwortet die Herstellung guter Entscheidungen.

Was er verantwortet – der Master of K-i-E sorgt für eine angemessene Prozesstreue bei der Herstellung gemeinsam getragener Entscheidungen. Er hat in diesem Sinne keine inhaltliche Führungs- oder Leitungsverantwortung. Er achtet in allen Interaktionen darauf, dass die K-i-E Tools adäquat angewendet werden, damit als deren Ergebnis eine gemeinsame Entscheidung, Güte, Priorisierung oder Delegation entsteht.

Er trägt bei Interaktionen die Verantwortung für die angemessene Durchführung der K-i-E Tools in Entscheidungsprozessen. Für Geschäftsprozesse, fachlicher wie technischer Natur, verantwortet er die angemessene Implementierung der K-i-E Tools beziehungsweise ihrer Wirkmechanismen.

Wie er gemessen wird – ein Master of K-i-E lässt sich an einer einzigen einfachen Leitfrage messen: Wie viele Entscheidungen wurden in einer vorgegebenen Zeit oder Timebox hergestellt?

Welche Interaktionen sich eignen – typische Interaktionen in tradierten Fachbereichen sind Gespräche, Meetings, Sitzungen, Workshops, aber auch formale und komplexere Formate wie Ideation, Kick-offs oder sonstige Zusammenkünfte, deren Ergebnisse in Entscheidungen münden. Für die agilen Bereiche sind es die Ceremonies: Sprint Planning, Daily Scrum, Sprint Review, Sprint Retrospective und Backlog Refinement.

Genauso sind für Artefacts wie Backlog im agilen Bereich und für Arbeitsergebnisse im Fachbereich die Entscheidungswerkzeuge zu integrieren, um eine angemessene Güte oder Priorisierung herzustellen.

Was er schützt – er schützt die innere Logik der K-i-E Tools, die am menschlichen Entscheidungsprozess orientiert sind. Damit entwickelt und schützt er die agilen Werte, die standardmäßig eingebettet sind im Prozess, Bereich oder Unternehmen. Ein Unternehmen kann in einem bestimmten Rahmen auch andere Werte in den Entscheidungswerkzeugen verankern.

Warum er die innere Logik schützt – die bestehende Entscheidungskultur ist das Ergebnis jahrelanger Erfahrung und ist in jedem einzelnen Mitarbeiter im Emotionssystem als neurologisches emotionales Programm ausgebildet. Diese Programme können durch die Kognition jederzeit überformt werden, jedoch wirken sie immer, gerade, wenn die Kognition nicht beteiligt ist und die emotionale Erregung steigt. Das wiederum ist gerade dann der Fall, wenn jemand etwas verhindern oder beeinflussen will. Der Master of K-i-E wird dann aktiv, wenn der Entscheidungsprozess verlassen wird.

Wie lange übernimmt er die Aufgabe – er verantwortet die Prozesstreue so lange, bis das Team eigenverantwortlich für sie sorgt. Ein Team, das die K-i-E Tools gelernt und als gemeinsam getragene Entscheidung eingeführt hat, benötigt keinen Master of K-i-E mehr. Es sind nur noch regelmäßige Auffrischungen und Aktualisierungen der Werkzeuge und Wirkprinzipien vonnöten.

Der Zeitpunkt ist dann erreicht, wenn die Zahl der Entscheidungen in einer Timebox beibehalten wird, obwohl der Master of K-i-E nicht mehr eingreift. Werden die Entscheidungen weniger, ist der Zeitpunkt einer Auffrischung erreicht.

Wie er die K-i-E Tools einführt – die Einführung und Verstetigung der K-i-E Tools sind ein Change-Prozess. Er gelingt, wenn er klassisch top-down mit entsprechender Beauftragung, Governance und Rückendeckung der Verantwortlichen eingeführt wird. Während der Einführungsphase ist ein Master of K-i-E, der als Teil des Change-Prozesses ausgebildet und autorisiert wird, unabdingbar. Nach der Einführungsphase wird empfohlen, dem Team die Verantwortung für die Aufgaben des Master of K-i-E zu geben.

Was er nicht tut – er übernimmt nicht die inhaltliche Verantwortung für Entscheidungen und ist auch nicht dafür verantwortlich, was entschieden wurde. Die Governance bleibt da, wo sie ist und war. Der Master of K-i-E leitet Interaktionen. Umgekehrt kann natürlich eine Führungskraft, ein Leiter und Verantwortlicher die Rolle und Aufgaben des Master of K-i-E übernehmen.

Was muss er können, wollen und dürfen – er muss als Master of K-i-E ausgebildet sein und sowohl über die theoretischen Erkenntnisse als auch über Erfahrung als Anwender verfügen. Die Sicherheit, wie die K-i-E Tools wirken, gibt ihm die Emotionstheorie, auf deren Basis sie flexibel und wirksam eingesetzt werden können. Gewisse Moderations-, Coaching- und Leitungsfähigkeiten sind vorauszusetzen. Er kennt die K-i-E Tools in ihrem Aufbau und kann sie mühelos in Entscheidungssituationen anpassen und anwenden. Das Wollen ist eine Frage seiner inneren neuronalen Programme, die er mit der K-i-E Intuition beantworten wird, gegebenenfalls unterstützt mit einer Ressourcen-Frage, um vorhandene Schwächen auszugleichen. Der Master of K-i-E muss formal autorisiert werden.

■ 18.3 Anwendungsbereich

Die Anwendungsbereiche umfassen alle Interaktionen, Ceremonies, Artefacts und Arbeitsergebnisse in tradierten genauso wie in agilen Bereichen im gesamten Unternehmen.

■ 18.4 Best Practice

Es wird empfohlen, im agilen Bereich den Scrum Master als Master of K-i-E auszubilden und zu autorisieren. In tradierten Bereichen empfiehlt es sich, dass der formale Leiter auch die Rolle des Master of K-i-E übernimmt. Bei größeren Themen und Entscheidungen zeigt die Erfahrung, dass in solchen Fällen die Rolle an jemand anderen delegiert werden sollte. Der Leiter kümmert sich um den Inhalt und die Exits in den Entscheidungswerkzeugen und der Master of K-i-E verantwortet den Prozess. Damit sind ungeahnte Performance und Leichtigkeit zu erreichen.

■ 18.5 Fazit

Der Master of K-i-E stellt sicher, dass die K-i-E Tools so angewendet werden, dass gleichermaßen in tradierten wie agilen Bereichen sowie zwischen den Bereichen gute Entscheidungen hergestellt werden. Ein guter Master of K-i-E unterstützt so lange, bis die Team-Mitglieder es gerne sehen, wenn sie die Verantwortung selbst übernehmen können, wollen und dürfen.

> **Das Geheimnis des außerordentlichen Menschen ist in den meisten Fällen nichts als Konsequenz.**
>
> Die konsequente Anwendung der K-i-E Tools mit gesundem Menschenverstand erlaubt es dem Master of K-i-E, die Prozesstreue bei hoher Kooperation aufrechtzuerhalten. Das außerordentliche Ergebnis sind gute Entscheidungen bei gleichzeitiger Freude.

19 Der integrative Führungsstil – die besten Ideen koordinieren

Integrativer Führungsstil

„Die größte Schwierigkeit der Welt besteht nicht darin, Leute zu bewegen, neue Ideen anzunehmen, sondern alte zu vergessen."
John Maynard Keynes

> Beim integrativen Führungsstil wird eine Entscheidung durch einen gemeinsamen Entscheidungsprozess hergestellt und nicht mehr von einer Führungskraft getroffen.
>
> Führungskompetenz zeigt sich in der Verantwortung für den Entscheidungsprozess, in dem die besten Ideen aller Beteiligten koordiniert und zu gemeinsamen Entscheidungen geführt werden.
>
> Das Team wird befähigt, selbst für die Prozesstreue im Entscheidungsprozess zu sorgen, dabei werden die Governance und die Geschwindigkeit aufrechterhalten.
>
> Expertenwissen wird bereits in frühen Phasen in den Entscheidungsprozess integriert, der im Rahmen eines vorgegebenen Ziels wiederholbar und unabhängig vom Entscheider wird.
>
> Mit dem integrativen Führungsstil und den zugehörigen Entscheidungswerkzeugen sind die Unternehmen und die Führungskräfte gleichermaßen wie die Mitarbeiter gerüstet, die Anforderungen und Herausforderungen zu bewältigen.

■ 19.1 Kurzgefasst

Der integrative Führungsstil führt die heroischen und postheroischen mit den partizipativen sowie den demokratischen Führungsstilen zusammen. Er ist keine evolutionäre Weiterentwicklung aus den bestehenden Stilen, sondern ein disruptiver Schritt, der zu einem Paradigmenwechsel führt, eine Änderung der Sichtweise von Führung selbst.

Eine neue Entscheidungskultur entsteht, wenn die Entscheidung durch einen Entscheidungsprozess hergestellt wird, der die Gruppenkompetenz sowie die Intuition integriert (Bild 19.1). Damit werden Entscheidungen von allen Beteiligten gemeinsam getragen.

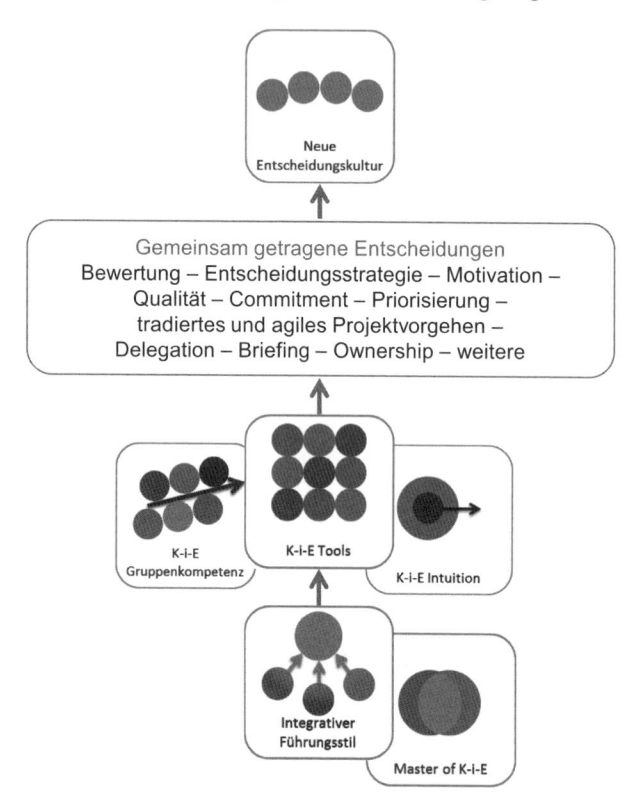

Bild 19.1 Der integrative Führungsstil

Die Führungskraft bleibt in der Verantwortung und die Rolle des Master of K-i-E kann vom Team, von einem Entscheidungsexperten oder von der Führungskraft selbst ausgeführt werden.

19.2 Der integrative Führungsstil – gemeinsam und verantwortlich

Die vier herkömmlichen Entscheidungsarten haben spezifische Eigenschaften, deren Vorteile in die gemeinsam getragene Entscheidung integriert und deren Nachteile vermieden werden. Damit qualifiziert sich die gemeinsam getragene zur überlegenen Entscheidungsart.

Dieser neue Führungsstil integriert die Verantwortung aller für eine Entscheidung zu einer gemeinsam getragenen, da alle am Prozess beteiligt sind. Diese neue Art von Führung und auch die Art, wie Entscheidungen hergestellt werden, müssen zu Beginn verstanden, dann gelernt und anschließend im Unternehmen verstetigt werden. Erst dann beginnt ihre Verankerung und es entsteht ein neuer Führungsstil, welcher seinen Nutzen entfaltet (Bild 19.2).

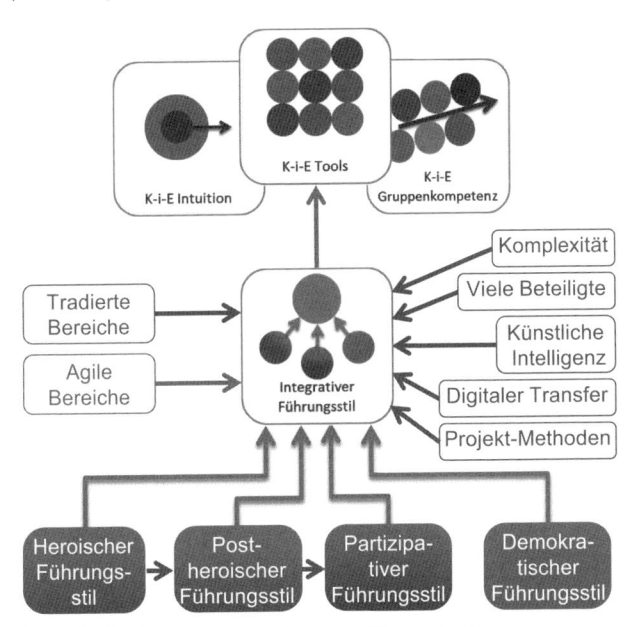

Bild 19.2 Treiber, die den integrativen Führungsstil erzwingen

Der integrative Führungsstil ist nicht mit einer evolutionären Weiterentwicklung aus den bestehenden Stilen erreichbar. Die Begrenzung der einzelnen Stile erfordert einen Paradigmenwechsel von Führung selbst, einen disruptiven Schritt, der die alten Einschränkungen hinter sich lässt.

Die Führungskraft ist nicht mehr der Entscheider, sondern sie ist jetzt verantwortlich für den Entscheidungsprozess. Sie bleibt auch in der Verantwortung – entsprechend der Governance im Unternehmen – für die Entscheidung selbst, die gemeinsam hergestellt wurde. Damit dies möglich wird, erfüllt der integrative Führungsstil geforderte Kernkriterien:

- Die Entscheidungsprozesse selbst werden durch den Commitment-Prozess von allen gemeinsam getragen.
- Die Vorteile und die nützlichen Bestandteile der alten Führungsstile werden erhalten und integriert.
- Die Nachteile und Einschränkungen hingegen werden im integrativen Führungsstil eliminiert oder vermieden.
- Die Gruppenkompetenz wird durch den Entscheidungsprozess selbst ausgerichtet und ist somit integrierter Bestandteil, genauso wie die bewusste Nutzung der Intuition und der agilen Werte.
- Die alten Führungsstile sind enthalten und können an definierten Gates oder Exits in Entscheidungsprozessen verwendet werden. So kann beispielsweise eine autoritäre Entscheidung zu einer gemeinsam getragenen konvertieren. Wenn es der Gruppe nicht gelingt, gemeinsam oder demokratisch zu entscheiden, kann autoritär entschieden werden.
- Die Eigenverantwortung ist selbstorganisiert im Prozess verankert. Die Führungskraft bleibt in der Verantwortung und die Rolle des Master of K-i-E kann vom Team, von einem ausgebildeten Entscheidungsspezialisten oder von der Führungskraft selbst ausgeführt werden.

Somit ist die Herstellung einer Entscheidung zeitnah sichergestellt und Nicht-Entscheidungen gehören der Vergangenheit an.

Entscheidungen lassen sich grundsätzlich in zwei Entscheidungsarten einteilen: die autoritäre und die Teamentscheidung. Von ihnen gibt es jeweils viele Spielarten, die in vielfältigen Stilen zum Ausdruck kommen (Bild 19.3).

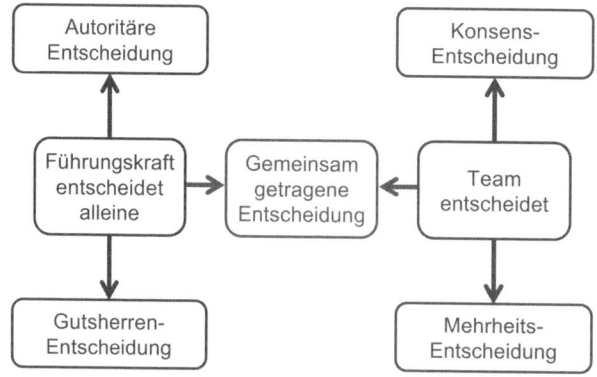

Bild 19.3 Arten der Entscheidung

Der autoritäre Führungsstil mit partizipativen Anteilen wird in zwei Varianten unterschieden:
- **Autoritäre Entscheidung** – eine mehr oder weniger klar gelebte hierarchische Entscheidung
- **Gutsherrenentscheidung** – eine autoritäre Entscheidung, die mehr oder minder hohe partizipative Anteile enthält

Die Team-Entscheidung mit demokratischen Anteilen wird ebenfalls in zwei Varianten dargestellt:
- **Mehrheitsentscheidung**
- **Konsensentscheidung**

Als fünfte Entscheidungsart entsteht mit dem integrativen Führungsstil die:
- **Gemeinsam getragene Entscheidung**

Die vier herkömmlichen Entscheidungsarten haben spezifische Eigenschaften, deren Vorteile in die gemeinsam getragene Entscheidung integriert und deren Nachteile vermieden werden. Damit qualifiziert sich die gemeinsam getragene zur überlegenen Entscheidungsart.

Sie übergibt die Verantwortung für den Entscheidungsprozess und die Entscheidung selbst an alle gemeinsam Beteiligten. Dieser Wandel unterstützt auch die agilen Methoden, deren ausgelöstes Führungsdilemma geschlossen wird. Im integrativen Führungsstil erhalten die führungslos gewordenen agilen Teams einen schützenden Prozess.

Entscheidungen werden dann nicht mehr gefällt oder getroffen. Sie werden in einem Prozess zusammen mit den Beteiligten gemeinsam hergestellt.

19.2.1 Autoritäre Entscheidung (A)

Die autoritäre Entscheidung ist der klassische Führungsstil, bei dem der Vorgesetzte alleine die Entscheidung trifft und von seinen Mitarbeitern erwartet, dass sie ausgeführt wird. Der Begriff autoritär ist in der Vergangenheit, gerade mit Aufkommen des postheroischen Führungsstils, in Ungnade gefallen.

19.2.2 Gutsherrenentscheidung (G)

Die Gutsherrenentscheidung ist eine autoritäre Entscheidung, die Key-Player und Experten partizipativ einbindet. Sie werden vorher unabhängig voneinander oder gemeinsam – meist unverbindlich – befragt. Basierend auf dieser erweiterten Informationslage erfolgt dann die autoritäre Entscheidung durch die Führungskraft. Sie wird heute gerne als partizipative Entscheidung etikettiert. Es findet tatsächlich eine Mitwirkung statt, jedoch verbleibt die Entscheidung letztendlich bei der autoritären Führungskraft. Dieser Führungsstil ist mit dem Aufkommen des postheroischen Führungsstils zum Standard geworden.

19.2.3 Konsensentscheidung (K)

Eine Gruppe trifft eine Entscheidung mit ausdrücklicher Zustimmung aller oder sie trifft eine Entscheidung ohne Gegenstimme.

19.2.4 Mehrheitsentscheidung (M)

Eine Gruppe trifft eine Entscheidung mit absoluter, einfacher, relativer oder qualifizierter Mehrheit. Der größte oder überwiegende Teil eines Teams entscheidet.

19.2.5 Gemeinsam getragene Entscheidung (Gg)

Ein Team erstellt in einem robusten Prozess mit 100% Beteiligung eine Entscheidung, die anschließend gemeinsam getragen wird.

19.2.6 Bewertung der Führungsstile

Die Entscheidungsarten haben alle spezifische Vor- und Nachteile. Ihre Einschränkungen disqualifizieren sie letztendlich als ungeeignet oder bedingt geeignet, um die Herausforderungen in Unternehmen zu bewältigen (Bild 19.4).

Wie gut sind die Dimensionen bei der jeweiligen Entscheidungsart zu erreichen?

1 2 3 4 5 6 7 8 9 10
nicht   einiger-   gut
              maßen

Bild 19.4 Leitfrage für die Eignung der jeweiligen Entscheidungsart

Für die Bewertung der unterschiedlichen Entscheidungsarten wurden die klassischen Dimensionen wie Geschwindigkeit, Klarheit, Beteiligung, Gruppenkompetenz und Einfluss auf den Entscheidungsprozess gewählt (Tabelle 19.1).

Die Einbindung der Gruppenkompetenz und die Beteiligung der Teammitglieder mögen bei der Konsens- oder Mehrheitsentscheidung als gering bewertet erscheinen. Theoretisch sind sie hoch, jedoch wird durch die Reduzierung auf einen kleinen, manchmal den kleinsten, gemeinsamen Nenner häufig die Kompetenz der Gruppe ignoriert und die Beteiligten ziehen sich zurück.

Diese Tabelle orientiert sich daran, wie sich die Entscheidungsarten in der unternehmerischen Praxis bewähren.

- A – autoritäre Entscheidung
- G – Gutsherrenentscheidung

19.2 Der integrative Führungsstil – gemeinsam und verantwortlich

- **K** – Konsensentscheidung
- **M** – Mehrheitsentscheidung
- **Gg** – Gemeinsam getragene Entscheidung

Tabelle 19.1 Bewertung der Entscheidungsarten

Dimension/Entscheidungsart	A	G	K	M	Gg
Geschwindigkeit	9	4	1	6	8
Klarheit	8	6	5	7	10
Gemeinsam getragen	5	6	7	6	10
Gute Entscheidungen	6	7	4	5	9
Gruppenkompetenz	1	6	4	4	9
Beteiligung	1	7	6	6	10
Machterhalt	10	8	2	2	9
Kein Verhindern von Entscheidungen	6	7	1	8	9
Kein Verwässern von Entscheidungen	9	7	3	6	9

Die gemeinsam getragene Entscheidung (Gg: 9) ist die überlegene Entscheidungsform und befindet sich in allen Dimensionen im funktionalen Bereich (Bild 19.5).

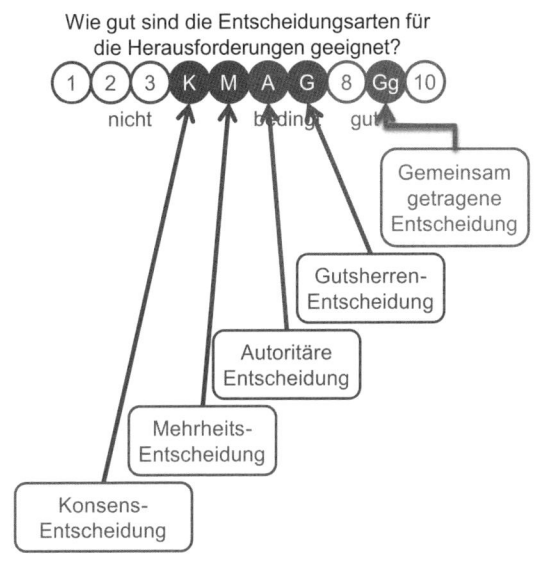

Bild 19.5 Die gemeinsam getragene Entscheidung ist überlegen

Die Konsens- (K: 4) und die Mehrheitsentscheidung (M: 5) sind für unternehmerische Entscheidungen nicht geeignet. Die Konsensentscheidung (4) dauert viel zu lang und die Einigung auf den kleinsten gemeinsamen Nenner reicht für erfolgreiche Unternehmen nicht aus. Die Mehrheitsentscheidung (5) ist etwas besser. Auch wenn sie in angemessener Zeit herzustellen ist, so disqualifiziert sie sich jedoch vor allem dadurch, dass sie für die Minorität eine autoritär vorgegebene Entscheidung darstellt, und das bedeutet, dass Mehrheitsentscheidungen anschließend nicht gemeinsam getragen werden.

Die autoritäre Entscheidung (A: 6) bietet einige klare Vorteile, sie ist jedoch nur bedingt geeignet. Auch wenn die Mehrheitsentscheidung (M: 5) Schwächen der autoritären Entscheidung ausgleicht, so bleibt sie im Kern trotzdem eine autoritäre Entscheidung. Mit dem Generationswechsel, insbesondere durch Generation Y und Z, ist sie nicht mehr zeitgemäß. Die Herausforderungen aus der Digitalisierung sind damit nicht zu bewältigen. Die deutsche Wirtschaft hinkt bei der Digitalisierung auf Platz 17 hinterher, weit hinter Israel (3), Schweiz (10), Südkorea (12) und Irland (14). Die Skandale in Unternehmen sind unübersehbar. Einsame Entscheider bergen häufig ein großes Risiko für die Unternehmen.

Auch wenn heroische Unternehmenslenker mit zentraler Strategie und auf Eindeutigkeit zielend für Klarheit sorgten, so haben sie mit Druck, Machtwillen, Schuldvermeidung und Rechthaberei Unternehmen zu unkreativen, mitarbeiterunfreundlichen Institutionen verkommen lassen. Die Automobilindustrie, der bedeutendste Industriezweig Deutschlands, wurde einem substanziellen Risiko ausgesetzt. Der Ruf der Bankenlandschaft ist beschädigt. Die Stahlindustrie, ehemals Rückgrat der deutschen Wirtschaft, schöpft weder die Potenziale noch die Innovation aus. Der Online-Handel boomt heute. Nachdem viele Unternehmen den Wandel nicht schafften, nimmt die Dominanz der amerikanischen Konkurrenz weiter zu. Der Energiemarkt tut sich schwer und die Elektroindustrie bleibt verhalten optimistisch. Aus den Basistechnologien der Computerindustrie und den mobilen Endgeräten hat sich Deutschland längst verabschiedet.

Selbst wenn ein autoritärer Entscheider die beste Entscheidung treffen würde, bedeutet dies noch lange nicht, dass sie auch von allen gemeinsam getragen wird. Alleine dadurch, dass die Beteiligung und Mitwirkung fehlen, wird sie häufig nicht mit vollem Commitment ausgeführt. Der autoritäre Führungsstil, auch in der Verkleidung der postmodernen und postheroischen Variante, hat ausgedient.

Diese Situation gilt natürlich nicht für alle Unternehmen und Organisationen. Das Militär wird nach wie vor auf schnelle und eindeutige autoritäre Entscheidungen setzen. In einem Fertigungsbetrieb mit geringer Fertigungstiefe, niedriger Innovation und starren Prozessen wird sie ebenfalls sehr funktional sein. Jedoch wird die Mehrzahl der Unternehmen, gerade im digitalen Transfer, ein neue Entscheidungskultur mit gemeinsam getragenen Entscheidungen aufbauen müssen.

■ 19.3 Besonderheiten

Die Besonderheit des integrativen Führungsstils besteht darin, dass Entscheidungen in Prozessen, den K-i-E Tools, hergestellt werden. Streng genommen entscheidet nicht die Führungskraft, sondern die Entscheidung ist ein Ergebnis des Entscheidungsprozesses. Das geht mit einer Reihe weiterer Besonderheiten einher. Für die Akzeptanz in der Einführung sind Führungskräfte aufzuklären, dass ihre Macht und Verantwortung, so wie es die Governance des Unternehmens vorsieht, erhalten bleiben. Natürlich können Organisation und Governance geändert werden, genau wie unter tradierter Führung auch. Wenn das angestrebt wird, gelingen diese Veränderungen beim Einsatz der K-i-E Tools leichter und nachhaltiger.

Eine weitere Besonderheit besteht darin, dass Teams lernen, sich in einen Entscheidungsprozess einzubringen.

19.3.1 Machtverlust – keine Angst, Sie werden bereichert

Die Befürchtungen, gemeinsam getragene Entscheidungen würden mit einem Machtverlust einhergehen, lösen sich bereits nach den ersten erfolgreichen Erfahrungen auf. Insbesondere wird die Überlegenheit der gemeinsam getragenen Entscheidung erkannt, wenn eine autoritäre Entscheidung in eine gemeinsame Entscheidung transformiert wird. Im Wissen, dass kompetente Mitarbeiter und Experten eine Entscheidung nicht automatisch mittragen, unabhängig davon, wie gut sie ist, kann ein autoritärer Entscheider in einem Commitment-Prozess die wesentlichen Verantwortlichen zu einer gemeinsam getragenen Entscheidung führen.

> Der integrative Führungsstil stellt die Gruppenkompetenz zur Verfügung, führt gleichzeitig zu guten Entscheidungen und rettet die autoritäre Entscheidung.

Die Entscheidung über die Leitung des Commitment-Prozesses obliegt der verantwortlichen Führungskraft. Wer die Prozesstreue sichert – das Team selbst, wenn der Prozess eingespielt ist, der autoritäre Entscheider oder ein Master of K-i-E – liegt in ihrer Entscheidung.

Die Möglichkeit, eine autoritär vorgegebene Entscheidung durch einen Commitment-Prozess zu bestätigen oder zu verbessern, und die Integrationsmöglichkeiten anderer Entscheidungsformen führen zur Überlegenheit des integrativen Führungsstils.

19.3.2 Wie Teams entscheiden lernen

Team-Mitglieder, die auf Augenhöhe eingebunden werden und plötzlich eigenständig entscheiden sollen, wissen oft nicht, wie sie interagieren sollen und mit welchem Instrumentarium man zu gemeinsam getragenen Entscheidungen über dogmatische Grenzen hinweg kommen kann. Sie beherrschen das tradierte autoritäre Führungsverhalten nicht hinreichend und zudem lehnen sie es häufig ab. Sie haben nicht methodisch gelernt, „auf Augenhöhe zu entscheiden" oder wie man Entscheidungen gemeinsam im Team herstellt. Des Weiteren prallen tradierte Führungs- und Entscheidungsstile mit modernen Instrumenten auf Augenhöhe regelmäßig aufeinander. Die Kommunikations-

und Entscheidungsprozesse gerade an der Schnittstelle zwischen tradiertem Projektvorgehen und klassischer Projektorganisation und den darin eingebetteten agilen Inseln bedürfen der Moderation zu gemeinsam getragenen Entscheidungen. Diese Hürden werden durch folgende Maßnahmen mühelos gemeistert:

- Einführung eines Master of K-i-E, der für die Prozesstreue und eine angemessene Balance für die gegebene Situation im Unternehmen sorgt
- Einführung der K-i-E Tools mit einem professionellen Change-Prozess, in dem der Commitment-Prozess selbst zur Anwendung kommt
- Angemessenes Training, um genügend Wissen und Erfahrung mit den K-i-E Tools aufzubauen
- Ausreichendes Wissen, um die Hintergründe der Untrennbarkeit der Entscheidungssysteme zu akzeptieren
- Gezielte Anpassung der K-i-E Tools an die Gegebenheiten im Unternehmen

Der transparente Prozess sorgt dafür, dass mit zunehmender Erfahrung die Gruppe lieber eine gemeinsam getragene Entscheidung wählt, als eine ungewisse Entscheidung auf die Führungskraft abzuwälzen. Die Vorbehalte und zu erarbeitenden Maßnahmen geben einen klaren Hinweis auf die Qualität der Entscheidungen. Als Konsequenz lernen die Führungskraft und das Team immer dazu.

So wird die Gruppenkompetenz genutzt und gleichzeitig eine selbststeuernde zyklisch evolutionäre Entwicklung aller Beteiligten gefördert.

Der Commitment-Prozess stellt gemeinsam getragene Entscheidungen her und vereint die Stärken der autoritären Entscheidung mit denen der Team-Entscheidung. Gleichzeitig werden die Schwächen beider Führungsstile eliminiert. So erhält man hohe Geschwindigkeit, Klarheit sowie wahlweise den Machterhalt der autoritären Entscheidung, ergänzt um die Nutzung der Gruppenkompetenz, die hundertprozentige Beteiligung und Mitwirkung sowie das gemeinsame Tragen von Entscheidungen. Der Commitment-Prozess ist der Kern, der selbstorganisiert eine Entscheidungskultur etabliert, um die Herausforderungen der aktuellen Zeit zu bewältigen.

19.4 Die fatale Dynamik zwischen Bedenkenträger und Erfolgserzwinger

Durch wiederholte Erfahrung entwickeln sich bei einzelnen Menschen mehr angst- oder einflussorientierte neurologische emotionale Programme, die sich im Verhalten als Persönlichkeitsprofile ausdrücken: im Bedenkenträger und im Erfolgserzwinger. Die beiden sind, ohne ordnenden Entscheidungsprozess, nicht kompatibel und sorgen für immer wiederkehrende Störungen, die enorme Zeit vergeuden, das Ziel immer wieder aus den Augen verlieren lassen und das restliche Team frustrieren.

19.4 Die fatale Dynamik zwischen Bedenkenträger und Erfolgserzwinger

Was jedoch nie vergessen werden darf:
- Im Vorbehalt sind die erfolgssichernden Maßnahmen bereits enthalten.
- Die Bedenkenträger verfügen über das Wissen, auch wenn es nicht immer dem Bewussten zugänglich ist.
- Die Bedenkenträger werden in die Pflicht genommen, damit sie ihr Wissen, im Sinne eines Projekterfolgs, allen zur Verfügung stellen.
- Die Erfolgserzwinger werden in dieser Phase zurückgehalten und unterstützen den Prozess, um die Vorbehalte in Maßnahmen zu transferieren.
- Der Commitment-Prozess sorgt dafür, dass dies in einem geordneten robusten Prozess abläuft.

Das Faszinierende am Commitment-Prozess ist, dass Menschen mit vermeintlich nicht zusammenpassenden Persönlichkeitsprofilen in einem geordneten Miteinander den Projekterfolg sicherstellen (Bild 19.6).

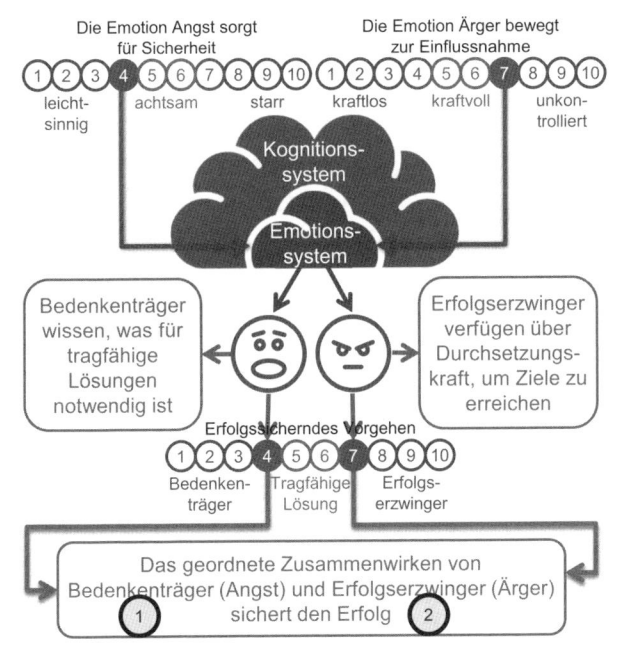

Bild 19.6 Im geordneten Miteinander sichern Bedenkenträger und Erfolgserzwinger den Erfolg

Der Commitment-Prozess ordnet die Phasen bei der Herstellung einer gemeinsam getragenen Entscheidung so, dass die unterschiedlichen emotionalen Motive der Beteiligten – Sorge um Sicherheit und dann erst Einfluss, um Chancen zu nutzen – sich auf ganz natürliche Art und Weise in einem Entscheidungsprozess ergänzen statt sich gegenseitig zu blockieren.

Die Konflikte, die ohne diese Ausrichtung in jeder Interaktion, jedem Meeting und jeder Projektbesprechung entstehen, sind eine natürliche Konsequenz des menschlichen

Emotionssystems und nicht in persönlichen Vorlieben oder Abneigungen zu suchen. Sie würden ohne ordnenden Commitment-Prozess im Minutentakt auftreten.

19.4.1 Kalibrierte emotionale Schleifen

Es sind die kalibrierten emotionalen Schleifen, die immer wieder ausgelöst werden, wenn man Bedenkenträgern und Erfolgserzwingern freien Lauf lässt (Bild 19.7). Die dabei entstehenden Emotionsgefühle der Angst oder des Ärgers variieren in Abhängigkeit der emotionalen Erregung von unangenehm bis unerträglich. Jeder Entscheider kennt diese Situationen. Früher oder später werden die Eskalationen und die damit einhergehenden Friktionen direkt mit dem Stimulus verbunden. Meist atmet das gesamte Team bei der ersten Wortmeldung auf, egal ob sich Bedenkenträger oder Erfolgserzwinger melden. Als Konsequenz wendet sich das Team innerlich vom Projekt ab, der Fokus geht verloren, der Erfolg ist gefährdet.

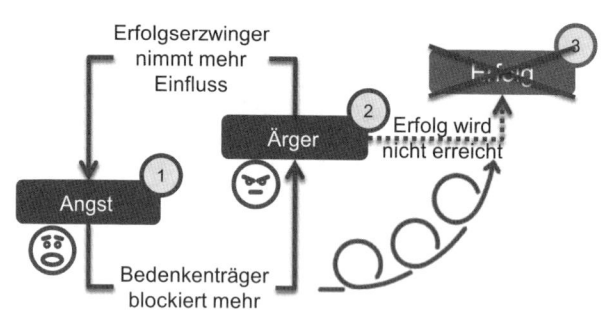

Bild 19.7 Der Teufelskreis der kalibrierten emotionalen Schleife: Angst-Ärger

Die sogenannte Gruppendynamik nimmt ihren Lauf. Die bisher nicht zu erklärende und vor allem nur begrenzt lösbare Dynamik führte in der Vergangenheit dazu, dass Führungskräfte diesen Konflikten ausweichen und auf die Gruppenkompetenz oft verzichten. Auch wenn die Betroffenen erleben, dass immer der jeweilig andere die Schleife auslöst, ist es belanglos, wer die Schleife initiiert. Genauso erfolglos ist es, den Schuldigen auszumachen und den Konflikt auf dieser Ebene lösen zu wollen.

Der Erfolgserzwinger löst durch seine Einflussnahme (Ärger) beim Bedenkenträger Angst im dysfunktionalen Bereich aus, die das blockierende Verhalten verstärkt. Die Blockade führt erneut zur höheren Einflussnahme (Ärger), die wiederum auf den Bedenkenträger wirkt, der mit seiner Blockade die Schleife anheizt. Nach der gegenseitigen Aktivierung der neuronalen emotionalen Programme im dysfunktionalen Bereich der Angst und des Ärgers wirken die Emotionen mit allen Begleiterscheinungen noch länger nach. Bei entsprechender emotionaler Erregung und ausgeschütteter Biochemie kann sich das über Stunden ausdehnen. In dieser Zeit wirkt die Stimmung ohne Stimulus und es werden Bewertungen entsprechend stark verzerrt – ein Killer für jede Besprechung und den Versuch, ein Commitment herzustellen.

Fatal ist die langfristige Wirkung, wenn der Teufelskreislauf sich wiederholt. Die neuronalen emotionalen Programme aller Beteiligten verfestigen sich und werden in Zweiergesprächen, Teams und Unternehmen immer wieder re-inszeniert.

19.4.2 Abhilfe im Design

Die kalibrierte emotionale Schleife Angst-Ärger wird im Design des Commitment-Prozesses berücksichtigt, damit sie erst gar nicht auftritt:

- Der Commitment-Prozess gibt die evolutionär vorgegebene, klare Reihenfolge vor: zuerst Sorge um Sicherheit (Angst) und anschließend Einflussnahme (Ärger), um die Chance zu nutzen. Damit sinkt die Wahrscheinlichkeit, dass die Schleife wieder auftritt.
- Die Hintergründe und Wirkung der kalibrierten emotionalen Schleifen werden in der Vorbereitung zum Commitment-Prozess erklärt. So kann jeder Einzelne darauf Rücksicht nehmen.
- Wenn das Team doch in eine kalibrierte emotionale Schleife läuft, hat es mit dem Commitment-Prozess ein robustes K-i-E Tool, um wieder in einen geordneten Prozess zurückzukehren.

19.4.3 Wie Emotionen auf die Gruppe wirken

Der K-i-E Commitment-Prozess richtet die Gruppe aus und setzt die Kompetenz aller Beteiligten frei (Bild 19.8).

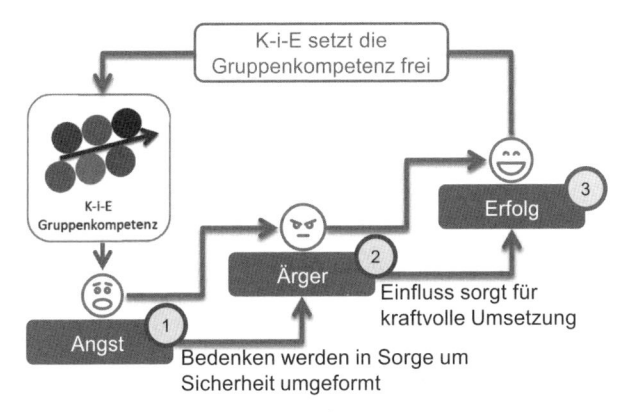

Bild 19.8 K-i-E setzt die Gruppenkompetenz frei

Wenn die Emotionen in ihrer natürlich vorgegebenen Sequenz eingesetzt werden, wird die Gruppendynamik auf ein gemeinsames Ziel ausgerichtet. Die Kompetenz aller kommt zur Entfaltung. Meist wird der Weg beschritten, möglichst unterschiedliche Kompetenzen in einem Team zu vereinen. Dies Bestreben ist natürlich zu unterstützen, nur hilft es wenig, wenn die Kompetenz durch kalibrierte emotionale Schleifen blockiert oder durch

Eskalationen entwertet wird. Viele Projekte verfügen über ausreichend Experten und die notwendige Kompetenz. Die Beteiligten scheitern nicht an ihren individuellen Fähigkeiten, sondern am Zusammenwirken der Emotionen, die durch die Untrennbarkeit der Entscheidungssysteme immer wirken, ob man nun will oder nicht.

> Für mich war es in vielen Projekten immer wieder faszinierend zu sehen, wie Teams, die nicht optimal mit Experten ausgestattet waren, trotzdem ihr Ziel mit den K-i-E Tools erreichten.
>
> Es ist davon auszugehen, dass die Wirkung von kalibrierten emotionalen Schleifen mit mehreren ausgewiesenen Experten stärker zum Tragen kommt, insbesondere die Wirkung der Emotion Scham.
>
> Eine angemessene Zusammensetzung eines Teams unter konsequenter Nutzung der K-i-E Tools ist der Erfolgsgarant.

19.5 Warum Entscheidungen immer schwieriger herzustellen sind

Tagtäglich werden in Unternehmen strategische Entscheidungen getroffen. In einer Welt, die geprägt ist von zunehmender Volatilität, Unvorhersehbarkeit, Komplexität und Ambiguität (VUKA), erhält Entscheidungskompetenz von Fach- und Führungskräften, aber auch von ganzen Gruppen, eine überlebenswichtige Tragweite für Organisationen. Dass dies für viele Organisationen eine immer schwieriger zu meisternde Herausforderung ist, schlägt sich in vielfältigen Studien nieder. Diese zeigen einerseits, dass die Halbwertzeit von Organisationen in den letzten Jahrzehnten sukzessive abgenommen hat, und andererseits, dass organisationale Krisen hausgemacht sind, wie Gilbert Probst und Sebastian Raisch in ihrem Zeitschriftenbeitrag „Die Logik des Niedergangs" und Eckard Minx, Heiko Roehl und Fabian Bahm in „Warum Organisationen untergehen" aufzeigen.

Führungskräfte sind meist gut ausgebildet und trotzdem nehmen Nicht-Entscheidungen und zweitbeste Entscheidungen zu. Die Misserfolgsrate stagniert laut Chaos-Report bei 71%. Dafür gibt es natürlich Gründe, die in der aktuellen unternehmerischen Entwicklung zu suchen sind, aber auch in einem wenig funktionalen Entscheidungsmanagement:

- Zunahme der Komplexität
- Zunahme der Anzahl der Beteiligten
- Zu häufig autoritäre Entscheidungen statt gemeinsam getragener Entscheidungen
- Fehlendes Entscheidungsmanagement – wenig vorhanden und geringe Prozesstreue
- Durch das Zusammenwirken dieser Faktoren sind viele Manager bereits im kritischen Bereich der Anforderungen und ihrer Leistungsfähigkeit.

19.5.1 Die Komplexität nimmt zu

Die Komplexität wird von vielen Führungskräften mit hoher Übereinstimmung als sehr hoch eingeschätzt (Bild 19.9).

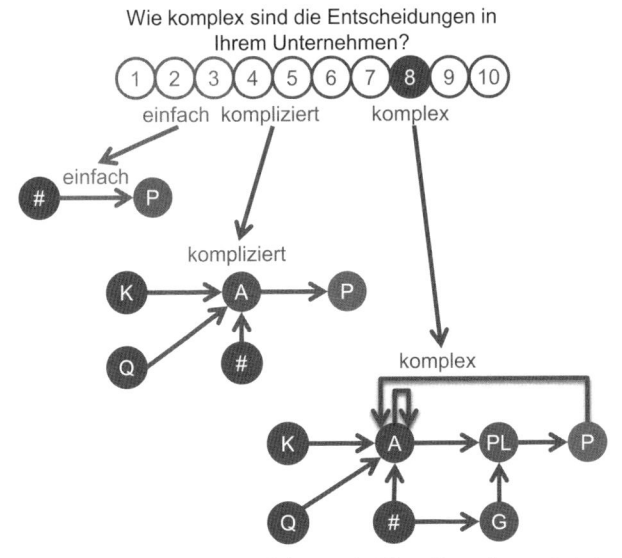

Bild 19.9 Entscheidungen werden von Führungskräften überwiegend als komplex eingeschätzt.

In einem Workshop bewerteten 80 Führungskräfte aus unterschiedlichen Branchen ihr Entscheidungsmanagement und die Business Intelligence. Die Komplexität wurde anhand von Projektkalkulationen erfasst und zusammengefasst:

- **einfach** – wenn die Anzahl der Mitarbeiter (#) in etwa linear die Projektlaufzeit (P) beeinflusst
- **kompliziert** – wenn sowohl Know-how im Team (K) als auch Qualität der Anforderungen (Q) den Aufwand und dieser mit der Anzahl der Mitarbeiter (#) die Projektlaufzeit beeinflussen
- **komplex** – wenn Know-how im Team (K) die Qualität der Anforderungen (Q) und den Aufwand beeinflussen und die Größe des Aufwands (A) selbst wieder den Aufwand bestimmen. Große Projekte erfordern ungleich höheren Aufwand an Steuerung, Kontrolle und Anforderungsmanagement. Eine höhere Quantität erzeugt ab einer bestimmten Grenze eine neue Qualität der Herausforderung. Die Erhöhung von Ressourcen, wie zusätzliche Mitarbeiter oder eine Projektzeitverlängerung, führen nicht mehr zwingend zu einer Verbesserung, sondern bewirken häufig das Gegenteil. Die Anzahl der Mitarbeiter (#) beeinflusst wiederum die Größe der Projektleitung (PL) und die Governance (G). Die Ergebnisqualität beeinflusst die Projektlaufzeit (P) und zusätzlich den Aufwand, insbesondere dann, wenn es keine Abnahmen gibt, Nacharbeiten notwendig sind oder ein Krisenmanagement erforderlich wird.

19.5.2 Die Anzahl der Beteiligten nimmt zu

Die Anzahl der Beteiligten im Meeting und in Entscheidungsgremien nimmt zu. Das ist zum einen der Governance, zum anderen der steigenden fachlichen und technischen Anforderungen und der sich schnell verändernden Marktsituation geschuldet. Die zunehmende Angst vor Fehlentscheidungen verstärkt dieses Phänomen. Häufig ist die Anzahl der Beteiligten zu hoch und fatalerweise gleichzeitig auch zu niedrig, wenn die Richtigen fehlen. Viele Studien wie „Unternehmenssteuerung 2016" der Beratungsfirma Kampmann, Berg & Partner belegen diesen Trend. Hier wurden 250 Führungskräfte im Jahr 2016 befragt.

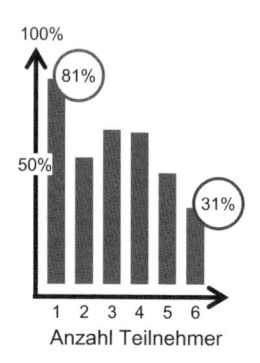

Bild 19.10 Bei sechs Teilnehmern sinkt die Entscheidungswahrscheinlichkeit auf 31 %

Die Anzahl der Teilnehmer hat einen direkten Einfluss darauf, dass eine Entscheidung auch tatsächlich getroffen wird, wie die Studie „B2B Brand Survey" von CEB/Motista aus dem Jahr 2013 zeigte. Die Studie untersuchte dringend anstehende Einkaufsprozesse. Die Wahrscheinlichkeit der Entscheidung für oder gegen einen Einkauf lag bei einer einzelnen Führungskraft, die allein entscheiden konnte, noch bei 81 %. Bei sechs Teilnehmern sank die Zahl auf 31 %. Deutlich wurde, dass die Wahrscheinlichkeit, eine Entscheidung zu treffen, mit Anzahl der Beteiligten sinkt (Bild 19.10).

Beide Entwicklungen, die zunehmende Komplexität und die steigende Anzahl der Beteiligten am Entscheidungsprozess, erhöhen den kritischen Faktor für Unternehmen (Bild 19.11). Die zunehmende Komplexität der fachlichen und technischen Prozesse sowie die Anforderungen, die die Digitalisierung mit sich bringt, mit ihrer zunehmenden Daten- und Informationsflut, wirken auf diesen kritischen Faktor ein. Verstärkt wird dieser weiter durch disruptive Märkte und die steigenden Anforderungen aus Regulierung und Compliance. Es wächst die Angst vor Fehlentscheidungen.

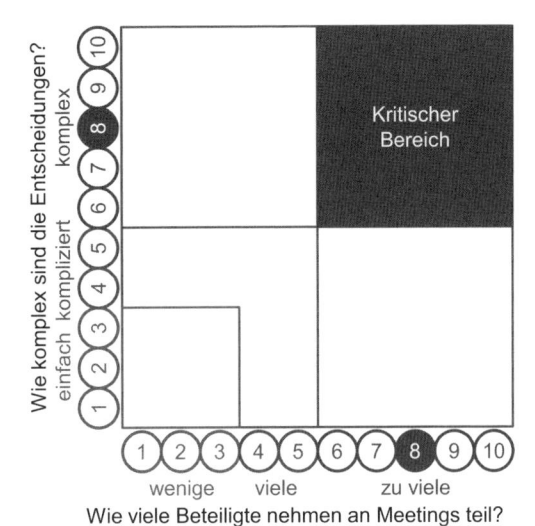

Bild 19.11 Viele Manager sind bereits im kritischen Bereich

19.5.3 Wie Expertenwissen in die Entscheidung einfließt

Ein Phänomen bei gescheiterten Projekten ist offensichtlich, Misserfolge haben zwar keine Väter, aber viele wussten es und können im Nachhinein die Ursachen benennen, die das Scheitern verursachten. Eines meiner ersten circa 120 Krisenprojekte, für deren Lösung ich bereits 1984 gerufen wurde, zeigte genau diese immer wiederkehrende Situation. Während der Ist-Aufnahme zog ich Qualitätsdaten aus unterschiedlichen Fertigungsschritten in einer Auswertung zusammen. Das für mich überraschende Ergebnis war, dass die Gut/Schlecht-Stückzahl der Trommeln für Laserdrucker bei 52% zu 48% lag. Zuerst glaubte ich an einen Datenfehler, der aber durch zusätzliche Fertigungsdaten widerlegt wurde. Der Ausschuss von nahezu der Hälfte wurde bestätigt. Die damit konfrontierten Leiter der einzelnen Fertigungslinien wussten sofort die Ursachen wie veraltete Maschinen mit zu hohen Fertigungstoleranzen, Qualitätsprobleme der Zulieferer und wenig ausgebildetes Personal.

Für dieses Unternehmen kamen die Analyse und Behebung zu spät. Die Fabrik musste zwei Jahre später geschlossen werden. Das Frappierende, ja geradezu Tragische war, dass das Wissen ausreichend vorhanden gewesen war, jedoch nicht genutzt wurde. In allen Projekten fand ich Experten, die mir klar sagen konnten, wo die Schwachstellen waren.

Was ihnen fehlte, waren das Prozesswissen und die Sicherheit in der Prozessdurchführung. Es ging immer darum, Maßnahmen aus den Erklärungen abzuleiten, zu vermessen und diejenigen herauszufiltern, die einen großen Hebel für eine Verbesserung hatten. Ein Priorisierungsprozess ordnete die Maßnahmen nach Kosten und Nutzen und daraus wurde das Vorgehen abgeleitet.

Fraglich ist nur, warum in gefährdeten Projekten nicht rechtzeitig und vehement gegengesteuert wird?

Die vordergründige und richtige Antwort lautet: weil keine Entscheidungen getroffen werden und keine Umsetzung in Gang kommt, die Wirkung zeigen könnte. Die im Hintergrund wirkende Antwort lautet: Es sind vornehmlich die Emotionen – Angst, Schuld und Scham –, die dysfunktional wirken.

Die Forderung, die sich daraus ableitet, heißt: Die Grundemotionen müssen so geordnet werden, dass sie mit funktionalen Motiven in einen Prozess für gute Entscheidungen einfließen können.

Als Technologieexperte brachte ich kollabierende Computersysteme wieder zum Laufen und beschleunigte mit oft einfachen Maßnahmen die Prozesse, typischerweise um einen Faktor vier. Die Systeme waren anschließend nicht nur schneller, sondern durch den geringen Ressourcenverbrauch auch stabiler und robuster. Für viele war es wie Magie, da man mich als Experte erst holte, wenn bereits der Systemhersteller und die Lieferanten der Basis- und Anwendersoftware mit ihren Lösungsbemühungen gescheitert waren oder nur graduelle Verbesserungen erreicht hatten. Die Methoden angepasster Konfiguration, zusätzlicher Hardware- oder Software-Updates trafen selten die wirklichen Ursachen. Eine Verbesserung von einem Faktor vier ohne großen Aufwand war nur durch ein sicheres Projektvorgehen mit funktionalen Werkzeugen zu erreichen. Auch wenn die Auftraggeber vom Experten sofort wissen wollten, was das Problem sein könnte, gab ich keine schnelle Diagnose und diskutierte nicht über mögliche Ursachen. Ich suchte nicht nach einer Erklärung oder Hypothese für das langsame oder kollabierende System. Der Prozess war klar gegliedert:

- **Zieldefinition** – mit messbaren Kriterien. Systeme und Prozesse kann man mit nahezu unzähligen Anpassungen verbessern. Der Raum der Möglichkeiten muss aber beherrschbar bleiben und es muss klar sein, wann das Ergebnis erreicht und die Arbeit getan ist. Die Devise „so schnell wie möglich" ist keine Option.
- **Ist-Monitoring** – wie lange dauert ein Ablauf? Die Messung wich häufig von den berichteten Symptomen ab.
- **Was tut das System** – wie wird der Ablauf verarbeitet und welche Ressourcen werden konsumiert?
- **Muss dieser Ablauf so ablaufen** – dies war die kreative Phase, in der nach Prozessen gesucht wurde, die weniger Ressourcen konsumierten. Hier gab es eine überschaubare Anzahl an Design-Pattern mit typischen Kennzahlen, die es zu überprüfen galt.
- **Quantifizierung** – für eine vorhersagbare Verbesserung war es notwendig, die Maßnahmen zu quantifizieren. Sie war auch die Basis für die Priorisierung von Nutzen und Kosten.
- **Empfehlung und Umsetzung** – Zusammenfassung der Ergebnisse und empfohlene Maßnahmen.

Die Erklärung war immer eine späte Frucht der Lösung. Aus den Maßnahmen, die die Verbesserungen brachten, ließen sich mühelos die Ursachen erkennen.

19.6 Ein Paradigmenwechsel

Wenn eine Entscheidung durch einen gemeinsamen Entscheidungsprozess hergestellt wird und nicht mehr von einer Führungskraft getroffen wird, ist das ein Paradigmenwechsel. Wenn sich Führungskompetenz in der Verantwortung für den Entscheidungsprozess zeigt, in dem die besten Ideen aller Beteiligten koordiniert und zu gemeinsamen Entscheidungen geführt werden, ist das eine Abkehr von alten Führungsstilen. Wenn ein Team befähigt wird, selbst für die Prozesstreue im Entscheidungsprozess zu sorgen, und dabei die Governance und Geschwindigkeit aufrechterhält, ist ein neuer Führungsstil erreicht.

Für einen Entscheidungsprozess geht es darum, das Expertenwissen bereits in frühen Phasen, die zusätzlich in die Umsetzung hineinwirken, zu nutzen. Der integrative Führungsstil vereint diese Merkmale im Rahmen eines vorgegebenen Ziels wiederholbar und unabhängig vom Entscheider. Das widerspricht dem damaligen und auch heute meist gültigen materialistischen Weltbild: Ein großer Nagel brauche auch einen großen Hammer. Ein Faktor vier als Beschleunigung ohne Investition in Hard- und Software ist suspekt.

Genauso sind die damaligen Erfahrungen fehlender Entscheidung auf den integrativen Führungsstil zu übertragen. Ein Faktor vier an Verbesserung durch gemeinsam getragene Entscheidungsprozesse ist genauso fragwürdig wie damals. Die Ursachen sind dieselben und die Antwort ist es ebenfalls. Gute Entscheidungen unter Einbezug der Intuition und der Gruppenkompetenz, damit die Umsetzung der Maßnahmen ihre Wirkung zeigt, führen zu diesen Verbesserungen. Die Integration der Emotionen mit ihrer funktionalen Wirkung und vornehmlich die Ausgrenzung ihrer dysfunktionalen Wirkung machen den Quantensprung möglich.

Mit dem integrativen Führungsstil und den zugehörigen Entscheidungswerkzeugen sind die Unternehmen und die Führungskräfte gleichermaßen wie die Mitarbeiter gerüstet, die Anforderungen und Herausforderungen zu bewältigen.

19.7 Anwendungsbereich

Der integrative Führungsstil kann in jedem Bereich Anwendung finden. Im agilen Bereich ist er leichter einzuführen und zeigt schnelle Wirkung. Die agilen Methoden pflegen bisher keinen ausgeprägten Führungsstil und der integrative Führungsstil füllt diese Lücke passgenau.

Auch wenn in den tradierten Bereichen der Nutzen am größten wäre, wird er nach anfangs großer Begeisterung durch den enormen Erfolg auf Widerstand stoßen. Der Preis wäre die Aufgabe des bestehenden Führungsparadigmas. Schon John Maynard Keynes wies darauf hin, wie schwer es ist, alte Ideen aufzugeben.

Am notwendigsten ist der integrative Führungsstil zwischen den tradierten und agilen Bereichen. Dies wird besonders evident beim Product Owner oder immer dann, wenn Assets oder Menschen aus ausgelagerten Digital-Fabriken, Digitalen Inkubatoren, Digital Garages oder Digital Accelerators in die Unternehmen zurückgebracht werden sollen.

■ 19.8 Best Practice

Der Einsatz der K-i-E Tools führt letztendlich zwingend zum integrativen Führungsstil. Dennoch ist es möglich, dass Führungskräfte, die tradiert führen, die K-i-E Tools gezielt in ihrem Kontext einsetzen und sie bei bestimmten Interaktionen nutzen.

Ein Bottom-up-Vorgehen ermöglicht es, mit ausgewählten Themen in einer geplanten Erfolgsschleife den integrativen Führungsstil schrittweise einzuführen. Da die K-i-E Tools mit dem Team als gemeinsam getragene Entscheidung einzuführen sind, ist immer gewährleistet, dass alle diesen Change mittragen.

> Um den integrativen Führungsstil im Unternehmen umfassend einzuführen, bedarf es eines Change-Prozesses, dessen Design sich eng an den Gegebenheiten orientiert. Hierbei kann Top-down vorgegangen werden, um das ganze Unternehmen zu erreichen.

Empfohlen wird ein zyklisch evolutionäres Vorgehen, so wie die menschlichen Entscheidungssysteme agieren, also ein sinnvolles Design aus Top-down- und Bottom-up-Vorgehen. Erst nach den Erfahrungen aus dem Gelernten bewegt man sich auf die nächst höhere Stufe.

Für einen erfolgreichen Change ist es sinnvoll, zuerst die Fähigkeiten der Betroffenen zu entwickeln. Mit ihnen steigt die Chance auf Erfolg und damit die Verfestigung im Emotionssystem. Diese Design-Prämisse ist jeweils mit einem Güte- und Commitment-Prozess abzuschließen.

Bei den meisten Change-Projekten führen erst mehrere Iterationsschritte zu einer nachhaltigen Umsetzung bei angemessenem Aufwand. Ein erster Commitment-Prozess mit den Verantwortlichen zum Design des Change-Prozesses bildet den Auftakt.

Ein ausgewähltes Team, das offen und motiviert ist, beginnt im zweiten Schritt, die K-i-E Tools bei einem klar umrissenen Thema einzusetzen. Im Team sind kritische Beteiligte willkommen. Voraussetzung für ein Gelingen sind jedoch die Kooperation und Prozesstreue bei den K-i-E Tools, um aus der Kritik die Ressourcen herauszuarbeiten. Empfohlen werden im ersten Schritt Themen, die eine hohe Priorität im Unternehmen haben oder deutlicher Verbesserungen bedürfen. Mit diesem Schritt sind erste Master of K-i-E ausgebildet, die aus den Learnings den weiteren Change-Prozess mitgestalten, der jedes Mal zwingend von den Verantwortlichen committet wird.

In den nächsten Schritten wird der Change auf weitere Bereiche ausgedehnt.

Als Rahmen ist zu gewährleisten, dass die ausgewählten Themen der Vision und den Werten des Unternehmens genügen. Aus ihnen wird in jedem Schritt ein gemeinsam getragenes Ziel entwickelt, das mit dem Güte- und Commitment-Prozess abgeschlossen und dokumentiert wird.

Für alle Schritte werden Phasen der Verstetigung eingeplant, damit sich das Erfahrungswissen in den neuronalen emotionalen Programmen aller stabilisieren kann.

Der integrative Führungsstil befähigt alle Beteiligten, die Aufgaben und Herausforderungen mit einer nicht geahnten Leichtigkeit zu bewältigen.

■ 19.9 Fazit

Die alte tradierte Welt und die neue Welt, autoritär und partizipativ, Wasserfall und agil im Vorgehen, prallen derzeit aufeinander. Es geht nicht darum, die alten Ideen zu vergessen, sondern aus den unterschiedlichen Welten das Beste in etwas Neues, den integrativen Führungsstil einzubringen. Das allein reicht jedoch nicht aus. Die dysfunktionalen Eigenschaften beider sind zusätzlich zu vermeiden. Zusammen mit der Unvereinbarkeit der beiden Führungsstile bedeutet dies als zwingende Konsequenz, der integrative Führungsstil kann sich genauso wenig aus dem postheroischen wie aus den agilen oder partizipativen Führungsstilen entwickeln.

Der integrative Führungsstil grenzt klar dysfunktionale Eigenschaften vorausgehender Führungsstile aus und integriert funktionale und bewährte Eigenschaften aller in den neuen Stil.

> **Die größte Schwierigkeit der Welt besteht nicht darin, Leute zu bewegen, neue Ideen anzunehmen, sondern alte zu vergessen.**
>
> Der britische Ökonom, Politiker und Mathematiker John Maynard Keynes galt als exzellenter Denker und hatte zeitlebens mit alten Ideen zu kämpfen.
>
> Alte Ideen entstehen aus alten neuronalen emotionalen Programmen. In diesem Sinne kann man alte Ideen nicht vergessen. Neue Ideen anzunehmen, entspringt derselben Dynamik und trotzdem ist es ein anderer Vorgang. Es werden neue Programme gebildet, die diese neuen Ideen in Interaktion mit dem Emotionssystem entstehen lassen. Wird dieser Vorgang verankert, wird die Idee zum stabilen Gut und irgendwann eine alte Idee.
>
> Vergessen würde bedeuten, bestehende neuronale emotionale Programme zurückzubilden, damit die alten Ideen nicht mehr hervorgebracht werden. Programme zurückzubilden, ist ein schwieriger Vorgang.
>
> So ist es wenig verwunderlich, dass manchmal gute Ideen den Weg in eine erfolgreiche Umsetzung niemals schaffen. Besonders schwer haben es Ideen, die weit abweichen von den „alten" Ideen.

Anhang

Literatur

Aravena, Pia et al. (2012): Grip Force Reveals the Context Sensitivity of Language-Induced Motor Activity during „Action Words" Processing: Evidence from Sentential Negation. In: PLOS ONE December 5, 2012, verfügbar unter: *http://journals.plos.org/plosone/article?id=10.1371/journal.pone.0050287*

Ariely, Dan (2008): Denken hilft zwar, nützt aber nichts. Warum wir immer wieder unvernünftige Entscheidungen treffen. Droemer Verlag

Asendorpf, Jens (2007): Psychologie der Persönlichkeit. Springer Verlag

Baecker, Dirk (2015): Postheroische Führung – Vom Rechnen mit Komplexität. Springer Verlag

Bandler, Richard (1993): Time for a Change – Lernen, bessere Entscheidungen zu treffen. Junfermann Verlag

Bandler, Richard und Grinder, John (1975): The Structure of Magic I – A Book About Language and Therapy. Fachbuch Klett-Cotta

Bandler, Richard und Grinder, John (1976): The Structure of Magic II – A Book About Communication and Change. Fachbuch Klett-Cotta

Bandler, Richard und Grinder, John (1985): Reframing – Neurolinguistic programming and the transformation of meaning. Fachbuch Klett-Cotta

Bandura, Albert (1997): Self-efficacy: The exercise of control. Freeman

Bauer, Joachim (2006): Prinzip Menschlichkeit. Hoffmann und Campe

Bauer, Joachim (2006): Warum ich fühle, was du fühlst. Intuitive Kommunikation und das Geheimnis der Spiegelneurone. Heyne Verlag

Bauer, Joachim (2008): Das kooperative Gen: Abschied vom Darwinismus. Hoffmann und Campe

Bauer, Joachim (2011): Schmerzgrenze: Vom Ursprung alltäglicher und globaler Gewalt. Karl Blessing Verlag

Bauer, Joachim (2015): Selbststeuerung: Die Wiederentdeckung des freien Willens. Karl Blessing Verlag

Baumeister, Roy; Tierney, John (2012): Die Macht der Disziplin – Wie wir unseren Willen trainieren können. Campus

Beilock, Sian et al. (2001): „Don't miss!" The debilitating effects of suppressive imagery on golf putting performance. In: Journal of Sport and Exercise Psychology, Vol. 23, S. 200-221

Berne, Eric (1977): Intuition and ego states: The origins of transactional analysis: a series of papers. HarperCollins Publishers

Berne, Eric (1991): Transaktionsanalyse der Intuition: Ein Beitrag zur Ich-Psychologie. Junfermann

Brand, Horst W. (1988): Unterschwellige Werbung. Neun Thesen. Zentralverband der deutschen Werbewirtschaft

Braun, Norman; Gautschi, Thomas (2011): Rational-Choice-Theorie. Juventa-Verlag

CEB/Motista (2013): From Promotion to Emotion – Connecting B2B Customers to Brands, verfügbar unter: *https://www.cebglobal.com/content/dam/cebglobal/us/EN/best-practices-decision-support/marketing-communications/pdfs/promotion-emotion-presentation-full.pdf*

Changizi, Mark et al. (2008): Perceiving the Present and a Systematization of Illusions. In: Cognitive Science. Vol. 32

Czisch, Michael (2014): One Night of Partial Sleep Deprivation Affects Habituation of Hypothalamus and Skin Conductance Responses. Journal of Neurophysiology

Damásio, António (1995): Descartes' Irrtum: Fühlen, Denken und das menschliche Gehirn. List

Damásio, António (2003): Der Spinoza-Effekt: Wie Gefühle unser Leben bestimmen. List

Damásio, Antonio (2010): Selbst ist der Mensch – Körper, Geist und die Entstehung des menschlichen Bewusstseins. Siedler Verlag

Damásio, António et al. (1997): Deciding advantageously before knowing the advantageous strategy. In: Science Vol. 275

Darwin, Charles (1859): On the Origin of Species. John Murray – PDF-Version. In Darwin Online, verfügbar unter: http://darwin- http://darwin-online.org.uk/converted/pdf/1861_OriginNY_F382.pdf

Dehaene, Stanislas (1999): Der Zahlensinn oder Warum wir rechnen können. Birkhäuser

Dijksterhuis, Ap (2006): Sleeping on it' best for complex decisions. In: Science Vol. 311

Dijksterhuis, Ap (2010): Das kluge Unbewusste. Denken mit Gefühl und Intuition. Klett-Cotta Verlag

Dobelli, Rolf (2014): 52 Irrwege, die Sie besser anderen überlassen. Carl Hanser Verlag

Dobelli, Rolf (2014): Die Kunst des klaren Denkens: 52 Denkfehler, die Sie besser anderen überlassen. Carl Hanser Verlag

Doyen, Stéphane et al. (2012): Behavioral Priming – It's All in the Mind, but Whose Mind? In: PLOS ONE January 18, 2012, verfügbar unter: *http://journals.plos.org/plosone/article?id=10.1371/journal.pone.0029081*

Dräther, R., Koschek, H., & Sahling, C. (2013). Scrum kurz & gut. O'Reilly Germany

Dräther, R., Koschek, H., & Sahling, C. (2013).Retrospektiven – kurz & gut. O'Reilly Germany

Drucker, Peter F. (2002): Managing in the next society. Butterworth-Heinemann

Eagleman, David (2017): The Brain – Die Geschichte von Dir. Pantheon Verlag

Ekman, Paul (2010): Gefühle lesen – Wie Sie Emotionen erkennen und richtig interpretieren. Spektrum Akademischer Verlag

Festinger, Leon (1978): Theorie der kognitiven Dissonanz. Huber Verlag

Fietze, Ingo (2015): Über guten und schlechten Schlaf. Kein & Aber

Fisher, Milton (1981): Intuition: How to Use it for Success and Happiness. EP Dutton

Fisher, Roger et al. (2013): Das Harvard-Konzept: Der Klassiker der Verhandlungstechnik. Campus Verlag

Frederick, Shane (2005): Cognitive Reflection and Decision Making. Journal of Economic Perspectives, Vol. 19, Nr. 4

Gigerenzer, Gerd (2007): Bauchentscheidungen. Die Intelligenz des Unbewussten und die Macht der Intuition. Bertelsmann Verlag

Gigerenzer, Gerd (2013): Risiko: Wie man die richtigen Entscheidungen trifft. Bertelsmann Verlag

Gladwell, Malcolm (2005): Blink – Die Macht des Moments. Campus

Gloger, B., & Margetich, J. (2014). Das Scrum-Prinzip. Agile Organisationen aufbauen und gestalten. Schäffer-Poeschel

Gloger, Boris; Rösner, Dieter (2014): Selbstorganisation braucht Führung: Die einfachen Geheimnisse agilen Managements. Carl Hanser Verlag

Goleman, Daniel (1997): EQ Emotionale Intelligenz. Carl Hanser Verlag

Graf, Richard (2014): Brücken bauen fürs Bauchgefühl. In: Training aktuell, 07/2014, 20–24

Graf, Richard (2015): Coaching on the Job – Real Life statt Simulationsübung. In: Coaching-Magazin, 1/2015, 30–34

Graf, Richard (2015): K-i-E Skala – Ein universelles Bewertungssystem für Kognition und Intuition. In: Coaching-Magazin, 3/2015, 41–45

Graf, Richard (2015): Frieden 3.0. silent Press. Warum wir gerne Recht haben und warum es so schlimm ist, wenn wir im Unrecht sind. Beitrag S. 33–45

Graf, Richard (2016): Macht über Emotionen gewinnen – Zwölf Rituale für sicheres Golf. Krämer Verlag

Heidegger, Martin (1993): Sein und Zeit. Max Niemeyer Verlag

Heimböckel, Dieter (1996): Walter Rathenau und die Literatur seiner Zeit: Studien zu Werk und Wirkung. Königshausen & Neumann

Hofbauer, Helmut; Kauer, Alois (2014): Einstieg in die Führungsrolle: Praxisbuch für die ersten 100 Tage. Carl Hanser Verlag

Horn, Eva; Gisi, Lucas Marco (2009): Schwärme-Kollektive ohne Zentrum: Eine Wissensgeschichte zwischen Leben und Information. Vol. 7. transcript Verlag

Hüther, Gerald (2013): Biologie der Angst: Wie aus Streß Gefühle werden. Vandenhoeck & Ruprecht

Hüther, Gerald (2016): Bedienungsanleitung für ein menschliches Gehirn. Vandenhoeck & Ruprecht

Hüther, Gerald (2016): Mit Freude lernen – ein Leben lang. Vandenhoeck & Ruprecht

Hüther, Gerald; Sachsse Ulrich (2007): Angst-und stressbedingte Störungen. In: Psychotherapeut, 52(3), S. 166–179

James, Tad (1992). Time coaching. Programmieren Sie Ihre Zukunft... jetzt. Junfermann

Janssen, Paul (2008): Edmund Husserl. Karl Alber Verlag

Jumpertz, Sylvia (2016): Erfolgsfaktor EQ – Führung in flachen Hierarchien. In: managerSeminare 220, Seite 18ff

Kahneman, Daniel (2011): Thinking, fast and slow. Farrar, Straus and Giroux

Kahneman, Daniel (2012): Schnelles Denken, langsames Denken. Siedler Verlag

Kahneman, Daniel (2016): Sicher entscheiden. In: Harvard Business Manager 12/2016

Kahneman, Daniel; Slovic, Paul; Tversky, Amos (1982): Judgment Under Uncertainty: Heuristics and Biases. Cambridge University Press

Kahneman, Daniel; Tversky, Amos (1979): Prospect Theory: An Analysis of Decisions Under Risk. In: Econometrica Vol. 47, S. 263–291

Kampmann, Berg & Partner (2016): Unternehmenssteuerung 2016

Kandel, Eric (2006): Auf der Suche nach dem Gedächtnis. Die Entstehung einer neuen Wissenschaft des Geistes. Siedler Verlag

Kandel, Eric (2012): Das Zeitalter der Erkenntnis. Siedler Verlag

Kandel, Eric et al. (Hrsg.) (1996). Neurowissenschaften: Eine Einführung. Spektrum Akademischer Verlag

Karremans, Johan C. et al. (2006): Beyond Vicary's fantasies: The impact of subliminal priming and brand choice, verfügbar unter: https://www.researchgate.net/publication/222416467_Beyond_Vicary%27s_fantasies_The_impact_of_subliminal_priming_and_brand_choice

Kast, Bas (2003): Revolution im Kopf. Die Zukunft des Gehirns. Berliner Taschenbuch Verlag

Kast, Bas (2012): Ich weiß nicht, was ich wollen soll. Warum wir uns so schwer entscheiden können und wo das Glück zu finden ist. S. Fischer Verlag

Kornhuber, Hans Helmut; Deecke, Lüder (1964): Hirnpotentialänderungen beim Menschen vor und nach Willkürbewegungen, dargestellt mit Magnetbandspeicherung und Rückwärtsanalyse. In: Pflügers Arch. 281, 1964, S. 52

Kornhuber, Hans Helmut; Deecke, Lüder (2007): Wille und Gehirn, Edition Sirius

Kühl, Stefan (2015): Schlüsselwerke der Organisationsforschung. Springer

Laertius, Diogenes (1921): Leben und Meinungen berühmter Philosophen. Verlag Felix Meiner

LeDoux, Joseph (1998): The emotional brain: The mysterious underpinnings of emotional life. Simon and Schuster

LeDoux, Joseph (2006): Das Netz der Persönlichkeit: Wie unser Selbst entsteht. Deutscher Taschenbuch Verlag

Libet, Benjamin, Gleason, Curtis A., Wright, Elwood W., & Pearl, Dennis K. (1983): Time of conscious intention to act in relation to onset of cerebral activity (readiness-potential) the unconscious initiation of a freely voluntary act. In: Brain, Vol. 106(3), S. 623–642

Luhmann, Niklas (2011): Organisation und Entscheidung. Westdeutscher Verlag

Lynch, Dudley (1996): DelphinDenken – Gewinn mit Gehirn. Rudolf Haufe Verlag

MacLean, Paul D. und Kral V. A. (1973): A Triune Concept of the Brain and Behaviour. University of Toronto Press

Malik, Fredmund (2015): Navigieren in Zeiten des Umbruchs: Die Welt neu denken und gestalten. Campus Verlag

Mayer, Helmut (2010): Von der Schädlichkeit der Perspektive. In: FAZ. 23. Dezember 2010, S. 32

McClelland, David Clarence (1965): Achievement-motivation can be developed. In: Harvard business review Vol. 43

Merikle, Philip M.; Daneman, Meredyth (1996): Memory for unconsciously perceived events: evidence from anesthetized patients. In: Consciousness and Cognition Vol. 5, Issue 4

Metzinger, Thomas (2009): Der Ego-Tunnel. Eine neue Philosophie des Selbst: Von der Hirnforschung zur Bewusstseinsethik. Bloomsbury

Miller, George A. (1956): The magical number seven, plus or minus two: Some limits on our capacity for processing information. Psychological Review Vol. 101 No. 2

Miller, Peter (2010): Die Intelligenz des Schwarms. Was wir von Tieren für unser Leben in einer komplexen Welt lernen können. Campus Verlag

Mindell, Arnold (1995): Sitting in the Fire. Large Group Transformation Using Conflict and Diversity. Lao Tse Press

Noll, Peter; Bachmann, Hans Rudolf (2013): Der kleine Machiavelli: Handbuch der Macht für den alltäglichen Gebrauch. Piper Verlag

Oldemeyer, Ernst (2005): Zur Phänomenologie des Bewusstseins. Königshausen und Neumann

Pascal, Blaise (2010): Die Vernunft des Herzens. Deutscher Taschenbuch Verlag

Pascual-Leone, Alvaro et al. (2005): The Plastic Human Brain Cortex. Annual review of Neuroscience

Pöppel, Ernst (2008). Zum Entscheiden geboren. Hirnforschung für Manager. Carl Hanser Verlag

Precht, Richard David (2007): Wer bin ich – und wenn ja wie viele? Goldmann Verlag

Probst, Gilbert; Raisch, Sebastian (2004): Krisenprävention: Die Logik des Niedergangs. In: Harvard Business Manager 03/2004

Rathenau, Walther (2008): Zur Kritik der Zeit – Neuauflage. OLMS

Ricœur, Paul (2004): Gedächtnis, Geschichte, Vergessen. Wilhelm Fink Verlag

Ricœur, Paul (2006): Wege der Anerkennung: Erkennen, Wiedererkennen, Anerkanntsein. Suhrkamp

Roehl, Heiko; Asselmeyer, Herbert (2017): Organisationen klug gestalten. 2017 Schäffer-Poeschel

Rogelberg, Steven (2013). Lateness to meetings: Examination of an unexplored temporal phenomenon European. Journal of Work and Organizational Psychology, S. 1–19

Rohde, Rudi et al. (2003): Angriff ist die schlechteste Verteidigung. Junfermann

Rosa, Hartmut (2016): Resonanz. Eine Soziologie der Weltbeziehung. Suhrkamp

Roth, Gerhard (2001): Fühlen, denken, handeln. Wie das Gehirn unser Verhalten steuert. Suhrkamp

Roth, Gerhard (2003): Aus Sicht des Gehirns. Suhrkamp

Roth, Gerhard; Grün, Klaus-Jürgen; Friedman, Michel (Hg.) (2012): Kopf oder Bauch? Zur Biologie der Entscheidung. Vandenhoeck & Ruprecht

Roth, Gerhard; Strüber, Nicole (2014): Wie das Gehirn die Seele macht. Klett-Cotta

Rule, Nicholas; Garrett, James; Ambady, Nalini (2010): On the Perception of Religious Group Membership from Faces. PLOS

Sabrow, Martin (1998): Die Macht der Mythen: Walther Rathenau im öffentlichen Gedächtnis; sechs Essays. Sammelband Universität Potsdam

Schacter, Daniel L (2001): Wir sind Erinnerung; Rowohlt Verlag

Scheich, Henning (2005): Blink! Die Macht des Moments. Campus Verlag

Schein, Edgar H. (2010): Organizational culture and leadership. 4rd Edition

Schmidt, Stefan et al. (2016): Catching the waves – slow cortical potentials as moderator of voluntary actions. In: Neuroscience & Biobehavioral Reviews, Vol. 68, S. 639–650

Schnepper, Markus (2004): Robert K. Mertons Theorie der self-fulfilling prophecy: Adaption eines soziologischen Klassikers. Lang

Schurz, Gerhard (2015): Wahrscheinlichkeit. Walter De Gruyter

Schwaber, K., & Sutherland, J. (2013). The Scrum Guide (2013), verfügbar unter:*https://www.scrumguides.org/docs/scrumguide/v1/Scrum-Guide-DE.pdf*

Schwartz, Dieter (1998): Vernunft und Emotion. Die Ellis-Methode. Borgmann Verlag

Shaw, Julia (2016): Das trügerische Gedächtnis: Wie unser Gehirn Erinnerungen fälscht. Carl Hanser Verlag

Sheldrake, Rupert (1994): Sieben Experimente, die die Welt verändern könnten: Anstiftung zur Revolutionierung des wissenschaftlichen Denkens. Scherz

Sheldrake, Rupert (2012): Der Wissenschaftswahn: Warum der Materialismus ausgedient hat. OW Barth Verlag

Shiv, Baba (2005): How Thoughts of Death Affect Consumer Behavior Researchers explore how feelings about mortality affect our self-esteem. Stanford GSB Staff

Shiv, Baba et al. (2015): Should you Sleep on it? The Effects of Overnight Sleep on Subjective Preference-based Choice. John Wiley & Sons

Siebner, Hartwig Roman; Ziemann, Ulf (2007): Das TMS-Buch – Transkranielle Magnetstimulation. Springer Verlag

Simon, Herbert A. (1993): Homo rationalis. Die Vernunft im menschlichen Leben. Campus Verlag

Singer, Wolf; Ricard, Matthieu (2008): Hirnforschung und Meditation. Suhrkamp

Singer, Wolf; Ricard, Matthieu (2017): Jenseits des Selbst. Dialoge zwischen einem Hirnforscher und einem buddhistischen Mönch. Suhrkamp

Spencer, Herbert (2008): First Principles. Sutton Press

Sprenger, Reinhard K. (2014): Mythos Motivation: Wege aus einer Sackgasse. Campus Verlag

Sternberg, Eliezer (2016). NeuroLogic: The Brain's Hidden Rationale Behind Our Irrational Behavior. Vintage

Steve de Shazer (1989): Wege der erfolgreichen Kurztherapie. Keltt-Cotta

Steve De Shazer, Yvonne M. Dolan (2008): Mehr als ein Wunder: lösungsfokussierte Kurztherapie. Carl-Auer-Verlag

Strack, Fritz; Deutsch, Roland (2004): Reflective and Impulsive Determinants of Social Behavior. In: Personality and Social Psychology Review, Vol. 8, No. 3, S. 220–247

Sulz, Serge K.D. (2000): Von der Kognition zur Emotion. Psychotherapie mit Gefühlen. CIP-Medien

Varga von Kibéd, Matthias; Sparrer, Insa (2005). Ganz im Gegenteil. Tetralemmaarbeit und andere Grundformen Systemischer Strukturaufstellungen – für Querdenker und solche, die es werden wollen. Carl-Auer-Systeme Verlag

Von Thun, Friedemann Schulz (2007): Miteinander reden 4: Fragen und Antworten. Rowohlt Verlag

Waibel, Roland (2015): Die 7 Prinzipien zum Unternehmenserfolg: Einfach, zukunftsweisend, praxisorientiert. Carl Hanser Verlag

West, Richard; Meserve, Russell J.; Stanovich, Keith E. (2012): Cognitive sophistication does not attenuate the bias blind spot. In: Journal of personality and social psychology, Vol. 103(3)

Wilber, Ken (1997): Eine kurze Geschichte des Kosmos. Fischer-Taschenbuch-Verlag

Wirtz, Markus Antonius (2016): Dorsch-Lexikon der Psychologie. Hogrefe

Wittgenstein, Ludwig (1961): Tractatus logico-philosophicus. Suhrkamp

www.agilemanifesto.org (2001): Manifesto for Agile Software Development

Zulley, Jürgen (2005): Mein Buch vom guten Schlaf. Zabert

Stichwortverzeichnis

A

Ablehnung 179, 338
Achtsamkeit 208, 322
Affekte 134
Affekthafte Entscheidung 86, 228
Aggression 135
Aggressionsapparat 135
Agil 17, 28, 31, 435
Agile Methoden 436, 441
Agile Methodik 17
Agiles Denken 31, 32, 440
Agiles Vorgehen 354
Agile Werte 295
Akzeptanz 361
Algorithmus 40, 237, 41, 42, 239
Anerkennung 433
Anforderung 357
Anforderungsbeschreibung 8
Anforderungsdokumentation 402
Anforderungsprofil 422
Angst 107, 156, 166, 252
Ankerheuristiken 41
Anpassung 400
Ärger 108, 118, 274, 335
Arousals 109
Artefacts 436, 438
Asymmetrie 283
Augenhöhe 288, 382
Ausdrucksformen der Emotionen 95
Auslöser 5
Auswahl von Themen 394
Automatisches Denken 85
Autonomie 146
Autopilot 149
Autoritäre Entscheidung 455

B

Backlog 401
Backlog Refinement 439
Bauchgefühl 220, 319
Bedenkenträger 460
Bedeutungsbereich 277
Bedrohen 431
Belobigen 431
Belohnen 431
Belohnungssystem 157, 158
Bereitschaftspotenzial 61
Bereitschaftspotenzial (BP) 60
Bestätigungsfehler 36
Bestechen 431
Bestrafen 431
Bewerbungsverlauf 337
Bewertung 269, 286, 294, 356, 396, 405, 406, 407
Bewertungsbereich 400
Bewertungssystem 267
Bewertung von Themen 396
Bewusste Entscheidung 197, 259
Bewusstsein 175
Biochemie 157
biographisches Gedächtnis 77
Blaue Geschichte 239
Blindsehen 148
Blindseher 185
Bottom-up-drive 135
Business-Anforderung 399, 401

C

Ceremonies 436, 438
Change-Prozess 7, 345, 352, 361, 394, 398, 470
Charta der Vielfalt 36, 37
Cognitive Reflection and Decision Making 72
Cognitive Reflection Test 71, 74
Commitment 3, 35, 366, 367, 372, 375, 385, 386, 404
Commitment-Kultur 374
Commitment-Prozess 361, 363, 364, 369, 381, 460, 461
CRT 74

D

Daily Scrum 440
Damásio 183, 215
Damásio-Versuch 215
Darwin, Charles 29
Demut 165
Denkprozess 207
Design 401
Development Team 439
Digitalisierung 28, 437, 458
Dilemma 6, 12, 28, 39, 74
Dimension 398, 399
Dissonanz 212
Diversity 36, 37
Dokumentation 290, 386
Dopamin 157
Doppelbeschreibungen 286
Dürfen 423
Dynamik 430, 431

E

Eigenmotivation 428
Ekel 117
Emotion 93, 252, 433
Emotionale Beweisführung 36
Emotionale Erregung 107, 234
Emotionale Intelligenz 40
emotionale Kompetenz 74
Emotionale Reaktion 102
Emotionale Schleifen 156
Emotionales Erfahrungsgedächtnis 234
Emotionale Wertigkeit 107
Emotionen 427
Emotionsbaum 128, 135, 137, 255
Emotionsforschung 95
Emotionsgefühl 94, 107
Emotionshierarchie 135
Emotionslogik 47, 48, 133, 139, 140, 144, 163, 233, 235, 238, 239, 253, 282
Emotionsregulierung 136
Emotionssequenz 140
Emotionssystem 41, 44, 21, 42, 45, 58, 102, 67, 94, 427, 173, 200, 249, 426
Emotionstheorie 133, 40, 134
Emotionsverarbeitung 270
Entscheidung 4, 6, 7, 56, 190, 191, 199, 200, 219, 220, 312, 331, 334, 367, 368, 386, 424, 454
Entscheidung im Einklang 83
Entscheidung ohne Kognitionssystem 84
Entscheidungsalgorithmus 42
Entscheidungsart 456
Entscheidungsfähigkeit 370
Entscheidungsformen 81
Entscheidungskultur 3, 9, 31, 34, 452
Entscheidungslogik 94
Entscheidungsmanagement 33, 34, 44, 10, 17, 27, 29, 34, 35, 40, 45
Entscheidungsphänomene 36
Entscheidungsprozess XIII, 3, 8, 11, 16, 81, 34, 38, 40, 82, 93, 191, 193, 321, 331, 368
Entscheidungsstrategie 67, 332
Entscheidungssystem 45, 56, 66, 70, 90, 91, 67
Entscheidungstypen 163
Entscheidungsverhalten 211
Entscheidung und Wirkung 13
Enttäuschung 134
episodisches Gedächtnis 77
Erfahrung 133, 169
Erfahrungsgedächtnis 78, 34, 79, 150, 179, 322, 250, 323
Erfahrungswissen 391
Erfolg 421
Erfolgserzwinger 382, 460
Erfolgsschleife 336
Erfolgsuchender 376
Erinnerung 159
Erinnerungsverzerrung 41
Erregung 109, 340
Eskalation 166, 167, 230, 256
Evolution 57, 219
Expertenwissen 4, 180, 222, 467

F

Fähigkeiten 421
Fehlerkultur 217
Fibonacci 414
Flexibles menschliches Verhalten 142
Flucht 166
Freies Verhalten 140, 226
Freiheit 430
Freude 113, 120, 157
Führung 10, 367
Führungsinstrument 365
Führungskompetenz 10, 451
Führungsmethode 442
Führungssituation 442
Führungsstil 9, 389, 28, 34, 365, 390
– integrativ 29
Führungsstil, autoritärer 455
Funktionsbereiche 99

G

Gedächtnisareale 77
Gedächtnisinhalte 77
Gedächtnisse 80
Gedächtnissysteme 77, 79, 80
Gedanken kreisen 88

Gedankenzyklus 90, 197, 227, 260, 415
Gefühl 94, 104
Gegenbeweis 99
Gehirn 56, 57
Gemeinsam getragene Entscheidung 456
Generationswechsel 458
Geschwindigkeit 256
Großhirn 57
Grundemotion 93, 111, 133, 142, 253
Grundmotiv 111, 429
Grundmotivation 429
Gruppen 382
Gruppendynamik 443
Gruppenintelligenz 35, 36, 36, 37
Gruppenkompetenz 125, 234, 28, 444, 127, 235, 323, 443, 456, 459, 463
Gruppenverhalten 124
Güte 344
Gütekennzahl 344, 347
Güteprozess 343, 353, 360
Gutsherrenentscheidung 455

H

Halo-Effekt 36
Handlungsimpuls 175
Heuristik 43, 194
Homo Oeconomicus 232

I

Ignoranz 178
Impuls 179, 199
Individuelle Emotionen 115
Inkohärenz 287
Inkonsistenz 423
Integrativer Führungsstil 366, 451, 458, 469
Interaktion 358, 448
Intuition 38, 84, 39, 44, 63, 85, 171, 172, 190, 220, 195, 241, 221, 243, 257, 311, 312
Intuitionstheorie 171
Intuitive Entscheidung 84, 195, 221
Ist-Situation 6

J

Joint Venture 339

K

Kampf 166
Kausalität 101
Kennzahl 398
K-i-E App 391
K-i-E Bedeutung 398
K-i-E Bewertung 268
K-i-E Emotionstheorie 434
K-i-E Entscheidungsstrategie 191, 222, 262, 334
K-i-E Güteprozess 345
K-i-E Intuition 172, 179, 199, 321
K-i-E Karten 295, 391
K-i-E Konzept 20, 22, 55, 57, 58
K-i-E Motivationsdreieck 424
K-i-E Priorisierungsprozess 415
K-i-E Ressourcen-Frage 309
K-i-E Skala 284, 298, 315, 361, 374
K-i-E Skalen-Typ 270
K-i-E Skalenwerte 280
K-i-E Theorie 248
K-i-E Tools 262, 400, 440, 444, 448
K-i-E Zahl 422
Kognition 42, 43, 226, 203, 227
Kognitionsgedächtnis 79
Kognitionssystem 44, 21, 45, 56, 58, 67, 175, 182, 202, 249
Kognitionstheorie 197, 258
Kognitionsverarbeitung 209
Kognitiv überformte Entscheidung 82
Kohärentes Weltbild 87, 249
Koinzidenz 101
Kommunikationsaufwand 443
Kompetenz 265
Komplexes neuronales emotionales Programm 142
Komplexes Verhalten 155
Komplexität 465
Konditionierung 161, 233
Konsensentscheidung 455, 456
Kontrolle 59
Kontrolliertes Denken 85
Kontrollillusion 36
Kooperation 371
Korrelation 101
Kostenminimierung 238
Kosten-Nutzen-Analyse 214
Kulturwandel 35
Künstliche Intelligenz (KI) 41, 42
Kurzzeitgedächtnis 77

L

Langzeitgedächtnis 77
Leistungsmotiv 433
Leitfrage 275, 314, 316, 373, 410, 448
Lernen 159, 200
Lernen aus Fehlern 218
Lerntheorien 161
Libet-Experiment 182
Libet-Versuch 60, 62
Logik 46, 47, 48

Lösung *302*
Lücke *285*

M

Machtmissbrauch *164*
Machtmotiv *433*
Machtverlust *459*
Manipulation *238*
Maßnahme *381, 383*
Master of K-i-E *17, 190, 390, 436, 447, 448, 450*
Maximizer *163*
Mehrheitsentscheidung *455, 456*
Metapher *102*
Milton Fisher *178*
Mimik *186*
Misserfolgsschleife *336*
Mitteilung *175*
Motiv *111, 112, 428, 432*
Motivation *422, 426, 427*
Motivationsdreieck *419, 420*
Motivationsmodell *432*
Motivationsprogramm *429*
Motivationstheorie *433*
Motivforschung *433*
Motiv-Profil *164, 186, 256, 430*
Multikausalität *99*
Muskelanspannung *183*
Mut *137, 282*

N

Nachfolger *350*
Natürliche Intuition *314*
Neocortex *57*
Neurogenese *160*
Neuronale emotionale Struktur *142*
Neuronales emotionales Programm (neP) *114, 134, 139, 142, 234*
Neuronale Struktur *114*
Neuroplastizität *160*
Nutzenmaximierer *238*
Nutzenmaximierung *238*

O

Opportunity *339*
Oxytocin *158*

P

Parallelität *99*
Parallelverarbeitung *74*
Plenum *379*
Potenzial *444*

Präfrontaler Cortex *236*
Präsentation der Themen *403*
Priming *77, 223*
Priming-Effekte *225*
Priorisierung *12, 393, 396, 409, 411*
Priorisierungsprozess *393, 416*
Priorität *395, 411*
Product Increments *443*
Product Owner *298*
Prognoseverfahren *42*
Programmiertes Verhalten *114, 140, 254*
Projektmanagement *436*
Projektplanung *437*
Prospect Theory *38*
prozedurales *77*
Prozessbeteiligte *10*
Prozessdokumentation *34*
Prozessgeschwindigkeit *293*
Prozessmerkmale *288*
Prozesstreue *366, 405, 447*
Psychologie *432*

Q

Qualität *343, 345, 370*
Qualitätsanforderungen *353*
Qualitätskennzahl *345*
Quality-Gates *345, 346*

R

Rationale Entscheidung *232, 237, 260*
Rationalität *48, 49*
Rechensysteme *70*
Re-Commitment *355*
Recruiting *424*
Recruiting-Prozess *293*
Regeneration *122*
Regulierung von Emotionen *108*
Reihenfolge *396, 413*
Rein kognitive Entscheidung *83*
REM-Phase *235*
Ressourcen *304*
Ressourcen-Frage *285, 301, 305, 310*
Risiko *179*
Risikovermeider *376*
Risikovermeidung *316*
Roles *436, 438*
Rückschaufehler *15, 36*

S

Satisfier *163*
Scham *129*
Schätzung *399*

Schlaf 235
Schmerz 212, 215
Schmerzvermeidung 212
Schnelles Entscheidungssystem 56
Schuld 126
Schwarmintelligenz 16, 125
Schwarmverhalten 124
Scope 397
Scrum 298, 436, 437, 438, 440
Scrum Master 422, 439, 450
Sehen 184
Sekundäremotionen 134
semantisches Gedächtnis 77
Sequenz 135
Sicher entscheiden 331
Sicherheit 218, 316, 429, 431, 433
Sinngebung 203
Skala 271
solution-focused brief therapy 302
Somatische Marker 214
Sozialbedürfnis 433
Soziale Emotionen 124
Spezialisierung 129
Sprint 438
Sprint Planning 439
Sprint Retrospective 440
Sprint Review 439
Staffing 424
Stakeholder 445
Stammhirn 57
Status-quo-Verzerrung 41
Stille Betrachtung 406
Stimmung 156
Stimulus 56, 173, 179, 184, 199, 234, 315, 322
Synaptische Plastizität 160
Synchronisierung 236

T

Team-Anwendung 292
Team-Entscheidung 340, 455
Thalamus 79
Tradiertes Verhalten 153
Transaktionsanalyse 176
Transfer 292
Trauer 122
Trennscharfe Erkennung 317

U

Überleben 111
Umsetzung 7
Umsetzungsplanung 395, 396
Unternehmenskultur 32, 35

Unternehmensziele 429
Untrennbarkeit 213, 326
Untrennbarkeit der Entscheidungssysteme 208

V

Velocity 435
Verhaltensmuster 112, 140
Verhaltenssteuerndes emotionales Programm 142
Vermeidung 433
Vermessenheitsverzerrung 36
Vernunft 177, 195
Verstand 324
Verständnis 23, 374, 402, 404
Verständnis committen 403
Verständnis herstellen 404
Verzerrung 219, 239, 424
Vielfalt 38
Voraussage 43
Vorbehalt 377, 380
vorbereitendes Gedächtnis 77
Vorrang 396
VUKA 28

W

Wahrnehmung 178, 231, 322
Wahrnehmungsfokus 175
Weltbild 204
Wertebereich 281
Wertewandel 37, 38
Wertschätzung 433
Wiederaufsetzen 290
Wiederholbarkeit 322
Wille 233
Willenskraft 211
Wirkfaktor 179
Wirkprinzipien 99
Wirkung 5
Wirtschaftswissenschaften 232
Wissensgedächtnis 77
Wohlgeformtheit 278
Wollen 422
Wunderfrage 303

Z

Zehner-Skala 281
Zeit 4, 322
Ziel 305
Zielerreichung 309
Zielkonflikt 39, 40
Zielvereinbarung 361

Zugehörigkeit *433*
Zusammengesetzte Emotionen *133*, *142*
Zusammenwirken von Emotions- und Kognitionssystem *20*
Zustimmung *279*
Zwei-Faktoren-Theorie *434*
Zwischenhirn *57*
Zyklische Prozesse *100*

Nachwort

■ Wie K-i-E begann

Wie K-i-E begann

Im Jahr 1997 wurde ich auf der Überfahrt von Neapel nach Capri im Rahmen einer Zertifizierung zu mentalen Techniken gefragt, was der Unterschied zwischen einem Gefühl und einer Emotion sei. Ich hatte so etwas wie eine Ahnung, dass Gefühl und Emotion nicht gleich sind, konnte es aber nicht genau beschreiben. Heute würde ich sagen, meine Intuition reagierte klar mit Zustimmung, aber ich war nicht fähig, meine Intuition bewusst zu deuten. Eines war für mich jedoch klar, es gab eine Entscheidungsinstanz, deren Ergebnis sich dem Bewussten entzog.

Bereits 1993 begann ich – im Rahmen einer Ausbildung zum Gebrauch von Kommunikationsmodellen – Menschen zu befragen, wie sich ihre Intuition ausdrückt. Auch wenn ich selbst noch keine Idee hatte, was Intuition ist, so war die Übereinstimmung der Antworten mit den Merkmalen „schnell", „mühelos", „umfassend" und „non-verbal" – heute „dem Bewussten nicht zugänglich" – beeindruckend. Dieses Phänomen ließ sich schon damals klar beschreiben. Unerklärliche Phänomene wie Intuition, Emotionen und Gefühle übten seitdem einen großen Reiz auf mich aus. Ich wollte lernen, sie zu verstehen.

Bei der systemisch-phänomenologischen Ausbildung, die ich schon 1991 begann und im Jahre 2000 abschloss, stieß ich darauf, dass Veränderungsprozesse zwar einiges bewirken können, Menschen aber fast ausnahmslos nach kurzer Zeit wieder in ihr altes Verhalten zurückfallen. Dieses und das recht auffällige Phänomen, dass Menschen häufig etwas anderes tun, als sie sagen, ließ mich vermuten, dass es neben dem Denken noch eine andere Instanz geben musste, die mit Entscheidungen zu tun hat. Etwas fiel auf, wenn Menschen durch Handeln neue Erfahrungen suchten, stabilisierten sich die Veränderungen.

Befeuert wurde mein Interesse durch den Libet-Versuch, der zum Ende meines Mathematik-Studiums 1979 veröffentlicht wurde. Die damalige Aufregung faszinierte mich, gleichzeitig konnte ich als Diplom-Ingenieur nicht verstehen, warum man ein so zentrales und für die Menschen bedeutendes Phänomen nicht einfach löste. Das passte nicht in mein einfaches, mechanistisches, von Handwerk und Landwirtschaft geprägtes Weltbild aus meinem Elternhaus. Ist eine Schraube locker, dann zieht man sie fest, so hatte ich es gelernt.

Meine primäre berufliche Laufbahn begann 1979 als Technologieberater für Information-Retrieval-Systeme, vergleichbar den heutigen Suchmaschinen wie Google. Meine Aufgabe bestand darin, einen realen Ausschnitt der Welt in einem Modell abzubilden. Später arbeitete ich als Spezialist für führende Datenbankhersteller und konnte die Performance von Systemen mit geringfügigen Eingriffen um Faktoren beschleunigen. Hierbei ging ich den umgekehrten Weg und stellte aus einem Datenmodell Rückschlüsse auf die wirkliche Welt her. Im Wesentlichen beschäftige ich mich seit 1975 damit, Daten zu veredeln und Informationen und Wissen zu gewinnen, um darauf basierend Entscheidungen zu treffen.

Mit meinen Erfahrungen als Unternehmensgründer 1991 und späterer Vorstandsvorsitzender änderte sich mein Weltbild grundlegend. Es setzte sich nicht immer die beste Software durch, Experten taten nicht immer das, was offensichtlich und sinnvoll war, und die Erfahrungen aus 200 Projekten zeigten mir, welchen Einfluss der Faktor Mensch und seine Entscheidungen haben. Weitere Erkenntnisse bei 600 unterschiedlichen Unternehmen wiesen eine hohe Übereinstimmung untereinander auf, auch wenn es durchaus branchenspezifische Muster gab.

Die nicht erklärbaren Phänomene blieben mein zentraler Treiber und mein eigenes Weltbild wurde mehrfach auf den Kopf gestellt. Das Eindringen in mentale Konzepte und die Arbeit mit ihnen lehrten mich: Glaube nicht, was du denkst. Die Erfahrungen und die Arbeit mit systemischen Wirkprinzipien zeigten mir fast ausnahmslos: Die Erkenntnis ist eine späte Frucht der Lösung. Schließlich lehrten mich die Forschungen mit Emotionen: Glaube nicht, was du fühlst.

Diese Phänomene lieferten Ansätze für Konzepte, aus denen ich Werkzeuge entwickelte, mit denen ich zwei Dinge verfolgte. Wenn sie funktionierten, bestätigten sie das Konzept und ich konnte sie verfeinern. Wenn sie nicht funktionierten, musste ich das Konzept verfeinern und es begann die Zeit der zyklisch evolutionären Entwicklung. Die K-i-E Skala war das erste Tool, das im Jahr 2000 angewendet wurde. In den folgenden Jahren musste vieles verworfen werden, weil keine stabilen Ergebnisse erreicht wurden und eine Nachjustierung sehr lange dauerte. Mit den gewonnenen Erfahrungen wurde jedoch das darunterliegende K-i-E Konzept, das den Zusammenhang zwischen Kognition, Intuition und Emotion beschreibt, immer stimmiger und 2007 waren die wesentlichen Bausteine zusammengetragen und wurden in der Praxis angewendet.

Meine Tätigkeit und die Belastungen als Vorstandsvorsitzender führten dazu, dass ich meine Forschungsarbeiten und vor allem deren Anwendung als Personal und Business Coach für längere Zeit ruhen ließ. Im Jahre 2010 legte ich alle operativen Ämter und Funktionen nieder, um mich ausschließlich auf die Emotionsforschung und die Validierung der Konzepte und Entwicklung der Tools zu konzentrieren.

All die Jahre der Beschäftigung mit Emotionen zeigten mir, sie haben bisher keine Heimat in der Wissenschaft gefunden. Es beschäftigen sich sehr viele mit ihnen, die Psychologie, die Philosophie, die Neurowissenschaften im Allgemeinen und speziell die Neuroarchitektur und Neurobiologie. Aber auch in der Theologie, den Wirtschaftswissenschaften, im Coaching, den Kognitionswissenschaften, der Soziologie und vielen anderen kommen sie vor. Es gibt nur sehr wenige, die die Forschungsergebnisse interdisziplinär zusammenfassen. Die bisherigen Erkenntnisse über Emotionen werden in der jetzigen hitzigen Diskussion mehr als Erklärung für Verhalten, meist für Fehlverhalten wie Hass oder eben auch Fehlentscheidungen, verwendet.

Die Kooperation mit Universitäten und Instituten diente ab 2011 dazu, das K-i-E Konzept zu lehren. Dabei verwendete ich das zyklisch evolutionäre Vorgehen und entwickelte, wie man K-i-E didaktisch und methodisch vermitteln kann. Diese Zeit brachte mir meine Bezeichnung ein: Für eine Veröffentlichung empfahl mir ein befreundeter Professor: *„Nenne dich Emotionsforscher, das ist, was du seit mehr als 20 Jahren tust."*

Im Oktober 2015 schrieb ich das erste K-i-E Buch, „Macht über Emotionen gewinnen – Zwölf Rituale für sicheres Golf". Der Golfsport besteht, wie viele andere Sportarten auch, aus einer Reihe von Entscheidungen und im Leistungssport sind Abweichungen fatal. Die Wirkung von K-i-E Tools, von Ritualen, konnte ich mit großem Erfolg nachweisen. Bei den Teaching Professionals der PGA of Germany konnte mit Unterstützung der K-i-E Rituale die Deutsche Meisterschaft sowohl bei den Damen als auch bei den Herren gewonnen werden.

Nach dem Ausflug in den Leistungssport, der viele Einblicke in die individuelle Vermittlung der K-i-E Tools brachte, konzentrierte ich mich wieder ausschließlich auf Entscheidungsmanagement im unternehmerischen Umfeld.

Zusammenfassend würde ich heute sagen, K-i-E begann im Jahr 1993 und das K-i-E Konzept war in groben Zügen gedacht und zusammengefasst 2007. Heute, 2018, wird es mit diesem Buch zum ersten Mal zusammenhängend beschrieben.

■ Wie es weitergeht

Viele Phänomene, wie das Libet-Experiment und das Blindsehen, sind durch die K-i-E Theorie geklärt, genauso wie diese Phänomene wiederum die K-i-E Theorie weiterentwickelt oder bestätigt haben. Die K-i-E Theorie und dieses Buch beschränken sich aber nicht darauf, einzelne Entscheidungsphänomene darzustellen. Der Anspruch war und ist, die Phänomene zu erklären und die Erkenntnisse daraus in ein konsistentes Konzept zusammenzuführen und damit die K-i-E Theorie immer weiter als Basis für eine neue Entscheidungskultur zu verfeinern und zu verfestigen. Die phänomenologische Vorgehensweise wird als ein zentraler Schwerpunkt erhalten bleiben.

Die letzten Jahre war ich mit vielen Experten in Kontakt, habe aber im Wesentlichen alleinverantwortlich und unabhängig gearbeitet und geforscht. Mein Ziel war – unbeeinflusst und ohne Verpflichtung und Interessenkonflikte –, die Grundlagenarbeit zu leisten und entsprechende Praxisprojekte durchzuführen.

Mit der weiteren Entwicklung der K-i-E Theorie und der K-i-E Tools verfolge ich nun verschiedene Themen, was nur mit Unterstützung junger Menschen und Experten, die zu integrativer Arbeit fähig sind, zu leisten ist. Erste Schritte sind hier bereits in die Wege geleitet.

Mit dem erneuten Aufkommen der künstlichen Intelligenz werden die K-i-E Tools als Services in intelligente Computersysteme implementiert. Ein erster K-i-E Decision Maker ist bereits verfügbar und es gibt aktuell erfolgversprechende Verhandlungen mit großen Unternehmen der Informationstechnologie. Ein Ziel ist, die K-i-E Tools als cloudbasierte Services für das aufkommende Megathema Entscheidungsmanagement zur Verfügung zu stellen. So wie die jetzigen Messenger-Dienste Nachrichten vermitteln, wird der Decision Maker Entscheidungen mobil verfügbar machen. Ein tiefergehendes Thema wird die Implementierung der Emotionslogik in ein Computersystem sein. Dieser Schritt wird der künstlichen Intelligenz das bringen, was der Name jetzt bereits verspricht.

Für die weitere Entwicklung und Verortung von Konzepten und Modellen werde ich eine Community gründen und Experten an der Entwicklung der K-i-E Theorie beteiligen. Dann werden Aussagen zu einem tieferen Verständnis geführt, das Licht in unser Bewusstsein bringt. In einer Welt ohne K-i-E gibt es gegen die verbreitete Aussage „*Entscheiden mit Emotion und Ratio*" nicht wirklich etwas einzuwenden. Eine Betrachtung mit K-i-E wirft ein anderes Licht auf die Aussage. „*Entscheiden mit ...*" suggeriert, jemand würde – wie beim Gebrauch eines Schlüssels – mit „*Emotion und Ratio*" entscheiden können, so als wären wir in der Lage, das eine oder das andere zu wählen beziehungsweise das eine nach dem anderen. Denn das Emotionssystem, nicht ein Homunculus oder höheres System, hat längst entschieden, bevor eine rationale Entscheidung getroffen werden kann. Es entschied anhand einer Emotionslogik, die den Stimulus emotional bewertet und anhand der emotionalen Motive eine Bewegung zuordnet, beeinflusst von der emotionalen Erregung. "*... Emotion und Ratio*" ist tatsächlich die Sequenz, die die Untrennbarkeit vorgibt.

Nach der Intuition, als Ergebnis des Emotionssystems, entsteht die kognitive Entscheidung, die als rationale Entscheidung gedeutet werden kann. Zwar wäre es weitgehend möglich, rational zu entscheiden, jedoch nur, wenn die bewusste Entscheidung in Gedanken-Zyklen hergestellt wird. Dabei ist die Untrennbarkeit der Entscheidungssysteme zu berücksichtigen und die rationalen Fakten müssen vorhanden sein und genutzt werden.

Die Verankerung in Forschung und Lehre wird nach Veröffentlichung des Buchs weitergeführt, damit die K-i-E Tools über Institute und Universitäten angeboten werden.

Mein persönlicher Schwerpunkt wird die Emotionstheorie und ihre individuelle, zwischenmenschliche, gesellschaftliche, politische und globale Bedeutung sein.

Danksagung

Mein Dank gilt vor allem Mareike Boom. Sie war es, die mich motivierte, überhaupt zu schreiben. Ohne ihren Glauben an mich und ihr Wissen, ihre Kompetenzen und Liebe zu Büchern hätte ich nicht den Mut und die Disziplin gefunden, dieses Buch zu schreiben. Mit ihrer Unterstützung gelang es, das Exposé zu erstellen, und ihr unerschütterlicher Glaube, einen Verlag zu finden, gab mir die Hoffnung, diese Phase zu überstehen.

Einen bedeutenden Beitrag gab Mareike Boom in ihrer Rolle als erste Leserin und Lektorin. Sie war es, die meinen Gedanken eine Form gab. Frau Boom gelang es, Gedanken, die vorher noch nicht gedacht waren, in Worte zu kleiden, damit der Leser sie, ohne Kenntnis der Untrennbarkeit der Entscheidungssysteme, verstehen oder erahnen kann.

Anstrengend und faszinierend zugleich war das Ringen um Formulierungen, die nicht stimmig wirkten. Fast immer zeigten Schwächen in der Form, dass der Gedanke noch zu Ende gedacht werden wollte. Anfangs wollte ich nicht so viel schreiben und auch nicht so tief in die Theorie einsteigen, aber mit einer sicheren Begleiterin, Frau Boom, war es möglich.

Vielen Dank an den Hanser Verlag und die Lektorinnen Lisa Hoffmann-Bäuml und Damaris Kriegs. Sie haben sich an das schwierige und faszinierende Thema gewagt und aus dem Manuskript ein ordentliches Buch gemacht.

Danke an Hartmut Schröder. Er war es, der mir 2013 zu meinen Forschungsergebnissen sagte: *„Alles, was ich sehe und soweit ich es verstehe, ist wichtig für die Menschen."* Diese Aussage schwingt immer mit, wenn ich mich frage, warum ich das alles tue, was ich tue.

Dank gilt natürlich meinen Töchtern, Laura und Elsa. Sie sind mit K-i-E aufgewachsen und haben all die Jahre ertragen, wie ihr Vater Antworten auf Fragen suchte, die sie anfangs nicht verstanden. Sie erlebten, wie hart mein Weg war und wie diszipliniert ich ihn ging. Sie haben auch mich und meine Begeisterung erlebt, wenn mir wieder ein Schritt gelang. Wenn es eine wirklich gute Entscheidung in meinem Leben gab, dann die Entscheidung für diese beiden Kinder.

Mein Dank gilt all meinen Lehrern, die mich förderten und mehr noch forderten. Es waren viele, die unterschiedlichen und zum Teil widersprüchlichen Konzepten verpflichtet waren. Meine Suche hat kein Ende, wie die Zertifizierung zum Scrum Master und die Design-Thinking-Ausbildung in diesem Jahr zeigen. Es wird immer sichtbar, was mit K-i-E ergänzt werden und wie sich K-i-E weiterentwickeln sollte. Das, was ich suche und suchte, war nicht an einer Stelle zu finden, keine Disziplin, kein Fachbereich, keine spirituelle Schule oder Konzept enthielt die vollständige Antwort. Für mich bedeutete dies immer wieder zu gehen, das Gewohnte in Frage zu stellen und das vormals Richtige aufzugeben, um ein umfassenderes Konzept zu finden. Jetzt ist es umgekehrt, überall ist K-i-E enthalten, weil Entscheiden der vielleicht grundlegendste menschliche Vorgang ist.

Vielen Dank an meine Studenten, Seminarteilnehmer und Kunden. Jeder der Workshops erweiterte meine Sicht und gab mir die Kraft weiterzumachen. Vor allem das Feedback von jungen Menschen, die mir als demotiviert und wenig mitarbeitend beschrieben wurden, zeigte mir, dass es sich lohnt. Ihre Kommentare bestärkten mich in meiner Arbeit:

„Es war total faszinierend. Normalerweise, wenn ich etwas nicht verstehe, bin ich abwesend. Doch hier war ich mit der Zeit immer mehr dabei und am Ende war ich immer dabei. Wenn das in der Schule nur schon so gewesen wäre, dass die gesamte Klasse gefragt und verstanden hätte. Endlich. Super. Danke."

„Ich habe in diesen 18 Stunden keinen anderen Gedanken gedacht, weil es so interessant war. Normalerweise spiele ich auf dem Smartphone oder bearbeite meine E-Mails."

„Ich werde mich immer daran erinnern, egal, wo ich hinkomme oder arbeiten werde."

Vielen Dank an alle, die ein Stück weit den Weg mitgegangen sind. Gleichfalls vielen Dank an jene, die sich nicht mehr trauten weiterzugehen, als ihre Konzepte in Gefahr gerieten.

Vielen Dank an Prof. Hanns Georg Hofhansel, der meine Liebe zur Mathematik weckte, die ich in den Jahren der Suche oft ignorierte. Er lehrte mich, die Präzision in der Mathematik in Bezug zu setzen: *„Ein Faktor 2 hin oder her ist im Leben nicht so wichtig."* Die Einsicht, dass Emotionen einer Logik genügen, integriert auch diesen Abschnitt wieder in mein Schaffen.

Tatsächlich ist es ein Faktor 4.

Der Autor

Richard Graf wurde 1956 in Loderbach/Oberpfalz geboren, studierte in den 70er Jahren Mathematik in Regensburg und begann 1979 als Technologie-Berater für Information-Retrieval-Systeme zu arbeiten, vergleichbar mit heutigen Suchmaschinen. Nach Stationen bei den großen Software-Unternehmen Siemens, Hewlett-Packard und Ingres gründete er 1991 ein eigenes Unternehmen, das analytische Anwendungen zur Entscheidungsunterstützung entwirft und umsetzt.

Sein in Kindheit und Jugend durch Handwerk und Landwirtschaft entstandenes Weltbild, in dem Wege verworfen werden, wenn sie keine Lösung bringen und die Arbeit erst getan ist, wenn das beabsichtigte Ergebnis funktioniert, prägt ihn bis heute.

Parallel hat er während seiner beruflichen Laufbahn Aus- und Fortbildungen zur Erforschung von Emotionen, der Intuition und Kognition besucht, sowie Zertifizierungen erhalten. Dazu gehören Certified Personal und Business Coaching, Scrum Master, EMDR, Somatic Experience, systemische phänomenologische Aufstellungsarbeit, PEP Embodiment, Certified Trainer of the Art and Science of Neuro-Linguistic-Programming, Certified Yoga Teacher und Design Thinking.

Die operative Verantwortung für die simple fact AG gab er 2010 ab, um sich ganz auf seine Forschungsarbeit zu konzentrieren, dem Einfluss der Emotionen auf menschliches Entscheiden und Handeln. Mit der Erfahrung aus gut 200 Projekten als verantwortlicher Projektleiter sowie in zahlreichen Mandaten als Personal und Business Coach entwickelte Graf das K-i-E Konzept, das entscheidungsrelevante Aspekte von Emotion und Intuition mit der Kognition in einen kohärenten Zusammenhang bringt.

Seine Lehraufträge an der Europa-Universität Viadrina in Frankfurt/Oder sowie an der Friedrich-Alexander-Universität Erlangen-Nürnberg zeigten ihm, wie die K-i-E Theorie und die Tools von jungen Menschen erlernt und angewendet werden können.

„Die Intuition ist die Verdichtung aller Erfahrungen."

HANSER

So können Sie Lean tatsächlich verwirklichen

Ballé, Ballé
Respekt
Die Geschichte einer gelebten Lean-Kultur
Roman
288 Seiten. E-Book inside
€ 30,–. ISBN 978-3-446-44741-7

Auch als E-Book erhältlich
€ 23,99. E-Book-ISBN 978-3-446-45310-4

Nachhaltig Erfolge sichern durch die Entwicklung der Mitarbeiter! Führen mit Respekt ist bei jedem Lean-Gedanken zentral und die Basis dafür, die tägliche Arbeit kontinuierlich zu verbessern.

In dieser Fortsetzung der Bestseller »The Goldmine« und »The Lean-Manager« muss Jane Delaney, die CEO einer Softwarefirma, erst einmal akzeptieren, dass sich der Kaizen-Gedanke bei ihren Mitarbeitern nur durchsetzen kann, wenn sie anders als bisher führt.

Michael und Freddy Ballé zeigen, wie führende Organisationen Lean praktizieren, um nachhaltigen Erfolg sicherzustellen, und zwar indem sie bewährte Werkzeuge und Techniken einsetzen, um ihre Mitarbeiter zu entwickeln.

Mehr Informationen finden Sie unter **www.hanser-fachbuch.de**

HANSER

So gelingt der Unternehmenswandel!

Lederer
Veränderungsexzellenz
12 Erfolgsstrategien für den Unternehmenswandel
274 Seiten. E-Book inside
€ 35,–. ISBN 978-3-446-45135-3

Auch als E-Book erhältlich
€ 27,99. E-Book-ISBN 978-3-446-45381-4

Noch nie war Wandlungsfähigkeit für das Überleben von Unternehmen so wichtig wie heute. Digitalisierung, Globalisierung und demographische Entwicklung führen dazu, dass die Geschäftsmodelle vieler Branchen sich radikal verändern. Unternehmen, die es nicht schaffen, mit den sich rapide verändernden Märkten Schritt zu halten, bleiben auf der Strecke – Tendenz steigend.
Wie gelingt es, diesen Trend umzukehren? Dieses Werk gibt Antworten.

Es zeigt die Erfolgsfaktoren hinter den Veränderungsstrategien außergewöhnlich, erfolgreicher Unternehmen. Anhand von 12 Fallstudien gibt es einen einmaligen Einblick in die Veränderungsexzellenz heutiger Marktführer wie Bosch, edding, IBM, Kuka, XING u.a.

Mehr Informationen finden Sie unter **www.hanser-fachbuch.de**